Phyllis Tyson/Robert L. Tyson

Lehrbuch der psychoanalytischen Entwicklungspsychologie

herausgegeben und mit einer Einführung
von Reinhard Hellmann-Brosé
mit einem Vorwort
von Robert S. Wallerstein

Verlag W. Kohlhammer
Stuttgart Berlin Köln

Die Deutsche Bibliothek – CIP-Einheitsaufnahme

Tyson, Phyllis:
Lehrbuch der psychoanalytischen Entwicklungspsychologie / Phyllis Tyson/Robert L. Tyson. Hrsg. und mit einer Einf. von Reinhard Hellmann-Brosé. Mit einem Vorw. von Robert S. Wallerstein. [Aus dem Engl. übers. von Petra Holler]. - 2. Aufl.. - Stuttgart ; Berlin ; Köln : Kohlhammer, 2001
Einheitssacht.: Psychoanalytic theories of development <dt.>
ISBN 3-17-016992-0

Aus dem Englischen übersetzt von
Petra Holler

Englische Originalausgabe:
Psychoanalytic theories of development: an integration. Yale University Press, New Haven and London

Für die deutsche Ausgabe:
2. Auflage 2001
© 1997/2001W. Kohlhammer GmbH
Stuttgart Berlin Köln
Verlagsort: Stuttgart
Umschlag: Gestaltungskonzept Peter Horlacher
Gesamtherstellung:
W. Kohlhammer Druckerei GmbH + Co. Stuttgart
Printed in Germany

Inhalt

Teil VII Das Geschlecht

Teil VIII Das Ich

Vorwort zur deutschen Ausgabe

Zwanzig Jahre entwicklungspsychologischer Säuglingsforschung stehen der psychoanalytischen Forschung inzwischen zur Verfügung. Die Erfrischung, die das psychoanalytische Denken dadurch erfahren hat, wird mehr und mehr spürbar. Das vorliegende Lehrbuch stellt den dankenswerten und gelungenen Versuch dar, Säuglingsbeobachtung und Kleinkindforschung in die entwicklungspsychologischen Theorien der Psychoanalyse kreativ zu integrieren. Die Beziehung zum historischen Hintergrund, genau gesagt zu Sigmund Freud, gelingt den Autoren ebenso gut wie der Anschluß an neuere entwicklungspsychologische Erkenntnisse. In beispielhafter Konsequenz durchzieht das ganze Werk der „Ariadnefaden" der psychoanalytischen Denkweise. Somit bekommen alle Leser ein Gefühl für die Gedanken traditioneller Psychoanalyse sowie einen Ausblick auf unser zukünftiges Theoriegebäude für die klinische Arbeit.

Reinhard Hellmann-Brosé München, im Sommer 1997

Vorwort zur amerikanischen Ausgabe

Die zeitgenössische Psychoanalyse ist eine Wissenschaft, die sich aus einer Vielzahl unterschiedlichster theoretischer Ansätze und Sichtweisen zusammensetzt. Den ursprünglichen Vorstellungen und Erwartungen ihres genialen Begründers Sigmund Freud wird damit jedoch nicht entsprochen. Freud war Zeit seines Lebens sehr um die eindeutige Bestimmung der (meta)theoretischen Größen seiner neuen Wissenschaft der menschlichen Psyche bemüht und unternahm große Anstrengungen, sie von äußeren Angriffen, theoretischen Verwässerungen, Verführungsversuchen sowie inneren Grabenkämpfen zu schützen.

Wie wir wissen, waren seine Bemühungen zum Scheitern verurteilt. Heftige Kämpfe führten zur Abspaltung begabter Anhänger, die der Psychoanalyse ihren eigenen theoretischen Stempel aufzudrücken bestrebt waren. Auch die sieben Ringträger des berühmten „Geheimen Komitees“, die - kraft ihrer intellektuellen Überzeugung, Loyalität und Führungsposition - die Wahrung der zentralen Grundsätze der Freudschen Lehre garantieren sollten, scheiterten in ihrem Unterfangen. Ein Grund dafür waren die metapsychologischen Annahmen Melanie Kleins, die sich - noch zu Lebzeiten Freuds - in ihren theoretischen und empirischen Betrachtungen vor allem den frühesten Lebenserfahrungen des Kleinkindes zuwandte und diese auf der Matrix der Mutter-Kind-Dyade und den darin vorherrschenden aggressiven (Todes-) Triebregungen interpretierte. Durch diese verstärkte Miteinbeziehung präödipaler Erlebensweisen sahen sich die Kleinianer in der Lage, auch Patienten mit schwererer Pathologie zu behandeln - eher als die engen Anhänger Freudscher Metapsychologie und ihrer Betonung ödipal bedingter Konflikte, deren Auflösung nur über die Entwicklung der sogenannten Übertragungsneurose gelingen konnte.

Ausgehend von der metapsychologischen Auffassung, daß das primäre Ziel des Ichs nicht in der Triebabfuhr, sondern in der Objektsuche bestehe, entwickelte sich die neue Schule der Britischen Objektbeziehungstheorie und nahm als sogenannte unabhängige „Middle Group“ die Position zwischen Anhängern Anna Freuds und Melanie Kleins ein. Während in England in den Folgejahren die Arbeiten Bions eine fruchtbare Erweiterung der Kleinianischen Perspektive bedeuteten, gewann in Frankreich Lacans linguistisch zentrierte Psychoanalyse an Boden. In den Vereinigten Staaten, dem bis dahin einzigen Land, in dem die Freudsche Vision einer geeinten Psychoanalyse aufrechterhalten werden konnte, stellten die narzißmustheoretischen Arbeiten Heinz Kohuts und mit ihnen seine neue Selbstpsychologie eine Herausforderung für die Vorherrschaft des ichpsychologischen Paradigmas dar, dessen Anhänger sich als direkte Nachfahren der späten ichpsychologischen Überlegungen Freuds verstanden. Weitere wichtige Strömungen entstanden, so Margret Mahlers entwicklungspsychologische Perspektive oder Roy Schafers Versuch einer neuen Metapsychologie unter dem Stichwort „Handlungssprache" („Action Language").

Es ist charakteristisch für diesen Schulenstreit innerhalb der Psychoanalyse - und wir alle fühlen uns dem einen oder anderen Lager mehr oder weniger verbunden -, daß jede für sich in Anspruch nimmt, nicht nur über einen breiteren Anwendungsrahmen zu verfügen, sondern auch bessere Erfolge im Verständnis und in der Behandlung von Patienten zu erzielen. Die Psychoanalyse Freuds, ursprünglich eine Triebpsychologie, die später um wesentliche ichpsychologische Konzepte erweitert wurde, galt als erste wissenschaftlich begründete Psychotherapie, die es möglich machte, das Wesen der Psychoneurose zu erhellen und neurotische Patienten, sofern sie der entsprechenden Kur zugänglich waren, zu heilen. Die Anhänger Melanie Kleins, die sich ursprünglich auf die Arbeit mit Kindern und schwerer gestörten Patienten konzentriert hatten, erhoben mit ihrer Metapsychologie und der daraus abgeleiteten Behandlungstechnik den Anspruch, auch für klassische Neurosen ein besseres Behandlungsangebot (weil gründlicher und tiefergehend) anbieten zu können. Ähnlich argumentierten Kohut und seine Anhänger, die auf die scheinbaren behandlungstechnischen Grenzen der klassischen Psychoanalyse im Falle narzißtischer Persönlichkeitsstörungen hinwiesen. Die spezifischen behandlungstechnischen Interventionen sowie theoretischen Konstrukte, die zunächst auf diesen speziellen Bereich der Psychopathologie, den narzißtischen Störungen, zugeschnitten waren, wurden in der Folgezeit ebenfalls als besseres Erklärungssystem und bessere therapeutische Herangehensweise für die sogenannten klassischen Psychoneurosen gepriesen. Wir sehen, daß jeder theoretische Standpunkt innerhalb der Psychoanalyse, von welchen eng umgrenzten empirischen, behandlungstechnischen oder anwendungsorientierten Problemstellungen er zunächst auch ausgegangen sein mag, bald den Anspruch einer überlegenen Metapsychologie und Behandlungstechnik für all jene erhebt, deren Leidensdruck sie in psychoanalytische Praxen führt.

Angesichts dieser Fülle konkurrierender Metapsychologien müssen wir uns die Frage stellen, was uns trotzdem zu *gemeinsamen* Anhängern einer psychoanalytischen Wissenschaft und Disziplin macht. Wo liegen, im Sinne grundsätzlicher Annahmen über die menschliche Psyche und ihre Funktionsweisen, die Gemeinsamkeiten unserer unterschiedlichen theoretischen Ausrichtungen, und worin unterscheiden wir uns von allen nicht-psychoanalytisch orientierten Theorien, die sich mit dem Seelenleben des Menschen beschäftigen?

Ich persönlich bin der Ansicht - und ich habe meine Antwort auf diese Frage bereits an anderer Stelle in aller Ausführlichkeit dargelegt -, daß sich zum gegenwärtigen Zeitpunkt diese gemeinsame Basis nicht im Rahmen unserer allgemeinen Theorien bestimmen läßt. Unsere Metapsychologien, in all der Ungenauigkeit ihrer Formulierung beobachtbarer und klinisch überprüfbarer Phänomene, denen wir in unserer therapeutischen Praxis begegnen, sind - wenn auch von heuristischem Wert - wissenschaftliche Metaphern, die sich einer genauen wissenschaftlichen Überprüfung entziehen. Eine gemeinsame Basis können nur intraklinisches überprüfbares

Material sowie der erfahrungsnahe klinische Bezugsrahmen liefern, in dem wir es mit Konflikten und ihren entsprechenden Kompromißbildungen, mit Angst, Widerstand und Abwehr sowie mit dem Zusammenspiel von Übertragungs- und Gegenübertragungsphänomenen zu tun haben (auch wenn unsere sprachlichen Ausdrucksweisen nicht selten diese Gemeinsamkeit übersehen lassen). Jenseits dieser klinischen Überschneidungspunkte wäre es, vom wissenschaftlichen Standpunkt aus betrachtet, verfrüht und somit von Nachteil, auf eine konzeptuelle Integration der verschiedenen psychoanalytischen Positionen zu drängen. Der Bezugsrahmen der einzelnen Theorien oder metapsychologischen Konstrukte bietet keine ausreichende Vergleichsgrundlage - mit anderen Worten: Wir bewegen uns auf unterschiedlichen Ebenen des Diskurses. Darüber hinaus ist keine dieser Theorien in ausreichendem Maße an empirische Forschungsbefunde geknüpft. Um ihren eigenen heuristischen Ansprüchen gerecht zu werden haben sie sich zu weit voneinander entfernt, wobei jede ihre eigene metaphorische Sprache entwickelte, innerhalb derer kongeniales Denken und Arbeiten zwar möglich, wissenschaftliche Überprüfung und Gegenüberstellung hingegen ausgeschlossen sind.

Wie lassen sich nun diese Überlegungen zu der hier vorliegenden - und außerordentlich gelungenen - Integrationsleistung von Phyllis und Robert Tyson in Bezug setzen, die die verschiedenen psychoanalytischen Metapsychologien auf der Basis ihrer jeweils zugrundeliegenden entwicklungstheoretischen Annahmen zu einem kohärenten und konzeptuell sinnvollen Ganzen zusammengefaßt haben? Jede psychoanalytische „Schule“ (Lacan mag hier eine Ausnahme sein) hat retrospektiv (in manchen Fällen und bis zu einem gewissen Grad auch prospektiv-beobachtungsorientiert) ihre eigene Entwicklungstheorie aufgestellt. Darin implizit enthalten sind immer spezifische Annahmen über menschliche Erlebensweisen (i.S. von Bedeutungszuschreibungen), ihren prägenden Einfluß auf die Persönlichkeitsentwicklung, den Zusammenhang intrapsychischer Instanzen sowie mögliche Wege der Veränderung. Freud etwa konzentrierte sich in seinen triebtheoretischen Überlegungen zunächst auf die einzelnen Stufen der psychosexuellen Entwicklung, wobei für ihn der Kulminationspunkt in einer angemessenen Lösung jener unvermeidbaren Konflikte und Ambivalenzen lag, wie sie das ödipale Dreieck bereithält. Mit den von Anna Freud formulierten ichpsychologischen Konstrukten zur Triebregulierung und -modulierung entlang der unterschiedlichen Entwicklungsphasen - von René Spitz, Margaret Mahler und anderen in der Folgezeit ausdifferenziert - rückte die Entwicklung der sogenannten Ich-Funktionen ins Zentrum der Betrachtung. Ähnlich richtete Kohut mit seinen Arbeiten zum Narzißmus als zentrale entwicklungspsychologische Dynamik den Blick auf die Entwicklungslinie eines kohärenten Selbst: die allmähliche Integration verdrängter oder abgespaltener Selbstanteile, die Regressions- oder Fragmentierungstendenzen standhält und das Hervortreten von Ambitionen, Talenten und Idealen ermöglicht. In den Objektbeziehungstheorien wiederum geht es vordringlich um mögliche Richtungen in der Entwicklung der Objektbezogenheit, wenn das heranwachsende Kind die ursprünglich dyadische Beziehung verläßt und über die triadische Beziehungskonstelllation mit einer immer komplexeren und differenzierteren Objektwelt konfrontiert wird.

Diese je nach theoretischer Ausrichtung unterschiedliche Fokussierung einzelner Entwicklungsstränge hat zu einer verwirrenden Vielzahl unterschiedlicher Sichtweisen innerhalb der Psychoanalyse geführt, die für die einzelnen Metapsychologien mehr oder weniger relevant sind. Daneben sind alle jene Arbeiten zu nennen, in denen Entwicklungspsychologen - mit Ausnahme Piagets - anhand ihrer eigenen Beobachtungsdaten und der daraus abgeleiteten theoretischen Konstrukte versuchen, unser Verständnis menschlicher Entwicklungsprozesse zu vertiefen. Phyllis und Robert Tyson haben es sich zur Augabe gemacht, die Verknüpfungspunkte zwischen den verschiedenen Entwicklungssträngen und den einzelnen metatheoretischen Positionen aufzuzeigen: Psychosexualität, Objektbeziehungen, Selbstkohärenz und Identität, Affekte, Kognitionen, die Entwicklung des Überichs und der Geschlechtsidentität sowie die Ausbildung der Ich-Funktionen werden somit als voneinander abgrenzbare Aspekte einer Gesamtentwicklung sichtbar, lassen sich aber nur in ihrer Interdependenz vollständig begreifen.

Angesichts der Tatsache, sich auf den Umfang eines einzigen Bandes beschränken zu müssen, ist den beiden Autoren in ihrem Anspruch, dieses Amalgam an verschiedenen theoretischen Sichtweisen via Beobachtungsdaten und erfahrungsnahem klinischen Wissen miteinander in Bezug zu setzen, eine gewaltige Integrationsleistung gelungen. Sie basiert auf der sorgfältigen inhaltlichen Aufbereitung einer wahren Flut an psychoanalytischer und entwicklungspsychologischer Literatur. Forscher aus den einzelnen Bereichen werden sich jedoch zuweilen die Frage stellen, ob nicht an manchen Stellen die Komplexität und Vorläufigkeit des empirischen Datenmaterials und der daraus ableitbaren Schlußfolgerungen unter dem Anspruch einer Überblicksarbeit zu leiden haben. Daraus mag sich der Vorwurf ableiten lassen, den einzelnen Forschungsbereichen hier und da nicht in vollem Umfang gerecht geworden zu sein.

Allerdings soll es auch nicht Sinn und Zweck der vorliegenden Arbeit sein, dem trügerischen Verlangen nach absoluter Vollständigkeit nachzugeben. Das große Verdienst der Autoren liegt vielmehr darin, verschiedene theoretische Ansatzpunkte und empirische Forschungsbefunde zu einem sinnvollen Ganzen verknüpft zu haben. Darüber hinaus mag die inhaltlich-thematische Aufbereitung mögliche Wege dahingehend aufzeigen, die gegenwärtige metaphernorientierte Ebene der Theoriebildung zu verlassen und - auf der Grundlage verstärkter empirischer Forschung - eine einheitliche allgemeinwissenschaftliche psychoanalytische Theorie zu entwikkeln.

Dieser Versuch einer übergreifenden psychoanalytischen Theorie wurde, wenn auch in begrenzterem Umfang, bereits an anderer Stelle unternommen: So hat etwa Otto Kernberg die Objektbeziehungstheorie mit dem Paradigma der strukturellen Ich-Psychologie in Bezug zu setzen versucht. Möglicherweise wird sich der hier vorgestellte entwicklungspsychologische Ansatz für dieses so wichtige Unterfangen, eine einheitliche psychoanalytische Theorie zu schaffen, als vielversprechender erweisen, da seine theoretischen Konzeptualisierungen eher an empirisch-beobachtbare Phänomene gebunden sind und somit - im Sinne wissenschaftlicher Überprüfbarkeit - eine erfahrungsnahe Theoriebildung ermöglichen. Ob sich dieses Ansinnen, nicht zuletzt mit Hilfe des im vorliegenden Band enthaltenen Potentials, in wissenschaftlicher Hinsicht verwirklichen läßt, bleibt abzuwarten. Phyllis und Robert Tyson haben ein Werk vorgelegt, das nicht nur von großem heuristischen und edukativem Wert ist, sondern auch einen faszinierenden wissenschaftlichen Ausblick eröffnet.

Robert S. Wallerstein

Danksagung

Der Gedanke einer Integration psychoanalytischer Entwicklungstheorien entstand im Laufe unserer therapeutischen Arbeit und Lehrtätigkeit am Londoner Anna Freud Zentrum (der ehemaligen Kinderklinik in Hampstead). Hier konnten wir auf den Erfahrungsschatz vieler bedeutender Persönlichkeiten wie Agi Bene, Maria Berger, Marion Burgner, Dorothy Burlingham, Rose Edgcumbe, Anna Freud, Ilse Hellman, Hansi Kennedy, Sara Rosenfeld und Joseph Sandler zurückgreifen.

Neues Wissen zu integrieren scheint im Bereich der Entwicklungspsychologie um so schwieriger, als wir es hier mit einer wahren Wissensexplosion zu tun haben, wie auf den ersten wissenschaftlichen Symposien der *World Association of Infant Psychiatry and Allied Disciplines* (WAIPAD) in den Jahren 1980 bis 1983 beispielhaft deutlich wurde. Unseren Kolleginnen und Kollegen innerhalb dieser Organisation, allen voran Eleanor Galenson, Justin Call und Robert Emde, sind wir für ihren ermutigenden Zuspruch und ihre Unterstützung zu großem Dank verpflichtet. Das gleiche gilt für Margaret Mahler und John McDevitt, die sich uns für fachliche Diskussionen zur Verfügung stellten.

Wir haben viel gelernt von unseren Patienten aller Altersstufen, von unseren Studenten und unseren Kollegen. Nur wenige unter ihnen können an dieser Stelle genannt werden. Wir möchten Beverly Kilman für ihre Unterstützung danken, vor allem in den Anfangsstadien unserer Arbeit. Martin Silverman, Vann Spuriell, David Stier, Amy Tyson und Joan Zilbach sind wir zu großem Dank verpflichtet für die wiederholte Durchsicht unseres Manuskripts. In Philip Spielman stand uns ein Kritiker zur Seite, der mit seinem Scharfsinn, seiner Ausdauer und seinem immensen Wissensschatz von unüberbietbarem Wert für uns war. Keiner dieser Kollegen ist verantwortlich für Fehler und Auslassungen unsererseits. Dr. Albert Solnit unterstützte uns nicht nur während unserer Arbeit, er half auch bei der Veröffentlichung des Manuskripts. Glenn Miller, Verantwortlicher der Chicago Psychoanalytic Institute Library, stellte uns seine Dienste bei der Literatursuche zur Verfügung.

Der Erfahrungsschatz von Natalie Altman, ihre konsistente, erfrischende und freundliche Kritik konfrontierte uns immer wieder mit dem Ideal größtmöglicher Klarheit und half uns, einzelne Gedankengänge und Passagen unseres Manuskripts eindeutiger zu formulieren. Cecile Watters hat das Manuskript mit unbestechlichem Auge redigiert und Liza Altmans Sach- und Personenregister ist beispielhaft. Gladys Topkis Enthusiasmus und Wissen waren unverzichtbar, um aus dem Wunsch und Traum, dieses Buch zu schreiben, Wirklichkeit werden zu lassen. Schließlich haben die unermüdliche Bereitschaft von Kim Snow sowie die Geduld und Loyalität von Loretta Kramer, Carolyn Severy und Lorraine Douglas während des gesamten Herstellungsprozesses mehr als unseren Dank verdient.

Einführung

Mit diesem Buch entsprechen wir einem vielfach geäußerten Wunsch unserer Studenten. In unseren Lehrveranstaltungen zu psychoanalytischer Entwicklungspsychologie konnten wir immer wieder feststellen, daß die Vielzahl widersprüchlicher und sich ausschließender Theorien bei unseren Teilnehmern - Studenten der Psychologie, Weiterbildungskandidaten der Psychoanalyse sowie angehende Fachärzte für Kinder- und Erwachsenenpsychiatrie -, aber auch bei uns selbst, oftmals für Verwirrung sorgte. Viele fühlen sich von der rapide anwachsenden Informationsflut neuer entwicklungspsychologischer Beobachtungsdaten förmlich erschlagen. In unserer eigenen psychoanalytischen Ausbildung hatten wir uns an Otto Fenichels bahnbrechender Veröffentlichung *The Psychoanalytic Theory of Neurosis* aus dem Jahr 1945 (dt.: „Psychoanalytische Neurosenlehre", 1974) orientiert, die die verschiedenen damals bestehenden theoretischen Entwürfe integrativ zusammenfaßte. Die vorliegende Arbeit verfolgt ein ähnliches Ziel: die Synthese psychoanalytischer Entwicklungstheorien.

Ein weiteres Problem, mit dem unsere Studenten zu kämpfen haben, ist die nur schwer zugängliche einschlägige Fachliteratur. Zwar gibt es Sammelausgaben einzelner Autoren, ebenso Anthologien oder Monographien zu bestimmten Themenstellungen; andererseits sind manche Theorien bruchstückhaft über eine Vielzahl von Veröffentlichungen verstreut. Daher war es unser Anliegen, sowohl traditionelle Arbeiten als auch neuere psychoanalytische Literatur zur Persönlichkeitsentwicklung in Verbindung mit entsprechenden Forschungsbefunden aus diesem Bereich gleichsam „unter einem Dach" vorzustellen, was eine angemessene Rezeption gerade der neueren empirischen Befunde ermöglicht.

Das Hauptaugenmerk unserer Arbeit liegt auf intrapsychischen Vorgängen. Auch wenn sich gerade die moderne Säuglingsbeobachtung und Kleinkindforschung der interpersonellen Dimension zuwenden, so gilt unsere Aufmerksamkeit den subjektiven Wahrnehmungen und Empfindungsweisen, die dieser interpersonellen Dynamik erwachsen, sowie ihrem Einfluß auf Ursprung, Art und Weise und Funktionsweisen intrapsychischer Strukturen.

Um deutlich zu machen, auf welcher theoretischen Grundlage moderne Autoren argumentieren, beginnen wir mit den Arbeiten Sigmund Freuds, die der kontinuierlichen theoretischen Weiterentwicklung standgehalten haben oder aber mittlerweile als widerlegt gelten dürfen. Ausgangspunkte sind dabei Konzepte der Ich-Psychologie, insbesondere der Strukturtheorie, sowie das, was Wallerstein (1988) das *Post-ichpsychologische Zeitalter* genannt hat, in dem ichpsychologische Konstrukte mehr und mehr Anregung aus anderen Bereichen innerhalb und außerhalb der Psychoanalyse erfahren. Vor allem aber stützen wir uns auf unsere klinische Erfahrung und unsere alltägliche psychoanalytische Arbeit mit Kindern, Jugendlichen und Erwachsenen.

Der hier vorliegende Band ist das Ergebnis einer detailreichen inhaltlichen Aufbereitung großer Mengen theoretischer Konzepte, klinischer Befunde und experimenteller Beobachtungsdaten. Über die Verknüpfung von Piaget, Spitz und Anna Freud mit den Gedanken einer modernen allgemeinen Systemtheorie, wie sie z. B. von Bertalanffy vertritt, haben wir einen Bezugsrahmen geschaffen, der sich als hilfreich für unser weiteres Vorgehen erwiesen hat.

Wir betrachten Entwicklung als einen kontinuierlichen und zugleich diskontinuierlichen Prozeß, an dem eine Vielzahl interagierender Systeme (oder Strukturen) beteiligt sind. Jedes dieser Systeme durchläuft seine eigene Entwicklungssequenz, die wiederum zur sequentiellen Ausbildung aller anderen Systeme in Relation zu setzen ist. Wir werden jedes größere System[1], das sich simultan zu allen anderen ausbildet, in seinen Entwicklungsstufen darstellen. Dabei wird deutlich werden, daß keines dieser Systeme eine zentrale oder übergeordnete Position einnimmt.

Der entwicklungspsychologische Ansatz der Psychoanalyse basiert auf der frühen psychoanalytischen Erkenntnis, daß Kindheitserfahrungen für das Erleben und Verhalten der erwachsenen Persönlichkeit von grundlegender Bedeutung sind. Von Anbeginn an stand die Rekonstruktion der Vergangenheit eines Patienten im Zentrum psychoanalytischer Behandlungstechnik, und die genetische Betrachtungsweise wurde zum Kernstück psychoanalytischer Theoriebildung. Die Erkenntnis, daß genetische Rekonstruktionen ein verzerrtes Bild der Entwicklung wiedergaben, rückte die eigentlich stattfindenden Entwicklungsprozesse verstärkt ins Blickfeld.

Der entwicklungspsychologische Ansatz innerhalb psychoanalytischer Theoriebildung hat seine eigene Geschichte, die parallel zur allgemeinen Entwicklung der Psychoanalyse verläuft. Den Blick auf Triebentwicklung und Ödipuskomplex gerichtet, entstanden eine ganze Reihe alternativer Theorieentwürfe zur menschlichen Entwicklung. Einige dieser Konzepte wurden dahingehend kritisiert, bestimmte Entwicklungsdimensionen auf Kosten anderer bevorzugt zu betrachten. Diesem Risiko eines simplifizierenden Reduktionismus soll mit Hilfe eines integrativen theoretischen Rahmens ebenso vorgebeugt werden wie der Gefahr, von frühen Erfahrungen vorschnell auf spätere Krankheitsbilder kurzzuschließen. Erkenntnisse aus der Psychopathologie sind für unser Verständnis „normaler" menschlicher Entwicklung von nicht zu unterschätzendem Wert; nun ist es an der Zeit, daß in umgekehrter Richtung eine Befruchtung stattfindet. Wir hoffen mit unserer Arbeit einen Bezugsrahmen anbieten zu können, der einen Vergleich unterschiedlicher Sichtweisen ermöglicht und so die Komplexität des Entwicklungsprozesses deutlicher zutage treten läßt. Ein umfassendes Wissen um „normale" Entwicklungsprozesse kann so zu

[1] Die Begriffe *System* und *Struktur* werden im folgenden synonym verwendet. Obwohl Freuds endgültiges Modell menschlicher Psyche als sogenanntes Strukturmodell Eingang in die Literatur gefunden hat, läßt es sich doch in einen systemtheoretischen Bezugsrahmen setzen, wenn wir - wie wir in Teil I ausführen werden - eine Struktur als ein stabiles, sich allmählich entwickelndes System betrachten.

einem tiefergehenden Verständnis für abweichendes und pathologisches intrapsychisches Erleben und interpersonelles Interaktionsverhalten führen. Es erweitert unseren diagnostischen, präventiven und therapeutischen Handlungsspielraum.

Teil I unserer Arbeit widmet sich der Geschichte des Entwicklungsaspekts innerhalb psychoanalytischer Theoriebildung sowie den theoretischen Konzepten zum Entwicklungsprozeß. Daran anknüpfend werden wir eine theoretische Standortbestimmung unseres Bezugsrahmens vornehmen. Im Anschluß an den ersten Teil sollen die zentralen Aspekte psychoanalytischer Entwicklungspsychologie aus folgenden Bereichen vorgestellt und diskutiert werden: Psychosexualität, Objektbeziehungen, Affekte, Kognitionen, Überich-Entwicklung, Geschlechtsidentität, Ich-Entwicklung.

Wir haben uns für diese Reihenfolge der Darstellung entschieden, um die vielfältigen Bestimmungsfaktoren manifesten Verhaltens in jedem Alter aufzuzeigen und um die Bedeutung zu unterstreichen, die jedes einzelne System für den gesamten Entwicklungsprozeß besitzt. Da Interdependenz und Prozeßhaftigkeit unseren Ansatz bestimmen - und weniger der individuelle Altersabschnitt einer Person - entfernen wir uns von den Vorstellungen des psychosexuellen oder libidinösen Phasenmodells. Unsere praktische Erfahrung hat gezeigt, daß trotz möglicher Überschneidungen oder Wiederholungen die Vorteile eines solchen Vorgehens überwiegen. Allerdings hat uns gerade die Tatsache der systemischen Interdependenz vor das Problem gestellt, den Aufbau des Buches entsprechend zu gestalten. Sollten wir die Überich-Entwicklung der Entwicklung der Geschlechtsidentität voranstellen oder sie nachfolgend behandeln? Liegt es näher, die Ich-Entwicklung im Vorfeld der Überich-Entwicklung und der Herausbildung der Geschlechtsidentität zu betrachten oder vice versa? Unsere Unentschlossenheit an manchen Stellen bestärkte uns jedoch in unserer Überzeugung, die menschliche Persönlichkeit im Sinne voneinander abhängiger interagierender Systeme zu betrachten. Entsprechend ist die Gestaltung der einzelnen Kapitel und ihre Interdependenz zu verstehen. Wiederholungen, Überschneidungen, aber auch Vorgriffe auf später folgende Kapitel ließen sich demzufolge nicht vermeiden.

Am Ende des zweiten Kapitels werden in einer Übersichtstabelle die zentralen psychischen Systeme (Strukturen) mit ihren einzelnen Entwicklungsabschnitten aufgeführt. Obwohl graphische Darstellungen dieser Art immer das Risiko der Übersimplifizierung bergen, haben wir uns entschlossen, sie dem Leser gleichsam als visuelle Stütze an die Hand zu geben.

Um mit der Psychoanalyse und ihrer komplexen Terminologie noch wenig vertraute Leser nicht unnötig zu verwirren, haben wir die wichtigsten psychoanalytischen Begriffe in einem Glossar am Ende des Buches zusammengestellt.

Aus Gründen der Einfachheit verwenden wir in unserer Arbeit das transsexuelle Maskulinum *„der“* Leser/Patient/Psychoanalytiker; wie aus unseren Darstellungen eindeutig hervorgehen wird, impliziert diese sprachliche Beschränkung nicht, daß wir die männliche Entwicklung als die Matrix menschlicher Entwicklung schlechthin betrachten. Ebenfalls aus sprachlichen Gründen haben wir uns entschlossen, den Oberbegriff *Mutter* für alle Bezugspersonen zu verwenden .

In die hier vorliegende Arbeit fanden sowohl eigene theoretische Positionen als auch Entwürfe anderer Autoren Eingang. Wir haben das gesamte Werk hindurch aus den uns bekannten Veröffentlichungen zitiert, können aber nicht ausschließen, daß manche ausgezeichnete Arbeiten nicht zu Wort kommen werden. Sollten entsprechende Autorenhinweise fehlen, so geschah diese Auslassung unabsichtlich.

Teil I

Der Entwicklungsprozeß

Kapitel 1

Die Geschichte psychoanalytischer Entwicklungspsychologie

In seiner metapsychologischen Schrift *Das Ich und das Es* bemerkt Freud, daß „psychoanalytische Forschung nicht wie ein philosophisches System mit einem vollständigen und fertigen Lehrgebäude auftreten konnte, sondern sich den Weg zum Verständnis der seelischen Komplikationen schrittweise durch die analytische Zergliederung normaler wie abnormer Phänomene bahnen mußte" (1923a, S. 303). Mit der allmählichen Festigung des psychoanalytischen Theoriegebäudes erwies sich auch der entwicklungspsychologische Aspekt als zentraler Stützpfeiler. Wir möchten im folgenden kurz die Entstehungsgeschichte dieses Forschungsbereiches darstellen - nicht zuletzt, um der sprichwörtlichen Neigung, das Rad neu zu erfinden, vorzubeugen.

Der entwicklungspsychologische Ansatz in der Psychoanalyse

Wie beeinflußt die Vergangenheit Erleben und Verhalten in der Gegenwart? Auf dieser zentralen Fragestellung gründet die genetische, genauer psychogenetische Betrachtungsweise menschlicher Persönlichkeitsentwicklung. Sie ist integraler Bestandteil psychoanalytischer Theoriebildung, seit Freud in seiner klinischen Arbeit mehr und mehr den intrapsychischen Konflikt ins Zentrum der Betrachtung rückte. Der Gedanke, daß den Neurosen Erwachsener spezifische Kindheitserfahrungen vorausgingen und ein Symptom emotionalen Ursprungs nicht beseitigt werden könne, solange seine Genese nicht nachvollziehbar sei, taucht bereits früh in seinen theoretischen Überlegungen auf. Freud grenzt das psychoanalytische Vorgehen von einer simplen Analyse zusammengesetzter psychologischer Phänomene ab; der Weg der Psychoanalyse bestehe vielmehr darin, eine psychische Struktur bis zu jener zurückzuverfolgen, die ihr zeitlich vorausgegangen war und aus der sie sich entwikkelte. Entsprechend dieser Überzeugung entwickelt er eine Behandlungstechnik, die die darauf abzielt, das Wesen früher Kindheitserfahrungen zu rekonstruieren und zu begreifen. Die ersten Versuche, Kindheit zu verstehen, basierten somit auf Rekonstruktionen jener frühen Entwicklungsphasen, die man aus der klinischen Erfahrung mit erwachsenen neurotischen Patienten ableitete.

Allerdings mußte Freud erkennen, daß die Rekonstruktion der Vergangenheit Verzerrungen beinhaltet. Er empfiehlt deshalb, psychoanalytischer Forschung die Direktbeobachtung von Kindern an die Seite zu stellen (1905b, S. 99). Die Fallbeschreibung des Kleinen Hans (1909b) war ein Meilenstein in diese Richtung. Obwohl hier die Behandlung einer infantilen Neurose im Vordergrund steht, enthält der Bericht wertvolle Informationen über das Erleben und Verhalten eines kleinen Jungen, gleichsam in statu nascendi. Anstatt uns Ereignisse aus der Vergangenheit berichten zu lassen, werden wir Zeugen der Geschehnisse in der Gegenwart.

Freud wußte aber auch um die Fallstricke im Umgang mit entwicklungspsychologischem Wissen. So wie offensichtliche Überreste der Vergangenheit im Erwachsenen nicht mit dem sich entwickelnden Kind gleichgesetzt werden dürfen, so sehr muß immer wieder darauf hingewiesen werden, daß es die *psychische* Vergangenheit (im Sinne psychischer Realität) ist, die den Kern psychoanalytischer Theoriebildung ausmacht. Die Analyse psychischer Vergangenheit führt weniger zur wahrheitsgetreuen Aufdeckung historischer Vergangenheit, vielmehr läßt sie unbewußte Konflikte mit ihren entsprechenden Abwehrformationen zutage treten. Natürlich ist die psychologische *Bedeutung* früher Erfahrungen nicht in statu nascendi zu beobachten; sie offenbart sich uns erst später im Leben. Aus diesem Grund hätte die psychoanalytische Theorie nie aus reiner Kinderbeobachtung allein entstehen können. Erst die psychoanalytische Behandlungstechnik und mit ihr die Erforschung unbewußter intrapsychischer Mechanismen ermöglichten ein Verständnis jener Wirkfaktoren, wie sie unseren frühen Lebenserfahrungen innewohnen. Hierauf scheint Freud Bezug genommen zu haben, als er 1920 im Vorwort der vierten Auflage seiner *Drei Abhandlungen zur Sexualtheorie* (1905b) feststellt, daß es - trotz manifester, von anderen beobachtbarer Sexualität in der Kindheit - dem psychoanalytischen Studium unbewußter Prozesse vorbehalten bleibe, die entscheidende Bedeutung kindlicher libidinöser Strebungen aufzudecken. „Verstünden es die Menschen, aus der direkten Beobachtung der Kinder zu lernen, so hätten diese drei Abhandlungen überhaupt ungeschrieben bleiben können" (S. 46).

Die erste psychoanalytische Entwicklungstheorie legt Freud mit seinen Überlegungen zur Abfolge einzelner Phasen in der sexuellen Entwicklung vor (1905b). Er verbindet hier das Postulat infantiler Sexualität mit theoretischen Überlegungen zur Interaktion zwischen konstitutionellen Faktoren (i.S. angeborener Reifungssequenzen) einerseits und lebensgeschichtlicher Erfahrung andererseits. Dieser erste Entwurf, der in der Folgezeit um weitere Aspekte lebensgeschichtlicher Determinanten ergänzt wurde, findet schließlich als Theorie der „psychosexuellen Entwicklung" (1923b) Eingang in die Literatur.

Den Freudschen Gedankengang zur Libidoentwicklung weiterführend bemühte sich Abraham um eine Ausdifferenzierung der theoretischen Konstrukte, indem er sowohl der oralen als auch der analen Entwicklungsphase eine sadistische Komponente zuschreibt (1916, 1924a, 1924b). Manche Aspekte seiner theoretischen Entwürfe sind auch heute noch ausgesprochen nützlich. Sandor Ferenczis Interesse an der Entwicklung des Realitätsprinzips hat den Rahmen psychoanalytischer Entwicklungstheorien um wichtige Dimensionen erweitert, die später Eingang in die Ich-Psychologie finden werden (1913). Melanie Klein, die besonders die Bedeutung kindlicher Phantasietätigkeit hervorhebt, spricht bereits während der ersten Wochen und Monate im Leben des Säuglings von der Existenz heftigster aggressiver, projektiver und identifikatorischer Strebungen (1928, 1933, 1948).

Mit seiner Einführung des Strukturmodells unterteilt Freud den psychischen Apparat in die drei Instanzen Es, Ich und Überich, die er als stabile Organisationsgrundlage menschlichen Erlebens begreift (1923a). Im Sinne des Anlage-Umwelt-Problems wird er in der Folgezeit Hypothesen zur unterschiedlichen Bedeutung von konstitutionellen Faktoren und Umwelteinflüssen für die Entstehung dieser intrapsychischen Strukturen formulieren (1926), was ganz allgemein zu einer Aufwertung spezifischer Entwicklungsdeterminanten in der Theoriebildung führt. Anna Freud (1936), Hartmann (1939, 1952) und Spitz (1972) gehören zu den ersten, die sich in ihren Forschungsarbeiten der Entstehung intrapsychischer Strukturen zuwenden. Die Differenzierung zwischen angeborenen konstitutionellen Faktoren und erfahrungsbedingten lebensgeschichtlichen Einflüssen sowie ihren Auswirkungen auf den individuellen Entwicklungsprozeß sind Inhalt der Arbeiten von Hartmann (1939), später auch von Winnicott (1995). Mit zunehmender Anerkennung bedeutsamer Umweltdeterminanten für die strukturelle Entwicklung wird der Mutter-Kind-Dyade immer mehr Beachtung geschenkt. Die phasentheoretischen Überlegungen zur Entwicklungsgeschichte der Mutter-Kind-Beziehung von Anna Freud (1942), Melanie Klein (1928, 1933, 1952a, 1952b), René Spitz (1972) und Margaret Mahler (1963, 1972a, 1972b) werden so zu einem wesentlichen Bestandteil entwicklungspsychologischer Annahmen in den Objektbeziehungstheorien.

Während Freuds Verständnis einer interpersonellen und intrapsychischen Dynamik im wesentlichen an den Ödipuskomplex des vier- bis fünfjährigen Kindes geknüpft war, rückt nun die frühe Kindheit, d.h. die ersten drei Lebensjahre, ins Zentrum der Betrachtung. (Zum besseren Verständnis sei erwähnt, daß zu Freuds Zeiten *frühe Kindheit* die Jahre von der Geburt bis zur ödipalen Phase umschrieb.) Das verstärkte Interesse an den ersten Lebensjahren ließ jedoch das Problem rekonstruktiven Vorgehens in der Psychoanalyse noch deutlicher zutage treten. Verschiedene Forscher, allen voran Kinderanalytiker, fühlten sich dadurch auf den Plan gerufen, alternative methodische Zugangsweisen zum Verständnis frühester Entwicklungssequenzen zu finden. Anna Freud konnte aufzeigen, daß die analytische Arbeit mit Kindern Material zutage förderte, das durchaus in das psychoanalytische Theoriegebäude integriert werden konnte. „Die Kinderanalyse erwies sich nämlich in einer überaus wichtigen Hinsicht als einzigartig: Sie war die einzige Neuerung, die es erlaubte, die Richtigkeit von Rekonstruktionen in der Erwachsenenanalyse nachzuprüfen.(...)Jetzt, mit der unmittelbaren Anwendung der psychoanalytischen Behandlung auf junge Kinder, wurde das, was bisher nur erraten und erschlossen werden konnte, zum ersten Mal lebendige, sichtbare, aufzeigbare Realität" (1970, S. 2558). Obwohl die psychoanalytische Betrachtungweise psychopathologischer Phänomene hauptsächlich auf Rekonstruktionen in den Analysen Erwachsener basierte, so sind es nach Anna Freud doch eher die Kinderanalytiker, die den Schlüssel für die Beschreibung normaler Entwicklungsprozesse in Händen halten.

Neben ihrer therapeutischen Arbeit mit Kindern, die an infantilen neurotischen Störungen litten, galt das Interesse Anna Freuds den kindlichen Entwicklungsprozessen ganz allgemein. Zusammen mit befreundeten Kollegen wie Dorothy Burlingham, Eva Rosenfeld, Peter Blos Sr. und später Erik Erikson, gründete sie im Jahr 1926 in Wien eine Schule für Kinder zwischen sieben und dreizehn Jahren, deren Eltern oder die sich selbst in psychoanalytischer Behandlung befanden. Dies ermöglichte, den Einfluß des psychoanalytischen Verstehensprozesses auf Erziehungsprozesse sowie die Wechselwirkung von Erziehung und Entwicklung genauer zu untersuchen.

In der Hoffnung, die Genese normaler und pathologischer Entwicklungsprozesse aufzudecken, wandte man sich nach und nach auch jüngeren Altersgruppen zu. Da die frühesten Lebensabschnitte hauptsächlich durch sensumotorische Aktivitäten und weniger durch verbale Denk- und Kommunikationsmodi charakterisiert sind, ging man beobachtungsorieniert vor. Melanie Klein, eine Pionierin auf diesem Gebiet, leitete ihre ersten theoretischen Überlegungen aus Beobachtungen ihrer eigenen Kinder ab (Grosskurth 1993; Hughes 1989).[2] In ihrem Bemühen um objektivere und systematischere Daten eröffneten Anna Freud und Dorothy Burlingham im Jahr 1937 eine Tageskrippe für Kleinstkinder, deren Familien aus den ärmsten gesellschaftlichen Schichten des damaligen Wien stammten. Sie erhofften sich aufschlußreiches Material über das zweite Lebensjahr sowie die ersten Ablösungsprozesse und Trennungsschritte des Kindes. Dieses Modellprojekt, bekannt unter dem Namen *Jackson Nursery*, wurde allerdings schon kurze Zeit später von den Nazis geschlossen. Nach ihrer Emigration nach London im Jahr 1938 gründeten beide Frauen die *Hampstead War Nurseries*, ein Heim für Kinder, die infolge des Krieges elternlos geworden waren. Die „Kriegskinderheime" entwickelten sich zu einer Einrichtung, die nicht nur auf dem Gebiet der Heimbetreuung von Kindern, sondern auch im Bereich psychoanalytisch orientierter Entwicklungsforschung mit ihrer Methode der genauen Verhaltensbeobachtung als richtungsweisend galt (A. Freud 1942).

Die Glaubwürdigkeit, die der Beobachtungsansatz Anna Freuds in der Folgezeit erlangen konnte, führte dazu, daß diese Form des methodischen Vorgehens schließlich auch zur Ursachenforschung psychopathologischer Phänomene herangezogen wurde. Bereits kurz nach Ende des Zweiten Weltkriegs führte Spitz (1945, 1946a, 1946b) eine Reihe von Beobachtungsstudien in Krankenhäusern und Findlingsheimen durch, in denen die Kinder zwar körperlich versorgt wurden, ihnen jedoch wenig Anregung oder affektive Zuwendung über die Interaktion mit einer konstanten Bezugsperson zuteil wurde. Spitz' Forschungsberichte über die Auswirkungen die-

---

2 Die Behandlung eigener Kinder bzw. Versuche, ihr Verhalten oder ihre Äußerungen zu deuten, gilt mittlerweile als grober Kunstfehler und wird als unverantwortlich abgelehnt.

ser frühen Deprivation lieferten wertvolle Informationen und theoretische Anknüpfungspunkte für das Verständnis der frühen Kindheitsentwicklung und der daran gebundenen potentiellen Psychopathologie. Die filmische Dokumentation seiner Untersuchungen, im Jahr 1947 eine absolute Seltenheit, stellt heute, im Rahmen der modernen Säuglings- und Kleinkindforschung, das gängige methodische Procedere dar.

Aus diesen ersten psychoanalytisch orientierten entwicklungspsychologischen Ansätzen entwickelte sich ein neuer blühender Forschungszweig, der zwei Untersuchungsrichtungen in sich vereint. Ein Forschungsstrang, ursprünglich entstanden aus psychoanalytischem Gedankengut und den Studien Anna Freuds und Dorothy Burlinghams, rekurriert auf Daten sowohl aus klinischen Arbeiten bzw. Kinderanalysen als auch aus extra-klinischen Längsschnittstudien. Der Fokus ist hier auf Entwicklung und ihre Prozeßhaftigeit gerichtet - d.h. die Differenzierung intrapsychischer Systeme und Strukturen, die zunehmende Komplexität intrapsychischer Realität, das Entstehen von Denk- und Phantasietätigkeit sowie die Genese psychopathologischer Störungen und möglicher Wege, ihnen vorzubeugen. Dieser Forschungsrichtung verdanken wir unseren ernormen Wissenszuwachs im Bereich normaler psychischer Entwicklung.

Der zweite Forschungsstrang arbeitet mit Hilfe experimenteller Forschungsdesigns. Unter Anleihe zahlreicher methodischer Vorgehensweisen aus der akademischen Psychologie darf er heute als multidisziplinär gelten, war jedoch ursrpünglich an Versuchsanordnungen ausgerichtet, wie sie Spitz entwickelt hatte. Moderne Säuglings- und Kleinkindforscher arbeiten im „Labor"; ihre Beobachtungsintervalle umfassen einen relativ kurzen Zeitraum und beobachtet werden Kinder im Zustand des sogenannten *ruhigen Wachseins* (quiet altertness), selten im Zustand eines akuten Hungergefühls oder der Verzweiflung. Das Untersuchungsziel ist weniger im Rahmen einer Längsschnittstudie angeordnet, sondern richtet sich in den meisten Fällen auf die experimentelle Überprüfung konkreter Forschungshypothesen. Diese Ausdehnung des Beobachtungsradius' neonatalogischer Forschung während der letzten zwei Jahrzehnte sowie die dadurch gewonnene Menge und Vielfalt gesammelter Daten bedeuten einen enormen Wissenszuwachs hinsichtlich der Entwicklung von Neugeborenen, Säuglingen und Kleinkindern.

Nach hundert Jahren psychoanalytischen Interesses für diesen Bereich (vgl. P. Tyson 1989a) sind wir heute in der Lage, eine ganze Reihe wesentlicher Merkmale des menschlichen Entwicklungsprozesses zu formulieren (ein Aspekt, den wir im folgenden Kapitel genauer diskutieren werden). Das gleiche gilt für das Problem der Interpretierbarkeit des gesammelten Datenmaterials. Ebensowenig wie sich kindliches Erleben und Verhalten aus rein erwachsenem „Material" rekonstruieren lassen, dürfen wir nicht deterministisch von Befunden der Kleinkindforschung auf Erlebensweisen des Erwachsenen schließen.

Zuweilen erliegt die genetische Betrachtungsweise der Gefahr des Reduktionismus und vernachlässigt die Dimensionen des „Funktionswechsels" (Hartmann

1939) oder der „sekundären Autonomie“ (Hartmann 1950), die sich im Laufe der Entwicklung ausbilden. Mit anderen Worten, die funktionale Gebundenheit von Verhaltensweisen, entstanden aus spezifischen situativen Konstellationen im Rahmen individueller Entwicklung, kann sich im Laufe der Zeit aus ihrem ursprünglichen Bestimmungskontext lösen und eine gänzlich andere Zielsetzung übernehmen. Die während der Reinlichkeitserziehung entstehenden Reaktionsbildungen (d.h. die einem verdrängten Triebwunsch entgegengesetzten Verhaltensweisen, die seinem genauen Gegenteil entsprechen) sind hierfür ein Beispiel. Allerdings muß nicht in jedem Fall Reinlichkeit beim älteren Kind oder beim Erwachsenen Ausdruck des eigentlichen, aber verdrängten Wunsches sein zu beschmutzen. Wird diese Möglichkeit nicht in Betracht gezogen, laufen wir Gefahr, einem „genetischen Irrtum“ (Hartmann 1955, S. 218) zu erliegen - d.h. ein aktuelles Verhalten mit seiner Entstehung gleichzusetzen oder aber es auf seine genetischen Vorläufer zu reduzieren. Eine durch Abhängigkeit gekennzeichnete Beziehung einer erwachsenen Person würde so als bloße Wiederholung der frühen Mutter-Kind-Dyade gedeutet.

Entsprechend dieser reduktionistischen Sichtweise wird die Psychopathologie eines Erwachsenen automatisch im Sinne fortdauernder frühester Entwicklungserfahrungen oder als regressive Wiederkehr derselben interpretiert. Die Überreste frühen emotionalen Geschehens gelten somit als diagnostische Belege für eine schwere Charakterstörung auf narzißtischem, Borderline oder psychotischem Niveau. Spätere Einflußfaktoren und mit ihr die Möglichkeit bestimmter psychopathologischer Störungen, deren Genese *nicht* in den ersten Lebensmonaten zu suchen ist, werden übersehen.

Eine derartige Verengung des Blickwinkels ist unserer Ansicht nach nicht zulässig. Auch wenn man im psychischen Erleben des Erwachsenen einen Überrest oder ein Persistieren eines früheren Funktionsmodus wahrzunehmen glaubt, so bedeutet das nicht, daß dieser tatsächlich dem ursprünglichen infantilen Modus zu entsprechen hat. Der Einfluß früher Entwicklungsstadien auf spätere ist allgemein bekannt; ebenso hat jede einzelne Phase innerhalb der individuellen Entwicklungsgeschichte ihre spezifisch prägende Wirkung auf die Gesamtpersönlichkeit. Ein typisches Beispiel ist der ambivalente Erwachsene, der - infolge seiner Abwehr - positive von negativen Gefühlen abtrennt (Spaltung).[3] Nur allzu häufig wird hier von Regression oder Entwicklungsstillstand gesprochen und implizit angenommen, daß eine Inte-

3 Der Begriff der *Spaltung* läßt zwei Bedeutungskonnotationen zu: (1) Spaltung als primitive Abwehrformation, mit deren Hilfe bestimmte Erfahrungen in der Repräsentanzenwelt voneinander getrennt gehalten werden, z. B. liebevolle und enttäuschende Repräsentanzen der Mutter. (2) Spaltung als regressive Abwehr, die eine Trennung der Erfahrungsrepräsentanzen veranlaßt, obwohl bzw. *nachdem* eine Synthese derselben stattgefunden hat. Z. B.: Eine ganzheitliche Repräsentanz der Mutter wird in eine nur „gute“ und eine nur „schlechte“ Mutter gespalten; oder aber: gemischte Gefühle, die die eigene oder eine andere Person betreffen, werden in angenehme und unangenehme Empfindungen aufgeteilt, wobei einer der beiden Teile in der Regel auf eine andere Person verschoben wird. Leider wird nur selten zwischen diesen beiden begrifflichen Möglichkeiten unterschieden.

gration widersprüchlicher Empfindungen entwicklungsmäßig nicht stattgefunden hat. Schlußfolgerungen dieser Art sind simplizistisch und ebenso unsinnig wie die Annahme, die schnelle Ausbreitung von Krebszellen signalisiere eine Wiederholung der frühen Kindheit. Selbst wenn das Wachstum bestimmter Zellen gerade während der Kindheit sehr schnell voranschreiten mag, so kann dies nicht mit einer Krebserkrankung gleichgesetzt werden! Dieses plakative Beispiel soll verdeutlichen, daß die Verknüpfungen zwischen frühen Entwicklungsphänomen und Psychopathologie sehr komplex sind. Das endgültige Resultat eines individuellen Entwicklungsprozesses wird von zahlreichen intervenierenden Faktoren geprägt. Neben den Momenten sekundärer Autonomie und des Funktionswechsels spielt auch das Prinzip multipler Funktionalität (Waelder 1930) insofern eine zentrale Rolle, als Triebe, Ich und Überich das gesamte (normale oder beeinträchtigte) psychische Geschehen mitbestimmen. Waelder bezieht sich hier auf die Überdeterminierung allen Verhaltens, eine These, die sich sehr gut auf das gesamte Spektrum psychischer Störungen übertragen läßt (Brenner 1959, 1979). Ein Patient mag in seinem Bemühen, die Vergangenheit zu begreifen, die Rekonstruktionen seines Analytikers als ausgesprochen hilfreich empfinden; dies bedeutet jedoch nicht, daß sich das, was wir als „psychische Realität" verstehen, tatsächlich in dieser von uns so rekonstruierten Form zugetragen hat.

Ein wohl häufiger anzutreffendes Problem ist das des adultomorphen Bias. An Säuglingen und Kleinkindern beobachtete Phänomene werden Strukturen, Funktionen oder Mechanismen zugeschrieben, die noch nicht existieren. Ein Beispiel: Das Herausstrecken der Zunge des Säuglings wird als frühe Nachahmung interpretiert, obwohl gezeigt werden konnte, daß es sich dabei um eine reflexhafte Reaktion auf die visuelle Darbietung eines Gesichts als auslösenden Stimulus handelt; innerhalb weniger Monate nach der Geburt verschwindet dieser Reaktionsmodus (S. W. Jacobson 1979). Bei der genuinen Nachahmung hingegen handelt es sich um ein sehr viel komplexeres Phänomen (Meltzoff 1982, 1988). Ein weiteres Beispiel ist Melanie Kleins Behauptung, das Verhalten eines Säuglings an der mütterlichen Brust weise auf frühe Phantasietätigkeit hin; die empirische Forschung - gestützt durch ihre Befunde - hält dagegen, daß Kinder über die für aktive Phantasietätigkeit erforderliche mentale Kapazität erst zu einem späteren Zeitpunkt verfügen.

In dieser Hinsicht bietet die Kinderanalyse eine Möglichkeit, unseren entwicklungspsychologischen Wissensstand auszubauen. Die psychoanalytische Behandlung von Kindern ist ein Weg, sich Zugang zur inneren Welt eines Kindes zu verschaffen und theoretische Annahmen, die aus rekonstruiertem Material aus Erwachsenenanalysen abgeleitet werden, auf ihre Gültigkeit hin zu überprüfen (A. Freud 1970b). Seit die direktbeobachtende Forschung Einzug in den psychoanalytischen Diskurs gehalten hat, kann die Kinderanalyse im Sinne einer Gegenprobe des zusammengetragenen Materials fungieren. Theoretische Formulierungen beziehen sich hier meist auf präödipale Erfahrungsmodi - bevor sich das psychische Erleben im Rahmen des Ödipuskomplexes neu organisiert - und sind in der Regel nicht über

Rekonstruktionen aus Erwachsenenanalysen erfaßbar. Da sich aber heute mehr Kinder in psychoanalytischer Behandlung befinden, die am Anfang bedeutsamer ödipaler Auseinandersetzungen oder kurz davor stehen, verfügen wir über wertvolles analytisches Material, das die frühen Aspekte des kindlichen Entwicklungsprozesses beleuchtet und jene Konflikte und Probleme deutlich zutage treten läßt, deren Bewältigung Voraussetzung dafür ist, in die ödipale Auseinandersetzung einzutreten (vgl. P. Tyson 1977, 1989; R. L. Tyson).

Wann ist dieser Entwicklungsprozeß zu Ende? Ist er überhaupt je abgeschlossen? Manche Autoren schlagen vor, das Stufenkonzept, mit der die Entwicklung des Kindes beschrieben wird, auf das Erwachsenenalter auszudehnen. Erikson (1982) war einer der ersten, der Entwicklung als lebenslangen Prozeß bezeichnete und in einer Weiterführung des Freudschen psychosexuellen Stufenkonzepts die Fähigkeit zur Intimität, Generativität und Ich-Integrität als drei zentrale Entwicklungsmomente des Erwachsenenalters postulierte. Benedek (1959) fügte dem das Entwicklungsprinzip der Elternschaft, Bibring et al. (1961) das der Schwangerschaft hinzu. Weitere Kriterien zur Beschreibung spezifischer Entwicklungsstadien im Erwachsenenalter wurden von Gould (1972), Jaques (1981) und Dewald (1981) vorgelegt.

Colarusso und Nemiroff (1981) halten zwar an der Vorstellung lebenslanger Entwicklung fest, ersetzen jedoch das Konzept einer reifungsbedingten Entwicklungssequenz durch die Vorstellung dynamischer Entwicklungsaufgaben, die im frühen, mittleren und späten Erwachsenenalter bewältig werden müssen. Ähnlich diskutiert Pollock (1985) das Thema Lebenserwartung und betont, daß Entwicklungssequenzen im Erwachsenenalter zahlreiche Variablen umfassen. Emde (1985) betrachtet Entwicklung als aktiven lebenslangen Prozeß und sieht strukturelle Veränderungen nicht mit dem Alter der Adoleszenz abgeschlossen. Auch für Neugarten (1979) besteht Entwicklung im Erwachsenenalter nicht in der linearen Aufeinanderfolge voneinander abgrenzbarer Stufen, sondern findet als psychische Reorganisation während des gesamten Lebenszyklus' statt.

Settlage et al. (1988) weisen darauf hin, daß das Stufenkonzept für die Beschreibung infantiler und adoleszenter Entwicklung seine Nützlichkeit zwar behält, für Entwicklungsprozesse im Erwachsenenalter jedoch keine ausreichend spezifischen Kriterien anzubieten hat. Sie schlagen daher vor, Entwicklung als Prozeß so zu konzeptualisieren, daß alle Lebensabschnitte erfaßt werden. Entwicklungsanreize, so die Autoren, liegen in einer Störung nicht mehr angemessener selbsregulatorischer oder adaptiver Funktionsmodi. Diese auch als „Entwicklungschance" zu begreifende Störung (ausgelöst durch biologische Reifungsprozesse, Umweltanforderungen, traumatische Erlebnisse oder Verlusterfahrungen oder aber durch die Wahrnehmung besserer Anpassungsmöglichkeiten) führt zum Verlust des psychischen Gleichgewichts und geht mit einem unterschiedlichen Maß an psychischem oder emotionalem Streß einher. Dieser Spannungszustand kann regressiv, pathologisch oder aber i.S. einer Weiterentwicklung verarbeitet werden. Versuche einer progressiven Bewältigung münden in Konflikte, deren Lösung strukturelle Veränderungen nach sich zieht. Die Integration neuer Strukturen oder Funktionsweisen wiederum verändert die Selbstrepräsentanzen bzw. das eigene Identitätserleben.

Wir teilen die Auffassung, daß es während der gesamten Lebensspanne zu Veränderungen kommt und daß wichtige lebensgeschichtliche Ereignisse (Heirat und Elternschaft ebenso wie traumatische Verlusterlebnisse) zu strukturellen Veränderungen führen können. Allerdings vertreten wir auch die Überzeugung, daß bestimmte Reifungsschübe für den Entwicklungsprozeß von zentraler Bedeutung sind. Unserer Ansicht nach zeichnen sich reifungsbedingte psychische Veränderungen durch strukturelle Differenzierung und Integration aus. Reifungsschübe, wie wir sie aus der Kindheit und Adoleszenz kennen, fehlen im Erwachsenenalter, so daß strukturelle Veränderungen nach der Adoleszenz in der Regel als adaptive Leistungen zu verstehen sind; dies impliziert eine Reorganisation bestehender psychischer Strukturen, nicht aber ihre Neubildung. Nichtsdestotrotz darf die Neukonzeptualisierung des Entwicklungsprozesses, wie sie von Settlage et al. (1988) vorgelegt wurde, als vielversprechender integrativer Ansatz betrachtet werden, der Verknüpfungen zwischen den psychischen Veränderungen der Kindheit und Adoleszenz und jenen des Erwachsenenalters herstellt anstatt sie lediglich gleichzusetzen.

Theorien zum Entwicklungsprozeß

In seinen *Drei Abhandlungen zur Sexualtheorie* (1905b) beschreibt Freud die sequentielle Abfolge verschiedener Phasen der Libidoentwicklung. Dieses libidotheoretische Konzept blieb ein Eckpfeiler psychoanalytischer Entwicklungstheorie, bis das ichpsychologische Paradigma immer mehr an Einfluß gewinnen konnte, indem es aufzuzeigen vermochte, daß neben dem Moment der Sexualität eine ganze Reihe von Determinanten die menschliche Persönlichkeitsentwicklung bestimmen. Obgleich manche Autoren die Bedeutung einzelner Aspekte besonders hervorheben und ihre zentrale oder übergeordnete Stellung immer wieder betonen (Kohut etwa den Narzißmus, Melanie Klein die Aggression), haben sich andere darum bemüht, alle entwicklungspsychologischen Elemente konzeptionell zu verarbeiten, um den Gedanken der Prozeßhaftigkeit i.S. von Organisation und Integration angemessen zu erfassen. Zu dieser Gruppe zählen die Arbeiten von Piaget, Spitz, und Anna Freud. Alle drei Autoren haben umfassende Entwicklungstheorien vorgelegt, die in der einen oder anderen Form die weitere Theoriebildung auf diesem Gebiet beeinflußten.

Jean Piaget

Obgleich er als Vertreter der akademischen Psychologe außerhalb des Bereichs der Psychoanalyse forschte, beeinflußten Piagets theoretische Überlegungen das psychoanalytische Denken, seit Hartmann ihren Nutzen für die Ich-Psychologie erkannt hatte (1953, 1956). Das zentrale Thema seiner Forschungsarbeiten - das Verhalten und die Anpassung des Kindes an seine Umwelt - diskutiert und interpretiert Piaget über die Prinzipien der *Assimilation* und *Akkomodation*: Neue Informationen werden in bereits bestehende Wissenskategorien integriert (*Assimilation*) oder aber bestehende Kategorien (*Schemata*) werden an die neue Situation oder den neuen Gegenstand angepaßt (*Akkomodation*), bewirken die Bildung neuer Kategorien und verändern so die inneren Strukturen. Neue Erfahrungen, so Piaget, bedeuten den Verlust des Gleichgewichts infolge eines Spannungszustandes, der im System entsteht. Entwicklung findet statt über wiederholte Assimilation und Akkomodation sowie die dadurch bedingte Veränderung der inneren Struktur und die Wiederherstellung des Gleichgewichts. Der Übergang konstituiert sich über die Umstrukturierung alter Schemata in eine völlig neue Organisation. Dieses wiederholte Herstellen eines inneren Gleichgewicht - *Äquilibration* - ist ein selbstregulatorischer Prozeß, in dessen Verlauf Spannung auf- und wieder abgebaut wird und das Individuum nach und nach höhere Ebenen seiner psychischen Organisation erlangt (Piaget 1936, 1946, 1958, 1967).

Geistige Entwicklung findet aus der Sicht Piagets über eine Reihe ontongenetisch festgelegter Entwicklungsstufen statt. Jede dieser Stufen zeichnet sich durch ganz spezifische Merkmale aus und folgt ihrer eigenen Logik. Obwohl der zeitliche Rahmen, der den Eintritt in eine bestimmte Entwicklungsphase bestimmt, von Population zu Population und individuell unterschiedlich ist, ist doch die inhaltliche Aufeinanderfolge konstant und universell gültig. Jede neue Entwicklungsstufe beginnt mit dem plötzlichen Erwerb neuer kognitiver Fähigkeiten. Diese werden konsolidiert und integriert und bereiten auf die nächste Stufe bzw. den nächsten Fertigkeitserwerb vor. Entsprechend bedeutet der Übergang von einer früheren Entwicklungsstufe auf eine spätere einen wahren Entwicklungsschub, gefolgt von einer Phase der Integration; dieser Gedanke hat dazu geführt, psychisches Wachstum sowohl im Sinne von *Kontinuität* als auch *Diskontinuität* zu begreifen. Darüber hinaus gilt es heute als weitgehend anerkannt, daß der Zeitraum struktureller Disäquilibration, der den Eintritt in ein neues kognitives Stadium markiert, durch erhöhte emotionale Vulnerabilität gekennzeichnet ist.

René A. Spitz

Ähnlich wie Piaget interessierte sich René Spitz für die Integration und Organisation spezifischer Konstituenzien der Persönlichkeit, weniger für ihre Entwicklung. Daneben - und hier unterscheidet er sich deutlich von Piaget - galt sein ausgeprägtes Forschungsinteresse den frühen Wurzeln psychopathologischer Phänomene sowie dem Seelenleben des Menschen ganz allgemein. Ausgehend von einem unveröffentlichten Artikel, den er im Jahr 1936 vor der Wiener Psychoanalytischen Gesellschaft vorgestellt hatte, formuliert er 1959 seine *Genetische Feldtheorie der Ichbildung* (dt. 1972), die zu einer wichtigen Grundlage psychoanalytischen Verständnisses des menschlichen Entwicklungsprozesses werden sollte.

Spitz, der sich in seinen theoretischen Überlegungen stark auf die Embryologie stützt, betrachtet Entwicklung als ein Fortschreiten von Instabilität zu Stabilität innerhalb eines *Feldes* (wir würden heute von *System* sprechen). Seine Beobachtung, daß es im Laufe der Entwicklung zu größeren Veränderungen der psychischen Organisation kommt, hat ihn zu der Schlußfolgerung veranlaßt, daß hier Funktionen neu verknüpft und zu einem kohärenten Ganzen verbunden werden. In seiner Konzeptualisierung, die er auf die ersten beiden Lebensjahre beschränkt (wir sind der Ansicht, daß sie durchaus weiter gefaßt werden könnte), betont Spitz, daß diese Veränderungen mit neuen Verhaltens- und affektiven Ausdrucksweisen einhergehen, wie etwa das *soziale Lächeln*, das *Fremdeln* und die *„Nein"-Geste*. Das Erscheinen dieser neuen affektiven Ausdrucksweisen kann, so Spitz, als Hinweis dafür gelesen werden, daß das Kind eine neue Stufe struktureller Organisation erreicht hat. Er bezeichnet diese neuen affektiven Ausdrucksmodi als sogenannte *„psychische Organisatoren"*, obwohl er ihnen nicht genuin integrative Kraft zuschreibt. Vielmehr versteht er sie als Manifestation fortgeschrittener struktureller Entwicklung sowie stattgefundener Integration früherer Verhaltensweisen in eine neue Organisation. Psychische Organisatoren kündigen dramatische Veränderungen in der Interaktion des Kindes mit seiner Umwelt an und münden in die Konsolidierung der neuen Organisation (Spitz 1972; ausgearbeitet von Emde 1980a, 1980b, 1980c). Spitz betrachtet Entwicklung sowohl als kumulativen als auch epigenetischen Prozeß: Jede Entwicklungsstufe baut auf der vorhergehenden auf, unabhängig davon, ob die eingeschlagene Entwicklungsrichtung als normal oder pathologisch zu betrachten ist. Daneben bergen aufeinanderfolgende Entwicklungsphasen wichtige und überdauernde psychische Formationen, die in dieser Form in der jeweils vorhergehenden Phase fehlen.

Anna Freud

Das Konzept der *„Entwicklungslinie"* gehört zum Standardrepertoire psychoanalytisch orientierter Entwicklungstheorien: Entwicklung als die Abfolge einzelner Stufen, dem Prinzip der Kontinuität und Kumulation gehorchend. In seiner Beschreibung der einzelnen Reifungsstadien der Libidoentwicklung verwendet Freud als erster die Metapher der Entwicklungslinie. Anna Freud (1962, 1963) greift dieses Konzept auf und spricht von Entwicklung als einer Reihe vorhersagbarer Linien, die ineinandergreifen und sich überlappen und deren Kongruenz oder Inkongruenz auf eine normale bzw. pathologische Entwicklung des Kindes schließen läßt.

Anna Freuds Formulierung unterstreicht - ähnlich den Arbeiten Piagets und Spitz' - das Moment der Interaktion und Interdependenz der einzelnen Entwicklungslinien, d.h. die Verbindung von Reifungssequenzen, Umwelterfahrungen und Entwicklungsschritten. Aber während Piaget seine Betrachtungen auf den Erwerb neuer kognitiver Fertigkeiten richtete und Spitz sich für das Auftauchen neuer affektiver Ausdrucksmodi interessierte, die er als strukturelle Veränderung i.S. psychischer Neuorganisation interpretiert, konzentrierte sich Anna Freud auf die zugrundeliegenden psychischen Determinanten spezifischer Verhaltensweisen. So versteht sie die Art und Weise, wie sich ein Kind zu seiner Mutter in Beziehung setzt, als ganz spezifischen Ausdruck der individuellen Integration von Es-Impulsen, Ich-, und Überich-Funktionen unter Einfluß adaptiver, dynamischer und genetischer Faktoren. Psychische Entwicklungslinien reichen „von der infantilen Abhängigkeit zum erwachsenen Liebesleben", Entwicklungslinien zur körperlichen Selbstständigkeit „vom Säuglingsstadium zu rationellem Essen", „von der Reinlichkeitserziehung zur Reinlichkeit", „von der Unverantwortlichkeit zur Verantwortlichkeit für den eigenen Körper" (Anna Freud 1965, S. 2184ff.). Diese „lebensgeschichtlichen Realitäten" als Ausdruck psychischer Strukturbildung wurden zu hilfreichen Eckpfeilern in Anna Freuds theoretischem Verständnis kindlicher Entwicklung in Richtung größerer autonomer Anpassung. Daran anknüpfend diskutiert sie praktische Probleme, wie die häufig gestellte Frage nach dem „richtigen" Eintrittsalter in den Kindergarten (Anna Freud 1965, S. 2208).

Anna Freud warnte aber auch davor, die Metapher der Entwicklungslinie zu überdehnen bzw. sie in ihrer Begrifflichkeit zu eng zu fassen. Entwicklung enthalte immer ein progressives *und* regressives Moment. Allerdings dient ihr die Betrachtung kindlichen Fortschritts auf der Matrix einzelner Entwicklungslinien als Bezugsrahmen, um - unabhängig von möglichen Symptomen - die emotionale Reife oder Unreife eines Kindes sowie eine normale oder pathologische Entwicklung zu beurteilen. Die Erforschung kindlicher Entwicklung unter dem Blickwinkel der verschiedenen Entwicklungslinien, deren Konzeptualisierung von einer Weiterentwicklung psychoanalytischer Theoriebildung abhängt, trägt nach Anna Freud dazu bei, ein angemessenes Bild der individuellen Erfolge eines Kindes oder aber seines Scheiterns in der Persönlichkeitsentwicklung zu vermitteln.

Diskussion

Die Theorien von Piaget, Spitz und Anna Freud haben gezeigt, daß die Persönlichkeitsentwicklung auf der Interaktion zwischen Reifungs- und Umwelteinflüssen sowie lebensgeschichtlichen Erfahrungen basiert und daß Entwicklung immer den Prinzipien der Kontinuität und Diskontinuität folgt. Das progressive Moment - und damit Kontinuität - manifestiert sich entlang unterschiedlicher Entwicklungsstränge in Form aufeinanderfolgender, sich überschneidender Phasen. Die psychische Organisation jeder dieser Entwicklungsstufen weist charakteristische Merkmale auf, deren Ausprägung aus den vorhergehenden Phasen nicht vorhergesagt werden kann; hier kommt das Prinzip der Diskontinuität zum Tragen. Entscheidendes Kriterium für den Entwicklungsfortschritt einer Person sind diese charakteristischen Merkmale, nicht das Alter der Person. Das bedeutet, daß sich jedes Kind seinem eigenen Rhythmus gemäß entwickelt und wir seinen Entwicklungsfortschritt nicht nach normativen Vorgaben beurteilen, sondern die vergangenen Entwicklungsmuster des Kindes selbst als Vergleichsgrundlage heranziehen sollten.

Entwicklung ist kein reibungsloser Vorgang. Auf Momente großer Veränderung folgen Phasen der Integration und Konsolidierung, bevor der nächste Schritt nach vorn eingeleitet wird. Einige Autoren haben sich vor allem auf diese wesentlichen Entwicklungsschritte konzentriert und interessanterweise herrscht Einigkeit darüber, zu welchen Zeitpunkten in der Entwicklung des Kindes diese stattfinden: im Alter von zwei bis drei Monaten, von sieben bis elf Monaten, von 15 bis 18 Monaten, mit ungefähr drei, sieben, 11 bis 13, 15 bis 16, und 18 bis 20 Jahren. Je nach theoretischem Bezugsrahmen und terminologischer Präferenz des Autors finden sich in der Literatur unterschiedliche Bezeichnungen für diese Schritte. Freud etwa konzentrierte sich auf die sequentielle Triebentwicklung. Piaget interessiert sich vor allem für die geistige Entwicklung des Kindes und betrachtet die einzelnen Entwicklungsschritte unter dem Aspekt kognitiver Integrationsprozesse sowie vorherrschender Denkmodi. Spitz beschreibt die einzelnen Stufen unter ichpsychologischen Gesichtspunkten. Auch Margaret Mahler (1972a, 1972b) rückt die Entwicklung psychischer Strukturen ins Zentrum ihrer Betrachtung, allerdings im Sinne interaktioneller Erfahrungen des Kindes und ihrer Bedeutung, die sie für seine Objektbeziehungen haben. Einen ähnlichen Schwerpunkt auf die interaktionelle Erfahrungswelt des Kleinkindes legt Daniel N. Stern (1992) mit seinem Stufenkonzept des subjektiven Selbstempfindens, setzt dieses jedoch nicht in bezug zur Entwicklung des Ich und des Es. Anna Freud verwendet in ihren Konzeptualisierungen all diese strukturellen Einheiten und bewertet ihre progressive Integration auf der Matrix manifester Verhaltensweisen.

Es wurden bislang kaum Versuche unternommen, diese unterschiedlichen Entwicklungsperspektiven miteinander zu verbinden. Greenberg und Mitchell (1983) vertreten gar die Ansicht, daß es sich bei den einzelnen psychoanalytischen Denkmodellen nicht einfach nur um theoretisches Handwerkszeug handelt, sondern um unterschiedliche Betrachtungsweisen der Welt, die sich nicht sinnvoll verbinden oder integrieren lassen. Diese Auffassung teilen wir nicht. Obwohl sich jede Theorie dem Problem der Persönlichkeitsentwicklung von einem anderen Blickwinkel aus nähert, halten wir das Strukturmodell der Persönlichkeit für einen geeigneten Integrationsrahmen, dessen theoretische Verhandlung auf mehreren Abstraktionsebenen möglich ist (vgl. Rothstein 1983, 1988). Eine Integration unterschiedlicher Modelle und Theorien ist wesentlich für ein umfassendes Verständnis individueller Persönlichkeitsentwicklung. Dies gilt nicht zuletzt für effektives therapeutisches Vorgehen in Kinder- und Erwachsenenanalysen.

Kapitel 2

Die Theorie des Entwicklungsprozesses

Theorie und Technik der Freudschen Psychoanalyse basieren auf der genetischen Annahme, daß den Neurosen Erwachsener bestimmte Kindheitserfahrungen vorausgehen. Da diese Sichtweise an Rekonstruktionen aus Erwachsenenanalysen geknüpft ist, wird das „rekonstruierte Kind" zur komprimierten Widerspiegelung all dessen, was das reale Kind an Erfahrungen und Entwicklungsschritten durchlaufen hat. Die genetische Betrachtungsweise unterstreicht die Bedeutung von Triebentwicklung, innerem Konfliktgeschehen, traumatischen Lebensereignissen und infantiler Neurose; sie betont den prägenden Einfluß von Kindheitserfahrungen auf die individuelle Entwicklung und sucht nach den Ursprüngen der besonderen Schwierigkeiten, die einen Hilfesuchenden in psychoanalytische Behandlung führen.

Im Gegensatz dazu umfaßt eine entwicklungspsychologische Betrachtungsweise nicht nur die Erforschung intrapsychischer Konflikte und infantiler Neurosen, sondern fragt auch nach Ursprung und Entstehungsgeschichte psychischer Strukturen - jenen, die im Dienste der Anpassung stehen sowie all jenen, die konflikthaft miteinander verschränkt sind bzw. das Konfliktgeschehen beeinflussen. Die Entwicklungspsychologie, die eher das reale als das rekonstruierte Kind ins Zentrum ihrer wissenschaftlichen Forschung stellt (Anna Freud 1970b), konnte aufgrund neuer methodischer Möglichkeiten in den letzten Jahren einen immensen Wissenszuwachs verzeichnen. Neben der klassischen Kinderanalyse zählen zu diesen neuen Methoden die Direktbeobachtung von Kindern in Kindergärten, Tagesstätten oder Krankenhäusern, Längsschnittstudien, experimentelle Untersuchungen im Labor sowie die Datensammlung aus benachbarten Disziplinen wie der akademischen Entwicklungspsychologie, der kognitiven Psychologie und der Neuropsychologie. Diesen Reichtum an Wissen zu einer kohärenten Sicht des sich entwickelnden Kindes zu integrieren, ist das Anliegen des entwicklungspsychologischen Forschungsansatzes (Settlage et al. 1977).

Der genetische Ansatz verhält sich zum entwicklungspsychologischen komplementär (vgl. Freuds „Ergänzungsreihen" 1905b; 1916-1917). In gewisser Weise handelt es sich um zwei unterschiedliche Betrachtungsweisen ein und desselben Gegenstands. Die Blickrichtung des genetischen Ansatzes geht - mit Fokus auf psychopathologischen Gesichtspunkten - von der Gegenwart in die Vergangenheit. Im

Rahmen psychoanalytischer Therapie fordert er zum Nachdenken über Vergangenes auf, um Gegenwärtiges zu erklären - unter der theoretischen Vorannahme, daß alle früheren Dimensionen intrapsychischen Geschehens reaktivert werden können und somit das aktuelle psychische Funktionieren beeinflussen. Folgen wir dem entwicklungspsychologischen Ansatz, steht der Prozeß struktureller Entwicklung im Vordergrund: Welchen Einfluß übt das Zusammenwirken von konstitutionellen Faktoren, Reifungsschritten und individuellem Erleben auf die Bildung intrapsychischer Strukturen und Funktionen aus?

Wenn wir mit Hilfe der Theorien und methodischen Möglichkeiten, die uns gegenwärtig zur Verfügung stehen, diesen Prozeß psychischer Entwicklung nachzuzeichnen suchen, so wird deutlich, daß es sich um ein Entwicklungsgeschehen handelt, das durch Veränderung und Plastizität gekennzeichnet ist und das mit der Integration und Organisation biologischer, verhaltenskorrelierter und psychologischer Komponenten einhergeht (Sander 1983). Die im Rahmen dieses Prozesses stattfindende Entwicklung von einfachen zu immer komplexeren Organisations- und Funktionsmodi mit ihren entsprechenden Funktionen und Strukturen bedeutet gleichzeitig eine Weiterentwicklung selbstregulatorischer und adaptiver Fähigkeiten (Settlage et al. 1988). Biologisch argumentierende Forscher vergleichen die psychische mit der embryologischen Entwicklung. Eine angeborene Matrix potentieller Entwicklungsrichtungen, über die zum Teil ein zeitliches Reifungsprogramm bestimmt, stellt einen entscheidenden Einflußfaktor unserer Entwicklung dar. Auch die Fähigkeit, mit anderen in Interaktion zu treten, verschiedene bereits aktive kognitive Funktionen, sowie bestimmte körperliche Bedürfnisse und Triebansprüche gelten als angeboren, beeinflussen unser einzigartiges individuelles Erleben und prägen die Reichweite und Variationsbreite unserer Entwicklung. Der Austausch mit anderen in Verbindung mit reifungsbedingten Einflüssen, individuellem Erleben sowie inneren Bedürfnissen, Triebimpulsen, Wünschen und Gefühlen lassen eine stabile Organisation psychischer Strukturen entstehen, die die Einzigartigkeit einer Person ausmachen.

Wir werden im folgenden zunächst auf die Dimension angeborener respektive anlagebedingter sowie erfahrungskorrelierter Bestimmungsgrößen eingehen und ihre daraus resultierende Integration zu organisierten psychischen Strukturen beschreiben. Im Anschluß daran möchten wir uns dem eigentlichen Entwicklungsprozeß zuwenden und einen konzeptuellen Rahmen ausarbeiten, der eine Integration der verschiedenen Wirkgrößen ermöglichen soll.

Anlagebedingte Einflußgrößen

Seit Hartmanns (1939) These, daß bestimmte kognitive, wahrnehmungskorrelierte und motorische Funktionen angeboren seien und einen Zustand der „Präadaptivität" entstehen ließen, konnte durch Forschungsbefunde immer wieder aufgezeigt werden, wie vielfältig die angeborenen Funktionen sind, die zum Kompetenzerwerb des Säuglings beitragen und seine Entwicklung ganz wesentlich beeinflussen. Neben dem Bereich kognitiver Funktionen liegen detailreiche Beschreibungen zum kindlichen Temperament vor - dazu zählen (1) die unterschiedlichen Aktivitätsstufen des Säuglings, (2) Rhythmizität, (3) Anpassungsfähigkeit, (4) Entwicklungsschwellen, (5) Intensität der Reaktionen, (6) Ablenkbarkeit, (7) Ausdauer und Aufmerksamkeitsspanne (vgl. Chess & Thomas 1986), (8) das angeborene intellektuelle Potential (das abhängig ist von sensumotorischen, visuell-perzeptiven und visuell-motorischen Fertigkeiten sowie von der Fähigkeit, Sprache aufzunehmen, auszudrücken und weiterzuentwickeln), (9) Regelung der Homöostase, sowie (10) spezielle Hypersensitivität oder Schwierigkeiten der Integration, die die Präadaptivität des Säuglings und somit seine Auseinandersetzung mit der Umwelt beeinträchtigen.

Das Bedürfnis des Säuglings nach Aktivität ist eines der zentralen Untersuchungsergebnisse der modernen Kleinkindforschung: Keine Tabula rasa, die sich aufgrund äußerer Reize oder genetisch vorgegebener Entwürfe entfaltet, sondern, unter Einsatz seiner ganz spezifischen konstitutionellen Faktoren, aktiver Teilnehmer und Gestalter seiner Entwicklung. Diese Sichtweise steht in scharfem Kontrast zu früheren Vorstellungen, die den Säugling als hilflosen und passiven Empfänger äußerer Entwicklungseinflüsse konzipierten. Vielmehr haben wir es mit einem Wesen zu tun, das sich aktiv an der Interaktion mit anderen Menschen beteiligt, das eigene regulative Kräfte einsetzt, mögliche pathogene Einflusse abwehrt, sein Erleben gemäß lustvollen und unlustvollen Erfahrungen reguliert und sich an seine Umwelt anpaßt. (Eine kurze Beschreibung dieser Fähigkeiten wird im anschließenden Kapitel Ausgangpunkt einer umfassenderen Diskussion sein.)

Das Kind kommt zur Welt und ist mit Fertigkeiten ausgestattet, die es zur Interaktion mit anderen Menschen befähigen (vgl. Bowlbys Postulat angeborener Bindungsverhaltensweisen beim Säugling; 1969; 1973; 1980): Das umfangreiche Datenmaterial, das die neonatalogische Forschung hinsichtlich der aktiven Entwicklungsgestaltung des Säuglings zusammentragen konnte, führte dazu, daß die große Bedeutung der kindlichen Fähigkeit, in Interaktion mit anderen zu treten, diese aufrechtzuerhalten und auch wieder zu beenden, schließlich erkannt wurde. Brazelton und seine Mitarbeiter konnten überzeugend darstellen, daß der Säugling soziale Interaktion zu antizipieren vermag; werden seine Erwartungen nicht erfüllt, versucht er mit Hilfe unterschiedlichster Strategien seine Mutter für die Interaktion zu gewinnen (vgl. Brazelton 1973; Brazelton et al. 1975; Brazelton & Als 1979; Tronick et al. 1978).[4]

Die Fähigkeit zur Selbstregulation ist angeboren und zählt zur biologischen Grundausstattung aller lebenden Systeme. Das Neugeborene verfügt über einen integrierten Komplex zustandsbezogener, endogen determinierter, regulatorischer Verhaltensweisen, mit deren Hilfe es seine physiologische Homöostase aufrechter-

---

4 Wie bereits erwähnt, verwenden wir *Mutter* als Oberbegriff für alle primären Bezugspersonen des Kindes. Auch wenn zuweilen Väter, Großeltern oder andere Personen die hauptsächliche Pflege des Kindes übernehmen, so ziehen wir mit Call (1984) den Begriff *Mutter* dem der *Pflege-* bzw. *Bezugsperson* vor, da er das subjektive Erleben der Mutter mit ihrem Kind stärker miteinschließt.

hält. Über die angeborene Fähigkeit zu lernen, sich anzupassen und sich - in Auseinandersetzung mit der Umwelt - neurophysiologischer und morphologischer Funktionen zu bedienen, erfolgt der allmähliche Aufbau eines verhaltensregulierenden psychischen Systems. Selbstregulation gilt somit als wichtige Ich-Funktion (Spitz 1957; Wolff 1966; Sander 1969, 1980; Spitz, Emde & Metcalf 1970). Forschungsbefunde psychoanalytisch orientierter Entwicklungsforscher zeigen, wie psychogenetische Faktoren, frühe Umwelteinflüsse, oder eine Kombination beider Komponenten zur Bildung selbstregulativer Prozesse beitragen, die wiederum adaptive Funktionen übernehmen oder aber daran scheitern (Greenacre 1952a; Spitz 1959; Weil 1978). Affekte spielen in diesen regulativen Prozessen eine zentrale Rolle. Zunächst reagiert die Mutter auf den affektiven Gesichtsausdruck ihres Neugeborenen und stützt somit dessen physiologische Homöostase; später nutzt der Säugling die Signalfunktion mütterlicher und schließlich seiner eigenen Affekte, um die Gefahr oder aber Unbedenklichkeit einer (neuen) Situation abzuschätzen (Emde 1980b; Call 1984). Dieses *Affekt-Monitoring* illustriert beispielhaft, wie das Ineinanderwirken angeborener und umweltbedingter Einflußfaktoren die Selbstregulation ganz wesentlich bestimmen.

Der menschliche Säugling verfügt über eine enorme Widerstandskraft und ist bestrebt, nach Abweichungen zur ursprünglichen Entwicklungsrichtung zurückzukehren. Diese Beobachtung zwang Kliniker zu einer Neubewertung der pathogenetischen Auswirkungen singulärer traumatischer Erlebnisse. Auch die These, daß einschneidende Veränderungen der äußeren Lebenswelt des Kindes - wie etwa der Verlust der Mutter oder chaotische äußere Lebensbedingungen - in jedem Fall unkorrigierbare negative Auswirkungen haben, mußte neu überdacht werden (vgl. A. Freud 1955; Emde 1981; Harmon, Wagonfeld & Emde 1982; Anthony & Cohler 1987).

Die Fähigkeit, zwischen lustvoll und unlustvoll zu unterscheiden und ersteren Erlebniszustand vorzuziehen, ist ebenfalls angeboren. An bestimmte Erfahrungen geknüpfte Erinnerungen steuern die nachfolgenden Präferenzen des Säuglings, so wie Triebansprüche sein Verhalten bestimmen. Freud hatte erkannt, daß das Erleben lustvoller und unlustvoller Erfahrungen die Motivation des Kindes beeinflußt und daß sich die sinnlichen resp. Körper-Quellen der Lust im Laufe der Entwicklung verändern. Diese Überlegungen fanden Eingang in das Stufenmodell der psychosexuellen Entwicklung, die Libidotheorie Freuds (in der er die Existenz einer nach Lustgewinn strebenden psychischen Energie posuliert) sowie in sein duales Triebkonzept. Aufgrund neuerer entwicklungspsychologischer Erkenntnisse mußte das libidotheoretische Konzept Freuds zunehmend abgeändert und korrigiert werden: Die Vorstellung von Kindern oder Säuglingen als bloße triebgeladene und nach Lustgewinn strebende Wesen konnte nicht länger aufrechterhalten werden, obgleich wir durchaus einräumen, daß das Streben nach Lust ebenso wie sexuelle und aggressive Triebansprüche einen dynamischen Einfluß auf das Verhalten des heranwachsenden Kindes ausüben.

Anpassung ist eine zentrale Funktion der angeborenen Fähigkeit des Kindes zu aktiver Entwicklungsgestaltung. Hartmann (1939) unterscheidet zwischen dem Zustand des Angepaßtseins an die Umwelt und dem Entwicklungsprozeß, der diesen Zustand bedingt. Der Anpassungsprozeß selbst, so die theoretische Konzeption, ist entweder *alloplastisch* oder *autoplastisch* (Freud 1924c; Ferenczi 1930). *Alloplastische Anpassung* (analog dem Konzept der *Akkomodation* nach Piaget) bezeichnet die Fähigkeit des Individuums, der Umwelt bestimmte Reaktionen zu entlocken oder sich - entsprechend innerer Bedürfnisse, Schemata oder Wünsche - zu dieser Umwelt in Beziehung zu setzen. Diese Fähigkeit ist gerade in den ersten Monaten bis Jahren von zentraler Bedeutung, wenn es für den Säugling um die Befriedigung lebenswichtiger Bedürfnisse geht. Als Zeichen pathologischer Entwicklung ist es hingegen zu werten, wenn ein älteres Kind oder ein Erwachsener die Umwelt nach wie vor als einzige oder wichtigste Quelle der Befriedigung seiner inneren Bedürfnisse betrachtet und sie entsprechend zu manipulieren sucht. Im Gegensatz dazu meint *autoplastische Anpassung* (analog dem Konzept der *Assimilation*) die Fähigkeit, unserer Wahrnehmung der Umwelt entsprechende innere oder psychische Modifizierungen folgen zu lassen. Dies setzt die Fähigkeit zur Realitätsprüfung voraus und impliziert in den meisten Fällen die Notwendigkeit von Kompromissen, zumindest jedoch von Belohnungs- oder Gratifikationsaufschub.

Erfahrungskorrelierte Einflüsse

Die angeborenen Fähigkeiten des Säuglings stecken den Rahmen ab, innerhalb dessen die sich erst entwickelnden psychischen Strukturen später ihre entsprechenden Funktionen übernehmen können; daneben bestimmt die physiologische Ausstattung, inwieweit präadaptive Anpassungsmodi wirksam werden. „Angeborene Unterschiede in der Trieborganisation, in den Ich-Funktionen und im individuellen Wachstumsrhythmus können unterschiedliche Reaktionen auf objektiv identische Erfahrungen nach sich ziehen; *sie können aber auch Einfluß darauf haben, welche Erfahrungen überhaupt gemacht und wie diese wiederum vom Individuum wahrgenommen werden*“ (Benjamin 1961b, S. 34). Von psychischem Geschehen im Sinne angeborener und funktionsfähiger psychischer Strukturen (Spitz 1957) kann jedoch zum Zeitpunkt der Geburt nicht ausgegegangen werden; vielmehr bilden sich diese psychischen Sturkturen erst allmählich auf der Grundlage individueller Interaktionserfahrungen des Kindes. Neben dem angeborenen Entwicklungspotential gilt somit das Interaktionsgeschehen letztlich als entscheidender Bestimmungsfaktor individueller Entwicklung.

Die Möglichkeit, mit anderen in Interaktion zu treten, zählt zur Grundausstattung des Säuglings, doch diesen Interaktionen erwächst eine Fülle an individuellen Beziehungserfahrungen. So besitzt der Säugling große Wirkmächtigkeit über seine Mutter, und seine Fähigkeit, sie für die gemeinsame Interaktion zu „gewinnen“ (oder aber sein Scheitern!) bestimmen seine weitere Entwicklung (vgl. Freiberg 1968, 1974; Bell 1974; Lewis & Rosenblum 1974; Bell & Harper 1977). Das Wissen, die Bedürfnisse ihres Kindes befriedigen zu können, ebenso wie das Gefühl der Frustration, wenn ihr dies nicht gelingt, beeinflussen wiederum nicht nur das emotionale Leben der Mutter selbst, sondern auch das ihres Säuglings (Benedek 1959).

Auf die Bedeutung der Wechselseitigkeit in der Interaktion zwischen Mutter und Kind hat auch Spitz (1963) hingewiesen. Er betont die Dimension der Asymmetrie, die dieser Wechselseitigkeit innewohnt, und stellt fest, daß beide, Mutter und Kind, Unterschiedliches zur Interaktion beitragen; und doch „ergänzen sie sich: während die Mutter dem Säugling das gibt, was er braucht, erfüllt der Säugling seinerseits Bedürfnisse der Mutter“ (Spitz & Cobliner 1965, S. 96). Kris (1953) untersucht die „Passung“ der Bedürfnisse zwischen Mutter und Säugling sowie deren Veränderung im Laufe der Zeit. Chess und Thomas (1986) haben diesen Gedanken aufgegriffen und festgestellt, daß die Qualität dieser Passung ebenso bedeutsam für die Entwicklung des Säuglings ist wie seine konstitutionelle Ausstattung.

Ein wichtiges Ergebnis der modernen Kleinkindforschung war die Erkenntnis, daß Mutter und Säugling ein sich entwickelndes interaktionelles System bilden, in dem jeder der beiden Interaktionspartner über unterschiedliche Kompetenzen verfügt, die kontinuierlich das Verhalten des anderen beeinflussen und verstärken. Dieser Interaktionsprozeß weist bereits früh in der Entwicklung eine hohe Komplexität auf, so daß es sehr oft nicht mehr möglich ist, spätere Anzeichen von Pathologie dem Verhalten des einen oder des anderen Interaktionspartners zuzuordnen (ganz im Gegensatz zu der offenbar unwiderstehlichen Neigung mancher Analytiker, pathologische Phänomene, die sich zu einem späteren Zeitpunkt manifestieren, auf das vermeintliche Versagen der Mutter zurückzuführen - eine reduktionistisch-simplizistische Lesart der genetischen Sichtweise, in der lediglich dem prägenden Einfluß der Mutter auf das Verhalten des Kindes Beachtung geschenkt wird).

Die Interaktionserfahrungen des Säuglings bilden den Grundstock seines Gedächtnisses. Auf der Basis seiner Gedächtnisspuren konstruiert er ein Empfinden für seine persönliche Realität. Realität ist somit auch ein Ergebnis der Aktivität und der individuellen Erfahrungen des Säuglings.

Die Bildung psychischer Strukturen

Im Laufe der Entwicklung verbinden sich konstitutionelle und erfahrungskorrelierte Elemente zu einer hypothetischen stabilen Organisation psychischer Strukturen - ein Prozeß, der auch als „psychische Organisation“ oder „strukturelle Entwicklung“ bezeichnet wird. Das Interaktionsgeschehen zwischen Mutter und Kind stellt dafür den frühen Kontext bereit. Über affekthaltige Interaktionen mit seiner Umwelt und deren Speicherung im Gedächtnis bildet der Säugling neben Selbst- und Objektrepräsentanzen auch Interaktionsrepräsentanzen aus. Diese schlagen sich, über verschiedene Internalisierungsprozesse (Inkorporation, Introjektion, Identifikation), in entsprechenden intrapsychischen Strukturen nieder.

Daneben haben jedoch auch die unterschiedlichen psychischen Funktionsweisen von Mutter und Kind Bedeutung für dessen strukturelle Entwicklung. Die gemeinsame Interaktion stellt jene Lernumgebung bereit, in der sich die zunehmende Differenzierung und Integration der psychischen Funktionen des Kindes vollziehen (Loewald 1986; Settlage 1980).

Die der Mutter-Kind-Interaktion innewohnende Konflikthaftigkeit stellt eine weitere bedeutsame strukturelle Determinante dar. Konflikthaftigkeit ist nicht gleich Pathologie. Konflikte sind ubiquitär und unvermeidlich, „ein Teil der conditio humana“ (Hartmann 1939, S. 12). Herausforderungen und Frustrationen, Polaritäten und Paradoxa, Kohärenz und Unsicherheit charakterisieren den menschlichen Entwicklungsprozeß (Sander 1983). Ohne Unterlaß treffen wir auf Dissonanzen und Inkompatibilitäten (G. S. Klein 1976b), und unsere Versuche, sie aufzulösen, sind die Antriebsfeder für die Differenzierung psychischer Funktionen. Mit anderen Worten: Konflikte nehmen ihren Anfang in der Außenwelt, sie manifestieren sich zwischen zwei Personen, etwa zwischen Mutter und Kind. Von Geburt an verfügen wir über die Fähigkeit, diese Konflikte via Manipulation der Umwelt oder mit Hilfe innerer Kompromißbildung - i.S. alloplastischer oder autoplastischer Anpassung - zu lösen. Es kommt schließlich zu einer Internalisierung dieser Konflikte und zu ihrer Verarbeitung über Kompromißbildung mit Hilfe entsprechender Ich-Funktionen. In diesem Sinne findet eine ständige Weiterentwicklung und Modifizierung intrapsychischer Strukturen statt. Von Nagera (1966) stammt die nützliche Unterscheidung zwischen *Entwicklungskonflikt*, *Entwicklungsstörung*, *internalisiertem* oder *neurotischem Konflikt* sowie *infantiler Neurose*.

Der *Entwicklungskonflikt* - zuweilen von entsprechender Symptomatik begleitet - gilt als normales und charakteristisches Element unserer Entwicklung; er ist vorhersehbar und für gewöhnlich zeitlich begrenzt. Entwicklungskonflikte treten in allen Entwicklungsphasen auf und jedes Kind – das mit phasenspezifischen Anforderungen seitens der Mutter (etwa im Rahmen der Sauberkeitserziehung) konfrontiert wird, die wiederum mit seinen Wünschen kollidieren - erlebt sie mehr oder weniger stark ausgeprägt.

Umweltbedingte Einflüsse können jedoch das Kind in seinen Bedürfnissen so nachhaltig frustrieren, daß die daraus resultierenden Belastungen seine Weiterentwicklung gefährden. Je nach Alter und Entwicklungsstand des Kindes können *Entwicklungsstörungen* dieser Art eine Vielzahl pathologischer Abweichungen nach sich ziehen. Die Auswirkungen früher Störungen auf die Entwicklung des Kindes sind für gewöhnlich tiefgreifender; sie abzufangen i.S. einer Wiederherstellung des psychischen Gleichgewichts kann gelingen oder auch nicht. Vernachlässigung in den ersten Lebensmonaten etwa kann das Überleben des Säuglings gefährden, im zweiten Lebensjahr führt sie zu Verzögerungen der Sprachentwicklung und beeinträchtigt die für das abstrakte Denken nötige Ausbildung kognitiver Strukturen (Weil 1978). Auch chirurgische Eingriffe zählen zum Störungspotential kindlicher Entwicklung: Auf dem Höhepunkt der infantil-genitalen Phase als Bestrafung ödipaler Wünsche erlebt, können sie eine massive Verstärkung von Kastrationsängsten oder Penisneidgefühlen nach sich ziehen. Finden operative Eingriffe statt, bevor das

Kind über feste Grenzen seines Körper- und Selbstempfindens sowie deren intrapsychischer Repräsentation verfügt, kann dies als derart überwältigend erfahren werden, daß die selbstregulativen Funktionen sowie das Gefühl für die eigene körperliche Integrität beeinträchtigt werden (Greenacre 1952a). Entwicklungsstörungen können die Verarbeitung späterer Entwicklungskonflikte nachhaltig beeinflussen.

In der Regel wird ein Konflikt zwischen äußeren Anforderungen und inneren Wünschen zu einem Konflikt zwischen inneren Ansprüchen und Strebungen. Wir sprechen dann von einem *internalisierten* oder *neurotischen Konflikt*. Die ersten Schritte auf dem Weg der Internalisierung eines äußeren Konflikts sind bereits während der zweiten Hälfte des zweiten Lebensjahres zu beobachten (Mahler 1975b). Das Kind erlebt rivalisierende Strebungen, einerseits etwa den Wunsch, die Liebe der Mutter zu erlangen, die allmählich an bestimmte Bedingungen geknüpft wird, andererseits das Verlangen nach uneingeschränkter Bedürfnisbefriedigung. Eine optimale Lösung dieses Konflikts ist dann gegeben, wenn es dem Kind gelingt, seine Wünsche innerlich zu modifizieren. Anstatt weiterhin nach Befriedigung seiner analen Lust zu suchen, identifiziert sich das Kind mit den Wünschen der Mutter und ist nun selbst bestrebt - im Sinne einer Reaktionsbildung -, Sauberkeit zu erlangen.

Diese frühen internalisierten Konflikte werden von phasenspezifischen ödipalen Konflikten überlagert, was zur Ausbildung einer *infantilen Neurose* führen kann, wenn keine anderen Lösungsmöglichkeiten zur Verfügung stehen. (Wir bewegen uns nun im Zeitraum ab dem vierten Lebensjahr.) Das Entstehen einer infantilen Neurose setzt ein funktionierendes Überich sowie ein strukturelles Organisationsniveau voraus, auf dem bestimmte Wünsche und Impulse (in der Regel ödipale Triebansprüche) mit den verinnerlichten normativen und ethischen Vorstellungen des sich entwickelnden Überichs in Konflikt geraten; anstelle des Versuchs, die Umwelt zu manipulieren, wird die Lösung dieses Konflikts über Kompromißbildung und Modifizierung des entsprechenden Triebwunsches angestrebt. Eine infantile Neurose kann sich beeinträchtigend auf die Weiterentwicklung des Kindes auswirken, die zugrundeliegenden Konflikte jedoch sind als durchaus phasengerecht und normal zu betrachten. Unternimmt das Kind adaptive Anstrengungen, sie zu lösen, fördert dies sein unabhängiges psychisches Funktionieren.

Obgleich die meisten inneren Konflikte im Interaktionsgeschehen mit der äußeren Welt ihren Anfang nehmen und in der Folgezeit internalisiert werden, gibt es eine ganz bestimmte Gruppe von zum Teil unlösbaren Konflikten, die auf gegenläufige Strebungen der Persönlichkeit verweisen. Dazu zählen ambivalente Tendenzen, die Balance zwischen männlichen und weiblichen Anteilen der Persönlichkeit (oft unter dem Stichwort 'Bisexualität' diskutiert) sowie die Spannung zwischen Aktivität und Passivität.

Der Entwicklungsprozeß

Die Bildung intrapsychischer Strukturen aus konstitutionellen und erfahrungsbedingten Elementen ist ein diskontinuierlicher Prozeß und durch einen typischen

Wechsel von Entwicklungsschüben einerseits sowie Rückschritten andererseits gekennzeichnet. Entwicklungssprünge sind die Folge entwicklungsbedingter Transformationen (Abrams 1977). Von Zeit zu Zeit kommt es - infolge eines biologisch determinierten Musters oder Zeitplans - zur Reifung bestimmter Elemente, Fähigkeiten oder Funktionen (z. B. kognitive Funktionen oder etwa das durch die Entdekkung neuer erogener Zonen bedingte Erreichen eines neuen psychosexuellen Organisationsniveaus). Dieser Reifungsprozeß führt zu Transformationen innerhalb des Systems, die normalerweise keinen äußeren Einflüssen unterliegen. Gemäß seinem individuellen Tempo muß jedes Kind diese Entwicklung durchlaufen.

Von einer Vorwärtsentwicklung sprechen wir auch aufgrund spezifischer entwicklungsbedingter Integrationsleistungen. Verschiedene, unabhängig voneinander entstehende Komponenten und Funktionen werden verknüpft und in Beziehung zueinander gesetzt - sie bilden so eine neue, kohärent funktionierende Organisation, die komplexer ist als jedes einzelne seiner konstituierenden Elemente. Verknüpfung und Organisation verschiedener Funktionen zu einem kohärenten System machen den Kern struktureller Ich-Entwicklung aus. Die Schlüsselstellen, an denen es zur Verknüpfung verschiedener Funktionen kommt, und die bestimmte Phasen in der Ich-Entwicklung markieren, zeichnen sich durch sichtliche Fortschritte der selbstregulativen und adaptiven Fähigkeiten des Kindes aus und lassen deutliche Veränderungen seines Verhaltens sichtbar werden.

Auf jede dieser entwicklungspsychologischen 'Knotenpunkte' folgt eine Phase der Regression und Konsolidierung. Jede Vorwärtsentwicklung des einen oder anderen intrapsychischen Systems stört das Gleichgewicht zwischen allen anderen Systemen. Frühere Funktionsmodi ebenso wie frühere Entwicklungsaufgaben, Konflikte, Abwehrhaltungen und Anpassungsstrategien müssen nun überarbeitet werden. (Einen ähnlichen Prozeß für die kognitive Entwicklung beschreibt Piagets Konzept der *„Décalage"*) Jedes erfolgreiche Durcharbeiten mündet in ein höheres *intra-*, als auch *inter*systemisches Funktions-, resp. Integrationsniveau i.S. einer Reifung des psychischen Apparates. Das bedeutet jedoch nicht, daß das Kind aus seinen noch ungenügend gelösten Konflikten und Problemen „herauswächst". Vielmehr entwickelt es sich „um sie herum", wodurch die nachfolgende Entwicklung verzerrt wird.

Mit seinem Konzept der „Regression im Dienste des Ich" (1952, S. 177) schlägt Kris vor, Regression als Bestandteil einer normal verlaufenden Entwicklung zu betrachten. Eine der Grundannahmen psychoanalytischer Theoriebildung lautet, daß alle psychischen Phänomene potentiell wirksam bleiben, auch wenn zu einem späteren Zeitpunkt andere an ihre Stelle treten. Streß i.S. psychischer Anspannung kann insofern in eine funktionelle (nicht zeitliche) Regression münden, als dadurch befriedigendere oder weniger konflikthafte Funktionsmodi aus früheren Enwicklungsphasen zum Einsatz kommen. Die Dynamik des Wiederholens, die das psychische Geschehen des Menschen nicht selten bestimmt, ist somit kein ungewöhnliches Phänomen, um so weniger als all unsere Erfahrungsinhalte und Entwicklungsaufgaben das gesamte Leben hindurch an erneuter Aktualität gewinnen können. „Während des zweiten Lebensjahrzehnts wiederholen und erweitern wir die Erfahrungen unserer ersten fünf Lebensjahre. (...) wenn auch die Ebenen der Kindheit und Adoleszenz sehr unterschiedlich sind - die Art und Weise, wie wir diese Entwicklungsphasen durchlaufen, ist sehr ähnlich“ (Jones 1922, S. 398-399). „Die Wiederholung dessen, was in der Interaktion mit der Außenwelt stattgefunden hat, in der Innenwelt“ ist ein charakteristisches Merkmal der Persönlichkeitsentwicklung (Loewald 1986, S. 68). „Wiederholung“ in diesem Sinne unterscheidet sich jedoch von jenem Verhalten, das Freud (1920) als sog. „Wiederholungszwangs“ (als Ergebnis psychopathologischer Kräfte) konzipiert. Das Moment des Wiederholens im hier diskutierten Kontext beschreibt einen Teil des psychischen Internalisierungs- und Organisationsprozesses.

Abrams (1977) hat darauf hingewiesen, daß die Art und Weise, wie der Entwicklungsfortschritt die Persönlichkeit prägt, individuell sehr verschieden ist. Neben Diskontinuitäten, ausgelöst durch Transformations- und Integrationsprozesse sowie dadurch bedingte Verschiebungen in der Persönlichkeitsorganisation, lassen sich jedoch auch Kontinuitäten im Entwicklungsprozeß ausmachen: So behalten das Muster interpersoneller Bezogenheit (Emde 1988a) oder bestimmte Funktionsmodi des Ichs (S. Brody & Axelrad 1970, 1978) einige ihrer charakteristischen Merkmale im Verlauf der gesamten Persönlichkeitsentwicklung bei.

Angesichts eines Entwicklungsprozesses, dessen typisches Moment in seinen Diskontinuitäten und Kontinuitäten besteht, tritt die Schwierigkeit, „Normalität“ zu beschreiben um so deutlicher zutage. Ein Kind entwickelt sich in einigen Bereichen schneller, in anderen langsamer. In manchen Bereichen stehen Reifungsprozesse im Vordergrund, in anderen sind es der interaktionelle Austausch mit der Umwelt sowie individuelle Erfahrungen, die die Entwicklung vorantreiben, in wieder anderen basiert sie in erster Linie auf der Integration und Synthese von Elementen bereits durchlaufener Entwicklungsstadien. Aus diesem Grund „offenbart der Versuch, die einzelnen divergierenden Entwicklungsmodi zu vereinen, das eigentliche Problem psychoanalytischer Entwicklungstheorie. Es ist ihre Komplexität, die es so schwierig macht, die verschiedenen Ich- sowie Ich-Es-Funktionen angemessen miteinander in Beziehung zu setzen“ (Neubauer 1984, S. 21). Die Komplexität des Entwicklungsprozesses bestimmt die unendliche Vielfalt an möglichen Ausdrucksformen menschlicher Normalität und Psychopathologie.

Ausblick

Die vorangegangene Diskussion hat gezeigt, daß eine große Anzahl verschiedenster psychischer Funktionen den Entwicklungsprozeß des Kindes bestimmen. Das Ziel dieses Buches ist es, ein integratives Rahmenmodell zu entwerfen, das eine angemessene Betrachtung dieses Entwicklungsprozesses möglich macht; dabei soll auf seine Komplexität ebenso eingegangen werden wie auf die zahlreichen Einzelelemente, die ihn kennzeichnen. Freuds (1923a) Strukturmodell - das auf verschiedenen Abstraktionseben diskutiert werden kann - scheint uns als Erklärungsansatz geeignet, das hier diskutierte Enwicklungsgeschehen zu erfassen und gleichzeitig neuere entwicklungspsychologische Erkenntnisse zu integrieren. Eine mögliche Abstraktionsebene ist die der individuellen Erfahrungswelt (engl.: experiential), jene alltäglichen affektgeladenen Erlebnisse, Phantasien und Erinnerungen unserer selbst - allein und in Interaktion mit anderen -, die unsere intrapsychische Welt mit ihren Selbst- und Objektrepräsentanzen formen (Sandler & Rosenblatt 1962). Auf theoretischer, nicht erfahrungskorrelierter (engl.: nonexperiential) Ebene läßt sich dies im Strukturmodell mit seinen Instanzen Es, Ich und Überich erfassen, die als Grundstruktur der Persönlichkeit unsere Alltagserfahrungen organisiert.[5]

Wenn wir Struktur als ein relativ stabiles, sich langsam entwickelndes System verstehen und mit Hilfe des Strukturmodells die Dynamik zwischen verschiedenen intrapsychischen Prozessen zu erfassen suchen, so bietet es sich an, den strukturellen Ansatz mit systemtheoretischen Überlegungen in Beziehung zu setzen. In seinem Bemühen, die Systemtheorie gegenüber der damals herrschenden psychologischen Lehrmeinung des Behaviorismus abzugrenzen, faßt Bertalanffy sie folgendermaßen zusammen: „Im Gegensatz zu physikalischen Kräften wie Schwerkraft und Elektrizität finden wir die Phänomene des Lebens nur in individuellen Entitäten, die wir Organismen nennen. (...) Ein Organismus ist ein System, das heißt, eine dynamische Anordnung von Teilen und Prozessen, die in Interaktion miteinander stehen“ (1968, S. 208). Es gibt offene und geschlossene Systeme: Erstere sind von außen kommenden Einflüssen und Veränderungen gegenüber offen, letztere nicht. Die menschliche Psyche und ihre konstitutiven Bestandteile stellen ein offenes System dar (ebenso wie unsere theoretischen Überlegungen dazu), da wir Einflüssen und Veränderungen von außen ebenso ausgesetzt sind wie inneren Kräften.

Die Postulate der Systemtheorie haben die psychoanalytische Theoriebildung nicht unbeeinflußt gelassen und Psychoanalytiker wie Bowlby (1969, 1980), Peterfreund (1971), Rosenblatt und Thickstun (1977), Basch (1977), Sander (1983), Stechler und Halton (1987) sowie Boesky (1988) stehen ihr in ihren Arbeiten aufgeschlossen gegenüber. Wir selbst betrachten die Systemtheorie als ausgesprochen nützlich, nicht, um das Strukturmodell zu ersetzen, sondern um es in seiner Funktionalität besser zu beschreiben. Wenn wir die menschliche Psyche als ein offenes System begreifen, dessen Substrukturen dynamisch miteinander verbunden sind, und die - via zunehmender Elaborierung und Differenzierung - in einem ständigen Austausch mit der Umwelt stehen, so meinen wir Freuds Denkweise im Kern zu er-

[5] Genau genommen bezeichnet „nicht-erfahrungsgebunden“ (nonexperiential) alle hypothetischen Aspekte unseres Seelenlebens. Dazu zählen Abwehrhaltungen oder andere psychische Mechanismen ebenso wie intrapsychische Systeme oder Strukturen. Die nicht erfahrungskorrelierten Elemente des psychischen Geschehens sind integraler Bestandteil unserer Theorie, nicht aber unserer Erfahrungswelt. „Der Bereich des Nicht-Erfahrungsbedingten entzieht sich unserer intrinsischen Kenntnis, mit Ausnahme insofern als wir über das Schaffen oder die Manifestation eines bestimmten Geschehnisses im Bereich subjektiver Erfahrung Zugang zu ihm finden“ (Sandler & Joffe 1969, S. 82).

fassen. Die systemische Betrachtung des Strukturmodells hilft uns, das Entstehen von Motivation, Abwehr und Konfliktverarbeitung, die das Wesen menschlichen Erlebens ausmachen, zu verstehen.

Unter systemischer Perspektive läßt sich der Entwicklungsprozeß als eine allmähliche Herausbildung von Funktionen konzeptualisieren, die mit anderen Funktionen - die wiederum ein System bilden - verknüpft werden. Viele Systeme entwikkeln sich auf diese Art und Weise, und die Entwicklungsrichtung eines jeden einzelnen ist mit denen der anderen verschränkt. Sie verbinden sich schließlich zu den relativ stabilen strukturellen Organisationen des Es, Ich und Überich, die untereinander, aber auch in Verbindung zur Außenwelt, ein dynamisches Gleichgewicht aufrechterhalten.

Somit vollzieht sich Entwicklung über die Differenzierung, Organisation, Transformierung und Neuorganisation verschiedener in Interrelation stehender Systeme. Jedes System wird auf jeder Stufe von der Entwicklung aller anderen Systeme, in Interaktion mit der Umwelt, beeinflußt. Das Kind beginnt sein Leben mit einer Anzahl angeborener Potentiale. Die Beziehung zwischen Mutter und Kind wird allmählich zu einem stabilen interaktionellen System, dessen organisierender Einfluß den angeborenen physiologischen Funktionen psychologische Bedeutung verleiht. Wir können dies beobachten, wenn der Säugling - in Verbindung mit der affektiven Responsivität der Mutter - zwischen dem, was Lust bereitet und dem, was er als unlustvoll erlebt, unterscheidet. Diese Unterscheidungen markieren die frühesten Entwicklungsstufen des Es im Sinne eines motivationalen Systems (Loewald 1986; P. Tyson 1988).

Von einem Fortschritt in den Objektbeziehungen können wir dann ausgehen, wenn das interaktionelle System zwischen Säugling und Bezugsperson zur Schaffung stabiler und überdauernder Beziehungsmuster führt. Seine Interaktionserfahrungen helfen dem Säugling darüber hinaus, in seinem Erleben zwischen der Mutter und einem Empfinden seiner selbst - in Interaktion mit ihr - zu differenzieren. Er beginnt bereits früh, die Interaktion mit der Mutter zu regulieren (Stern 1974b; Beebe 1986); dies impliziert, daß das Ich als organisierte und organisierende, selbstregulative intrapsychische Struktur Form anzunehmen beginnt und sich über das endogene und zustandsbestimmte regulatorische System des Neugeborenen hinausentwickelt hat.

Je stärker sich intrapsychische Repräsentanzen des Selbst und des Anderen herauszubilden beginnen, desto stabiler werden Selbst- und Objektempfinden sowie das Gefühl für die eigene Individualität. Daneben verleihen zahlreiche Momente der Mutter-Kind-Interaktion dem auftauchenden Selbstempfinden geschlechtsspezifischen Charakter und überdauernde Identifikationen mit dem einen oder anderen Elternteil fördern die Ausbildung der Geschlechtsidentität. Aufgrund größerer Ich-Stärke (infolge seiner Identifizierung mit der pflegenden Mutter) erwirbt der Säugling - über verschiedene Internalisierungs- und Identifizierungsprozesse im interaktionellen System mit der Mutter - die Fähigkeit zu unabhängigem psychischen

Funktionieren. Mit Auftauchen der ersten Vorläufer des Überich-Systems fördert ein immer stärker werdendes Empfinden sozialer Verbundenheit die Internalisierung von äußeren Regeln und Anforderungen, Idealen und ethischen Grundsätzen. Ein früh funktionierendes Überich in Verbindung mit einer allgemein größeren psychischen Autonomie sichert die Stabilität interpersoneller Harmonie und fördert den Ausbau der Objektbeziehungen.

Infolge der entwicklungsbedingten Verknüpfungen und Interdependenzen psychischer Funktionen kommt es allmählich zu einer stärkeren Integration und Organisation der Systeme untereinander. Die Fähigkeit des Kindes, schreiben zu lernen, kann hier als analoges Beispiel herangezogen werden: Zunächst weisen die Buchstaben nur wenig Bezug zueinander auf, bis ihre Zusammensetzung den Eigennamen des Kindes und andere Wörter ergibt. Aus Wörtern werden schließlich Sätze, und aus Sätzen ganze Erzählungen.

Wir möchten hier vor allem die *Prozeßhaftigkeit* des Entwicklungsgeschehens unterstreichen: Keine Situation und kein Muster wiederholen sich als solche und kein System ist je abgeschlossen. Entwicklung i.S. von Veränderung und Wachstum findet das gesamte Leben über statt. Angesichts der Komplexität der im Entwicklungsprozeß aufeinandertreffenden Einflußfaktoren wird deutlich, daß wir es hier mit einem starken Moment der Unvorhersehbarkeit zu tun haben, wenn auch Entwicklung insgesamt durchaus etwas Stabiles und Vorhersehbares eignen mag. Kein System ist einem anderen übergeordnet oder kann isoliert von allen anderen betrachtet werden; Systeme sind nicht über Ursache-Wirkungs-Ketten miteinander verbunden, keines läßt sich aus einem anderen ableiten oder vermag ein anderes zu erklären. Systeme sind interdependent, wenn auch ihre Relationen untereinander nicht proportional im strengen Sinne sein müssen. Die Integration zwischen den einzelnen Systemen ist die Triebfeder intrapsychischer Anpassung auf zunehmend höheren psychischen Funktionsniveaus.

Eine systemische Betrachtungsweise bietet die Möglichkeit, mißverständliche Annahmen zum sogenannten „Stufenkonzept" zu diskutieren. In jedem System gibt es eine Reihe von Stufen, d.h. ein vorhersehbares Muster bzgl. der Reihenfolge, die durchlaufen werden muß, um bestimmte psychische Funktionen oder Integrationsebenen auszubilden oder zu erlangen. Jede Stufe markiert somit einen Knotenpunkt entlang des Entwicklungskontinuums, an dem ein bestimmtes Niveau funktionaler Einheit erreicht wird. Pine (1985) etwa wendet sich kritisch gegen jene Psychoanalytiker, die alles innerhalb eines bestimmten Zeitraums als relevant für die jeweils herrschende libidinöse Entwicklungsstufe betrachten. Wenn wir davon ausgehen, daß sich mehrere Systeme gleichzeitig entwickeln und jedes dabei seiner eigenen Entwicklungsrichtung mit unterschiedlichen Stufen folgt, so wird deutlich, daß mehrere Stufen nebeneinander existieren müssen; es gilt somit, die Stufen der einzelnen Systeme in Relation zueinander zu betrachten, wobei keines der Systeme eine übergeordnete Position einnimmt.

Unser entwicklungspsychologischer Entwurf stützt sich vor allem auf die theoretischen Überlegungen von Spitz, Piaget und Anna Freud. In Übereinstimmung mit Erikson (1966), dessen Konzept von Spitz und Piaget beibehalten wurde, betrachten wir Entwicklung weniger als chronologischen als vielmehr epigenetischen Prozeß, d.h. als Abfolge einzelner Phasen, in denen jeweils neue Entwicklungsmerkmale vorherrschen. Als ebenso zentral erachten wir das Moment der Diskontinuität i.S. einer Vorwärtsentwicklung, die wiederum von Phasen der Integration, Konsolidierung und Vorbereitung auf den nächsten Entwicklungsschritt abgelöst wird.

Der Charakter der Verschränkung, Überlappung und netzwerkartigen Verzweigung sich simultan entwickelnder Systeme läßt sich mit Hilfe des Konzepts der *Entwicklungslinie* sinnvoll erfassen. Allerdings ist die Metapher der Entwicklungslinie nur insoweit von Nutzen, als wir sie als zyklisch und spiralförmig (und nicht als linear!) begreifen und sie für die Beschreibung der sequentiellen Veränderungen in einem System heranziehen.

Unser Verständnis dieses Konzepts unterscheidet sich von Anna Freuds Vorstellung bestimmter Verhaltenscluster, die die Integration von Es-, Ich- und Überich-Elementen widerspiegeln. Wir postulieren sequentielle Entwicklungsstufen für die eher hypothetischen, nicht-erfahrungskorrelierten psychischen Systeme und Strukturen wie Ich und Überich. Dazu ist es nötig, von klinischen Beobachtungsdaten auf theoretische Konstrukte hinsichtlich bewußten und unbewußten psychischen Geschehens zu schließen. Auch für die erfahrungskorrelierten Bereiche der Objektbeziehungen, des Selbstempfindens, und der Geschlechtsidentität werden wir bestimmte Entwicklungslinien vorstellen, wobei wir wiederum auf Extrapolationen von erfahrungsbedingten Inhalten auf Theorien psychischen Funktionierens angewiesen sind.

„Eine Entwicklungstheorie, die nicht nur Aspekte der Stabilität und kontinuierlichen Veränderung erklärt, sondern auch die Möglichkeit unterschiedlicher Interaktionsformen miteinzubeziehen vermag, stellt in der Tat eine Herausforderung dar" (Drucker 1981, S. 44-45). Wir hoffen mit unserem systemischen Ansatz dieser Herausforderung gerecht zu werden.

Unsere Vorgehensweise wird deskriptiv sein. Wir zielen dabei nicht auf eine (neue) metapsychologische Formulierung ab, vielmehr betrachten wir unsere Arbeit als entwicklungspsychologische Landkarte. Aber ebensowenig wie sich aus den Markierungspunkten einer Landkarte die Verkehrsdichte an bestimmten Kreuzungen bestimmen läßt, können aus den einzelnen Entwicklungsschritten in jedem Fall Aussagen über potentielle Konflikte in den jeweiligen Entwicklungsphasen abgeleitet werden.

Die auf den Seiten 48 und 49 abgebildete Tabelle über die Entwicklungsstufen intrapsychischer Systeme soll als Orientierungshilfe dienen. Wir sind uns bewußt, daß eine graphische Darstellung dieser Art die Gefahr grober Vereinfachung in sich birgt und unterschiedliche Abstraktionsebenen nicht zu berücksichtigen vermag.

Entwicklungsstufen psychischer Systeme

Psychosexualität	*Objektbeziehungen*			*Konflikt*	*Affekte*
		Objekt	*Selbst*		
Oral		Reziprozität Dialog	Kernselbst		Soziales Lächeln
	Dyadisch	Libidinöses Objekt	Körperselbst	Entwicklungskonflikt (in schweren Fällen Entwicklungsstillstand)	„Social Referencing“
Anal		Üben Wiederannäherung	Psychisch repräsentiertes Selbst		
		Libidinöse Objektkonstanz	Selbstkonstanz	Internalisierter Konflikt	Verknüpfung Affekt/ Vorstellung
Infantilgenital		Narzißtisch			Signalfunktion
		Ödipal positiv negativ	Integration der Identität		
				Infantile Neurose	
Latenz frühe späte	triadisch	Familienroman	Selbstverantwortlichkeit		
Präadoleszenz		Regression	Veränderungen des Körperselbst		
Adoleszenz					
frühe			Rekonsolidierung des Körperselbst	Externalisierung des Konflikts	
mittlere		Entidealisierung	Identitätskrise		
späte		Ablösung	Stabile Identität	Reinternalisierung des Konflikts	

Kognition	*Überich*	*Geschlecht*		*Ich*
		Mädchen	*Jungen*	
Sensumotorisch (0-2 Jahre)		Zuschreibung des biol. Geschlechts	Zuschreibung des biol. Geschlechts	Soziales Lächeln
		Körperdifferenzierung	Körperdifferenzierung	Libidinöses Objekt
Anschaulich	Bildung von Introjekten und Idealen „Objekt-Compliance“	Primäre Weiblichkeit	Primäre Männlichkeit	Kommunikation
Voroperatorisch		Identifizierung mit der weiblichen Rolle	Entidentifizierung von der Mutter	
Primär- und Sekundärv.: fließender Übergang	„Introjekt-Compliance“	Anatomisches Interesse	Kastrationsangst (Mutter) Anatomisches Interesse	Internalisierter Konflikt Signalfunktion
	Identifizierung mit Idealen und Introjekten	Wechsel des libidinösen Objekts	Identifizierung: männliche Rolle Kastrationsangst (Vater)	
Konkret-operatorisch	Schuld	Konflikt bzgl. Objektwahl	Konflikt bzgl. Objektwahl	
Primär- und Sekundärv.: getrennt	Autonomes Überich	Üben der Geschlechtsrolle	Phallischer Narzißmus	Infantile Neurose
	Regressive Personifizierung	Menarche	Regression Kastrationsangst	Lust an der eigenen Leistung
Formal-operatorisch		Rekonsolidierung der Weiblichkeit	Überarbeitung des Ichideals	Reorganisation des Ichs: Affektive Labilität
Primär- und Sekundärv.: fließender Übergang	Modifizierung des Ichideals	Konflikt bzgl. Objektwahl Eindeutigkeit bzgl. Geschlechtspartnerorientierung	Eindeutigkeit bzgl. Geschlechtspartnerorientierung	Vorherrschaft des Ichs: Affektive Stabilität
Primär- und Sekundärv: getrennt	Selbst als Autorität			

Nichtsdestotrotz halten wir sie für hilfreich, das Entwicklungsgeschehen in den diskutierten Systemen nachzuvollziehen.

Mit unserem Ansatz entfernen wir uns vom entwicklungspsychologischen „Lego-Baukasten-Prinzip“ (R. L. Tyson 1986) und der Vorstellung, Entwicklung setze sich aus einzelnen, aufeinander aufbauenden Entwicklungserfahrungen zusammen (was die Existenz einfacher Verknüpfungen zwischen frühem und späteren Verhalten impliziert). Wir betonen in unserem Modell das Prinzip der Plastizität und Offenheit, in der sich Form und Konfiguration verschiedener aufeinandertreffender Entwicklungsstränge mit Fortgang der Entwicklung verändern. Die Form der Entwicklung läßt sich in diesem Sinne nie vorherbestimmen - wenn auch eine gewisse Absehbarkeit des Entwicklungsmusters selbst gegeben sein mag. Die Konfiguration der Entwicklung schließlich ist nie statisch, sondern einer kontinuierlichen Weiterentwicklung unterworfen.

Teil II

Psychosexualität

Kapitel 3

Psychosexualität: Ein theoretischer Überblick

In einer Zeit, in der Wissenschaft, Psychologie und öffentliche Meinung darauf bestanden, Kinder seien frei von jeglicher Sexualität, löste Freud mit seinen gegenteiligen Behauptungen einen Sturm der Entrüstung aus. Unbeirrt vertrat er sein libidotheoretisches Konzept, in dem er den Einfluß sexueller Strebungen auf das Seelenleben hervorhebt. Seine klinische Erfahrung - Phantasien, Assoziationen und Kindheitserinnerungen seiner Patienten, aber auch seine Selbstanalyse - veranlaßten ihn zu der Schlußfolgerung, daß sexuelle Wunschregungen eine Triebfeder psychischen Geschehens darstellten. Das manifeste sexuelle Verhalten, so seine These, verdanke sich der Existenz einer bestimmten Kraft oder psychischen Energie, die er als *„Libido"* bezeichnete. Er betrachtete sie als zentrales Merkmal der Persönlichkeitsentwicklung und sah in ihr den Ursprung sexueller Triebregungen, die sich bereits zu einem sehr viel früheren Zeitpunkt als bis dahin angenommen manifestierten. Daneben entwickelte er die Auffassung, daß zahlreiche psychische Störungen im Erwachsenenalter auf das Schicksal der psychosexuellen Entwicklung während der frühen Kindheit zurückzuführen waren. Aufgrund ihrer schmerzlich konflikthaften Natur seien die frühen sexuellen Erfahrungen und Phantasien der bewußten Erinnerung nicht mehr zugänglich, sondern fielen der *infantilen Amnesie* anheim. Die Hauptaufgabe des Psychoanalytikers liege demnach in der Aufdeckung und Deutung dieser meist sexuell konnotierten, ins Unbewußte des Patienten verdrängten Inhalte.

Fast vierzig Jahre lang stellten Freuds libidotheoretische Konzepte das entwicklungspsychologische Fundament psychoanalytischer Theoriebildung und Behandlungstechnik dar. Mit Einführung des Strukturmodells und der dualistischen Triebtheorie, in der Freud der Aggression den gleichen Stellenwert zuschreibt wie dem Sexualtrieb, wird das Es, das zum großen Teil dem System des Unbewußten im topischen Modell entspricht, zum Reservoir für beide Triebarten. Mit den neuen theoretischen und behandlungstechnischen Implikationen der ichpsychologischen Arbeiten von Anna Freud (1936) und Heinz Hartmann (1939), büßen jedoch das Es und die Libidotheorie ihre Stellung als einzig gültiges Paradigma des psychoanalytischen Verstehensprozesses ein. Das änderte allerdings nichts daran, daß sie für die Theorie und Praxis der meisten Psychoanalytiker wesentlich blieben. Selbst angesichts der jüngsten stichhaltigen Kritik an der Libidotheorie, kann dem Modell der psychosexuellen Entwicklung und dem triebtheoretischen Konzept die klinische Relevanz nicht abgesprochen werden.[6]

Es gibt mehrere ausgezeichnete Zusammenfassungen der libidotheoretischen Konzepte (z. B. Sterba 1942; Fenichel 1945). Im folgenden wollen wir uns hauptsächlich auf jene Aspekte konzentrieren, die durch die jüngste Forschung eine Neubewertung erfahren haben und mit anderen Entwicklungssystemen in enger Beziehung stehen.

Die Libidotheorie

In den *Drei Abhandlungen zur Sexualtheorie* (1905b), die im Jahr 1915 substantiell ergänzt werden, faßt Freud die wichtigsten Aspekte seiner Libidotheorie sowie der Theorie der psychosexuellen Entwicklung zusammen. Der Begriff *sexuell* meint hier den sinnlichen Genuß, wie er an verschiedene Körperzonen oder Organe, nicht nur an die genitalen, gebunden ist; als *Libido* bezeichnet Freud jene Energieform, die sexuellem Genuß zugrundeliegt. Fälschlicherweise wird oft angenommen, daß

6 In seinen frühen Arbeiten war Freud bemüht, seine theoretischen Überlegungen auf ein biologisches Fundament zu stellen und sich einer mit der zeitgenössischen Wissenschaft konsistenten Sprache zu bedienen. Hierin zeigt sich der große Einfluß seines Lehrers Ernst Brücke, der - als Schüler von Helmholtz und neben vielen anderen Wissenschaftlern des 19. Jahrhunderts - die Überzeugung vertrat, alle Naturphänomene, psychologische eingeschlossen, ließen sich eines Tages mit den Prinzipien der modernen Physik erklären. Freuds energetische Konstrukte - *Konservierung, Verschiebung, Entladung* - entstammen folglich der Begriffswelt der Physik und werden von ihm als Metaphern für das psychische Geschehen beim Menschen verwendet. Psychische Energie resp. Libido wird als ein Merkmal von Emotionen konzipiert, die die Fähigkeit besitzen, die Psyche zur Aktivität zu drängen; die Hauptfunktion des psychischen Apparates bestehe darin, diese psychische Energie - oder „Erregung" - zu binden, zu nutzen und zu regulieren. George Klein (1976b) weist darauf hin, daß Freuds Libidotheorie im Grunde zwei Theorien umfaßt. Eine, die Freud aus seinen klinischen Erfahrungen ableitete, und eine andere, auf eher abstraktem Niveau angesiedelt, der ein quasi-physiologisches Modell energetischer Kräfte, die nach Entladung streben, zugrundeliegt. Da sie kontinuierlicher empirischer Überprüfung und Weiterentwicklung unterliege, sei die klinisch fundierte Theorie nach wie vor sehr nützlich, während die abstrakte Theorie, so Klein, als überholt zu gelten habe, da sie eher dem Bedürfnis nach theoretischer Konsistenz mit anderen Disziplinen als empirischen Daten entsprungen sei. Angesichts einer immer größer werdenden Zahl von Psychoanalytikern, die das Konzept psychischer Energie infragestellen, haben sich Kleins Überlegungen als sehr einflußreich erwiesen. Was die konkrete Bedeutung des Konzepts angeht i.S. einer aktuellen physikalischen Manifestation psychischer Energie, so würden auch wir dafür plädieren, dieses Theorem fallenzulassen. Die Vorstellung des Triebhaften allerdings, wie es einem Gedanken, einem Affekt, einem Impuls, oder einem Wunsch anhaften kann und das motivationalen Charakter besitzt - das also zu psychischer Aktivität drängt - besitzt nach wie vor klinische Relevanz. Wenn wir demzufolge von *libidinöser Besetzung* sprechen, so sollte dies im Sinne liebevoller Bindung verstanden werden, und nicht als hypothetische Quantität psychischer Energie.

Freud eine völlige Gleichsetzung von Libido und Sexualität (insbesondere genitaler Sexualität) postuliere, obgleich er in einem späteren Aufsatz klarstellt, daß Libido sehr umfassend als Liebe, oder „Liebesmacht", und Sexualität als eine ihrer möglichen Ausdrucksformen zu begreifen sei.

> „Aber wir trennen davon nicht ab, was auch sonst an dem Namen Liebe Anteil hat, einerseits die Selbstliebe, andererseits die Eltern- und Kindesliebe, die Freundschaft und die allgemeine Menschenliebe, auch nicht die Hingebung an konkrete Gegenstände und an abstrakte Ideen. (...) Wir meinen also, daß die Sprache mit dem Wort ‚Liebe' in seinen vielfältigen Anwendungen eine durchaus berechtigte Zusammenfassung geschaffen hat und daß wir nichts Besseres tun können, als dieselbe auch unseren wissenschaftlichen Erörterungen und Darstellungen zugrunde zu legen." (Freud 1923, S. 85)

Der umfassende Bedeutungskontext, den Freud seinem Libidokonzept zugrundelegt, wird implizit enthalten sein, wenn wir im folgenden *Libido*, *Sexualität* und *Sexualtrieb* mehr oder weniger synonym gebrauchen werden.

Freud vertrat die Auffassung, daß Triebe immer unbewußt seien. Lediglich daran geknüpfte Phantasien oder Strebungen könnten in das Bewußtsein gelangen. Er konzeptualisierte Libido im Hinblick auf die Quelle sexueller Erregung, auf das Sexualziel, das Sexualobjekt sowie die Dringlichkeit, mit der sie sich manifestiert. Die Quelle, so seine These, liege im somatischen, vielleicht sogar im hormonellen Bereich, und sorge für kontinuierliche Erregung. Allerdings betrachtete er den Trieb selbst als rein psychologisch, d.h. „als die psychische Repräsentanz einer kontinuierlich fließenden, innersomatischen Reizquelle" (1905b, S. 76).[7]

Freud war zwar unsicher, was er als Triebquelle annehmen sollte, beschrieb aber trotzdem bestimmte „erogene" Zonen des Körpers - Mund, Anus, Genitalien -, die bei „geeigneter Reizung" Befriedigungslust herbeiführen. Obwohl diese Erogeneität potentiell von Geburt an gegeben ist, beobachtete er eine phasenspezifische Dominanz der einzelnen Zonen, die, zu jeweils unterschiedlichen Zeitpunkten in der frühen Kindheitsentwicklung, zur Quelle größten Lustgewinns werden. Seine Theorie der psychosexuellen Entwicklung - mit dem Postulat einer oralen, analen, und infantil-genitalen Phase (die später phallisch genannt wurde) - basiert so auf der Reifungsabfolge der einzelnen erogenen Zonen.

Das *Triebziel* ist Befriedigung. Auch wenn das endgültige Ziel unverändert bleibt, so ist es doch möglich, es über verschiedene Wege zu erreichen (Freud 1915a): Die Befriedigung kann über unterschiedliche Arten der Stimulierung erogener Zonen, z. B. Saugen, Defäzieren, genitale Masturbation, gesucht werden. Wenn die Fähigkeit zum Orgasmus physiologisch gegeben ist, so stellt das Erreichen des Höhepunkts jenes Ziel dar, das alle früheren Befriedigungen in sich konsolidiert. Freud bezeichnet die infantile Sexualität als „polymorph pervers", insofern als in

---

[7] Freud war inkonsistent in seinen Überlegungen, ob er Trieb nun als etwas rein Seelisches - in diesem Fall sind der Trieb und seine psychische Repräsentanz identisch - oder als etwas Nicht-Seelisches betrachten sollte, das dem Bewußtsein nur über Assoziationen oder Affekte zugänglich ist, die dann die eigentliche psychische Repräsentanz darstellen. Grundlage psychoanalytischer Motivationstheorie wurde jedoch schließlich die „psychologische Seite".

den Perversionen Erwachsener jede Art der Erregung der einzelnen erogenen Zonen zu maximaler sexueller Lust führen kann.

Am *Objekt* oder dank diesem kann der Trieb sein Ziel erreichen. In der frühesten Kindheit, so die These, sind Reaktion und Bindung des Säuglings eher an die befriedigenden Funktionen der Mutter als an ihre Person als „ganzes Objekt" geknüpft. Je nach theoretischer Ausrichtung wird von der Mutter oder der Pflegeperson des Kindes als *Teilobjekt* oder *Selbstobjekt* gesprochen.

Aufgrund ihres drängenden, impulsiven Charakters betrachtete Freud die Triebe als wichtigste motivationale Kraft der Psyche. Jede Form psychischer Aktivität sei somit triebgebunden und der *Drang* eines Triebes beziehe sich auf „die Summe von Kraft oder das Maß von Arbeitsanforderungen, das er repräsentiert" (1915a S. 85). In Übereinstimmung mit der wissenschaftlichen Auffassung des 19. Jahrhunderts führt Freud die variierende Intensität sexueller Impulse auf die ebenso variierende Quantität jener (metaphorischen) Energie, der Libido, zurück.

Während Freud die gesamte Motivation als triebbedingt ansieht, ist man in neueren theoretischen Arbeiten bemüht, diese im triebtheoretischen Paradigma obligatorische konzeptionelle Verknüpfung zu lockern oder aufzulösen (vgl. Lichtenberg 1989). Affekten, objektbezogenen und narzißtischen Bedürfnissen wird derselbe Stellenwert und dieselbe motivationale Intensität zugeschrieben wie somatisch begründeten Bedürfnissen. Dieser erweiterte Definitionsrahmen schließt jedoch die motivationale Kraft sexueller Triebwünsche nicht aus.

Ein wichtiges Charkteristikum der Triebe ist ihre erstaunliche „Plastizität" bzw. „Mobilität". Bestimmte Handlungen, mit deren Hilfe Triebbefriedigung gesucht wird, können der Verdrängung, Verschiebung oder Umwandlung anheimfallen, die Befriedigung selbst wird, wenn nötig, in entstellter Form erfolgen.

Die erogenen Zonen ändern sich im Laufe der Entwicklung, ebenso wie die Objekte, die - sei es mit Hilfe entsprechender Phantasien, sei es in Realität - für die Befriedigung von Triebwüschen sorgen sollen. Hat die endgültige Objektwahl stattgefunden - sie ist abhängig von der Auflösung des Ödipuskomplexes und dem Abschluß des adoleszenten Entwicklungsprozesses -, so gewährt in der Regel der Geschlechtsakt die größtmögliche libidinöse Befriedigung. Allerdings kann der Druck der Triebansprüche in jeder Entwicklungsphase auch in eine Verschiebung oder in einen Wechsel des Triebziels oder des Objekts mit den entsprechenden Veränderung der Phantasietätigkeit münden.

Sexuelle Phantasien können objektgerichtet sein, sexuelle Befriedigung hingegen erfolgt häufig autoerotisch. Die Sexualität eines Kindes ist zwangsläufig autoerotisch, da es lediglich über seinen Körper als Befriedigungsmöglichkeit verfügt. Ungehindert bedient es sich all seine Körperzonen ein, um daraus lustvolle Befriedigung zu erzielen.

Freud machte die Beobachtung, daß Charakteristik und Symptomatik so mancher emotionaler Störungen im Erwachsenenalter jenen Verhaltensweisen ähnlich sind, wie sie Kinder an den Tag legen. Auf der Suche nach einer theoretischen Erklärung entwarf er, zusammen mit seinen Kollegen Karl Abraham und Sandor Ferenczi, die Theorie der libidinösen Entwicklung. Auch wenn die Responsivität der Umwelt auf die Bedürfnisse des Kindes für gewöhnlich variiert, so die Schlußfolgerung der Autoren, können doch übersteigerte Bedürfnisbefriedigung ebenso wie exzessive Frustration den ansonsten friedlichen Entwicklungsprozeß stören. Als Folge davon wird libidinöse und/oder aggressive Energie „zurückgelassen" und an bestimmte intrapsychische Repräsentationen jener Entwicklungsstufe „geheftet". Diese Zwischenstationen auf dem Weg der Entwicklung wurden mit dem Konzept der „Fixierung" umschrieben. Hinweise auf die Existenz derartiger Fixierungen erhalten wir erst, wenn das Individuum psychischen Druck mit Hilfe seiner herkömmlichen Abwehrmechanismen nicht mehr zu bewältigen vermag. Es wählt den Weg der Regression auf ein früheres Entwicklungsniveau mit seinen entsprechenden Verhaltensschemata. Handelt es sich nicht um eine „passive" Fixierung (i.S. einer Verdrängung, Anm.d.Übers.), so scheint das betreffende Individuum auf einer bestimmten Entwicklungsstufe „stehengeblieben"; dies impliziert, daß keine Weiterentwicklung stattgefunden hat.

Was heute als mechanistischer Versuch anmutet, das Schicksal emotionaler Konflikte und charakteristischer Verhaltensmuster zu erklären, war zunächst - angesichts des damals zur Verfügung stehenden Wissens - ein durchaus befriedigender Erklärungsansatz. Von Anna Freud (1965) wissen wir jedoch mittlerweile, daß Regression und Progression beobachtbare und integrale Bestandteile der normalen Entwicklung darstellen. Regression wird nun nicht mehr nur auf das Triebgeschehen beschränkt; regressive Vorgänge lassen sich auch in Verbindung mit Ich-, und Über-ich-Funktionen beobachten. Ebensowenig darf Regression als ein zeitliches Phänomen i.S. einer „Rückkehr zu" verstanden werden; vielmehr handelt es sich um eine Umkehr zu mehr Sicherheit bietenden Lustquellen, früheren Verhaltensmustern oder Beziehungsmodi. Es ist sinnvoller, in der Fixierung einen Wunsch oder eine Verhaltensweise zu sehen, der/die - verbunden mit Lust oder Schmerz - für das Individuum nach wie vor von emotionaler Bedeutung ist (anstatt von der Vorstellung eines festgeschriebenen Ortes entlang eines Kontinuums auszugehen, an den die Psyche zurückkehren muß, um die dort zurückgelassne Energie wieder aufzunehmen). Gerade in Momenten großer psychischer Anspannung läßt sich der überdauernde Einfluß spezifischer Gedankengänge, Verhaltensweisen oder Befriedigungsmodi beobachten.

Ein innerhalb psychoanalytischer Theoriebildung häufig anzutreffender Irrtum besteht darin, die Manifestation entwicklungsbedingt früher Wünsche, Konflikte oder Funktionsmodi als Zeichen signifikanter Beeinträchtigungen während der ersten Lebensmonate zu interpretieren. Eine klassische Kritik zu diesem Problem haben Sandler und Dare (1979) anhand des Konzepts der Oralität formuliert. Ein Säugling im ersten Lebensjahr kann als oral abhängig angesehen werden, das heißt jedoch nicht, daß Abhängigkeitswünsche nur während des ersten Lebensjahres laut werden. Sandler und Dare weisen darauf hin, daß Wünsche dieser Art in jedem

Moment psychischer Anspannung auftreten können, wenn das Kind etwas haben möchte, das, so seine Phantasie, früher Wirklichkeit war.

Erikson (1982) war der erste Autor, der auf den wichtigen Unterschied zwischen *Triebäußerung* und *Funktionsmodus* hinwies. Triebäußerungen bezeichnen das spezifisch auf Triebbefriedigung ausgerichtete Verhalten, während die jeweilige Form der Bedürfnisbefriedigung oder Objektbezogenheit den entsprechenden Funktionsmodus umschreibt, mit dessen Hilfe Wünschen und Konflikten zu einem späteren Zeitpunkt Ausdruck verliehen werden kann. Der jeweilige Befriedigungsmodus bleibt bestehen, ohne jedoch weiterhin an die ursprüngliche erogene Zone oder Entwicklungsphase gebunden zu sein und erlangt so sekundäre Autonomie (Hartmann 1939). Das Beißen während der oralen Phase mag für den Säugling durchaus lustvoll sein; daß dies jedoch mit entsprechenden Phantasien oder feindseligen Regungen gegenüber einer anderen Person einhergeht, darf als unwahrscheinlich gelten, da die dazu notwendigen kognitiven Kompetenzen sowie Selbst-Objekt-Differenzierungen noch nicht ausreichend entwickelt sind (auch wenn das Gegenüber des Säuglings dessen Zubeißen anders interpretieren mag). Allerdings kann der orale Modus später zur Äußerung feindseliger, objektgerichteter Empfindungen genutzt werden, über die das Kind eine Reihe destruktiver Phantasien entwickelt. Aus dem Persistieren des oralen Funktionsmodus' jedoch zu schließen, daß keine Weiterentwicklung stattgefunden hat, wäre unzulässig; das Individuum ist nicht auf dem oralen Niveau der Triebentwicklung „stehengeblieben“ oder daran „fixiert“, und es stehen ihm durchaus alternative Möglichkeiten der Bedürfnisbefriedigung zur Verfügung. Es besteht heute Einigkeit darüber, daß es die Komplexität der Entwicklung geradezu unmöglich macht, psychische Störungen lediglich auf der Basis sogenannter libidinöser Fixierungen zu erklären.

Die Duale Triebtheorie

Die Notwendigkeit einer angemessenen theoretischen Integration neu gewonnenen klinischen Datenmaterials veranlaßte Freud (1920), einen Aggressionstrieb oder Todestrieb zu postulieren und ihn in sein triebtheoretisches Paradigma mitaufzunehmen. Aus seinen klinischen Beobachtungen schloß er, daß wütende und feindselige Gefühle ebenso wie sexuelle Strebungen konflikt- und schuldgefühlhaft verarbeitet würden und entsprechende Abwehrstrategien auf den Plan riefen. Zahlreiche Impulse, so erkannte er, enthielten sowohl sexuelle als auch aggressive Anteile, und die verschiedensten klinischen Phänomene (darunter Sadismus, Masochismus und Ambivalenz) ließen sich im Sinne einer unterschiedlichen Ausprägung an Konflikthaftigkeit zwischen diesen Anteilen oder ihrer Verkettung erklären. Freud vertrat aber auch die Auffassung, daß nicht-destruktive Formen der Aggression ebenso wie die Libido die nötige Motivation für Aktivität und Bemeisterung bereitstellten. Die Existenz libidinöser und aggressiver Triebregungen galt somit als grundlegend.

Freuds Konzeptualisierungen der Aggression sind problematisch. Seit seinem Postulat eines biologischen Fundaments der Libido, sah er sich gezwungen, diese auch für die Aggression zu finden. Aber aggressive Impulse waren nicht an bestimmte Körperzonen gebunden, so daß in diesem Fall eine offensichtliche Triebquelle fehlte, außer man stellte einen engen Zusammenhang zwischen aggressiven und sexuellen Impulsen her. In seinem ersten Modell des psychischen Apparats spricht Freud von Aggression als einem Bestandteil des Sexualtriebes: „Daß Grausamkeit und Sexualtrieb innigst zusammengehören, lehrt die Kulturgeschichte der Menschheit über jeden Zweifel“ (1905b, S. 68). Obwohl aggressive Impulse an die Äußerung libidinöser Strebungen geknüpft sind, erscheinen sie oft als Reaktion auf äußere Reize. Diese Beobachtung veranlaßte Freud an anderer Stelle, Aggression als Ich- bzw. Selbsterhaltungstrieb zu beschreiben (1915a, S. 87-89).

In seinem dritten triebtheoretischen Modell, das klinisches Beobachtungsmaterial von zugrundeliegenden philosophischen Überlegungen klar trennt, postuliert Freud die Existenz eines lebenslangen Grundkonfliktes zwischen Todestrieb (Thanatos) und Lebenstrieb (Eros). Aggression manifestiere sich als Destruktionstrieb, der wiederum auf einen organisch begründeten Todestrieb zurückgehe. Der Organismus sei bestrebt, eine völlige Aufhebung von Spannung zu erreichen und in einen (anorganischen) Zustand des Nirvana zurückzukehren. So wie die Libido als die Energie des „Lebenstriebes“ zu gelten habe, so sei „Destrudo“ die Energie des Todestriebes. (Diese Freudsche Revision des triebtheoretischen Paradigmas sorgte über Jahrzehnte hinweg für immer neuen Zündstoff in der theoretischen Auseinandersetzung.)

Die Anhänger Melanie Kleins zählen heute zu den Hauptproponenten des Todestrieb-Konzeptes, das andere Theoretiker als problematisch und unnötig zurückweisen (Parens 1979). Trotzdem konnte sich ein dualistisches Modell libidinöser und aggressiver Triebe halten und nahezu universelle klinische Anwendung finden. Sexualität und Aggression werden aufs engste mit den einzelnen Phasen der kindlichen sexuellen Entwicklung in Verbindung gebracht; beide gelten als Konfliktherde, und dem Bewußtwerden beider Strebungen wird mit entsprechenden Abwehrmechanismen begegnet. Die Verdrängung oder Hemmung von Aggression kann die sexuelle Genußfähigkeit auf jedem Entwicklungsniveau beeinträchtigen. Probleme im Äußern aggressiver Empfindungen können in den ersten Lebensjahren in Form von Eßstörungen (wenn etwa die Nahrung unbewußt mit der Person der Mutter gleichgesetzt wird und Nahrungsaufnahme somit bedeutet, die Mutter zu verschlingen), unsicheren emotionalen Bindungen, oder Hemmung der Neugier und intellektueller Leistungsfähigkeit sichtbar werden. Am anderen Ende des Spektrums trifft man auf übertriebene Aggressionsäußerungen, die von einer Überbetonung des Selbstbewußtseins bis hin zu unkontrollierbarer Destruktivität reichen. Entsprechend der dualen Triebtheorie ist dies dann der Fall, wenn aggressive Strebungen nicht adäquat an liebevolle Gefühle - Sexualität im weitesten Sinne - „gebunden“ werden. Zu dieser „Unterlassung“ kann es kommen, wenn frühe Deprivation, Objektverlust oder Kindesmißbrauch die libidinöse Bindung stören (vgl. A. Freud 1949).

Psychosexualität im Rahmen des Strukturmodells

Die Einführung des Strukturmodells (1923a) - in dem das „Es" als Hauptreservoir der psychischen Energie beschrieben wird - erfolgte nur kurze Zeit, nachdem Freud seine duale Triebtheorie vorgestellt hatte. Trotz der zahlreichen, nach wie vor offenen Fragen zum Konzept des Es (vgl. Arlow & Brenner 1964; Schur 966; Hayman 1969), denen an dieser Stelle jedoch nicht weiter nachgegangen werden soll, halten wir es dennoch für nützlich, das Es nicht als „Dampfkessel", sondern im Sinne eines motivationalen Systems zu begreifen, das Prozesse umfaßt, die sich durch unaufschiebbaren Charakter auszeichnen und die Psyche dazu drängen, aktiv nach Bedürfnisbefriedigung zu suchen. Ähnlich argumentiert Loewald (1986), wenn er vom Es als einer auf Realität und Objekte bezogenen Organisation spricht: Die Trieborganisation findet im Rahmen von Objektbeziehungen statt, diese werden wiederum, neben der Realität, von den Trieben organisiert. Als psychischer Repräsentant organismischer Reize, so Loewald, handelt es sich bei einem Trieb um eine psychische Kraft, die die elementarste Einheit menschlicher Motivation darstellt (S. 97). In diesem Sinne haben das Es und die Triebe Anteil an der Organisation der Psyche (des psychischen Apparates) und werden wiederum von dieser (diesem) organisiert.

Mit der Einführung des Strukturmodells erkennt Freud (1923a) an, daß an die (psycho)sexuelle Entwicklung sehr viel mehr Fragen geknüpft sind als er bis dahin angenommen hatte. Dies veranlaßte ihn zu einer grundlegenden Revision seiner Theorie. Er muß feststellen, daß es nicht nur einen Wechsel der erogenen Zonen und Veränderungen der daran geknüpften Wünsche und Phantasien theoretisch zu integrieren gilt; ebenso müssen die Entwicklung der Objektbeziehungen des Kindes, die fortschreitende Internalisierung von Verboten hinsichtlich Triebäußerungen, sowie die intellektuellen Anstrengungen, mit sexuellen und aggressiven Impulsen fertig zu werden, berücksichtigt werden. Die sexuelle oder libidinöse Entwicklung wird so zur *psychosexuellen* Entwicklung: Das Zusammentreffen all dieser Einflußfaktoren führt zu ihrer psychischen Organisation in aufeinanderfolgenden Entwicklungsphasen.

Freuds Konzept der psychosexuellen Entwicklung veränderte allmählich das psychoanalytische Verständnis des Stufenmodells der libidinösen Entwicklung. Während frühe Überlegungen noch von einzelnen, klar voneinander abgrenzbaren Phasen ausgingen (Sterba 1942), haben Säuglingsbeobachtung und Kleinkindforschung gezeigt, daß alle drei erotogenen Zonen oral, anal und genital bis zu einem gewissen Grad bereits von den ersten Lebensmonaten an aktiv sind und es lediglich zu Manifestationen relativer Dominanz kommt (Greenacre 1952a). Diese ist zum Teil reifungsbedingt, was jedoch nicht ausschließt, daß die eine oder andere ihrer charakteristischen Funktionen bereits lange vor ihrem eigentlichen „Höhepunkt" auftreten kann. Es kommt zu einer allmählichen Überlappung der Phasen: Das Entdecken neuer Lustquellen schließt nicht aus, daß frühere bestehen bzw. verfügbar bleiben.

Die klinische Relevanz des dualistischen Triebkonzepts wird zwar allgemein anerkannt, es fehlt jedoch nicht an kritischen Stimmen, die vor allem die „quasiphysiologischen" Aspekte und die darin enthaltene Implikation energetischer Kräfte, die nach Entladung streben, ablehnen (G. S. Klein 1976b; Rosenblatt & Thickstun 1977; Compton 1981a, 1981b). Das duale Triebkonzept auf normative und pathologische Phänomene gleichermaßen anwenden zu wollen, gilt als weitere theoretische Schwachstelle. Peterfreund (1978) und Milton Klein (1980) fordern hier getrennte theoretische Ansätze. Auch das Primat genitaler Sexualität und Fortpflanzung, das alle anderen Formen sexueller Lusterfüllung als Abweichung, Entwicklungsstillstand oder sonstige Anormalität zurückweist, wurde eingehender Kritik unterzogen (Schafer 1974).

Nichtsdestotrotz besitzen Freuds Konzept einer dualen Trieborganisation sowie seine Theorie der psychosexuellen Entwicklung für zahlreiche Psychoanalytiker nach wie vor klinische Relevanz. Vor allem dann, wenn das „Triebsystem" des Es dem Strukturmodell entsprechend als eines von mehreren sich gleichzeitig entwikkelnden Systemen betrachtet wird. Die triebtheoretische Betrachtungsweise ermöglicht eine genauere klinische Abgrenzung unterschiedlicher Impulse und ihrer Quellen; sie bietet ein besseres Verständnis für die Bedeutung von Triebansprüchen, Empfindungen und Abwehrmaßnahmen unterschiedlicher Intensität und stellt die spezifischen Konflikte und Symptome eines Patienten in einen kohärenten Entwicklungskontext. Die Genauigkeit und Effektivität therapeutischer Interventionen werden somit erhöht.

Die heute sehr viel größere Komplexität der Theorie psychosexueller Entwicklung im Vergleich zur ursprünglichen Fassung der Libidotheorie verdanken wir den revolutionären Erkenntnissen psychoanalytischer Entwicklungspsychologie; dazu zählt auch der große Wissenszuwachs, der zu einem besseren Verständnis der Ich- und Überich-Entwicklung, der Entwicklung der Geschlechtsidentität, der Objektbeziehungen und anderer Bereiche geführt hat. Es ist heute unmöglich, von Triebentwicklung zu sprechen, ohne nicht auf diese Bereiche und Phasen der Entwicklung bezug zu nehmen. Zu heuristischen Zwecken werden wir im folgenden Kapitel unseren Fokus weiterhin auf den Aspekt der Triebentwicklung richten, ohne die daran geknüpften Entwicklungsaspekte, die in den nachfolgenden Kapiteln diskutiert werden sollen, zu vernachlässigen. Als *Trieb* bezeichnen wir einen psychischen Repräsentanten motivationaler Kraft; das Postulat energetischer Kräfte, die nach Entladung bzw. Abfuhr streben, ist darin nicht enthalten.

Kapitel 4

Die Stufen psychosexueller Entwicklung

Nach Auffassung von Hartmann (1939, 1950) liegt der Entwicklung des Ichs und des Es eine gemeinsame Matrix zugrunde. Aus dem Verhalten eines Neugeborenen ließe sich nur schwer ablesen, was später einmal als Ich-Funktion oder als triebkorrelierte Verhaltensweise zu gelten habe. Unsicher, ob man im Hinblick auf das Verhalten eines Neugeborenen überhaupt von psychischer Funktionstätigkeit ausgehen könne, bezeichnete Hartmann den frühesten Entwicklungsabschnitt des Kindes als *undifferenzierte Phase*.

Integration und Strukturierung des Ichs und des Es sind unserer Ansicht nach interdependent; weder das eine noch das andere System sind bereits zum Zeitpunkt der Geburt in einem psychologischen Sinne wirksam, vielmehr entwickeln sich beide im Kontext individueller Objektbeziehungen. Wenn auch die biologische Untermauerung der Triebseite von Geburt an besteht, so verleihen erst die affektiven Reaktionen der Umwelt - ausgelöst durch die neurophysiologischen und zustandsbezogenen Reflexmuster des Neugeborenen - den psychischen Repräsentanzen von Lust und Unlust sowie von Liebe und Haß, ihre Form. Ihre Verknüpfung führt zur Ausbildung von Trieben und zum Es als intrapsychischer Struktur.

Die Befunde der neueren Säuglings- und Kleinkindbeobachtung scheinen die Annahme einer allmählichen Triebdifferenzierung zu stützen. Es besteht Einigkeit darüber, daß während der ersten Lebensmonate weitaus mehr „passiert" als bloße Triebbefriedigung. Zum Beispiel wird ein Neugeborenes das Füttern unterbrechen, um sich einem neuartigen Reiz zuzuwenden; dieser Reiz, der nicht an Triebbefriedigung gebunden ist, vermag den Zustand der Wachsamkeit zu verlängern. Daniel Stern weist auf die Grenzen des klassichen triebtheoretischen Paradigmas hin, wenn es um die Beobachtung von Säuglingen geht, die jünger als ein Jahr sind. Er schlägt vor, Motivation im Sinne einzelner, miteinander verknüpfter Systeme zu rekonzeptualisieren, die schließlich eine bestimmte (höhere oder niedrigere) hierarchische Position einnehmen (1992). Lichtenbergs Überlegungen (1988, 1989) gehen in eine ähnliche Richtung. Gaensbauer (1982) schließlich hält es für einen Fehler, nach direkten Triebmanifestationen der frühen Kindheit zu suchen - auch wenn die duale

Triebtheorie sich theoretisch und klinisch durchaus als nützlich erwiesen hat. Quantität und Qualität der „Triebseite“ werden vielmehr über das affektive Interaktionsgeschen zwischen Mutter und Kind bestimmt (vgl. auch Loewald 1986).

Die Orale Phase

Wenn der Säugling zwischen zwei und drei Monaten alt ist, läßt sich allmählich ein Unterschied zwischen seinen Äußerungen von Lust und Unlust feststellen, wobei seine Bekundungen lustvoller Empfindungen um das Saugen[8] organisiert sind. Freud hatte erkannt, daß das Stillen von Hunger und die lustvolle Reizung der Mundschleimhaut während des Saugens eindeutig voneinander abzugrenzen sind und es sich hierbei um die Befriedigung unterschiedlicher Bedürfnisse handelt. Das Saugen gilt allgemein als angeborener, dem Suchreflex (Rooting) verwandter Reflex (aufgrund moderner Ultraschalldiagnostik wissen wir, daß Kinder bereits im Mutterleib am Daumen saugen); die Frage, ob diese Aktivität eine psychologische Bedeutung für den Säugling hat, kann jedoch nicht beantwortet werden. Andererseits schaffen gerade Saugen und Stillen den Kontext der ersten Mutter-Kind-Interaktionen, und die ersten Erinnerungsspuren lustvoller Empfindungen sind um diese Erfahrungen organisiert. Während des lustvollen Saugens ist die gesamte Aufmerksamkeit des Säuglings auf diese rhythmische Aktivität gerichtet, die er häufig mit dem Reiben bestimmter Körperteile - einem Ohrläppchen oder den Genitalien - begleitet.

Die Beobachtungen von Spitz (1945, 1946a, 1946b) haben auf die dramatischen und destruktiven Folgen für die frühe Entwicklung des Säuglings hingewiesen, wenn dieser während des ersten Lebensjahres nur unzureichende äußere Stimulierung erfährt. Spitz untersuchte Säuglinge eines Findlingsheimes, deren physische Grundbedürfnisse erfüllt wurden, die aber über weite Strecken sich selbst überlassen wurden, so daß Saugen und andere lustvolle Erfahrungen im Kontext affektiver Interaktion mit einer Bezugsperson nahezu fehlten. Die Kinder litten an tiefgreifenden Entwicklungsstörungen in allen Bereichen, als Teil des von Spitz als *Hospitalismus* umschriebenen Syndroms. In anderen Untersuchungsergebnissen (Spitz & Wolf 1949; Spitz 1962; Provence & Lipton 1962) berichtet er davon, wie frühe genitale Masturbation, die er bei allen Kindern mit einer ausreichend guten Mutter-Beziehung beobachtet hatte, durch andere autoerotische Aktivitäten ersetzt wurde, wenn die Beziehung zur Mutter problematisch war; bei Kindern, deren Mütter abwesend waren (wie im Falle des Findlingsheimes), verschwand dieses genitale Spiel in den meisten Fällen vollständig. Auch wenn die Situation, in der der Säugling gestillt oder gefüttert wird, von entscheidender Bedeutung ist - das Spektrum der zu

8 Äußerungen von Lust und Unlust werden von manchen Autoren als primär affektive Reaktionen interpretiert (Emde et al. 1976), andere wiederum sehen in ihnen einen frühen Beleg für Triebdifferenzierung (Brenner 1982). Unabhängig davon, welcher Sichtweise nun zuzustimmen ist - gesichert scheint zum gegenwärtigen Zeitpunkt lediglich die Tatsache, daß Affekte und Triebe grundlegend miteinander in Beziehung stehen.

Verfügung stehenden Stimulierungen, ebenso wie das affektive Klima, in dem die Pflege des Säuglings stattfindet, sind für eine normale Entwicklung ebenso bedeutsam wie die Nahrung selbst.

Auf die Bedeutung oraler Erfahrungen für die Ich- und Triebentwicklung wurde Dowling (1977) aufmerksam, als er sieben Säuglinge mit angeborener oesophagialer Atresie[9] untersuchte und seine Befunde graphisch darstellte. Aufgrund dieser angeborenen Krankheit werden die Säuglinge über eine Magensonde direkt ernährt, so daß das Füttern unabhängig von Saugaktivitäten oder Gefühlen der Sättigung stattfindet. Ein chirurgischer Eingriff, um die Durchgängigkeit der Speiseröhre zum Magen und die Nahrungsaufnahme über den Mund zu ermöglichen, wurde erst vorgenommen, als die Kinder sechs Monate alt waren (in manchen Fällen wartete man noch länger). Dowling konnte so den Einfluß des Saugens und der daran geknüpften angeborenen oralen Reflexe unabhängig vom Stillen des Hungergefühls untersuchen. Neben einer gewissen Passivität in ihrem Verhalten wiesen die Kinder Entwicklungsverzögerungen im motorischen, affektiven und sozialen Bereich auf, die noch lange nach dem chirurgischen Eingriff andauerten. Dowling verfolgte die Entwicklung dieser Kinder bis zu deren zwölften Lebensjahr. In manchen Fällen war es ihm gelungen, noch während der Ernährung über eine Magensonde, der Mutter gleichzeitig die Möglichkeit zu schaffen, ihren Säugling normal mit der Flasche zu füttern, und so Entwicklungsstörungen zu verhindern; die Milch, die der Säugling mit der Flasche aufnahm, lief über eine operativ angebrachte Fistel ab. Da das Saugen in diesen Fällen über das Stillen des Hungergefühls stimuliert wurde und daran gebunden war, konnten sich die Kinder normal entwickeln. Dowling zog daraus den Schluß, daß für eine integrierte Entwicklung - neben einer angemessenen „Bemutterung“ - eine komplizierte phasenspezifische Abfolge sensorischer Erfahrungen verantwortlich zu machen sei, die mit der Erfahrung des Saugens und Schluckens beginne und den immer wiederkehrenden Zyklus von Hunger und Sättigung miteinschließe. Diese Interpretation stützt die These, derzufolge nicht von einer Strukturierung der Triebe zum Zeitpunkt der Geburt ausgegangen werden dürfe, sondern daß es Triebvorläufer sind, die - vorausgesetzt, ein durchschnittlicher Lebenskontext des Kindes ist gegeben - der eigentlichen Triebentwicklung zugrundeliegen. Es überrascht demnach nicht, wenn frühe Beeinträchtigungen sich auf zahlreiche Entwicklungsbereiche des heranwachsenden Kindes tiefgreifend auswirken.

In der zweiten Hälfte des ersten Lebensjahres bilden das Kauen und Beißen einen neuen Modus oral-sinnlicher Befriedigung. Schmerz und Unbehagen, die mit dem Wachsen der ersten Zähne verbunden sind, werden durch Beißen gelindert, das im wesentlichen nicht objektgerichtet ist; allerdings scheint diese Kauaktivität auch Triebbefriedigung zu bereiten. Die nun einsetzende aktive Erkundung der Welt ist für den Säugling immer ein Erkunden mit dem Mund. Mit Vergnügen steckt er alle Objekte seiner Reichweite in den Mund, und seine Versuche, darauf herumzubeißen

[9] Nichtanlage oder Verschluß der Speiseröhre (Anm.d.Übers.).

sind ein schlagkräftiger Beweis für die an die „orale Zone“ gebundene triebhafte Lust.

Während des gleichen Zeitraums läßt sich ein differenzierteres, aggressiv anmutendes Verhalten beobachten, aus dem man auf eine zunehmende Differenzierung libidinöser und aggressiver Triebe schließen kann. Im Alter zwischen sieben und neun Monaten kommt es zu reizgebundenen und kurzlebigen Wutäußerungen, die situationsspezifisch und objektgerichtet als Antwort auf Restriktion und Frustration erfolgen (Spitz 1953; Greenacre 1960; Parens 1979; McDevitt 1983). Bestimmt und mit Durchsetzungsvermögen, ohne jedoch feindlich-aggressiv zu sein, sucht der Säugling seine Ziele und Interessen zu verfolgen. Schlagen, kratzen, boxen sind exploratorische Aktivitäten, häufig vermischt mit Lust und Zuneigung für das Objekt, wie etwa die Mutter an den Haaren zu ziehen oder sie spielerisch zu beißen.

Stechler und Halton (1987) betrachten Selbstbehauptung und Aggression als eindeutig getrennt voneinander entstehende Systeme. Während Selbstbehauptung an strukturbildende Funktionen und positive Affekte gebunden sei, müsse Aggression in Verbindung zu Selbstschutz gesehen werden. Wir vertreten hier eine andere These. Wenn Selbstbehauptung und Aggression tatsächlich getrennten Ursprungs sind, so muß es nach kürzester Zeit zu einer Verschränkung dieser beiden Strebungen kommen, so daß die getrennten Quellen nur schwer voneinander zu unterscheiden sind. Das Gleichgewicht bzw. das Verhältnis, in dem beide schließlich zueinander stehen werden, ist abhängig von den Reaktionen der Umwelt auf die Aktivität des Säuglings.

In der Annahme, daß das Beißen feindselige Empfindungen ausdrücke und sexuelle und aggressive Triebbefriedigung verbinde, bezeichnete Abraham (1924a) diese zweite Hälfte des ersten Lebensjahres als sogenannte „oral-sadistische“ Phase. Sadistische Charakterzüge oder Neigungen mancher seiner erwachsenen Patienten seien, so seine These, direkte Abkömmmlinge infantiler Formen oral-sexueller Befriedigung. Wie Burgner und Kennedy (1980) jedoch aufzeigen, setzt Sadismus die *Absicht* zu verletzen voraus; es ist sehr unwahrscheinlich, daß ein sechs bis 14 Monate alter Säugling Intentionen dieser Art zu empfinden vermag, da er nicht über die Fähigkeit zu symbolischer Repräsentation verfügt, und noch nicht zwischen seinem Körper und dem einer anderen Person unterscheiden kann. Die Lust des Säuglings zu beißen wird von Müttern, aufgrund der Schmerzhaftigkeit, häufig als sadistisches und feindseliges Verhalten mißverstanden, so daß sie ihrerseits mit Feindseligkeit reagieren. Wir haben es hier mit einem typischen adultomorphen Mißverständnis kindlichen Verhaltens zu tun, das schnell zu einer Kontaminierung der ursprünglich nondestruktiven, objektgerichteten Selbstbehauptung des Säuglings führen kann. Der Säugling verbindet beißen und an-den-Haaren-ziehen mit seinem Unmut, den die wütende Reaktion der Mutter in ihm hervorruft, so daß Aktivitäten dieser Art einen feindseligen und destruktiv getönten Charakter annehmen (vgl. Greenacre 1960).

Die anale Phase

Zu lustvollen Empfindungen im analen Bereich kommt es wahrscheinlich bereits kurz nach der Geburt, z. B. während des Gewickeltwerdens. Reifungsbedingte Einflüsse führen dann im Verlauf des zweiten Lebensjahres zu einer bedeutsamen Steigerung der analen Erogenität. Das Kind genießt die Lust, die an die anale und urethrale Funktionstätigkeit gekoppelt ist - den Modus des Zurückhaltens und Ausstoßens - ebenso wie die Lustempfindungen, die das Berühren, Riechen und Schauen mit sich bringen. Der Modus des Zurückhaltens - neben dem Ausstoßen von Fäces und Urin - kann mit zunehmender Sphinkterkontrolle zu einer Quelle autoerotischen Lustgewinns werden; dies geht mit der Myelinisierung der Nervenbahnen einher, die, reifungsbedingt, auch Voraussetzung für die Fähigkeit des Kindes zu laufen ist. Mit Auftreten der Symbolisierungsfähigkeit kann es zu einer Verknüpfung von Urin und Fäces mit objektbezogenen Konflikten kommen, zumal gerade die Reinlichkeitserziehung die Mutter in vielen Fällen ihre ersten Anforderungen an das Kind stellen läßt. Die körpereigenen Produkte wie Urin und Fäces können mit Phantasien bedacht werden, die sie dann zu einem Geschenk, einem Baby, einer Bombe, einem Penis, oder einer Möglichkeit, die Mutter zu manipulieren, machen. Mit zunehmender körperlicher Reifung gewinnt das Kind nicht nur größere Kontrolle über seine exkretorischen Prozesse, sondern auch über die eigene Bewegungsfreiheit, was als Quelle narzißtischen Lustgewinns zu werten ist.

Ausgehend von ihrer umfassenden Beobachtungsstudie an 70 Kleinkindern, die zwischen ein und zwei Jahre alt waren, haben Galenson und Roiphe eine Reihe von verhaltensmäßigen Indikatoren für das Auftauchen der analen Phase herausgearbeitet. Zu diesen zählen (1) Veränderungen der Ausscheidungen: tägliche Abweichungen, Durchfall und/oder Verstopfung und Stuhlzurückhaltung; (2) Verhaltensänderungen während oder direkt vor der Ausscheidung: Hocken, Rotanlaufen, Pressen, Ziehen an der schmutzigen Windel, abrupte Unterbrechtung anderer Aktivitäten, ein „nach innen gerichteter Blick“ mit Konzentration auf innere Empfindungen, Verstecken in Ecken oder hinter Möbelstücken, Sitzen auf der Toilette oder auf dem Topf; (3) Verhaltensänderungen direkt nach der Defäktion: Rufen nach einem Erwachsenen zum Windelwechseln, Versuche, dem Windelwechseln zu widerstehen, Spielen oder Rumschmieren mit dem Kot, Versuche, ihn zum Mund zu führen; (4) Affektive Begleitumstände der Defäktion: Erregung, Freude und Ängstlichkeit; (5) Manuelle Erforschung des Analbereichs (1991, S. 60). Kinder dieses Alters legen außerdem eine ausgeprägte Neugier an den Tag, was die Ausscheidungsvorgänge von Spielgefährten, Geschwistern und Eltern angeht und genießen sichtlich die ganze Bandbreite entsprechender Spiele.

In einer frühen Konzeptualisierung dessen, was er später als Teil der aggressiven Triebentwicklung beschreibt, spricht Freud vom Bemächtigungstrieb, der die prägenitale libidinöse Organisation beherrsche (1905b, S. 95). Das Kind verfügt nun über ein intensiveres Körperempfinden und eine größere grobmotorische Körperbeherrschung. Mißlingt der Versuch nach Bemächtigung, kommt es häufig zu objektgerichteter Frustrationswut. Das Aushalten feindselig-aggressiver Gefühle neben positiv-liebevollen Empfindungen für die Mutter - i.S. eines Lernens von Ambivalenztoleranz - wird zur zentralen Entwicklungsaufgabe der analen Phase. Das Auftreten zahlreicher divergierender Entwicklungsrichtungen schafft einen Zustand des Ungleichgwichts und der Disharmonie, und die häufig zu beobachtende „Regression" in dieser Zeit ist ein Zeichen für die Vorwärts-Rückwärts-Bewegung der verschiedenen Entwicklungsprozesse. Sehr schnell kommt es zur Überstimulierung und einem Sich-Überwältigt-Fühlen, was das kleine Kind zum Anlaß nimmt, seiner Wut und Frustration Luft zu machen. Selbst in relativ streßfreien Situationen können quengeliges Anklammern und Jammern mit anderen Unmutsbekundungen einhergehen, und chaotische affektive Zustände, die sich als Wutausbrüche manifestieren, sind nicht ungewöhnlich.

Die charakteristischen objektbezogenen, feindselig-aggressiven Gefühle, die während dieser Zeit auftreten, veranlaßten Freud, diese Entwicklungsstufe als „sadistisch-anale" Phase zu bezeichnen (1905b, S. 104). Beispiele direkter Aggression existieren zuhauf: Gegenseitiges Beißen, Kratzen, Boxen im Kampf um das gewünschte Spielzeug, in vielen Fällen in Identfikation mit dem Aggressor, d.h. am eigen Leib erfahrenes schmerzhaftes Verhalten wird nun gegen andere gerichtet (Parens 1979; McDevitt 1983). Auch wenn im Vergleich zum Entwicklungsstand, als das Beißen zum ersten Mal von Bedeutung war, die kognitive Entwicklung des Kindes nun sehr viel weiter fortgeschritten ist, möchten wir doch die Bezeichung „Sadismus" infragestellen. Das Kind mag seine Absicht nach Bemächtigung eindeutig geäußert haben, unwahrscheinlich ist jedoch, daß es sich der schmerzhaften Konsequenzen seiner aggressiven Handlungen bewußt ist; es ist daher unwahrscheinlich, daß Bemächtigungsversuche mit einer „sadistischen" Absicht zu verletzen, verknüpft sind. Allerdings kann eine „Vergeltungsmaßnahme" des Gegenübers dem Verhalten des Kindes eine aggressive Bedeutung verleihen. „Grausamkeit liegt dem kindlichen Charakter überhaupt nahe, da das Hemmnis, welches dem Bemächtigungstrieb vor dem Schmerz des anderen haltmachen läßt, die Fähigkeit zum Mitleiden, sich verhältnismäßig spät ausbildet. (...) wir dürfen annehmen, daß die grausame Regung vom Bemächtigungstrieb herstammt" (Freud 1905b, S. 98).

Die intensive Wut und Feindseligkeit, die das Kind in dieser Phase zu empfinden vermag, stellt eine große Herausforderung für sein noch unreifes Ich dar. Wenn sich aggressive Durchbrüche und sexuelle Erregung vermischen, kann dies zu schnell zu einer Überwältigung der schwachen Ich-Kontrolle führen und der affektiven Last noch das Gefühl intensiver Angst hinzufügen. Unzureichender Schutz oder wütende Reaktionen seitens des Objekts, das als Hilfsich benötigt wird, kann diese phasenspezifische Ambivalenz noch verstärken. Die eigenen sadomasochistischen Konflikte, die ein oder beide Elternteile in das Interaktionsgeschehen einbringen, kann die Ich-Entwicklung des Kindes beeinträchtigen und sich als spätere psychische Störung bemerkbar machen.

Verschiedene Autoren haben bereits früh darauf hingewiesen, daß die phasentypischen Manifestationen der analen Phase von einem erhöhten Interesse an den Genitalien, einer verstärkten genitalen Selbststimulierung und dem allmählich auftauchenden Bewußtsein für die genitalen Unterschiede zwischen den Geschlechtern begleitet werden (Ferenczi 1924; Fenichel 1945; Greenacre 1952a; Kleeman 1976; Roiphe & Galenson 1981). Roiphe und Galenson (1981) berichten, daß alle 70 der von ihnen beobachteten Kinder eine neue Qualität genitaler Verhaltensweisen während des zweiten Lebensjahres entwickelten. Genitale Neugier gehe einher mit analen Interessen, und für gewöhnlich „entdeckten" die Kinder die anatomischen Unterschiede zwischen Mann und Frau bzw. legten eine größere Bewußtheit dafür an den Tag. Die Reaktionen des Kindes auf diese Entdeckung, die von einer ganzen Reihe von Faktoren abhängig ist, können auf verschiedenste Art und Weise auf die Matrix der Objektbeziehungen und das auftauchende Selbstgefühl Einfluß nehmen.

Die infantil-genitale Phase

Der letzte Entwicklungsabschnitt der psychosexuellen Entwicklung des Kindes wird durch eine Konzentration sexueller Interessen und genitaler Erregung angekündigt. Orale und anale Interessen und die Partialtriebe - wie etwa der Schautrieb (Scopophilie), der Exhibitionismus, und das Riechen - werden im Kontext der nun vorherrschenden genitalen Masturbation zusammengefaßt. Im Gegensatz zur genitalen Neugier während der analen Phase „gewinnt doch auf der Höhe des Entwicklungsganges der infantilen Sexualität das Interesse an den Genitalien und die Genitalbetätigung eine dominierende Bedeutung, die hinter der in der Reifezeit wenig zurücksteht" (Freud 1923, S. 238). Er bezeichnet dies als die sogenannte *infantile Genitalorganisation.*

Freuds Verständnis der infantil-genitalen Phase beschränkte sich auf die Entwicklung des kleinen Jungen, so daß er sie als Phase bezeichnete, die unter dem Primat des Phallus stehe (S. 239). „Leider", fährt er fort, „können wir diese Verhältnisse nur für das männliche Kind beschreiben, in die entsprechenden Vorgänge beim kleinen Mädchen fehlt uns die Einsicht" (S. 238). Er war der Auffassung, daß das Interesse sowohl des Jungen als auch des Mädchens in dieser Phase vornehmlich auf den Phallus gerichtet sei, was ihn dazu veranlaßte, die infantile Genitalorganisation beider Geschlechter als *phallische Phase* zu bezeichnen. Diese Entscheidung ist jedoch vielfach kritisiert worden (vgl. Parens et al. 1976).

Im Rahmen der neueren psychoanalytischen Theoriebildung werden die Entwicklung der Psychosexualität und der männlichen und weiblichen Geschlechtsidentität getrennt voneinander konzeptualisiert; damit wird der Tatsache Rechnung getragen, daß das Interesse eines kleinen Mädchens oder Jungen nicht nur den eigenen Genitalien gilt, sondern auch denen des jeweils anderen Geschlechts (Bell 1961; Yasmajian 1966, 1967). Wenn wir uns also vergegenwärtigen, daß Kinder beiderlei Geschlechts circa ab dem dritten Lebensjahr verstärktes genitales Interesse an den Tag legen und sich neugierig den damit verbundenen anatomischen Merkmalen und

Unterschieden zuwenden, so scheint Freuds ursprüngliche Bezeichnung - *infantile Genitalorganisation* bzw. *infantile genitale Phase* - diesen Entwicklungsabschnitt besser zu beschreiben als der Terminus *phallische Phase*. Wenn wir uns begrifflich für die ursprüngliche Version Freuds entscheiden, so auch deshalb, um das frühe genitale Interesse von der mit der Pubertät entstehenden erwachsenen genitalen Phase zu unterscheiden und uns somit auch von einem phallozentrischen Modell abzugrenzen.

Mit Eintritt in die infantil-genitale Phase und mit Wahrnehmung starker erotisch-sinnlicher Empfindsamkeit beginnen Mädchen, sich ihren Genitalien zuzuwenden. Sie „entdecken" den genitalen Bereich und lernen, sich nicht nur sexuell zu stimulieren, sondern auch, über Einbeziehung von Klitoris und Vagina sowie innergenitale rhythmische Entladung, sexuelle Befriedigung zu erlangen (Kestenberg 1968) - ein Lusterleben, das sich auf das gesamte Körpergefühl überträgt. Die erhöhte genitale Empfindungsbereitschaft läßt Begeisterung für den eigenen Körper und den anderer entstehen. Fasziniert von den Genitalien und Brüsten ihrer Mutter, idealisiert das kleine Mädchen die Mutter und deren Körper und wünscht, so zu sein wie sie. Angesichts ihrer sexuell-körperlichen Unreife hat das kleine Mädchen mit einer Vielzahl an Neid-, Angst- und Minderwertigkeitsgefühlen zu kämpfen.

Auch die Aufmerksamkeit des kleinen Jungen richtet sich mit fortschreitender Triebentwicklung und mit Erreichen der infantil-genitalen Phase auf seine Genitalien. Der Exhibitionsdrang erreicht seinen Höhepunkt und das Gefühl des Überwältigtseins angesichts der Erektion seines Penis' und des drängenden Bedürfnisses, die sexuelle Spannung zu lindern. Der Junge idealisiert den Vater und dessen großen Penis und der Wunsch, einen ebensolchen für sich zu besitzen, mündet nicht selten in Kastrationsängsten, aus Furcht vor der väterlichen Vergeltung.

Kastrationsängste können den Jungen dazu veranlassen, sich über Masturbation der Unversehrtheit seines Penis' zu versichern; werden allerdings durch die erhöhte Erregung inzestuöse Phantasien verstärkt, kann daraus ein Kreislauf zwanghaften Masturbierens entstehen. Während ein gewisses Maß an Selbstbefriedigung dem Jungen hilft, mit seiner sexuellen Erregung umgehen zu lernen und die damit verbundene Spannung zu lindern, ist zwanghaftes Masturbieren kontraproduktiv, da dadurch sexuelle Spannung eher verstärkt als reduziert wird.

Die infantil-genitale Phase überschneidet sich mit zwei Abschnitten der Objektbeziehungsentwicklung, der präödipalen, oder narzißtischen, und der ödipalen Phase. In der präödipalen Phase stehen Entwicklungsaufgaben im Vordergrund, die um die Entwicklung der Geschlechtsidentität zentriert sind; für das Kind geht es in erster Linie um die Konsolidierung eines geschlechtlich differenzierten, narzißtisch postitiv besetzten Körperbildes sowie um die Festigung von Geschlechtsrollenidentifikationen.

Die zweite Phase - die eigentliche ödipale Phase - wird dann zur Bühne jener Dramen, in denen der ödipale Konflikt mit den entsprechenden Entwicklungsanforderungen im Rahmen des Objektbeziehungsgeschehens immer wieder neu aufgelegt werden. Freud beobachtete, daß Kinder dieses Alters mit zunehmender Triebentwicklung schon bald damit beginnen, eine gewisse „Anfälligkeit" für die ödipale Problematik an den Tag zu legen (1905b). Sie entwickeln eine starke Bindung an beide Elternteile, beginnen, sexuell-sinnliche Gefühle für Vater und Mutter zu empfinden und rivalisieren mit beiden um die Zuneigung des anderen. Sie stellen Fragen über anatomische Unterschiede und wollen wissen, woher die Babys kommen, ein Problem, zu dem sie dann ihre eigenen Theorien entwickeln. Diese Theorien, so Freud, entspringen den sexuellen Phantasien des Kindes und sind entscheidend für spätere neurotische Entwicklungen. Er erkannte, daß die angstbesetzten kindlichen Phantasien - ob bewußt oder unbewußt -, die mit sexuell-sinnlicher Erregung verbunden waren, die Konfliktträchtigkeit der kindlichen Beziehung zu den Eltern verstärkten und mit intensiven Liebes- und Haßgefühlen einhergingen. Eindeutige Belege für diese Wünsche, Phantasien und Konflikte hat die psychoanalytische Arbeit mit Kindern zutage gefördert. Vielen abgeleiteten Formen und Verallgemeinerungen dieser Grundkonflikte und ihrer entsprechenden Abwehrstrategien begegnen wir - wenn auch nicht in so eindeutiger Art und Weise - in der psychoanalytischen Arbeit mit erwachsenen Patienten.

Traditionellerweise wird der Ödipuskomplex im Rahmen der psychosexuellen Entwicklung diskutiert. Allerdings setzt die Auseinandersetzung mit dem ödipalen Drama nicht nur ein gewisses Maß an Triebreife voraus, sondern verlangt auch ein bestimmtes Niveau in der Entwicklung der Objektbeziehungen und der Geschlechtsidentität. Darüber hinaus impliziert die Bildung intrapsychischer Kompromisse, die das Kind im Kampf mit den ödipalen Ansprüchen vornimmt (in der Regel handelt es sich um die Entwicklung einer infantilen Neurose), einen bestimmten Stand in der Ich- und Überich-Entwicklung. Die Identifikationen, die die Auflösung der ödipalen Problematik begleiten, sind darüber hinaus von der Weiterentwicklung des Selbstempfindens abhängig. Rangell beschreibt den Ödipuskomplex als den Kulminationspunkt kindlichen Trieblebens, als Kern der Neurosen und als den „Organisationsschirm zukünftigen Lebens" (1972, S. 7). Freud bezeichnet ihn als jene Schaltstelle, von der aus die gesamte weitere Entwicklung des Kindes ihren Lauf nehme (1905b, 1925b). Gerade die Diskussion des Ödipuskomplexes auf der Matrix unterschiedlicher Systeme bzw. Entwicklungsbereiche zeigt beispielhaft, daß Entwicklung nicht isoliert innerhalb eines einzigen Systems stattfindet, sondern daß eine ausgewogene Betrachtung menschlicher Entwicklungsprozesse alle beteiligten Systeme zu berücksichtigen hat.

Da das Kind sexuelle Gefühle für beide Elternteile hegt, wird die ödipale Problematik traditionellerweise im Sinne eines positiven und eines negativen Ödipuskomplexes diskutiert (was i.S. der bekannten Freudschen Analogie zum Abzug einer Photographie und keinesfalls wertend zu verstehen ist). Im Rahmen des positiven Ödipuskomplexes konzentriert das Kind seine libidinösen Wünsche auf den gegengeschlechtlichen Elternteil, während der gleichgeschlechtliche als gefürchteter Rivale wahrgenommen wird. Das Kind fürchtet nun Liebesverlust und Vergeltung seitens des idealisierten gleichgeschlechtlichen Partners aufgrund seiner Phantasien, Hoffnungen und Wünsche, die es an den gegengeschlechtlichen Partner richtet.

Andererseits darf nicht übersehen werden, daß während dieser Zeit auch starke libidinöse Wünsche gegenüber dem gleichgeschlechtlichen Elternteil bestehen; diese entspringen den Identifikationen und Idealisierungen, die die Entwicklung der Geschlechtsidentität in Auseinandersetzung mit dem gleichgeschlechtlichen Elternteil prägen. Dieser umgekehrte bzw. negative Ödipuskomplex läßt das Kind seine libidinösen Strebungen an den gleichgeschlechtlichen Elternteil richten und den gegengeschlechtlichen Partner als Rivalen auftreten. Der negative ödipale Konflikt findet in der Regel seine Auflösung, wenn das Kind den gleichgeschlechtlichen Elternteil zum Ichideal macht und sich mit diesem Ideal, als Teil des Überichs, identifiziert.

Die rivalisierenden ödipalen Strebungen konfrontieren das Kind mit einem massiven Konflikt, da die heftigen Gefühle von Liebe und Haß, Neid und feindseliger Rivalität durch die Identifikationen mit beiden Elternteilen und den Wunsch, von beiden geliebt zu werden, noch verstärkt werden. Das Kind ist gezwungen, diesen Konflikt entweder aufzulösen oder seine schmerzvollen, selbst miteinander rivalisierenden Wünsche und Gefühle aufzugeben. Die folgenden zwei bis drei Jahre gelten demnach der Entwicklung, Kontrolle, teilweisen Auflösung und schließlich der Aufgabe bzw. dem Untergang des Ödipuskomplexes.

In seinem Stufenmodell der psychosexuellen Entwicklung hat Freud den zentralen Gedanken der Geschlechtsidentität unberücksichtigt gelassen (Kleeman 1976), der als Grundkonzept die Bereiche Sexualität, Objektbeziehungen, Ich- und Überich-Entwicklung und Selbstempfinden miteinander in Beziehung setzt. Eine angemessene Diskussion der ödipalen Dynamik erfordert somit die Einbeziehung all dieser intrapsychischen Systeme. Eine umfassendere Betrachtung in diesem Sinne soll im achten Teil des vorliegenden Bandes, im Rahmen unserer Diskussion zur Geschlechtsidentität, vorgenommen werden.

Die Latenzzeit

Die Bezeichnung „sexuelle Latenzperiode" entlehnt Freud von Wilhelm Fließ (1905b, S. 85, Anm. 1). Er beschreibt damit jenen Zeitabschnitt zwischen dem sechsten bis siebten und dem zehnten bis elften Lebensjahr, in dem es zu einer Verringerung der manifesten Sexualisierung der kindlichen Beziehungen kommt. Die sexuellen Strebungen des Kindes fallen der Verdrängung anheim und Reaktionsbildungen im Sinne von Ekel- und Schamgefühlen, aber auch im Sinne moralischer und ästhetischer Idealanforderungen gewinnen die Oberhand (1905b, S. 85; 1925a). Freud betrachtete diese Phase als das Ergebnis eines Zusammenwirkens biologisch bedingter Prozesse, kulturell-sozialisatorischer Einflüsse sowie einer - zum Teil durch die Überich-Entwicklung bedingten - Neustrukturierung der Ich-Abwehrformationen. Obwohl er von einem Rückgang der sexuellen Regungen während dieser Zeit ausgeht, weist er doch darauf hin, daß es sich bei der Latenz an sich um ein

„Erziehungsideal“ handle, „von dem die Entwicklung des einzelnen meist an irgendeiner Stelle und oft in erheblichen Maße abweicht“ (1905b, S. 86). Zeitweise komme es zu Durchbrüchen der Sexualäußerung, die sich der Sublimierung entziehen, und bei vielen, wenn nicht allen Kindern, erhalte sich ein gewisses Maß an sexueller Betätigung während der gesamten Dauer der Latenzzeit.

Unsere Auffassung der Latenz leitet sich von Freuds Feststellung ab, daß es sich hierbei nicht um einen gleichförmigen Zustand kindlichen Entwicklungsgeschehens handelt. Vielmehr durchläuft das Kind während dieser Zeit zahlreiche entwicklungsbedingte Veränderungen, und sexuelle Latenz sollte eher als relatives denn absolutes Phänomen verstanden werden. Infolge der fortschreitenden Ich- und Über-ich-Entwicklung kommt es zur, zumindest teilweisen, Aufgabe, Auflösung, oder aber Verdrängung der ödipalen Wünsche. Das Kind erfährt nun konsistenter die elterlichen Erwartungen und Verbote im Sinne eigener innerer Anforderungen, und schmerzhafte Scham- und Schuldaffekte dienen der Kontrolle und Aufschiebung libidinöser Strebungen sowie der Unterdrückung ödipal-inzestuöser Wünsche. Sein nunmehr stärkeres Ich hilft dem Kind, Triebimpulse zu kontrollieren (anstatt sich ihnen ausgeliefert fühlen zu müssen), und mit dem Entdecken neuer Befriedigungs- und Anpassungsmöglichkeiten erwirbt es die Fähigkeit zur Sublimierung.

Nichtsdestotrotz finden sich masturbatorische Aktivitäten und Phantasien bei nahezu allen Kindern vom Zeitraum der mittleren bis späten Latenz bis hin zur Pubertät (Fraiberg 1972; Clower 1976). Fraiberg hat auf die Bedeutung der Masturbation als Spannungsregulativ für die psychische Stabilität des Kindes hingewiesen. Werden masturbatorische Phantasien und Aktivitäten gewaltsam unterdrückt, kann es zu Einschränkungen der Ich-Entwicklung kommen; Klagen über Langeweile sowie Spielhemmungen können die Folge sein.

Triebschicksal und Masturbation während der späten Latenzzeit sind in erster Linie davon abhängig, inwieweit dem Kind eine Verschiebung, Umwandlung oder Ersetzung seiner ödipal-inzestuösen Wünsche gelingt, die ursprünglich an die masturbatorische Aktivität geknüpft waren. Zweitens bietet ein größeres soziales Umfeld mit seinem entsprechenden Lern- und Identifizierungsangebot dem Kind die Möglichkeit, seine sublimatorischen Fähigkeiten zu entwickeln und so seine triebhaften Regungen zu kontrollieren (Greenacre 1948). Sublimierungen wiederum bilden die Quelle eines positiven Selbstwertgefühls, das die mit der Masturbation verbundenen Schuldgefühle lindern hilft. Schließlich trägt die Stärkung von Abwehrformationen und Ich-Funktionen dazu bei, den Schuldgefühlen angesichts sexueller Triebregungen, Phantasien, und masturbatorischer Aktivitäten zu begegnen.

Genitalprimat und Adoleszenz

Das relative Gleichgewicht während der Latenzzeit wird von den biologischen Veränderungen der Pubertät aufgehoben, in der es nun zu einer Intensivierung genitaler sexueller Triebregungen und einer Unterordnung der erogenen Zonen unter das Genitalprimat kommt (Freud 1905b, S. 113). Es besteht heute Einigkeit darüber, daß es zwischen Präpubertät - oder „Vorpubertät" - und Pubertät, sowie zwischen Präadoleszenz und Adoleszenz zu differenzieren gilt. Präpubertät und Pubertät beziehen sich auf die physiologischen, anatomischen und hormonellen Kriterien des sexuellen Reifungsprozesses. Die Zeit der Präpubertät setzt ein mit der Herausbildung sekundärer Geschlechtsmerkmale, zu denen auch jene zählen, die nicht visuell wahrnehmbar sind. Die Menarche beim Mädchen und die erste Ejakulation bzw. die ersten befruchtungsfähigen Spermien im Ejakulat beim Jungen gelten als der Beginn der Pubertät (Galenson 1964). Präadoleszenz und Adoleszenz wiederum umfassen den gesamten Komplex psychologischer und entwicklungsbedingter Charakteristika des Altersabschnitts, der vom elften, zwölften bis zum 19., 20. Lebensjahr reicht. Zu diesen entwicklungspsychologischen Anforderungen zählt auch - wenn auch nicht ausschließlich - der angemessene Umgang mit der eigenen sexuelle Reife.

Präadoleszenz

Psychoanalytischen Adoleszenzforschern zufolge unterscheiden sich Mädchen und Jungen signifikant, was ihre ersten Versuche angeht, sich an die pubertätsbedingten hormonellen Veränderungen anzupassen (vgl. etwa Erikson 1956; Blos 1962, 1970, 1979). Die zentrale Entwicklungsaufgabe, die die Präadoleszenz an beide Geschlechter stellt, besteht in einer angemessenen Verarbeitung der tiefgreifenden körperlichen Wandlungsprozesse. Neben einer Anpassung des Körperbildes bedeutet dies vor allem, mit den neuerlich wachgerufenen, intensiven sexuellen Gefühlen und der damit verbundenen Steigerung genitaler Empfindungsfähigkeit fertig zu werden. Diese manifestieren sich beim Jungen in einem Anstieg der Erektionshäufigkeit, beim Mädchen in der Entwicklung der Brüste sowie vaginalen und allgemeinen sinnlich-sexuellen Erlebensweisen, die um so verwirrender sind, je weniger sie als solche eingeordnet werden können. Die hormonell bedingte Intensivierung der Triebregungen führt zum Einsatz einer Reihe phasenspezifischer Abwehrformationen (A. Freud 1936, 1958), allen voran die Regression, deren Folgen wiederum abgewehrt werden müssen.

Die Regression des präadoleszenten Jungen erfolgt charakteristischerweise auf ein relativ breites prägenitales Niveau statt, auf dem die Beschäftigung mit analen, oralen und urethralen Interessen vorherrscht. Die Regression des Mädchens vollzieht sich entlang unterschiedlicher Linien, wobei vor allem ihre Beziehung zur präödipalen Mutter eine Wiederbelebung erfährt. Aber, wie Blos anmerkt, „die präadoleszente Regression des Jungen ist massiver als die des Mädchens; sie ist handlungs-orientiert und konkretistisch. Der erste Ansturm der Pubertät führt dazu, daß sich der Junge voller Hohn und Verachtung vom anderen Geschlecht abwendet" (1970, S. 27). Diese dramatische Abkehr ist das Ergebnis eines Wiederauflebens intensiver Kastrationsängste, in denen Phantasien der gefürchteten phallischen Frau vorherrschen.

Das präadoleszente Mädchen versucht sich dem Sog zur präödipalen Mutter über eine abwehrhaft forcierte Heterosexualität zu entziehen, die mit einer „aktiven Hinwendung zur Realität" und einer allgemein gesteigerten sexuellen Neugier einhergehen kann. Dieser „Durchbruch" regressiver Tendenzen geht nicht laut und offensichtlich vonstatten, sondern vollzieht sich eher am Rande und unterschwellig (Deutsch 1944; Blos 1962, 1970).

Adoleszenz

Der puberale Reifungsprozeß - die Menarche beim Mädchen und die erste Ejakulation beim Jungen - markiert das Ende der Präadoleszenz und den Beginn der Adoleszenz. Die Triebentwicklung ist nun auf das Genitalprimat ausgerichtet; zu prägenitalen Impulsen kommt es im Kontext regressiver Tendenzen, und sexueller Lustgewinn zentriert sich auf genitale Aktivitäten und Funktionen.

Die erste Menstruation bzw. die erste Ejakulation als Zeichen dieses entwicklungsbedingten Wandels werden in unserer Gesellschaft unterschiedlich wahrgenommen. Mädchen sind in der Regel besser unterrichtet und vorbereitet als Jungen; und obwohl die Auswirkungen der Menarche und ihre Bedeutung für das adoleszente Mädchen im Rahmen psychoanalytischer und entwicklungspsychologischer Arbeiten vielfach behandelt werden, sind entsprechende Ansätze in bezug auf die erste Ejakulation und ihre Bedeutung für den Jungen selten (vgl. Fenichel 1945, S. 111; R. A. Furman 1975). Die Erfahrung, über die spontan auftretenden Ejakulationen keine Kontrolle zu haben, sondern sie passiv erleben zu müssen, kann beim Jungen dazu führen, die damit verbundenen Empfindungen als primär weiblich - und nicht als Bestätigung seiner Männlichkeit - zu verstehen.

So erinnert sich ein Patient, wie die erste spontane Ejakulation - die er erlebte, während er ein Bad nahm – für ihn mit der Überzeugung verbunden war, etwas Schreckliches geschehe mit ihm.

Ausgehend von der Analyse eines jugendlichen Patienten, in der die Erfahrung der ersten Ejakulation zum Thema wurde, formuliert Furman die These, daß Jungen das Bewußtwerden und In-Worte-Fassen dieser Erfahrung abwehren, weil sie „für Verwirrung und Angst sorgt, so daß jegliche Auseinandersetzung vermieden wird; nach Beginn vollständiger Ejakulationen besteht dann wenig Neigung, sich an diese erste Zeit verwirrender sexueller Erfahrungen zurückzuerinnern" (1975, S. 229). Aus eigener klinischer Erfahrung mit adoleszenten Jungen und jungen Männern wissen wir, daß die erste Ejakulation als ebenso einschneidender Entwicklungsschritt erlebt wird wie die Menarche im Leben junger Mädchen (vgl. P. Tyson 1989c).

Die biologisch fundierten puberalen Veränderungen haben tiefgreifende Auswirkungen auf die psychische Entwicklung Jugendlicher. Sie rufen Konflikte früherer Entwicklungsstufen wach und erschüttern somit das Kräfteverhältnis zwischen Ich und Überich, zwischen Triebimpulsen und entsprechenden Abwehrformationen, die während der Latenzzeit aufgebaut wurden. Es entsteht eine neue Dimension psychischer Aktivität. Diese Intensivierung sexueller und aggressiver Triebregungen hat eine Wiederbelebung früher präödipaler und ödipal-inzestuöser Wünsche und der damit verbundenen Konflikte zur Folge, die als um so bedrohlicher erlebt werden als der Adoleszente nun über die nötige (körperliche) Ausstattung zu heterosexuellem Geschlechtsverkehr verfügt.

Neben dem körperlichen „Potential" sind Adoleszente nun aber auch im Besitz der nötigen kognitiven Reife, um die vollständige Bedeutung infantil-inzestuöser Phantasien zu erfassen, was die Verdrängung dieser Inhalte um so dringlicher macht. Das Bedürfnis, die (elterlichen) Tabus sexuellen Lustgewinns zu brechen - Voraussetzung für eine reife genitale Entwicklung - führt zu einer Erhöhung des Konfliktpotentials. Masturbatorische Impulse werden um so stärker, je mehr der eigene Körper als Quelle sexueller Befriedigung erkannt wird. Als Möglichkeit, vom eigenen sinnlich-sexuellen Körper Besitz zu ergreifen und für die eigenen sexuellen Wünsche Verantwortung zu übernehmen, wird Masturbation zu einer Art „Probelauf" genitaler Aktivität während der Adoleszenz (Laufer & Laufer 1984).

Da den masturbatorischen Phantasien ödipal-inzestuöse Wünsche zugrundeliegen, überrascht es nicht, daß sich das um die adoleszente Masturbation zentrierte Konfliktpotential verstärkt. Um reife sexuelle Beziehungen aufzubauen, ist ein optimales Maß an triebhafter und emotionaler Freiheit notwendig, das von angemessenen Möglichkeiten der Triebbefriedigung abhängt. Dazu muß der Adoleszente sich mit Eltern identifizieren können, die sexuell aktiv sind und die ihm eine eigene Sexualität gestatten (Jacobson 1961). Eine erfolgreiche erwachsene genitale Sexualorganisation setzt voraus, diese zentralen Identifikationsprozesse durchlaufen zu können, während gleichzeitig inzestuöse Wünsche mehr und mehr verdrängt werden. Andererseits können sich gerade diese Identifikationsanforderungen als besonders schwierig erweisen, da eine Sicht der eigenen Eltern jenseits von Sexualität an das Inzesttabu gebunden ist.

Nun ist aber das für Präadoleszente und Adoleszente so typische Verhalten mit seinen Widersprüchen und Unbeständigkeiten nicht nur auf die einschneidenden biologischen Veränderungen und die heftigen sexuellen Gefühle und Impulse jener Zeit zurückzuführen. Neben hormonellen Veränderungen kommt es zu einem wahren Wachstumsschub in körperlicher, kognitiver und sozialer Hinsicht, der die abwehrkorrelierten und integrativen Funktionen des Ichs herausfordert. Starke Stimmungsschwankungen und impulsives Verhalten sind die Folge. Häufig sind diese Stimmungsschwankungen die Reaktion auf spezifische Erfahrungen mit bestimmten Personen oder Situationen; jeder Adoleszente reagiert seinem individuellen Stil entsprechend, der von früheren Identifikationen, Werthaltungen, sozialen Lernerfahrungen und dem momentanen Zustand seiner Ich-Stärke, Abwehr und Überich-Restriktionen geprägt ist.

Das Ausmaß der Angst, dessen sich der Adoleszente bewußt wird, hängt mit der Stärke seiner Triebwünsche und deren Verhältnis zu den Funktionen und Kompetenzen seines Ichs und Überichs zusammen. Stimmungsschwankungen, Verhaltensänderungen und vorübergehende Symptombildung sind häufig Ausdruck massiver Konflikte, die zwischen oder innerhalb der einzelnen psychischen Systeme bestehen; sie spiegeln aber auch den individuellen Versuch wider, entsprechende intrapsychische Kompromißbildungen durchzusetzen. Zu größeren Schwierigkeiten kann es kommen, wenn, wie häufig der Fall, biologische, kognitive und soziale Veränderungen eintreten, bevor Ich und Überich mit den entsprechenden Fähigkeiten ausgestattet sind, diese Veränderungen auch adäquat zu verarbeiten. Das vorzeitige Auftreten sekundärer Geschlechtsmerkmale - beim Mädchen das frühe Einsetzen des Menstruationszyklus' oder ein frühes Brustwachstum - verhindert die vollständige Konsolidierung der Latenzzeit und führt zu einer Überstrapazierung von eigentlich angemessenen Fähigkeiten. Während der Kindheit sind es die Eltern, die sich dem Kind als Hilfsich zur Verfügung stellen, um ein Ausagieren sexueller Triebimpulse zu kontrollieren. Angesichts des „genitalen Potentials", über das Adoleszente nun verfügen, führt die emotionale Nähe zu den Eltern zu einer neuerlichen Entfachung des ödipalen Begehrens und somit zu einer Wiederbelebung ungelöster inzestuöser Konflikte. Die Rolle der Eltern verändert sich mit der Adoleszenz ihrer Kinder; sie können nun nicht mehr die Funktion eines Hilfsichs übernehmen.

Der Jugendliche muß neue Objekte - im Sinne eines „Objektwechsels" (Katan 1951) - finden, um seine Abhängigkeitswünsche und sexuellen Bedürfnisse zu befriedigen. In einem langen Ablösungs- und Individuationsprozeß erfolgt die Trennung von den „äußeren" Eltern - als Objekte der Zuneigung, der Abhängigkeit und des sexuell-sinnlichen Begehrens - als auch von ihren idealisierten intrapsychischen Repräsentanzen. Die Autorität der „inneren" Eltern wird aufgegeben.

Diese Vielzahl an sich gegenseitig beeinflussenden Faktoren, die während der Adoleszenz zum Tragen kommen, wird in den folgenden Kapiteln näher diskutiert werden. Eine entwicklungspsychologische Diskussion im Lichte der psychosexuellen Phasenlehre stellt das sogenannte „Genitalprimat" als wichtigste Veränderung, die während der Adoleszenz stattfindet, ins Zentrum ihrer Betrachtung. In diesem Sinne besteht die Hauptaufgabe des Adoleszenten in der Anerkennung eigener sexueller Körperlichkeit und in der Entwicklung einer eigenen sexuellen Identität. Es muß ein neues Gleichgewicht geschaffen werden, das zwischen den triebhaften Wünschen, dem Ich und dem Überich einerseits, sowie zwischen den Objekten der Vergangenheit und der Gegenwart andererseits vermittelt.

Teil III

Objektbeziehungen

Kapitel 5

Psychoanalytische Objektbeziehungstheorien: Ein Überblick

Die Fülle an objektbeziehungstheoretischen Arbeiten, die im Laufe der letzten Jahrzehnte entstanden, mag zuweilen den Eindruck erwecken, daß es sich hierbei um ein relativ junges theoretisches Paradigma innerhalb der Psychoanalyse handelt. Tatsächlich hat der Begriff des *Objekts* seinen Ursprung in der Freudschen Triebkonzeption, in der vom Objekt als Mittel der Triebbefriedigung die Rede ist. Freud betrachtet Objektbeziehungen in erster Linie auf der Matrix von Triebäußerungen und unternimmt keinen Versuch, eine davon unabhängige Entwicklung der Objektbeziehungen zu formulieren. Vielmehr ist es immer wieder die Zentralität des Ödipuskomplexes, auf die er in seinen wichtigsten Schriften hinweist, und er räumt ein, vom Wesen der Präödipalität nur wenig zu verstehen (1931).

Allerdings konnten in der Folgezeit zahlreiche Fragen zur Entwicklung früher Objektbeziehungen beantwortet werden. In einem kurzen Überblick sollen im vorliegenden Kapitel die wichtigsten Ansätze psychoanalytischer Objektbeziehungstheorien sowie ihr jeweils entwicklungspsychologischer Beitrag skizziert werden. Im Anschluß daran soll in den Kapiteln 6 und 7 näher auf die einzelnen Entwicklungslinien der Objektbeziehungen und des subjektiven Selbstempfindens[10] eingegangen werden.

Die Entwicklung der Objektbeziehungen bei Freud

Freud erkannte, daß die vom Individuum als bedeutsam erlebten Interaktionen mit anderen Personen die Entstehung und Funktionsweise intrapsychischer Strukturen

10 Wir möchten an dieser Stelle an die Unterscheidung zwischen *interpersonellen Beziehungen* und *Objektbeziehungen* erinnern. Erstere beziehen sich auf das konkrete Interaktionsgeschehen zwischen Personen. Objektbeziehungen (oder „internalisierte" Objektbeziehungen) bezeichnen die intrapsychische Dimension individuellen Erlebens mit anderen - d.h. die intrapsychischen Repräsentationen des Selbst, des Anderen und ihrer jeweiligen Rolle im gemeinsamen Interaktionsgeschehen.

beeinflußten. Bereits im Jahr 1895 führt er aus, daß die wiederholte Erfahrung von Bedürfnisbefriedigung oder -frustration in Interaktion mit einem Objekt die Triebfeder für die Ausbildung überdauernder Gedächtnisspuren sei (1895b). Konsequent triebtheoretisch orientiert, konzentriert er sich in seinem topischen Modell sowie in seinen Betrachtungen zum Affekt-Trauma (bzw. zur Triebabfuhr) auf die Aspekte der Bedürfnisbefriedigung und -frustration; in beiden Konzepten beschreibt Freud das Objekt als Mittel, über das Bedürfnisbefriedigung gesucht und erlangt wird. Der Säugling erlebt das Objekt im Rahmen libidinöser Befriedigung. Die Libido gilt als lustorientiert, was jedoch schnell in eine Objektsuche oder Objektabhängigkeit mündet, je mehr Erinnerungsspuren von entsprechenden Interaktionserfahrungen gebildet werden. In seinem Aufsatz *Entwurf einer Psychologie* schreibt er: „Der Wunschzustand (des hungrigen Kindes) führt zu einer positiven Anziehung des gewünschten Objekts, oder, genauer, seines erinnerten Bildes (mentalen Repräsentation)“ (1895b, S. 322). Im Vergleich zum Trieb betrachtet Freud das Objekt als sekundär: „Es ist das variabelste am Triebe, nicht ursprünglich mit ihm verknüpft, sondern ihm nur infolge seiner Eignung zur Ermöglichung der Befriedigung zugeordnet. Es ist nicht notwendig ein fremder Gegenstand, sondern ebensowohl ein Teil des eigenen Körpers“ (1915a, S. 86).

Im topischen Modell betont Freud die psychopathologische Wirkung, die traumatische Objekterfahrungen auf die Entwicklung des Individuums haben können. Unbewußte Wünsche und Phantasien, so seine These, können aus neutralen Objekterfahrungen traumatische Erlebnisse machen, die sich in angstbesetzten und schädlichen Erinnerungen niederschlagen. Die Ausarbeitung seines strukturtheoretischen Modells veranlaßt Freud jedoch, eine Schwerpunktverschiebung des Objektkonzeptes vorzunehmen. Anstatt weiterhin vom sekundären Stellenwert der Objektbeziehung im Vergleich zur Triebbefriedigung zu sprechen, unterstreicht er nun die nicht-traumatischen Objekterfahrungen des Individuums sowie die Schnittstellen, die diese mit den Triebempfindungen, dem Ich und dem Überich aufweisen. Obwohl er sich mehr auf die Funktionsweisen der einzelnen Strukturen als auf die strukturelle Entwicklung selbst konzentriert, macht er die Beobachtung, daß Identifizierungen mit den Objekt von zentraler Bedeutung für die Ich-, und Überich-Bildung sind (Freud 1923a, 1924c).

Mit der Revision seines angsttheoretischen Konzepts (1926) formuliert Freud eine weitere wichtige Ergänzung seiner objektbeziehungstheoretischen Überlegungen. In *Hemmung, Symptom und Angst* beschreibt er das Ich des Säuglings als leicht von äußeren Reizeinwirkungen zu überwältigen, aber, „mit der Erfahrung, daß ein äußeres, durch Wahrnehmung erfaßbares Objekt der an die Geburt mahnenden gefährlichen Situation ein Ende machen kann, verschiebt sich nun der Inhalt der Gefahr von der ökonomischen Situation auf seine Bedingung, den Objektverlust“ (S. 278). Angesichts der Hilflosigkeit des kindlichen Ichs muß das Objekt die Aufgabe der Angstregulierung übernehmen; spätere Defizite der Ich-Funktionen, so Freuds Implikation, seien sowohl auf die Stärke der Triebimpulse als auch auf das Versagen des Objekts, die Angst des Säuglings zu regulieren, zurückzuführen (S. 293). Freud postuliert eine Reihe objektgebundener Ängste und assoziierter Phantasien, die, wie er annimmt, mit den einzelnen Phasen der psychosexuellen Entwicklung korrelieren (Angst vor Objektverlust, Angst vor Liebesverlust, Kastrationsangst, Angst vor der Bestrafung durch das Überich). Schließlich stelle die Hilflosigkeit und Abhängigkeit des Kindes - „dies biologische Moment - (...) die ersten Gefahrensituationen her und schafft das Bedürfnis, geliebt zu werden, das den Menschen nie mehr verlassen wird" (S. 293). Freud schreibt hier den objektgebundenen Erfahrungen den gleichen Stellenwert für die Ausbildung psychischer Strukturen und für eine optimale Entwicklung zu wie der Befriedigung libidinöser Bedürfnisse. Beide Dimensionen seien über die Erfahrung der Liebe oder der Angst und Furcht miteinander verbunden.

Melanie Klein

Melanie Klein war eine der ersten Psychoanalytikerinnen, die eine Theorie der Objektbeziehungen formulierte. Viele ihrer theoretischen Konzepte leitete sie aus den Beobachtungen ihrer eigenen Kinder ab, vor allem aber aus ihrer analytischen Arbeit mit Kindern, die sie als psychotisch diagnostiziert hatte. Auf dieser Grundlage formulierte sie ihre Überlegungen zur Bedeutsamkeit früher präödipaler Objektbeziehungen für die kindliche Entwicklung und für das Entstehen psychischer Erkrankungen. Sie stellt damit die zentrale Position des Ödipuskomplexes infrage, den Freud als Dreh- und Angelpunkt psychischer Entwicklung begreift. Melanie Klein entwickelte ihre Theorie zu weiten Teilen auf der Basis des Freudschen Modells einer psychischen Topik sowie seinen Annahmen zum Affekt-Trauma. Wie Freud postuliert sie die Existenz eines Todestriebs, ein Konzept, das von ihr ausgearbeitet und mit einer sehr eigenwilligen und komplexen Terminologie versehen wird. Den Kampf zwischen Lebens- und Todestrieben - angeboren und von Geburt an wirksam - bezeichnet sie als Prototyp menschlicher Konflikte (1948). Die Geburt selbst sei ein überwältigendes Trauma, das zu Verfolgungsängsten in bezug auf die äußere Welt führe. Die erste, getrennt vom eigenen Selbst existierende Objektrepräsentanz des Säuglings sei die Brust der Mutter, die der Säugling aufgrund seiner Verfolgungsangst als feindselig i.S. von versagend erlebe. Melanie Klein hält in ihrem gesamten Werk am triebtheoretischen Paradigma fest, räumt jedoch den Objektbeziehungen eine den Trieben gleichrangige Stellung ein (Greenberg & Mitchell 1983, S. 146).

Der Säugling verfüge von Geburt an über ein eigenes Ich, über unbewußte Phantasien, sowie über die Fähigkeit, Objektbeziehungen aufzubauen, Angst zu erleben und entsprechende Abwehrmaßnahmen einzuleiten. Da Triebe in Form von Phantasien psychisch repräsentiert seien, existiere zu jedem Triebimpuls eine entsprechende Phantasie; das bedeutet, daß Triebimpulse nur über Phantasien erfahrbar, und daß Phantasien in ihrer Funktionstätigkeit den Triebimpulsen unterworfen sind.

In Analogie zu den Konzepten einzelner Entwicklungsphasen, wie sie nicht-kleinianisch orientierte Autoren vertreten, führt Melanie Klein den Begriff der sogenannten *Position* ein, der die phasentypische Erlebensweise des Säuglings beschreiben soll (1935). Während der *paranoid-schizoiden* Position (1946, 1952a, 1952b) der ersten drei Lebensmonate fürchtet der Säugling die Verfolgung - daher ‚paranoid' - des bösen äußeren Objekts, als das er die (versagende) mütterliche Brust phantasiert. Der Versuch, das böse Objekt zu zerstören, führt schließlich zu dessen Internalisierung bzw. Introjektion. Dieses nunmehr äußere und internalisierte böse Objekt sieht Melanie Klein als Folge des Zerstörungstriebes (Todestriebes). Die ‚schizoide' Dimension kommt in der Neigung des Kindes zum Tragen, seine Erfahrungswelt in ‚gute' (befriedigende) und ‚böse' (versagende) Anteile zu spalten. Das in diesem Zusammenhang eingeführte Konzept der *projektiven Identifizierung* beschreibt den Versuch des Kindes, seine feindseligen Gefühle - sich selbst und der Mutter gegenüber - zu bewältigen (1946). Bedrohliche und verhaßte Selbstanteile werden abgespalten und auf das Objekt (die mütterliche Brust) projiziert, mit dem Ziel, ihm zu schaden, es zu kontrollieren oder Besitz von ihm zu ergreifen. Der Haß gegen die eigenen Selbstanteile ist nun gegen die Mutter gerichtet. „Das führt zu einer besonderen Art der Identifizierung, die das Urbild einer aggressiven Objektbeziehung darstellt. Ich schlage für diese Prozesse den Ausdruck 'projektive Identifizierung' vor" (S. 108).

Obwohl Melanie Klein selbst über den Begriff der projektiven Identifizierung gar nicht glücklich war und ihn mehr zufällig als konsequent in einigen ihrer Aufsätze verwendet, kam es zu einer breiten Rezeption dieses Konzepts, das häufig mit dem verwandten Abwehrmechanismus der Projektion gleichgesetzt wird (vgl. auch Meissner 1980; Sandler 1987).

Auch die libidinösen Regungen des Kindes sind an die mütterliche Brust als erstes äußeres Objekt gebunden. Auch hier kommt es zur Internalisierung via Introjektion, diesmal in dem Bemühen, die gute Brust (die befriedigenden Aspekte der Mutter) in sich zu behalten. Der Kampf zwischen Lebens- und Todestrieben wird somit zum Kampf zwischen der idealen und der verschlingenden Brust. „Diese beiden Aspekte der mütterlichen Brust werden introjiziert und bilden den Kern des Überichs" (1948, S. 156). Die charakteristische Angst des Säuglings während der ersten drei Monate besteht darin, daß sein Ich vom bösen, verfolgenden Objekt überwältigt wird; die ideale innere Brust würde zerstört, das kindliche Selbst ausgelöscht. Daran gebunden ist die Dimension des Neides, die von Klein als ebenfalls angeboren postuliert wird. Das Kind strebt danach, ebenfalls in den Besitz der guten Brust zu kommen, die es als Quelle von Liebe und Befriedigung erlebt. Erscheint dies unmöglich, muß die gute Brust - nun die Quelle des Neides - zerstört werden. Das Kind versucht, den schmerzhaften Affekt abzuspalten. Wenn dieser Abwehrvorgang gelingt, entsteht mit der Introjektion der guten Brust ein Gefühl der Dankbarkeit, was eine Bereicherung und Stärkung des kindlichen Ichs bedeutet (Klein 1957).

Ist die Entwicklung günstig und findet eine Identifizierung mit den befriedigenden Aspekten der Mutter (der guten Brust) statt, lernt das Kind, seine destruktiven

Empfindungen nach und nach besser zu ertragen. Paranoide Erlebensweisen - und mit ihnen Spaltungs- und Projektionsvorgänge als zentrale Abwehrformationen - nehmen ab und fördern so den weiteren Ich-Aufbau. Es kommt zur allmählichen Integration guter und schlechter Objektanteile und das Kind sieht die Mutter sowohl als Quelle als auch als Empfängerin positiver und negativer Empfindungen.

Mit circa drei Monaten setzt Melanie Klein den Beginn der *depressiven* Position an (Klein 1935, 1940, 1946, 1952a, 1952b). Die größte Angst des Kindes ist es nun, das geliebte Objekt beschädigt oder zerstört zu haben. Der Versuch, sich das Objekt oral einzuverleiben - d.h. sie zu internalisieren - ist der Versuch, sie vor der eigenen Zerstörungswut zu bewahren. Aus dem Gefühl der oralen Omnipotenz erwächst jedoch die Angst, das befriedigende innere und äußere Objekt in jedem Fall zu zerstören, so daß selbst die Bemühungen, es zu bewahren, als destruktiv erlebt werden. In der Phantasie des Kindes wird die Mutter nun zum zerstörten, leblosen Introjekt. Gefühle des Verlustes und der Hoffnungslosigkeit - daher ‚depressiv' - charakterisieren dieses Entwicklungsstadium. Allerdings fördert diese Depression die Über-ich-Entwicklung und das Entstehen des Ödipus-Komplexes. Unter dem Einfluß paranoider und depressiver Ängste wendet sich das Kind auf dem Höhepunkt der oralsadistischen Phase (mit etwa acht oder neun Monaten) nun dem väterlichen Penis als neuem Objekt seines Begehrens zu (Klein 1928). Ödipale Wünsche zentrieren sich zunächst um Phantasien darüber, die Mutter ihres Penis', ihrer guten Körperinhalte, und ihrer neuen Babies zu berauben. Mit zunehmender Konsolidierung des Überichs werden jedoch für die depressive Position typische Wiedergutmachungsbestrebungen wirksam (Klein 1940).

Wir können mit dieser Kurzfassung der theoretischen Überlegungen Melanie Kleins der Komplexität ihres Theoriegebäudes in keinster Weise gerecht werden; allerdings lassen sich anhand dieses kurzen Abrisses einige wesentliche Unterschiede herausarbeiten, die zwischen den kleinianischen und unseren Konzepten bestehen. Melanie Kleins Theorie ist in erster Linie ein topographisches Modell. Da sie sich weniger an den späten sturkturtheoretischen Überlegungen Freuds orientiert, unterscheidet sie sich in ihren Konzepten - etwa zur Funktionsweise des Ichs - deutlich von dem von uns vertreten Ansatz. Melanie Klein rückt das Ich in die Nähe des Selbst, das über keine der selbstregulierenden Funktionen verfügt, wie Freud sie in seinem Strukturmodell postuliert. Phantasietätigkeit ist für sie konkreter Ausdruck des Triebgeschehens und keine Kompromißbildung zwischen einem Triebimpuls und seiner entsprechenden Ich-Abwehr, die auch das Moment der Realitätsprüfung miteinschließt. Ihre Hypothese einer angeborenen und von Geburt an wirksamen Fähigkeit zur Phantasiebildung darf infolge der Befunde aus der Kognitiven Psychologie und den Neurowissenschaften als widerlegt angesehen werden. Angst ist in jedem Fall bedrohlich und kann traumatische, das Ich überwältigende Folgen haben; sie hat keine Signalfunktion, wie Freud in seinem Strukturmodell der Angst (1926) postuliert. Obwohl Melanie Klein eine Vielzahl unterschiedlicher Abwehrmechanismen beschreibt, halten wir ein Überwiegen ‚guter' (befriedigender) Erfahrungen für das Aufrechterhalten innerer Harmonie für wichtiger als den effektiven Einsatz von Abwehrstrategien, wie sie im Strukturmodell konzeptualisiert werden.

Der menschliche Grundkonflikt besteht nach Klein in jenem angeborenen Widerstreit zwischen Lebens- und Todestrieben (weniger zwischen unterschiedlichen, sich entwickelnden intrapsychischen Strukturen), den selbst die zunehmende Integration des Ichs nicht abzumildern vermag. Die Deutung unbewußter sexueller und aggressiver Triebimpulse ist somit zentral für die kleinianische Behandlungstechnik. Da Melanie Klein diesen Grundkonflikt zwischen zwei angeborenen Trieben postuliert, kann dieser durch die nachfolgende Entwicklung, außer in seiner Form, kaum beeinflußt werden; Umwelteinflüssen und individuellen Erfahrungen wird somit wenig Wirkung auf die Entwicklung zugeschrieben, ein Standpunkt, der sich ganz signifikant von unserem unterscheidet. Wie Sutherland schreibt, „scheint sie die Rolle des äußeren Objekts darauf zu reduzieren, die (angeblich) triebbedingten Phantasien zu bestätigen. Sie schafft somit eine Art biologischen Solipsismus, weniger ein entwicklungspsychologisches Rahmenkonzept, das auf Erfahrungen mit Objektbeziehungen gründet" (1980, S. 831). Obwohl Melanie Kleins Theorie gemeinhin als Objektbeziehungstheorie gilt, ist für sie die Bedeutung der Objekte im Vergleich zu den Trieben nur sekundär; in ihren theoretischen Ausführungen bezieht sie sich nur wenig auf reale Objektbeziehungsqualitäten oder auf die Dimensionen des Dialogs und der Reziprozität mit dem Objekt.

Es wird deutlich, daß zwischen den kleinianischen Konzepten und den modernen, trieb- und strukturtheoretisch orientierten Ansätzen in der Psychoanalyse nur wenig Ähnlichkeiten bestehen, wenn sich auch beide Richtungen oft einer ähnlichen Sprache bedienen. (Zusammenfassung und Kritik der kleinianischen Theorie vgl. Waelder 1936; Glover 1945; Bibring 1947; Joffe 1969; Kernberg 1969; Yorke 1971; Segal 1979; Greenberg & Mitchell 1983; Hayman 1989)

Andererseits - und hierauf weist Scharman (1988) hin - gelang es Melanie Klein, die Aufmerksamkeit der Psychoanalytiker auf das präödipale Kind, insbesondere aber die präödipalen Objektbeziehungen, zu lenken. Konzepte über Objektrepräsentanzen sowie die zugrundeliegenden Projektions- und Introjektionsvorgängen gehören zum Allgemeingut psychoanalytischen Wissens. Mag es auch Unterschiede zwischen eher klassisch freudianisch orientierten Psychoanalytikern einerseits und Kleinianern andererseits geben, was das Verständnis dieser Konzepte angeht, so ist es doch das Verdienst Melanie Kleins, sie als Kernstück psychoanalytischer Objektbeziehungstheorie formuliert und eingeführt zu haben.

Anna Freud

Anna Freud war die große Kontrahentin Melanie Kleins, was deren theoretischen und behandlungstechnischen Ansatz, vor allem in ihrer Arbeit mit Kindern, anging. Die wenigen Versuche einer direkten theoretischen Auseinandersetzung scheinen die Gefühle der beiden Frauen zusätzlich angeheizt zu haben anstatt zu einer Annäherung zu führen.

Anna Freuds Säuglings- und Kleinkindbeobachtungen in den Kriegskinderheimen *Hampstead Nurseries*, in denen Kinder über lange Zeiträume von ihren Eltern getrennt lebten, bildeten die Grundlage ihrer Theorie der Entwicklung von Objektbeziehungen (1942). Während der Säugling während der ersten Lebensmonate von seinen Bedürfnis- und Befriedigungserlebnissen, Lust- und Unlustgefühlen beherrscht werde, spielt die Mutter während dieses Zeitraums im Leben ihres Säuglings insofern eine Rolle, als sie Lust bringt und Unlust vermeiden hilft. Werden Babies in dieser Zeit von ihren Müttern getrennt, zeigen sie, trotz ihres frühen Alters, Zeichen des Ärgers, der sich gegen die Unterbrechung der Tagesroutine, aber auch gegen die Veränderung in der ganz besonderen Intimität mit der Mutter richtet (S. 530).

In der zweiten Hälfte des ersten Lebensjahres wächst die Beziehung zur Mutter mehr und mehr über die bloße physische Bedürfnisbefriedigung hinaus. Viele Jahre später hat A. Freud für dieses Entwicklungsstadium den Begriff der *Objektkonstanz* geprägt - d.h. die Mutter wird zum konstanten libidinösen Objekt des Kindes, und ihre libidinöse Besetzung durch das Kind hält an, unabhängig vom Grad der Bedürfnisbefriedigung (1965).

Im Laufe des zweiten Lebensjahres erwirbt die Mutter-Kind-Beziehung jene Intensität und Vielfalt, wie sie für eine Liebesbeziehung im gewöhnlichen Sinn typisch ist; die Bindung zwischen beiden ist nun voll entwickelt und die gesamten Triebwünsche des Kindes sind auf die Mutter gerichtet (1942, S. 531f.). Diese „glückliche Beziehung" wird dann von Gefühlen der Ambivalenz und der Rivalität getrübt, und mit dem Auftauchen dieser konflikthaften Empfindungen „lernt das Kind fast alle Gefühlskonflikte kennen, die auch dem späteren erwachsenen Leben zugehören" (S. 532).

In der darauffolgenden Phase, zwischen drei und fünf Jahren, sorgen unvermeidliche ödipale Enttäuschungen und die mit Liebesentzug verbundenen erzieherischen Maßnahmen der Eltern, die aus dem Kind ein „zivilisiertes Mitglied der menschlichen Gemeinschaft" machen wollen, für heftige Wutausbrüche. Momentane Todeswünsche gegen die Eltern, ausgelöst durch Ärger, scheinen sich durch die tatsächliche Trennung von den Eltern zu bestätigen, was zu unerträglichen Schuldgefühlen und Verzweiflung führt. Diese schmerzhaften Gefühle wiederum beeinträchtigen die Freude der Kinder über die Besuche ihrer Eltern. Die Intensität der Verzweiflung, so mußte Anna Freud feststellen, war ein Hinweis für potentielle spätere Anpassungsstörungen, was sie dazu veranlaßte, über mögliche Folgen von Trennung und Verlassenwerden in jeder der einzelnen Entwicklungsstufen Hypothesen aufzustellen.

Anna Freud beobachtete sehr genau und viele ihrer „Entdeckungen" sind den zeitgenössischen Befunden der Säuglings- und Kleinkindforschung sehr ähnlich. Leider gerieten ihre Aufzeichnungen aus den Monatsberichten des ersten *Annual Report of the War Nursery* mehr oder weniger in Vergessenheit. Sie selbst unternahm nur wenig Anstrengungen, ihre frühen Beobachtungen auszuarbeiten oder nach weiteren empirischen Belegen zu suchen, und in ihren späteren Arbeiten zur Entwicklung von Objektbeziehungen (1964) verzichtet sie ganz darauf, auf den Reichtum und die Klarsicht ihrer früheren Schriften zurückzugreifen.

John Bowlby

John Bowlby begann seine klinische Arbeit in den Kriegskinderheimen Anna Freuds, hatte sich aber gleichzeitig mit den Theorien Melanie Kleins angefreundet. Daneben galt sein Interesse vor allem der ethologischen Forschung. Sein Konzept der *Bindung* (attachment) erwies sich für die entwicklungspsychologische (Kleinkind-)Forschung als sehr fruchtbar und lieferte den gegenwärtigen Überlegungen zu Entwicklungssystemen wichtige Anstöße (kritische Anmerkungen hierzu vgl. Hanly 1978; Brody 1981). Auf großes Interesse stieß Bowlbys Theorie vor allem bei jüngeren Entwicklungspsychologen, die das Bindungsverhalten von Kindern näher untersuchten (vgl. Ainsworth 1962, 1964; Ainsworth et al. 1978) oder aber, wie in jüngerer Zeit, seine Konzepte für die Erforschung kindlicher Kompetenz und intellektueller Entwicklung nutzbar zu machen suchen (vgl. Papousek & Papousek 1984). Viele maßgebliche Erkenntnisse zur Mutter-Kind-Beziehung gehen auf seine entwicklungspsychologischen Arbeiten zurück (1958; 1960a; 1960b; 1986; 1973; 1980).

Bowlby kritisiert die psychoanalytische Theorie, die ihren Schwerpunkt auf das primäre Bedürfnis des Säuglings nach oraler Befriedigung (Saugen und Füttern) legt und erst an zweite Stelle das Bedürfnis nach Bindung setzt. Diesem Bedürfnis des Säuglings nach einer ungebrochenen Bindung an die Mutter weist er zentrale Bedeutung zu. Er postuliert Bindungsverhalten als angeborenes Instinktmuster, das als ebenso wichtige, wenn nicht wichtigere, Triebfeder kindlichen Verhaltens anzusehen ist wie die orale Triebbefriedigung. Seiner Grundthese zufolge verfügt der Säugling über mindestens fünf hoch strukturierte, biologisch fundierte Reaktionssysteme - Saugen, Weinen, Lächeln, Anklammern, Nachfolgen bzw. Suchen. Einige dieser Systeme sind bereits bei Geburt wirksam, andere reifen erst zu einem späteren Zeitpunkt. Bindung entsteht nach Auffassung Bowlbys über eine Feedback-Schleife, die bestimmte Verhaltensmuster zwischen Mutter und Kind aktiviert. Ist das Bindungsverhalten des Säuglings aktiviert, die Mutter jedoch abwesend, kommt es zu Trennungsangst, Protestverhalten, Verzweiflung und Trauer.

Obwohl die meisten Psychoanalytiker die empirischen Beobachtungen Bowlbys zur Bindungsneigung des Säuglings bestätigen konnten, gab es nicht wenige kritische Stimmen aus psychoanalytischen Kreisen, die seine Formulierungen zur dualen Triebtheorie, seine Konzeptualisierung der Bindung des Säuglings an die Mutter, sowie seine These, daß die Gefühle von Verzweiflung und Trauer des Säuglings denen eines Erwachsenen vergleichbar seien, zurückwiesen. Schur etwa argumentierte (1960; vgl. auch A. Freud 1960), daß das primäre biologische Instinktverhalten nicht mit dem psychoanalytischen Konzept libidinösen Triebgeschehens vergleichbar sei, da sich nach psychoanalytischem Verständnis Triebe auf *psychische* Erfahrens- und Erlebenweisen sowie psychische Repräsentationen bezogen (wenn auch Freud in der Verwendung dieses Konzeptes nicht immer konsistent war). Spitz (1960) fügte hinzu, daß die Vorstellung biologisch-mechanistischer Verhaltensmuster nicht ausreiche, wenn auch angeborene Reaktionsmuster die ersten psychischen Entwicklungsprozesse auslösen und somit dem libidinösen Triebgeschehen als auch den Objektbeziehungsgeschehen zugrundeliegen mögen. Vielmehr sei es der Entwicklungsprozeß selbst - mit den darin enthaltenen Integrationsleistungen des Ichs sowie den über Umweltreaktionen stattfindenden Lernprozessen -, der den angeborenen Verhaltensmustern psychische Relevanz verleihe. Spitz kritisiert darüber hinaus Bowlbys Ausführungen zur kindlichen Trauer: Das psychische Erleben von Verlust und Trauer, so sein Einwand, sei von der Fähigkeit des Kindes ahängig, Objektbeziehungen aufrechtzuerhalten; diese wiederum basiere auf einem bestimmten Grad perzeptiv-emotionaler Reife sowie der Fähigkeit zur Selbst-Objekt-Differenzierung.

Die theoretische Auseinandersetzung dauert bis heute an. In der Ausarbeitung seiner Thesen hat sich Bowlby um eine konsistente Anknüpfung an Informationsverarbeitungstheorien bemüht. Er sieht kindliches Bindungsverhalten über organisierte Verhaltenssysteme in Gang gesetzt, die wiederum durch Signale inneren oder äußeren Ursprungs aktiviert werden; diese Aktivierung endet, wenn andere Signale empfangen werden. Seiner Ansicht nach ist es nicht möglich, Bindungsverhalten im Sinne eines energetischen Modells zu erklären (1981). Wenn er seinen Entwurf als Alternative zum Libidokonzept und als solchen nicht in das psychoanalytische Theoriegebäude integrierbar bezeichnet, so wird hier eine Auffassung von Psychoanalyse deutlich, die die Psychoanalyse als festgefahrenes Triebabfuhr-Modell versteht.

Die Britische Schule der Objektbeziehungen

Während die Ich-Psychologen ihre eigenen theoretischen Konzepte entwarfen, stellten britische Autoren neue Überlegungen zur Entstehung von Objektbziehungen an - wie etwa die These, daß Objektbeziehungen, und mit ihnen das Ich und eine bestimmte Form des Selbstkonzepts, bereits von Geburt an bestehen. Die ‚Britische Schule' der Objektbeziehungen (in Abgrenzung zur ‚Englischen Schule' und ihren Anhängern um Melanie Klein) entwickelte ihre eigene Tradition und Theorie des Selbst. Anhänger dieser Schule machten schließlich einen großen Teil der sogenannten ‚Independent Group' der British Psycho-Analytical Society aus. Daneben gibt es die Gruppe der Kleinianer und die sogenannte ‚B-Group' der Freudianer (die sich heute als ‚Contemporary Freudians' bezeichnen). Zu den prominenten Vertretern der ‚Independent' oder ‚Middle Group' zählen Balint, Fairbairn, Guntrip und Winnicott (Sutherland 1980; Kohon 1986).

Vor allem die Theorien von Fairbairn (1954, 1963) und Guntrip (1961, 1969, 1975, 1978) bestechen durch ihre Konsistenz. Beide Analytiker der Britischen Schule arbeiteten mit Patienten, die als schizoid diagnostiziert worden waren und deren Behandlung als besonders schwierig galt. Ihre Betonung früher Objektbeziehungen veranlaßte sie, im Gegensatz zu Kleinianern und Freudianern, Triebe für den Aufbau psychischer Strukturen als unwesentlich zu betrachten. Vielmehr vertreten sie die Auffassung, daß das Triebgeschehen lediglich als Ausdruck der Aktivität psychischer Strukturen - die Struktur des Selbst eingeschlossen - zu interpretieren sei. Auch Balint (1959, 1968) unterstreicht die Bedeutung der präödipalen dyadischen Beziehung zwischen Mutter und Kind, deren Beeinträchtigung spezifische Symptome und Störungsbilder nach sich ziehe.

Zu den wohl bekanntesten Vertretern der Independent Group zählt Donald W. Winnicott, der seine Beobachtungen als Kinderarzt und Erwachsenen- und Kinderanalytiker in zahlreichen Veröffentlichungen festhielt. Es ist weniger das Verdienst einer systematischen Theorie, das ihm zukommt, als vielmehr die Formulierung zahlreicher klinisch bedeutsamer Beobachtungen, die das psychoanalytische Verständnis früher Entwicklungsprozesse erweiterten. Da die Betrachtung des dyadischen Prinzips zwischen Mutter und Kind wichtiger sei als der von beiden Interaktionspartnern einzeln geleistete Beitrag, müsse jede theoretische Aussage über den Säugling immer auch eine theoretische Aussage über die Mutter beinhalten. Sein bekannter Aphorismus „There is no such thing as a baby“ (1983) unterstreicht, daß Betrachtungen des Säuglings und seines Bindungsverhaltens immer auch mit Betrachtungen der Mutter unter dem Gesichtspunkt ihres sogenannten „good-enough-mothering“ und ihres emotionalen Beitrags einhergehen müssen. Seine Konzepte des *wahren* und des *falschen Selbst* (1974) spiegeln seine Überzeugung wider, daß der Säugling von Geburt an ausgesprochen objektgebunden ist und daß es sich nicht vermeiden läßt, daß jede normale „ausreichend gute“ Mutter ihrem Kind Enttäuschungen bereiten wird. Dies führe zu einer Verbündung des Kindes mit den Wünschen der Mutter unter der Preisgabe von Potentialen, wie sie das wahre Selbst bereit halte. Eine optimale Entwicklung des Selbstwertgefühls ist nach Winnicott von der Fähigkeit der Mutter abhängig, ihr Kind affektiv zu „spiegeln“ (1992). Ist es der Mutter nicht möglich, das kindliche Sein freudig zu bestätigen - sei es aufgrund depressiver Verstimmungen oder infolge anderer Gründe -, so kann dies eine ganze Reihe pathologischer Entwicklungen nach sich ziehen.

Ein wichtiges Konzept, das Winnicott (1992) in den psychoanalytischen Diskurs einführt, ist das des *Übergangsphänomens* bzw. *Übergangsobjekts*. Als Gegenstand mit besonderer Bedeutung, z. B. in Form einer Lieblingsdecke, symbolisiere das Übergangsobjekt nicht nur die Trennung zwischen der Welt des eigenen Selbst einerseits und der Mutter und der äußeren Welt andererseits („me and not-me“), sondern auch das Bemühen des Kindes, diese Trennung zu verarbeiten und somit mehr Autonomie zu erlangen. Das Konzept der Übergangsphänomene wurde in der Folgezeit von den meisten psychoanalytischen Autoren eindeutig positiv rezipiert (mit Ausnahme von Brody 1980), was Versuche miteinschließt, es über die rein entwicklungspsychologische Dimension hinaus auch auf andere Vorgänge, z. B. den der Kreativität, anzuwenden (z. B. Grolnick & Barkin 1978).

Winncotts Gedanken stießen vor allem bei amerikanischen Psychoanalytikern auf breites Interesse. Der große Stellenwert, den er der Dynamik der Mutter-Kind-Interaktion beimißt, hat dazu geführt, daß die Rolle und der Einfluß des Analytikers in der analytischen Situation heute sehr viel genauer erforscht ist. So meint etwa Modell (1969, 1975, 1984) eine Schwerpunktverschiebung innerhalb der Psychoanalyse von einer Ein-Personen-Perspektive zu einem Zwei-Personen-System ausgemacht zu haben, das die Rolle des Analytikers und seine Teilnahme am analytischen Prozeß stärker ins Zentrum der Betrachtung rückt. Modell greift auf Überlegungen Winnicotts und anderer Vertreter der Britischen Schule zurück, um die Beziehung zwischen Kindheitserfahrungen und emotionalen Störungen zu erläutern. In ihren Beschreibungen spezifischer früher Mutter-Kind-Interaktionen, die zum Versagen der Einfühlung und potentiellen psychischen Störungen im Erwachsenenalter führen, beziehen sich Kohut (1973; 1979) und seine Mitarbeiter ebenfalls auf Winnicott, insbesondere auf sein Konzept des Spiegelns.

René A. Spitz

René Spitz gehört zu den Pionieren der Säuglings- und Kleinkindbeobachtung. Seine Forschungsbefunde waren maßgeblich für das Verständnis früher Objektbeziehungen und die Art und Weise, wie Interaktionen mit anderen das Entstehen und Funktionieren psychischer Strukturen beeinflussen.

Kurz nach Ende des Zweiten Weltkriegs führte Spitz eine Reihe von Beobachtungsstudien in Waisenhäusern und Findlingsheimen durch, in denen zwar für die körperliche Pflege der Kinder gesorgt wurde, wo sie jedoch nur wenig Stimulierung und Zuneigung einer konstanten Bezugsperson erfuhren. Spitz' Filmaufnahmen (1947), in denen emotional ausgehungerte, in ihrer Gesamtentwicklung extrem beeinträchtigte Babys mit leeren Augen in die Kamera starren, zeigen auf dramatische Weise die zerstörerische Wirkung mütterlicher Deprivation. Neben den massiven Beeinträchtigungen infantiler Objektbeziehungen dokumentiert Spitz hier sowohl Defizite in der Trieb- und Ich-Entwicklung als auch Störungen der kognitiven und motorischen Entwicklung; in extremen Fällen führte die mütterliche Deprivation zum Tod des Säuglings (1946a, 1946b, 1962; Spitz & Wolf 1949).

Spitz weitete seine Untersuchungen auf experimentelle Beobachtungsstudien aus (1952, 1957, 1963, 1965; Spitz & Cobliner 1965), wobei er sich vor allem auf die Dimension des Affektgeschehens und des Mutter-Kind-Dialogs konzentrierte. Aus diesen Untersuchungen ging das Konzept der Mutter-Kind-Reziprozität hervor (1962), das er in Anlehnung an Harlows bekannte Tierversuche mit Affenbabys entwarf. In diesen in verschiedenen Versuchsdesigns durchgeführten Experimenten ersetzt ein Surrogat aus Eisendrähten die Affenmutter (1960a, 1960b). Spitz erkannte, daß die affektive Reziprozität zwischen Mutter und Kind es dem Säugling ermöglicht, seine Umgebung neugierig zu erkunden, was wiederum die motorische Aktivität vorantreibt, Kognition und Denken fördert sowie integrative Prozesse und das Gefühl der Bemeisterung unterstützt. Er betrachtete die Mutter-Kind-

Reziprozität als komplexen nonverbalen Prozeß, der beide Interaktionspartner beeinflußt und über einen zweifachen affektiven Dialog funktioniert, der über die gegenseitige Bindung von Mutter und Säugling hinausgeht.

Spitz widmete sich in seinen Arbeiten auch den frühen Stadien der Entwicklung von Objektbeziehungen und ging der Frage nach, was für die Errichtung einer libidinösen Objektbeziehung notwendig ist; diese sei dann erreicht, wenn das Kind klar gemacht hat, daß es die Mutter allen anderen Objekten vorzieht. Er postuliert drei Phasen in der Entwicklung des libidinösen Objekts: (1) Die Präobjekt- oder objektlose Phase, die einer psychischen Beziehung zwischen Mutter und Kind vorausgeht; (2) die Phase des Objektvorläufers, die mit dem sozialen Lächeln im Alter von zwei bis drei Monaten einsetzt und den Beginn einer psychischen Bindung von Mutter und Kind markiert; und (3) die eigentliche Phase des libidinösen Objekts. Daran anschließend setzte er sich vor allem mit der Frage auseinander, welche Implikationen für eine gesunde Ich-Entwicklung das erfolgreiche Durchlaufen dieser drei Stadien beinhalte.

Ich-Psychologische Ansätze

Die Frage, welche Rolle das Objekt beim Aufbau psychischer Strukturen spielt, mündete in ein verstärktes Interesse an direkten Beobachtungen von Säuglingen und Kleinkindern. Historisch gesehen ist es interessant festzustellen, daß - neben den rekonstruktiv gesammelten Daten aus Analysen mit Kindern - Anna Freuds Hampstead-Berichte und die Arbeiten von Spitz die einzige Quelle systematisch zusammengetragenen Beobachtungsmaterials waren, auf die psychoanalytisch orientierte Forscher vor vierzig bis fünfzig Jahren zurückgreifen konnten. Konzepte wie Hartmanns „durchschnittlich zu erwartende Umgebung“ (1939) oder Winnicotts „ausreichend gute Mutter“ (1974) spiegeln das entwicklungspsychologische Interesse an der frühen Kindheitsentwicklung wider und machen deutlich, daß die Bedeutung der Mutter für eine optimale Entwicklung Eingang in die Theorie gefunden hatte.

Hartmann interessierte sich besonders für die Wege der Ich-Entwicklung (1972). Er widersprach Freuds Behauptung (1923a), das Ich sei Bestandteil des Es und werde durch den Einfluß der Außenwelt modifizert, wobei der Konflikt mit der Mutter im Zentrum der Ich-Entwicklung stehe. Bestimmte Ich-Funktionen, so Hartmann, seien von Geburt an vorhanden und verfügten als Teil eines „konfliktfreien Raums“ über sogenannte „primäre Autonomie“. Infolge des undifferenzierten Zustands aller psychischen Strukturen sei jedoch das Ich (in seiner späteren Form) zu diesem frühen Zeitpunkt ebensowenig wie der Zustand des Es beobachtbar und ebensowenig ließen sich die entsprechenden Ich- und Es-Funktionen voneinander unterscheiden.

In Übereinstimmung mit den metapsychologischen Strömungen seiner Zeit war Hartmann an einer Klärung des psychoanalytischen Ich-Konzepts gelegen (1972). Freuds *Ich* umfaßt in seiner ursprünglichen Version zwei Bedeutungsebenen: (1) ein Erfahrungsselbst (d.h. ein auf Erfahrung beruhendes Selbstempfinden als getrenntes Indidviduum mit ungebrochener Identität) und (2) eine hypothetische psychische

Struktur. Hartmann differenzierte konzeptionell zwischen dem Ich als Substruktur der Persönlichkeit und einem über seine Funktionen definierten System (1972, S. 120), dem Selbst als „die eigene Person" - d.h. als ganze Person (S. 132) - und der Selbstrepräsentanz als Teil des Ich-Systems, das als Gegenstück zur Objektrepräsentanz zu verstehen ist (S. 132). Seine Klärungsversuche mündeten in eine Neuformulierung des Narzißmuskonzepts. Anstatt von einer libidinösen Besetzung des Ichs auszugehen, schlug Hartmann vor, Narzißmus als libidinöse Besetzung des Selbst bzw. der Selbstrepräsentanz anzusehen.

Hartmann scheint diese Unterscheidung eher nebenbei, anläßlich eines Treffens der New York Psychoanalytic Society vorgenommen zu haben. Obgleich die Differenzierung zwischen Ich und Selbst nicht im Zentrum seiner Überlegungen stand, kam es im Anschluß an seinen Vortrag zu einer lebhaften Diskussion darüber; vor allem Edith Jacobson war von seiner Idee des 'Selbst' sehr angetan, die sich in der Folgezeit im Rahmen psychoanalytischer Terminologie fest etablieren konnte (zitiert nach Brenner 1987, S. 551).

Jacobson griff Hartmanns Konzepte begeistert auf. Seine Unterscheidung zwischen einem Ich als psychischer Struktur, dem Selbst als ganze Person sowie entsprechenden Selbst- und Objektrepräsentanzen, hielt sie vor allem nützlich für das Verständnis früher Internalisierungsprozesse sowie bestimmter pathologischer Entwicklungslinien, deren Ursprung man in die früheste Kindheit datierte. Darauf aufbauend entwarf sie ein Rahmenkonzept für die Entwicklung des *erfahrungsbedingten Selbstempfindens* (experiential sense of self). Frühe Selbst- und Objektrepräsentanzen, so ihre These, gruppieren sich um lust- und unlustvolle Erfahrungen, so daß sich zunächst Repräsentanzen eines „guten" und eines „schlechten" Selbst und Objekts herausbilden, bevor es zu einer Integration derselben kommt. Leider war Jacobson terminologisch sehr ungenau; da wenig Interesse bestand, weitere Differenzierungen vorzunehmen, konnte sie Begriffe wie *Selbstempfinden* (sense of self), *Identitätsempfinden* (sense of identity), *Selbsterkenntnis* (self-awareness) und *Selbstgefühl* (self feeling) synonym verwenden (1973).

Die Konzeptualisierungsversuche zum Selbstempfinden rückten das Problem kindlicher Identitätsentwicklung und damit verbundener potentieller Störungen ins Blickfeld theoretischer Betrachtung. Erikson (1946, 1956) bezeichnet den Aufbau einer eigenen Identität als lebenslangen Prozeß, der - als Bestandteil psychosozialer Entwicklung und in Abgrenzung zur psychosexuellen Entwicklung - aufs engste mit der umgebenden Kultur und der gesellschaftlichen Rolle des Individuums verknüpft ist. Für Erikson beinhaltet das Identitätsgefühl (sense of identity) das Bewußtsein des Individuums über die „Kontinuität der synthetisierenden Kräfte seines Ichs" (1956, S. 23) als auch über jene Anteile, die es mit der eigenen kulturellen Gruppe teilt.

Greenacres Versuch einer Definition ist präziser. Ein Identitätsgefühl entstehe immer in Beziehung und im Vergleich zu einem Anderen (1953a, 1958). Ein Bewußtsein des eigenen Selbst (self-awareness), so formuliert sie weiter, basiere auf getrennten Selbst- und Objektrepräsentanzen und entwickle sich erst mit der Fähigkeit, diese miteinander zu vergleichen. Dieses Bewußtsein eines eigenen Selbst gehe einher mit einem „stabilen Identitätskern" (stable core of identity). Greenacre grenzt diese Entwicklung von der frühen kognitiven Fähigkeit des Kindes ab, Wahrnehmungsbilder miteinander zu vergleichen. Trotz des „stabilen Kerns" bleibe jedoch das Identitätsgefühl empfänglich für Veränderungen in den Beziehungen des Individuums zu seiner Umwelt.

Die Konzepte der Selbst- und Objektrepräsentanzen, wie sie Eingang in die Identitäts- und Narzißmustheorien gefunden haben, veranlaßten andere Autoren, weitergehende Überlegungen hinsichtlich affektiver Aspekte des Selbst, der Selbstwertregulierung, der Rolle des Überichs sowie potentieller Verknüpfungen mit narzißtischen Störungen anzustellen (siehe z. B. Reich 1953, 1960). Sandler (1966b) spricht von der aktiven Wahrnehmung des Objekts als einem ersten Entwicklungsschritt im Aufbau von Selbst- und Objektrepräsentanzen; diese Wahrnehmung diene als Schutz vor Reizüberflutung und gehe mit einem deutlichen Gefühl der Sicherheit einher, das das Ich aufrechtzuerhalten bemüht ist. Der Aufbau stabiler Selbst- und Objektrepräsentanzen führe schließlich zur Bildung einer intrapsychischen „Vorstellungswelt" (Sandler & Rosenblatt 1962), die als Substruktur des Ichs eine aktive Rolle im psyischen (Er-)Leben einnimmt (Rothstein 1981, 1988).

Hartmann, Jacobson und Sandler betrachten die Entwicklung und Aufrechterhaltung von Selbst- und Objektrepräsentanzen als elementare Funktionen der Ich- und Überich-Tätigkeit. An diese Autoren anknüpfende Konzeptualisierungen wurden nach und nach zum Fundament einer ganzen Reihe von Theorien - in erster Linie Selbst- und Objektbeziehungstheorien -, die sich jedoch nicht in die ursprünglichen strukturellen Konzepte integrierten, sondern eine getrennte Entwicklung verfolgten (siehe auch die Überblicksarbeit von J. G. Jacobson 1983a, 1983b).

Konzeptuelle Widersprüche und Meinungsverschiedenheiten hinsichtlich der strukturellen Entwicklung bestehen nach wie vor. Die Unterscheidung zwischen Ich und Selbst und die These eines konfliktfreien Raums führten dazu, daß manche Autoren ihre Überlegungen zum Aufbau psychischer Strukturen auf den Ödipuskomplex und die infantile Neurose beschränkten. Kohut (1979) und seine Anhänger (vgl. Tolpin 1978; Stechler & Kaplan 1980) argumentieren, daß der Gesichtspunkt der Konflikhaftigkeit sowie die drei Systeme Es, Ich und Überich vor allem für die späteren Jahre der frühen Kindheit von Bedeutung seien - d.h. für die Auflösung und Verarbeitung ödipaler Konflikte (darin ist implizit die Annahme enthalten, das Überich sei erst zu diesem Zeitpunkt wirksam und erst jetzt könne vom Es, Ich und Überich i.S. internalisierter Strukturen die Rede sein). Diese Sichtweise wird auf die Formulierung entsprechender pathologischer Syndrome ausgeweitet, in deren Kontext infantile Neurosen keine Rolle zu spielen scheinen; dadurch verstärkt sich der allgemeine Eindruck, daß psychopathologische Erscheinungen, die in erster Linie präödipale Elemente widerspiegeln, am besten im Rahmen objektbeziehungstheoretischer Modelle konzeptualisiert werden sollten. Die Folge ist eine künstliche Dichotomisierung zwischen einer „defizitären" und einer „konfliktbedingten" Psychopathologie. Objektbeziehungstheorien und Selbstpsychologie gelangen auf diese Weise zu ungerechtfertigten Schlußfolgerungen über die ätiologische Rolle umweltbedingter Defizite und übersehen neben der Bedeutung von Konflikt und Neurose auch die Nützlichkeit des Strukturmodells, wenn es um die Erklärung jener neurotischer Symptome geht, deren Ätiologie angeblich später anzusiedeln ist.

Es scheinen zwei Mißverständnisse zu sein, die diesen Theorien zugrundeliegen. Zum einen die Annahme, daß Hartmanns Unterscheidung zwischen dem Selbst als ganzer Person und dem Ich als Struktur bedeute, daß sich beide gegenseitig ausschließen; zum zweiten, daß Freud mit der Einführung seines Strukturmodells die erfahrungsbedingten (experiential) Implikationen, die in seinem Begriff des *Ichs* enthalten sind, aufgegeben wissen wollte. Die Dichte des ursprünglichen Freudschen Konzepts ging mit seiner Übersetzung ins Englische sowie den begrifflichen Unterscheidungen von Hartmann und Jacobson verloren. Trotz einer anfänglichen terminologischen Klärung sorgten die beiden Autoren mit ihren Differenzierungen und Klassifizierungen für beträchtliche theoretische Verwirrung und Widersprüche. So beschränken mittlerweile nicht wenige Autoren den Begriff des Ichs auf seine abstrakte systemische Bedeutung. Sie betrachten ihn als Relikt einer überholten mechanistischen Metapsychologie und beziehen sich in erster Linie auf den erfahrungskorrelierten Teil des Konzepts, wobei sie auf Überlegungen zum Schicksal von Selbst- und Objektrepräsentanzen zurückgreifen.

Andererseits scheint es nicht möglich, psychoanalytisch zu denken, ohne ab einem bestimmten Zeitpunkt nicht-erfahrungskorrelierte (nonexperiential) konzeptuelle psychische Strukturen miteinzubeziehen. Das ursprünglich als erfahrungsbedingt beschriebene Selbstkonzept gilt nun als strukturelle Einheit - mit all jenen Funktionen, die man früher dem Ich zugeschrieben hatte. Die Folge waren eine Vielzahl widersprüchlicher Bedeutungen, die diesem Konzept anhaften und die eigentlich dem Bereich des *Ichs* entstammten (Spruiell 1981). Dies trifft zu für Kohuts Konzept eines „übergeordneten Selbst", für Sterns (1992) „Selbstempfinden" als organisierende Einheit psychischer Entwicklung, für Sanders (1962, 1964, 1983) und Emdes (1983, 1991) organisierende und selbstregulatorische Prozesse des Selbst. Ihre Konzeptualisierungen sind jedoch den Überlegungen, die Freud (1923a, 1926) und Hartmann (1972) zu den organisierenden und regulativen Funktionen des Ichs anstellten, erstaunlich ähnlich. Nach Ansicht Brenners war es vor allem Heinz Hartmann, der in seinem Bemühen um Klärung psychoanalytischer Konzepte für die gegenwärtige Unruhe innerhalb der amerikanischen Psychoanalyse sorgte (1987, S. 551).

Die Trennung struktureller Konzepte von Objektbeziehungstheorien führt dazu, daß wir es schließlich mit zwei verschiedenen Motivationstheorien zu tun haben. Die erste betrachtet Motivation unter dem Aspekt des Strebens nach Triebbefriedigung und schreibt dabei dem jeweiligen Objekt nur sekundäre Bedeutung zu. Die zweite setzt den Wunsch nach Wiederholung früher lustvoller Objekterfahrungen an erste Stelle. Angeborenem Bindungsverhalten (Bowlby 1958, 1986) oder dem Grundbedürfnis nach Sicherheit (Sandler 1960b, 1985) wird hier die gleiche motivationale Bedeutung zuerkannt wie dem Wunsch nach Triebbefriedigung. Leider kam es zu einer Polarisierung dieser beiden Theorien aufgrund einer künstlich aufrechterhaltenen Trennung. Vertreter der ersten Theorie neigen dazu, die Bedeutung jener motivationalen Kräfte zu unterschätzen (oder sie gar zu übersehen), die sich nicht als Triebbedürfnisse subsummieren lassen, wohingegen Anhänger der zweiten Theorie den Einfluß von Objektbeziehungen und Ich-Funktionen auf Kosten der triebtheoretischen Seite überbewerten.

Wie haben wir uns psychische Entwicklung vorzustellen? Und wie führen unsere Beziehungen mit anderen zu stabilen, autonom funktionierenden psychischen Strukturen? In seinem Bemühen, diese Fragen zu beantworten, kritisiert Hartmann das simplizistische Konzept einer „guten“ und „schlechten“ Mutter, das lediglich einen Aspekt des individuellen Entwicklungsprozesses zu berücksichtigen scheint. Ebenso wie die spätere Ich-Entwicklung „schlechte“ frühe Objektbeziehungen auszugleichen vermag, können umgekehrt „gute“ Objektbeziehungen zum Handicap in der Entwicklung werden, wenn es dem Kind nicht gelingt, sie zur Stärkung seines Ichs zu verwenden und sich aus der Objektabhängigkeit zu lösen (1972, S. 164). Das endgültige „Resultat“ kindlicher Entwicklung leite sich aus der Widerstandskraft des Kindes sowie seinen Erfahrungen im Laufe späterer Entwicklungsstadien ab. Ich-Entwicklung und Objektbeziehungen seien auf vielerlei Art und Weise miteinander verknüpft, so zum Beispiel durch das Ausmaß individuell erreichter Objektkonstanz. „Auch ist es ein langer Weg von den Objekten, die für das Kind nur so lange bestehen, als sie Befriedigung gewähren, zu jener Form befriedigender Objektbeziehungen, die ein konstantes Objekt enthalten“ (S. 164). Obgleich er Piagets (1937) Konzept der „Objektivierung“ - die im Alter von 18 bis 20 Monaten ausgebildete Fähigkeit zur psychischen Abbildung einer integrierten kognitiven Objektrepräsentation (siehe Freiberg 1969) - für nützlich hält, ist er doch der Ansicht, daß das psychoanalytische Konzept der Objektkonstanz mehr impliziere.

Hartmann kritisiert, daß es aufgrund fehlender Konsistenz unterschiedlicher theoretischer Formulierungen keine eindeutige Konzeptualisierung der Objektkonstanz gibt. Einige Autoren heben vor allem die Bindung des Säuglings an die Mutter hervor, eine Bindung, die trotz lebensbedrohlicher pathologischer Situationen - etwa im Falle von Mißbrauch des Kindes (Solnit & Neubauer 1986) - bestehen bleibt, die aber die Autonomie psychischen Funktionierens nicht fördert. Andere wiederum konzentrieren sich mehr auf die Funktionsweisen der intrapsychischen Repräsentanzenwelt der Mutter. Bedeutsam werden diese Unterscheidungen dann, wenn es um das Verständnis und die Behandlung vernachlässigter und mißbrauchter Kinder geht, oder aber erwachsene Patienten - deren psychische Funktionstätigkeit weitgehend intakt ist - uns mit ihren leidvollen Erinnerungen konfrontieren. Die Bedeutungsunterschiede, die sich trotz ähnlicher Terminologie ergeben, lassen sich anhand der Formulierungen von Spitz, Anna Freud und Margaret Mahler beispielhaft illustrieren.

Spitz und Cobliner (1965) sprechen von der *Konstanz des libidinösen Objekts* (constancy of the libidinal object) wenn der acht Monate alte Säugling die Mutter endgültig zu seinem bevorzugten Objekt libidinöser Triebbefriedigung macht. Ersatz-Bezugspersonen können diesen Platz der Mutter als libidinösem Objekt nun nur noch schwer einnehmen.

Ähnlich argumentiert Anna Freud, wenn sie in ihrem Konzept der *Objektkonstanz* (object constancy) die libidinöse Besetzung der Mutter hervorhebt. „Wir verstehen unter Objektkonstanz die Fähigkeit des Kindes, die Besetzung des Objekts aufrecht zu erhalten, unabhängig von Frustration und Befriedigung, die es durch das Objekt erfährt. Bevor das Kind die Stufe der Objektkonstanz erreicht, zieht es seine Besetzung vom unbefriedigendem oder frustrierendem Objekt zurück.(...)Eine neuerliche Hinwendung zum Objekt findet dann statt, wenn der Wunsch oder das Bedürfnis auftaucht. Hat das Kind die Stufe der Objektkonstanz erreicht, behält die betreffende Person (das Objekt) diesen Platz, ungeachtet der Tatsache, ob sie die Bedürfnisse des Kindes befriedigt oder frustriert“ (1968, S. 506).

Während Anna Freud und Spitz den Gesichtspunkt der Bindung des Säuglings an die Mutter hervorheben, konzentriert sich Margaret Mahler auf eine intrapsychische Dimension - die intrapsychische Repräsentanz der Mutter und die Art und Weise ihrer Funktionstätigkeit. Sie spricht von *libidinöser Objektkonstanz* (libidinal object constancy), die dann erreicht ist, wenn die bedürfnisbefriedigenden - „nährenden, beruhigenden und liebevollen“ (1968, S. 222) - Funktionen der Mutter mittels Verinnerlichung auf ihre intrapsychische Repräsentanz übertragen werden. Die erste Stufe in Mahlers Entwicklungsmodell ist die stabile Bindung des Säuglings an die Mutter als konstantem libidinösen Objekt (dies entspricht der These von Spitz und Anna Freud). In einem zweiten Schritt erfolgt die Integration einer stabilen inneren Repräsentanz der Mutter. Dies schließt nicht nur kognitive Integrationsprozesse mit ein, sondern auch die Notwendigkeit, den in der analen Phase auftretenden Ambivalenzkonflikt bis zu einem gewissen Maße aufzulösen, was in eine Integration positiver und negativer Affekte mündet (McDevitt 1975, 1979). Diese erlaubt es dem Kind, in Momenten der Frustration oder des Ärgers die Mutterimago als Quelle der Beruhigung zu verwenden. Mahler zufolge ist das Erreichen libidinöser Objektkonstanz nie vollständig, sondern nur als lebenslanger Prozeß denkbar. Allerdings ist ein gewisses Maß an Objektkonstanz notwendig, um zu einer reiferen Form interpersoneller Beziehungen zu gelangen, die sich durch Gegenseitigkeit und Autonomie auszeichnet. Wird dieses Entwicklungsziel nicht erreicht, sind infantilabhängige, narzißtisch getönte Beziehungskonstellationen die Folge. Mahlers Konzept der Objektkonstanz bestätigt Hartmanns Überlegung, daß eine Objektbeziehung nur dann als „befriedigend“ bewertet werden kann, wenn wir sie auch auf der Matrix der individuellen Ich-Entwicklung betrachten (1952, S. 164).

Heinz Kohut

So wie unser physiologisches Überleben von den spezifischen Merkmalen der uns umgebenden physischen Welt abhängt - Sauerstoff, Nahrung, Mindesttemperatur -, so sind wir in unserem psychischen Überleben auf entsprechende Eigenschaften unserer psychischen Umwelt angewiesen, zu denen wir unter anderen die Responsivität und Empathie von Selbstobjekten[11] zu zählen haben (Kohut 1973, 1979). „In der Matrix einer bestimmten Selbstobjekt-Umgebung kristallisiert sich mittels eines spezifischen Vorgangs psychischer Strukturbildung, der *umwandelnde Verinnerlichung* genannt wird, das *Kern-Selbst* des Kindes" (Kohut & Wolf 1980, S. 671). Die Selbstpsychologie betrachtet den Aufbau eines kohäsiven übergeordneten Selbst als optimales Entwicklungsziel, das auf befriedigenden Selbstobjekt-Erfahrungen des Kindes zurückgeht und drei grundlegende Dimensionen umfaßt: Streben nach Macht und Erfolg, idealisierte Zielerwartungen, Begabungen (S. 668). Die Kohäsion des Selbst gründet auf den empathischen Reaktionen spiegelnder Selbstobjekte, die die Entwicklung der kindlichen Grandiosität und seiner exhibitionistischen und perfektionistischen Bedürfnisse fördern; sie helfen dem Kind beim Aufbau einer idealisierten Elternimago, mit der es dann zu verschmelzen wünscht. Das nicht zu vermeidende (nicht-traumatische!) empathische Versagen der idealisierten Selbstobjekte in ihrer Spiegelfunktion hat zur Folge, daß das Selbstobjekt und seine Funktionen allmählich durch ein „eigenes" Selbst ersetzt werden.

Allerdings kann der Mangel an Empathie auch traumatische Ausmaße annehmen und zu verschiedensten Selbst-Defekten führen. Versagt das Objekt in seiner Spiegelfunktion, kommt es zu einer Unterbrechung der Zufriedenheit des Kindes mit seinem archaischen Selbst, was der Introjektion falscher Elternimagines und der Bildung eines fragmentierten Selbst Vorschub leistet. Diese Verletzung des kindlichen Narzißmus wird zum Auslöser heftiger narzißtischer Wut und zum Ursprung von Phantasien über die eigene Größe; anstatt allmählich abzunehmen, kommt es zu einer weiteren Verstärkung des normalen kindlichen Narzißmus. Erst die Heilung des Selbst, so Kohuts These, ermögliche das Auftreten struktureller, für die ödiaple Phase typischer Konflikte.

Kohuts Theorie hat zahlreiche Kritiker auf den Plan gerufen, die überzeugend und stichhaltig gegen seine selbstpsychologischen Thesen argumentieren (vgl. Loewald 1973; Slap 1977; Slap & Levine 1978; Schwartz 1978; Calef & Weinshel 1979; Stein 1979; Friedman 180; Wallerstein 1981; Blum 1982; Rangell 1982). Unsere eigenen kritischen Einwände konzentrieren sich auf die pathogenetische Rolle, die Kohut den Eltern zuschreibt, seine Betrachtung der Triebseite, die Überlegun-

[11] Mit der Entwicklung der Kohutschen Selbstspsychologie wurde auch eine ganze Reihe neuer Begrifflichkeiten in die psychoanalytische Diskussion eingeführt. Als *Selbstobjekt* wird hier jene Person in der Umwelt eines Individuums definiert, die bestimmte Funktionen für das Selbst (des anderen) übernimmt, die wiederum das Erleben des Selbstseins - im Sinne einer kohäsiven Selbststruktur - wachrufen (Wolf 1988, S. 547).

gen, die er hinsichtlich des Entwicklungsprozesses anstellt, sowie sein theoretisch-konzeptuelles Vorgehen.

Die Pathogenität von Eltern und Umwelt als Ursache der Störungen des Selbst zählt zu den zentralen Prämissen der Kohutschen Selbstpsychologie. Wir halten diese Betrachtungsweise für unangemessen. Sie ist ein Relikt des frühen Affekt-Trauma-Modells, in dem Freud die Thesen seiner Verführungstheorie als Erklärung psychopathologischer Phänomene im Erwachsenenalter anbietet. Er mußte jedoch bald erkennen, daß die sexuellen und aggressiven Strebungen, die das Phantasieleben des Kindes bevölkern, auf ihre Art zur Konflikthaftigkeit des Menschen beitrugen. Kohut hingegen betrachtet das Auftreten von Trieberfahrungen als „Desintegrationsprodukte (...), wenn das Selbst nicht gestützt wird" (1979, S. 150). Dies impliziert die Hilflosigkeit des Kindes, das passiv den Kräften der Außenwelt ausgesetzt ist. Unter entwicklungspsychologischen Gesichtspunkten steht Kohuts Paradigma konträr zu jener Auffassung von Entwicklung, in der das Interaktionsgeschehen zwischen angeborenem Potential, *Aktivität des Säuglings* und Umwelterfahrungen den individuellen Entwicklungsprozeß bestimmt.

Eine weitere zentrale Aussage Kohuts betrifft das Erreichen ödipaler Konfliktkonstellationen. Dies, so seine These, sei mit bestehender Selbst-Pathologie ausgeschlossen. Die hierin enthaltene Implikation, derzufolge pathologische Entwicklungen in einem System zum Entwicklungsstillstand in anderen Systemen führt, wird jedoch durch klinische Erfahrung nicht bestätigt. Störungen der Selbstwertregulierung oder Ich-Funktionstätigkeit können zwar den präödipalen und ödipalen Strebungen sowie ihrer Auflösung eine besondere Qualität verleihen, vermögen jedoch den Entwicklungsprozeß als solchen nicht aufzuhalten. Schließlich - und hierauf wurde bereits an anderer Stelle hingewiesen - birgt auch Kohuts Theorie das Risiko aller retrospektiver Entwicklungstheorien, deren Konstrukte auf generalisierten Annahmen zur Kindheit als Ursprung erwachsener Psychopathologie basieren (vgl. Brody 1982).

Nichtsdestotrotz verdanken wir Kohut die Wiederentdeckung und Aufwertung des Bedürfnisses nach Empathie, deren Fähigkeit, etwas über ein menschliches Gegenüber in Erfahrung zu bringen, in entwicklungspsychologischer Hinsicht (etwa im Rahmen der Mutter-Kind-Beziehung), aber auch unter behandlungstechnischen Gesichtspunkten zu erforschen ist. Daß wir in unseren Theorien den Gesichtspunkt klinisch-praktischer Relevanz nicht aus den Augen verlieren dürfen, darauf weist Kohut mit seiner Forderung nach „erfahrungsnahen" Konzepten hin (d.h. Hypothesen, die sich durch ihre Nähe zur jeweiligen klinischen Situation auszeichnen, und nicht durch eine Überfrachtung mit metapsychologischen Formulierungen).

Otto Kernberg

Im Zentrum der Arbeiten Kernbergs steht die Integration unterschiedlicher psychoanalytischer Theorien. Er verbindet entwicklungstheoretische Annahmen Melanie Kleins, der Britischen Objektbeziehungsschule, Margaret Mahlers und anderen mit den Theorien Edith Jacobsons (1972). Sein Ansatz einer ichpsychologischen Objektbeziehungstheorie hat weitreichende Implikationen für Nosologie, Evaluation, Diagnostik und Behandlungstechnik (1978, 1981, 1988, 1985, 1987). Die vielfältigen Schwierigkeiten und Widersprüche, die diesem Unterfangen innewohnen, wurden ausführlich kritisiert (z. B. Heimann 1966; Calef & Weinshel 1979; Milton Klein & Tribich 1981; Brody 982; Greenberg & Mitchell 1983).

Kernbergs entwicklungstheoretischer Entwurf betrachtet die Affekte als primäres motivationales System; diese werden im Kontext individuellen Interaktionsgeschehens - das mehr ist als ein bloßes Instrument zur Triebbefriedigung - in libidinöse und aggressive Triebe organisiert. Es, Ich und Überich leiten sich aus Selbst- und Objektrepräsentanzen ab, deren Internalisierung unter dem Einfluß verschiedenster affektiver Zustände stattfindet. Diese affektiven Zustände beeinflussen oder determinieren die Merkmale dessen, was internalisiert wird - etwa die Rigidität des Überichs oder die Kapazitäten des Ichs.

Kernbergs entwicklungstheoretische Postulate spiegeln das für eine retrospektive adultomorphe Betrachtungsweise typische Bias wider. Seine Thesen gründen auf Rekonstruktionen, abgeleitet aus den Behandlungen schwer gestörter erwachsener Patienten, und vermögen die große Bandbreite potentieller Entwicklungslinien nicht ausreichend zu erklären. So erfahren wir wenig darüber, welche Auswirkungen real stattgefundene Erlebnisse im Gegensatz zu Introjekten oder Phantasien auf die individuelle Entwicklung des Kindes haben. Ebensowenig versucht Kernberg zu klären, wie sich die Reaktionen einer Mutter auf die Bedürfnisäußerungen ihres heranwachsenden Kindes in ihren Auswirkungen differenzieren lassen, oder wie vergleichsweise ähnlich beeinträchtigende Erfahrungen in der Entwicklung unterschiedlicher Kinder unterschiedliche Konsequenzen nach sich ziehen. Andererseits sind Kernbergs Bemühungen - neben seinen erhellenden Überlegungen zu entwicklungsbedingten Aspekten des Sich-Verliebens während der Adoleszenz -, zentrale entwicklungstheoretische Annahmen maßgeblicher Autoren auf diesem Gebiet zu integrieren, ausdrücklich zu würdigen (1974a; 1974b; 1977; 1980b). Seinen Arbeiten haben wir die Klärung zahlreicher theoretischer Mehrdeutigkeiten zu verdanken, was ein strukturierteres Vorgehen in der Behandlung schwer gestörter Patienten ermöglicht.

Hans Loewald

Loewald ist nicht im eigentlichen Sinne Objektbeziehungstheoretiker, hebt jedoch in seinen Arbeiten die Bedeutung der Triebe und die zentrale Rolle des Ichs als organisierende Einheit im Kontext von Objektbeziehungen hervor (1986). Die Existenz von Trieben und Objekten kann nach seiner Auffassung nicht isoliert voneinander angenommen werden, vielmehr sei die Organisation von Trieben und Objektbeziehungen (und somit Realität) reziprok. Loewald sieht Triebe nicht als Resultat biologischer Reizeinwirkung auf den psychischen Apparat, sondern als dessen Produkt selbst (1986). Eine Elementarfunktion des psychischen Apparats bestehe somit darin, psychische Repräsentanzen auszubilden, deren grundlegendste jene von Lust und

Unlust sind. Triebe, Ich und Objekte werden somit intrapsychisch, im Kontext der ursprünglichen Einheit der Mutter-Kind-Interaktion, gebildet. „Als psychische Phänomene oder Repräsentanten verstanden, entstehen Triebe in den frühen organisierenden Interaktionen von Mutter und Kind. Sie stellen die primitivste Stufe menschlicher Geistestätigkeit und Motivation dar“ (1986, S. 194). Das Es als psychische Struktur entspringt wiederum den Interaktionen des kindlichen Organismus mit seiner menschlichen Umwelt.

Loewalds Entwürfe bilden kein zusammenhängendes Theoriegebäude (was auch nicht seine Absicht ist). Vielmehr bemüht er sich um eine Neuformulierung psychoanalytischer Konzepte auf der Grundlage neuen Datenmaterials und eines neuen Verständnisses. Obwohl er einige der Freudschen Grundannahmen verwirft - etwa die Betrachtung der Biologie als Basis der Psychologie -, bietet seine Auseinandersetzung mit den klassischen psychoanalytischen Konzepten die Möglichkeit einer Wiederannäherung an Freud (Fogel 1989). Sein Ziel ist es, „unser Verständnis der Bedeutung der Objektbeziehungen für die Bildung und Entwicklung des psychischen Apparats mit der Dynamik des therapeutischen Prozesses zu korrelieren“ (1986, S. 209).

Trotz der Analogiesetzung zwischen therapeutischem Prozeß und Mutter-Kind-Interaktion verfällt Loewald nicht in ein naives Rekonstruieren. Er spürt jenen Wegen nach, auf denen es in der Übertragung zu einer Wiederaufnahme bestimmter Interaktionsmuster kommt; gleichzeitig geht er der Frage nach, inwieweit Prozesse der Desorganisation und Reorganisation - die wiederum die Integration auf höherem Niveau nach sich ziehen - für den individuellen Entwicklungsprozeß als auch den therapeutischen Prozeß kennzeichnend sind, und inwieweit die Metapher einer höheren und niedrigeren Organisation als Merkmal beider Prozesse gleichermaßen zu gelten hat. Mit anderen Worten, ebenso wie das höhere strukturelle Niveau der Mutter das psychische Funktionieren des Kindes auf allmähliche höhere Organisationsebenen anhebt, ermöglicht die „Spannung“ zwischen der psychischen Funktionstätigkeit des Analytikers und des Analysanden den mit Voranschreiten der Analyse notwendigen psychischen Reorganisationsprozeß des Patienten.

In seinem Bemühen, der Komplexität des Individuums gerecht zu werden, nimmt Loewald in vielerlei Hinsicht gegenwärtige systemtheoretische Überlegungen vorweg. In seinen frühen Arbeiten kritisiert er die starke Fokussierung auf den Ödipuskomplexes und weist auf den Einfluß präödipaler Problematik hin, eine Tendenz, die sich in seinen neueren Schriften (1986) wieder zugungsten des Ödipuskomplexes und seiner Bedeutung für die analytische Arbeit verschiebt.

Aufgrund der Ausgewogenheit seiner Argumentation halten wir die theoretischen Überlegungen Loewalds für besonders hilfreich. Die Berücksichtigung der Komplexität des Individuums sowie die Würdigung aller Entwicklungsstadien und ihres Beitrags zur Entwicklung zählen ebenso zu unseren Prämissen wie seine Auffassung einer operationellen Synthese zwischen Trieben, Objekten und Realität, und der organisierenden Funktion des Ichs.

Margaret Mahler

Wie kommt es zur Bildung intrapsychischer Strukturen auf der Basis einer normalen Mutter-Kind-Beziehung? Dieser Frage gingen Mahler und ihre Kollegen in ihrer berühmten Längsschnittstudie nach, in deren naturalistischem Spielzimmer-Setting sie die Entwicklung von Objektbeziehungen während der ersten drei Lebensjahre verfolgen konnten. Mahler, deren klinisch-therapeutischer Hintergrund durch ihre langjährige analytische Arbeit mit schwer gestörten Kindern geprägt war, wollte durch ihre Untersuchung normaler Kinder in Erfahrung bringen, was die Entstehung intrapsychischer Strukturen und daran anknüpfend das vom Objekt unabhängige psychische Funktionieren des Kindes ermöglicht, und welche Faktoren für die pathologische Entwicklung dieser Strukturen verantwortlich zu machen sind (Mahler & Gosliner 1955).

Beeinflußt von den Theorien Hartmanns und Jacobsons, betrachtet Mahler die Selbst- und Objektrepräsentanzen als Grundlage für den Aufbau und das Funktionieren von Ich und Überich. Obgleich bereits das sehr kleine Kind in der Lage sei, Wahrnehmungsunterscheidungen zwischen verschiedenen Aspekten der Außenwelt zu treffen, vermag es erst allmählich eine integrierte Repräsentanz der Mutter aufzubauen, so wie es die einzelnen Aspekte seines Selbstempfindens erst allmählich zu einem einheitlichen und stabilen - in Differenzierung vom primären Liebesobjekt - inneren Vorstellungsbild integriert. Nach Mahlers Auffassung erfolgt die Bildung von Selbst- und Objektrepräsentanzen entlang einer Reihe aufeinanderfolgender Stufen, die die Entwicklung menschlicher Objektbeziehungen kennzeichnen. Die genaue Bestimmung dieser Stufenabfolge wurde zum Leitthema ihrer Forschungsarbeit.

Das Datenmaterial, das Mahler und ihre Kollegen zusammentrugen, stellt die empirische Grundlage ihres objektbeziehungstheoretischen Ansatzes (1963, 1972a, 1972b) dar, in dem sie Entwicklung als *Loslösungs- und Individuationsprozeß* konzeptualisiert. Die Dimension der *Loslösung* (separation) beschreibt jenen Prozeß, in dessen Verlauf das Kind allmählich ein Gefühl des Getrenntseins von der Mutter (und der Welt im allgemeinen) erwirbt, was sich durch den Aufbau einer entsprechenden intrapsychischen Selbstrepräsentanz manifestiert (Mahler 1952; Mahler et al. 1978); dies impliziert keine physische oder räumliche Distanzierung von der Mutter oder eine Auflösung der interpersonellen Beziehung zwischen Mutter und Kind, sondern die Entwicklung einer inneren Überzeugung, unabhängig und autonom von der Mutter funktionieren zu können. *Individuation* beschreibt die Anstrengungen des Kindes, eine eigene Identität mit individuellen Persönlichkeitsmerkmalen zu entwickeln (Mahler et al. 1978, S. 14). Da es sich um miteinander verschränkte Prozesse handelt, kommt es im Idealfall zur Gleichzeitigkeit beider Entwicklungslinien; allerdings sind auch unterschiedliche Entwicklungen mögich, was zur „Frühreife" einerseits und zum „Entwicklungsrückstand" andererseits führen kann.

Der Prozeß der Loslösung und Individuation setzt im Alter von vier bis fünf Monaten ein. Mahler beschreibt vier Subphasen, die trotz entwicklungsbedingter Überlappungen eindeutig vorherzusagen und voneinander abzugrenzen sind: *Differenzierung*, *Üben*, *Wiederannäherung* (‚Rapprochement'), *Konsolidierung der Objektkonstanz*. Daneben postuliert sie zwei Vorläufer dieses Reifungsprozesses, die *normale autistische Phase* (die ersten vier Wochen im Leben des Säuglings) und die *normale symbiotische Phase* (vom zweiten bis zum vierten oder fünften Monat).

Mahler beschreibt die Entwicklung kindlicher Omnipotenzgefühle und die damit einhergehenden Empfindungen von Grandiosität, die der normalen Selbstwertentwicklung des Kindes zugrundeliegen, aber auch Ursprung späterer psychopathologischer Phänomene sein können. Vor allem betont sie die Ausdehnung intrapsychischer Systeme, die die Entwicklung interpersoneller Beziehungen begleitet und weist auf die bedeutsame Rolle des Konflikts hin, der sich zunächst in der realen Interaktion mit anderen manifestiert, schließlich jedoch auch intrapsychisch erlebt wird. Ausführlich geht sie auf jene Aspekte in der Mutter-Kind-Beziehung ein, die zur Konsolidierung der Objektkonstanz beitragen und somit die Fähigkeit des Kinds fördern, die ursprünglich von der Mutter übernommenen tröstenden Funktionen zu internalisieren und auf diese Weise intrapsychisch verfügbar zu machen. Nach ihrer Auffassung erleichtert der Aufbau libidinöser Objektkonstanz den Einsatz autonomer Ich-Funktionen. Neben ihren ausführlichen Beschreibungen normaler intrapsychischer Reifungsprozesse hat sich Margaret Mahler (1971) auch mit den Implikationen pathologischer Ich-Funktionen beschäftigt, denen eine Störung in der Mutter-Kind-Beziehung zugrundeliegt.

Eine Schwierigkeit, mit der psychoanalytische Theoriebildung immer zu kämpfen hat, ist die Notwendigkeit adäquater Konzeptualisierung und Begrifflichkeit. Wie lassen sich Inhalt und Bedeutung von Prozessen kozeptuell und sprachlich vermitteln, wenn diese Prozesse weder quantifizierbar noch objektivierbar sind, sondern lediglich über Inferenzen zugänglich gemacht werden können? Die häufige Verwendung von Metaphern birgt die Gefahr, diese wörtlich zu nehmen. Wissenszuwachs und Erkenntnisgewinn lassen die alten Metaphern weniger nützlich erscheinen, bis schließlich das Konzept und mit ihr die Sprache als nicht mehr zulässig gelten. Ein Beispiel hierfür ist Freuds Konzept psychischer Energie. Die Vorstellung körperlicher energetischer Kräfte, die nach Abfuhr drängen, ist heute nicht mehr passend, klinisch gesehen werden wir jedoch durchaus Zeugen unterschiedlicher emotionaler Intensität bzw. unterschiedlich starker Impulse und Triebwünsche, die nach Befriedigung streben. Mahlers Terminologie ist ein weiteres Beispiel, insbesondere ihre sprachlichen Formulierungen der ersten Lebensmonate. Zweifelsohne sind pathologisch begründete und retrospektiv gewonnene Metaphern wie „Autismus", „Symbiose", „Reizschranke", „illusionäre gemeinsame Grenzen" und „halluzinatorische somatopsychische Omnipotenzfusion" nicht unproblematisch (vgl. Peterfreund 1978; Milton Klein 1980). Nichtsdestotrotz sind viele der Beobachtungen und Formulierungen Margaret Mahlers über früheste Verhaltensweisen des Säuglings sehr scharfsinnig und nach wie vor gültig, auch wenn ihre Terminologie selbst nicht länger aufrechtzuerhalten ist.

Margaret Mahlers Theorien wurden vielfach kritisch rezipiert. Vor allem methodische Einwände i.S. eines subjektiven Bias und einer Tendenz, Hypothesen als Schlußfolgerungen zu postulieren, hat Brody (1982) vorzubringen. Mahlers Gedanke, daß das Leben des Säuglings in einem autistischen Zustand beginne, durch eine Reizschranke von der Welt abgeschnitten - vergleichbar einem in der Eischale eingeschlossenem Kücken (sie greift hier auf eine Metapher Freuds aus dem Jahr 1911 zurück) - und ohne jegliche soziale Stimulierung, wurde zurecht infragegestellt (vgl. Peterfreund 1978; Lichtenberg 1981, 1987; Stern, 1992). Durch neue Umschreibungen wie „auftauchendes Selbst" (Stern 1992) oder „semi-autistisch" (Harley & Weil 1979) versuchte Mahler den kritischen Einwänden zu begegnen. Mahlers These der Undifferenziertheit von Selbst und Objekt zum Zeitpunkt der Geburt sieht Stern (1992) durch die Ergebnisse der Säuglingsforschung widerlegt: Säuglinge sind von Geburt an in der Lage, zwischen innen und außen, Selbst und Anderen zu unterscheiden. Gerade diese Kritik offenbart ein grundlegendes Mißverständnis zwischen Säuglings- und Kleinkindforschern einerseits und Psychoanalytikern andererseits. Psychoanalytiker interessieren sich für die Bildung intrapsychischer Strukturen. Physiologische Anpassungsstrukturen bestehen bereits zum Zeitpunkt der Geburt; ob das Neugeborene auch über die nötige strukturelle Ausstattung verfügt, intrapsychische Repräsentanzen des Selbst und des Anderen aufzubauen, ist jedoch fraglich.

Stern hat auch Einwände gegen Mahlers Grundprämisse der Loslösung und Individuation vorzubringen. Ihre Beschreibung kindlicher Entwicklung im Sinne zunehmender Unabhängigkeit und Autonomie impliziere die Auflösung interpersoneller Objektbindungen. Unserer Ansicht handelt es sich bei Mahlers Konzept um die Beschreibung eines *intrapsychischen* Prozesses, in dessen Verlauf das Kind schließlich lernt, autonom und unabhängig von der Mutter zu funktionieren und trotzdem interpersonell mit ihr verbunden zu bleiben. Die wachsende Stabilität dieser intrapsychischen Strukturen läßt das Kind zunehmend höhere Stufen der Objektbezogenheit erreichen und aufrechterhalten und seine interpersonellen Bindungen vertiefen.

Trotz der durchaus berechtigten Kritik, die von verschiedenen Seiten an Mahlers Konzepten geübt wurde, hat sie mit ihrer Theorie einen grundlegenden Beitrag zum psychoanalytischen Verständnis der Entwicklung menschlicher Objektbeziehungen geliefert. Vor allem ist ihr zu verdanken, die lebenswichtige Bedeutung angemessener emotionaler Verfügbarkeit der Bezugsperson und eines affektiven Austauschs zwischen Mutter und Kind für den Aufbau und die Förderung psychischer Strukturen - die wiederum die emotionale Unabhängigkeit des Kindes fördern - explizit gemacht zu haben. Mahlers Fokussierung der affektiven Mutter-Kind-Interaktion hat eine rege Forschungstätigkeit in Gang gesetzt, deren Interesse sowohl der Mutter-Kind-, als auch der Vater-Kind-Interaktion gilt (siehe auch Abelin 1971, 1975; Cath et al. 1982; Pruett 1983, 1985). Ihre Ergebnisse haben unseren Kenntnisstand auf dem Gebiet normaler Entwicklungsprozesse erhöht, aber auch unser Verständnis psychopathologischer Phänomene vertieft, was deren Auftreten und mögliche Prävention angeht. In methodischer Hinsicht sind Mahlers Arbeiten als Pionierleistung zu verstehen. Ihr naturalistisches Forschungsdesign, in dem sie - als eine der wenigen psychoanalytisch orientierten Forscherinnen, die ein solches Projekt überhaupt in Angriff nahmen - ihre Beobachtungsstudien in Form einer Längsschnittuntersuchung durchführte, wurde zum Modell nachfolgender Säuglings- und Kleinkindforscher. Auch wenn neue Erkenntnisse kindlicher Entwicklungs- und Reifungsprozesse zu einer Modifizierung ihrer theoretischen Konstrukte führen - insbesondere, was ihre Konzeptualisierung der frühesten Entwicklungsphasen angeht - so behalten ihre Beobachtungen trotz allem ihre Gültigkeit. Mit ihrer Formulierung des Loslösungs-Individuationsprozesses entwirft sie eine integrierte Theorie präödipaler Objektbeziehungen, die als Ergänzung zur Theorie des Ödipuskomplexes gesehen werden kann; sie eröffnet so eine entwicklungspsychologische Perspektive von Objektbeziehungen, die eine Integration in triebtheoretische und strukturtheoretische Modelle ermöglicht.

Daniel N. Stern

Daniel Stern gehört zu den modernen Säuglings- und Kleinkindforschern, die sich mit der Entwicklung von Objektbeziehungen während der ersten drei Lebensjahre beschäftigen. Seine bedeutende Leistung besteht darin, eine integrative Theorie der Frühentwicklung menschlicher Objektbeziehungen entworfen zu haben, in deren Zentrum die innersubjektive Erfahrung des Säuglings und ihr interpersoneller Kontext stehen. Es sind also nicht mehr traditionelle psychoanalytische Konzepte - etwa triebtheoretische oder ich-psychologische Erwägungen -, die Stern heranzieht, um seiner Frage nach den Mechanismen psychischer Organisation nachzugehen, sondern das erfahrungsnähere Konzept des *Selbstempfindens* (sense of self), das er als primäres psychisches Organisationsprinzip postuliert. Sterns theoretische Schlußfolgerungen basieren auf der Aufarbeitung einer Fülle an Daten, die er und seine Mitarbeiter aus zahlreichen experimentellen Verhaltensbeobachtungen von Säuglingen und ihren Müttern gewonnen haben.

Sobald neue Verhaltensweisen und Fähigkeiten des Säuglings entstehen, werden diese in integrative subjektive Empfindungsweisen, bezogen auf das eigenen Selbst und das Selbst des Anderen, organisiert und umgewandelt. Stern widmet sich vor allem der Erforschung der interpersonellen Welt dieser subjektiven Empfindungsweisen; gerade diese interpersonelle Verbundenheit, so hebt er hervor, sorge dafür, daß jede Art neu entstehenden Selbstempfindens eine neue Form (i.S. von Einflußbereich oder Aktivität) sozialer Bezogenheit definiere - dies bedeutet, daß das *in Gemeinschaft erlebte Selbstempfinden* (sense of self with other) sich parallel zu einem *Empfinden des eigenen Selbst* (sense of self) und einem *Empfinden für den Anderen* (sense of the other) entwickeln.

Obwohl jede Art des subjektiven Selbstempfindens und jede Form sozialer Bezogenheit einem bestimmten Entstehungszeitraum zugewiesen werden können, will Stern diese nicht als Entwicklungsstufen im herkömmlichen Sinn verstanden wissen, sondern als Formen der Selbsterfahrung und sozialen Interaktion, die - einmal vorhanden - ihre Funktion als psychische Organisationsprinzipien das ganze Leben über beibehalten.

Stern postuliert vier Arten des subjektiven Selbstempfindens: (1) Bis 2 Monate: Empfindung des *entstehenden Selbst* im Bereich einer sich in Ansätzen entwickelnden Bezogenheit (sense of emergent self; domain of emergent relatedness); (2) 2 bis 6 Monate: Empfindung des *Kern-Selbst* im Bereich der Kern-Bezogenheit (sense of a core self; domain of core relatedness); (3) 7 bis 9 Monate: Empfindung des *subjektiven Selbst* im Bereich der intersubjektiven Bezogenheit (sense of a subjective self; domain of intersubjective relatedness); (4) 15 bis 18 Monate: Empfindung des *verbalen Selbst* im Bereich der verbalen Bezogenheit (sense of a verbal self; domain of verbal relatedness).

Sterns Theorie basiert in vielerlei Hinsicht auf den Arbeiten von Spitz, Bowlby, Anna Freud und Margaret Mahler. Er übernimmt ihr Konzept des Entwicklungsprozesses - die Abfolge einzelner Entwicklungsphasen entlang zentraler Entwicklungsübergänge - und widmet den Interaktionen des Säuglings mit der Mutter große Aufmerksamkeit. Gleichzeitig grenzt er sich jedoch von den herkömmlichen entwicklungspsychologischen Konzepten innerhalb der Psychoanalyse ab und weist sie mit dem Vorwurf der Redundanz zurück. Er fordert eine völlige Neukonzeptualisierung psychoanalytischer Entwicklungspsychologie und versucht diesem Anspruch mit Hilfe neuer, zuweilen recht verwirrender Metaphern gerecht zu werden. Im Grunde ersetzt er hierbei einen Fachjargon durch einen anderen.

Sterns Kritik an den psychoanalytischen Entwicklungstheorien ist an manchen Stellen sicherlich berechtigt, allerdings nutzt er seine kritischen Einwände auch dazu, die Auseinandersetzung zwischen Entwicklungspsychologie und Psychoanalyse künstlich anzuheizen (Solnit 1987b). Die fehlende historische Perspektive seiner Kritik läßt ihn übersehen, daß es im Rahmen psychoanalytischer Entwicklungstheorie seit 1900 bedeutsame Modifizierungen und Neuformulierungen gab, mit denen auf Kritik, ähnlich seiner eigenen, reagiert wurde. Seine theoretische Rezeption psychoanalytischer Konzepte wirkt somit besonders eng. Sterns Betonung der Dimensionen *Subjektivität* und *Intersubjektivität* auf Kosten des Intrapsychischen hat darüber hinaus zur Folge, daß die Bedeutung innerer Kräfte für den Entwicklungsprozeß, insbesondere für Internalisierungsvorgänge, nicht ausreichend berücksichtigt wird.

Andererseits haben seine Verhaltensbeobachtungen der Mutter-Kind-Interaktion unser Wissen um die präverbale Entwicklung des Menschen ganz entscheidend erweitert. Seine Sensibilität für das Interaktionsgeschehen zwischen Mutter und Kind sowie für die selbstregulatorischen Fähigkeiten, die der Säugling im Rahmen dieser

Interaktion an den Tag legt, hat unser Verständnis für das Entstehen des Selbstempfindens und die Ich-Entwicklung des Kleinkindes erweitert.

Zusammenfassung

Die Geschichte psychoanalytischer Objektbeziehungstheorien beginnt gleichsam mit der Geschichte der Psychoanalyse selbst und geht auf Freuds Aufsatz *Entwurf einer Psychologie* aus dem Jahre 1895 zurück. Die Verknüpfung zwischen Objektbeziehungen, Triebgeschehen, Affekten, intrapsychischer Strukturbildung und Selbstempfinden wurde und wird ebenso kontrovers diskutiert wie die Verknüpfung zwischen intrapsychischen Prozessen, Objektbeziehungen und Intersubjektivität. Das vorliegende Kapitel bietet einen kurzen Überblick über verschiedene moderne Objektbeziehungsschulen. Jene Theorien, die sich aus der Säuglings- und Kleinkindbeobachtung entwickelt haben, stellen die Grundlage für das folgende Kapitel dar, in dem die Entwicklung von Objektbeziehungen und des Selbstempfindens diskutiert werden sollen.

Kapitel 6

Die Entwicklung von Objektbeziehungen

In unserer entwicklungstheoretischen Betrachtung der einzelnen Entstehungsstufen menschlicher Objektbeziehungen konzentrieren wir uns vor allem auf die Frage, wie als bedeutsam erlebte Interaktionen mit anderen den Ursprung, die Art und Weise und die Funktionstätigkeit intrapsychischer Strukturen beeinflussen. Da Spitz und Mahler ihre Konzeptualisierungen nicht so sehr auf rekonstruktives Material, sondern auf direkt erhobene Beobachtungsdaten gründen, gleichzeitig aber ihre Aufmerksamkeit konsistent auf intrapsychische Vorgänge gerichtet bleibt, sind die Formulierungen dieser beiden Autoren besonders geeignet, die ersten Stadien frühkindlicher Objekbeziehungen nachzuzeichnen.

Was die Entwicklung des Säuglings unmittelbar nach der Geburt angeht, so war jeder Versuch einer angemessenen Konzeptualisierung dieser Phase mit Schwierigkeiten verbunden. Von Hartmann (1939) stammt das Konzept der *undifferenzierten Phase* (vgl. Kapitel 4), in der weder das Ich noch das Es über eine Struktur verfügen und noch keine intrapsychischen Selbst- und Objektrepräsentanzen existieren (Hartmann, Kris & Loewenstein 1946). Diese Formulierung hat vielfach zu begrifflichen Mißverständnissen geführt, die „undifferenziert" mit der Unfähigkeit des Säuglings gleichsetzten, *perzeptuell* zwischen Selbst und Objekt zu unterscheiden.

Spitz bezeichnet das erste Entwicklungsstadium als *objektlos* bzw. als *präobjektale* Entwicklungsstufe, um seiner Überlegung Nachdruck zu verleihen, daß von der Existenz eines inneren Objekts erst dann die Rede sein könne, wenn von psychischem Geschehen im eigentlichen Sinne ausgegangen werden könne (1957). Margaret Mahler und ihre Mitarbeiter sprechen von der *normalen autistischen Phase*, während der äußere Reize nur sehr schwach besetzt sind (1978). Auch Anna Freud unterstreicht mit ihrer Vorstellung einer „biologischen Einheit zwischen Mutter und Kind" die fehlende psychische Funktionstätigkeit des Säuglings und seine völlige Abhängigkeit von der Mutter (1965). Die Schwierigkeit, die all diesen Formulierungen innewohnt, ist die Implikation einer nur sehr schwach ausgeprägten Interaktion zwischen dem Säugling und seiner Mutter, die somit als relativ problemlos austauschbar erscheint. Wie wir jedoch aus der Säuglingsforschung wissen, ist dies selbst während der ersten Wochen nach der Geburt nicht der Fall (Burns et al. 1972). Der Säugling verfügt über die präadaptive Fähigkeit, in Koordination mit der

Mutter ein reziprokes sensumotorisches Interaktionsmuster aufzubauen, das bereits unmittelbar nach der Geburt den Grundstock für die Bildung eines affektiven Feedback-Systems liefert. Wir meinen daher, daß die Bezeichnung *primäre Reziprozität* diese früheste Phase in der Entwicklung der Objektbeziehungen am zutreffendsten charakterisiert.

Mahlers Konzept der *normalen symbiotischen Phase* - obwohl aus Beobachtungsdaten psychopathologischer Entwicklung abgeleitet - soll die Bildung einer sicheren und engen Bindung des Säuglings an die Mutter beschreiben. Auch Spitz richtete seine Aufmerksamkeit auf den Aspekt der Bindung, hob jedoch die Bedeutung des Dialogs hervor, der hierzu notwendig war (1963, 1964, 1965; Spitz & Cobliner 1967). Da der Gedanke eines Dialogs die Aktivität und selbstregulatorischen Fähigkeiten des Säuglings unterstreicht, möchten wir dieses zweite Stadium in der Entwicklung von Objektbeziehungen mit *Anfänge des Dialogs* umschreiben und somit wiederum auf die für Bindung notwendige affektive Reziprozität hinweisen.

Die nachfolgenden präödipal geprägten Entwicklungsphasen werden wir auf der Matrix der Theorie des Separations-Individuationsprozesses von Mahler nachzeichnen, um anschließend auf das Schicksal kindlicher Objektbeziehungen während der infantil-genitalen und ödipalen Phase, sowie während der Latenz und Adoleszenz näher einzugehen. Das Hauptaugenmerk unserer Betrachtungen wird auf die Geschehnisse während der ersten Lebensjahre gerichtet sein, über die der Großteil neuerer Forschungsbefunde vorliegt: Hier kommt es zu den wohl dramatischsten Veränderungen in der Entwicklung von Objektbeziehungen sowie zu den signifikantesten Entwicklungsschritten intrapsychischer Strukturbildung.

Primäre Reziprozität: Physiologisches Vorspiel der Objektbeziehungen

Die meisten Forscher sind sich einig darüber, daß wir mit der Fähigkeit zu reziproker Interaktion geboren werden. Sander (1975) konzeptualisiert diese Reziprozität als Teil des biologisch verankerten, präadaptiven Verhaltens des Säuglings, in den *Prozeß* der Anpassung (adaptation) einzutreten. In der ersten Zeit nach der Geburt sind es in erster Linie endogen bestimmte regulatorische Prozesse, die das Verhalten des Säuglings beeinflussen (Sander 1962, 1964). Die Hauptaufgabe von Mutter und Säugling besteht in der Regulierung und Stabilisierung von Schlaf- und Wachzyklen, Tag- und Nachtrhythmik sowie Hunger und Sättigung, um so das homöostatische Gleichgewicht aufrechtzuerhalten (Anders 1982). Auch dies ist Bestandteil der Reziprozität zwischen Mutter und Säugling, an der nach Auffassung von Call (1984) mehrere physiologische Systeme der Mutter - visuelle, auditive, kinästhetische, aber auch Zustände psychophysiologischer Erregung - als auch des Säuglings beteiligt sind. Der Saugrhythmus des Säuglings, so Calls Beobachtung, interagiert mit der Psychophysiologie der stillenden Mutter. Die Koordination zwischen Systemen, die in Interaktion stehen, zeigt sich am antizipatorischen Annäherungsverhalten des Säuglings bei der Nahrungsaufname.

Anders und Zeanah (1984) schließen daraus, daß seine ausgeklügelte biologische Ausstattung den Säuglings befähigt, aktiv nach angemessener sensorischer und affektiver Rückmeldung zu suchen und darauf zu reagieren. Im günstigsten Fall entsteht relativ bald nach der Geburt ein affektives Feedback-System, in dem Eltern und Säugling verschiedenste Verhaltensweisen in gegenseitigem Austausch miteinander verknüpfen - Schauen und Erregung, Stimme und Bewegung, Stimme und direkter Gesichtskontakt (Sander 1975; Als et al. 1979, Brazelton & Als 1979; Meltzoff 1985). Zwischen den beiden Interaktionspartnern entsteht so eine intime, exklusive Form der Kommunikation, die die Grundlage für angemessenes psychisches Funktionieren darstellt.

Anfänge des Dialogs

Um den zweiten Lebensmonat kommt es zu einer erkennbaren Veränderung im Verhalten des Säuglings. Er beginnt nun aktiv, den reziproken Austausch mit der Bezugsperson zu antizipieren und ebenso aktiv nach sozialer Interaktion zu verlangen; gleichzeitig legt er eine zunehmende Fähigkeit zur Selbstregulierung an den Tag. Laut Mahler besteht die zentrale psychische Errungenschaft des Säuglings zwischen dem zweiten und fünften Monat darin, die Mutter zum wichtigstes Liebesobjekt zu machen und eine stabile Bindung an dieses Liebesobjekt aufzubauen. Das unspezifische Lächeln, das bald schon gezielt auf die Mutter gerichtet wird (Spitz & Wolf 1946) ist ein wichtiger Indikator dieser Bindung und dient dazu, diese zu organisieren und zu konsolidieren. Von diesem Zeitpunkt an scheinen sich alle Aktivitäten, Affekte und Wahrnehmungen des Säuglings immer stärker auf den Austausch mit der Mutter zu richten, je mehr beide in einen aktiven Dialog miteinander treten.

Spitz, der sich auf seine empirischen Beobachtungen beruft, sieht im affektiven Klima den wichtigsten Aspekt der Mutter-Kind-Beziehung (1965; Spitz & Cobliner 1967). Ein affektiv motivierter, kontinuierlich ablaufender und von beiden Seiten stimulierter Dialog zwischen Aktion und Reaktion stelle den „Nährboden" für den Aufbau von Objektbeziehungen und intrapsychischen Strukturen dar. Der Dialog zwischen Mutter und Säugling beginne in der Stillsituation, wachse jedoch bald darüber hinaus. Nach Auffassung Calls organisieren gerade die Erfahrungen während der Nahrungsaufnahme die entscheidenden Momente im frühen Interaktionsgeschehen mit der Mutter (1964). Loewald interpretiert diese Interaktionen als Grundlage früher Strukturierung von Lust und Unlust (1986), während Wolf die jenseits bloßer Bedürfnisbefriedigung liegende Dimension des Dialogs hervorhebt (1959, 1966).

Viele Autoren haben darauf hingewiesen, daß dieser frühe Dialog, in dem die weit geöffneten Augen des Säuglings auf den bewundernden Blick der Mutter treffen, das Fundament für das Empfinden von Kompetenz und realitätsadäquatem

Selbstwertgefühl des Kindes darstellt. Eine ganze Reihe positiver Gefühle, von Zufriedenheit bis hin zu Freude und Entzücken, werden mit kompetenten Interaktionen verknüpft, wenn es dem Säugling gelingt, angemessene mütterliche Reaktionen auszulösen und die Mutter-Kind-Dyade die unvermeidlichen empathischen Brüche zu kitten vermag (Tronick & Gianino 1986).

Eine detaillierte Beschreibung des dialogischen Geschehens liefert Call (1980, 1984): Mimik, Gestik, Körperbewegung, Vokalisierung, Resonanz, spielerische Interaktion sind die Basis für die Entwicklung einer intimen und exklusiven Form der Kommunikation mit der Mutter. Das vorrangige Ziel dieses frühen Kommunikationssystems besteht in der gemeinsamen Aufrechterhaltung und Bereicherung der Dualität; später entwickelt es sich zum Organisationsprinzip anderer Kommunikationsmodi, zu denen auch affektiver Ausdruck, Gestik und Spracherwerb zählen.

Der Säugling bestimmt nun zunehmend Spiel und Interaktion und im Alter von vier bis fünf Monaten unterliegen Initiation, Beendigung und Regulation des Geschehens häufig seiner Kontrolle. In einer Reihe von Beobachtungsstudien konnte aufgezeigt werden, daß - obgleich die Mutter die Hauptverantwortung für Organisation und Regulierung beibehält - das Spiel zwischen dem drei bis vier Monate alten Säugling und seiner Mutter in ein Interaktionsmuster übergeht, das die Selbstregulation des Säuglings im Rahmen der gemeinsamen Interaktion fördert (Sander 1962, 1964, 1983; Stern 1974b; Beebe & Stern 1977; Beebe 1986). Diese reziproken Interaktionsmuster weisen eine erstaunliche Zähigkeit auf - daraus abgeleitete Beziehungsmuster lassen sich vom Kindes- bis ins Erwachsenenalter, ja sogar über mehrere Generationen hinweg, verfolgen (Emde 1991).

Die frühe - via Reziprozität entstandene - Regulierung des Selbst und des Anderen leistet einen bedeutenden Beitrag zur Entwicklung selbstregulatorischer Ich-Funktionen. Follow-Up-Studien zeigen, daß in der frühen Kindheit entstandene Muster der Selbstregulation bis in die Adoleszenz hinein manifest bleiben (Brody 1982). Überstimulierung, mangelnde Anregung oder unvorhersehbare Stimulierung auf Seiten der Mutter unterminieren die selbstregulatorischen Fähigkeiten und Funktionen des Säuglings ebenso wie ihr anhaltendes Versagen, angemessen auf die Interaktionswünsche oder den Rhythmus ihres Kindes einzugehen; diese frühen Beeinträchtigungen können später in entsprechend unangemessenen Coping-Strategien im Umgang mit Angst ihren Niederschlag finden (vgl. Greenacre 1941; Weil 1978).

Sandler und Sandler (1978) sehen darüber hinaus in den Mutter-Kind-Interaktionen den Entstehungskontext frühester Selbst- und Objektrepräsentanzen. Die innere Abbildung des Selbst und des Anderen schließt auch die Repräsentation subjektiver Interaktionserfahrungen - oder „Rollenbeziehungen" - mit ein. Stern (1992) bezeichnet diese präverbalen Interaktionsrepräsentanzen als *generalisierte Interaktionsrepräsentanzen* (**R**epresentations of **I**nteractions that have been **G**eneralized - RIGS), die, so seine These, Speichervorgängen im Gedächtnis zugrundeliegen und die Basiseinheit der inneren Repräsentation des Selbst darstellen. Diese Überlegung verdient gesonderte Aufmerksamkeit, denn obgleich sich präverbale

Gedächtnisinhalte einem späteren Abruf entziehen, scheinen Handlungsmuster und prozedurale Inhalte zu überdauern und zur Ausweitung der Kompetenzbereiche des Säuglings beizutragen (Papousek & Papousek 1979, 1984; Lichtenberg 1987). Ein Beispiel hierfür sind Beziehungsmuster. Entwicklungspsychologische Forschungsarbeiten konnten aufzeigen, daß frühe Erfahrungen nicht zur Vorhersage späterer Funktionstätigkeit herangezogen werden können, aber die eindeutig erkennbare „Widerstandsfähigkeit" von Beziehungsmustern stützt das psychoanalytische Konzept der Übertragung (Freud 1905b). Wir nehmen an, daß die Zählebigkeit dieser Muster darauf zurückzuführen ist, daß sie Teil der frühesten Selbst- und Objektrepräsentanzen sind.

Separation und Individuation

Differenzierung und das libidinöse Objekt

Im Alter von vier bis sechs Monaten beginnt der Säugling, seinem Interesse und seiner Neugier an der Welt jenseits des Dialogs mit der Mutter, Ausdruck zu verleihen. Sobald er über die entsprechenden motorischen Fertigkeiten verfügt, versucht er sich aus der unmittelbaren physischen Nähe zur Mutter zu lösen und ihren „symbiotischen Umkreis" zu verlassen - eine Beobachtung, die Margaret Mahler mit der Metapher des „Ausschlüpfens" (hatching) belegt.[12]

Mahlers Phase des „Ausschlüpfens" fällt zeitlich zusammen mit Piagets dritter Stufe der sensumotorischen Entwicklung: Der Säugling entdeckt nun, daß bestimmte Handlungsweisen immer wieder zu einem Ergebnis führen und sein Interesse richtet sich von der Handlung weg auf die Wirkung derselben (1952). Zum ersten Mal wird Intentionalität im Verhalten des Säuglings sichtbar und er beginnt, zwischen Mittel und Zweck zu unterscheiden.

Obgleich der Säugling Interesse und Neugier an der Welt um sich herum bekundet und sie zu erforschen beginnt, hängen seine Lust und Freude, sein Gefühl der Sicherheit und des Wohlbefindens von seiner Fähigkeit ab, angemessene Resonanz auf Seiten der Mutter hervorzurufen. Mahler beobachtete, daß sich der Säugling zwar von der Mutter wegbewegt, jedoch in ihrer Nähe bleibt und sie weiterhin als „Heimatbasis" braucht. Visuelle „Rückversicherung" und emotionales „Auftanken" - über direkten Körperkontankt oder bloße visuelle oder auditive Zeichen - sind hervorstechende Merkmale im Verhalten des Kindes. Neugier und Staunen sind somit

12 Mahler schreibt die eindeutige psychische Veränderung des Säuglings, die zu diesem Zeitpunkt zu beobachten ist, einer Reifung des Wahrnehmungsapparats im Zentralen Nervensystem zu. Zuvor schütze eine „Reizschranke" den Säugling vor Überstimulierung durch äußere Reize. Neuere Forschungsbefunde, die die bemerkenswerte Fähigkeit des Säuglings belegen, Reize unterschiedlicher sensorischer Modalitäten zu erkennen und voneinander zu unterscheiden, läßt den Gedanken einer Reizschranke jedoch als unhaltbar erscheinen (Esman 1983). Zahlreiche reifungs- und erfahrungsbedingte Faktoren scheinen dieser Veränderung zugrundezuliegen, nicht zuletzt die Entwicklung der Ich-Funktionen, die die Integration von Reizen in neue Verhaltensmuster erleichtern (Lester 1983).

im Kontext von „Urvertrauen“ und Vertrauen in die Beziehung zur Mutter eingebettet, nun da die Mutter das *libidinöse Objekt* ihres Säuglings ist (Spitz 1972). Die affektive Besetzung der Mutter scheint unabhängig von Frustration oder Befriedigung aufrecht erhalten zu werden (A. Freud 1968).

Dieses „Urvertrauen“ manifestiert sich vor allem in den Reaktionen des Säuglings auf Fremde. Die Konfrontation mit einer fremden Person oder Situation führt in der Regel zu Streß. Ist der Säugling jedoch sicher gebunden, wird er dem Fremden schließlich mehr neugierig als ängstlich begegnen (Mahler & McDevitt 1968; Bowlby 1969; Rheingold 1969; Brody & Axelrad 1970; Ainsworth et al. 1978). In einer oft nur sehr kurzen und subtilen Interaktionssequenz sucht der Säugling nach Hinweisen, mit der die Mutter die jeweilige Situation als sicher oder gefährlich zu erkennen gibt. Ein aufmunterndes Lächeln nimmt er zum Anlaß freudiger Exploration. Runzelt die Mutter die Stirn oder zeigt sie einen ängstlichen Gesichtsaudruck, bricht der Säugling in Tränen aus, zieht sich aus der neuen Situation zurück an die Seite der Mutter. Emde (1983) zeigt auf, wie dieses System des „Social Referencing“ (i.S. einer „Rückversicherung“ bei der Mutter) die Funktion eines Hilfsichs erfüllt und dem Säugling als Orientierungshilfe dient, wenn es darum geht, zwischen explorativem Verhalten und Rückzug zu entscheiden.

Das zunehmende Empfinden für das eigene subjektive Selbst als auch für das Selbst des Anderen, das auf dem reziprokem Austausch mit der Mutter basiert, läßt im Säugling ein gefühlsmäßiges „Wissen“ um die gemeinsame Beziehung entstehen, das Stern (1992) als Empfinden der „Intersubjektivität“ und Emde (1991) als entstehendes „Wir-Gefühl“ bezeichnet. Der Säugling strebt nun nach Erfahrungsaustausch. Da seine Gefühlszustände zunehmend von Liebe und Haß und anderen positiven und negativen Affekten durchdrungen sind, lernt er allmählich, daß er diese Affekte mit einer anderen Person teilen kann.

Winnicotts Konzept des Übergangsobjekts ist von zentraler Bedeutung für die Entwicklung kindlicher Objektbeziehungen (1959, 1992). Die Bindung des Kindes an sein Übergangsobjekt - z. B. eine Lieblingsdecke oder ein Stofftier -, das angenehme Erfahrungen an die Mutter wachruft, gewinnt vor allem in Zeiten der Trennung an Intensität, z. B. zur Schlafenszeit oder in Momenten der Verzweiflung. Die Illusion mütterlicher Präsenz, zumindest aber Teile ihrer beruhigenden, Sicherheit spendenden Funktionen, wird somit aufrechterhalten. Der Gebrauch des Übergangsobjekts verschwindet mit Erreichen libidinöser Objektkonstanz; dies bestätigt die Beobachtung von Spitz, daß „das Übergangsobjekt in der Tat einen Übergang darstellt - zwischen der archaischen Welt konditionierter Reflexe einerseits und der Ich-gesteuerten Welt der Objektbeziehungen und des Seelenlebens andererseits“ (1965, S. 179). Mit Festigung libidinöser Objektkonstanz übernimmt das verinnerlichte Bild der Mutter - das Ich - die tröstenden und regulierenden Funktionen des Übergangsobjekt.

Die Übungsphase

Die Beherrschung aufrechten Stehens und Gehens markiert den Beginn der sogenannten *Übungsphase*. Berauscht von den eigenen motorischen Fähigkeiten versetzt die tägliche „Eroberung der Welt" das Kleinkind in emotionale Hochstimmung. Die Beziehung zur Mutter wird um wichtige Dimensionen erweitert, nun da das Kind über die Fähigkeit verfügt, sich von der Mutter fortzubewegen, seinen Bewegungsradius auszudehnen und sich an die Erfahrung körperlicher Getrenntheit und deren psychische Folgen zu gewöhnen.

Gegen Ende der Übungsphase, zwischen dem 15. und 18. Lebensmonat, scheint das Kleinkind in der Lage, das innere Bild der Mutter unabhängig vom eigenen Selbst und über die Zeitspanne seiner unmittelbaren Handlungen hinweg aufrechterhalten zu können, was auf stabilere Selbst- und Objektrepräsentanzen schließen läßt. Belege für diese Schlußfolgerung zogen Mahler und McDevitt (1968) aus Verhaltensweisen, die das Kind während kurzer Trennungsintervalle an den Tag legte. In Abwesenheit der Mutter kommt es zu einem „Stimmungsabfall" (1968), das Interesse an der Umgebung geht zurück, kleinere Mißgeschicke werden um so empfindlicher wahrgenommen und das Kind scheint sich in selbst zurückzuziehen. Mahler schließt aus diesem Verhalten, daß das Kind nun das innere Bild der Mutter zu halten und wachzurufen vermag und es zur Aufrechterhaltung eines Gefühls des Wohlbefindens für sich nützen kann; nach der konstanten Anwesenheit der Mutter wird nun nicht mehr verlangt (McDevitt 1975). Von Burlingham und Anna Freud (1944) wissen wir jedoch, daß über einen längeren Zeitraum anhaltende Trennungserfahrungen die Mutter-Kind-Beziehung dauerhaft schädigen können. Kinder quittieren die Rückkehr ihrer lang abwesenden Mütter oft mit Gleichgültigkeit oder versteinerter Miene; nicht die innerpsychische Repräsentation der Mutter, der nun als völlig Fremder begegnet wird, ist verschwunden, sondern das innere Abbild der gemeinsamen Beziehung hat sich verändert.

Während des zweiten Lebensjahres schreitet der Individuationsprozeß zügig voran und Mahler beschreibt, wie die Hochstimmung der Übungsphase nun endgültig in die „psychische Geburt" des Kleinkindes mündet (Mahler et al. 1978). Neue Verhaltensweisen treten auf: Das Kind bringt der Mutter Spielzeug und andere Dinge, an deren Erkundung und Entdeckung sie teilhaben soll; das Interesse an Dritten - Vater, Geschwister, andere Kinder - wird erkennbar, ebenso wie Versuche, Vater und Mutter nachzuahmen. Verhaltensweisen dieser Art lassen auf eine Konsolidierung der Selbst- und Objektrepräsentanzen schließen, ebenso wie Piagets (1952) Beobachtung, daß das Kleinkind die Realität nun auch in seiner Phantasie manipulieren kann, nicht nur kraft seiner konkreten Handlungen.

Wiederannäherungsphase (Rapprochement)

Die dritte Subphase des Separations-Individuationsprozesses - die sogenannte *Wiederannäherungsphase* - beginnt um den 16. bis 18. Lebensmonat. Widersprüche,

Konflikte und heftiges Oszillieren zwischen Liebe und Haß bestimmen das affektive Erleben des Kindes. Die Hochstimmung der Übungsphase und mit ihr die „Entdekkung der Welt“ weichen der Neigung des Kindes zu raschen Stimmungsschwankungen und Wutausbrüchen, die mit abwechselnd zurückweisendem und anklammerndem Verhalten einhergehen. Die Zunahme kognitiver realitätsprüfender Fähigkeiten konfrontiert das Kind mit seiner Kleinheit und psychischen Getrenntheit und läßt es die damit einhergehenden Gefühle der Einsamkeit und Hilflosigkeit um so schmerzlicher erleben. Die wachsende Fähigkeit zu sprachlichem Ausdruck und symbolischem Spiel hingegen versetzt das Kind in die Lage, über Dinge nachzudenken und seine Phantasie mit Leben zu füllen. Wünsche darüber, wie die Dinge sein sollten als auch klare Vorstellungen darüber, wie sie sind, werden möglich.

Die Erkenntnis, daß die Wünsche der Mutter nicht immer mit den eigenen übereinstimmen müssen, ist für das Kleinkind ebenso fundamental wie der Verlust seiner (phantasierten) Omnipotenz und das Gewahrwerden der Tatsache, daß es die Mutter nicht zwingen kann, seinen Wünschen und Bedürfnissen zu entsprechen. Der Wechsel von der Euphorie der Übungsphase hin zu depressiven Verstimmungen, Verzweiflung, Wutausbrüchen und einer beständigen Sorge um den Aufenthaltsort der Mutter ist dramatisch.

Die für die anale Phase typischen Empfindungen von Habgier, Neid, Unentschlossenheit, Ambivalenz und Negativismus treten auf und das Kind sieht sich dem heftigen Widerstreit miteinander unvereinbarer Bestrebungen und Affekte ausgesetzt. Es möchte unabhängig und autonom sein und alles alleine machen. Und in der Tat ist es nun an der Zeit, seinen Möglichkeitsraum auszudehnen, Kompetenzen zu erweitern und selbstregulative Fähigkeiten zu entwickeln. Im Idealfall gewinnt das Kind mehr und mehr Selbstvertrauen und Vergnügen an seiner wachsenden Fähigkeit, Spannung zu regulieren, allein zu essen, sich allein anzuziehen, auf sich aufzupassen, Kontrolle über Blase und Sphinkter zu erlangen; dieses gelingt nur, solange die Mutter dem Kind die Erlaubnis gibt, seinen Körper in Besitz zu nehmen und selbst über ihn zu bestimmen und solange sie selbst ausreichend in der Lage ist, seine Wünsche nach Selbstbestimmung zu kanalisieren und die aggressiven Impulse des Kindes „aufzufangen“ (Furman 1985). Entschlossen, selbst über sein Leben zu bestimmen, versucht das Kind alles und alle nach seinen Wünschen auszurichten. Gleichzeitig liebt es jedoch die Mutter und möchte von ihr wiedergeliebt und getröstet werden, sein Wohlbefinden hängt von ihrer Liebe ab. Das Gefühl zu lieben und geliebt zu werden kann jedoch sehr schnell verschwinden, wenn Haß und Wut das Erleben diktieren. Das Gefühl, allein und ungeliebt zu sein, löst große Ängste aus und führt zu weiteren affektiven Verstimmungen. Die starke Ambivalenz, begleitet von Wutausbrüchen und regressiven Tendenzen, ist Ausdruck eines grundlegenden intrapsychischen Konflikts, in dem der Wunsch nach Individuation, Unabhängigkeit, Selbstbestimmung und Kontrolle im Widerstreit mit dem kindlichen Bedürfnis liegt, der Mutter zu gefallen und sich ihrer Liebe zu versichern. Somit kommt es zu einem beständigen Oszillieren zwischen störrischer und gegen die Wünsche der

Mutter gerichteter Selbstbehauptung einerseits und der bekannten Freude darüber „zusammenzupassen" andererseits (Sander 1983, S. 343).

Die Konflikthaftigkeit der Wiederannäherungsphase hinterläßt in jedem von uns ihre Spuren, da wir alle das Bedürfnis nach Getrenntheit und Nähe, nach Autonomie und Abhängigkeit gleichermaßen in uns tragen (Kramer & Akhtar 1988). Inwieweit und auf welche Art und Weise der Wiederannäherungskonflikt (auf)gelöst wurde, läßt sich am späteren Umgang mit diesen grundlegenden menschlichen Dilemmata und der daran gebundenen Angst ablesen. Überwiegen feindselige Affekte, kann in krisenhaften Situationen die Projektion heftiger aggressiv-wütender Empfindungen zu einer massiven Verzerrung der mütterlichen Repräsentanz führen; dem Kind gelingt es nicht mehr, positiv-liebevolle Gefühle für die Mutter oder sich selbst zu empfinden. Die Mutter wiederum ist nicht in der Lage, ihre Funktion als Hilfsich des Kindes zu erfüllen und somit eine erfolgreiche Verarbeitung des Konflikts zu fördern.

Gelingt es dem Kind hingegen, die versagende Mutter - gegen die sich seine immense Frustrationsaggression richtet - als die gleiche zu erkennen, die es in anderen Momenten liebt, können „gute" und „böse" Selbst- und Objektimagines zu einer einheitlichen stabilen inneren Repräsentanz integriert werden. Wird die Mutter als „meistens gut" erlebt, empfindet das Kind häufiger den Wunsch, ihr zu gefallen und vorübergehend auf Bedürfnisbefriedigung zu verzichten, um schließlich durch die Liebe der Mutter belohnt zu werden.

Anfänge emotionaler Objektkonstanz

Je stabiler und einheitlicher das innere Objekt, das in Abwesenheit der Mutter dem Kind Trost und Schutz bietet und ihm so ermöglicht, in größerer Unabhängigkeit und Getrenntheit von ihr zu funktionieren, desto fortgeschrittener ist die Entwicklung kindlicher Objektkonstanz. Um diese relative innere Sicherheit zu erlangen, muß das Kind den Konflikt zwischen seinen eigenen Wünschen und den Verboten der Mutter lösen, sowie die Fähigkeit zur Ambivalenztoleranz entwickeln. Liebevolle und wütende Gefühle, die gleichermaßen auf die Mutter gerichtet sind, können so zu einer einheitlichen inneren Repräsentanz integriert werden (McDevitt 1975). Enttäuschung und Wut werden besser ertragen, da die Erinnerung an die befriedigende, liebevolle und tröstende Mutter den unvermeidlichen Frustrationserlebnissen entgegenwirkt.

„Hält" die innere Mutter-Imago auch in Momenten der Wut und Frustration, beginnt sie eine neue Funktion zu übernehmen. Die positive Qualität der Bilder, (hervorgerufen durch eben diese innerpsychische Repräsentanz der Mutter), wird an beruhigende Funktionen geknüpft und das Kind - identifiziert mit seiner Trost spendenden Mutter - vermag nun selbst diese Funktionen mehr und mehr zu übernehmen (Furer 1967). Die Entwicklung der Ich-Funktionen schreitet voran, da das Kind nun, unabhängig von der unmittelbaren Verfügbarkeit der Mutter, zu größerer Selbstregulierung seiner Affekte in der Lage ist, da ein Teil der Mutter-Imago mütterliche Verhaltensweisen - regulierende und tröstende Reaktionen auf Verzweiflung und Streß - antizipiert. Diese intrapsychisch verfügbaren mütterlichen Funktionen lokkern die Abhängigkeit des Kindes von der tatsächlichen physischen Präsenz der Mutter, die zur Stabilisierung psychischen Funktionierens benötigt wird (Pine 1971). Nach Auffassung Mahlers fällt der Beginn dieser letzten Subphase des Loslösungs- und Individuationsprozesses ins dritte Lebensjahr; allerdings, so betont sie, reiche die Entwicklung emotionaler Objektkonstanz weit über diesen Zeitraum hinaus und müsse als Prozeß gesehen werden, der nie ganz abgeschlossen ist.

Hier treffen wir auch auf Kohuts Konzept des Selbstobjekts, mit dem er ein das ganze Leben über wirksame Bedürfnis nach Anerkennung und Liebe anderer beschreibt, auf die wir und unser psychisches Wohlbefinden angewiesen sind. In diesem Zusammenhang glauben wir nicht, daß Mahlers Formulierung implizieren soll, libidinöse Objektkonstanz bedeute ein Leben in autonomer Isolierung. Vielmehr unterliegen unsere Beziehungen mit bedeutsamen Anderen einem kontinuierlichen Entwicklungs- und Wachstumsprozeß. Pine (1974) weist darauf hin, daß sich die Fähigkeit der Menschen, sich vom inneren Liebesobjekt trösten zu lassen, davon unterscheidet, inwieweit Trost und Zuspruch im Kontakt zu einem realen Gegenüber gesucht werden. Eben weil es sich um eine innere Objektrepräsentanz handelt, so Pine, könne es schließlich Wunsch und Realität gleichermaßen repräsentieren. Hierbei ist es durchaus möglich, daß die Qualitäten des inneren Objekts die Möglichkeiten des realen äußeren Objekts übersteigen; das innere Objekt wird somit zu einem wichtigen inneren Regulator sehnsuchtsvoller und wütender Gefühle sowie narzißtischer Bedürfnisse.

Die entwicklungspsychologische Bedeutung libidinöser Objektkonstanz liegt nicht nur in der zu erwerbenden Fähigkeit des Kindes, liebevolle Zuwendung mit wütenden und feindseligen Empfindungen zu integrieren; ebenso bedeutsam ist die zu entwickelnde Sicherheit des Kindes, daß die im wesentlichen liebevolle Beziehung zur Mutter trotz kurzer Trennungsepisoden und vorübergehendem Groll und Ärger Bestand hat. Mit anderen Worten, das Kind kann trotz der unvermeidlichen, weil entwicklungsbedingten, Frustrationen eine konstante Beziehung zur Mutter aufrechterhalten (Burgner & Edgumbe 1972). Aus der Exklusivität selbstzentrierten, ansprüchlichen und anklammerenden Verhaltens entsteht nun die Fähigkeit, reifere und stärker ich-gesteuerte Beziehungen aufzubauen, die durch Zuneigung, Vertrauen und (wenn auch durch die kognitive Unreife noch eingeschränkte) Rücksichtnahme auf die Interessen und Gefühle anderer gekennzeichnet sind.

Die Entwicklung libidinöser Objektkonstanz wird in der Regel von der Entwicklung libidinöser Selbstkonstanz begleitet - d.h. der Fähigkeit, eine einheitliche Selbstrepräsentanz aufzubauen und aufrechtzuerhalten, in die all die unterschiedlichen, affektiv getönten Vorstellungen über das eigene Selbst einfließen. Dieser Entwicklungsschritt erfährt Stärkung und Stabilisierung durch die zunehmende Fähigkeit des Ichs zur Impulskontrolle und Selbstreflexion, die es dem Kind ermöglichen, ein Gefühl der Selbstkontrolle und Bemeisterung zu entwickeln. Die Mutter beantwortet diese Errungenschaft kindlicher Entwicklung in der Regel mit Stolz und Bestärkung und fördert somit das Gefühl des Kindes, liebenswert zu sein.

Die frühe Rolle des Vaters

Auch wenn sich unsere Diskussion bislang auf die Beziehung zwischen *Mutter* und Kind konzentrierte, heißt dies nicht, daß wir die Rolle des Vaters oder anderer Familienmitglieder unterschätzen. Einige Autoren haben sich darüber Gedanken gemacht, auf welch unterschiedliche Art und Weise der Vater zur Selbst-Objekt-Differenzierung während des ersten Lebensjahres beiträgt (Loewald 1986; Mahler & Gosliner 1955; Abelin 1971, 1975). Pederson und Robson (1969) beschreiben frühe perzeptuelle Unterscheidungen, die der Säugling zwischen Mutter und Vater vornimmt, was mit einer eindeutig zu beobachtenden Bindung an den Vater im Alter von acht Monaten einhergeht. Die Beobachtungen von Burlingham (1973) und Yogman (1982) sprechen für eindeutige geschlechtsspezifische Unterschiede im Umgang und im Spiel von Müttern und Vätern mit ihren Kindern. Das väterliche Spiel ist durch größere Aktivität und Körperlichkeit gekennzeichnet. Kramer und Akhtar (1988) weisen auf den großen Nutzen hin, den dies für das übende Kleinkind hat; der stimulierende Effekt körperlicher Bemeisterung fördert die Körperwahrnehmung und Entwicklung des Körperselbst. Eine weitere wichtige Rolle des Vaters besteht nach Herzog (1980, 1982) darin, dem Kind beim Aufbau von Fähigkeiten zu unterstützen, die der Modulierung aggressiver Strebungen dienen. Abwesenheit oder Verlust des Vaters während der ersten 18 Lebensmonate können verhaltensmäßige oder affektive Störungen nach sich ziehen, die nicht selten erst zu einem späteren Zeitpunkt erkannt werden.

Eine ganz wesentliche Aufgabe des Vaters besteht darin, dem Kleinkind während der Wiederannäherungsphase beizustehen und ihm bei der Lösung der sich hier manifestierenden Konflikte zu helfen. Als weniger „kontaminiertes“ Objekt kann er zwischen Mutter und Kleinkind vermitteln, in Zeiten psychischer Anspannung für zusätzliches Möglichkeiten des emotionalen „Auftankens“ sorgen und sich als weitere Identifikationsfigur zur Verfügung stellen. Die ersten Anzeichen einer Identifizierung mit väterlichen Verhaltensweisen sind um den 18. Lebensmonat zu beobachten (Mahler et al. 1978). Mit fortschreitender Entwicklung kommt es dann zu selektiven Identifikationen sowohl mit mütterlichen als auch väterlichen Verhaltensweisen.

Erst seit jüngster Zeit liegen empirische Beobachtungsdaten zur Vater-Kind-Interaktion (z. B. Gunsberg 1982) als auch zu den Auswirkungen väterlicher Abwesenheit vor (z. B. Neubauer 1960; Herzog & Saudia 1973; Herzog 1980; Wallerstein & Kelly 1980; Burgner 1985; Wallerstein & Blakeslee 1989). Pruett (1984, 1985, 1987) untersuchte intakte Familien, in denen die Mütter berufstätig und die Väter als primären Bezugspersonen fungierten: In streßreichen Situationen wandten sich die Kinder als erstes an ihre Väter, was für deren Position als „zentrale Objektrepräsentanz" innerhalb der Familie sprach (Mahler 1961, S. 334). Obwohl die primäre Bezugsperson männlich war, schienen die beobachteten Kinder keine Schwierigkeiten in der Entwicklung ihrer Geschlechtsidentität oder Geschlechtsrolle zu haben. Weder kam es zu untypischen Manifestationen ödipaler Verstrickung, noch zeigten sich besondere psychopathologischen Phänomene. In seiner Diskussion des sozialen Wandels von Familienmustern beschreibt Lamb (1981, 1984) die zahlreichen Möglichkeiten, traditionelle Beziehungskonstellationen zwischen Eltern und ihren Kindern zu verändern; was deren intrapsychische Folgen angeht, so stehen wir erst am Anfang ihrer Erforschung.

Triadische Objektbeziehungen

Bislang galten unsere Ausführungen der Beschreibung dyadischer Objektbeziehungen. Da psychoanalytische Forscher seit kurzem ihr Augenmerk verstärkt auf das frühe Beziehungsgeschehen zwischen Vater und Säugling richten, wurde uns die Fähigkeit des Säuglings, sich auf unterschiedliche Art und Weise auf mehrere Personen gleichzeitig zu beziehen, deutlicher vor Augen geführt. Mit Erreichen der infantil-genitalen Phase, die dem Kind die Auseinandersetzung mit seinen genitalen Strebungen abverlangt, nimmt die Komplexität kindlicher Objektbeziehungen jedoch zu.

Während der frühen infantil-genitalen Phase bleiben die Objektbeziehungen dyadisch und im Zentrum des kindlichen Objektbeziehungsgeschehen stehen narzißtische und geschlechtsbezogene „Fragen". Das Kind idealisiert den gleichgeschlechtlichen Elternteil und sucht zu diesem eine enge und liebevolle Bindung aufzubauen; diese erleichtert im Idealfall jene Identifikationsprozesse, in dessen Verlauf es zur Ausbildung eines Gefühls für die eigene Männlichkeit oder Weiblichkeit kommt. Das Kind möchte nun mit jedem der beiden Elternteile eine exklusive Beziehung eingehen, um so - im Zentrum der Aufmerksamkeit stehend - für seine auftauchenden männlichen oder weiblichen Attribute gelobt und bewundert zu werden. Das Rivalisieren und Sich-Messen mit dem einen oder anderen Elternteil oder Familienmitglied steht im Dienste dieses Verlangens, die gewünschte Position und Bewunderung zu erlangen.

Die Entwicklung der Geschlechtsidentität schließt die Ausbildung der Geschlechtsrollenidentität mit ein, die für gewöhnlich den Wunsch entstehen läßt, in Beziehung zum gegengeschlechtlichen Elternteil eine andere Rolle einzunehmen; in Verbindung mit den Triebregungen der infantil-genitalen Phase führt dieser Schritt in der Regel zu einer Veränderung im kindlichen Objektbeziehungsgeschehen. Aus der dyadischen Bezogenheit bewegt sich das Kind nun - sobald der Ödipuskomplex seine Wirkmächtigkeit entfaltet - in Richtung triadischer Objekbezogenheit. (Eine eingehende Beschreibung der ödipalen Dynamik erfolgt in Teil VII.) Im Hinblick auf das entsprechende Objektbeziehungsgeschehen sind es vor allem drei Aspekte der ödipalen Phase, die es zu diskutieren gilt: die Triangulierung der Objektbeziehungen, ihre Auswirkungen auf intrapsychische Strukturbildungsprozesse sowie der Einfluß auf das narzißtische Gleichgewicht.

Das Erreichen eines triadischen Objektbeziehungsniveaus im Rahmen des Ödipuskomplexes impliziert eine Veränderung der Phantasietätigkeit des Kindes; aus dem Verlangen nach Exklusivität in der Beziehung zu dem einen oder anderen Elternteil und dem Wunsch, im Zentrum der alleinigen Aufmerksamkeit zu stehen, entwickelt das Kind die Phantasie, Rolle und Position des einen Elternteils einzunehmen und ihn somit zu ersetzen. Loyalitätskonflikte, libidinöse Wünsche und Bestrafungsängste ändern sich ihrem Wesen nach, je stärker ödipale Strebungen die kindliche Phantasie bevölkern. Frühere Konflikte - z. B. zwischen dem Wunsch zu rivalisieren und dem Wunsch nach Identifizierung, oder zwischen libidinösen Wünschen und ihren Verboten - nehmen an Heftigkeit zu und tragen beide zur psychischen Anspannung des Kindes bei. Kastrationsängste, Angst vor körperlicher Beschädigung sowie die Angst, die Liebe der Eltern zu verlieren, nehmen als Reaktion auf kindliche Wunschphantasien zu und zwingen das Kind, nach Lösungen für diese vielfältigen Konflikte zu suchen. Ein Beispiel:

Die starken Rivalisierungstendenzen einer Fünfjährigen mit ihrer Mutter finden ihren dramaturgischen Niederschlag in der Inszenierung von Schönheitswettbewerben zwischen Barbie und Skipper (dem adoleszenten Äquivalent zu Barbie). Barbies Gefährten Ken wird die Rolle des Jury-Vorsitzenden übertragen. Obwohl sie fürchtet, Barbies Gefühle zu verletzen, will Skipper den Wettbewerb gewinnen, da ihr als Preisgeld eine Verabredung mit Ken winkt. Voller Stolz läßt sie verlauten, daß sie „Papas Liebling" sei; gleichzeitig wünscht sie sich Brüste, die ebenso groß sind wie die von Barbie oder die ihrer Mutter. Sie ist zwar Vaters Prinzessin, Königin bleibt jedoch Mutter. Dies ruft bei ihr ein Gefühl der Unzulänglichkeit, des Neides und der Eifersucht ihrer Mutter gegenüber hervor. Als sie sich bei einem gemeinsamen Einkaufsbummel mit der Mutter ein Kleid aussuchen darf, erschüttern Schuldgefühle ihr Selbstvertrauen ebenso wie ihre Lust an der eigenen Weiblichkeit und ihre Freude am Zusammensein mit der Mutter.

Ein weiteres Beispiel: Im Spiel des Fünfjährigen sind Popeye und Olivia damit beschäftigt, ein Haus zu bauen. Popeye ist stark und liebt Olivia, allerdings muß er Diebe fürchten, die ebenfalls an Olivia interessiert sind und sie heiraten wollen. Popeye erwischt sie auf frischer Tat, als sie gerade dabei sind, Olivia zu stehlen; er wirft sie ins Gefängnis, wo ihnen der Kopf abgeschlagen wird. Ein paar Tage später spielt er Superman und Wonderwoman; beide heiraten und schon bald kommt der gemeinsame Sohn Superboy auf die Welt. Superboy wird groß, heiratet nunmehr Wonderwoman und beide bekommen sie ihren Sohn Spidy. Ganz damit beschäftigt, sich vor wachsender Erregung und dem damit verbundenen ödipalen Konflikt zu schützen, befiehlt der Fünfjährige plötzlich „Nein! Keine Mädchen! Ich kann nämlich den Busen von Superwoman sehen! Die Väter wollen mit ihren Söhnen zusammensein!" Sein Spiel verlagert sich dann auf die Abenteuer, die Superman und Superboy gemeinsam zu bestehen haben.

Wie diese beiden kurzen Vignetten veranschaulichen, bezieht sich das Konzept triadischer Objektbeziehungen auf die Beschreibung jener Konflikthaftigkeit, wie sie dem ödipalen, von Rivalität geprägten, Beziehungskontext innewohnt. Ödipale Verstrickung - mit all ihrer Liebe und genitalen Erregung für den einen Elternteil, gepaart mit Haß, Todeswünschen, Vergeltungsängsten und Rivalität, aber auch Liebe und Bewunderung gegenüber dem anderen Elternteil - weist auf das Erreichen eines vollständigen triadischen Objektbeziehungsniveaus hin. Gleichzeitig markiert sie die höchst mögliche Stufe libidinöser Organisation und Objektbeziehungen, die dem jungen Kind zur Verfügung stehen (vgl. Lebovici 1982). Die Triangularität ödipaler Objektbezogenheit und Konflikte fördert die intrapsychische Strukturbildung, erschüttert jedoch auch das narzißtische Gleichgewicht des Kindes.

Obgleich mit der Internalisierung elterlicher Verbote und Regeln präödipale Entwicklungskonflikte zu neurotischen Konflikten werden können, ermöglicht die dem ödipalen Beziehungsnetz inhärente Rivalität die Entstehung infantiler Neurosen, in dessen Verlauf sich das Kind mit den Direktiven und moralischen Normen der Eltern identifiziert, was die Überich-Entwicklung entsprechend beeinflußt. Die innere Repräsentanzenwelt des Kindes wird somit nicht nur von bestrafenden und wohlwollenden Elternrepräsentanzen bevölkert (deren Wahrnehmung durch die Projektionen des Kindes mitunter verzerrt wird) - die Identifizierung mit diesen Repräsentanzen sorgt außerdem dafür, daß die ödipalen Rivalitätsstrebungen des Kindes zunehmend konflikthaft besetzt sind. Der psychische Schmerz, den die infantile Neurose verursacht, liefert so den Impuls, nach einer „Lösung" für die ödipalen Konflikte zu suchen. Konsolidierung und Stärkung der Ich-Funktionen werden durch Idealisierungen und Identifizierungen mit verschiedenen Aspekten des gleichgeschlechtlichen Elternteils erreicht. Die größere Ich-Stärke, die aus der Konsolidierung des Überichs resultiert, erleichtert dann die ödipale „Lösung": Verzicht auf die unmittelbare Befriedigung sexueller Strebungen sowie auf den Wunsch, die Position des (in der Regel) gleichgeschlechtlichen Elternteils einzunehmen. Mit der Auflösung des Ödipuskomplexes ist das Kind zunehmend in der Lage, sich selbst zu führen, zu schützen, zu korrigieren und zu bestrafen. Ideale und Normen der Eltern, bzw. deren Internalisierungen, erfährt es nun als seine eigenen.

Auch wenn die Bekundungen und Manifestationen ödipaler Liebe für den Erwachsenen nicht immer sichtbar sein mögen, so ist doch die narzißtische Kränkbarkeit des Kindes während der ödipalen Phase immens. Das optimale Gleichgewicht zwischen narzißtischer Beschämung und entwicklungsbedingt angemessener narzißtischer Bestätigung liegt irgendwo zwischen vollständiger ödipaler Niederlage und vollständigem ödipalen Sieg. Selbst die liebevollsten Eltern müssen ihr Kind enttäuschen, da seine Wünsche die realen Möglichkeiten bei weitem übersteigen. Früher oder später - nicht zuletzt, um seinen Selbstwert zu schützen - muß das Kind die Realität der Beziehungen zu seinen Eltern sowie seine sexuelle Unreife akzeptieren.

Jene Kinder, die mit einem Gefühl der Kompetenz und Selbstachtung in die ödipale Phase eintreten - Voraussetzung dafür ist ein entsprechender affektiver Austausch mit den Eltern -, diese Kinder werden sich durch die unvermeidliche ödipale Enttäuschung nicht am Boden zerstört fühlen. Ihre Fähigkeit, auf die Erfüllung inzestuöser Wünsche zu verzichten, hilft ihnen zu warten und die Vorstellung zu akzeptieren, daß eine Befriedigung sexueller Strebungen in der Zukunft möglich ist. Darüber hinaus sorgen die fortschreitenden Identifizierungen mit dem idealisierten gleichgeschlechtlichen Elternteil für eine Stärkung des kindlichen Selbstwertgefühls.

Soweit es also die Fähigkeiten des Kindes und die Umwelt erlauben, kann das narzißtische Gleichgewicht durch Triebsublimierung sowie durch die Möglichkeit, Ersatz für die elterlichen Liebesobjekte zu finden, aufrechterhalten werden. Unterstützt wird dieser Prozeß durch die Zunahme innerer Verbote, durch die wachsende Fähigkeit zur affektiven Selbstregulierung mit Hilfe eines immer größer werdenden Repertoires an Abwehrstrategien, sowie durch die damit einhergehende Verdrängung ödipaler Sexualität. Wachsende intellektuelle Fähigkeiten ermöglichen es dem Kind außerdem, Befriedigung in sublimatorischen Tätigkeiten zu finden und so mit Lust und Stolz seine kognitiven und körperlichen Aktivitäten zu erleben. Die Ausdehnung des sozialen Radius bietet - neben einem größeren Beziehungsangebot - zusätzliche Möglichkeiten der Verschiebung und Ersatzbefriedigung. Zusammenfassend können wir festhalten, daß die ödipale Niederlage, wenngleich schmerzhaft, in der Regel nicht traumatisierend wirkt, sondern den Entwicklungsprozeß des Kindes fördert, um so mehr als reifungsbedingte Einflußfaktoren die Latenzzeit ankündigen.

Objektbeziehungen in der Latenz

Das Aufgeben bewußter Anstrengungen, eine inzestuöse Beziehung zu dem einen oder anderen Elternteil aufzubauen, veranlaßt das Kind, den Umgang mit den Eltern einer Veränderung zu unterziehen. Seine Beziehung zu den Eltern kann in dieser Zeit sehr liebevoll sein, auch wenn auf Seiten des Kindes verdrängte Wünsche und Konflikte, elterliche Repräsentanzen aus früheren Entwicklungsphasen der Objektbeziehungen und ein neuerlich sehr mächtiges Überich das Interaktionsgeschehen beeinflussen. Das Kind gewinnt erkennbar an Unabhängigkeit, insbesondere, wenn es um Fragen von „richtig“ und „falsch“ geht, was darauf zurückzuführen ist, daß das Überich zunehmend als innere Instanz erlebt wird. Intrapsychische Kräfte wie diese werden zu zentralen und dauerhaften unbewußten Bestandteilen der jungen Objektbeziehungswelt und beeinflussen ganz wesentlich Verhalten und Beziehungsgeschehen des Kindes.

„Familienroman“-Phantasien (Freud 1908) sind ein typisches Phänomen der frühen Latenz. Sie haben ihren Ursprung in der massiven Enttäuschung ödipaler Liebe und dienen als Abwehr gegen Inzestphantasien; sie erleichtern so die Bemühungen des Kindes, sich innerlich von seinen Eltern zu distanzieren. Die narzißtische Kränkung und Enttäuschung, ausgelöst durch die Tatsache, daß sich die Eltern als Liebesobjekte einander vorziehen, wird mit Hilfe von Familienroman-Inszenierungen verarbeitet. Das Kind phantasiert sich als adoptiertes Kind oder Stiefkind aristokratischer oder übernatürlicher Herkunft, dessen Verbleib in der Alltagsfamilie nur solange notwendig ist, bis bessere Zeiten kommen oder sich bessere Gelegenheiten bieten. Familienroman-Phantasien leugnen die ödipale Enttäuschung und Desillusionierung, die das Kind erkennen lassen, daß Mutter und Vater weder perfekt noch allmächtig sind, wie es gedacht hatte. Die phasengerechte Desillusionierung der wichtigsten kindlichen Liebesobjekte - nach Winnicott (1953) eine kontinuierlich zu bewältigende Entwicklungsaufgabe - wird durch die Phantasie „wahrer“ Eltern und ihrer Grandiosität aufgefangen. Ähnliche Funktionen werden der „Zwillingsphantasie“ (Burlingham 1952), der kindlichen Vorstellung eines imaginären Begleiters, ob Mensch oder Tier, (Nagera 1969; Myers 1976, 1979), und dem kindlichen Interesse an Helden aus Comics oder Zeichentrickfilmen zugeschrieben (Widzer 1977). Je weiter die Latenz voranschreitet, desto differenzierter werden viele dieser Phantasien.

Das ältere Kind verschiebt seine Phantasietätigkeit zunehmend auf die Beschäftigung mit der äußeren Objektwelt. Ein bedeutsamer Aspekt dieser Verlagerung zeigt sich in den sozialen Beziehungen, die nun, während der späten Latenz immer mehr an Bedeutung gewinnen. „Die Welt des Spiels erfüllt das Kind mit neuen Hoffnungen, neuen Enttäuschungen, aber auch neuen Befriedigungsmöglichkeiten“ (Peller 1954, S. 191); das Kind beginne nun, sich neben Eltern und Lehrern auch mit Gleichaltrigen zu identifizieren.

Gleichgeschlechtliche Peer-Groups unterstützen das ältere Kind bei der Konsolidierung seiner Geschlechtsidentität, die Verschiebung ödipaler objektbezogener Konflikte und die Distanzierung von den ödipalen Liebesobjekten werden durch die Interaktion mit Gleichaltrigen gefördert. Buxbaum, der sich um ein intrapsychisches Verständnis der beiden zentralen Entwicklungsphasen von Gruppenbildungen während der Kindheit - jeweils zu Beginn der Latenzzeit und der Adoleszenz - bemüht, zieht folgenden Schluß: „während das junge Kind in der Gruppe Unterstützung für seine neugewonnene physische Unabhängigkeit von der Mutter findet, erfährt der Adoleszente Unterstützung für seine moralische Unabhängigkeit von zu Hause“ (1945, S. 363). Buxbaum sieht das Kind der frühen Latenzzeit mit der Bereitschaft ausgestattet, neue Beziehungen zu knüpfen, um neue Quellen libidinöser Befriedigung zu finden. Gruppenaktivitäten - Peller (1956) zählt dazu auch die Schule - werden diesem Bedürfnis in Form von Verschiebung und Sublimierung gerecht. Darüber hinaus erlaubt die Gruppe ein „Aufweichen“ bestehender Überich-Maßgaben. William Golding hat dies in seinem Roman *Herr der Fliegen* (1963) eindrücklich beschrieben. Eine gesellschaftlich akzeptierte Form von Gruppenbildung während der Latenzzeit sind Team-Sportarten, bei denen oft peinlich genau darauf geachtet wird, wer in welcher Mannschaft oder Liga spielt.

Objektbeziehungen in der Adoleszenz

Blos (1967) beschreibt die Hauptaufgaben adoleszenten Objektbeziehungsgeschehens als einen Prozeß der „zweiten Individuation„der zwei miteinander verschränkte Entwicklungsstränge umfaßt: Die Trennung von den Eltern und der Verzicht auf die Eltern als primäre Liebesobjekte, was den Adoleszenten zur Suche nach Ersatz außerhalb der Familie ansporn (Katan (1951) spricht hier von *Ablösung* (disengagement) und *„Objekt-Abzug“* (object removal). Das „Aufgeben“ erfordert auch den

Verzicht auf die Eltern (der Vergangenheit und der Gegenwart) in ihrer Funktion als Autoritätsfiguren. Trotz der Verschränkung beider Entwicklungsprozesse sollen beide getrennt voneinander diskutiert werden, wobei wir auf den zweiten im Zusammenhang mit der Überich-Entwicklung näher eingehen werden.

Ein ganz wesentlicher Aspekt des zweiten Individuationsprozesses ist die Entidealisierung der elterlichen Objektrepräsentanzen, die während der frühen Kindheit gebildet worden waren. Die Ich-Zentriertheit (früh-)kindlicher Denkprozesse sorgte dafür, daß die Eltern - aufgrund der zentralen Stellung, die sie im Leben des Kindes einnahmen - idealisiert und mit Allmacht ausgestattet wurden. Wenn auch während der Adoleszenz an diesem Idealbild infantiler Objektrepräsentanzen hartnäckig festgehalten wird, so halten Jugendliche nicht mit Kritik an ihren Eltern zurück, die nun als unzureichend, enttäuschend und ungerecht erlebt werden. Die daraus resultierende Auseinandersetzung läßt im Jugendlichen ein Gefühl des Verlusts innerer Sicherheit und der Leere entstehen, begleitet von schmerzlicher Entfremdung und Objekthunger.

Die Hinwendung zu Angehörigen der Peer-Group entspringt dem Bedürfnis nach Beziehungen, die Triebbefriedigung ermöglichen, das Gefühl der Leere lindern helfen und Selbstbestätigung auf dem Weg zu immer größerer psychischer Autonomie garantieren. In seinem Bemühen, innere Konflikte zu lösen, die an frühkindliche Objektbindungen geknüpft sind, erfährt der Adoleszente seitens seiner Peer-Group Unterstützung, die nicht wertend ist. Der Umgang miteinander hat „übenden“ Charakter, da intime Beziehungen, die zu jener Zeit geknüpft werden, keine dauerhafte Verpflichtung bedeuten; der Adoleszente kann mit sich und anderen - im zunehmenden Gefühl der Unabhängigkeit - experimentieren. Diese Unabhängigkeit behält „Als-Ob“-Qualität, solange die Idealisierung der Eltern aufrechterhalten wird. Die Beziehung zur Peer-Group wiederum kann dann einer Veränderungen unterworfen werden, wenn zwei Mitglieder der Gruppe sich verlieben und zu einem Paar werden, das die gemeinsame Beziehung aufrecht erhält, indem es einen Teil seiner Aggression auf die Gruppe verschiebt (Kernberg 1980b, S. 33).

In einer Art zweiter Wiederannäherung versucht der Jugendliche, seine Bindungen an die frühkindlichen Liebesobjekte zu lösen. Die regressive Wiederbelebung infantiler Objektbeziehungen - im Dienste progressiver Entwicklungsziele - kann heftigste ambivalente Empfindungen nach sich ziehen, deren Intensität an jene der (eigentlichen) Wiederannäherungsphase erinnert. Blos (1967) weist darauf hin, daß diese Wiederbelebung der Ambivalenz im Jugendlichen eine wahre Flut an widersprüchlichen Affekten, Impulsen, Gedanken und Verhaltensweisen entstehen läßt. Schwankungen zwischen den beiden Extremen Liebe und Haß, Aktivität und Passivität, Weiblichkeit und Männlichkeit, Faszination und Desinteresse sowie regressive Abhängigkeitswünsche einerseits und Streben nach Unabhängigkeit andererseits sind altersangemessen. Somit wird verständlich, daß die typische negativistische Haltung Adoleszenter nicht nur als Ausdruck von Feindseligkeit zu lesen ist, sondern gleichzeitig ein notwendiges Mittel darstellt, das Ich vor „passiver Unterwerfung“ zu schützen (A. Freud 1958). Für den Individuationsprozeß bedeutet dies einen wichtigen Entwicklungsschritt nach vorn.

Die Eltern des fünfzehnjährigen Gene machten sich Sorgen angesichts des offensichtlichen Interesse ihres Sohnes an Drogen, seiner Mißachtung ihrer Autorität und seiner zunehmend schlechten schulischen Leistungen trotz seiner hohen Intelligenz. Ein von den Eltern organisiertes Beratungsgespräch hatte zur Folge, daß Gene von zu Hause weglief und für mehrere Tage verschwunden blieb. Sein Vater fand ihn schließlich schlafend auf einem Baum hinter dem Haus. Zur Überraschung seiner Eltern begleitete er sie zum zweiten, neuerlich anberaumten Beratungsstermin. Es folgten mehrere Sitzungen, zu denen er eigenständig kam, und im Laufe der analytischen Arbeit konnte herausgearbeitet werden, daß er derjenige sein wollte, der entschied, wann er kommen wolle und aus welchen Gründen. Seinen Eltern hatte er nichts von seinen immer schlimmer werdenden Alpträumen und seinen Angstanfällen erzählt. Obwohl er eigentlich das Gefühl habe, allein mit diesen Problemen fertig werden zu müssen, wolle er nun doch Hilfe in Anspruch nehmen.

Das Gefühl der eigenen Unzulänglichkeit führt dazu, daß der Adoleszente sein ideales Selbstbild einer Überprüfung unterzieht. Die Folge ist ein oftmals schmerzvoller innerpsychischer Kampf zwischen dem Rivalisieren mit einer idealisierten Elternimago einerseits und dem unzureichenden Selbstbild andererseits, der den Prozeß der Entidealisierung charakterisiert.

Ein 17-jähriger beschreibt seine Empfindungen während einer Aufsatzprüfung: „Am Anfang flogen mit die Worte nur so zu, aber dann kam Dad (ein College Professor, d. A.) herein. Er schreibt so toll! Ich wurde dann immer wütender. Ich hasse ihn! Der Aufsatz war furchtbar - Ich konnte ihn einfach nicht zu Ende schreiben!“

Blos schreibt hierzu, „Ich möchte behaupten, daß der Prozeß der Entidealisierung von Objekt und Selbst den quälendsten und schmerzlichsten Einzelaspekt des Erwachsenwerdens darstellt“ (1979, S. 486).

Je mehr es dem Adoleszenten gelingt, die omnipotenten, idealisierten Objektrepräsentanzen seiner Kindheit von seinen gegenwärtigen Eltern zu differenzieren, um so eher wird er in der Lage sein, „freundlich-respektvolle“ Beziehungen zu ihnen aufzubauen und sich trotzdem unabhängig von ihnen zu fühlen. Frühe Identifikationen mit den Eltern, die die Basis seines Überichs bilden, verlieren so an Macht und Bedeutung; dies eröffnet die Möglichkeit einer selektiven Identifizierung mit den Eltern und die Angleichung des Ideal-Selbst an die Realität. Diese Idealisierungen sind jedoch stärker an das Ich als an das Überich geknüpft. „Zur Zeit, da der Ödipuskomplex dem Überich den Platz räumt, sind sie etwas ganz Großartiges, später büßen sie sehr viel ein. Es kommen dann auch Identifizierungen mit diesen späteren Eltern zustande, sie liefern sogar regelmäßig wichtige Beiträge zur Charakterbildung, aber sie betreffen dann nur das Ich, beeinflussen nicht mehr das Überich, das durch die frühesten Elternimagines besimmt worden ist“ (Freud 1933, S. 503).

Die Bedeutsamkeit des zweiten Individuationsprozesses während der Adoleszenz wird häufig unterschätzt. Die Klagen Erwachsener über uneinfühlsame Eltern in der Kindheit sind häufig Ausdruck ihrer Unfähigkeit, die Objekte ihrer Kindheit zu entidealisieren und sich so endgültig innerlich von ihnen zu lösen. Hat die innere Trennung dann doch stattgefunden - ob auf „normalem“ Wege oder mit Hilfe einer Psychotherapie - so nimmt das Bild der Eltern realistischere Züge an und ihren Unzulänglichkeiten wird mit mehr Wohlwollen begegnet.

Dieser Ablösungsprozeß kann bis ins frühe Erwachsenenalter andauern. Im günstigsten Fall lindert sein allmählicher Verlauf das schmerzliche Gefühl der Ambivalenz präödipaler und ödipaler Objektbindungen und schafft zunehmend Raum für eine reifere und für beide Seiten befriedigendere Beziehung zu den Eltern. Gleichzeitig werden neue und stabilere Liebesbeziehungen außerhalb der Familie eingegangen und die wachsende Fähigkeit zu reifer Liebe und Intimität führt dazu, daß tiefe Gefühle mit Freunden und Liebespartnern geteilt werden können. Im Idealfall schaffen wir mit unseren Liebesbeziehungen einen Raum, in dem Autonomie und Gegenseitigkeit ebenso wie sexuelle Erfüllung erlebt werden können (Erikson 1966; Kernberg 1974a, 1974b, 1977, 1980b, 1980c; Person 1990). Wenngleich auch andere Einflußfaktoren eine Rolle spielen, so ist das Ende der Adoleszenz doch zu einem großen Teil davon abhängig, inwieweit es dem Einzelnen gelingt, seine (an Objektbeziehungen gebundenen) Konflikte, Inkompatibilitäten und Bindungen mit den Ansprüchen der Realität zu versöhnen, sie zu integrieren und somit gewissermaßen zum „Abschluß" zu bringen (Blos 1976).

Zusammenfassung

Entwicklung und Verlauf menschlicher Objektbeziehungen sind reich und vielfältig, wenngleich zuweilen schmerzlich. Die frühesten Stadien dieses Entwicklungsprozesses entziehen sich unserer genauen Kenntnis nach wie vor, denn trotz großer Anstrengungen der Säuglings- und Kleinkindforscher sind wir in unseren Betrachtungen des Seelenlebens des Säuglings auf Mutmaßungen angewiesen. Unter Rückgriff auf entwicklungspsychologische Forschungsergebnisse haben wir die erste Phase der Entwicklung der Objektbeziehungen als *„primäre Reziprozität"* bezeichnet und die *„Anfänge des Dialogs"* als zweiten Entwicklungsabschnitt vorgestellt. In Anlehnung an Margaret Mahler folgte die Beschreibung der einzelnen Subphasen des *Loslösungs-Individuationsprozesses*, was das ödipale triadische Objektbeziehungsgeschehen ebenso miteinschließt wie die dadurch gegebenen Implikationen für die Entwicklung des Ichs und Überichs. Im letzten Teil des Kapitels wurde schließlich auf das Schicksal individueller Objektbeziehungen während der Latenzzeit und der Adoleszenz eingegangen, das bedeutsame Modifizierungen und Revisionen für das Erwachsenwerden vorsieht.

Kapitel 7

Die Entwicklung des Selbstempfindens

Der reziproke Austausch mit Anderen beginnt mit dem Zeitpunkt der Geburt und führt zum Aufbau und zur Modifizierung intrapsychischer Strukturen. Aus dem gleichen Interaktionsgeschehen erwächst das subjektive Selbstempfinden des Säuglings. Im vorliegenden Kapitel soll nun näher auf die einzelnen Stufen eingegangen werden, die den Entstehungsprozeß dieses subjektiven Selbstempfindens kennzeichnen.

Historischer Hintergrund

Konzepte des Selbst, der Selbstrepräsentanz und des Selbst als Struktur, sowie Überlegungen, wie diese mit den einzelnen Instanzen des Strukturmodells (Es, Ich, Überich) in Beziehung stehen, werden zunehmend zum Thema psychoanalytischer Auseinandersetzung. Kohuts (1973, 1979) selbstpsychologische Konzeptualisierung menschlicher Entwicklung betrachtet das Selbst als Struktur, das die Instanzen Es, Ich und Überich umfaßt und ihnen übergeordnet ist. Ähnlich argumentiert Stern (1992), wenn er fordert, die entwicklungspsychologische Erforschung der verschiedenen Modi subjektiven Selbstempfindens - losgelöst von der Erforschung der Ich-Entwicklung - solle zu einem zentralen Anliegen der Psychoanalyse werden. Seiner Auffassung zufolge konstituiert das Selbstempfinden das primäre Organisationsprinzip psychischen Erlebens.

Die Forderung nach einer eigenen Theorie der Selbst-Entwicklung wird allerdings von manchen Autoren als überflüssig zurückgewiesen, da die Entwicklung des Selbstempfindens integraler Bestandteil des Separations-Individuationsprozesses sei und hinreichend im Rahmen objektbeziehungstheoretischer Entwürfe konzeptualisiert sei (vgl. Loewald 1973; Mahler & McDevitt 1980; McDevitt & Mahler 1980). Daran anknüpfend argumentieren wieder andere Autoren, daß sowohl das erfahrungsbedingte (experiential) subjektive Selbstempfinden als auch eine nicht-erfahrungskorrelierte (nonexperiential) organisierende psychische Struktur im Konzept des Ichs enthalten seien und daß die zunehmende Integration des Selbstempfindens mit der Ich-Entwicklung einhergehe (Spruiell 1981; P. Tyson 1988).

Historisch gesehen hat diese Auseinandersetzung ihren Ursprung im Bemühen, das Phänomen des Narzißmus auf der Matrix strukturtheoretischer Überlegungen zu verstehen (Hartmann 1972). Den Ausschlag hierzu gab die klinische Arbeit mit Patienten, deren Störungsbilder mittlerweile unter der Bezeichnung 'schwere narzißtische Persönlichkeitsstörung' und 'Borderline Persönlichkeitsstörung' Eingang in die Literatur gefunden haben. Über seinen inhaltlich sehr dichten Aufsatz *Zur Einführung des Narzißmus* (1914) äußerte sich Freud in einem Brief an Karl Abraham im nachhinein ausgesprochen unzufrieden: „Er gefällt mir natürlich nicht besonders, aber ich kann jetzt nichts anderes geben" (H. C. Abraham & E. L. Freud 1965, S. 163). Und weiter: „Ich habe da ein sehr starkes Gefühl arger Unzulänglichkeit" (S. 166). Die Unzufriedenheit Freuds scheint damit zusammenzuhängen, daß er den Begriff auf zwei Abstraktionsebenen verwendet: Eine metapsychologische Ebene, auf der von der energetischen Besetzung des Selbst ausgegangen wird, und eine erfahrungsnähere Ebene, auf der sich bestimmte psychische Phänomene und Verhaltensweisen manifestieren. Pulver weist darauf hin, daß die Tragweite des psychoanalytischen Narzißmuskonzepts darin bestand, eine Reihe spezifischer Phänomene - sexuelle Perversionen als primäre Quelle sexueller Befriedigung, bestimmte Entwicklungsstufen, einen bestimmten Typus der Objektwahl („was man selbst ist, was man selbst war, was man selbst sein möchte"), einen bestimmten Modus, sich auf die Umwelt zu beziehen, bestimmte Aspekte des Selbstwerts - mit etwas Allgemeinerem, nämlich der Selbstliebe, zu verbinden. Mit anderen Worten, „die sinnliche Liebe für das eigene Selbst war die Triebfeder bestimmter Verhaltensweisen, die nicht offen als sinnlich zu interpretieren waren" (1970, S. 321).

In seinem zweiten topischen Modell (vgl. Kapitel 5) bezieht sich Freud mit seiner Umschreibung des *Ichs* auf die gesamte Person - im Sinne des erfahrungsbedingten Selbstempfindens - und nicht aussschließlich auf eine intrapsychische Struktur, wie später angenommen. Sein Bemühen, narzißtische Störungsbilder auf der Matrix des Strukturmodells zu verstehen, veranlaßte Hartmann (1950), zwischen Ich und Selbst zu unterscheiden und so eine Verbindung zwischen narzißmustheoretischen Überlegungen und dem zeitgenössischem psychoanalytischen Interesse am Konzept des Selbst herzustellen. Er wollte die narzißtische Besetzung des Ichs, von der Freud ausgegangen war, als Besetzung des (erfahrungsbedingten) Selbst verstanden wissen, und nicht als Besetzung des (nicht-erfahrungskorrelierten) Ichs als intrapsychischer Struktur. Diese Unterscheidung hatte zur Folge, daß sich die Aufmerksamkeit vom Ich (als Instanz des Strukturmodells) zum Selbst*empfinden* und schließlich zur Selbst*struktur* verschob.

Trotz semantischer und konzeptueller Schwierigkeiten bleibt die Diskussion über das Wesen des erfahrungsbedingten Selbstempfindens ein zentrales Anliegen psychoanalytischer Theoriebildung. Im Laufe der Geschichte der Psychoanalyse wurden unterschiedliche Selbstkonzepte vorgestellt, die vor allem in den sogenannten „Alternativen Schulen" eine Rolle spielen - dazu zählen die einzelnen Richtungen um Adler, Jung, Horney und Sullivan. Den Definitionen dieser unterschiedlichen

Autoren ist gemeinsam, daß sie das Selbst als „die subjektiven, kreativen, erfahrungsnahen Aspekte der Seele" betrachten (Ticho 1982). Gerade die Dimensionen der Subjektivität und Erfahrungsnähe haben das Interesse der Säuglingsbeobachtung und Kleinkindforschung auf sich gezogen.

Zentrale Elemente des Selbstempfindens

Man kann sich dem Problem des Selbstempfindens und seiner Entwicklung auf unterschiedlichen Wegen und mit Hilfe unterschiedlicher Konzeptualisierungen nähern. Lichtenberg etwa unterteilt die Entwicklung des Selbstempfindens in vier Phasen. Noch vor der Selbst-Differenzierung komme es zur Bildung sogenannter *„Erfahrungsinseln"*, die sich in einem zweiten Schritt in strukturiertere Gruppen von Selbstbildern zusammenschließen. Diese körpernahen Selbstbilder (Bilder des Selbst in Relation zu eindeutig getrennten Objekten) einerseits sowie Selbstbilder eigener Grandiosität werden in einem dritten Entwicklungsschritt zu einem kohäsiven Selbst integriert, das schließlich in der vierten und letzten Phase Organisation und Strukturierung des psychischen Lebens übernimmt und als entsprechende Funktionstätigkeit des Ichs sichtbar wird (1975). Stern postuliert vier aufeinanderfolgende Arten des Selbstempfindens mit einem jeweils dazugehörigen Bereich („domain") interpersoneller Bezogenheit zwischen Kind und primärer Bezugsperson (1992). Mahler und McDevitt zeichnen die Entwicklung des Identitätsgefühls und des Empfindens von Selbstkonstanz auf der Matrix der Mutter-Kind-Dyade und des Loslösungs-Individuationsprozesses nach (1980; McDevitt & Mahler 1980). Kohut wiederum konzentriert sich auf die Frage, wie Selbstobjekte - via umwandelnder Internalisierung - sich zu einem Kernselbst kristallisieren (1973, 1979). Auch Kernberg sieht das Selbst als Struktur; er beschreibt fünf Stufen der Entwicklung der Selbststruktur, die die phasenweise Integration von „guten" und „bösen" Selbst- und Objektrepräsentanzen umfaßt (1981).

Unserer Auffassung nach handelt es sich bei der Ausbildung eines über die Zeit andauernden integrierten und kohärenten Selbstempfindens des Säuglings um einen langen Entwicklungsprozeß, der auf organisierenden und integrierenden Ich-Funktionen basiert und diese gleichzeitig widerspiegelt. Im Zentrum unserer Aufmerksamkeit steht daher das erfahrungsnahe subjektive Selbstempfinden, nicht das Selbst als Struktur. Entsprechend zeichnen wir die Entwicklung des Selbstempfindens im Sinne einer allmählichen Integration unbewußter, vorbewußter und bewußter Selbst-Erfahrungen und daran geknüpfter Selbstrepräsentanzen nach. Die Unterteilung dieser Erfahrungen in *körpernahe Erfahrungen* (bodily experiences), *Erfahrungen des Selbst mit einem Anderen* (self-and-other experiences) und *affektive Erfahrungen* (affective experiences) erfolgt aus heuristischen Zwecken.

Körpernahe Erfahrungen sind zunächst an biologische Bedürfnisse und Zustandsregulierung gebunden. Aktivitäten wie Saugen und daran geknüpfte Empfindungen sowie an Hunger, Sättigung, Erregung, wache Aufmerksamkeit und Schlaf-Wach-Zyklen gebundene Sensationen bilden die erste Grundlage des Selbsterlebens.

Der Niederschlag der eigenen Körperwahrnehmung in intrapsychische Spuren geht mit der Entwicklung eines ersten primitiven Empfindens der Körpergrenzen einher; gleichzeitig entwickelt der Säugling eine größere Geschicklichkeit, seinen Körper zu manipulieren (z. B. Auge-Hand-Mund-Koordination, Sich Umdrehen, usw.). Freud war der Ansicht, daß die allmähliche Differenzierung der Körpergrenzen - über eine Synthese verschiedenster Körpererfahrungen - das Ergebnis früher Ich-Funktionen sei und auf ein frühes Stadium in der Entwicklung des Selbstempfindens hinweise; auf diesen Überlegungen basiert sein Konzept des Körper-Ichs.[13] Die Beschäftigung mit dem eigenen Körperbild bleibt das gesamte Leben über ein zentraler Aspekt des Selbsterlebens. Die Erfahrung von Krankheit, medizinischen oder chirurgischen Eingriffen, Körperwachstum und -veränderung wird zum Auslöser bewußter oder unbewußter Körperphantasien, die eine zentrale Rolle in der Psychopathogenese spielen können. Häufig ist das Selbstwerempfinden (zumindest teilweise) davon abhängig, inwieweit das wahrgenommene Köperbild dem gewünschten entspricht: „Der eigene Körper und vor allem die Oberfläche desselben ist ein Ort, von dem gleichzeitig äußere und innere Wahrnehmungen ausgehen können" (1923a, S. 294).

Auch *Selbst-Objekt-Erfahrungen* und *Erfahrungen der Selbst-Objekt-Differenzierung* bestimmen das subjektive Selbstempfinden. Bereits in seinen frühen Arbeiten betont Spitz, daß der Säugling nur im Rahmen einer auf Reziprozität basierenden Beziehung zur primären Bezugsperson existieren kann. Winnicotts Aphorismus „there is no such thing as a baby" (1983) ist Ausdruck dieser grundlegenden Annahme. Vor über dreißig Jahren ging Margaret Mahler in ihren Beobachtungsstudien als eine der ersten Forscherinnen der Frage nach, auf welche Art und Weise das reziproke Interaktionsgeschehen zwischen Säugling und primärer Bezugsperson die Entwicklung des Selbstempfindens beeinflußt. Ihr gesammeltes Datenmaterial wurde in der Folgezeit zu Konzepten verarbeitet wie das des „Ausschlüpfens" (Mahler & Gosliner 1955), des „mutual cueing-Dialogs" (d.h. eines auf gegenseitigen Hinweisreizen beruhenden Dialogs), des „emotionalen Auftankens" (Mahler et al. 1975), des „Social Referencing" und des „Wir"-Gefühls (Emde 1983), sowie der intersubjektiven Bezogenheit i.S. eines absichtlich angestrebten „Mitteilens von Erfahrungen über Ereignisse und Dinge" (Stern 1992, S. 184). All diese Konzepte schreiben dem affektiven Klima der Mutter-Kind-Reziprozität eine wesentliche Bedeutung für die Entwicklung des Selbstempfindens des Säuglings zu. Gerade die jüngsten Ergebnisse der Säuglingsforschung liefern eine detaillierte Beschreibung der beeindruckend differenzierten Präadaptivität des Säuglings, an menschlichen Interaktionen teilzunehmen. Körpernahe Erfahrungen werden demnach schon bald nach der Geburt eng an die Aktivitäten der primären Bezugsperson gebunden. Über den Körperkontakt lernt der Säugling rasch, daß Lust und Sicherheit in Interaktion

[13] Da sich Freud eindeutig auf einen bestimmten Teil des Selbstaspekts des Ichs bezieht - und nicht auf das Ich als intrapsychische Struktur - wäre „Körper-Selbst" womöglich eine bessere Übersetzung.

mit der Mutter erfahren werden. Der Aufbau von Selbst- und Objektrepräsentanzen sowie Interaktionsrepräsentanzen führt dazu, daß es über diese Erfahrungen (des Körperkontakts) zur allmählichen Stabilisierung von Körpergrenzen - d.h. ihrer psychischen Repräsentanzen - kommt. Die während des reziproken Austausches entstandenen Interaktionsmuster werden im interpersonellen Kontext das gesamte Leben hindurch immer wieder reaktiviert und tragen so zu einem Gefühl der Kontinuität während des gesamten individuellen Entwicklungsprozesses bei.

Affektiv bedeutsame Erfahrungen sind eine dritte wichtige Dimension des Selbstempfindens. Aus zunächst unspezifischen Lust- und Unlusterfahrungen entwickeln sich nach und nach eindeutig differenzierbare Emotionen. Affektäußerungen stehen im Zentrum sowohl des Interaktionsgeschehens als auch des Körpererlebens. Sie bestimmen die Pflege, die der Säugling seitens der Bezugsperson erfährt - wenn etwa sein Schreien der Mutter signalisiert, daß er ihre Aufmerksamkeit benötigt. Über lustvolle und unlustvolle Erfahrungen lernt der Säugling, seinen Körper wahrzunehmen und schließlich das Kommen und Gehen von Lust- und Unlustempfindungen zu kontrollieren. Auch positive Emotionen, z. B. Freude oder Interesse, entwickeln sich langsam aus dem interpersonellen Interaktionsgeschehen. Sie fördern die soziale Interaktion, das Explorationsverhalten sowie das Lernen und tragen zum Aufbau einer Repräsentanz idealen affektiven Wohlbefindens bei (Joffe & Sandler 1967). Dieser Idealzustand ist ursprünglich von der Anwesenheit des Objekts abhängig, das als ideal angesehen wird. Der Wunsch, diese ideale Beziehung aufrechzuerhalten, führt dazu, daß das Kind - je stärker es sich damit beschäftigt, was gutgeheißen wird und was nicht - bedeutsame innere Regeln und Normen internalisiert oder aufbaut.

Schließlich wird der affektive Idealzustand an einem inneren Ideal (dem Ichideal als Teil des Überichs) gemessen. Die Aufrechterhaltung des Selbstwerts wiederum ist abhängig von der Funktionstätigkeit des Überichs: Je stärker Selbst und inneres Ideal sich einander annähern, um so ausgeprägter ist das Selbstwertgefühl.

Vor allem Spruiell (1975) und Emde (1983, 1984) haben mit ihrer Beschreibung eines biologisch fundierten „affektiven Kerns“ (affective core) bzw. „affektiven Selbst“ (affective self) auf die Bedeutsamkeit affektiver Aspekte des Selbsterlebens hingewiesen. Der affektive Selbstkern sichert das Moment der Kontinuität in unserem Selbsterlebens über die Zeit und über die vielfältigen Veränderungen, die wir im Laufe unserer Entwicklung durchmachen. Er fördert das interpersonelle Interaktionsgeschehen, denn er „sichert unsere Fähigkeit, andere menschliche Wesen zu verstehen“ (Emde 1983, S. 180).

Die Entwicklung des Selbstempfindens

Früheste Anfänge

Die Frage, wie sich das Selbstempfinden des Säuglings und dessen intrapsychische Repräsentation sowie seine Wahrnehmung der ihn umgebenden Welt allmählich voneinander differenzieren, beschäftigt die Psychoanalyse seit langem. Hand-Mund-Koordination (Hoffer 1949, 1950a, 1950b), visuelle Wahrnehmung (Spitz 1957; Greenacre 1960), Veränderung innerer Spannungszustände (Freud 1930) und soziale Interaktion (Mahler et al. 1978; Emde 1983; Stern 1992) wurden als Erklärungsmomente herangezogen. Mittlerweile kann es als erwiesen angesehen werden, daß der Säugling über ein bemerkenswertes Ausmaß an präadaptivem Potential verfügt, das ihn dazu befähigt, in direkte Interaktion mit seiner Mutter zu treten; diese Interaktion schließt einen perzeptuellen, motorisch-affektiven Dialog mit ein. Bereits zum Zeitpunkt der Geburt können im Reaktionsverhalten des Säuglings Zeichen der Aufmerksamkeit sowie der Reizsuche aber auch die Fähigkeit zur Reizvermeidung eindeutig voneinander unterschieden werden.

Allerdings muß berücksichtigt werden, daß während der ersten Wochen der größte Teil der Mutter-Kind-Interaktion an physiologische (Sander 1962, 1964) bzw. homöostatische (Greenspan 1981) Regulierungsprozesse gebunden ist, in deren Verlauf ein allmählicher Übergang von endogener zu exogener Funktionstätigkeit im Säugling stattfindet (Emde & Robinson 1979). Ein Teilaspekt dieses Übergangs ist das „soziale Lächeln", das als Beleg für die Ausweitung psychischen Funktionierens gesehen werden kann. Größere individuelle Unterschiede werden nun sichtbar und verleihen dem Interaktionsgeschehen - nicht zuletzt in Abhängigkeit individuell-spezifischer Reaktionen der Mutter - eine zunehmend spezifische affektive Tönung. Die Interaktion zwischen (biologischer) „Ausstattung" und frühen Erfahrungen läßt somit nach wenigen Wochen einen „Basiskern" (basic core) grundlegender Verhaltenstendenzen im Mutter-Kind-Dialog entstehen (Weil 1976). Dieser versetzt jeden Säugling in die Lage, sich innerhalb eines großen Spektrums von Entwicklungsmöglichkeiten zu bewegen, die von harmonischem Gleichgewichts- bis hin zu Ungleichgewichtszuständen reichen. Der Basiskern stellt außerdem den Rahmen bereit, innerhalb dessen Triebregungen und aufkeimende Objektbeziehungen in Einklang miteinander gebracht werden.

Anfänge des Dialogs und Entwicklung des Kern-Selbst

Körpernahes und affektives Erleben sowie die Erfahrungen zwischen Selbst und Anderem finden während der ersten Lebensmonate zum größten Teil im Kontext des Mutter-Kind-Dialogs statt. Im Alter von zwei bis drei Monaten erweitert sich der Interaktionsradius, der bis dahin um Erfahrungen der Nahrungsaufnahme zentriert war. Das affektiv bedeutsame Interaktionsgeschehen erhält zunehmend spielerischen Charakter; neben visuellen Wahrnehmungserfahrungen umfaßt es auch taktiles und kinästhetisches Körpererleben und stellt so den Rahmen bereit, in dem der Säugling nun sowohl sein Empfinden für das eigene Selbst als auch für den Anderen - als getrennte und über die Zeit kontinuierliche Einheit - zu entwickeln beginnt. Ausgehend vom Basiskern der Mutter-Kind-Interaktion kommt es somit nach Stern (1992) zum Aufbau eines „Kern-Selbst“ (core self) und eines „Kern-Anderen“ (core other); Emde (1983), der die affektive Dimension des Interaktionsgeschehens hervorhebt, spricht hier von der Entwicklung eines „affektiven Kerns“.

Der Säugling wird zunehmend zum vollwertigen Interaktionspartner und übernimmt eine wichtige Rolle in der Regulierung des Erregungsniveaus. Stern (1974b; 1992) beschreibt, wie der Säugling mittels Blickvermeidung Reizeinwirkungen, die ein optimales Niveau übersteigen, aus seinem Wahrnehmungshorizont ausschließt, und wie er andererseits, im Falle nicht ausreichender Erregung, mit Hilfe von Mimik und Blickverhalten nach Stimulierung sucht. Call (1980) spricht von „kreuzmodaler Kommunikation“ zwischen Mutter und Säugling, die visuelle, sensumotorische, auditive und kinästhetische Interaktionsmodi umfaßt.

Ein beeindruckendes Beispiel des Interaktionspotentials resp. Interaktions*bedürfnisses* des Säuglings liefern Tronick und Mitarbeiter (1978) mit ihren Experimenten zur „visual violation“, die auf ungewöhnliche Art und Weise die Anfänge von Normalität und Psychopathologie sichtbar werden lassen. Mit Hilfe zweier Videokameras, die an einen Doppelbildschirm angeschlossen wurden, folgten die Forscher den Bewegungsabläufen von Mutter und Säugling, deren Gesichter einander zugewandt waren. Die Aufforderung der Versuchsleiter an die Mutter, über den Kopf des Kindes (und nicht in seine Augen) zu blicken, dabei Mimik und Gestik so gering wie möglich zu halten, quittierte der Säugling mit heftigsten Reaktionen. Auf den Versuch, den Blick der Mutter visuell wieder einzufangen - er blickt um Ecken, läßt seine Augen von einer Seite zur anderen wandern und bewegt seinen Kopf vor und zurück -, folgt das verzweifelte Bemühen, über den Einsatz seiner Arme und Beine, seines ganzen Körpers, sowie über das Vorwärtsstrecken des Kopfes den Kontakt mit der Mutter wiederherzustellen. Bleiben auch diese Anstrengungen erfolglos, gibt der Säugling schließlich auf. Auf den Zusammenbruch seiner Bewegung folgt der Rückzug, um bald darauf in einen neuerlichen Versuch zu münden, das ausdruckslose und distanzierte Gegenüber für sich zu gewinnen. Nimmt die Mutter die Interaktion mit ihrem Säugling wieder auf, ist die gegenseitige Kommunikation bereits nach kurzer Zeit wiederhergestellt.

„Was erblickt das Kind, das der Mutter ins Gesicht schaut? Ich vermute, im allgemeinen das, was es in sich selbst erblickt“. Von Winnicott (1995, S. 129) erfahren wir von der zentralen Bedeutung, die das sogenannten „Spiegeln“ - die einfühlsame und freudige Bestätigung der kindlichen Seinsweise durch die Mutter - für die frühkindliche emotionale Entwicklung hat. Das „Erkennen“ von Stolz und Freude in den Augen der Mutter bildet die Grundlage für Wohlbefinden und Sicherheit im Erleben des Kindes. Auch Kohut (1973, 1979) hat auf den signifikanten Beitrag hingewiesen, den die „psychische" Umgebung für das Überleben des Säuglings zu leisten hat, d.h. die emotionale Verfügbarkeit responsiver und empathischer Selbstobjekte, die ihren Stolz dem Kind widerspiegeln und so seine natürliche Kraft und Vitalität bestätigen.

Tronicks Laborbeobachtungen sind ein eindrücklicher Beleg dafür, wie sehr der Säugling angemessener Reziprozität bedarf und von ihr abhängig ist. Die Reaktion auf das kurzzeitige Versagen der Mutter, ihn adäquat zu spiegeln, läßt wichtige Schlußfolgerungen darüber zu, welche Auswirkungen die Depression einer Mutter oder ihre Unfähigkeit, in Interaktion mit ihrem Baby zu treten, auf die Entwicklung des Säuglings haben wird (Tronick et al. 1977, 1978). Wir müssen uns jedoch vor Winnicotts und Kohuts interpretativem Kurzschluß hüten, das Auftreten jeglicher psychopathologischer Phänomene als Ausdruck realen mütterlichen Versagens während dieser frühen Entwicklungsphase zu interpretieren. Vielmehr lehren uns die Forschungsergebnisse Tronicks und seiner Mitarbeiter, die Widerstandskraft des Säuglings als Entwicklungsdeterminante zu berücksichtigen. Natürlich dürfen wir die empfindliche Abhängigkeit des Säuglings und seiner Entwicklung von frühen umweltbedingten Faktoren nicht unterschätzen, aber empirische Beobachtungsstudien wie die hier zitierten wirken der Gefahr des reduktionistischen „Motherblaming" (d.h. der Tendenz, für alles ein Versagen der Mutter verantwortlich zu machen) entgegen.

Körperselbst oder primitives Selbstgefühl

Im Alter von etwa sieben bis neun Monaten weisen Veränderungen im Verhaltensrepertoire des Säuglings auf eine Ausweitung körperbezogener Wahrnehmungserfahrungen hin. Der Säugling scheint seine Füße zu erkennen und er hat keine Schwierigkeiten mehr, seinen Daumen zu finden. Ausgehend von ersten physiologischen Eindrücken, die die Grundlage fragmentarischer Körper(teil-)bilder in Zuständen der Erregung oder Befürfnisspannung darstellen, scheint der Säugling - nunmehr über streßfreiere Erlebensmodi - eine erste „Rohfassung" seines kohärenten, zeitlich überdauernden Körperschemas zu entwerfen. Obwohl es unterschiedliche Auffassungen darüber gibt, wie der Säugling sich selbst und den Anderen während der ersten Lebensmonate erlebt (vgl. Stern 1992; Lichtenberg 1987), scheint er ab der zweiten Hälfte des ersten Lebensjahres über ein primitives, überwiegend positiv-lustvoll getöntes „Selbstgefühl" zu verfügen (Mahler & McDevitt 1968).

Die affektive Qualität der Interaktion zwischen Mutter und Kind ist für diese positiv-lustvolle Gestimmtheit mitverantwortlich. Wenn die Mutter im Rahmen des Social Referencing[14] ihrem übenden Säugling ein Gefühl der Sicherheit sowie ihre

[14] Anm.d.Übers.: „Soziale Vergewisserung" bzw. „Soziale Bezugnahme": Begriff aus der jüngeren empirischen Säuglingsforschung (vgl. Emde et al. 1978; Klinnert 1978; Campos & Sternberg 1980; Emde & Sorce 1983; Klinnert et al. 1983), der das Bedürfnis ca. einjähriger Säuglinge beschreiben soll, sich in neuartig-faszinierenden, gleichzeitig jedoch ambivalent-unsicher besetzten

Freude an seinem Erkundungsverhalten widerspiegelt, wird dies zum Fundament von Selbstvertrauen und Selbstliebe. Die Qualität des affektiven Dialogs bestimmt nicht nur die Beschaffenheit späterer interpersoneller Interaktionsgestaltung, sondern ist auch der Nährboden für die Entwicklung von Objekt- und Selbstkonstanz. Die Erfahrung wiederholten affektiven „Abtastens" (scanning) des konstanten Liebesobjekts, das selbst aus einiger Distanz den emotionalen Austausch mit dem Säugling aufrechterhält, um ihm ein Gefühl der Sicherheit und Bemeisterung zu vermitteln, mündet schließlich in den Aufbau von Objektkonstanz. „Mit zunehmender Selbst-Objekt-Differenzierung entsteht in der inneren Repräsentanzenwelt des Kindes jedoch ein weiteres konstantes Objekt von gleichsam überdauernder Identität. Dies ist das eigene Selbst des Kindes" (A.-M. Sandler 1977, S. 199).

Die objektive und intrapsychische Repräsentation des Selbstempfindens

Im Alter von 15 bis 18 Monaten verfügen Kleinkinder über die Fähigkeit, die subjektiv erlebte Selbsthaftigkeit zu objektivieren; unabhängig von der eigenen unmittelbaren Handlung sowie der Handlung des Anderen können sie sich selbst als objektive Entitäten wahrnehmen und sich als solche auf sich selbst beziehen; dies geht mit der Entwicklung einer intrapsychischen Repräsentation des Selbstempfindens einher. Empirische Validierung erfährt diese entwicklungspsychologische Annahme durch die experimentell zu beobachtende Tatsache, daß das Kleinkind nunmehr in der Lage ist, sein eigenes Spiegelbild zu erkennen (Amsterdam 1972; Schulman & Kaplowitz 1977; Lewis & Brooks-Gunn 1979; Emde 1983). Mit zunehmender Entwicklung des symbolischen Spiels und des sprachlichen Ausdrucksvermögens wächst die Fähigkeit des Kindes zu selbstdeskriptiven Umschreibungen.

Neben der Selbstwahrnehmung als objektive Entität sind nun auch die Evozierung von und die Reflexion über Objekt- und Handlungspräsentanzen möglich. Dieses objektive Selbstempfinden mit allmählich aufkeimender Fähigkeit zur Selbstwahrnehmung und Selbstreflexion zieht nach Auffassung Greenacres die Bildung einer stabilen „Kern-Identität" nach sich (1953a, 1958). Der Gedanke einer Kern-Identität sollte jedoch von Sterns Konzept des „Kern-Selbst" abgegrenzt werden, das mit der Fähigkeit zu einfachen perzeptuellen Vergleichen des Selbst und des Anderen ensteht. Die Fähigkeit zur Selbstwahrnehmung und Selbstreflexion hingegen ist als gewichtiges Zeichen interpersonellen und intrapsychischen Wachstums zu werten. Die motorische Errungenschaft des aufrechen Gehens, in psychosexueller Hinsicht die Interessen und Anforderungen der analen Phase, sowie die Differenzierung des eigenen Selbst als männlich oder weiblich - somit die entsprechende Grundlegung der „Kerngeschlechtsidentität" (Stoller 1968a) - erweitern und vertie-

Situationen um affektive Orientierungshilfe an die Mutter zu wenden. Lächelt die Mutter zustimmend und auffordernd, nimmt der Säugling dies als Hinweis, sich vertrauensvoll der neuen Situation zu stellen; macht sie ein ängstliches oder beunruhigtes Gesicht, ist dies Anlaß für den Säugling, sich vorsichtig zurückzuziehen (vgl. auch Stern 1992, S. 189, 309-312).

fen die Selbst-Repräsentation. Verbale Ausdruckskraft und die Fähigkeit, über Intention und Wollen des Objekts (als autonomes und von den eigenen Wünschen unabhängiges Gegenüber) nachzudenken, führen zu Entwicklungskonflikten, die sich auch intrapsychisch niederschlagen können. Gedächtnis und Phantasie schließen sich zusammen und zum ersten Mal können Wünsche darüber formuliert werden, wie die Realität sein sollte (Stern 1992). Das interpersonelle Interaktionsgeschehen umfaßt nun Vergangenes i.S. von Erinnerungen, Realitäten der Gegenwart und zunehmend auf die Zukunft bezogene Vorstellungen, und leitet den Beginn der Wiederannäherungsphase ein (Mahler et al. 1978).

Je stärker das Kleinkind sich seiner Wünsche nach Autonomie und Unabhängigkeit einerseits sowie lustvollem Austausch mit einem Gegenüber andererseits gewahr wird, desto stärker vermag es die Forderungen der Mutter nach Kooperation (Compliance) wahrzunehmen. Der Preis ist teilweiser Triebverzicht sowie das Aufgeben eines Teils seiner Grandiosität. Ärgerlich angesichts der von der Mutter auferlegten Restriktionen, erkennt das Kind seine Verletzlichkeit und seine Abhängigkeit von mütterlicher Liebe und Unterstützung. Gefühle der Wut sind es auch, die der Angst des Kindes zugrundeliegen, die Liebe der Mutter zu verlieren; gleichzeitig behindert heftigste Ambivalenz die Integration lustvoller resp. „guter“ und unlustvoller resp. „schlechter“ Selbstimagines. Ob das Kind diese entwicklungsbedingte Herausforderung bis zu einem bestimmten Grad schließlich zu meistern vermag, ist von der Fähigkeit der Eltern abhängig, einfühlsam und doch effektiv auf die Befolgung von Verboten, Restriktionen und ein Mindestmaß an sozialen Anforderungen zu drängen. Die affektiven Äußerungen der Eltern sind das entscheidende Kriterium, mit dessen Hilfe das Kind bestimmt, welche Verhaltensweisen erlaubt sind und welche nicht. Die Kooperation des Kindes sichert das Gefühl der Gemeinsamkeit, um so mehr als nun die Regeln der Eltern-Kind-Beziehung als Teil der frühen Überich-Bildung internalisiert werden. Fehlt es auf Seiten des Kindes an kooperativem Entgegenkommen, kommt es in der Interaktion zwischen Eltern und Kind zu Aufruhr und Verwirrung, seitens des Kindes zu einsamer Isolierung.

Libidinöse Selbstkonstanz

Je mehr es dem Kind gelingt, körperliche Bedürfnisse zu kontrollieren und elterliche Anforderungen zu erfüllen, desto mehr lernt es, angemessen mit Äußerungen seiner Unabhängigkeit und Autonomie umzugehen, ohne die Bindung an die Eltern preiszugeben. Gleichzeitig kommt es zur Integration unterschiedlicher, affektiv getönter Selbst-Imagines. Das Gefühl der Selbstliebe sowie ein allgemeine Empfinden positiv gestimmter Selbsthaftigkeit bleiben bestehen, trotz gelegentlicher Wutausbrüche oder Frustrationserlebnisse, die mit Inkrafttreten von Überich-Funktionen zu Selbstkritik und unlustvollem Nachdenken über sich selbst führen können. Das Gefühl des eigenen Selbstwerts bleibt somit erhalten und neben libidinöser Objektkonstanz kommt es zum Aufbau libidinöser Selbstkonstanz.

Selbstkonstanz darf jedoch nicht mit einer konsistenten, sich nur selten verändernden Sichtweise des eigenen Selbst gleichgesetzt werden. Vielmehr sollten wir (i.S. der Gestaltpsychologie, d. Übers.) Selbstkonstanz als geschlossene Gestalt auf positivem „Grund" betrachten, auf dem ein breites Spektrum spezifischer bewußter und unbewußter Selbstimagines zur Verfügung steht, die - jede für sich - zu jedem Zeitpunkt die Funktion einer zentralen organisierenden Kraft übernehmen kann (Eisnitz 1980). Ein integriertes, im Kern positives Selbstempfinden ist von der Möglichkeit „libidinösen Auftankens" bei einem konstanten Liebesobjekt abhängig (R. L. Tyson 1983). Ein libidinöser „Gewinn" dieser Art kann letztlich auch, zumindest teilweise, aus dem Wohlwollen eines liebevollen Überichs gezogen werden, wenn es gelingt, den internalisierten Idealen und Normvorstellungen zu entsprechen.

Libidinöse Selbst- und Objektkonstanz gehen mit einem dauerhaften, stabilen und überwiegend positiv getönten Empfinden für das eigene - vom Anderen unabhängige und differenzierte – Selbst einher. Dieses Selbstempfinden ist Triebfeder und Richtungsweiser der psychischen Funktionierens des Kindes, das sich somit als Urheber seiner eigenen Handlungen erlebt.

Integrierte Identität und Selbstverantwortlichkeit

Mit Erreichen der infantil-genitalen Phase knüpfen sich neue wichtige Dimensionen an das kindliche Selbsterleben. Neben der Erfahrung sexuell-sinnlicher Triebregungen, die ein gänzlich neues Körpererleben bergen, impliziert die im Laufe der frühen Kindheit allmählich zu erwerbende Meisterung infantil-sexueller Strebungen die Inbesitznahme des eigenen Körpers und sowie die entsprechende Verantwortungsübernahme. Die Verbindung von Sexualität und dem Empfinden einer getrennten und einzigartigen Identität führt zur Konsolidierung der Kerngeschlechtsidentität. Die nunmehr stattfindenden dauerhaften Identifizierungen mit dem gleichgeschlechtlichen Elternteil münden im Idealfall in die Differenzierung und narzißtische Besetzung des Körperbildes, das dann als wichtige Quelle kindlichen Selbstwertgefühls zur Verfügung steht. Die Konsolidierung der Geschlechtsidentität ermöglicht der Kern-Identität des Kindes die Bestimmung dessen, „wer" es ist und „was" es ist (Beres 1981) und legt somit das Fundament für die ödipale Auseinandersetzung.

Die zahlreichen Entwicklungssysteme, die im vorliegenden Band diskutiert werden, laufen an jenem Punkt zusammen, an dem sich das ödipale Dreieck konstelliert. Die Integrationsleistung des Ichs, die die Synthese bewußter und unbewußter Gedanken, Wünsche, Phantasien, Konflikte, Ängste, Abwehrkonstellationen und Konfliktlösungen umfaßt, führt erst mit den während der ödipalen Auseinandersetzung vorgenommenen Identifikationen zu einem umfassenden Gefühl für die eigene Identität.

Trotz der Schwierigkeiten, die diesem Konzept innewohnen, muß der Ödipuskomplex als Wendepunkt persönlicher Individuationsgeschichte gesehen werden: „Der Ödipuskomplex, dessen Wurzeln das menschliche Triebleben bildet, steht im psychoanalytischen Theoriegebäude als Symbol für die Geschichte menschlicher Liebe, die hier zum ersten Mal nachgezeichnet wird (...) ein Symbol, das den Beginn menschlichen Daseins in eigener Identität markiert. Es ist die leidenschaftliche Auseinandersetzung mit den ersten Liebesobjekten, die - inmitten von Liebe und Haß - dieser Identität ihre Konturen verleiht, die Niederlage und die auferlegten Grenzen, die den Einzelnen auf sich selbst zurückwerfen" (1986, S. 442). Loewald bezeichnet diesen essentiellen Prozeß menschlicher Entwicklung als „Seelenbildung".

Die extremen Empfindungen von Liebe und Haß sowie die Loyalitätskonflikte, die das ödipale Drama bereithält, markieren einen Scheideweg psychischer Entwicklung. Die hoffnungslose narzißtische Suche nach Vollkommenheit (Rothstein 1980), die die Phantasie eigener Allmacht bestätigen soll, ist *eine* potentielle Richtung kindlicher Weiterentwicklung. Versuche, die Umwelt zu manipulieren, sollen Ansprüche und Position des Kindes sichern. Wird seinen (präödipalen oder ödipalen) Wünschen nicht entsprochen, ist die Wut darüber, betrogen zu werden, vorherrschend, und es besteht darauf, die Eltern als unfair und „böse" zu bezeichnen. Eine andere Möglichkeit für das Kind, die ödipale Auseinandersetzung zu beenden, ist der Versuch, sich mit den Werten und Moralvorstellungen der Eltern zu identifizieren. In diesem Fall kommt es zur Konsolidierung des Überichs als innere Autorität; konflikthafte ödipale Auseinandersetzungen, wenn sie denn fortbestehen, werden auf der innerseelischen Bühne ausgetragen und verleihen dem kindlichen Protagonisten ein neues Gefühl psychischer Autonomie. Mit der Internalisierung des ödipalen Konflikts, der (Auf)Lösung respektive Aufgabe ödipaler Triebwünsche, sowie der Konsolidierung des Überichs, gewinnt eben dieses Überich für das Empfinden des eigenen Selbst und der eigenen Identität zunehmend an Bedeutung. Seine Funktion als selbst-/urteilende und bestrafende oder belohnende Instanz läßt nun das Gefühl der Selbstverantwortlichkeit stärker zu Tage treten.

Die Zunahme an außerfamiliären sozialen Kontakten während der Latenzzeit trägt ebenfalls zur Weiterentwicklung des Selbstempfindens bei. Fortschreitende Internalisierung und Autonomie des Überichs stärken das Gefühl der Selbstverantwortlichkeit. Das Kind verfügt nun über die Fähigkeit, Fehler zuzugeben. Neben der der Festigung eines autonomen Überichs steht vor allem das Schicksal der Selbstwertentwicklung im Brennpunkt der Latenzzeit. Sich von Gleichaltrigen oder dem besten Freund/der besten Freundin angenommen oder aber ausgeschlossen zu fühlen, bestimmt dann die Begeisterung und Hochstimmung bzw. das Gefühl der Traurigkeit und Einsamkeit.

Adoleszenz und Stabilisierung der Identität

Biologische Veränderungen, Stimmungsschwankungen, Veränderungen im Familiengefüge oder sozialen Netzwerk und die Forderung, mehr und neuartige Verantwortung zu übernehmen, prägen das Selbstempfinden während der Adoleszenz und bergen die Möglichkeit einer „Identitätskrise" (Erikson 1956). Der erfolgreiche Abschluß adoleszenter Entwicklungsprozesse (die in nachfolgenden Kapiteln eingehender diskutiert werden sollen), wird nicht nur durch die Wahrnehmung körpernaher Veränderungsprozesse beeinflußt, sondern auch durch das affektive Erleben des Adoleszenten sowie seine spezifischen Erfahrungen sozialer Bezogenheit mitbestimmt. Diese Entwicklungsaspekte fördern die vollständige Integration des Selbstempfindens sowie die Stabilisierung des Identitätsgefühls.

Zusammenfassung

Das vorliegende Kapitel ist der Entwicklung des Selbstempfindens gewidmet. Dieser Prozeß vollzieht sich im Kontext spezifischer körpernaher Erlebensweisen, Objektbeziehungserfahrungen als auch affektiv bedeutsamer Erfahrungsinhalte. Körper und Körperbild unterliegen im Laufe der Entwicklung ebenso zahlreichen und mannigfachen Veränderungen wie das Schicksal individueller Objektbeziehungen. Das gleiche gilt für das affektive Erleben, das an Körper, Objektbeziehungen, Selbstempfinden und Selbstwertgefühl gebunden ist. Nichtsdestotrotz wird während des gesamten Entwicklungsverlaufs ein beeindruckendes Moment der Kontinuität im Empfinden für das eigene Selbst sichtbar.

Teil IV

Affekte

Kapitel 8

Psychoanalytische Affekttheorie

Affekte sind zentrales Bestimmungsmerkmal innerer Realität und äußerer Wirklichkeit. Fragen zum Wesen und zur Funktionsweise affektiven Geschehens haben das psychoanalytische Denken von Anbeginn an geprägt. Freud vermutete in der Angst den drängendsten aller Affekte, da sie den größten Teil des Leidensdrucks seiner Patienten ausmachte. Allerdings, so stellt er fest, ließen sich seine theoretischen Überlegungen zur Angst auch auf alle anderen Affekte - deren Existenz ihm durchaus bewußt war - übertragen (1895b, 1896). In seinen frühen Konzeptionen setzt Freud Affekte mit seelischer Energie gleich, die als Quelle motivationaler Kräfte zu definieren sei (1894). Später interpretiert er sie im Sinne unbewußter Triebregungen (1915b, S. 116), um ihnen schließlich in *Hemmung, Symptom und Angst* Schutz-, respektive Signalfunktion zuzuschreiben; da sie zusammen mit Abwehrvorgängen aufträten, seien sie als Ich-Funktionen zu betrachten (1926a). Die jüngere Theoriebildung beschreibt Affekte als konfliktfreie Ich-Funktionen (Emde 1980a, 1980b) und als primäre motivationale Kräfte, die der späteren Triebentwicklung und -differenzierung zugrundeliegen (Loewald 1986; Kernberg 1982).

Die von unterschiedlichen Autoren vorgelegten affekttheoretischen Entwürfe bieten ein recht verwirrendes Bild, da sich jeder Entwurf auf unterschiedliche (mehr oder weniger explizite) Definitionen stützt, und die Begriffe *Affekt*, *Emotion* und *Gefühl* nicht selten synonym gebraucht werden.

Wir definieren *Affekte* als psychische Strukturen, die sich aus motivationalen, somatischen, expressiven, kommunikativen, sowie emotionalen Komponenten zusammensetzen und an eine bestimmte Vorstellung oder einen bestimmten kognitiven Inhalt gebunden sind (vgl. Compton 1980; Knapp 1987). Die Begriffe Gefühl oder Emotion möchten wir den erlebens-, und verhaltensnahen Dimensionen der Affekte vorbehalten - also einem spezifischen Teil einer umfassenden Struktur.

Knapps beispielhafte Zusammenstellung affekttheoretischer Entwürfe aus den Bereichen Psychologie, Neuropsychologie und Psychoanalyse bietet eine optimale Orientierungs- und Verständnishilfe (1981, 1987). Affekte, so faßt er die charakteristischen Merkmale affektiven Erlebens und Verhaltens zusammen, sind heftig und unmittelbar; sie werden als drängend oder fordernd erlebt. Quantitative Abstufungen reichen von fast unmerklichen affektiven Spuren bis hin zu massiven und intensiven

Reaktionen; es können mehrere Affekte gleichzeitig auftreten, die in der Regel persistierend und an begleitende körpernahe oder viszerale Prozesse gebunden sind; schließlich scheinen sich Affekte relativ stereotyper Ausdrucksmuster zu bedienen. Dieser auffällige Merkmalskatalog der Grundbausteine psychischen Lebens wirft vor allem neurophysiologische und psychosomatische Fragestellungen auf.

Die Geschichte der Affektforschung

Das Studium menschlicher Emotionen, so Tomkins (1981), beginnt mit Aristoteles, der vor über zweitausend Jahren den philosophischen Diskurs über die Natur primärer Emotionen und „Leidenschaften" einläutete. Das biologisch-naturwissenschaftliche Paradigma löste mit Darwins (1872) Evolutionstheorie diesen Diskurs ab. Da sich Menschen und ihre nächsten Verwandten unter den Tieren der gleichen Konfigurationen und Muskelbewegungen bedienten, um ihren Grundemotionen Ausdruck zu verleihen, war man überzeugt, dem Ausdruck von Emotionen nunmehr evolutionäre Bedeutung zuschreiben zu können. Dieser Forschungsansatz wurde im Bereich der Biologie, insbesondere der Verhaltensforschung, fortgeführt. Auch auf Seiten der Psychologie existiert eine umfassende Literatur zu diesem Thema. Zeitgenössische emotionstheoretische Entwürfe innerhalb der akademischen Psychologie basieren in erster Linie auf der um die Jahrhundertwende verfaßten Emotionstheorie von James Lange, in der das emotionale Erleben als Ergebnis einer bewußten Wahrnehmung unterschiedlichster körperlicher Veränderungen postuliert wird; diese Veränderungen haben somit als Ursache einer Emotion zu gelten, nicht als ihr Ergebnis und ebensowenig als eine ihrer Begleiterscheinungen (Eysenck et al. 1972, S. 572).

Darwins evolutionstheoretische Argumentation wurde zum Grundstock umfassender Forschungsarbeiten zum Affekt*ausdruck*. Vor allem Tomkins (1962, 1963) Pionierarbeit - er hatte Darwins These aufgegriffen - verdanken wir die erste reliable Methode, Affekte auf der Grundlage des Gesichtsausdrucks zu identifizieren und zu klassifizieren. Tomkins beschreibt neun Affektkategorien: Interesse-Erregung, Vergnügen-Freude, Überraschung-Schrecken, Verzweiflung-Angst, Furcht-Grauen, Ärger-Wut, Scham-Demütigung, Verachtung und Ekel. Tomkins (1970, 1978) betont immer wieder, daß es sich bei Affekten um primär an das Gesicht und die Haut gebundenes „Verhalten" handelt; Gesichtsmuskel, autonomes Nervensystem sowie motorische Reaktionen werden somit von entsprechenden angeborenen Programmen im Zentralen Nervensystem kontrolliert, die durch unterschiedlich starke Neuronenfeuerung getriggert werden (1981). Inspiriert von Tomkins untersuchten Carroll Izard (1971, 1972) und Paul Ekman (1984; Ekman & Friesen 1975) die Universalität mimischer Manifestation der verschiedenen emotionalen Kategorien. In interkulturellen Studien mit einer großen Anzahl von Versuchspersonen konnte festgestellt werden, daß der mimische Ausdruck für die Primäraffekte der Freude, Überraschung, Verzweiflung, Furcht, Wut, Trauer und Ekel als kultur-, und sogar artenübergreifend anzusehen ist. Eine ähnliche Korrelationsdichte scheint für den Zeitraum der frühen Kindheit vorzuliegen (Demos 1982).

Die für Psychoanalytiker interessante Frage nach der individuellen Bedeutung und Funktion bestimmter Emotionen und ihres Ausdrucks kann mit diesen Befunden jedoch nicht beantwortet werden. Menschliche Mimik und Gestik wird in der Regel unter dem Aspekt der kommunikativen Intention betrachtet, häufig wird dabei jedoch übersehen, daß Gefühle unsere Wahrnehmung und unser Denken beeinflussen. Emotionen und Assoziationen, ausgelöst vom Gegenüber, können den Beobachter zu Bedeutungszuschreibungen und Interpretationen veranlassen, die nicht der Intention des Gegenübers entsprechen; bekannterweise führt diese Situation nur allzu häufig zu Mißverständnissen.

Jüngere Forschungsergebnisse aus den Neurowissenschaften (vgl. die zusammenfassende Übersicht von Schwartz 1987) weisen darauf hin, daß Affekte und ihre Handlungsabfolge eindeutig neurophysiologisch verankert sind bzw. anatomisch eindeutig zu identifizierende neuronale Schaltkreise erfordern. Die begleitenden Wahrnehmungen und Gefühle affektiver Äußerungen sind an die neurophysiologische Aktivierung bestimmter Areale im Gehirn gebunden (Hypothalamus, limbisches System, Mittelhirn, und Hirnstamm); die daran geknüpfte Mimik, Gestik, Körperhaltung, Stimme, ebenso wie viszerale Muster und Handlungsmuster sind affektabhängig und Teil subkortikal integrierter motorischer Reaktionsmuster. In seinem Bemühen, die Befunde aus den Neurowissenschaften für die Psychoanalyse fruchtbar zu machen, betrachtet Schwartz die individuelle psychische Bedeutung dieser Muster als Ergebnis verschiedener Lernprozesse.

Auch die Kognitionsforschung hat sich in zahlreichen Forschungsarbeiten dem Thema menschlichen Affektgeschehens angenommen. Lazarus, Kanner und Folkman betrachten Emotionen als „ein Produkt kognitiver Aktivität", das sowohl Handlungsimpulse als auch somatische Reaktionsmuster auslöst (1980, S. 212). Für Mandler wiederum manifestiert sich in der emotionalen Äußerung die kognitive Beurteilung der äußeren Welt und inneren Zustände des Individuums (1980, S. 229). Leider lassen die meisten kognitionspsychologischen Theorieansätze Existenz und Bedeutung unbewußter Affekte außer acht. Eine Ausnahme ist Rosenblatt (1985), dessen systemtheoretischer Ansatz Affekte als subjektive Erfahrung von Feedback-Schleifen konzipiert, die wiederum als Teil zahlreicher motivationaler Systeme operieren.

Nicht minder wichtig als neurophysiologische und kognitionspsychologische Ansätze ist die sprachwissenschaftliche Erforschung menschlicher Affekte. Wie bedingen sich Sprache und Affekte gegenseitig? Shapiro (1979) hat die Enkodierungs- und Dekodierungsprozesse von Affekten in Sprache bzw. Worte anschaulich beschrieben. Andere Arbeiten haben sich vor allem mit der „emotionalen Musik" unserer Sprache und ihrem Fehlen beschäftigt (vgl. Deese 1973; Sifneos 1974; Edelson 1975). Schafer (1982), der die Arbeit des Klinikers darin sieht, aktive Intention hinter passive Metaphorik herauszuhören, betrachtet Affekte als ihrem Wesen nach adverbiale Strukturen, z. B. jemand spricht ärgerlich. Emotionen können nach Auffassung Schafers nicht erfahren werden, und das emotionale Geschehen auf präverbaler Stufe manifestiert sich lediglich in Form von Handlungen und Mimik. (Hier begegnen wir Tomkins Argumentation wieder).

Das Theoriegebäude einer psychoanalytischen Affekttheorie stützt sich auf Befunde aus der Emotionsforschung, Endokrinologie und Neurophysiologie einerseits sowie auf kognitionspsychologische, verhaltensbeobachtende und sprachwissenschaftliche Untersuchungen andererseits (vgl. wiederum Knapp 1987). Gesichtsmuskelbewegungen oder Neuronenfeuer verraten uns jedoch nichts über die dahinter liegende intrapsychische Dimension, der unser Hauptinteresse gilt.

Im folgenden möchten wir zunächst auf die grundlegenden Affektkonzeptionen bei Freud eingehen. Obgleich seine affekttheoretischen Schriften in erster Linie als angsttheoretische Entwürfe zu lesen sind, sind wir der Auffassung, daß sich vor allem seine letzten Überlegungen hierzu aus *Hemmung, Symptom und Angst* (1926) auch auf andere Affekte übertragen lassen. Angesichts seines kulturellen Hintergrunds und seiner Interessen ist es nicht erstaunlich, daß in Freuds Werk sowohl philosophische als auch psychologische und biologische Strömungen aufeinandertreffen. Im Anschluß an die Diskussion der Freudschen Affektkonzeptionen werden wir die Affekte unter dem Aspekt des Triebgeschehens, der Objektbeziehungen und der Ich-Funktionen betrachten.

Die Affekttheorie bei Freud

In Freuds frühesten affekttheoretischen Entwürfen löst ein in der äußeren Realität stattfindendes Ereignis eine affektive Reaktion aus, die jedoch aus verschiedensten Gründen - etwa aufgrund ihrer Verknüpfung mit einer unerträglichen Vorstellung - nicht zum Ausdruck gebracht werden kann. Die betreffende Person ist bemüht, diese Vorstellung zu unterdrücken oder zu vergessen; es gelingt ihr jedoch nicht, sich damit auch von dem mächtigen „Affektbetrag" (oder der „Erregungssumme") zu befreien (bzw. diese „abzuführen"), der an diese inkompatible Vorstellung geknüpft ist; die Folge ist die Bildung verschiedenster Symptome. Das auf dieser Theorie basierende Behandlungskonzept besteht in der adäquaten Abfuhr der pathogenen Affekte i.S. einer Bewußtmachtung des verdrängten Ereignisses bzw. der abgewehrten Vorstellung mit den damit verbundenen Gefühlen. Anstatt dem drängenden Wunsch nach (Aus)Agieren nachzugeben, findet in der Psychotherapie, oder „Redekur", eine Bearbeitung der verdrängten Ereignisse und Affekte statt (1894, 1895a, 1895b).

Je größer die Verdrängung - so die Prämisse dieses „hydraulischen Modells" - desto heftiger der Affekt. Da ein äußeres Ereignis, einschließlich einer seelisch traumatisierenden Situation, die das Individuum mit unbewältigbarer Erregung (oder ebenso unerträglichen Gefühlen) überflutet, als Auslöser für die Verdrängung angenommen wird, fand diese Theorie als sogenanntes „Affekt-Trauma-Modell" Eingang in die Literatur (Rapaport 1953; Sandler, Dare & Holder 1972).

In seiner ersten topischen Konzeption des psychischen Apparats, die er rund fünfundzwanzig Jahre später entwirft, ist es nach wie vor die Verbindung zwischen Affekt, Energie, und Motivation - wenn auch komplexer ausgearbeitet -, der Freud nachzugehen sucht. Seine Definition des Triebes als intrapsychische Repräsentation einer biologischen Kraft verlagert das auslösende Ereignis nunmehr in die Psyche selbst, weniger in die äußere Realität. Triebe stellen eine kontinuierlich wirksame motivationale Kraft dar (1915a, S. 85-86), die mit zunehmender Intensität unlustvolle Empfindungen, insbesondere Angst, auslöst, während die Abfuhr derselben (Triebkraft) in der Hauptsache lustovlle Gefühle zur Folge hat (1915c, S. 137). Da Emotionen, so Freud weiter, an bestimmte Vorstellungen oder Gedanken geknüpft seien, werde das Erkennen unserer Gefühle zum Schlüssel unserer Seele; es eröffne uns das „Wissen" über uns selbst und trage dazu bei, jene Bedürfnisse zu benennen, die nach Befriedigung streben (1915c, S. 136).

Die assoziative Verknüpfung von Gefühlen und Gedanken bleibt auch in der Nachfolge Freuds ein zentraler Aspekt psychoanalytischer Affekttheorie (Brenner 1974). Auch wenn sich der methodische Artefakt i.S. einer künstlichen konzeptionellen Trennung beider Dimensionen offensichtlich nicht vermeiden läßt, dürfen die Probleme, die sich daraus ergeben, nicht übersehen werden. So erfolgt die Bestimmung von Affekten fast ausschließlich über die Eigenart der von uns bewußt erlebten Gefühle - die Rolle unbewußter Phantasien wird in diesem Erfahrungskontext unterschätzt (Arlow 1977).

Das Modell einer psychischen Topik war für das Verständnis zahlreicher klinischer Situationen ausgesprochen nützlich, allerdings mußte Freud mit wachsender Erfahrung erkennen, daß sich die Konzeptualisierung von Affekten - und dies galt insbesondere für die Gefühle von Angst und Schuld - auf triebtheoretischer Grundlage zunehmend schwieriger gestaltete. Diese metatheoretischen Schwierigkeiten trugen zur Formulierung eines neuen Strukturmodells bei, in dem der funktionale den topischen Gesichtspunkt ablöste und zum zentralen Unterscheidungsmerkmal menschlicher Seelentätigkeit wurde (1923a).

Freud (1926) gibt somit die Suche nach dem Ursprung von Affekten auf und konzentriert sich nunmehr auf den Einfluß, den eben diese Affekte auf das psychische Geschehen ausüben. Er entwirft eine Theorie, die sich vor allem auf zwei affekttheoretisch relevante Pfeiler stützt. Zum einen postuliert er den potentiell traumatisierenden Einfluß von Affekten auf die Funktionstätigkeit des Ichs (obgleich seine Diskussion hauptsächlich den Affekt der Angst umfaßt, will Freud seine Thesen auch auf andere Affekte übertragbar wissen). Gewissermaßen als theoretischer „Überhang" aus der Affekt-Trauma Theorie ist seine These zu verstehen, derzufolge ein Übermaß an Erregung - ob aus der realen äußeren Wirklichkeit (z. B. infolge sexuellen Mißbrauchs oder körperlicher Mißhandlung) oder eigenen Triebquellen resultierend - intensivste Angst hervorrufe, die zur Überwältigung des Ichs und seiner integrativen, strukturierenden und abwehrgerichteten Funktionen führe und schließlich in dessen Hilflosigkeit münde. Freud meinte Traumatisierungen dieser Art vor allem in der (frühen) Kindheit auszumachen, ein Zeitabschnitt, in dem das relativ unreife und schwache Ich schnell schnell außer Kraft gesetzt werden könne.

Zum zweiten betont Freud in seinem neuen affekttheoretischen Entwurf die Signalfunktion von Affekten. Da die ursprüngliche menschliche Reaktion auf Hilflosigkeit Angst sei, könne diese später als Reaktion auf eine potentiell gefährliche Situation reproduziert werden: „Die Angst ist also einerseits Erwartung des Traumas, andererseits eine gemilderte Wiederholung desselben“ (1926, S. 303), und weiter, „Das Ich, welches das Trauma passiv erlebt hat, wiederholt nun aktiv eine abgeschwächte Reproduktion desselben, in der Hoffnung, deren Ablauf selbsttätig leiten zu können“ (S. 304). Das Gefühl der Angst trete dann auf, sobald das Individuum eine innere Gefahr (i.S. eines intrapsychischen Konflikts zwischen Triebwunsch und Verbot) oder eine äußere Bedrohung wahrnehme; dieses Gefühl der Angst sei an die Vorstellung, das Bild, oder die Phantasie der bedrohlichen Situation geknüpft. Die Wahrnehmung des Affekts, die zum Ziel hat, der Gefahrensituation mit angemessener Abwehr zu begegnen, mache es möglich, Hilflosigkeit zu vermeiden und die Intensität der Empfindungen auf ein Mindestmaß zu reduzieren; somit werde der Desorganisation des Ichs und seiner Funktionen vorgebeugt. Affekte erfüllen demnach eine organisierende, adaptive und motivationale Funktion, die als Teil der Ich-Reaktion die Antizipierung der Gefahrensituation ermöglichen und die Wiederholung des Traumas vermeiden helfen soll. „Es ist nun ein wichtiger Fortschritt in unserer Selbstbewahrung, wenn eine solche traumatische Situation von Hilflosigkeit nicht abgewartet, sondern vorhergesehen, erwartet wird“ (S. 303).

Freud war der Auffassung, daß die Reifung des Ichs eine größere Fähigkeit mit sich brachte, den „traumatischen Zustand von Hilflosigkeit und Überwältigung“ (Rangell 1968, S. 391) zu antizipieren, imdem es sich der Signalwirkung von Affekten nach und nach besser zu bedienen wisse. Das Individuum habe es entweder mit „der materiellen Hilflosigkeit im Falle der Realgefahr“, oder „der psychischen Hilflosigkeit im Falle der Triebgefahr“ zu tun (S. 303). Folglich können wir davon ausgehen, daß nach Erreichen entsprechender Ich-Reife - i.S. der Fähigkeit, Signalangst wahrzunehmen - die Affekte (und nicht die Triebe) die eigentlichen Motivatoren darstellen.

Freud stellt eine wichtige Verbindung zwischen den beiden Formen der Angst her: „Mit der Erfahrung, daß ein äußeres, durch Wahrnehmung erfaßbares Objekt der (...) gefährlichen Situation ein Ende machen kann, verschiebt sich nun der Inhalt der Gefahr von der ökonomischen Situation auf seine Bedingung, den Objektverlust“ (1926, S. 278). Das Individuum erlebt nun Angst, wenn eine Situation, die eine Wiederholung der Gefahr wahrscheinlich macht, erwartet wird. Ausgehend von der Annahme, daß jede Entwicklungsstufe der psychosexuellen Entwicklung potentielle Gefahren bereithalte, konzipiert Freud eine Abfolge von Situationen und daran geknüpfter Phantasien und Ängste, die mit den einzelnen Stufen der psychosexuellen Entwicklung korrelieren - Angst vor Objektverlust, Angst vor Liebesverlsut, Kastrationsangst, sowie die Angst vor der Bestrafung durch das Überich (Schuldangst).[15]

Freuds Signaltheorie der Affekte hat gezeigt, daß die Erfahrung unlustvoller und lustvoller Empfindungen bereits sehr früh an Objekte und eine entsprechende Frustration bzw. Befriedigung von Triebwünschen gebunden ist. Neben ihrer Bedeutung für die Entwicklung psychoanalytischer Objektbeziehungstheorien, hat die Signaltheorie auch der Bedeutung frühkindlicher Erfahrungen für das (spätere) gesunde Funktionieren der Persönlichkeit Rechnung getragen.

Moderne affekttheoretische Entwürfe

In der affekttheoretischen Diskussion nach Freud spiegeln sich all die ungelösten Probleme und Widersprüchlichkeiten des Freudschen Modells. Galten Affekte der Triebabfuhr - wie es Freud in seiner frühen Konzeption vorschlägt - oder sind sie - im Sinne der Signaltheorie - als Ich-Funktionen zu betrachten? Konnten auch andere Affekte, neben der Angst, eine derartige Signalfunktion übernehmen? Lange Jahre bestimmten diese Fragen die affekttheoretischen Auseinandersetzung innerhalb der Psychoanalyse. So hatte Jones bereits im Jahr 1929 vorgeschlagen, die Freudsche Signaltheorie auf andere Affekte zu übertragen; ähnlich argumentiert Fenichel (1941), wenn er beschreibt, wie Wut, Angst, Erregung, Ekel, und Scham „gezähmt" werden und als Ich-Funktion Signalcharakter übernehmen. Doch erst die Arbeiten von Rapaport (1953) und Jacobson (1953) aus den 50er Jahren verhalfen der Signaltheorie zu allgemeiner Anerkennung. Jacobson wollte sogar positiven Empfindungen, wie z. B. dem Gefühl der Hochstimmung, eine entsprechende Signalwirkung zugeschrieben wissen, was jedoch Schur (1969) mit dem Einwand konzeptioneller Schwierigkeiten zurückwies.

Freud (1926) zeigte auf, daß Affekte und Triebe in Beziehung zueinander stehen. Ebenso dezidiert vertritt er die Auffassung, daß von einer ebensolchen Verbindung zwischen Affekten und Ich-Funktionen sowie Affekten und Objektbeziehungen auszugehen ist. Zeitgenössische psychoanalytische Theorien gehen in ihrer affekttheoretischen Diskussion in der Mehrzahl auf eine oder mehrere dieser Beziehungen ein.

Affekte und Triebe

Die vielfältige und enge Verknüpfung zwischen Affekten und Trieben ist eine Grundannahme, die Freud in all seinen Schriften vertritt. In seiner letzten Formulierung zu diesem Thema (1926) setzt er Affekt- und Triebgeschehen in zweifacher

[15] Wir können heute davon ausgehen, daß die Antizipierung der ersten drei der genannten „Gefahrensituationen" möglich ist, sobald das Kleinkind die Fähigkeit zur Phantasiebildung entwickelt hat; da sie charakteristischerweise in Verbindung mit den Entwicklungskonflikten während des zweiten Lebensjahres, aber auch später, auftreten, verliert ihre Korrelierung mit den Entwicklungsphasen der psychosexuellen Entwicklung an Nützlichkeit.

Hinsicht miteinander in Beziehung. Die Signaltheorie verleihe dem Affekt Signalfunktion i.S. einer Ankündigung von Gefahr. Die innere Gefahr bestehe im Konflikt zwischen einem sexuellen und aggressiven Triebwunsch einerseits, und dem dazu von Seiten des Ichs oder Überichs ausgesprochenen Verbot. Der Trauma-Aspekt der Theorie betont die Überwältigung des Ichs und seiner Funktionstätigkeit aufgrund unerträglicher äußerer oder innerer (i.S. sexueller und aggressiver Strebungen) Überstimulierung. Auf ähnliche Weise führen Angstanfälle und Panikattacken zum Verlust der Ich-Kontrolle und zu dem Gefühl des Überwältigtwerdens (vgl. Fenichel 1974).

Das Konzept affektiver Entladung, das ausschließlich das Triebgeschehen als innere Quelle von Affekten annimmt, wurde vor allem von jenen Autoren heftig kritisiert, die das Freudsche Konzept „psychischer Energie", also die ökonomische Betrachtungsweise menschlicher Seelentätigkeit, für unhaltbar ansehen (vgl. Rosenblatt & Thickstun 1977; Rosenblatt 1985). Eine frühe Kritik legte Jacobson (1953) mit ihrer Beobachtung vor, wonach Ich-Funktionen, aber auch direkte Triebbefriedigung - wie Essen oder Geschlechtsverkehr - oft von der Äußerung intensiver Gefühle begleitet werden. Während orgiastisches Erleben verschiedene Ebenen der Spannung umfasse, so ihr bedeutsamer Hinweis, entspreche das damit einhergehende Gefühl weder der Spannung noch der Entladung derselben, sondern der Spannungs*änderung*. Hierin stimmt sie mit Freud überein, der Lust und Unlust nicht in Abhängigkeit von Quantität oder Intensität, sondern in Abhängigkeit qualitativer Unterschiede - etwa im Sinne eines rhythmischen oder zeitlichen Ablaufs in den Veränderungen - definiert (1924b, S. 344). Jacobson betont also, daß eine Theorie der Triebabfuhr nicht ausreiche, um die Genese affektiven Geschehens ausreichend zu erklären. Allerdings scheint sie sich in ihren Formulierungen auf die Dimension bewußter Gefühle zu beschränken, was weitere Fragen nach der Verbindung zwischen Triebtheorie und dem Lust-Unlust-Prinzip aufwirft (Rapaport 1953). Unserer Auffassung nach muß eine umfassende psychoanalytische Affekttheorie das gesamte Spektrum von Affekten umfassen, dazu zählen auch situativer Kontext und Bedingung ihres Auftretens (vgl. hierzu auch Rosenblatt 1985).

Es besteht keine theoretische Einigkeit darüber, ob Zeichen von Lust und Unlust als früheste Belege von Triebaktivität anzusehen sind, wie Freud angenommen hatt (z. B. 1905a, 1923a; vgl. Brenner 1982). Ohne Frage kann von einer Verbindung zwischen Trieb- und Affektgeschehen ausgegangen werden, deren zentrale Verknüpfungspunkte die Säuglingsforschung aufdecken kann. So wissen wir von Weil (1978), daß massive Frustration oraler Stimulierung oder substantielle Verzögerung in der Nahrungsaufnahme zu frühen und übertriebenen Manifestationen von Aggression führt und die Angstbereitschaft fördert, wobei es zu einer archaischen Verschränkung von Wut und Angst kommt. Die Intensität triebgebundener, sehr früher Erfahrungen kann somit Auftreten und Kontrolle von bestimmten Affekten signifikant beeinflussen.

Gehen wir von einer Interrelation von Affekt- und Triebgeschehen aus, so erscheinen neben den Trieben auch andere Quellen früher Motivation denkbar. Nach Meinung von Autoren wie Gaensbauer (1982), Stern (1992) und Lichtenberg (1989) existieren bereits in den ersten Lebensmonaten eine ganze Reihe motivationaler Systeme, die mit zunehmender Entwicklung hierarchisch organisiert werden. Wie bereits in unserer Diskussion der psychosexuellen Entwicklung deutlich wurde, trägt das affektive Klima zwischen Mutter und Säugling zur Strukturierung der Triebe und des Es als intrapsychischem System bei. Loewald (1986) ist der Auffassung, daß die amorphen Bestrebungen und Reflexe des Säuglings in Form von Trieben koordiniert und organisiert werden; diese heften sich an ein bestimmtes Triebziel und eine bestimmte Triebrichtung, da ihre Verknüpfung mit Reaktionen aus der Umwelt zur Reduzierung von Spannung und Förderung von Lust führt. Die „Form“, die der libidinöse Trieb schließlich einnimmt, ist das Ergebnis eines „kreativen“ Prozesses, in dem biologische Präadaptivität und affektive Reziprozität zwischen Mutter und Säugling aufeinandertreffen (vgl. Kernberg 1981; Gaensbauer 1982; P. Tyson 1988).

In seinem Bemühen, Neurowissenschaften, Lerntheorie und Psychoanalyse zu integrieren, spricht Schwartz (1987) von einer Verbindung von Lernprozessen und Affekten; neben der Fähigkeit, orale, eliminative, und genitale Quellen sensorischer Reize voneinander zu unterscheiden, lerne der Säugling auch, seinen Körper so zu manipulieren, daß lustvolle Empfindungen herbeigeführt und unlustvolles Erleben ausgeschaltet werden. Die an die Entwicklung und Stimulierung erogener Zonen geknüpfte Erinnerung trage zu jenen Verhaltensmanifestationen bei, auf die Freud (1905b) seine psychosexuelle Theorie libidinöser Entwicklung gründete.

Andere Autoren schreiben die Form aggressiver und libidinöser Triebe der Interaktion zwischen biologisch prädeterminierten, stereotypen affekt-motorischen Reaktionen des Säuglings auf Gefahr einerseits und dem wütenden, frustrierenden, deprivierenden, sadistischen oder mißbräuchlichen Verhalten der Mutter andererseits zu (vgl. Greenacre 1960; Galenson 1986; Stechler & Halton 1987). Davon ausgehend können wir den Schluß ziehen, daß die Strukturierung sexueller und aggressiver Triebe das Ergebnis eines Interaktionsprozesses darstellt, der angeborene Komponenten, frühe affektive Erfahrungen und Manifestationen sowie Reaktionen aus der Umwelt umfaßt. Darüber hinaus trägt auch der affektive Ton, mit dem die Umwelt auf die jeweiligen Lust- und Unlustbekundungen des Säuglings reagiert, zur Organisierung libidinöser und aggressiver Triebe bei.

Betrachten wir als Beispiel das Saugverhalten des Säuglings. Die Stimulierung der Mundschleimhäute durch Daumenlutschen findet häufig bereits im Uterus statt. Beim Saugen selbst handelt es sich um einen angeborenen Reflex, über dessen psychische Bedeutung für das Neugeborenen wir allerdings nur mutmaßen können. Die Erfahrungen des Saugens und der Nahrungsaufnahme bilden jedoch den für die Reziprozität zwischen Mutter und Säugling nötigen Interaktionskontext. Lustvolle orale Stimulierung, Sättigungsgefühle, sowie lustvolle Interaktionserfahrungen mit der Mutter verleihen dem Saugen schließlich psychologische Bedeutung. Das Zusammenwirken von biologischen Voraussetzungen, Objektbezogenheit und Affektgeschehen trägt dazu bei, daß lustvolles Saugen als Teil oralen Triebgeschehens strukturiert wird.

Die Forschungsarbeiten von Spitz (1945, 1946a, 1946b) und Dowling (1977), die wir im vierten Kapitel des vorliegenden Bandes vorstellten, waren von dem Bemühen geleitet, diese Einflußfaktoren miteinander in Beziehung zu setzen. Die von Spitz beobachteten Säuglinge wurden gefüttert und hatten sogar Gelegenheit zu saugen; was ihnen jedoch fehlte, war die für das Interaktionsgeschehen mit der mütterlichen Bezugsperson typische Reziprozität. Dowlings Babys verfügten bis zu einem gewissen Grad über die Möglichkeit eines affektiven Austausches mit der Mutter, mußten jedoch auf orale Stimulierung und Saugen verzichten. Beide Säuglingsgruppen zeigten tiefgreifende Störungen in ihrer Fähigkeit zur Triebäußerung und in ihrer Ich-Entwicklung. Erst wenn das lustvoll-affektive Klima mit der Reziprozität der Mutter-Kind-Interaktion sowie der Befriedigung sensorischer Reize verknüpft wurde, konnte das Überleben der Säuglinge und ihre Triebenwicklung in allen Bereichen physischer und psychischer Entwicklung als gesichert betrachtet werden.

Wir können aus diesen Beobachtungen schließen, daß von einer Differenzierung des Es als intrapsychischer Struktur (vergleichbar dem Ich) zum Zeitpunkt der Geburt noch nicht ausgegangen werden kann, wenn auch die biologischen Voraussetzungen für die Trieb- und Es-Entwicklung gegeben sind (Hartmann, Kris & Lowenstein 1946). Vielmehr legen die vorliegenden Forschungsergebnisse - im Gegensatz zu Freuds frühen theoretischen Überlegungen - die Vermutung nahe, daß erst über den affektiven Dialog eine Differenzierung der Triebe stattfindet, die dadurch eine entsprechende (intra)psychische Bedeutung erhalten. Erst die affektive Interaktion sorgt also für die Differenzierung, Integration und Konsolidierung jener Phänomene, die letztlich als Manifestationen libidinösen oder aggressiven Triebgeschehens klassifiziert werden.

Affektgeschehen und Ich-Entwicklung

Welche Rolle spielt das affektive Geschehen für die Entwicklung und die Funktionsweisen des Ich? Seit Freuds Überlegung, Affekte im Dienste bestimmter Ich-Funktionen zu interpretieren, nahm diese Frage einen zentralen Stellenwert im Rahmen psychoanalytischer Theoriebildung, vor allem aber auch in der neueren psychoanalytischen Entwicklungsforschung ein. Spitz verdanken wir die Beobachtung, daß das Zusammenwirken verschiedener Funktionen innerhalb des Ich-Systems - mit zunehmender Strukturierung und zunehmender Fähigkeit, Verhalten zu organisieren - von Veränderungen des affektiven Ausdrucks begleitet war. Diesen folgten tiefgreifende Veränderungen im interpersonellen Interaktionsgeschehen sowie die Ausbildung neuer adaptiver Verhaltensweisen, offensichtlich eine Folge der entwicklungsbedingten Konsolidierung einer neuen Organisation. Spitz interpretierte diese Affekte - das soziale Lächeln, die Acht-Monats-Angst und die Trotzphase - als Hinweis einer fortlaufenden Ich-Entwicklung.

Auch der Frage, welche Rolle den Affekten für das Entstehen psychischer Traumata und Beeinträchtigungen der Ich-Entwicklung zuzuschreiben ist, wurde vielfach nachgegangen (Spitz 1945, 1946a, 1946b, 1950, 1964; A. Freud 1951, 1967; Greenacre 1952b, 1967; Rangell 1968; Weil 1978; Ritvo 1981). Diese Autoren beschreiben verschiedenste schädliche Einflüsse, die traumatischen Situationen entspringen; dazu sind all jene situativen Gegebenheiten zu zählen, die „als eindeutig ungünstig, schädlich oder in höchstem Maße verletzend für die Entwicklung des kleinen Kindes zu gelten haben" (Greenacre 1976, S. 128). In jüngerer Zeit hat sich Shengold (1989) mit den potentiell traumatisierenden Auswirkungen von Mißbrauch und Deprivation bei Kindern beschäftigt. Wiederholte, chronische und bewußte Überstimulierung, die, abwechselnd mit emotionaler Deprivation, in Zeiten völliger Abhängigkeit des Kindes von der erwachsenen Umwelt stattfinde, führe zu jener quälenden Verbindung von Hilflosigkeit und Wut. Der Preis des Überlebens ist die Abtötung der Gefühle. Ihre Träume seien bevölkert mit Menschen ohne Gesichter, beschreibt eine Patientin ihre Form der Anpassung an das überwältigende Trauma, das Shengold in seinen Auswirkungen als „Seelenmord" bezeichnet.

Da die Toleranzgrenze für den Einfluß störender Umweltreize und unlustvoller Empfindungen infolge von Frustration, Deprivation und quälender Überstimulierung mit zunehmender Reife und Ich-Entwicklung ansteige, so Anna Freud, sei das Kind im Säuglingsalter und in der frühen Kindheit am verletzlichsten (1967, vgl. auch Rangell 1968). Ist die Beziehung zwischen Mutter und Kind anhaltend gestört, wird das Kind den Folgen eines „Spannungstraumas" (strain trauma) ausgesetzt (Kris 1965, S. 324; vgl. „Schocktrauma"). Versagt die Mutter in ihrer Funktion als „Reizschutz" gegen die Überflutung innerer und äußerer Reize, spricht Khan (1963) von einem „kumulativen Trauma". Sowohl Spannungstraumata als auch kumulative Traumata können die Strukturierung ich-organisierender Funktionen beeinträchtigen.

Mit seinem Konzept der Signalfunktion von Affekten führt Freud einen Aspekt der Ich-Entwicklung in die Diskussion ein, der unser Verständnis des Problems der Anpassung einen großen Schritt nach vorne brachte. Die vergleichsweise geringe Intensität an Angst, die ausreicht, innere oder äußere Gefahr anzuzeigen, verhindert ein Überflutetwerden durch Gefühle, sondern ermöglicht eine bessere aktive Kontrolle und Regulierung situativer Umstände und Reaktionen unsererseits.

Diese Signalfunktion erfordert eine kognitive Einschätzung - im Sinne einer Identifizierung des Affekts, bevor er überwältigende Ausmaße annimmt. Ebenso müssen wir, ob bewußt oder unbewußt, den zugrundeliegenden Konflikt erkennen. Erinnerung und Phantasie ermöglichen dann Antizipation (Noy 1982). So kann ein Kind in einer bewußten oder unbewußten Phantasie die Folgen antizipieren, die die Befriedigung verschiedener konflikthafter Wünsche mit sich bringt; dazu können

Hilflosigkeit, Objekt- oder Liebesverlust, Schuld, Kastration oder andere schlimme Ereignisse zählen. Das Kind hat dann die Wahl, den einen oder anderen Wunsch zu befriedigen, seine Äußerung gänzlich zu unterbinden, ihn durch verschiedene Abwehr- oder Kompromißbildungen zu modifizieren oder auf andere Art und Weise das eigene Verhalten je nach Einschätzung der Gefahr anzupassen. Welchen Weg es einschlägt, ist von seiner Fähigkeit zu Frustrationstoleranz und Bedürfnisaufschub abhängig. Reichen die diesbezüglichen Kapazitäten aus, wird es mit Abwehr- oder Kompromißbildung reagieren und so einer Zunahme an heftigen Gefühlen vorbeugen, die damit auf ein erträgliches Maß reduziert werden. Die eigenen Affekte als Signal für Verhaltensmodifikationen einzusetzen und dadurch die Intensität der Gefühle so niedrig wie möglich zu halten, setzt beim Kind ein gewisses Maß an Ich-Reife und Ich-Stärke voraus.

Die vierjährige Susie spielt Mutter und Kind; das kleine Baby ist böse, deshalb tötet es die Mutter. Am darauffolgenden Tag gelingt die Verschiebung von Haß und Todeswünschen gegen ihre Mutter weniger. Via Projektion werden die heftigen Impulse in ihrer Beziehung zur Analytikerin als Übertragungsfigur erlebt; die mit dem Konflikt verbundene Angst wirkt überwältigend und setzt ihre Fähigkeit zur Kontrolle außer Kraft. Voller Panik läuft sie in das Zimmer der Analytikerin: „Faß mich ja nicht an, du böses kleines Mädchen!“ Voller Herausforderung ergreift sie eine Schere und versucht, die Analytikerin anzugreifen, bricht dann aber in hemmungsloses Schluchzen aus und verkriecht sich unter einem Stuhl, als man ihr die Schere wegnimmt. Das hilflose Schluchzen dauert mehrere Minuten, bis sie das Angebot einer ruhigen Geschichte annehmen kann.

Der (ebenfalls) vierjährige Johnny spielt, daß seine Familie und die Familie der Analytikerin gemeinsam eine Bootsfahrt unternehmen. Die Analytikerin soll das Abendessen ankündigen, begeht jedoch einen Fehler und sagt etwas Falsches. Außer sich wirft Johnny die Puppe, die die Analytikerin darstellt, über Bord, wo sie von einem Wal verschlungen wird. Plötzlich verspürt Johnny den Drang zu urinieren und als er zurückkommt, kann er sich nicht mehr erinnern, was er im Moment zuvor gespielt hatte.

Mit ihrer gering ausgebildeten Fähigkeit, ihre Gefühle zu identifizieren, fühlt sich Susie hilflos und sucht nach äußerer Unterstützung, sie zu regulieren. Johnny hingegen war in der Lage, sowohl seine wachsende Wut als auch seinen phantasierten Vergeltungsschlag wahrzunehmen, was zu einem Moment der Angst führte. Er nutzt die Wahrnehmung seiner Angst zusammen mit seiner Phantasie (Antizipation des Verlustes seiner geliebten Therapeutin, oder ihrer Liebe, oder Kastration, sowie das schmerzliche Gefühl der Trauer und Schuld, das er dann empfinden würde) und entwirft eine entsprechende Abwehrstrategie (Flucht und Verdrängung). Diese Reaktion bewahrt ihn vor emotionaler Überflutung und Hilflosigkeit und schützt sein Ich. Johnnys momentanes affektives Erleben erleichtert die Funktionstätigkeit des Ichs, indem es seine Reaktion organisiert.

Obwohl unsere Beschreibung des zweiten Beispiels auf einen zum Teil bewußten Signalfaffekt schließen läßt, ist seine Manifestation doch häufiger unbewußt. Sobald sich das Affektgeschehen an bestimmte Konflikte knüpft, könne jeder der damit verbundenen Aspekte - in Form somatischer, emotionaler, expressiver Anteilte oder aber in Form bestimmter Assoziationen oder Phantasien - der völligen oder teilweisen Verdrängung anheimfallen (Arlow 1977). Die Angst vor möglichen Konsequenzen dauerte bei Johnny nur einen kurzen Augenblick. Mit Fortschreiten der Entwicklung läuft die Signalfunktion mehr oder weniger automatisch ab. Eine häufige Folge analytischer Therapie besteht ja gerade darin, daß wir unsere Gefühle und die daran geknüpften unbewußten Phantasien bewußter wahrnehmen.

Ausbildung und Einsatz von Signalaffekten sind keine vorgegebene Konstante; Signalfunktion und Affekt gehen nicht automatisch miteinander einher, sondern ihre Verknüpfung stellt eine wichtige entwicklungsmäßige Errungenschaft dar. Signalaffekte, deren Ausbildung in der Regel im dritten Lebensjahr beginnt, dienen der Adaptation, da sie vor dem Überwältigtwerden durch Zustände der panischen Hilflosigkeit schützen. Mit zunehmender Ich-Entwicklung kommt es auch zu einer Erweiterung und Differenzierung der Affekte und ihrer Wahrnehmung, was wiederum von größerer Selbstregulierung und Kontrolle über die desorganisierenden Auswirkungen der Affekte begleitet wird. Pathologische Zustände, in denen Gefühle wiederholte Male als überwältigend erlebt werden, weisen auf eine fehlerhafte Signalfunktion und eine gestörte Funktionstätigkeit des Ich hin (vgl. z. B. Ritvo 1981). Nach Greenacre (1941) ist eine Ursache dieser beeinträchtigten Funktionstätigkeit des Ichs im frühkindlichen Affektgeschehen zu suchen. Schwere Traumata, Überstimulierung, die Erfahrung anhaltender Frustration und körperlicher Spannungszustände bedrohen die Entwicklung des noch schwachen Ichs. Als Folge davon wirken Affekte überwältigend und desorganisierend, anstatt das Ich in seinen strukturierenden und regulativen Funktionen zu stützen. Auf neurophysiologischer Ebene kann es zu einer besonderen Empfindlichkeit gegenüber physiologischen Angstreaktionen kommen; Greenacre vermutet hier die Ausbildung einer „Prädisposition zu Angst“, die - verbunden mit konstitutionellen Faktoren - den Schweregrad neurotischer Störungen noch erhöhen könne (vgl. auch James 1960; Weil 1978).

Affekte und Objektbeziehungen

Unser gegenwärtiges Verständnis der Interrelation von Affekten und Objektbeziehungen basiert auf dem Konzept der Reziprozität zwischen Mutter und Säugling von René Spitz (1962, 1963). Darin hebt er vor allem die Bedeutung des affektiven Dialogs hervor, eines grundlegenden wechselseitigen und bedeutungsreichen Kommunikationsprozesses zwischen Mutter und Säugling, der beide Interaktionspartner beeinflußt und die Basis entstehender Objektbeziehungen darstellt. Wie von uns bereits an anderer Stelle erläutert, stellte Spitz dieses Konzept in der Diskussion um Harlows berühmte Affenexperimente vor, die auf dramatische Art und Weise vor Augen führten, daß das Fehlen eines affektiven wechselseitigen Dialogs zwischen dem Affenbaby und seiner „Drahtmutter“ einen verheerenden Einfluß auf die Entwicklung des Affenjungen hatte.

Die Reziprozität zwischen Mutter und Säugling ist die Grundlage für die Entwicklung des Selbstempfindens und der Objektbeziehungen. Kann diese Reziprozität nicht hergestellt oder aufrechterhalten werden, kommt es zu affektiven Beeinträchtigungen und Entwicklungsstörungen verschiedener intrapsychischer Systemen, wie Anna Freud (1941, 1942, 1949), Spitz (1946a, 1946b), Harlow (1960a, 1960b), Harlow und Zimmermann (1959), Bowlby (1960b, 1961, 1986) und andere Forscher aufzeigen konnten.

Verschiedene Forschungsarbeiten, in denen die Rolle des Affektspiels in der reziproken Beziehung zwischen Mutter und Säugling untersucht wurde, haben aufschlußreiches Material zutage gefördert. So scheinen Mütter vorab darauf „eingestimmt" (pretuned), auf die (von ihnen als solche wahrgenommenen) gefühlshaften Äußerungen ihrer Säuglinge zu antworten. Unmittelbar nach der Geburt sind es vor allem endogen bestimmte, zustandsregulierte und reflexhafte Verhaltensmuster, so wie Ruhe oder Verspieltheit, die das beobachtbare Verhalten des Neugeborenen bestimmen. Zu diesen ersten Ausdrucksmustern gesellen sich allmählich mehr und mehr mimische Äußerungen, Laute und Körperbewegungen. Äußerungen dieser Art, von denen die Mutter auf den inneren Zustand ihres Babys schließt, tragen dazu bei, die narzißtische und empathische Identifikation der Mutter mit ihrem Säugling zu stabilisieren. Das wechselseitige affektive Feedback-System, das zwischen dem Säugling und seiner Umwelt entsteht, wird somit durch dessen Verhalten gefördert und stellt eine Errungenschaft dar, die sein Überleben sichert (Basch 1976; Call 1984).

Auch Säuglinge sind darauf „eingestimmt" (attuned), die Gefühle der Mutter zu lesen, und ihr Verhalten weist darauf hin, daß sie geradezu nach gefühlshaften Äußerungen im Gesicht der Mutter suchen. Wie bereits in einem früheren Kapitel ausführlich beschrieben, löst das regungslose Gesicht der Mutter inmitten einer gemeinsamen Interaktionssequenz beim erst drei Monate alten Säugling heftige Reaktionen aus: Wütend zieht er sich angesichts der Ausdruckslosigkeit der Mutter zurück, um kurz darauf einen neuerlichen Versuch zu unternehmen, sie für die gemeinsame Interaktion zu gewinnen (Tronick et al. 1978). Im Verlauf der zweiten Hälfte des ersten Lebensjahres kommt es zur emotionalen „Rückversicherung" (checking back) und zum emotionalen „Auftanken" (refuelling) (Mahler et al. 1978) des Säuglings, der sich dafür offensichtlich seiner Wahrnehmung mütterlicher Gefühlsäußerungen bedient. Das gleiche gilt für den affektiven Austausch des sogenannten „Social Referencing", in dessen Verlauf der Gesichtsausdruck der Mutter dem Säugling als Hinweis dafür dient, wie er sich in einer für ihn neuen und fremdartigen Situation verhalten soll (Sorce et al. 1981; Emde & Sorce 1983).

Stern beschreibt mit seinem Konzept der „Affektabstimmung" (affect attunement) seine Sicht der Wechselseitigkeit zwischen Mutter und Säugling. Affektabstimmung bezieht sich auf die Fähigkeit der Mutter, ihr Verhalten dem Rhythmus, der Intensität und dem inneren emotionalen Zustand ihres Säuglings anzugleichen, ohne dessen Verhaltensäußerungen exakt zu imitieren (1984, S. 7). Eine nicht gelungene affektive Einstimmung führt zu deutlichen Störungen in der Befindlichkeit oder im Spiel des Säuglings. Die große Bedeutung für eine günstig verlaufende

Entwicklung liegt nach Stern darin, daß die Erfahrung gelungener Affektabstimmung den Säugling in die Lage versetzt zu erkennen, „daß innere Gefühlszustände Arten menschlicher Erfahrung sind, die mit anderen teilbar sind“ (1985, S. 151). Da Affektabstimmung über nonverbale Metaphorik funktioniere, stelle es einen notwendigen Schritt in der Symbol- und Sprachentwicklung dar. Daniel Stern hat somit das ursprünglich von Spitz entworfene Konzept des affektiven Dialogs zwischen Mutter und Säugling um zahlreiche Details ergänzt, die dieses dichte Interaktionsgeschehen prägen.

Zusammenfassung

Unser kurzer Abriß theoretischer Ansätze, die sich der Erforschung des menschlichen Affektgeschehens widmen, hat gezeigt, daß das Interesse an diesem Bereich nicht auf die Psychoanalyse beschränkt ist. Dafür sprechen die zahlreichen Theorien, die in den vergangenen hundert Jahren in den verschiedensten Disziplinen zu diesem Thema entworfen wurden, davon legen jedoch auch die vielen kontrovers diskutierten Fragestellungen Zeugnis ab, die die Affekttheoretiker beschäftigen. Die psychoanalytische Betrachtungsweise hält hierbei an ihrer Auffassung fest, daß intrapsychische Bedeutung(szuschreibungen) und affektives Erleben nicht als Folge der Bewegung bestimmter Gesichtsmuskeln oder Neuronentätigkeit existieren. Aufgrund ihrer individuellen Beziehung zum Triebgeschehen, zur Ich-Entwicklung und zum Objektbeziehungsgeschehen, erlangen Affekte für jeden einzelnen im Laufe seiner Entwicklung eine eigene Bedeutung.

Im folgenden Kapitel möchten wir näher auf die Entwicklung von Affekten und ihrer Funktionstätigkeit eingehen und uns insbesondere der Entwicklung der Signalfunktion von Affekten zuwenden.

Kapitel 9

Die Entwicklungsgeschichte der Affekte

Das Schreien des Neugeborenen signalisiert der Mutter die Bedürftigkeit ihres Kindes und entlockt ihr entsprechende affektive Reaktionen. Welcher Art diese sind, wird von den Phantasien und Gefühlen bestimmt, die das Schreien ihres Babys in ihr auslöst (Call 1984). Die umgekehrte Situation - der Säugling, der die mütterlichen Reaktionen im Kontext seiner Bedürfniszustände wahrnimmt - wird für ihn erst nach und nach subjektive Bedeutung erlangen; so wie auch seine eigenen Gefühle, die er der Mutter über sein Schreien oder seinen mimischen Ausdruck mitteilt, erst allmählich subjektive Bedeutung annehmen werden.

Die Fähigkeit, Affekte im Sinne einer Signalfunktion einzusetzen, wird erst im Laufe der Zeit entwickelt. Die systematische Beobachtung von Säuglingen während der ersten Wochen nach der Geburt (z. B. Spitz 1950; Brody & Axelrad 1970) liefert keinen Hinweis dafür, daß in dieser frühen Entwicklungsphase die für den Einsatz eines Signalaffekts nötige Ich-Funktion vorhanden ist - d.h. die Fähigkeit, Wahrnehmung, Gedächtnis, Erinnern und Verhalten i.S. einer Reaktion zu integrieren (Freud 1926). Obwohl das Neugeborene über beeindruckende perzeptuelle Fähigkeiten verfügt, kommt es erst im Laufe der Zeit zu einer Integration der oben genannten Faktoren (Sander et al. 1979).

Wie nehmen Mütter den affektiven Ausdruck ihrer Säuglinge wahr? Dieser Frage ging Emde (1984) in einer Querschnittstudie nach, deren Stichprobe 611 Mütter und Kinder im Alter bis zu 18 Monaten umfaßte. Die meisten der befragten Mütter berichteten von deutlichen Bekundungen von Interesse, Freude, Verzweiflung, Überraschung, Ärger und Furcht, die sie an ihren drei Monate alten Babys wahrzunehmen vermochten. Allerdings - und hierin besteht eine methodische Schwierigkeit, die allen Beobachtungsstudien innewohnt, die das affektive Verhalten von Säuglingen erforschen - treffen wir auch hier auf die nicht zu vermeidende Tendenz, dem Säugling einen von seinem Gesichtsausdruck abgeleiteten inneren emotionalen Zustand zuzuschreiben. Die Interpretation ist häufig durch die im erwachsenen Beobachter ausgelöste Reaktion einseitig beeinflußt. Die gleiche Gefahr eines Bias besteht, wenn der Beobachter den emotionalen Zustand des Säuglings danach zu bestimmen sucht, was er wohl selbst in einer ähnlichen Situation empfinden würde oder wie er sein eigenes Verhalten oder seinen eigenen Gesichtsausdruck danach ausrichten würde. Dieser Gefahr der Adultomorphisierung erlag Darwin, der die unterschiedlichen Konfigurationen des Gesichtsausdrucks nicht als expressive *Reaktionen* erkannte, deren zugrundeliegende Bedeutung in einem jeweils unabhängigen Interpretationsschritt bestimmt werden muß (Basch 1976, S. 719).

Der affektive Ausdruck über die Gesichtsmimik spiegelt eine angeborene Fähigkeit zu kommunzieren wider; insgesamt betrachtet stellt er jedoch nur einen Aspekt einer ganzen Reihe affektiver Ausdrucksmöglichkeiten dar, die im Laufe der Entwicklung im Kontext zunehmender Umwelterfahrungen eine Rolle spielen. Die gesamte Affektstruktur einer Person - Assoziationen und subjektive Empfindungen miteingeschlossen - erfahren somit eine zunehmende Differenzierung, selbst wenn eine mimische Äußerung der betreffenden Person und der Gesichtsausdruck einer anderen Person als identisch beurteilt werden. Bestimmte psychopathologische Zustände zeigen, daß die Verbindung zwischen Gesichtsausdruck, Emotionen und Affekten keine zwangsläufige sein muß. In dieser wie in anderen Entwicklungslinien sind es unzählige kleine Schritte und Schnittstellen, die die Gesamtheit affektiven Erlebens bestimmen.

Vergleichbar unserem Bedürfnis, den affektiv-emotionalen Zustand des Säuglings aus seiner Mimik abzuleiten, ist die Tendenz, Säuglingen und Kleinkindern bestimmte *Intentionen* zuzuschreiben, etwa die Absicht zu kommunzieren. Natürlich hat das Schreien des Säuglings expressive und kommunikative Bedeutung; ebenso kann davon ausgegangen werden, daß die Äußerung von Affekten das Verhalten der Pflegeperson beeinflußt und steuert (z. B. Wolff 1959; Rycroft 1968; Bowlby 1978). Die verschiedenen kognitiven Fertigkeiten bzw. deren Integraton, die zur intentionalen Kommunikation notwendig sind, sind zum Zeitpunkt der Geburt noch nicht vorhanden, sondern entwickeln sich erst allmählich. Solange das Kind nicht in der Lage ist, von sich aus Kommunikation einzuleiten, betrachten wir das tief verwurzelte Bedürfnis des Menschen, emotionale Zustände zu attribuieren, zu projizieren oder zu externalisieren als notwendige Komponente des „good-enough-mothering" (Winnicott 1967), des optimalen „affektiven Klimas" (Spitz 1947) und der „durchschnittlichen zu erwartenden Umwelt" (Hartmann 1939).

Das Lächeln

Das einnehmende Lächeln eines Babys verfügt über die unerhörte Macht, den Beobachter glauben zu machen, seine Gefühle stimmten mit jenen des Säuglings überein. J. M. Barrie hat dies in seinem Buch *Peter Pan* so ausgedrückt: „Wenn nämlich ein kleines Kind zum ersten Mal lachte, zerbrach sein Lachen in tausend Teilchen, die um die ganze Welt herumwirbelten und nach und nach Elfen wurden." Es überrascht also nicht, daß das soziale Lächeln des Säuglings als Wohlbefinden gedeutet wird, ebenso wie wir seinem Weinen oder Schreien die Affekte des Schmerzes, der Wut oder des Ärgers zuschreiben. Spitz (1959) betrachtete das soziale Lächeln als erstes organisierendes Prinzip der Ich-Entwicklung. Am Lächeln des Säuglings wird jedoch auch beispielhaft deutlich, wie mimische Ausdrucksformen, die bereits kurz nach der Geburt verfügbar sind, einer allmählichen Differenzierung unterliegen und erst später mit angenehmen, lustvollen Empfindungen und der Intention zu kommunizieren verknüpft werden.

Emde und Harmon (1972) beschreiben zwei „Systeme" des Lächelns. Das *endogene* System, das bereits zum Zeitpunkt der Geburt exisitiert, funktioniert lediglich auf der Grundlage bestimmter physiologischer Faktoren. Es ist zu beobachten, wenn der Säugling schläfrig ist bzw. schläft, unabhängig davon ob er zuvor gefüttert oder gestillt wurde, und steht mit der sogannten REM-Phase des Schlafes in Verbindung. Das endogene Lächeln bei Säuglingen mit schweren angeborenen Hirnschädigungen ist dem Lächeln gesunder Säuglinge vergleichbar (Harmon & Emde 1971; Oster 1978). Es nimmt im Laufe des zweiten bis dritten Lebensmonats ab.

Das *exogene* oder soziale Lächeln hingegen erfolgt als Reaktion auf Außenreize. Es zeigt sich, wenn auch unregelmäßig, zum ersten Mal gegen Ende des ersten Monats; da es über das motorische Muster des endogenen Lächelns läuft, kann es hier zu zeitlichen Überschneidungen kommen. Wie Freedman (1965) in seinen Zwillingsstudien aufzeigen konnte, ist der Zeitpunkt des ersten Auftretens des exogenen Lächelns genetisch vorbestimmt: Die eineiigen Zwillingspaare seiner Studie wiesen diesbezüglich eine höhere Konkordanzrate auf als die zweieiigen Zwillingspaare. Spitz und Wolf (1946) wiederum konnten in ihren bahnbrechenden Studien zeigen, daß trotz einer gewissen Außenreizabhängigkeit des exogenen Lächelns, vor allem die Darbietung einer bestimmten *Gestalt* menschlicher mimischer Elemente regelmäßig das exogene Lächeln des Säuglings hervorrufen konnte: Diese Gestalt setzte sich zusammen aus Nase, zwei Augen, Stirn und einem gewissen Maß an Bewegung, z. B. Nicken; die Darbietung erfolgte *en face*. Wurde diese mimische Konfiguration im Profil gezeigt oder fehlte einer ihrer Elemente, verschwand das Lächeln auf dem Gesicht des Säuglings. Das dargebotene Gesicht mußte nicht unbedingt menschlicher Natur sein; die gleiche Reaktion konnte mit sorgfältig präparierten Masken oder sogar Luftballons hervorgerufen werden. Es dauert nicht lange bis zur Stabilisierung eines undifferenzierten exogenen Lächelns; später wird jedoch das Gesicht der Mutter, zu der nun eine feste Bindung besteht, zum verläßlichsten Auslöser des sozialen Lächelns. Wie schnell danach das undifferenzierte Lächeln verschwindet, ist von den Bedingungen abhängig, in denen das Kind aufwächst.

Wir sehen also, daß trotz verfügbarer „Ausstattung" das Lächeln des Neugeborenen nicht als Ausdruck lustvoll-angenehmer Erfahrungen respektive als Wunsch, diese zu kommunizieren, gedeutet werden kann; ebensowenig dürfen wir es als Beleg für stattfindende Interaktion mit einer anderen Person verstehen: Funktionen dieser Art übernimmt das Lächeln erst zu einem späteren Zeitpunkt. Wir sehen auch, daß der zweite genannte Modus des Lächelns - in Form einer stereotypen, undifferenzierten emotionalen „Aussage" - als Reaktion auf einen bestimmten visuellen Reiz einsetzt. Von einer psychologischen Bedeutung des Lächelns kann somit erst dann die Rede sein, wenn es, in Verbindung mit entsprechenden Auslösereizen und perzeptiv-diskriminatorischen Ich-Fähigkeiten, bereits eine bestimmte Entwicklung durchlaufen hat. Das bloße Lächeln allein sagt nichts über den jeweiligen Gefühlszustand des Säuglings aus.

Psychische Bedeutung und Gedächtnis

Wann gewinnt das anfänglich stereotype und undifferenzierte Lächeln psychische Bedeutung? Der frühe Gesichtsausdruck des Säuglings enthält für Anpassung und Überleben biologisch bedeutsame Botschaften (Emde, Gaensbauer & Harmon 1976; Emde 1980a, 1980b), deren psychische Assoziierung jedoch erst allmählich, mit Erfahrungen der Bedürfnisbefriedigung und -frustration stattfindet. Daran knüpft sich jedoch schon bald das Bedürfnis nach menschlicher Interaktion, wenn entsprechende Erinnerungsspuren bestehen und der Säugling die Befriedigung seiner Bedürfnisse mit der Anwesenheit einer Pflegeperson mehr und mehr in Verbindung bringt. Welche Voraussetzungen müssen nun in welchem Alter gegeben sein, damit der Säugling dieser Verbidung zwischen Bedürfnisbefriedigung, Anwesenheit einer Pflegeperson und lustvoller Empfindung herstellen kann? Das Zusammentreffen dieser drei Komponenten und ihre affektive Bedeutung, die sie für den Säugling erlangen, gehen der weiteren Affektentwicklung und -differenzierung voran.

Wie wir aus einfachen Säuglingsbeobachtungen ersehen können, werden die genannten Verknüpfungen mit Hilfe des Gedächtnisses hergestellt. Ein drei Monate alter Säugling, der beim Anblick eines menschlichen Gesichts „zuverlässig" lächelt, könnte auf eine Verbindung zwischen der Erfahrung von Lust und dem Anblick der Mutter schließen lassen. So wissen wir aus den Untersuchungen von Montagner (1983), daß ein drei bis vier Monate alter Säugling zwischen seiner Mutter und unbekannten Personen mit Hilfe visueller und anderer Wahrnehmungsmodi - z. B. den Geruch - unterscheiden kann; andererseits lehren uns Spitz und Wolf (1946), daß die dargebotene visuelle Reizkonfiguration unspezifisch sein kann und nicht unbedingt ein menschliches Wesen darstellen muß. Wir können also davon ausgehen, daß die psychische Bedeutung eines Affekts mehr voraussetzt als einen Gedächtnisspeicher für das Wiedererkennen von Gesichtern. Wahrscheinlich ist es die Fähigkeit des Säuglings, zwischen seiner Mutter und anderen Personen auf der Grundlage mütterlicher Wesenszüge zu unterscheiden (McDevitt 1975), die den Kontext für diesen Bedeutungserwerb bereitstellt - eine Fähigkeit, die mit der Entwicklung des evokativen Gedächtnisses zunimmt. Eine differenzierte Betrachtung des mütterlichen Gesichts - d.h. in erster Linie ihrer Augenpartie - setzt mit etwa sieben Wochen ein (Haith et al. 1977), so daß der Säugling über Wochen und Monate wiederholt den zahlreichen veränderlichen und unveränderlichen Details des mütterlichen Gesichts ausgesetzt ist, die dann in den allmählichen Aufbau der mütterlichen Repräsentanz einfließen.

Zahlreiche Beobachter stimmen darin überein, daß zwischen einer Mutter und ihrem vier bis fünf Monate alten Säugling eine stabile und spezifische Bindung besteht; im Alter von sieben bis acht Monaten sind seine „Verlautbarungen", daß er die Mutter (während ihrer Abwesenheit) vermißt, unmißverständlich; sie kann nun nicht mehr ohne weiteres „ausgetauscht“ werden (McDevitt 1975). Reaktionen dieser Art weisen auf den Beginn des evokativen Gedächtnisses hin, eine Entwicklungsleistung, die Piaget (1936) erst um den 18. Lebensmonat herum erreicht sah, wenn das Kind über die Fähigkeit verfügt, sich etwas vorzustellen und wenn seine Sprachentwicklung eingesetzt hat. In Forschungsarbeiten jüngeren Datums wurden wiederum nicht-sprachgebundene Gedächtnissysteme der frühen Kindheit untersucht (vgl. die Überblicksarbeit von Stern 1992). Nachman und Stern (1984) lieferten Belege für die frühe Existenz eines affektiven Gedächtnissystems, die darauf schließen lassen, daß das affektive Erleben bereits im Alter von sieben Monaten die Erinnerungsfähigkeit fördert (dieser Zeitraum wurde bereits von McDevitt genannt). Gedächtnisleistungen dieser Art würden somit eine wesentliche Rolle bei der Verarbeitung affektiver Komponenten zu psychischen Repräsentationen spielen und die Auffassung Spitz' bestätigen, derzufolge die Entwicklung psychischer Funktionstätigkeit „auf affektivem Austausch basiert“, der wiederum als „Wegbereiter der Entwicklung“ anzusehen ist (Spitz & Cobliner 1965, S. 140).

Fremdenangst

Über das sogenannte *Fremdeln* ist in der Literatur vielfach berichtet worden (vgl. die Überblicksarbeit von Emde 1980c).[16]

Spitz bezeichnete das Auftreten der Fremdenangst als „zweites psychisches Organisationsprinzip“ und interpretierte es als Ausdruck libidinöser Objektkonstanz. Die aversive Reaktion des Säuglings auf eine fremde Person und seine Zuwendung zur Mutter bestätige, daß der Säugling nunmehr zwischen 'vertraut' und 'fremd' zu unterscheiden wisse und die Mutter der fremden Person vorziehe. Die Wahrnehmung des fremden Gesichts gehe außerdem mit der Angst einher, die Mutter zu verlieren. Wir wissen heute, daß der Säugling zwischen dem Gesicht der Mutter und dem einer fremden Person bereits vor dem siebten bis neunten Monat unterscheiden kann; darüber hinaus sind Reaktionen auf Trennungserlebnisse weitaus weniger vorhersehbar oder konsisent zu beobachten als Fremdenangst und haben ihren Höhepunkt nicht vor der zweiten Hälfte des zweiten Lebensjahres (Emde et al. 1976). Die Erklärungen, die Spitz zum Auftreten der Acht-Monats-Angst anbietet - im Sinne kognitiver Diskrepanzen oder Trennungsreaktionen - sind somit unzureichend und ungenau.

Seine Beobachtung allerdings, derzufolge das Fremdeln einen bedeutsamen Entwicklungsschritt darstellt, bleibt unumstritten. Wie wir aus entsprechenden Studien

16 Anm.d.Übers.: Die Autoren gehen im englischen Original näher auf die englische Bezeichnung *'stranger distress'* für Fremdenangst bzw. Fremdeln ein: Der beobachtbaren Angstreaktion, die Spitz als *'anxiety'* (i.S. von ängstlicher Sorge, Befürchtung) sei der Terminus *'distress'* (i.S. von Verzweiflung) vorzuziehen. 'Anxiety' impliziere sowohl eine an die Angst gekoppelte Vorstellung oder Phantasie - etwa im Sinne einer zu fürchtenden Konsequenz - als auch einen zugrundeliegenden Konflikt; beide, Phantasie und Konflikt, setzen repräsentatives Denken voraus, das sich jedoch erst zu einem späteren Zeitpunkt entwickelt.

ersehen können, ist die Äußerung der einzelnen Emotionen von der Reifung des ZNS abhängig und erfolgt entlang einer stabilen Entwicklungssequenz. Daran scheinen auch bestimmte kognitive Fähigkeiten geknüpft. Äußerungen von Lust und Unlust sind deutlich im Alter von zwei bis drei Monaten zu beobachten, Angst, Überraschung und Ärger jedoch erst nach dem siebten bis achten Lebensmonat, jener Zeitraum, in dem auch die Verknüpfung von „Mittel und Zweck" ihren Anfang nimmt (Emde 1980b; Emde et al. 1976). Entsprechend ist das Auftreten von Fremdenangst ein Hinweis für die Verbindung zwischen Mittel-Zweck-Beziehungen, der Antizipation von Unlust, einer gefühlsmäßigen (angstvollen) Antwort und Vermeidungsverhalten. Die Intensität kindlicher Angst wurde auch mit der Qualität der Mutter-Kind-Bindung in Beziehung gesetzt, d.h. je sicherer die Bindung, desto geringer Angst und Verzweiflung des Kindes (Mahler & McDevitt 1968; Bowlby 1969; Rheingold 1969; Ainsworth et al. 1978).

Die Reaktionen der Mutter erlangen nun eine neue Bedeutung für das Kind. Obgleich sich der Säugling seiner eigenen Affekte noch nicht als Signale bedienen kann, ist das sogenannte „Social Referencing" zu beobachten, dessen Entwicklung in der zweiten Hälfte des ersten Lebensjahres einsetzt (und das gesamte Leben über andauert). Situationen und Menschen, die ihm fremd sind, veranlassen den Säugling, sich um emotionale Information an die Mutter (oder einen bedeutsamen Anderen) zu wenden. Dem affektiven Ausdruck der Mutter entnimmt er, ob sie die Situation als sicher oder bedrohlich einschätzt. Eine entsprechende experimentelle Anordnung liegt von Sorce et al. (1981) und Emde & Sorce (1983) vor. In einer unvertrauten Situation orientiert sich das Baby am affektiven Ausdruck der Mutter: Lächelt die Mutter aufmunternd, ist die Situation ungefährlich und das Baby setzt seine Exploration fort. Ist der Gesichtsausdruck der Mutter hingegen besorgt oder ängstlich, bricht das Kind in Tränen aus und kehrt zur Mutter zurück. Das affektive Signal der Mutter - so die Schlußfolgerung der Forscher - bestimmt das nachfolgende Verhalten des Kindes.

Die Beobachtungsstudien zur Untersuchung des „Social Referencing" zeigen, daß die emotionale Verfügbarkeit der Mutter für die kindliche Ich-Entwicklung in zweifacher Hinsicht wesentlich ist. Die Mutter übernimmt zum einen wichtige Hilfsich-Funktionen für ihr Kind, ihre beruhigenden oder warnenden affektiven Reaktionen führen somit dazu, daß das Kind nach und nach die Fähigkeit entwickelt, Situationen selbst angemessen einzuschätzen. Zum anderen schützen die affektiven mütterlichen Interventionen das verletzliche Ich des Kindes vor den traumatisierenden Auswirkungen überwältigender Panik. Diese Beobachtungen unterstützen Spitz und seine These, daß das Auftreten von Angst (d.h. Fremdenangst, Anm.d.Übers.) daran gebunden ist, daß die Mutter libidinöse Objektkonstanz für das Kind besitzt, die das Urvertrauen des Kindes fördert. Die Mutter ist nun eine verläßliche Quelle kontinuierlicher Sicherheit. Anstelle desorganisierender Panik in unvertrauten Situationen erlebt das Kind das beruhigende Lächeln der Mutter als Ansporn, die neue Situation zu erkunden. Fremdenangst und „Social Referencing" werden somit zur Grundlage für die spätere Fähigkeit des Kindes, sich seiner eigenen Affekte und ihrer Signalwirkung zu bedienen.

Affekte als vielschichtige psychische Erfahrungsmodi

Wir verstehen Affekte als psychische Strukturen, die sich aus motivationalen, somatischen, emotionalen, expressiven und kommunikativen Komponenten zusammensetzen und an kognitive Inhalte, etwa eine gedanklichen Assoziation, gebunden sind. Im Laufe der Entwicklung kommt es zur Differenzierung des affektiven Verhaltens des Kindes und seiner emotionalen Äußerungen, was angemessene Reaktionen seitens der Pflegepersonen hervorrufen soll. Die kindlichen affektiven Äußerungen reichen jedoch noch nicht für eine realitätsorientierte Anpassung an die Welt außerhalb des mütterlichen Radius. Die Fähigkeit zur psychischen Repräsentation von gedanklichen Vorstellungen und Erinnerungen sowie die Bildung von Phantasien und Wünschen (die wiederum abhängig ist von der Fähigkeit, daran geknüpfte gedankliche Vorstellungen zu bilden), führen dazu, daß das Kleinkind affektive Verhaltensreaktionen sowie deren physiologisches Pendant mit diesen Vorstellungen und Phantasien assoziiert. Das eigene Verhalten sowie das anderer Personen erlangt nunmehr eine neue Bedeutung. Diese Verknüpfung von affektiven Verhaltensmustern mit Erinnerungen und Vorstellungen (ob bewußt oder unbewußt) lassen aus dem Affekt eine psychische Erfahrung werden. Ist ein Gefühl an eine Vorstellung gebunden, kann es schließlich auch verbalisiert werden. Somit verfügt das Ich über die Möglichkeit, dieses Gefühl leicher zu erkennen, zu regulieren, abzuwehren und zu kontrollieren; die psychische Aktivität ist von den unaufschiebbaren Forderungen des Gefühls entbunden.

Die entwicklungspsychologische Unterscheidung zwischen emotionaler Äußerung (emotive display) und Affekten als vielfältigen psychischen Erlebensweisen ermöglicht es, Trennungsangst oder Angst vor Objektverlust - die nach Freud (1926) erste Angst in der Entwicklung des Kindes - und Fremdenangst voneinander abzugrenzen. Diese Unterscheidung wurde durch die Formulierungen von Spitz verwischt, von Benjamin (1961a, 1963) wieder eingeführt. Das Phänomen des Fremdelns ist vorhersehbar; es basiert auf dem Auftreten von Angst und der Herstellung von Mittel-Zweck-Korrelationen. Soweit wir es beurteilen können, kommt es jedoch im Falle der Fremdenangst nicht zu einer Verknüpfung von Emotion und Phantasie. Das Phänomen der Trennungsangst hingegen folgt einer anderen und weniger konsistenten Entwicklungslinie. Bereits vier Monate alte Säuglinge zeigen Reaktionen auf Trennungserlebnisse (vgl. Burlingham & Freud 1942; Gaensbauer 1982); Angst vor Trennung, d.h. im Sinne einer antizipierenden Reaktion, hat ihren Höhepunkt im zweiten Lebensjahr (Tennes & Lampl 1964).

Angst vor einem antizipierten Objektverlust setzt die psychische Repräsentation des Objekts, des vom Objekt getrennten eigenen Selbst sowie die Fähigkeit voraus, sich die Folgen der Trennung „vorzustellen". Die Entwicklung eines vom Objekt getrennten Selbstempfindens geht mit Momenten der Hilflosigkeit einher. Das Kind spürt, daß die Anwesenheit des Objekts notwendig ist, um seine Sicherheit aufrechtzuerhalten; es antizipiert Hilflosigkeit angesichts seiner Wahrnehmung eines drohenden Objektverlustes. Zu einem sehr viel späteren Zeitpunkt kann sich die Angst vor Objektverlust zu einem neurotischen Konflikt verdichten, wenn entsprechende Phantasien über das Objekt und die für das eigene Selbst zu erwartende Konsequenzen einer Trennung vom Objekt zusammenfließen.

Die Signalfunktion der Affekte

Die entwicklungsbedingte Verknüpfung von Empfindungen und Vorstellungen sowie die Signalfunktion der Affekte verschaffen dem Kind die Möglichkeit einer besseren Affektkontrolle und -regulierung, um von den desorganisierenden Folgen starker Affekte nicht überwältigt zu werden. Im Vergleich zu den pathologischen Auswirkungen fehlender Signalfunktion (vgl. die Falldiskussionen von Hartmann 1953; Ritvo 1981; Kernberg 1985) wurde die Erforschung der normalen Entwicklung der Signalfunktion der Affekte bislang eher vernachlässigt.

Der Gebrauch der Signalfunktion basiert unserer Ansicht nach auf der erfolgreichen Internalisierung von sowie Identifizierung mit den mütterlichen organisierenden und regulierenden Funktionen. In diesem Sinne kann die Entwicklung der Signalfunktion parallel und in Relation zur Entwicklung libidinöser Objektkonstanz gesehen werden (P. Tyson 1988).

Der Gebrauch von Affekten im Sinne einer Signalfunktion setzt die Fähigkeit des Ichs voraus, einen Affekt wahrzunehmen, die Gefahr zu identifizieren und das Verhalten mit Hilfe entsprechender Abwehr- und Kompromißbildungen danach auszurichten. Dies wirft die Frage auf, was genau das Entstehen dieser Ich-Fähigkeit fördert. Bereits Freud hat sich über dieses Problem Gedanken gemacht: „Aber die Gefahren sind allgemein menschliche, für alle Individuen die nämlichen; was wir brauchen und nicht zur Verfügung haben, ist ein Moment, das uns die Auslese der Individuen verständlich macht, die den Angstaffekt trotz seiner Besonderheit dem normalen seelischen Betrieb unterwerfen können, oder das bestimmt, wer an dieser Aufgabe scheitern muß“ (1926, S. 289).

Tolpin zufolge beginnt die Fähigkeit, ein geringes Ausmaß an Angst und anderer Affekte als innere Signale für Konflikt- und Gefahrensituationen zu nutzen, mit der Reaktion der Mutter auf das affektive Verhalten ihres Säuglings (1971; vgl. auch Ritvo 1981). Struktuierung und effektiver Einsatz der Signalfunktion sind jedoch davon abhängig, daß die Mutter rechtzeitig und konsistent auf die affektiven und verhaltensmäßigen Äußerungen ihres Säuglings antwortet und mit ihren Reaktionen seine Verzweiflung mindert, ihm ein Gefühl des Wohlbefindens und der Sicherheit gibt und seine organisierenden und selbstregulierenden Ich-Fähigkeiten unterstützt. Ein erster Erfolg ihrer Bemühungen wird dann sichtbar, wenn der Säugling mit etwa acht Monaten damit beginnt, die affektiven Signale seiner Mutter als Indikatoren für eine sichere oder bedrohliche Situation zu nutzen.

Die Entwicklungskonflikte der analen Phase und der Wiederannäherungsphase gehen für gewöhnlich mit intensiven affektiven Zuständen einher, die der Mutter mehr als bisher die Fähigkeit abverlangen, Erfahrungen der Frustration und Befriedigung ihres Kindes auszubalancieren. Mehr und mehr kommt es nun zu Phantasien der von Freud erwähnten objektgebundenen Ängste - Angst vor Objektverlust, Angst vor Liebesverlust des Objekts, Angst vor der Bestrafung durch das Objekt. All diesen Phantasien ist die Vorwegnahme einer bedrohlichen Situation sowie die Repräsentation der Mutter gemein. In der Phantasie des Kindes scheint seine Sicherheit von der externen, wahrnehmbaren Anwesenheit seiner Mutter abhängig zu sein. Somit ist sie es, die ihn vor der überwältigenden Hilflosigkeit extremer Gefühlszustände schützen soll.

Die Mutter kann auf die Gefühlsäußerungen ihres Kindes mit einer Mischung aus Triebbefriedigung und angemessener Erwartungshaltung reagieren, wenn sie selbst nicht von den Forderungen oder der Verzweiflung ihres Kindes überwältigt wird. Ein regulierender Ausgleich dieser Art mindert die kindliche Verzweiflung und fördert den Aufbau von Frustrationstoleranz und selbstregulierenden Mechanismen; er versichert das Kind der bleibenden libidinösen Verfügbarkeit der Mutter, unterstützt Internalisierungsprozesse und trägt zur Entwicklung wachsender Fähigkeiten zur Affektkontrolle bei. Ohne die rechtzeitig erfolgenden Interventionen der Mutter und ohne ihre empathischen, regulierenden Reaktionen, die noch im Sinne eines Hilfsichs gebraucht werden, kann Angst zu einer Störung der Ich-Funktionstätigkeit führen; Hilflosigkeit und ein Gefühl des Verlustes libidinöser Verbundenheit mit dem Objekt, wie sie sich in den Wutausbrüchen von Kleinkindern zeigen (Yorke & Wiseberg 1976), sind die Folge. Überwältigende Hilflosigkeit dieser Art ist unserer Ansicht nach ein Ausdruck traumatischer Angst, wie sie von Freud ursprünglich konzeptualisiert wurde.

Katan (1961) weist auf die Bedeutung affektregulierender Funktionen der Sprache hin. Wenn Worte mit affektiven Erfahrungen in Verbindung gebracht werden können - etwas, das mit den elterlichen Attribuierungen von Gefühlszuständen beginnt - so entsteht für das Kind die Möglichkeit, seine Gefühle zu erkennen, zu betrachten und besser zu verstehen. Dies wiederum erweitert den kindlichen Reaktionsradius um Reaktionsmöglichkeiten, die nicht mehr nur auf Handlungen basieren; Handlungen können aufgeschoben werden und intentionaler Kommunikation Platz machen; Ich- und Selbstkontrolle, begleitet von einem Gefühl des Stolzes, werden gefördert. Lernt ein Kind nicht, seine Affekte angemessen in Worte zu fassen, so können Stärke und Komplexität affektiver Zustände und die Fähigkeit, sie auszudrücken weit auseinanderklaffen. Fehlen ausreichende Verbalisierungsmöglichkeiten, muß das Kind auf andere Ausdrucksformen, wie etwa Somatisierung, zurückgreifen; unter solchen Umständen ist die Fähigkeit, impulshaftes Handeln aufzuschieben, nur minimal ausgebildet; dies wiederum unterminiert die Entwicklung kindlicher Ich-Kontrolle und fördert, neben Konflikten mit der Umwelt, solche Erfahrungen, in denen das Kind wiederholt Hilflosigkeit und Affektüberflutung ausgesetzt ist.

Ist die Mutter in ihrer Rolle als Hilfsich erfolgreich, kann sich das Kind mit ihrer Haltung gegenüber libidinösen und aggressiven Triebregungen identifizieren; dies gilt ebenso für ihre Art und Weise, die affektiven Zustände des Kindes zu erkennen, zu benennen und angemessen regulierend auf sie zu reagieren. Mit anderen Worten, um das Gefühl der Hilflosigkeit in Abwesenheit der Mutter zu überwinden, braucht das Kind die *konstante innere Präsenz* der Mutter, an die *innerlich verfügbare regulierende und Sicherheit spendende Funktionen* der Mutter gebunden sind. Eine erfolgreiche Internalisierung sichert dem Kind bedeutsame Ressourcen für eine unabhängige Affektregulierung. Haben sich Objektrepräsentanz und die damit verbundenen fürsorglich-tröstenden Funktionen schließlich zu einer stabilen inneren Ressource entwickelt, was laut Mahler mit der Entstehung libidinöser Objektkonstanz einhergeht (Mahler et al. 1978), so wird aus der regulierenden Funktion des Objekts eine Ich-Funktion des Kindes. Dies versetzt das Kind in die Lage, seine eigenen affektiven Zustände zu erkennen, sie als Signale zu nutzen und mit seinen eigenen organisierenden, regulierenden und schützenden Aktivitäten darauf zu reagieren. In diesem Sinne ist die Fähigkeit, sich der Signalfunktion von Affekten effektiv zu bedienen, von einer erfolgreichen Internalisierung abhängig, ein Prozeß, der in der Regel parallel zum Aufbau eines gewissen Maßes an libidinöser Objektkonstanz stattfindet.

Um auf Freuds (1926) Frage zurückzukommen, so meinen wir, daß die gelungene Bewältigung des Angstaffekts von der Fähigkeit zur Selbstregulation abhängt, wie sie mit Internalisierung und dem Aufbau libidinöser Objektkonstanz einhergeht. Die Signalfunktion stärkt das Ich im Umgang mit den immer drängender werdenden Entwicklungskonflikten, insbesondere jenen, die sich um den Ödipuskomplex ranken. Die Fähigkeit, rechtzeitig auf wachsende Konfliktanforderungen zu reagieren und auf diese Weise schmerzliche Affekte innerhalb erträglicher Grenzen zu halten, ist zum großen Teil davon abhängig, ob Affekte konsistent als Signale fungieren können, um so die Funktionstätigkeit des Ichs zu organisieren.

Weitere Entwicklungslinien

Die Fähigkeit, sich der Signalfunktion von Affekten zu bedienen, kann das Schicksal ödipaler Konflikte und ihrer Verarbeitung ebenso bestimmen wie die typischen Anforderungen der Latenz und Adoleszenz. Die relative Ruhe sexuell-triebhafter Strebungen sowie der Ausbau kognitiver Fähigkeiten während der Latenzperiode finden durch die Signalfunktion von Affekten Unterstützung. Der Ausbau kognitiver Fertigkeiten wiederum fördert ein größeres Selbstbewußtsein; dazu zählt das Bewußtsein affektiven Erlebens, das für die Signalfunktion der Affekte eine weitere Stärkung bedeutet.

Während der Adoleszenz kommt es zu einer Affektlabilisierung und eine ganze Reihe phasenspezifischer Abwehrformationen sind notwendig, um mit den nun auftretenden starken Stimmungsschwankungen fertig zu werden. Obwohl Stimmungsschwankungen nicht auf den Zeitraum der Adoleszenz begrenzt sein müssen, so sind sie doch ein typisches Merkmal dieses Lebensabschnitts. Was die Verbindung zwischen Affekten und Stimmungen angeht, so treffen wir in diesem Bereich auf einige Widersprüchlichkeiten. Obgleich nur schwer in eine Definition zu fassen, so Weinshel (1970), könne man Stimmungen als relativ überdauernde, komplexe affektive Zustände betrachten, die an Erinnerungen früherer Ereignisse gebunden seien. Kommt es aufgrund bestimmter auslösender Ereignisse zu einer Reaktivierung früher Erinnerungen, so schließt dies die Antizipation bestimmter Erlebnisse mit ein und führt zu einer Mobilisierung des früheren Ich-Zustands in Form einer bestimmten Stimmung. Wie Arlow (1977) betont, kann die Wahrnehmung des auslösenden Ereignisses auch unbewußt erfolgen; die jeweilige Stimmung wird hervorgerufen, wenn das auslösende Ereignisse nur eng genug mit der zugrundeliegenden unbewußten Phantasien verbunden ist, die wiederum mit der relevanten frühen Erinnerung verknüpft sind.

Stimmungsschwankungen sind ein typisches Kennzeichen adoleszenter Ich- und Überich-Reorganisation. Sie können - ähnlich den Affekten - Signalfunktion übernehmen, jedoch auch desorganisierend auf die Funktionstätigkeit des Ichs wirken. Es ist von der jeweiligen Stärke des Ichs abhängig, ob sie das Individuum überwältigen oder ihm in ihrer Signalfunktion dienlich sind. Im Rahmen unserer Diskussion adoleszenter Ich-Entwicklung werden wir auf dieses Problem näher eingehen.

Zusammenfassung

Das Interesse an Affekten und ihrer Entwicklung ist nicht auf die Psychoanalyse allein beschränkt. Während im vorangegangenen Kapitel kurz auf die unterschiedlichen Ansätze der Affektforschung eingegangen wurde, richten wir im vorliegenden Kapitel unser Augenmerk hauptsächlich auf die intrapsychische Dimension der Affekte sowie ihre Signalfunktion. Die Fähigkeit zu emotionalem Ausdruck zählt zu den angeborenen Verhaltensmustern des Menschen. Die psychische Bedeutung dessen, was wir mit diesen emotionalen Äußerungen verbinden, wird hingegen erst allmählich erworben. Solange dies nicht der Fall ist, dienen die affektiven Äußerungen dem Säugling als Instrument, seine Bezugsperson für sich zu gewinnen: In einem interaktiven Dialog kann so affektive Reziprozität aufgebaut werden. Internalisierung *von* sowie Identifizierung *mit* mütterlichen organisierenden und regulierenden Reaktionen auf die emotionalen Äußerungen ihres Säuglings versetzen das Kind in die Lage, seine eigenen Affekte als Signal bevorstehender Gefahrensituationen zu nutzen. Affekte übernehmen so organisierende und regulierende Funktionen des kindlichen Ichs. Selbst wenn unsere Diskussion den Eindruck erwecken mag, daß die Voraussetzungen zur Entwicklung der Signalfunktion von Affekten bekannt sind, so ist dies in keinster Weise der Fall. Zahlreiche Fragen müssen unbeantwortet bleiben, was die Notwendigkeit weiterer Forschungen in diesem Bereich um so deutlicher unterstreicht. Wir hoffen jedoch, daß unsere Ausführungen gezeigt haben, daß wir es in der Diskussion menschlicher Affekte und ihrer Rolle für die psychische Entwicklung mit einem komplexen und kontroversen Konzept zu tun haben.

Teil V

Kognition

Kapitel 10

Eine psychoanalytische Betrachtungsweise kognitiver Entwicklung

Es sind die bewußten und unbewußten Vorstellungen und Phantasien, die den Reichtum und die Komplexität unserer inneren Wirklichkeit ausmachen und ihr Bedeutung verleihen. Über die Verknüpfung imaginärer Inhalte mit bestimmten Impulsen erfahren wir mehr über unsere Triebregungen und werden in unserem Bemühen unterstützt, impulshaftes Handeln aufzuschieben. Assoziationen und Phantasien verleihen unserem affektiven Geschehen seine psychologische Bedeutung und geben Aufschluß über unseren emotionalen Zustand. Da auch die jeweilige Art zu denken bestimmten Entwicklungslinien folgt, können wir über das kognitive Funktionieren einer Person - ihre Fähigkeit zu kommunizieren eingeschlossen - mehr über ihre Vergangenheit, ihre Entwicklung, ihre spezifischen Konflikte und ihre individuellen Anpassungsstrategien in Erfahrung bringen.

Das Wissen um die kognitive Entwicklung des Menschen sowie die Möglichkeit, die Entwicklung und Struktur bewußten und unbewußten psychischen Geschehens nachvollziehen zu können, sind in vielerlei Hinsicht von Nutzen. Die Verknüpfung bestimmter Vorstellungen mit Gefühlen sowie die Fähigkeit zu kommunizieren, sind so grundlegend für unser psychisches Leben, daß ein angemessenes Verständnis der Ich-Entwicklung nur über eine ausreichende Würdigung der kognitiven Entwicklung möglich ist. So ist der Niederschlag eines traumatischen Ereignisses in einem kleinen Kind nicht nur von seinen unbewußten Konflikten und Phantasien abhängig, sondern wird auch von seiner individuellen Wahrnehmung des betreffenden Ereignisses bestimmt.

> Nachdem es kurz zuvor Zeugin eines Erdbebens geworden war, begrüßt ein knapp drei Jahre altes Mädchen einen Anrufer am Telefon mit den Worten: „Hallo! Bei uns war gerade ein Erdbeben. Ich habe es nicht gemacht, Mama auch nicht, Papa auch nicht, meine Schwester auch nicht. Es hat sich selbst gemacht!" (R. L. Tyson 1989).

Aufgrund seiner unbewußten Konflikte, so vermuten wir, fühlt sich das Mädchen für das Geschehene verantwortlich und muß so seine Mitmenschen immer wieder beruhigen.

Therapeutische Interventionen, ob im Kindes- oder Erwachsenenalter, sollten immer mögliche Verzerrungen infolge unreifer kognitiver Fähigkeiten berücksichtigen. Das gleiche gilt für früh entstandene Denkmuster, die das Erleben und Verhalten des Erwachsenen ebenso nachhaltig bestimmen können wie die Inhalte vergangener Erinnerungen, Phantasien, Wünsche und Objektbeziehungserfahrungen. Sie beeinflussen den Erwachsenen in seiner Wahrnehmung des Hier und Jetzt und in seiner Reaktion auf neue Informationen. Ein Erkennen dieser Denkmuster ermöglicht dem Analytiker, seine behandlungstechnischen Interventionen besser abzustimmen.

Kognition ist ein weit gefaßter Begriff, mit dem all jene Prozesse umschrieben werden, die an der Aufnahme von Wissen beteiligt sind. Er umschließt Wahrnehmen, Erkennen, Imagination, Symbolisierung, Bewerten, Erinnern, Lernen, Denken, sowie Argumentieren. All diese Vorgänge können außerhalb unseres Bewußtseins stattfinden und ganz entscheidend der Beeinflussung unserer affektiven Zustände unterliegen.

Die Psychoanalyse unterscheidet zwei Arten des Denkens, Primärvorgänge und Sekundärvorgänge.[17] Primärprozeßhaftes Denken zeichnet sich durch Konkretismus, Verdichtung, Verschiebung, visuelle Metaphorik und Symbolismus aus; es ist zum großen Teil unbewußt und dient als Instrument, der inneren subjektiven Wirklichkeit Ausdruck zu verleihen. Primärprozeßhaftes Denken manifestiert sich über bewußte und unbewußte Phantasietätigkeit, Phantasiespiel, Tag- und Nachtträume, magisches Denken, Versprecher, Witze, sowie künstlerisch-kreative Tätigkeiten. Auch sekundärprozeßhaftes Denken kann bewußt oder unbewußt ablaufen. Seine Wesensmerkmale sind Rationalität, Ordnung und Logik. Es wird bestimmt durch verbale Symbolisierung und Realitätsanpassung.

Mit wenigen Ausnahmen - z. B. Hartmann (1939), Kris (1952) und Rapaport (1951, 1960) - hat sich das Augenmerk psychoanalytischer Forschung bislang vornehmlich auf primärprozeßhafte Vorgänge gerichtet, während die Vertreter der akademischen Psychologie sich mehr für das sekundärprozeßhafte Denken interessierten. Piaget erkannte beide Arten psychischer Funktionstätigkeit an, entschloß sich jedoch aus empririschen Gründen, seine Forschungsarbeiten auf sekundärprozeßhafte Vorgänge zu beschränken, da er die Untersuchung von Primärprozessen für zu schwierig hielt (siehe Anthony 1957). Dieser Entscheidung verdanken wir eine umfassende Theorie zur Entwicklung des logischen Denkens. Da das Interesse der Psychoanalytiker stets mehr den Inhalten primärprozeßhaften Denkens und ihrer Bedeutung galt und weniger seiner Entwicklung, verfügt die psychonalytische Theorie heute über kein umfassendes und fundiertes Konzept der Entwicklung von Primärprozessen, das zu den theoretischen Formulierungen hinsichtlich sekundärprozeß-

[17] Freuds Unterscheidung zwischen Primärvorgang und Sekundärvorgang folgt seiner Vorstellung einer chronologischen Priorität zwischen beiden Prozessen. Als *Primärprozeß* bezeichnet er jene Funktionsweisen des psychischen Apparats, wie sie seiner Ansicht nach bereits zum Zeitpunkt der Geburt verfügbar sind; davon grenzt er *sekundärprozeßhaftes Denken* ab, das an sprachliche Fähigkeiten geknüpft ist.

hafter Vorgänge in Bezug gesetzt werden könnte. Aus diesem Versäumnis leiten sich zahlreiche offene Fragen ab.

Freud entwickelte seine wesentlichen Gedanken zu den Vorgängen primär- und sekundärprozeßhaften Denkens hauptsächlich in den Jahren 1895 und 1900. Nach 1911 ergänzte er seine Formulierungen kaum noch; eine Ausnahme bildet die Einführung des Strukturmodells, in dem er den Primärprozeß aus dem Es, den Sekundärprozeß aus dem Ich ableitet (1923a). In der Nachfolge Freuds waren kognitionstheoretische Überlegungen innerhalb psychoanalytischer Theoriebildung nur dünn gesät und die wenigen, unterschiedlich erfolgreichen Versuche beschränkten sich darauf, die Theorien und Konzepte Piagets in das psychoanalytische Theoriegebäude zu integrieren (vgl. Anthony 1977; Wolff 1960; Décarie 1965; Peterfreund 1971; Silverman 1071; Basch 1977; Greenspan 1979). Da die Konzepte Piagets und andere kognitive Theorien sich nicht ausdrücklich mit unbewußten intrapsychischen Prozessen beschäftigen, sind es nach wie vor die Überlegungen Freuds zu Primär- und Sekundärvorgängen, die die Grundlage gegenwärtigen kognitionspsychologischen Denkens innerhalb der Psychoanalyse bilden.

Primär- und Sekundärvorgang

Eine der frühesten und wichtigsten Entdeckungen Freuds bestand darin, daß unbewußte psychische Vorgänge und logische bewußte Denkprozesse unterschiedlichen Regeln folgen. „Freuds revolutionärer Beitrag zur Psychologie bestand weniger darin, die Existenz eines Unbewußten aufgezeigt oder dessen Inhalte erläutert zu haben; vielmehr war es seine Entdeckung zweier grundsätzlich verschiedener psychischer Funktionsweisen, die er als Primär- respektive Sekundärvorgang bezeichnete“ (Jones 1953, S. 397).

Freud zufolge ist der Primärvorgang die Sprache des Unbewußten und unterliegt dem Lustprinzip (1895a, 1900, 1911). Diese Überlegung stimmt mit seinem Modell der Triebabfuhr und seiner Vorstellung eines psychischen Apparats, der nach Aufrechterhalung eines homöostatischen Gleichgewichts strebt, überein. Der Primärprozeß, so Freud, erleichtere die Triebbefriedigung, indem er konflikthafte Triebabkömmlinge entstelle und verzerre. Triebabfuhr und Lustgewinn sind möglich, da die triebhaften Strebungen nur in entstellter Form das Bewußtsein erreichen. Primärprozeßhafte Vorgänge in der menschlichen Psyche existieren nach Freud von Geburt an, werden jedoch mit zunehmender Entwicklung und Erfahrung von sekundärprozeßhaften Vorgängen gehemmt und überlagert. „Infolge dieses verspäteten Eintreffens der sekundären Vorgänge bleibt der Kern unseres Wesens, aus unbewußten Wunschregungen bestehend, unfaßbar (...). Diese unbewußten Wünsche stellen für alle späteren seelischen Bestrebungen einen Zwang dar“ (1900, S. 572f). Freud beschreibt den Primärvorgang als irrational, impulsiv und primitiv - irrational, da die Verknüpfungen unbewußter Vorstellungen untereinander keinem logischen Prinzip zu unterliegen scheinen; impulsiv aufgrund seiner triebgebundenen, nach Abfuhr drängenden Qualität; primitiv schließlich, da er bereits zum Zeitpunkt der Geburt existiert und keiner Weiterentwicklung unterliegt.

In seinen *Formulierungen über die zwei Prinzipien des psychischen Geschehens* erläutert Freud, daß alles, was das kleine Kind denke oder wünsche zunächst visualisiert bzw. „einfach halluzinatorisch gesetzt" werde (1911, S. 18). Erst das Ausbleiben der erwarteten Befriedigung und die Enttäuschung darüber führe beim Kind zur Bildung eines Konzepts der realen Welt und zum Bemühen, diese zu verändern. Unter der Herrschaft des Lustprinzips ist die motorische Abfuhr (i.S. einer Handlung) unbegrenzt; erst mit Aufbau des Realitätsprinzips könne diese motorische Abfuhr mit Hilfe des Denkprozesses aufgehalten werden; das Denken als „Probehandeln" führe zum Aufschub der Triebbefriedigung.

Freud betont, daß das zentrale Unterscheidungsmerkmal zwischen Primär- und Sekundärvorgängen in der Verknüpfung von visuellen Vorstellungen mit Worten bestehe. „Das Denken in Bildern ist also nur ein sehr unvollkommenes Bewußtwerden" (1923a, S. 290). Die Verknüpfung einer visuellen Vorstellung mit den ihr entsprechenden Wortvorstellungen führen zu einer höheren psychischen Organisation, die „die Ablösung des Primärvorgangs durch den (...) Sekundärvorgang" ermögliche (1915c, S. 160). Freud zog klinische Beispiele als Beleg für die Funktionsweise des Primärvorgangs heran, um damit die Regression auf primitive funktionelle Zustände aufzuzeigen; die Arbeit der Analyse bestehe demnach darin, den primärprozeßhaften Vorstellungen die entsprechenden Wortverbindungen an die Seite zu stellen (1923a). Auf diesem Weg könnten die primärprozeßhaften Vorstellungen einem Verständnis zugeführt werden.

Mit der Einführung seines Strukturmodells setzte Freud den Primärvorgang mit dem Es, den Sekundärvorgang mit dem Ich in Bezug. In diesem Sinne führen der Aufbau des Realitätsprinzips sowie die Verknüpfung unbewußter Vorstellungen und visueller Wahrnehmungen mit entsprechenden Worten zur Ich-Entwicklung. „Es ist leicht einzusehen, das Ich ist der durch den direkten Einfluß der Außenwelt (...) veränderte Teil des Es (...). Es bemüht sich auch, den Einfluß der Außenwelt auf das Es und seine Absichten zur Geltung zu bringen, ist bestrebt, das Realitätsprinzip an die Stelle des Lustprinzips zu setzen, welches im Es uneingeschränkt regiert" (1923a, S. 293).

Diskussion

Freuds Modell unterschiedlicher Denkprozesse wirft einige nennenswerte Probleme auf. Erstens wird eine Theorie verschiedener Formen psychischer Energie und ihrer Verschiebung mit einer Theorie psychischer Funktionstätigkeit in Bezug gesetzt. Zum zweiten werden Primär- und Sekundärvorgang als getrennte, leicht voneinander zu unterscheidende Vorgänge betrachtet, als sei psychische Aktivität immer nur Ausdruck entweder des einen oder des anderen Vorgangs und nicht das Produkt einer Kombination aus beiden. Drittens werden primärprozeßhafte Vorgänge als eher subjektiv, chaotisch und pathologisch betrachtet, wohingegen der Sekundärvorgang mit Objektivität, Ordnung sowie Realitätsorientierung gleichgesetzt wird. Ebenso problematisch ist die Gleichsetzung des Primärvorgangs mit visuell-perzeptiven und sensorischen Eindrücken, während verbale Symbolisierung als Manifestation sekundärprozeßhaften Denkens gilt. Eine weitere Schwierigkeit besteht in der zeitlichen bzw. chronologischen Festsetzung beider Vorgänge; sie impliziert, daß primärprozeßhafte Vorgänge keiner Weiterentwicklung unterliegen und ihr Auftreten somit konsequent als Regression auf primitivere psychische Funktionsweisen zu interpretieren ist.

Energiemodell oder kognitive Theorie?

In Freuds Konzeptualisierung beschreibt der Modus des Primärvorgangs sowohl die Verzerrung logischen, rationalen Denkens auf der Suche nach Triebbefriedigung als auch eine Form psychischer Funktionstätigkeit. An der Suche nach Triebgratifikation sind natürlich häufig sowohl der primär- als auch sekundärprozeßhafte Modus auf vielerlei Art und Weise beteiligt. Die Befriedigung von Triebwünschen jedoch ausschließlich mit einem der beiden Modi in Beziehung zu setzen, vermischt Kognition mit Motivation. Unserer Ansicht nach ist es sinnvoller, Kognition und Motivation als miteinander verschränkte, letztlich jedoch getrennte Systeme zu betrachten.

Wenn der Aufschub von Triebbefriedigung, die Abfuhr von Trieben und logisch-rationales Denken typische Charakteristika des Sekundärvorgangs darstellen, so wären die Impulsivität eines Kindes sowie seine offensichtlich unlogische Art zu denken Zeichen primärprozeßhafter Einflüsse. Psychisches Geschehen auf diese Art und Weise zu kategorisieren, hieße, keine der frühen Entwicklungsstufen des logischen Denkens erklären zu können. Eine entwicklungsgerichtete Betrachtungsweise ermöglicht jedoch, sekundärprozeßhaftes Denken im Sinne eines individuellen Reifungsprozesses zu verstehen. Die im theoretischen Entwurf des Primär- und Sekundärvorgangs enthaltenenen Konzepte - der Modus der Energieabfuhr bzw. -kontrolle sowie der Modus des Denkens - trugen zu Freuds Unsicherheit über primärprozeßhafte Vorgänge und das Wesen des Unbewußten bei (Reeves 1965, S. 157). Sollte der Primärvorgang im Sinne einer Manifestation der subjektiven inneren Wirklichkeit, des Unbewußten, „des Kerns unseres Wesens" oder aber im Sinne eines Vorläufers des Sekundärvorgangs betrachtet werden (Freud 1915c, S. 202)? Oder umfaßt er beide Dimensionen?

Arlow und Brenner (1964) diskutieren Primär- und Sekundärvorgang im Sinne der Strukturtheorie. Da Freud, so ihre These, die beiden Modi in Relation zur Beweglichkeit der Triebbesetzung sieht, sollte der kognitive Aspekt der Theorie aufgegeben werden, insofern als das Konzept des Primärvorgangs mehr umfaßt als nur Denkprozesse. Wir stimmen mit Arlow und Brenner überein, die Aspekte der Triebbefriedigung und der Kognition getrennt voneinander zu betrachten. Da die Befriedigung von Triebwünschen nur eine von vielen Möglichkeiten darstellt, eine

Kombination von Primär- und Sekundärprozessen zu nutzen, erlangen wir größere Klarheit, wenn wir den Aspekt der Triebenergie vom Modus des Primärprozeßhaften ablösen und (nur) den kognitiven Aspekt der Theorie für unsere Konzeptualisierung beibehalten. Bewußte und unbewußte Phantasietätigkeit etwa, die primär- und sekundärprozeßhafte Vorgänge verbindet, ist nicht nur Ausdruck von Triebabkömmlingen und der inneren subjektiven Wirklichkeit des Individuums, sondern spiegelt auch affektive Äußerungen, Abwehrtätigkeit, Anpassung an die äußere Realität sowie moralische Beurteilung und Bestrafung.

Ein fünfjähriges Mädchen ist wütend auf den Vater, von dem sie sich verraten glaubt, weil er der Schwester angeblich einen größeren Keks gegeben hat als ihr. Da die Schwester noch immer an ihrem ihrem Keks kaut, nachdem sie den ihren längst gegessen hatte, ist sie sicher, daß ihr Keks kleiner war. Sie hat dann die Phantasie, daß ihr Vater stirbt und sie als einzige seinem Begräbnis beiwohnt.

Die altersangemessene Unreife im logischen Denken führt die Fünfjährige zu der Annahme, die Größe der Kekse auf ihren unterschiedlich schnellen Verzehr zurückzuführen; unlogisch für einen Erwachsenen, als Interpretation für ein Kind ihres Alters jedoch normal. Die Schlußfolgerung, von ihrem Vater verraten worden zu sein, ist nichtsdestotrotz Teil ihrer psychischen Realität, der die Nichterfüllung ihres ödipalen Wunsches nach exklusiver Aufmerksamkeit des Vaters symbolisiert.

In der anschließenden Phantasie des Mädchens manifestiert sich der Modus des Primärprozeßhaften: Magisches Denken, Symbolisierung und visuelle Metaphorik werden eingesetzt, es kommt zur Verdichtung ihres Ärgers und ihrer Todeswünsche dem Vater gegenüber, ihrer ödipalen Wünsche und der zu erwartenden Vergeltung dafür. Dem Energiemodell zufolge müßte diese Phantasie jedoch als Ausdruck sekundärprozeßhaften Denkens gedeutet werden, da es zu keiner Abfuhr drängender Triebimpulse kommt - ihre Wut drückt sich in Gedanken aus, sie schlägt weder ihre Schwester noch ihren Vater, um ihren Ärger abzureagieren.

Wenn wir Kognition und Motivation als getrennte Systeme betrachten, erkennen wir, daß die Phantasie unserer kleinen Patientin primär- mit sekundärprozeßhaften Vorgängen verbindet. Realitätsprüfung und Anpassung wird ebenso Rechnung getragen wie den Wünschen des Es, affektiven Äußerungen, Abwehrtätigkeit, Über-ich-Direktiven und ich-organisierenden Funktionen.

Die Vermischung von Primär- und Sekundärvorgängen

Obgleich der Modus des primärprozeßhaften Denkens hauptsächlich den subjektiven Bereich der „psychischen Wirklichkeit“ zu vertreten scheint, während der Modus des sekundärprozeßhaften Denkens eher in Bezug zur äußeren „objektiven Realität“ gesetzt wird, führt doch das Bemühen um Ausgewogenheit zwischen beiden Realitäten zu einer Vermischung der zwei Funktionsmodi. Kognition kann als Prozeß entlang eines Kontinuums aufgefaßt werden, deren Enden vom Modus des Primärvorgangs resp. des Sekundärvorgangs besetzt sind. Im überwiegenden Teil des psychischen Geschehens würde sich somit ein Gleichgewicht zwischen beiden manifestieren (Noy 1979), das Es-, Ich-, und Überich-Funktionen widerspiegelt (Arlow 1969).

Eine der Schwierigkeiten, Primär- und Sekundärvorgang voneinander abzugrenzen, besteht darin, daß beide Prozesse dem symbolischen Denken zugrundeliegen. Von symbolhaftem Denken, Symbolismus oder dem von Freud so genannten „Denken in Bildern“ sprechen wir dann, wenn eine Sache für eine andere steht - etwa eine visuelle Metapher oder eine intrapsychische Repräsentation, die für eine Person oder eine Sache eingesetzt wird. Die Symbolisierung eines Wortes geschieht sowohl sprachlich als auch im anschaulichen Denken. Symbolismus in Repräsentanzen, im Denken und in der Sprache findet sich gleichermaßen in Primär- und Sekundärvorgängen. Als Ausdruck intrapsychischer Konflikte sind Symbolisierungen meist jedoch ein Hinweis dafür, daß die Verbindung zwischen Symbol und symbolisiertem Inhalt unbewußt ist, vor allem im Rahmen des primärprozeßhaften Funktionsmodus. Die sprachliche Symbolisierungsfähigkeit ist bedeutsam für die Ich-Entwicklung und den Aufbau realitätsorientiertem Denken.

Von Ferenczi (1912) und Jones (1919) stammt die nützliche Unterscheidung zwischen *symbolischer Gleichsetzung* und *symbolischer Repräsentanz*. Im Falle symbolischer Gleichsetzung werden Symbol und symbolisierter Inhalt als identisch erlebt. Vermag das Symbol die ursprüngliche Vorstellung zu ersetzen, sprechen wir von symbolischer Repräsentanz. In einer Fallbeschreibung von Segal (1978) weigert sich ein Patient, mit seiner Geige aufzutreten, da er nicht bereit ist, in der Öffentlichkeit zu masturbieren; ein anderer Patient hingegen ist zu einem öffentlichen Konzert bereit - obgleich er seine Geige unbewußt mit einem Penis gleichsetzt, vermag er doch zu differenzieren. Nach Edgcumbe (1984) ist der Wechsel von symbolischer Gleichsetzung zu symbolischer Repräsentanz ein wichtiger Entwicklungsschritt, der auf der Fähigkeit beruht, Unterschiede und Ähnlichkeiten gleichermaßen wahrzunehmen. Unserer Ansicht nach ist ein Scheitern dieses Übergangs eng mit pathologischen Prozessen verbunden, wobei wir uns jedoch nur auf unzureichende Forschungsergebnisse stützen können (zur weiteren Diskussion von Symbolismus und Symbolisierung siehe Rycroft 1956; Renik 1972; Blum 1978. Zur Unterscheidung zwischen Symbol als Medium von Denkprozessen und Symbol als Mittel zur Kommunikation und externer Bezugnahme siehe Mandler 1988).

Auch für Piaget (1937, 1946) ist die Fähigkeit zu symbolisieren (er nennt sie die „semiotische Funktion“) ein zentraler Bestandteil kindlicher Entwicklung. Allerdings postuliert er hier zwei getrennte Entwicklungslinien - zum einen entlang eines ‘privaten’ Systems von Symbolen, die für jeden Einzelnen mit subjektiven, idiosynkratischen Bedeutungen belegt sind, zum anderen entlang kollektiver Symbolgruppen. Sprache und logisches Denken, so seine These, nehmen schließlich eine vorrangige Stellung unter den symbolischen Funktionen ein; direkt und indirekt fördern sie von frühester Kindheit an Denk- und Anpassungsprozesse.

Offene Fragen

Rapaport (1951, 1969), einer der wenigen Psychoanalytiker, die sich der Erforschung von Denkprozessen widmen, stellt die Grundannahmen der beiden Funktionsmodi des Primär- und Sekundärvorgangs - primärprozeßhaftes Denken als primitiv, chaotisch und pathologisch, sekundärprozeßhaftes Denken als organisiert, logisch und realitätsorientiert - in Frage. Er zeigt auf, daß die organisierenden und sozial relevanten Aspekte des Primärvorgangs in kollektiven Mythen und animistischen Denkweisen sichtbar werden. Kris (1952) wiederum unterscheidet symbolische, personalisierte, subjektive sowie bildhafte Komponenten des Sekundärprozesses, wie sie sich insbesondere in kreativen Prozessen manifestieren. Schließlich weist Arlow (1969) darauf hin, daß die Erfahrung der Realität - ursprünglich allein dem Sekundärvorgang zugerechnet - auf der Interaktion von Wahrnehmung und unbewußter Phantasie basiert; daß darüber hinaus unbewußte Denkprozesse das bewußte geordnete Denken beeinflussen und die unbewußte Phantasietätigkeit selbst entlang eines logischen Schemas entsteht (vgl. hierzu auch Holt 1967).

Rapaport (1960, S. 843) und Arlow (1969) stimmen darin überein, daß alle Denkprozesse primär- und sekundärprozeßhafte Vorgänge miteinschließen und daß eine optimale psychische Funktionstätigkeit auf einem Gleichgewicht zwischen beiden beruht. Primärprozeßhaftes Denken ist also nicht notwendigerweise Ausdruck einer pathologischen Entwicklung oder Fehlanpassung - Arlow und Brenner (1964) vertreten hier einen eindeutigen Standpunkt -, vielmehr kann das Fehlen jeglicher primärprozeßhafter Vorgänge auf eine psychopathologische Fehleentwicklung hinweisen (vgl. Noy 1969).

Ebenso problematisch ist es, den primärprozeßhaften Modus mit visuell-perzeptiven und sensorischen Wahrnehmungseindrücken gleichzusetzen und die Fähigkeit zu verbaler Symbolisierung ausschließlich sekundärprozeßhaftem Denken zuzuschreiben. Diese theoretische Implikation, die auf Freuds (1900) Betonung primär- und sekundärprozeßhafter Manifestationen in Träumen zurückgeht, verwechselt jedoch Ausdrucksmodus mit psychischer Organisation und Funktion. Mit Einsetzen der Sprachentwicklung wird die Sprache schon bald ein Medium sekundärprozeßhaften, rationalen, logischen Denkens; Reflexion, Organisation, der Erwerb von Kompetenzen und Kommunikation greifen auf sprachliche Fertigkeiten als eine ihrer Hauptquellen zurück. Allerdings finden wir ein gleiches Maß an Struktur, Organisation und Logik in den visuellen Künsten, im Tanz und in der Musik - Bereiche, die gänzlich auf verbale Symbolisierung zu verzichten wissen. Unsere gesamte menschliche Interaktion wird über nonverbale symbolische Kommunikationsmodi (Langer 1942) vermittelt, während verbaler Symbolismus einen geläufigen Ausdrucksmodus primärprozeßhaften Funktionierens darstellt, wie es in Witzen oder verbalen Verdichtungen deutlich wird.

Die Vorstellung primärprozeßhaften Denkens als primitiv wird ebenfalls kontrovers diskutiert. Sowohl Freud als auch Piaget unterscheiden kindliche Denkprozesse von jenen im Erwachsenenalter, und beide vertreten die Ansicht, daß mit der Entwicklung der sprachlichen Ausdrucksfähigkeit eine andere Form des Denkens entsteht, die die frühere überlagert. Beide Theoretiker unterscheiden sich jedoch insofern als Piaget den Beginn psychischer Repräsentation, Symbolisierung und Phantasietätigkeit mit dem Einsetzen der Sprachentwicklung gleichsetzt, während Freud den Beginn von Symbolisierungs- und Phantasietätigkeit als Funktion des Primärvorgangs zum Zeitpunkt der Geburt bzw. unmittelbar danach annimmt. In diesem Sinne beschreibt er die psychischen Funktionen im Rahmen des Primärvorgangs als primitiv: „Die Vorgänge (...) sind nicht zeitlich geordnet, werden durch die verlaufene Zeit nicht abgeändert, haben überhaupt keine Beziehung zur Zeit" (1915c, S. 145f). „Dies bedeutet," - so Noy (1979) in seiner Revision der Freudschen Sichtweise - „daß wir den Primärvorgang als einen Prozeß zu verstehen haben, der nirgendwo entspringt, sich nirgendwohin entwickelt, eine seltsame Anzahl psychischer Funktionen also, wie sie in ähnlicher Form nicht noch einmal unter allen anderen biologischen Funktionen zu finden sind!" (S. 174).

Die Veränderung von verhaltenskorrelierten und psychischen Phänomenen über die Zeit, unabhängig von ihrer jeweiligen Ursprungsphase, wird von entwicklungspsychologischen Längsschnittstudien hinlänglich belegt. Frühe Formen des logischen Denkens, so irrational sie in den Ohren Erwachsener klingen mögen, sind als frühe Manifestationen sekundärprozeßhaften Denkens anzusehen, das sich über die Zeit entwickeln muß. Ähnliches ließe sich für primärprozeßhaftes Denken postulieren. Obgleich die eigentlichen Prozesse (Verdichtung, magisches Denken, usw.) unverändert bleiben mögen, so spiegeln doch die unterschiedlichen Ausdrucksformen - Träume, Riten, Kunst, oder Phantasien - einen über die Zeit stattfindenden Entwicklungsprozeß eines zugrundeliegenden kognitiven Systems wider. Primär- und Sekundärvorgang dienen uns somit gewissermaßen als Vergrößerungsglas, durch das wir die Entwicklung des zugrundliegenden kognitiven Systems verfolgen können. Piagets (1946) Überlegungen scheinen in eine ähnliche Richtung zu gehen, wenn er annimmt, daß sowohl Träume als auch logisches Denken von Kindern unterschiedlicher Altersstufen die jeweils erreichte Stufe kognitiver Entwicklung widerspiegle. In ihrem Versuch, das Konzept des primärprozeßhaften Denkens neu zu formulieren, geht Fast (1985) über die theoretischen Überlegungen Piagets hinaus. Ihrer Ansicht nach sind die statischen, primitiven, stagnierenden Aspekte des Primärvorgangs jene Bereiche, die - infolge notwendig gewordener Abwehr - von der kognitiven Neuorganisation ausgeschlossen wurden. Die kognitive Entwicklung insgesamt ebenso wie jene ihrer Teilfunktionen setzen also voraus, daß Primär- und Sekundärvorgang ein optimales Entwicklungsniveau erreichen (Noy 1969, 1979).

Dies wirft die Frage nach der Zeitlosigkeit des Primärvorgangs auf. Wir vertreten nicht die Auffassung, daß es sich beim Primärvorgang um ein zeitloses Phänomen handelt. Zeitlos hingegen sind die ungelösten Konflikte, die libidinösen Wunschregungen, der Inhalt damit verbundener Phantasien, die schmerzliche Erinnerung an traumatische Ereignisse oder ungewöhnlich glückliche Momente, usw. Diese Inhalte überdauern im Unbewußten, können jedoch im Laufe der Zeit zusätzliche Bedeutung erlangen oder andere Bearbeitungsstrategien freisetzen. Es kommt so in unterschiedlichen Entwicklungsphasen zu einer Neustrukturierung früher Wünsche und Konflikte entsprechend jener Konflikte und kognitiven Fähigkeiten, wie sie für die spätere Entwicklungsstufe typisch sind.

Neuere entwicklungspsychologische Befunde lassen den Schluß zu, daß der primärprozeßhafte Funktionsmodus, wie Freud ihn beschreibt, zum Zeitpunkt der Geburt nicht verfügbar ist. Die für visuelle Vorstellungskraft und Phantasiebildung notwendigen kognitiven Fähigkeiten entwickeln sich erst zwischen dem 12. und achtzehnten Lebensmonat. Wir nehmen an - obgleich hierzu nur wenige Forschungsarbeiten vorliegen -, daß sich Vorgänge wie Verdichtung und Verschiebung im gleichen Zeitraum oder noch später herausbilden. Dies impliziert, daß Primär- und Sekundärvorgang etwa zum gleichen Zeitpunkt entstehen und der Ursprung beider Modi in der frühesten Kindheit zu suchen ist. In diese Richtung argumentiert Rapaport (1960), wenn er sowohl Primär- als auch Sekundärprozessen eine undifferenzierte Matrix zugrundelegt und in beiden Modi getrennte, intrinsische Reifungsfaktoren ausmacht. Wir stimmen mit Rapaport überein, ebenso wie Holt (1967), der diese gemeinsame Matrix mit den sensumotorischen Modi der frühen Kindheit gleichsetzt; allerdings deuten neuere Untersuchungsergebnisse darauf hin, daß sowohl Primär- als auch Sekundärvorgang frühen Modi der Analyse und des Abrufs von Wahrnehmungsinhalten entspringen, was zur Bildung eines Systems von Repräsentationen und Symbolen führt. Auf die Bildung dieses Systems soll im folgenden Kapitel näher eingegangen werden.

Schlußfolgerung

Die psychoanalytische Kognitionstheorie steht vor zahreichen ungelösten konzeptuellen Schwierigkeiten. Trotz der theoretischen Probleme, die unsere Diskussion des Freudschen Ansatzes aufgezeigt hat, halten wir das Konzept des Primär- und Sekundärvorgangs aufgrund seiner entwicklungspsychologischen und klinischen Relevanz für außerordentlich nützlich. Beide Funktionen unterliegen unterschiedlichen Organisationsmodi - der Primärvorgang „bedient" die innere Welt subjektiver Wirklichkeit, der Sekundärvorgang die der äußeren Realität.

Unserer Ansicht nach bieten die Modi des Primär- und Sekundärprozesses ein „Vergrößerungsglas", durch das wir die nachfolgenden Entwicklungsstadien des kognitiven Systems verfolgen können. Unbeantwortet hingegen bleibt die Frage nach dem Entstehungszeitraum von Funktionen wie Verdichtung oder Verschiebung, die im Rahmen primärprozeßhaften Denkens häufig Verwendung finden.

Kapitel 11

Die Stufen kognitiver Entwicklung

Primär- und Sekundärvorgang stellen gewissermaßen ein „Vergrößerungsglas“ dar, durch das sich die Entwicklung eines zugrundliegenden kognitiven Systems beobachten läßt. Beide Funktionen operieren gemäß eines bestimmten Organisationsmodus. Primärprozeßhaftes Denken zeichnet sich durch Assoziation, Konkretismus, Verdichtung, Verschiebung und magisches Denken aus; sekundärprozeßhaftes Denken wird durch Ratio und Logik bestimmt. Obwohl es zu Überschneidungen kommt, deckt der primärprozeßhafte Funktionsmodus in erster Linie die unbewußte, subjektive innere Wirklichkeit ab, während Sekundärvorgänge realitätsorientiert sind. Psychoanalytische Untersuchungen beschäftigen sich in der Mehrzahl mit den Manifestationen des Primärvorgangs im Laufe der Entwicklung. Die Arbeiten Piagets hingegen liefern einen zeitlichen Rahmen für die Entwicklung sekundärprozeßhaften Denkens. In unserer Beschreibung der hervorstechenden Merkmale einer psychoanalytischen Betrachtungsweise kognitiver Entwicklung wollen wir uns im vorliegenden Kapitel auf beide Aspekte stützen.

Die sensumotorische Phase

Der Säugling verfügt bei Geburt über eine Anzahl verschiedenster fein aufeinander abgestimmter, gut integrierter sowie vorprogrammierter Reflexsysteme, die ihn zu elementaren Empfindungen befähigen (Prechtl 1982). Einige dieser angeborenen Bausteine kognitiven Wachstums verschwinden innerhalb weniger Monate wieder, andere hingegen entwickeln sich weiter und werden zu objekt- und ereigniskorrelierten Handlungsschemata integriert. Nach Piaget (Flavell 1977) stellen sie die Grundlage der frühesten - oder *sensumotorischen* - psychischen Funktionsmodi dar, die während der ersten beiden Lebensjahre vorherrschen und das gesamte Leben über wirksam bleiben. Aufgrund fehlender Symbolfunktion, so die Theorie sensumotorischer Intelligenz, verfügt das Kleinkind nicht über die Fähigkeit, psychische Repräsentationen von Personen oder Objekten in deren Abwesenheit hervorzurufen; ebenso fehlt es ihm an der Fähigkeit, psychische Bilder zu Phantasien umzuformen. Das kindliche Denken während dieses in sechs Subphasen differenzierten Entwicklungsstadiums ist an seine Handlungen geknüpft: Das Kind richtet sein Handeln nach Objekten aus, die wahrnehmbar anwesend sind; sein intellektuelles Arbeiten ist ganz und gar praktisch orientiert, handlungsgebunden und davon bestimmt, das eigene Tun von der eigenen Wahrnehmung abhängig zu machen (Flavell 1977).

Der Entstehungszeitpunkt früher Repräsentationen des Selbst und des Anderen ist für eine psychoanalytische Kognitionstheorie von zentraler Bedeutung, da die Anfänge primär- und sekundärprozeßhafter Funktionsmodi sowie die Anfänge von Internalisierungsprozessen und der Bildung intrapsychischer Strukturen ganz wesentlich auf Repräsentationen und Symbolisierung basieren.

Die moderne Säuglings- und Kleinkindforschung weist hier auf die Denkprozesse hin, wie sie die stilisierten, spielerischen und prä-imitativen Dialoge zwischen Mutter und Säugling charaktierisieren. Von Spitz (1965), Call & Marschak (1966), Call (1980) sowie Stern (1974a, 1974b) liegen ausführliche Beschreibungen dieser Interaktionen vor, die sich im Alter von zwei bis drei Monaten und nach dem Auftreten des „sozialen Lächelns" etablieren. Neben anderen Reaktionen antworten Eltern auf das Lächeln ihres Babys typischerweise mit Lautäußerungen. Nach Call (1980) bildet die vokale Reziprozität, die über diese spielerischen Interaktionen gefestigt wird, die prä-linguistische Grundlage des späteren Spracherwerbs (vgl. auch Brunner 1974, 1977; Levinson & Call 1987). Da das sekundärprozeßhafte logische Denken weitgehend auf Sprache sowie den Abstraktionen und Konzepten basiert, die über den Sprachgebrauch verfügbar werden, kann das soziale Lächeln als „Organisator" nicht nur von Objektbeziehungen und Ich-Funktionen, sondern auch von Vokalisierung und der Entwicklung von Denkprozessen betrachtet werden.

Im Rahmen des Interaktionsgeschehen zwischen Eltern und ihren Säuglingen bilden sich auch die ersten Selbst- und Objektkonzepte. Wie Spitz und Cobliner (1980) beobachten konnten, starren vier Monate alte Säuglinge auf die Tür, nachdem die Mutter den Raum verlassen hat. Dies legt den Schluß nahe - der auch von anderen entwicklungspsychologischen Forschungsarbeiten gestützt wird -, daß der vier Monate alte Säugling über eine gewissen Fähigkeit verfügt, über die Mutter während deren Abwesenheit „nachzudenken". Bower (1974) etwa sieht aufgrund seiner Untersuchungsergebnisse Belege dafür erbracht, daß Säuglinge im Alter von vier bis sechs Monaten kognitive Objektpermanenz entwickeln. Wenn Säuglinge, so seine These, nicht nach versteckten Objekten suchten - etwa unter einem Tuch, wie in einer von Piagets Versuchsanordnungen -, dann nur deshalb, weil sie nicht über die motorischen Fertigkeiten des Greifens und Hochhebens verfügten. Mandler (1988) weist auf den grundlegenden Unterschied hin, der, unabhängig von den situativen Gegebenheiten, zwischen dem Greifen nach einem Objekt, d.h. seiner „greifbaren" Wahrnehmung, und der Tatsache, ein Konzept von diesem Objekt zu haben, besteht. In ihren entwicklungspsychologischen Arbeiten zu den Anfängen des repräsentativen (anschaulichen) Denkens, demonstriert sie die Fähigkeit des Abrufs bei sechs, manchmal auch erst vier Monate alten Babys. Ihrer These zufolge verfügen Säuglinge bereits zum Zeitpunkt der Geburt über die Fähigkeit zu perzeptueller Analyse, d.h. eine Wahrnehmung mit einer anderen zu verglichen; mit Hilfe derartiger Vergleiche beginnt der Säugling Konzepte von Objekten zu bilden, abgelöst und unabhängig von sensumotorischen Schemata.[18] Diese Konzepte stellen die Grundlage für Repräsentationen und Symbole dar, die wiederum ein System leicht zugänglichen Wissens bilden. Mandler vertritt die Auffassung, daß nur die Evozierung von Information aus diesem System Abruf (i.S. von Erinnern) oder bewußtes Denken ermöglicht. Das Abrufen (von Information) liefere demnach den Beleg dafür, daß der Säugling Objektkonzepte auszubilden beginne. Obgleich dies nicht bedeutet, daß der sechs Monate alte Säugling über integrierte Selbst- und Objektrepräsentationen verfügt, so läßt es doch den Schluß zu, daß dieser Prozeß früher einsetzt als Piaget angenommen hatte.

Wenn im Alter von sieben oder acht Monaten Mittel-Zweck-Verknüpfungen auftreten, beginnt der Säugling eine bestimmte visuelle Wahrnehmung als Hinweis dafür zu interpretieren, daß ein bestimmtes Ereignis folgen wird. Bleiben die Ereignisse in ihrer erwarteten Sequenz aus, so sind kognitive Dissonanz und damit verbunden ein Gefühl der Verzweiflung die antizipierte Folge. Eine kognitive Dissonanz dieser Art mag auch zu den Reaktionen der Fremdenangst beim acht Monate alten Baby beitragen. Die Tatsache, daß der Säugling ein bestimmtes Ereignis nach einer bestimmten visuellen Wahrnehmung antizipert, weist auf einen Erinnerungsspeicher hin, zu dem er Zugang hat; daß er die Mutter anblickt und ihren Gesichtsausdruck als Informationsquelle zu nützen scheint, impliziert, daß der Säugling über eine Art inneres Mutterkonzept sowie Erinnerungen an sicherheitsspendende Erfahrungen mit ihr verfügt. Diese Beobachtungen lassen den Schluß zu, daß das Kind am Ende des ersten Lebensjahres mit Sicherheit über psychische Repräsentationen seiner Mutter und des eigenen Selbst verfügt.

Call hebt hervor, daß nicht nur das Gesicht der Mutter, sondern auch ihre Stimme für den Aufbau psychischer Repräsentationen bedeutsam ist. Die Stimme ist „wie das lächelnde Gesicht, ein dynamisch sich bewegender, sich verändernder, rhythmisch organisierter Aspekt der sozialen Interaktion des Säuglings mit dem Anderen“ (1980, S. 278). Die Fähigkeit zu rezeptivem Sprachgebrauch (d.h. gesprochene Sprache zu verstehen, ohne sie jedoch selbst zu sprechen) entwickelt sich aus der vokalen Reziprozität des zweiten oder dritten Monats. Die rezeptive Sprache differenziert sich vor allem in der zweiten Hälfte des ersten Lebensjahres und führt zur Bildung von Phonemen - kleinste Einheiten signifikanter Laute. Spezifische Phoneme werden anschließend mit Gefühlszuständen integriert und der Säugling dechiffriert die Bedeutung der Konfiguration zwischen mütterlichem Gesichtsausdruck und mütterlicher Stimme und reagiert darauf. Dies bedeutet, daß das sog. „Social Referencing“ nicht nur auf dem affektiven Gesichtsausdruck der Mutter basiert, sondern auch auf dem kindlichen Bewußtsein für die mütterliche Stimme, ihre

[18] Mandler unterscheidet sich hier von Stern (1992), der annimmt, daß es die sensumotorischen Handlungsmuster der frühen Mutter-Kind-Interaktionen sind, die die Grundlage früher Selbst- und Objektkonzepte darstellen. Allerdings sind wir hier auf weitere Forschungsergebnisse angewiesen.

Gestik und ihre Körperhaltung. „Das Lächeln wird in Beziehung zur Vokalisation organisiert, so wie diese sich in Beziehung zu einem dynamisch lebendigen Lächeln organisiert" (S. 278-279). Stimme und Gesicht werden zu einem Ort für organisierende Affekte und Kognition.

In einem nächsten Schritt beginnt der Säugling, Worte als Signale anderer Personen sowie als weitere kontextuelle Information zu nutzen, mit dem Ziel, Ereignisse zu antizipieren sowie auf seine Umgebung zu reagieren. Von Spitz wissen wir, daß das zehn bis zwölf Monate alte Kleinkind das Wort und die Geste „Nein" kennt und gelernt hat, darauf zu reagieren (1957). Diese Reaktion ist, neben der wachsenden Fähigkeit, benannte Objekte zu suchen und zu lokalisieren (Werner & Kaplan 1963; Mandler 1983), ein Hinweis für das größer werdende rezeptive Vokabular, das wiederum auf eine Weiterentwicklung des repräsentativen Denkens schließen läßt.

Das Spiel ist die Arbeit der Kindheit. Im Spiel findet das Kind eine Möglichkeit, seinen Wunschphantasien Ausdruck zu verleihen, ein kontrolliertes Mittel, seine Angst zu beherrschen (Waelder 1932), sowie ein charakteristisches Instrument kognitiven Wachstums, das für die kindliche Exploration und Realitätsprüfung nützlich ist. Das Spiel unterliegt der Entwicklung der Primär- und Sekundärvorgänge (Plaut 1979; Galenson 1984); Moran 1987; Solnit 1987a). Während spielerische Interaktionen zwischen Mutter und Säugling bereits im zweiten und dritten Monat zu beobachten sind, kommt es zu selbstständigem Spielen erst zwischen dem achten und zwölften Monat. Das ist der Zeitraum, in dem ein entschlossenes Vorgehen nach Versuch und Irrtum, Experimentierfreudigkeit und Exploration das Verhalten des Kindes kennzeichnen. In seinem Bemühen, die Welt um ihn herum zu verstehen, sucht das Kind nun aktiv nach Neuem. Unter Einsatz seiner Fähigkeit, Mittel und Zweck zu koordinieren, entdeckt es neue Wege, Problemsituationen anzugehen und legt ein wachsendes Bewußtsein für Ursache und Wirkung an den Tag. Mahlers Bezeichnung für diesen Zeitraum als „Übungsphase" trägt dem lustvollen Wiederholungscharakter des kindlichen Spiels Rechnung (Mahler et al. 1975).

Bisher standen die frühesten Belege psychischer Repräsentation und Sprachbildung im Zentrum unserer Betrachtung - Denkprozesse, die sowohl primär- als auch sekundärprozeßhaften Funktionsmodi unterliegen. In der zweiten Hälfte des ersten Lebensjahres kommt es jedoch auch zur Manifestation von Verhaltensweisen, die auf eine beginnende Differenzierung von Primär- und Sekundärvorgang hinweisen. Dazu zählen wir in erster Linie die Ausbildung und den Gebrauch eines Übergangsobjekts (Winnicott 1959, 1995), das vielleicht das erste, indivduell ausgebildete Symbol des Kindes darstellt. Die Schaffung des Übergangsobjekts beginnt für gewöhnlich zum Zeitpunkt jener Entwicklungsveränderung um den achten Monat, an dem das erkennende Gedächtnis (recognition memory) etabliert ist, das evokative Gedächtnis (evocative memory) allmählich entsteht (Busch 1974; Metcalf & Spitz 1978, S. 102), die Mutter zum libidinösen Objekt wird und der Säugling beginnt, Mittel-Zweck-Verknüpfungen herzustellen und mit Verzweiflung auf Fremde und unbekannte Situationen zu reagieren. Das Übergangsobjekt, so Winnicott, übernimmt in Zeiten der Trennung von Mutter und Kind die Funktion eines mütterlichen Symbols, das die Welt der Mutter mit der des Kindes verbindet. Der Einsatz des Übergangsobjekts kann als früher Beleg symbolischer Repräsentation betrachtet werden, als es dazu dient, das subjektive Gefühl von Sicherheit aufrechtzuerhalten, wenn das Kind eine Gefährdung eben dieser Sicherheit antizipiert. Da sich das Kind der Verbindung zwischen Symbol und dessen, was symbolisiert wird, nicht bewußt ist, bezeichnen wir es als eine frühe Form primärprozeßhafter Organisation.

„Magischer Phänomenalismus" (Piaget 1936), den Wolff (1960) und Holt (1967) als mögliche Grundlage primärprozeßhaften magischen Denkens betrachten, tritt zwischen acht und zwölf Monaten auf. Piaget beobachtete, wie Kinder auf Bewegungen reagierten, die Neues und Interessantes nach sich zogen, das von der ursprünglichen Handlung des Kindes unabhängig war. Das ständige Wiederholen der Handlungssequenz bedeutet nach Piaget, daß das Kind seine Handlung als magisch ansah. Bereits 1913 bezeichnete Ferenczi dieses Phänomen als „magische Gesten"; Eltern reagieren auf den gestischen und mimischen Ausdruck ihres Kindes ebenfalls mit Gesten. Da sich der Säugling seiner Mimik und Gestik nicht bewußt ist und nicht die Absicht hat, bestimmte Bedeutungen damit zu übermitteln, erscheinen ihm die elterlichen Reaktionen als „magisch". Die magischen Ergebnisse der kindlichen Gestik können ein Ansporn sein, weitere Entdeckungen zu machen, oder aber Teil primärprozeßhaften magischen Denkens sein.

Symbolisierung und die Anfänge einer inneren und äußeren Realität

Wenn das Kind zwischen dem 15. und 18. Monat mit der Verwendung von Personalpronomina beginnt, um sich auf sich selbst und andere zu beziehen, so liefert dies einen eindeutigen Beweis für sein repräsentatives Denken. Es verfügt nun über eine integrierte Repräsentation des Objekts, die es ihm ermöglicht, sein Bild in dessen Abwesenheit wachzurufen. Das Objekt wird als getrennter erlebt und die kommunikative Sprache ist nun endgültig im Einsatz. Eines der ersten Worte ist das „Nein", mit dem das Kind die Mutter imitiert (Spitz 1957). Für Spitz ist die „Nein"-Geste das erste abstrakte Symbol, das die Fähigkeit des Kindes anzeigt, Bewertungen vorzunehmen und „über Dinge nachzudenken". Das semantische „Nein" signalisiert die Entstehung einer nützlichen expressiven und kommunikativ ausgerichteten Sprache, eben jenes Kennzeichen der kindlichen Symbolisierungsfähigkeit.

Es folgt nun eine große Anzahl von Verhaltensweisen, die die zunehmende Symbolisierung widerspiegeln. Das Kind bedient sich seines wachsenden Wortschatzes, um seine Wünsche zu artikulieren, und es erfindet neue Problemlösefertigkeiten. Dies deutet auf frühes realitätsorientiertes Denken bzw. sekundärprozeßhafte Vorgänge hin. Zwischen dem 18. und 21. Monat wächst der expressive Wortschatz von ungefähr 20 auf 200 Wörter und das Kind beginnt, mit Hilfe von Wortverbindungen einfache syntaktisch korrekte Sätze zu bilden. Der Erwerb neuer geordneter Zwei-Wort-Begriffe und Zwei-Wort-Fragen sind ein ebenso bedeutsamer Entwicklungsschritt wie die ersten Worte, die das Kind überhaupt lernt. Blum (1978) spricht hier von einem neuen Niveau der Organisation und Synthese psychischer Strukturbildung. Das Kleinkind verfügt nun über die Fähigkeit, seinen Wünschen und Bedürfnissen verbal Ausdruck zu verleihen; es kann einfache Fragen stellen und verstehen.

Der Gebrauch von Worten unterstützt das Kind darüber hinaus in der Wahrnehmung seines eigenen inneren Zustands und seiner Affekte; es beginnt sich der Unterschiede zwischen dem gewünschten und dem real bestehenden Zustand sowie der Unterschiede zwischen seinen Wünschen und jenen seinen Mutter gewahr zu werden. Diese Diskrepanzen führen zu Konflikten zwischen Mutter und Kind. Angesichts der Fähigkeit zu psychischer Manipulation von Symbolen kommt es jedoch nun zu phantasierten Konsequenzen (z. B. Liebesverlust, Objektverlust, körperliche Beschädigung) wie auch Angst. Phantasien dieser Art erhöhen die Wahrscheinlichkeit, daß das Kind Konflikte und Identifikationen mit der Mutter als Mittel der Konfliktlösung internalisiert, was für den Aufbau einer psychischen Struktur einen bedeutsamen Entwicklungsschritt darstellt (siehe auch Teil VIII).

Das Entstehen phantasierter Wünsche und phantasierter Konsequenzen infolge von Konflikten legt die Vermutung nahe, daß das Kind neben seiner äußeren Realität eine innere Wirklichkeit aufbaut, die zum Teil bewußt, zum Teil unbewußt ist. Dazu verwendet es Worte und Symbole, um seinen Wünschen und Phantasien Ausdruck zu verleihen; es beginnt mit symbolischem Spiel, um seine eigenen persönlichen Symbole zu schaffen und wählt dabei Objekte aus seiner Umgebung, die andere Objekte repräsentieren; es imitiert das Verhalten anderer, die nicht unmittelbar anwesend sind und es reinszeniert vergangene Ereignisse.

Ein bekanntes Beispiel frühen symbolischen Spiels liefert Freud (1920, S. 224-225) in der Beschreibung seines 19 Monate alten Enkels, der mit einer Holzspule Verschwinden und Wiederkommen spielt, wobei er das „fortsein" der Garnrolle mit einen langgezogenen „o-o-o-o" kommentiert. Freud deutet das Spiel des Jungen als Versuch, eine passiv erlittene, unlustvolle Trennung von der Mutter aktiv zu bewältigen. In der hier geschaffenen Symbolisierung, die nicht nur zum Ersatz für die abwesende Mutter, sondern auch für den damit verknüpften Affekt zu werden scheint, kommen sowohl linguistische Symbolik als auch psychische Metaphorik zum Einsatz.

Die zunehmende Entwicklung des symbolischen Denkens läßt auf eine weitere Differenzierung zwischen Primär- und Sekundärvorgängen schließen, die nicht nur das kindliche Spiel, sondern auch Manifestationen unbewußter Prozesse betreffen. Das Kind kann nun äußern, daß es geträumt hat (Metcalf & Spitz 1978, S. 101). Der Traum von wilden Erdbeeren der 19 Monate alten Anna Freud zählt zu den ersten dokumentierten Berichten eines Kindertraums (Freud 1900, S. 148).

Wir schließen daraus, daß der Modus der Symbolisierung, sobald er verfügbar ist - dies zeigt sich im Nachahmungsverhalten des Kindes, im symbolischen Spiel und in der Sprache - sowohl im Dienste von Primär- als auch Sekundärvorgängen stehen, deren getrennter Funktionsmodus mit zunehmender Entwicklung offensichtlicher wird. Unter jenen symbolischen Funktionen, die an Bewußtheit, Realitätsprüfung und Anpassung geknüpft sind, erscheint die Sprache schließlich als herausragende Vertreterin; das Kind bedient sich seiner wachsenden sprachlichen Fähigkeiten, um über seine Gefühle, Wünsche und Konflikte nachzudenken, d.h. seine innere Welt wahrzunehmen und zu verstehen..

Das symbolische Denken führt zum sogenannten präoperationalen Denken. Das Kind ist nun zum „Probehandeln" in der Lage; es kann sich Handlungen vor seinem geistigen Auge vorstellen, ohne auf die zugrundeliegenden Körperbewegungen zurückgreifen zu müssen.

Die präoperationalen Realitätsbilder des Kindes sind relativ statisch und konkret, seine Gedanken handlungsnah. Es ist noch nicht in der Lage, vom Besonderen auf das Allgemeine oder umgekehrt zu schließen (d.h. induktive oder deduktive Schlüsse vorzunehmen), sondern schreitet von einem Besonderen zum nächsten und bewegt sich zwischen Allgemeinem und Individuellem hin und her. Für das präoperationale Kind hat alles einen Grund und eine identifizierbare Ursache. Anstelle logischer Beziehungen stellt es assoziative Verknüpfungen her und entwickelt so Theorien über die Welt und über seine Beziehungen zu anderen Menschen, in denen Phantasie und Realität nicht eindeutig voneinander unterschieden werden. Seine Gedanken sind nicht ausgeprägt „sozial", sondern im wesentlichen egozentrisch.[19] Obwohl es Einfühlungsvermögen anderen gegenüber an den Tag legen kann, ist es insgesamt unfähig, den Standpunkt einer anderen Person einzunehmen. Die anderen, so seine Überzeugung, denken so wie es selbst denkt. Ereignisse und Erfahrungen in der äußeren Realität werden im Sinne der inneren Wirklichkeit interpretiert. Unabhängig von seiner persönlichen Erfahrung hat das Kind keine nützliche Vorstellung von abstrakten Konzepten, wie z.B. dem der Zeit. Zeit ist somit nur insoweit von Bedeutung als sie Mahlzeiten, Spielen, Schlafenszeiten und ähnliches strukturiert.

Da für das präoperationale Kind nichts zufällig ist, führt sein egozentrisches Denken für gewöhnlich zu der Annahme, daß die Ursache aller Ereignisse mit seinen eigenen Erfahrungen und seiner inneren Welt bewußter und unbewußter Wünsche und Phantasien zusammenhängt. Aus diesem Grund verwechselt es häufig Beweggrund und Ursache, Phantasie und Realität. Geschlechtsunterschiede werden damit erklärt, daß etwas passiert sein muß, eine Schlußfolgerung, die verschiedene Ängste und Unsicherheiten nach sich zieht; inhaltlich werden diese nach Alter, Geschlecht und Erfahrung unterschiedlich sein. Tod, Scheidung und Krankheit können für ein Kind die Erfüllung eines Wunsches bedeuten und seine egozentrische und omnipotente Sichtweise seiner selbst verstärken; fühlt es sich, was häufig der Fall ist, verantwortlich und schluldig angesichts dieses Wunsches und dessen Auswir-

---

[19] Kognitiver Egozentrismus sollte nicht mit psychoanalytischen Narzißmuskonzepten verwechselt werden, die sich auf die kindliche Selbstliebe beziehen, die bis zu einem gewissen Grad für eine gesunde Entwicklung notwendig ist; kognitiver Egozentrismus hingegen bezeichnet die eingeschränkte Bewußtheit der eigenen Position in Beziehung zu anderen (A.-M. Sandler 1975).

kungen, so sind nicht selten Bestrafungsphantasien die Folge (E. Furman 1974; R. L. Tyson 1983).

Schon bald nachdem ihre Entwicklung einsetzt, wird die Sprache zu einem Werkzeug des kindlichen Denkens, seiner Organisation und Reflexion sowie der Meisterung sekundärprozeßhafter Vorgänge; gleichzeitig hilft sie bei der Differenzierung der innersymbolischen, primärprozeßhaft organisierten Welt. Sie unterstützt das kausale Denken, kategorisiert und abstrahiert. Sie fördert Selbst-Bewußtheit und Introspektion und prägt die Objektbeziehungen des Kindes, je mehr sich dessen kommunikative Fertigkeiten entwickeln, d.h. verbale Botschaften auszusenden, zu empfangen und zu verstehen.

Kommunikation läßt sich grob in zwei Kategorien einteilen: Kommunikationsmuster, die in erster Linie informativer Art sind und jene, die kontrollierend-manipulative Ziele verfolgen (Flavell 1977). Die Verbesserung seiner kommunikativen Fertigkeiten versetzt das Kind in der Lage, Informationen zu empfangen und zu übermitteln sowie anderen seine eigenen Gedanken und Gefühle mitzuteilen; es verfügt dadurch über eine wichtige Möglichkeit, korrigierende Rückmeldung über seinen wachsenden Schatz an Informationen und Vorstellungen zu erhalten.

Daneben lernt das Kind, mit sich selbst zu kommunizieren. Es beginnt, über seine Erfahrungen, Vorstellungen, Gefühle, Phantasien und Träume nachzudenken. Gedanken und Gefühle in Worte zu fassen, fördert die Kontrolle von Triebimpulsen; es unterstützt die Affektmodulierung und befähigt das Kind, zwischen innerer Welt und äußerer Realität zu unterscheiden (Katan 1961). Diese Fähigkeit zur Selbst-Kommunikation ist eine notwendige Voraussetzung für den Aufbau psychischer Strukturen und die Internalisierung von Konflikten.

Die Zielsetzung manipulativ-kontrollierender Kommunikationsmuster ist es, das Verhalten des Informationsempfängers in eine bestimmte Richtung zu lenken oder anderweitig zu beeinflussen. Das Kleinkind lernt sehr schnell, kontrollierende Anweisungen der Mutter zu verstehen. Die wachsende Fähigkeit, seine Wünsche und Bedürfnisse zu verbalisieren, versetzen es in die Lage, eigene Kontrollbedürfnisse gegenüber Personen sowie den Ereignissen, die ihm zustoßen, zum Ausdruck zu bringen. Schließlich tragen die sprachlichen Fertigkeiten zur Selbstkontrolle bei, wenn das Denken in Worten zum Werkzeug des Probehandelns wird. In seinem Kommentar „derjenige, welcher dem Feinde statt des Pfeiles ein Schimpfwort entgegenschleuderte, war der Begründer der Zivilisation“ (1893, S. 22) bezieht sich Freud auf diese Form der Selbstkontrolle im Sinne des Wortes als Ersatz für die Tat.

Die Verbalisierung sensorischer Wahrnehmung findet früher statt und ist leichter als die Verbalisierung von Gefühlen. Die Verbalisierung kindlicher Emotionen, zunächst durch die Eltern, dann durch das Kind selbst, verstärkt jedoch seine Fähigkeit, zwischen Wunsch und Phantasie einerseits und Realität andererseits zu unterscheiden (Katan 1961). Darüber hinaus werden integrative Prozesse und Realitätsprüfung gefördert, was zu stärkerer Affekt- und Triebkontrolle führt, da ein Verbalisieren der Gefühle deren Ausagieren wengier dringlich macht. „Es ist einfacher zu warten, wenn Worte eine zukünftige Befriedigung versprechen könnnen" (Weil 1978, S. 479). Das Kind gelangt schließlich über einen inneren Dialog bzw. gedankliche Verbalisierung zur Selbstkontrolle (Luria 1961, S. 61).

Der entscheidende Beitrag, den die Sprache zur Beherrschung von Emotionen leistet, wird gerade im Falle jener Kinder deutlich, deren Sprachentwicklung verzögert ist. Fehlt die organisierende Struktur, die die Verbalisierung bereitstellt, bleiben die betroffenen Kinder stärker an sensumotorische Handlungsmuster gebunden; sie neigen dazu, ihre Emotionen zum großen Teil zu agieren, was zu einer Reihe von Verhaltensproblemen führt.

Das Beispiel eines Vierjährigen mit schwer gestörter Sprachentwicklung soll dies verdeutlichen. Kognitive Funktionen und I.Q. des Jungen, der im Alter von vier Jahren gerade damit begann, einfache Sätze zu bilden, waren im Testprofil unauffällig. Seine Unfähigkeit, Gedanken und Gefühle mitzuteilen, bedeutete jedoch eine massive Frustration für ihn und führte zu einer ernsthaften Beeinträchtigung seiner emotionalen Entwicklung. Auf seine Gefühle konnte nur auf der Grundlage seines zunehmend ungebärdigen Verhaltens geschlossen werden, sein Spiel bestand zum großen Teil aus Zusammenstößen seiner Spielzeugautos. Ohne den Einsatz von Worten schien sein emotionales Funktionieren vollständig handlungsgebunden.

In der frühen Kindheit sind Denken, Spielen und der Gebrauch von Sprache eng miteinander verknüpft; das Kind richtet seine Worte an sich selbst, es spricht laut während des Spiels und entwickelt seinen inneren Dialog als auch sein Denken stärker als die Kommunikation mit anderen (vgl. Vigotsky 1934; Roiphe & Galenson 1981). Spiel in Verbindung mit Sprache und Denken fördert die Integration unterschiedlicher Entwicklungslinien (vgl. hierzu die Darstellungen von Roiphe und Galenson, in denen aufgezeigt wird, wie sich die Erregung erogener Zonen und objektgebundene Wünsche in den kindlichen Spielmustern widerspiegeln). Das Spiel bietet überdies die Möglichkeit, logisches Denken und sprachlichen Ausdruck zu trainieren, je mehr die Sprache zu einer Quelle der Reflexion, Organisation und Kontrolle wird. Die zunehmende Geübtheit, was die sprachliche Ausdrucksfähigkeit des Kindes angeht, führt zu einer Ausweitung seiner inneren Vorstellungskraft und erhöht sein Verstehen der äußeren Realität. Ein unterschiedlicher Einsatz von primär- und sekundärprozeßhaften Denkmodi tritt deutlicher zutage.

Dies gilt um so mehr als sich das Kind nun der Komplexität und inneren Konflikthaftigkeit des Ödipuskomplexes nähert. Die Verknüpfungen zwischen Symbol und Symbolisiertem werden nun - via Verdrängung und anderer Abwehrformationen - zunehmend unbewußt; die Folge ist eine größere Anzahl von Symbolen, wie sie etwa für die Darstellung der im Rahmen des Ödipuskomplexes angesiedelten Ängste und Wünsche verwendet werden. Ödipale Symbole und Themen haben in der Literatur und in der Mythologie Unsterblichkeit erlangt, wir finden sie wieder in all den Erzählungen vom Fressen und Gefressen-Werden, vom Kämpfen und Erobern oder Erobert-Werden, in den romantischen Heldengeschichten, in denen sich altersgemäß das Schicksal libidinöser und aggressiver Triebregungen widerspiegelt.

Unsere Schlußfolgerungen beziehen sich auf die frühe Strukturierung einer innerpsychischen Welt (in deren Dienst der Primärvorgang steht) und eines äußeren

Realitätsempfindens (unterstützt vom Sekundärvorgang). Wir stimmen jedoch mit Noy (1979) überein, daß es keine eindeutige Differenzierung dieser Prozesse geben kann, solange das Kind nicht über ein Realitätsempfinden verfügt, das die Klasifizierung von Objekten entsprechend ihrer Beziehung zur äußeren Realität und zur subjektiven Erfahrung gleichermaßen zuläßt. Innere Bedürfnisse und die dem subjektiven Erleben entspringenden Wünsche - ursprünglich primärprozeßhaft organisiert - können dann einer „sekundären Überarbeitung" unterzogen werden, wenn Träume oder emotionale Erfahrungen verbalisiert werden sollen. Einer ähnlichen Überpfüfung unterliegen die Konzepte und das Erleben der äußeren Realität, sobald sie entsprechend ihrer Relevanz für das kindliche Erleben organisiert werden.

Obgleich ein gewisses Realitätsempfinden bereits früh existiert, so bleibt es doch unreif und eng an das persönliche Erleben gebunden; bis zu Beginn der Latenzzeit werden die Regeln der Logik mehr mit der inneren als mit der äußeren Realität in Beziehung gesetzt. Entsprechend „flüssig" bleibt die Grenze zwischen Primär- und Sekundärprozeß während der frühen Kindheit. Dies ändert sich jedoch dramatisch mit dem Eintritt in die Latenzperiode.

Latenz

Die Spontaneität des fünfjährigen Kindes, das mit Leichtigkeit seine Gedanken und Gefühle zum Ausdruck bringt und das freien Zugang zu seiner inneren Welt voll von Phantasien und Wünschen besitzt, wird um das siebte Lebensjahr (plus/minus ein Jahr) einer Veränderung unterworfen. Hartnäckig ist das Kind bemüht, Triebimpulse zu unterdrücken und logisch-rationales Deken aufrechtzuerhalten. Sorgfältig angefertigte, stilisierte Zeichnungen und gemeinsames Spiel mit anderen, das auf Regeln und objektiven Zielsetzungen beruht, sind an der Tagesordnung, wenn das Kind versucht, sich an die nunmehr stark hervorgehobenen Gruppennormen zu halten. Primär- und Sekundärprozeß sind eindeutig voneinander abgegrenzt, die Welt der Phantasie ist auf die Privatsphäre beschränkt.

Es entwickeln sich neue kognitive Fertigkeiten, die eine Orientierung entlang Logik und Realität ermöglichen - nach Piaget bewegt sich das Kind nun im Stadium der konkret-operatorischen bzw. konkret-logischen Strukturen. Das Denken ist operationell - es kann über Handlungen nachgedacht werden, ohne die jeweiligen Bewegungen nachvollziehen zu müssen. Gegensätzliche und komplementäre Aktivitäten können erfaßt, sukzessive Veränderungen in Raum und Zeit koordiniert werden. Das kindliche Denken wird nicht länger davon beherrscht, was es zu einem bestimmten Zeitpunkt an jeweiligen Konfigurationen wahrnimmt. Es vermag geistige Operationen im Sinne der Reversibilität zu erfassen (die Möglichkeit, logische Operationen in zwei Richtungen durchzuführen) und versteht, daß manche Konfigurationen trotz Veränderung konstant bleiben (Prinzip der Konservierung). Die Sichtweise des Kindes ist objektiver, ausgewogener und weniger egozentrisch und unterliegt nach Piaget dem Prinzip der Dezentrierung.

Diese Fähigkeit zur dezentrierten Betrachtungsweise ermöglicht dem Kind, zwei oder mehr Variablen bei der Beurteilung einer bestimmten situativen Gegebenheit gleichzeitig zu berücksichtigen. Dies bedeutet nicht nur eine Ausweitung seiner Selbstreflexivität, sondern ist auch Voraussetzung für die Einfühlung in eine andere Person. Obgleich Empathie ansatzweise schon früher existiert, so ist sie doch meist an die Eigeninteressen und an das Erleben des Kindes gebunden. Einem Kind in der Prälatenz wird es zwar leid tun, daß seine Mutter erkältet ist, allerdings nur, weil dies mit seinem Aktivitäten interferiert. Da das Kind in der Latenzzeit sich in die Situation der Mutter hineinzuversetzen vermag und versteht, daß diese über eine von ihm selbst getrennte Realität verfügt, kann es sich in die Mutter einfühlen, unabhängig davon, ob seine eigenen Wünsche betroffen sind oder nicht.

Fähigkeiten zur Dezentrierung und Selbstreflexion sind wichtige Voraussetzungen für den Aufbau psychischer Strukturen, insbesondere der Überich-Entwicklung. Mit zunehmendem Bewußtsein für ein soziales System gemeinsamer moralischer Regeln und mit zunehmender Fähigkeit, sich selbstreflexiv auf die eigenen Handlungen zu beziehen, beginnt das Kind im Idealfall sein grandioses Insistieren auf seiner Sicht der Dinge neu zu bewerten. Es beginnt zu verstehen, daß soziale Akzpetanz davon abhängt, inwieweit es sein Handeln ändert, um sich den Bedürfnissen und Anliegen anderer anzupassen. Selbstreflexion unterstützt größere Selbstkontrolle und Anpassung an das soziale System gemeinsamer moralischer Werthaltungen. Die Ablösung äußerer Kontrolle durch eine innere Kontrollinstanz verleiht dem Kind größere Autonomie, zieht jedoch gleichzeitig einen stärkeren Hang zu neurotischen Konflikten nach sich. Hemmung, Kontrolle von Triebimpulsen sowie Handlungsaufschub treten offensichtlicher zutage.

Wenn assoziatives und magisches Denken einem mehr objektiven und realitätsorientierten Denken Platz machen, wird die Grenze zwischen Primär- und Sekundärprozeß fester. Neue kognitive Fertigkeiten sorgen diesbezüglich für mehr Stabilität, so daß anstelle des Aufeinandertreffens von Triebimpulsen, logischem Denken und Realitätsprüfung, erstere ins Unbewußte verdrängt und stärker isoliert werden.

Shapiro und Perry (1976) führen die Trennung von primär- und sekundärprozeßhaften Denkmodi, wie sie typisch für die Latenzperiode sind, auf Reifungsfaktoren zurück. In ihrer Überblicksarbeit stellen sie fest, daß es im Alter von sieben Jahren zu einer Konvergenz verschiedener Entwicklungslinien im Bereich der Gehirndifferenzierung, des Verhaltens und der Reifung kommt. Die Autoren schließen daraus, daß bestimmte Zusammenflüsse in der Entwicklung - Lösung des Ödipuskomplexes, strukturelle Dreiteilung des psychischen Apparats, neue Ebenen der kognitiven Organisation und die Ablösung äußerer Kontrolle durch eine innere Kontrollinstanz und Organisation - nicht zufällig, sondern Teil des Entwurfs des menschlichen Organismus sind, der eine psychische Organisation auf höher strukturiertem Niveau, dem Kennzeichen der Latenzzeit, ermöglicht.

Die beiden Autoren betonen außerdem, daß die neuen kognitiven Fertigkeiten sowie das höhere Organisationsniveau psychischer Funktionen neue Lösungsansätze für alte Probleme bietet. Präödipale und ödipale Wünsche und Phantasien, die - wie es für den Primärprozeß charakteristisch ist -, von animistischem, assoziativem und magischem Denken beherrscht werden, erscheinen mit ihrer Abspaltung vom geordneten logischen Denken immer fremdartiger. Somit stehen jene Erinnerungsspuren, die entlang des assoziativen Denkmodus organisiert sind, dem Bewußtsein immer weniger zur Verfügung. Primärprozeßhaft organisierte Inhalte, die bewußt gemacht werden, erscheinen zunehmend archaisch und unverständlich.

Nichtsdestotrotz bleibt der primärprozeßhafte Funktionsmodus weiterhin bestehen und spielt eine wichtige Rolle bei der Aufrechterhaltung des psychischen Gleichgewichts. Kommt es zu keiner ausreichenden Befriedigung der ebenfalls nach wie vor stark vorhandenen Triebimpulse, steigt die Abwehrtätigkeit. Die Folge können lähmende Ich-Einschränkungen und -hemmungen oder aber Symptombildungen sein. Obgleich wir seltener über das subjektive Phantasieleben des Kindes erfahren und dieses dem Bewußtsein weniger zugänglich sein mag, so ist es doch nicht schwer, im einsamen Spiel des Kindes, in seinen Phantasien und Träumen Triebabkömmlinge auszumachen. Der Familienroman bzw. seine unterschiedlichen Ausschmückungen - wie wir sie etwa in Geschichten von Superhelden wiederfinden - sind häufige Phantasieinhalte während der Latenz. Monster und Ungeheuer suchen das Kind in seinen Phantasien und (Alp)Träumen heim, um es - als symbolische Überich-Figuren - zu bestrafen, wobei jedoch die oft unkontrollierbare Seite des Ungeheuers selbst einen abgewehrten Triebimpuls darstellt.

Triebabkömmlinge manifestieren sich jedoch auch in anderen Aktivitäten, so etwa im Gruppenspiel, in dem vor allem während der frühen Latenz mehrere Kinder eine gemeinsame Phantasie entwickeln können. Kreative Geschichten, vielleicht ursprünglich als Erlebnisaufsatz für die Schule gedacht, oder künstlerische Projekte, in denen sich manche Kinder bestimmter (Stil)Mittel, wie etwa der Karikatur, bedienen, stellen ebenfalls eine Möglichkeite für Triebabkömmlinge dar, sich Ausdruck zu verschaffen. Mit der Verbannung ödipaler Wünsche und Phantasien ins Unbewußte werden primärprozeßhafte Funktionsmodi, wie z. B. Witze, Versprecher oder Träume um so häufiger, je vertrauter sie sind.

Angesichts des Drucks von Triebimpulsen und der allgegenwärtigen regressiven Bedrohung treten altersspezifische Ausdrucksmodi zutage, die eine Integration von Triebbedürfnissen und entsprechenden Abwehrstrategien ermöglichen. Auch wenn einige dieser Abwehrformationen über die Latenz hinaus fortbestehen und zu einem späteren Zeitpunkt im Leben Bedeutung erlangen - sie formieren sich in der Latenzzeit und sie zählen zu deren charakteristischen Merkmalen. So ist die Beteiligung an Teamsportarten eine Möglichkeit, rivalisierende und aggressive Strebungen auszudrücken. Seilhüpfen, das wie andere repetitive rhythmische Aktivitäten vor allem von Mädchen bevorzugt wird, bietet nicht nur die Möglichkeit des psychomotorischen Ausdrucks, sondern auch - aufgrund der dazugehörigen Verse oder Reime - die einer Triebsublimierung (Kaplan 1965; Goldings 1974).

Neben körperlichen Aktivitäten sind es auch kreative Interessen wie Zeichnen, Malen und Schreiben, die den Weg für primärprozeßhaftes Denken mit sekundärprozeßhafter Ausarbeitung ebnen. Wie wir bereits in Teil III des vorliegenden Bandes erwähnten, schaffen sich besonders phantasiebegabte Kinder manchmal imaginäre Begleiter oder Zwillingsgefährten, die in der bewußten Auseinandersetzung mit stark angstbesetzten Konflikten zum Empfänger unerträglicher abgewehrter Impulse werden. Der imaginäre Begleiter teilt Traurigkeit, Eifersucht, Wut, Schuld- und Schamgefühle - all jene Empfindungen, die in der ängstlichen Vorstellung des Kindes Bestrafung, Kritik oder Isolierung nach sich ziehen, wenn man sie einem realen Freund oder den Eltern offenbart (vgl. Freud 1909b; Nagera 1969; Myers 1976, 1979).

Die schöpferische Kraft während der Latenz beschränkt sich jedoch nicht nur auf die Kinder selbst - diese haben auch begierig an der Kreativität anderer teil. So ist die Fähigkeit zu reflexivem Denken für den Erfolg von Kindergeschichten unerläßlich, da sie dazu befähigt, eindeutig zwischen Phantasie und Realität zu differenzieren. Würde das Kind primärprozeßhafte Phantasietätigkeit und sekundärprozeßhafte Logik vermischen, so wären diese Geschichten nicht lustvoll und unterhaltsam, sondern furchterregend und überstimulierend. Nichtsdestotrotz besteht eine Diskrepanz zwischen der Fähigkeit des Kindes, intellektuelle Probleme zunehmend logisch anzugehen und seiner Neigung, die Realität zu verzerren, wenn unbewußte Konflikte angesprochen werden. Diese können die Wahrnehmungsfähigkeit und das Erinnerungs- und Denkvermögen ebenso beeinträchtigen, wie die Fähigkeit, Gegebenes „realistisch" und „objektiv" zu beurteilen (Abend 1982). Ein Kind mag zwar in der Lage sein, im Rahmen eines Schulversuchs die unveränderliche Konstanz eines Gewichts oder Volumens zu erkennen, sich andererseits jedoch schnell betrogen fühlen, wenn das Stück Kuchen der Mutter vermeintlich größer ist als sein eigenes. Der Aspekt der Realitätsprüfung bleibt somit eine sehr veränderliche Größe. Das Kind mag unbewußt dazu gezwungen fühlen, die affektiven Äußerungen anderer als Hinweis für sich zu nutzen, ob sich verdrängte Triebimpulse seinerseits Ausdruck verschafft haben oder nicht. So kann man beobachten, daß Kinder, die aufgrund intrapsychischer Konflikte unter starker innerer Anspannung stehen, eine übermäßige Wachsamkeit an den Tag legen. Obgleich also die Fähigkeit zu dezentrierter objektiver Realitätsprüfung zunimmt, bleibt das Kind während der Latenzperiode anfällig dafür, äußere Ereignisse egozentrisch zu interpretieren.

Adoleszenz und operationelle Synthese

Die strikte Trennung zwischen äußerer und innerer Realität, wie sie für die Zeit der Latenz charakteristisch ist, wird während der Adoleszenz durch ein offeneres Zusammenspiel beider Dimensionen aufgehoben. Die Fähigkeit zur Argumentation und zu logischem, abstraktem Denken wird nunmehr voll ausgebildet. Dazu gesellt sich die für die Adoleszenz so typische Offenheit des psychischen Apparats (vgl. Jacobson 1961; Blos 1968; Rosner 1972), es kommt zu einer Wiederbelebung präödipaler und ödipaler Konflikte, ausgelöst durch die Triebstürme biologischer Reifung. Als Folge davon erreichen Denkprozesse während der Adoleszenz eine einzigartige Kreativität, die sich nicht selten in wahren Ausbrüchen innovativen und künstlerischen Ausdrucks manifestieren, wie sie vorher und nachher nicht mehr zu beobachten sind. Nach Noy (1978, 1979) sollte dieser schöpferische Drang nicht so sehr als Regression im Dienste des Ich (Kris 1952), sondern als „operationelle Synthese“ zwischen primär- und sekundärprozeßhaften Denkmodi verstanden werden, in deren Verlauf die Ausweitung sekundärprozeßhaften Denkens Teile des Primärprozesse miteinschließt.

In der mittleren oder späten Adoleszenz erreicht der Jugendliche das sogenannte formal-operatorische Stadium (sensu Piaget)[20], in der er die Fähigkeit entwickelt, die eigene Argumentation allein auf Hypothesenbildung und -überprüfung aufzubauen. Der von Piaget postulierte Prozeß des hypothetisch-deduktiven Argumentierens charakterisiert die Aufstellung allgemeiner Gesetze, die Bildung von Thesen und theoretischen Konstrukten sowie die geistige Manipulation von Gedanken und Vorstellungen. Kognition basiert nunmehr stärker auf Form denn auf Inhalt, mehr auf der Abstraktion der Dinge als auf den Dingen selbst. Mit der Fähigkeit, ab-

20 Nach Piaget findet der Jugendliche sein Gleichgewicht im formal-operatorischen Denken (Konzept der Äquilibration) im Alter von ungefähr vierzehn bis fünfzehn Jahren; dazu sind sowohl die Reifung des Zentralen Nervensystems Voraussetzung, das die Obergrenze kognitiver Entwicklung bestimmt, als auch das soziale Umfeld des Adoleszenten, das den nötigen Anreiz und das geeignete Milieu bietet, um eine optimale Realisierung individueller Fähigkeiten zu ermöglichen (Inhelder & Piaget 1958). Reifung des ZNS und erwachsene soziale Rollen, so Piaget, stimmen während der Pubertät überein. Obgleich Piaget seine Thesen zur Reifung des ZNS nicht auf der Grundlage harter Daten formulierte, weisen neuere Forschungsergebnisse (basierend auf EEG-Messungen) darauf hin, daß es während der Adoleszenz zu Veränderungen in der Organisation der Gehirntätigkeit kommt, und daß der Verlauf der Hirnaktionsströme im Alter von 17 Jahren der Norm junger Erwachsener entspricht (Metcalf 1979). Andererseits weist P. Wolff (1981) darauf hin, daß wir noch sehr wenig über die feineren strukturellen Veränderungen der Hirntätigkeit nach der frühen Kindheit wissen. Die Abhängigkeit der Gehirnfunktion von der Myelinogenese wird hierbei nach wie vor diskutiert (McKhann, Coyle & Benjamins 1973). Andere Untersuchungen zeigen jedoch, daß größere interhemisphärische und intrahemisphärische Verknüpfungswege im Gehirn ihr Wachstum nicht vor der Spätadoleszenz abgeschlossen haben (Yakovlev & Lecours 1967; Rakic & Yakovlev 1968; Lecours 1975). Wenn die Reifungsprozesse bis in den Zeitraum der Spätadoleszenz und des frühen Erwachsenenalters andauern, so sollte nicht davon ausgegangen werden, daß das o.g. Gleichgewicht bereits im Alter von vierzehn oder fünfzehn Jahren erreicht wird. Ebenso muß die zweite von Piaget postulierte Determinante kognitiver Reife - die Übernahme einer erwachsenen sozialen Rolle - in Frage gestellt werden. Für bestimmte Schichten unserer Gesellschaft oder nicht-industrialisierte Kulturen mag dieses Postulat zutreffend sein; ob dies jedoch auch für die mittleren Gesellschaftsschichten der westlichen Zivilisation gilt, in denen ein psychosoziales „Moratorium“ (Erikson 1968) die Regel ist, darf bezweifelt werden. Auch wenn die Pubertät den Beginn psychischer Adoleszenz markiert, so ist es doch sehr gut möglich, daß psychische und soziale Reife erst in den frühen oder mittleren Zwanzigern erreicht werden.

strakte, philosophische und ideale Hypothesen und Theorien über das Universum, die Welt und die Gesellschaft, über die eigene Gegenwart und die eigene Zukunft zu formulieren, ersetzt der Adoleszente das *Tatsächliche* durch das *Mögliche* (Anthony 1982). Das Denken wird systematischer, die kritische Reflexion der eigenen Gedankengänge und gedanklichen Produkte zunehmend möglich. Es entwickelt sich eine neue deskriptive und argumentative Sprache, die eigenen Überzeugungen können einer methodischen Kritik unterzogen werden (Anthony 1982, S. 320).

Das formal-operatorische Denken beeinflußt auch den Primärprozeß, der sich nun in differenzierteren Symbolisierungen manifestiert. Symbole sind nach Langer (1957) keine bloßen Stellvertreter für bestimmte Objekte, sondern Träger ihrer konzeptionellen Vorstellungen. So entwickelt sich die in Phantasiebildung und schöpferischer Tätigkeit manifeste Form des Primärprozesses auf ähnliche Art und Weise, in ihr kommen, neben inhaltlichen Gesichtspunkten, Form und Abstraktion ebenso zum Tragen. Obgleich die thematischen Wurzeln eines Kunstwerks oder einer Phantasie den Triebwünschen der frühen Kindheit entspringen mögen, so ist doch die Form, in der sie in der Adoleszenz oder im Erwachsenenalter ihren Ausdruck finden, sehr viel differenzierter entwickelt als jene, der sich das Kind bedient. Der Suche nach „Formvollendung" (Langer 1957, S. 208) mit dem für künstlerisches Schaffen so zentralem Bewußtsein für Harmonie, Ausgewogenheit, Symmetrie und der Versöhnung von Gegensätzen, begegnen wir für gewöhnlich nicht, bevor nicht die kognitiven Fertigkeiten der Adoleszenz dazu befähigen.

Neben dem kreativen Fluß adoleszenten Denkens wird die operationelle Synthese zwischen Primär- und Sekundärvorgang auch in der charakteristischen, altersangemessenen Wiederbelebung früher Wünsche und Konflikte sowie der damit verbundenen regressiven Tendenzen sichtbar, die Seite and Seite mit erwachsenen Strebungen bestehen. Als Folge davon kann es im Denken des Adoleszenten zu einer Art kognitivem Egozentrismus kommen, der die Suche nach einer Lebensphilosophie mit narzißtischen und persönlichen Aspekten verknüpft. Der Adoleszente vermittelt die Überzeugung, andere *sollten* die Welt und ihre Probleme so sehen wie er, was zu entsprechenden Manipulationsversuchen seiner Umwelt gegenüber führt.

So läßt der mißlungene Versuch, ihre Eltern von ihrem, dem „richtigen" Standpunkt, zu überzeugen, eine 16-jährige wütend und in Tränen aufgelöst darauf bestehen: „Ich habe ein Recht auf einen eigenen Standpunkt".

Das adoleszente Denken trägt auch omnipotente Züge, angefüllt mit revolutionären und sozial-reformerischen Träumen, die jedoch mit einer objektiven Betrachtungsweise der Position anderer interferieren kann. Die Dezentrierung und Berücksichtigung unterschiedlichster Perspektiven führt leicht zu Verwirrung, die sich im charakteristischen Grübeln adoleszenten Denkens widerspiegelt (Anthony 1982). Was folgt, ist das typische Oszillieren zwischen Denken und Fühlen, zwischen dem Nachdenken über die eigenen Gedanken und dem Nachdenken über die eigenen Gefühle.

Der periodische Rückzug in das eigene Phantasieleben ist ein weiteres Charakteristikum der Adoleszenz. Im Falle mancher Jugendlicher mag ein derartiger Rückzug eine pathologische Abkehr von der Realität bedeuten, für andere hingegen kann er zu einer besseren Realitätsprüfung führen, wenn die eigenen Bedürfnisse und Ziele auf die tatsächlichen Realisierungsmöglichkeiten abgestimmt werden (Hartmann 1939). Phantasien bieten Zugang zur eigenen inneren Welt; frühere Wünsche und Konflikte können nun mit Hilfe des reiferen psychischen Apparats und der größeren Fähigkeit zu reflexivem und logischem Denken einer Neubewertung unterzogen werden. Die damit häufig einhergehende Einsicht in das eigene intrapsychische Leben erleichtert die Meisterung der inneren als auch äußeren Realität. Werden jedoch intrapsychische Vorgänge als gefährlich wahrgenommen und stellt ihre Kenntnis eine Bedrohung für das psychische Gleichgewicht dar, kann der Einsatz rigider Abwehrmechanismen die Realitätsprüfung entsprechend beeinträchtigen.

Mit zunehmendem Alter und zunehmender Reifung der Charakterstruktur verstärken Erziehung und sozialer Druck die Trennung von Primär- und Sekundärprozessen. Der Primärprozeß beschränkt sich zunehmend auf Tag- und Nachtträume, Phantasien, künstlerisches Schaffen und Symptombildung; mehr und mehr wird er zur ausschließlichen „Sprache“ des Unbewußten, während offenkundige Kommunikation und Verhaltensweisen vom logischen Denken der sekundärprozeßhaften Funktionsmodi beherrscht werden. Mit Ausnahme jener Bereiche, in denen die psychische Realität mit objektiver Realitätsprüfung interferiert, wird das Denken rational und logisch.

Allerdings bleiben adaptives kognitives Funktionieren und reflexives Denken weiterhin von der optimalen Passung zwischen Primär- und Sekundärprozeß abhängig. Angesichts der unterschiedlichen Regeln und Ausdrucksmodi, denen sie verpflichtet sind, ist ein harmonisches Zusammenspiel zwischen primär- und sekundärprozeßhaften Denkmodi notwendig, um eine bestmögliche emotionale, soziale und intellektuelle Anpassung aufrechtzuerhalten.

Zusammenfassung

Das vorliegende Kapitel widmet sich der Beschreibung kognitiver Entwicklung. Wir betrachten Primär- und Sekundärprozeß als Vergrößerungsglas, durch das die Reifung kognitiver Fähigkeiten nachgezeichnet werden kann. Beide Denkmodi entspringen dem stilisierten, spielerischen, prä-imitativen Dialog zwischen Mutter und Säugling. Übergangsobjekt und magischer Phänomenalismus sind frühe Anzeichen beginnender primärprozeßhafter Tätigkeit. Sprache ist das Kennzeichen der Symbolisierungsfähigkeit. Diese ermöglicht Denken in Form von Probehandeln, die innere Welt kann von der äußeren Realität unterschieden werden. Wir können hier die Anfänge eines Unbewußten annehmen, da nunmehr von Kindern über ihre Träume berichtet wird. Obwohl die Sprachentwicklung Fähigkeiten der Reflexion und Kontrolle fördert, wie sie für das sekundärprozeßhafte Denken kennzeichnend sind, werden die Jahre der Prä-Latenz durch animistisches, assoziatives und magisches

Denken charakterisiert; es kommt zu einer Vermischung von Primär- und Sekundärprozeß.

Mit zunehmender Entfremdung und Abgrenzung der äußeren Welt objektiver Realität von der inneren Welt der Affekte, Triebe, Wünsche und Konflikte sowie der ganz individuellen Symbolik, die diesen Ausdruck verleiht, kommt es jedoch in den Jahren der Latenz zu einer strikten Trennung zwischen beiden Denkmodi. In der Adoleszenz entsteht die Fähigkeit zu formalen Denkoperationen; zwischen primär- und sekundärprozeßhaftem Denken findet eine Synthese statt, die gegen Ende der Adoleszenz in eine neuerliche (normative) Trennung zwischen Primär- und Sekundärvorgang mündet, wenn der Primärvorgang zur „Sprache" des Unbewußten und das Denken rational und logisch werden.

Teil VI

Das Überich

Kapitel 12

Das Überich: Ein theoretischer Überblick

Das Überich ist verantwortlich für die Aufstellung und Aufrechterhaltung moralischer Normen, individueller Zielsetzungen und Idealvorstellungen. Ein optimales Funktionieren des Überich-Systems fördert die intrapsychische und interpersonelle Harmonie und unterstützt die soziale Anpassung. Obgleich die „Stimme des Gewissens" zuweilen fast greifbar scheint, handelt es sich beim Überich, wie auch im Falle des Ich und des Es, nicht um eine konkrete Einheit, sondern um ein hypothetisches Konzept (trotz der Vorteile, die unsere Neigung zur Anthropomorphisierung auf den ersten Blick zu bieten scheint).

Das Konzept des Überichs, seine Entwicklung und seine Funktionsweise werden im Rahmen psychoanalytischer Theoriebildung ausgiebig und kontrovers diskutiert. Zahlreiche der gegenwärtigen theoretischen Auseinandersetzungen rühren von den Widersprüchlickeiten oder Irrtümern her, die in den Freudschen Schriften zu diesem Thema enthalten sind. Da wir in unseren Überlegungen jedoch auf Freud aufbauen, wollen wir das vorliegende Kapitel mit einem kurzen Überblick über seine Arbeit beginnen. Wir werden dabei einige Widersprüche und theoretische Schwierigkeiten aufzeigen, die mit dem Freudschen Überich-Konzept verbunden sind, um im Anschluß daran unsere Grundprämisse hinsichtlich der konstituierenden Faktoren und Funktionsmodi vorzustellen. In Kapitel 13 soll dann die Entwicklung des Überichs genauer nachgezeichnet werden. Da unserer Auffassung nach die Entwicklung und die Funktionsweise des männlichen und weiblichen Überichs ähnlich sind, werden wir in diesen beiden Kapiteln keine geschlechtsspezifischen Differenzierungen vornehmen. Um jedoch den unterschiedlichen Erklärungskonzepten zur weiblichen Überich-Entwicklung gerecht zu werden, wollen wir uns in Kapitel 14 einer näheren Betrachtung geschlechtsspezifischer Unterschiede hinsichtlich des Überichs widmen.

Die Entwicklung des Freudschen Überich-Konzepts

Seine ersten Überlegungen zum Thema stellt Freud in seiner Schrift *Zur Einführung des Narzißmus* (1914) an.[21] Seine Beobachtung, daß einer konflikthaften Auseinandersetzung mit kulturellen oder ethischen Idealen die Verdrängung triebhafter Impulse folgt, veranlaßte ihn zu der Annahme, daß das Individuum eine innerpsychische Idealnorm aufstellt, mit der es sich mißt; Selbstliebe oder Selbstrespekt sind dann davon abhängig, ob der Vergleich zwischen dem eigenen Selbst und dem aufgestellten Ideal vorteilhaft ausfällt. Freud zufolge sind es vor allem die Erfahrungen mit den Eltern, die für den Aufbau von Idealen verantwortlich sind; durch Ausbildung und Erziehung würden sie später verstärkt; sie nicht aufrechterhalten zu können führe zu Schuld- oder Minderwertigkeitsgefühlen. Das Selbstwertempfinden eines Individuums sei somit nicht nur von den Überresten des kindlichen Narzißmus und der empfangenen Liebe eines Objekts abhängig, sondern auch von der Wahrung der Idealanforderungen.

Wenige Jahre später führt Freud seine Gedanken zu jener kritischen Instanz weiter aus, „die sich auch in normalen Zeiten dem Ich kritisch gegenübergestellt hat“ (1921, S. 102) und deren Funktionen „die Selbstbeobachtung, das moralische Gewissen, die Traumzensur und den Haupteinfluß bei der Verdrängung“ (ebd.) umfasse. Alle vorherigen Interaktionen mit anderen Personen könnten so mit Hilfe dieser neuen Instanz intrapsychisch wiederholt werden.

In seiner Schrift *Das Ich und das Es* aus dem Jahr 1923 führt Freud den Begriff des *Überichs* ein. Trotz seiner Inkonsistenz in der Verwendung bestimmter Termini und des häufig synonymen Gebrauchs von *Ichideal* und *Überich*, wird das Überich nun als eine der intrapsychischen Strukturen seines Drei-Instanzen-Modells vorgestellt. Das Schuldgefühl, so Freud, habe zwei Quellen. Die eine entspringe den Internalisierungen und Identifizierungen mit den Eltern auf der Grundlage realer Erfahrungen des Kindes mit elterlicher Kritik. Die andere rühre daher, daß die ödipale Kontrolle die ständige Wachsamkeit des Überichs gegenüber mächtigen Es-Impulsen und libidinösen Strebungen erforderlich mache. „Während das Ich wesentlich Repräsentant der Außenwelt, der Realität ist, tritt ihm das Überich als Anwalt der Innwelt, des Es, gegenüber“ (1923a, S. 303) und verkörpert so den Ausdruck dieser nach innen gerichteten Impulse. Das „Überich kann hypermoralisch und dann so grausam werden wie nur das Es“ (1923a, S. 320).

Freud entwarf sein Überich-Konzept auf der Matrix männlicher Entwicklung: Die Notwendigkeit zur Verdrängung ödipaler Wünsche entspringe dem Haß des kleinen Jungen auf den Vater, als er erkennt, daß dieser ihm bei der Verwirklichung seiner Wünsche im Wege steht. Um sich der Liebe des Vaters zu versichern, identifiziert sich der Junge mit ihm; aus dieser Identifzierung bezieht das Überich seinen verbietenden und strafenden väterlichen Charakter. Es wird so zum Repräsentanten der

---

21 Die verschiedenen Vorläufer des Freudschen Überich-Konzepts wurden von Strachey (1961) nachgezeichnet; eine ausführliche Untersuchung des Freudschen Denkens zum Überich liegt von Furer (1972) vor.

Beziehung des Jungen zu seinem Vater; alle feindseligen Gefühle, die der kleine Junge gegenüber dem Vater empfand und empfinden könnte, werden mit Hilfe des Überichs gegen das eigene Selbst gerichtet; der Sohn behandelt sich selbst so, wie der Vater ihn in seiner Vorstellung behandeln würde. Freud macht hier auf ein Paradoxon aufmerksam: „Je mehr ein Mensch seine Aggression meistert, desto mehr steigert sich die Aggressionsneigung seines Ideals gegen sein Ich" (1923a, S. 321). Mit anderen Worten, auch wenn den feindseligen Empfindungen nicht offen Ausdruck verliehen wird, so haben sie doch strengere Überich-Forderungen und intensivere Schuldgefühle zur Folge.

In seinem Aufsatz *Die infantile Genitalorganisation*, ebenfalls aus dem Jahr 1923, erkennt Freud an, daß es ihm an Verständnis fehle, was die ersten Jahre in der Entwicklung des kleinen Mädchens angehe - eine Lücke, die sich besonders deutlich in seinem Konzept weiblicher Überich-Bildung und -funktionsweise zeigt, dessen gedankliche Ausarbeitung er 1923 beginnt und in seinem Essay *Einige psychische Folgen des anatomischen Geschlechtsunterschieds* aus dem Jahr 1925 fortführt. Da das kleine Mädchen seinen Zustand als kastriertes Wesen akzeptiere und gerade dadurch sein ödipales Fortkommen ermöglicht werde, bestünde für es weniger Motivation als für den Jungen, Überich-Anforderungen zu internalisieren. Freud war der Ansicht, daß das Überich vorrangig Identifizierungen mit dem Vater entspringe; da das kleine Mädchen in der Regel mehr mit der Mutter als mit dem Vater identifiziert sei, so seine Schlußfolgerung, müsse sein Überich schwächer sein als das des Jungen.

In einem nächsten Schritt diskutiert Freud die Rolle einer inneren kritischen Instanz, indem er sie zur Entstehung von Bestrafungsangst und zur Signalfunktion der Angst in Beziehung setzt. Er gelangt zu der Ansicht, daß das Kind nach Auflösung des ödipalen Konflikts den Zorn seines Überichs mehr fürchte als Bestrafung durch die Außenwelt. „Allgemeiner ausgedrückt, ist es der Zorn, die Strafe des Überichs, der Liebesverlust von dessen Seite, den das Ich als Gefahr wertet und mit dem Angstsignal beantwortet" (1926, S. 280).

Beginnend mit *Hemmung, Symptom und Angst* aus dem Jahr 1926 überträgt Freud einige Aspekte seines Überich-Konzepts auf andere Bereiche. So entdeckt er sehr viel Ähnlichkeiten in der Funktionsweise des Ichs und des Überichs, außer es handelt sich um das Ergebnis eines psychischen Konflikts, bei dem ihre Unterschiede deutlich zutage treten (1926, S. 237f.). Er geht der Frage nach, welche Rolle das Überich für die Aufrechterhaltung der Kultur (1927) spielt und wie es in Beziehung zu den Anforderungen der Gesellschaft zu sehen ist (1939).

In seinen *Neuen Folgen der Vorlesungen zur Einführung in die Psychoanalyse* (1933) nimmt Freud erneut Bezug auf die Gnadenlosigkeit des Überichs, die Schuld- und Minderwertigkeitsgefühle nach sich ziehen könne, ohne daß die Eltern ein bestrafendes Verhalten an den Tag gelegt haben müssen. In seinem *Abriß der Psychoanalyse* faßt er seine Überlegungen zum Überich noch einmal zusammen: „Seine Überstrenge folgt darum nicht einem realen Vorbild, sondern entspricht der

Stärke der Abwehr, die gegen die Versuchung des Ödipuskomplexes aufgewendet wurde" (1940, S. 101-102). Er äußert die Überzeugung: „Die Einzelheiten der Beziehung zwischen Ich und Überich werden durchwegs aus der *Zurückführung auf das Verhältnis des Kindes zu seinen Eltern* verständlich" (S. 43, Hervorhebung von Tyson u. Tyson).

Konzeptuelle Schwierigkeiten der Freudschen Theorie

Die begriffliche Verwirrung im Rahmen des Überich-Konzepts ist zum Teil dadurch zu erklären, daß Freud dieses Konzept noch vor seiner Strukturtheorie einführt und dafür den Begriff des *Ichideals* verwendet (1914, S. 60). Er spricht vom Ichideal als einer internalisierten Idealvorstellung oder -norm des eigenen Selbstbildes sowie einer Instanz, die das Ich in bezug auf diese Idealvorstellung überwacht. Die Einführung des Begriffs des Überichs folgt im Jahre 1923, allerdings verwendet Freud nun beide Termini synonym. Diese zwei unterschiedlichen Konzeptualisierungen (im Sinne einer Instanz als auch einer Norm) und Begrifflichkeiten ließen in der Folgezeit Uneinigkeit darüber entstehen, ob das Ichideal nun als Teil des Überichs oder als davon getrennte Instanz betrachtet werden sollte (vgl. Piers & Singer 1953; Reich 1954; Lampl-de-Groot 1962; Blos 1974). Unserer Auffassung nach umfaßt das Ichideal eine ganze Reihe spezifischer Repräsentanzen modellhafter, exemplarischer oder erwünschter Normvorstellungen und ist als solches nicht als getrennte Instanz, sondern als Gruppe von Repräsentanzen innerhalb des Überichs zu begreifen.

Eine häufige Schwierigkeit bereitet der Versuch, den Aspekt der Überich-Strenge theoretisch vollständig zu erfassen. Obgleich Freud eindeutig darauf verweist, daß die Strenge des kindlichen Überichs nicht mit einer entsprechenden Haltung seitens der Eltern gleichzusetzen ist, sondern der Unnachgiebigkeit der Abwehr gegenüber triebhaften Impulsen des Kindes entspringt, so schreibt er doch im nächsten Satz dem elterlichen Einfluß insofern Bedeutung zu, als es deren Normen und Werte sind, die Eingang ins kindliche Überich finden (1940, S. 43). Diese Implikation elterlicher Einflußnahme hat zu dem häufigen Mißverständnis geführt, daß das Überich *die Haltung der Eltern gegenüber ihrem Kind* repräsentiere - als sei das Überich lediglich ein Spiegel äußerer Gegebenheiten während der Kindheit. So betrachtet Kohut die kritischen und bestrafenden Anteile des Überichs als Residuen realer Erfahrungen mit elterlicher Autorität, die wohlwollenden Aspekte hingegen als direktes Substitut elterlicher Zustimmung, einzig und allein von der ursprünglichen Fähigkeit der Eltern abhängig, sich ihrem Kind gegenüber liebevoll und wohlwollend zu zeigen (Kohut & Seitz 1963, S. 366-367).

Auch wenn der Einfluß der Eltern einen bedeutsamen Beitrag für die Entwicklung des Überichs liefert, so darf die Rolle des Kindes dabei nicht übersehen werden. Kindliche Triebansprüche und die dagegen errichtete Abwehr haben Auswirkungen auf die Überich-Bildung - infolge der unreifen kognitiven Funktionen des Kindes, die häufig Verzerrungen realer Ereignisse in der Erinnerung nach sich ziehen, kann es dabei zu einer Überhöhung dieser Einflußfaktoren kommen.

Die Frage des Entstehungszeitpunkts des Überichs wird ebenfalls kontrovers diskutiert. Freud beschreibt das Überich als Produkt entscheidender Identifikationen mit dem Vater, die die gefürchtete Kastration abwenden und ödipale Konflikte lösen sollen (1923a, S. 296-306). Das Überich wird somit zum „Erbe des Ödipuskomplexes“ (S. 315).

Melanie Klein (1928) weicht in ihren Überlegungen zur Entstehung des Überichs von diesem späten Zeitpunkt ab, auch wenn sie ein ähnliches Motiv postuliert - die Abwendung körperlicher Beschädigung. Sie verlegt die Bildung des Überichs in die oral-sadistische Phase der zweiten Hälfte des ersten Lebensjahres, in der es zur Introjektion furchterregender und bestrafender Elternimagines kommt. Diese Introjekte sind das Ergebnis der Projektion oral-sadistischer Impulse des Kindes gegenüber den Eltern.

Wir betrachten sowohl Freuds als auch Melanie Kleins Position in dieser Hinsicht als falsch. Unserer Auffassung nach folgt das Überich, wie alle anderen psychischen Systeme auch, einer Entwicklungslinie, deren frühe Wurzeln bis ins erste Lebensjahr zurückreichen. Freuds Gedanke eines Überichs, das mit der Auflösung des ödipalen Konflikts entsteht, zieht frühe Phasen und Vorläufer des Überichs nicht in Betracht und vermittelt so den Eindruck, als trete es ganz plötzlich auf den Plan. Melanie Kleins Theorie wiederum, die dem Säugling komplexe Funktionen zuschreibt, die zur Überich-Bildung während des achten oder neunten Lebensmonat beitragen, werden durch entwicklungspsychologische Forschungsergebnisse widerlegt.

Psychoanalytiker haben in den vergangenen Jahrzehnten sowohl Freuds und als auch Melanie Kleins Überich-Konzept einer kritischen Prüfung unterzogen und Versuche einer theoretischen Neuformulierung angestellt. So nehmen Hartmann und Loewenstein (1962) eine zu Melanie Klein entgegegesetzte Position ein, wenn sie die Strukturierung des Überichs vom Grad autonomen Funktionierens abhängig machen, d.h. davon, ob das Überich Gewissensnormen ohne äußere Unterstützung aufrechtzuerhalten vermag. Von der Latenzperiode als dem eigentlichen Entstehungszeitraum des Überichs auszugehen, wie es dieses Konzept vorsieht, halten wir für eine extreme theoretische Position. Hartmann und Loewenstein beschreiben hier ein Ideal - aus unserer analytischen Arbeit wissen wir jedoch, daß die strafenden Funktionen des kindlichen Überichs wirksam sind, lange bevor es effektive restriktive Maßnahmen gegen Triebansprüche ohne äußere Hilfe zu treffen vermag. Nicht selten ist die Integrität des Überichs gefährdet (Rangell 1974, 1980), so daß, über die gesamte Lebenspanne hinweg betrachtet, der Begriff der Überich-Autonomie als durchaus relativ angesehen werden kann.

Auch zur Entwicklung des Überichs wurden schlüssigere Neukonzeptualisierungen vorgelegt. So beschreibt Greenacre (1952a) vier Phasen der Überich-Entwicklung: Primitive „Wurzeln“ in den ersten zwei Lebensjahren, die Zeit der Konditionierung zum „guten“ oder „bösen“ Kind, der Kampf um ödipalen Verzicht mit etwa fünf Jahren und schließlich die Periode der Latenz, wenn die Errungenschaften der ödipalen Auseinandersetzung von sozialen Einflüssen verstärkt werden und das individuelle mit dem sozialen Gewissen verschmilzt. Edith Jacobson 1973) und Margaret Mahler (1975a) ihrerseits haben zurecht die Aufmerksamkeit auf die Bedeutung präödipaler Objektbeziehungen und den damit verbundenen Konflikten gelenkt. Emde (1991) schließlich beschreibt die entwicklungspsychologischen Forschungsarbeiten zu dem von ihm vorgestellten Konzept der „moralischen Emotionen", die sich aus der Interaktion des Kindes mit der Mutter entwickeln und bereits im Alter von zwei oder drei Jahren unabhängig von der Mutter wirksam sind.

Diese Konzepte spiegeln die theoretischen Richtungswechsel wider, die seit Freud und seinen Grundgedanken zur Überich-Entwicklung - die Furcht vor Konsequenzen ödipaler Strebungen sowie die Auflösung des ödipalen Konflikts - vorgenommen wurden. Die moderne psychoanalytische Theoriebildung berücksichtigt sowohl die Motivation des Kindes, einen Zustand interpersoneller und letztlich intrapsychischer Harmonie beizubehalten, als auch seine präödipalen und ödipalen Konflikte. Viele Psychoanalytiker sprechen jedoch - vielleicht aus Loyalität zur Freudschen Theorie - von präödipaler Internalisierung der Autorität als einem „Überich-Vorläufer". Obgleich dieser Gedanke den Unterschied zwischen frühen Entwicklungsschritten und einer späteren integrierten Struktur betont, so vernachlässigt er doch weiterhin die Bedeutung früher Einflüsse. Er schreibt außerdem die Auffassung fort, die psychischen Strukturen des Drei-Instanzen-Modells bildeten sich erst mit Erscheinen des Ödipuskomplexes - wodurch das Modell für die Betrachtung von Pathologien früheren Ursprungs nutzlos werde. Unserer Auffassung nach durchläuft das Überich eine lange Entwicklung, die ihren Anfang in der frühesten Kindheit nimmt; das Konzept der „Überich-Vorläufer" ersetzen wir durch die Vorstellung früher Entwicklungsphasen.

Ein besonders heikles Problem stellt Freuds männlicher Bias dar, wenn er behauptet, das Überich des Mädchens sei schwach und instabil, da es ihr an Kastrationsangst und Identifizierungen mit ihrem Vater fehle. Diese Behauptung gab Anlaß zu heftiger Kontroverse und bereits unter Freuds Zeitgenossen gab es eine ganze Reihe von Autoren, wie Jones, Horney und Klein, die ihm hier widersprachen. Sie bestanden auf der Feststellung, daß ihre weiblichen Patienten mindestens ebenso häufig unter quälenden Gefühlen von Schuld, Scham und geringem Selbstwertempfinden litten wie ihre männlichen Patienten. In der Folgezeit wurden die unterschiedlichsten Erklärungen vorgelegt, um diese zuweilen als phallozentrisch bezeichnete Sichtweise Freuds zu widerlegen. Die Vorstellung eines schwächeren und weniger stabilen weiblichen Überichs erfuhr allgemeine Zurückweisung und machte einer Differenzierung Platz zwischen der Struktur des Überichs und dem Inhalt internalisierter Ideale und Normen. (In Kapitel 14 werden näher auf die Ähnlichkeiten und Unterschiede der Überich-Funktionen bei Frauen und Männern eingehen).

Konstitutive Bestandteile des Überichs

Freuds klinische Arbeit veranlaßte ihn zu der allgemein akzeptierten Annahme, daß es innerhalb des psychischen Apparats zum Aufbau einer Idealnorm komme, an der sich der Einzelne messe. Im folgenden wollen wir die Natur dieser Norm ausführlicher betrachten.[22]

Wenn wir Freuds Formulierungen folgen, so scheinen es Imperative, moralische Normen und ideale Wunsch- und Zielvorstellungen zu sein, die das Gefüge des Überichs ausmachen. Sie erwachsen den Erfahrungen des Kindes, von Eltern, Lehrern, Gleichaltrigen und anderen wichtigen Bezugspersonen beobachtet, ermutigt, herausgefordert, beurteilt, gelobt, belohnt, kritisiert und bestraft zu werden. Insofern als diese Elemente einer Vielzahl unterschiedlicher Quellen entspringen und zu verschiedenen Zeiten im Laufe der Entwicklung in Erscheinung treten, mag zwischen ihnen nur ein geringes Maß an Konsistenz bestehen. Aus diesem Grund sollten wir das vollständig entwickelte, gut funktionierende Überich eines Erwachsenen als homogenisierte und harmonisierte Organisation divergierender Tendenzen betrachten. Jeder Versuch einer Kategorisierung der Überich-Konstituentien wird notwendigerweise bis zu einem gewissen Grad willkürlich ausfallen. Um jedoch Ursprünge und Entwicklungslinien der verschiedenen Teile des Systems besser nachzeichnen zu können, unterscheiden wir, einem Vorschlag von Sandler (1960a, 1981) folgend, *Introjekte* - die wir als internalisierte Direktiven, Ermahnungen oder Verbote verstehen - von *Idealen* oder den *erstrebten Norm- oder Zielvorstellungen.* (Beide Dimensionen funktionieren in Wirklichkeit natürlich zusammen.)

Introjekte

Die Bildung von Selbst- und Objektrepräsentanzen beinhaltet bestimmte Repräsentanzen, deren Existenz für sich steht; es ist durchaus möglich, daß sie niemals vollständig integriert werden. Es sind dies die Repräsentanzen elterlicher Imperative, ihre Regeln, Gebote und Verbote. Sie verlangen in Beziehung zu den Eltern oder anderen Autoritätspersonen eine bestimmte Rolle und funktionieren schließlich, als hätten sie selbst elterliche Macht und Autorität. Sie setzen „Funktionen fort, die jene Personen in der Außenwelt ausgeübt hatten“ (Freud 1940, S. 101). In solcher Art spiegelt das Überich weiterhin die Interaktionen zwischen Eltern und Kind und „setzt fort, die Rolle einer Außenwelt für das Ich zu spielen, obwohl es ein Stück Innenwelt geworden ist“ (S. 102). Die von Emde (1991) vorgelegten entwick-

22 Um Ursprünge und Entwicklungslinien seiner verschiedenen Aspekte besser verstehen zu können, halten wir es für sinnvoll, das Überich in bezug auf seine Funktionen sowie seine konstituierenden Elemente zu diskutieren. Von konstituierenden Bestandteilen zu sprechen mag konkretistisch anmuten und die implizite Vorstellung nähren, es handle sich beim Überich um einen Behälter mit bestimmten Inhalt. Diese Auffassung ist unrichtig, auch wenn wir uns der Tendenz bewußt sind, in unserer Diskussion der Systeme des Ich, Es und Überich zu anthropomorphisieren.

lungspsychologischen Befunde bestätigen Freuds Überlegung. So konnten die Forscher bei einer Gruppe von Dreijährigen beobachten, daß internalisierte Regeln mit einem Empfinden für den „Anderen“ und einem Empfinden für die Beziehung einhergingen., ohne daß die Eltern tatsächlich anwesend waren.

Ideale

Auf der Basis seiner Erfahrungen lustvoller Interaktion mit Mutter oder Vater, in deren Verlauf es sich gelobt, ermuntert, belohnt und geliebt fühlt, bildet das Kind - neben dem Wunsch, diese Interaktionen aufrechtzuerhalten und zu wiederholen - verschiedene Ideale aus. Diese psychischen Repräsentanzen angestrebter Normen oder Seinsweisen können unter Freuds Begriff des *Ichideals* zusammengefaßt werden.

Freud und andere Autoren haben eine Vielzahl an Idealen, bewußt und unbewußt, beschrieben. Die Ausformung der Ideale geschieht mit fortschreitender Entwicklung und zuweilen kommt es zwischen manchen Idealen zu Konflikten. Sandler und Mitarbeiter (1963) schlagen vor, das Ichideal als Kompositum idealer Objekt-, Kind-, und Selbstrepräsentanzen zu betrachten. Wir halten diese Differenzierung für hilfreich, gerade wenn es darum geht, die Entwicklung der vielen Elemente des Überich-Systems nachzuzeichnen.

Ideale Objekrepräsentanzen entstehen aus den frühesten Eindrücken, die das Kind von seinen Eltern gewinnt, die es als vollkommen und omnipotent ansieht. Im Verlauf der ersten Lebensjahre werden diese idealen Objektrepräsentanzen, die die Wunschphantasien des Kindes sowie seine lustvollen Interaktionserfahrungen verkörpern, ausgeschmückt. Die frühen Bilder elterlicher Omnipotenz, Großartigkeit und Vollkommenheit sind ausgesprochen überdauernd; sie werden zu Normen, an denen das Subjekt sich selbst, zukünftige Objekte oder spätere Eindrücke der Eltern - etwa während der Adoleszenz - messen wird.

Ideale „Kindrepräsentanzen“ verkörpern Normen, Moral-, Ziel und Idealvorstellungen, die von den Eltern gutgeheißen und dem Kind als erstrebenswert „vorgehalten“ werden; bis zu einem gewissen Grad finden auch Introjekte hier ihren Niederschlag. In diese Repräsentanzen fließen jedoch auch jene Phantasien ein, die Eltern hinsichtlich eines idealen Kindes hegen; (reale) Kinder entwickeln sehr bald ein Gefühl dafür, „welches Kind sich die Mutter wünscht“. Diese Idealvorstellungen variieren nach Geschlecht, kulturellem Kontext und sozialer Gruppe; sie sind die Mittler geschlechts- und kulturspezifischer Ideale. Repräsentanzen des idealen Kindes entspringen zum großen Teil dem elterlichen Überich; sie tragen zur Bildung dessen bei, was wir als Gewissen[23] bezeichen, das, wie Freud (1930) feststellt, dem

[23] Auch Piaget (1932), Kohlberg (1963) und andere Entwicklungspsychologen behandeln in ihren Arbeiten das Thema kindlicher Moralentwicklung. Allerdings beziehen sich diese Theoretiker nicht auf die Funktionen einer intrapsychischen Instanz, die dem Interaktionsgeschehen zwischen Eltern und Kind entspringt, sondern auf die Entwicklung kognitiver Fähigkeiten des Kin-

Schutz der Zivilisation dient. Ist das Überich der Eltern gestört oder weicht ihr Verhalten merklich von den Geboten ab, die sie ihrem Kind gegenüber aufstellen, so kann es auch im kindlichen Überich zu ähnlichen Störungen (Johnson & Szurek 1952) resp. funktionellen Inkonsistenzen kommen.

In der *idealen Selbstrepräsentanz* findet das ganz persönliche und einzigartige Bild des „Selbst, das ich sein möchte“ (Sandler et al. 1963) seinen Niederschlag. Die ideale Selbstrepräsentanz setzt sich aus einer Vielzahl unbewußt und bewußt nebeneinander existierender Ideale zusammen und entwickelt sich so zu einer differenzierteren psychischen Konfiguration als die frühesten Introjekte und Ideale.

Das Idealselbst basiert zum Teil auf bestimmten Aspekten der idelen Objektrepräsentanz, d.h. auf den Repräsentanzen geliebter, gefürchteter oder bewunderter Personen. Es entspringt ebenso dem Bild des „guten“, „wünschenswerten“ oder „idealen“ Kind, das die Eltern vermitteln, sowie phantasierten oder tatsächlich erfahrenen Selbstzuständen. Dazu zählen - retrospektiv mitunter idealisierte - Erinnerungen, Phantasien vollkommener gegenseitiger Harmonie, das Fehlen von Frustration, vollkommene Triebbefriedigung während der frühen Kindheit, oder aber die Phantasie magischer Omnipotenz oder Großartigkeit, wie sie für die anale Phase charakteristisch sind. Der Wunsch, jene Empfindungen wiederzubeleben, die an harmonische Gegenseitigkeit, Omnipotenz und die eigene Großartigkeit erinnern, kann im Kern ein Leben lang bestehen bleiben. „Das Überich ist derjenige Bereich des Ichs, in dem die Allmachtsphantasie des Kindes Zuflucht finden und in dem sie - in modifizierter Form - zugunsten des Ichs aufbewahrt werden“ (Jacobson 1954, S. 105). Die ideale Selbstrepräsentanz wird somit zum „Erbe des ursprünglichen Narzißmus, in dem das kindliche Ich sich selbst genügte“ (Freud 1921, S. 102).

Die vierte Quelle der idealen Selbstrepräsentanz ist die realistische Einschätzung des eigenen Selbst in der Gegenwart, der eigenen Möglichkeiten und Grenzen. Da die verschiedenen Idealvorstellungen des Ichideals nicht selten in Konflikt miteinander geraten, kann es sich als schwierig erweisen, zu dieser realistischen Selbsteinschätzung zu gelangen. Im besten Fall verdichten sich die verschiedenen Idealnormen in ein flexibles und variables Überich. Im weniger günstigen Fall mündet der Konflikt in ein unberechenbares, inkonsistentes, verzerrtes Überich und führt zur „Gefährdung der Überich-Integrität“ (Rangell 1963, 1974, 1980). Weiterhin auf die Erfüllung kindlicher Wünsche zu hoffen ist nach Reich (1960) Ausdruck einer elementaren Unfähigkeit, sich der inneren und äußeren Realität zu stellen. Die Fähigkeit, eine ideale Selbstrepräsentanz unter Berücksichtigung der Realität aufzubauen und zu modifizieren, ist unabdingbare Voraussetzung dafür, sich an die Wirklichkeit anpassen zu können und emotionales Wohlbefinden zu erlangen.

---

des, mit abstrakten Moralkonzepten umzugehen und sie zu akzeptieren. Diese Moralkodices stellen den Inhalt dessen bereit, was als ideal angesehen wird, sie sollten jedoch nicht mit den strukturellen oder funktionellen Aspekten des Überichs verwechselt werden.

Funktionen des Überichs

Die Aufgabe des Überichs besteht darin, intrapsychische und interpersonelle Harmonie des Individuums aufrechtzuerhalten und seine soziale Anpassung zu erleichtern. Dazu beobachtet es „(...) das Ich, gibt ihm Befehle, richtet es und droht ihm mit Strafe, ganz wie die Eltern, deren Stelle es eingenommen hat" (Freud 1940, S. 101). Aus diesen und anderen Formulierungen wird ersichtlich, daß Freud Selbstbeobachtung, das Aktivieren von Abwehrmaßnahmen, als auch Selbstbeurteilung, die wiederum zu Selbstbestätigung und Selbstbelohnung oder aber Selbstvorwüfen, Selbstkritik und Selbstbestrafung führen kann, als die wesentlichen Überich-Funktionen ansieht (1914; 1917; 1921; 1923a; 1933).

Eine Schwierigkeit, die einzelnen Funktionen des Überichs voneinander abzugrenzen, liegt darin, daß sie keiner direkten Beobachtung zugänglich sind, sondern aus den Gedanken, Vorstellungen, Stimmungen, Phantasien, Haltungen, emotionalen Zuständen und Gefühlen des Einzelnen geschlossen werden müssen (Beres 1958). Darüber hinaus lassen sich die Funktionen des Überichs nicht ohne weiteres von Funktionen des Ichs unterscheiden. So sollten wir die bewußte und unbewußte Kontrolle der eigenen Handlungen und Gedanken eher als Ich-Funktion auffassen, die in den Dienst des Überichs gestellt werden kann. Diese *Selbstbeobachtung* verhindert oder modifiziert jene Verhaltensweisen, die von den Normvorschriften des Überichs abweichen würden (Freud 1914; 1921; 1940). Sobald Affekte Signalfunktion übernehmen, trägt die Erinnerung an vergangene Erfahrungen zur Wahrnehmung jener situativen Konstellationen bei, die eine Verletzung von Überich-Normen wahrscheinlich erscheinen lassen - Schuldgefühle sorgen dann für eine *Aktivierung der Abwehr*. Freud hat darauf hingewiesen, daß der modus operandi des Überichs mit den Beobachtungen und der Kritik der Eltern übereinstimmt; ein wichtiger Schritt in der Entwicklung des Kindes sei dann getan, wenn die elterlichen Verbote auch in deren Abwesenheit ihre Gültigkeit behalten (1914; 1940). Die Arbeit des Überichs kann allerdings auch die Selbstbeobachtung des Individuums stören, was Enttäuschungen über das eigene Selbst und die Außenwelt zur Folge haben kann (Hartmann & Loewenstein 1962, S. 58).

In seiner Funktion der *Selbsteinschätzung* vergleicht das Überich reale Verhalten des Einzelnen mit dem seiner Idealvorstellung und legt fest, inwieweit beide übereinstimmen bzw. voneinander abweichen. Eine signifikante Diskrepanz zwischen tatsächlicher Selbstrepräsentanz und innerer Norm hat aggressive Selbstkritik, Vorwürfe und Bestrafung zur Folge, die sich für gewöhnlich in schmerzlichen Affekten wie Scham- und Schuldgefühlen, Angst, Depression oder aber Minderwertigkeitsgefühlen niederschlagen und zu einem Verlust des Selbstwerts führen (Jacobson 1946). Daß die Bestrafung durch das Überich ebenso kategorisch und irrational sein kann wie jeder Es-Impuls, veranlaßte Freud (1930) zu der Schlußfolgerung, daß ein Ziel psychoanalytischer Therapie (sowie späterer Entwicklungsstufen, hier vor allem der Zeitraum der Adoleszenz) darin besteht, den Einfluß des Überichs auf die Arbeit des Ichs zu verringern.

Die Einschätzung des eigenen Selbst kann jedoch auch zu einem positiven Urteil führen. An die Stelle des realen Elternteils, das stolz auf das Kind ist, es lobt und belohnt, tritt die Identifizierung mit diesem Elternteil, elterliche Belohnung wird durch Selbstbelohnung abgelöst. Stolz, Selbstachtung und Hochstimmung, sowie ein erhöhtes Selbstwertgefühl sind die Folge, wenn es gelingt, die eigenen intrapsychischen Normen zu erfüllen.

Von Freud wissen wir um die Bedeutung des Überichs für das narzißtische Gleichgewicht: „Aber der Hauptanteil des Minderwertigkeitsgefühls stammt aus der Beziehung des Ichs zu seinem Überich, ist ebenso wie das Schuldgefühl ein Ausdruck der Spannung zwischen beiden. Minderwertigkeit und Schuldgefühl sind überhaupt schwer auseinanderzuhalten.“ (1933, S. 504). Und weiter, „Die Qual der Gewissensvorwürfe entspricht genau der Angst des Kindes vor dem Liebesverlust, die ihm die moralische Instanz ersetzt hatte. Auf der anderen Seite, wenn das Ich einer Versuchung erfolgreich widerstanden hat, etwas zu tun, was dem Überich anstößig wäre, fühlt es sich in seinem Selbstgefühl gehoben und in seinem Stolz bestärkt, (...)“ (1940, S. 102).

Nicht selten heben psychoanalytische Theoretiker gerade die sadistischen Anteile des Überichs hervor und zollen den wohlwollenden Aspekten - im Sinne liebevoll-fürsorglicher und schützender Momente - nur wenig Aufmerksamkeit. Als einer der ersten psychoanalytischen Theoretiker diskutiert Nunberg das Konzept eines wohlwollenden Überichs, das er in der präödipalen Mutter-Kind-Beziehung verwurzelt sieht (1932, S. 145). In seiner Arbeit zur Internalisierung der präödipalen liebevollen Mutter entwirft Kramer die These, daß das Fehlen des regulierenden und unterstützenden Aspektes des Überichs das Ich zur Hilflosigkeit im Umgang mit dem Es verurteile, was wiederum eine ganze Reihe pathologischer Entwicklungen nach sich ziehe (1958). Ähnlich hebt Schafer den „liebevollen und geliebten“ Aspekt des Überichs hervor. Es repräsentiert die geliebten und liebenden, schützenden, tröstenden und richtungsweisenden ödipalen und präödipalen Eltern; „selbst wenn sie das Kind bestrafen“, so Schafer, „ist dies notwendiger Ausdruck von Kontakt, elterlicher Fürsorge und Liebe“ (1960, S. 186).

Als Teil des erfolgreichen Aufbaus libidinöser Objektkonstanz internalisiert das Kind - neben den bestrafenden Anteilen - die liebevoll-fürsorglichen und richtungsweisenden Funktionen der Eltern und identifiziert sich mit ihnen; es ist diese Identifizierung mit dem „trostspendenden Objekt“ (Furer 1967), die das Kind letztlich befähigt, schützende, tröstende und regulierende Funktionen zu übernehmen; die seine Liebesfähigkeit festschreibt und es ihm ermöglicht, auf sich selbst stolz zu sein.[24]

Die erfolgreiche Konsolidierung des Überichs birgt somit ein machtvolles Potential für das Erlangen (psychischen) Wohlbefindens; es ermöglicht dem Kind, sich

24 Es herrscht Uneinigkeit darüber, ob diese tröstenden Funktionen im Ich oder im Überich lokalisiert sind. Wir behandeln sie an anderer Stelle als Ich-Funktionen, während Furer sie im Zusammenhang mit dem Überich diskutiert. Vielleicht haben wir es hier mit einem weiteren Beispiel dafür zu tun, wie es zwischen beiden Systemen zu Überlappungen kommt, wobei Ich-Funktionen im Dienste von Überich-Zielen stehen.

von äußeren Quellen „narzißtischer Zufuhr“ zunehmend unabhängig zu machen und zeigt einen Weg auf, Enttäuschung und Frustration zu vermeiden, indem es das Kind ermutigt, internalisierten Normen und Idealen gerecht zu werden.

Ein zentrales Merkmal des Überichs ist seine Heterogenität; unterschiedlichste Ideale machen das Ichideal aus und bleiben darin bestehen. Dementsprechend kann die Fähigkeit des Einzelnen, sein Selbstwertgefühl aufrechtzuerhalten, als Hinweis für die (Un)Ausgewogenheit und Konflikthaftigkeit innerhalb des Systems und der intrasystemischen Auseinandersetzung gesehen werden (Hartmann 1950). Ein anhaltend geringes Selbstwertgefühl weist auf die Möglichkeit konfligierender Idealvorstellungen hin. Um es in den Worten eines Patienten auszudrücken:

Aus Angst, er könne zum Mann werden, unterstützte ihn die Mutter in seinen künstlerischen und intellektuellen Strebungen; rauhes und aggressives Verhalten wurde vom Vater gefördert, der fürchtete, sein Sohn könne sich zum Weichling entwickeln. Wie er es auch anstellte, so die Klagen des Patienten, er war immer der Verlierer: Ging er seinen intellektuellen Interessen nach, was ihm Freude bereitete, so litt sein Selbstwertgefühl, da er dachte, kein richtiger Mann zu sein.

Die verschiedenen Idealvorstellungen innerhalb des Ichideals miteinander in Einklang zu bringen, ist eine Entwicklungsaufgabe, die uns vor allem in der Adoleszenz abverlangt wird.

Wir werden im folgenden die Entwicklung des Überichs genauer nachzeichnen, ausgehend von den ersten Ge- und Verboten bis hin zur Strukturierung eines Systems, das nicht nur für die Entstehung schmerzlicher Affekte wie Scham, Schuld und geringes Selbstwertempfinden verantwortlich ist, sondern auch für die Einhaltung ethischer Normen ohne äußere Unterstützung sorgt.

Kapitel 13

Die Entwicklung des Überichs

Die Bildung des Überichs vollzieht sich entlang eines langen Entwicklungsprozesses. Bereits sehr früh im Leben eines Kindes kommt es zur Ausbildung von Idealen und Introjekten, deren Einfluß auch dann bestehen bleibt, wenn sich zu einem späteren Zeitpunkt weitere Komponenten hinzugesellen. Präödipale, ödipale und postödipale Erfahrungen bestimmen ganz wesentlich die Arbeit des Überichs. Es unterliegt somit einem Transformationsprozeß, der das gesamte Leben über andauern kann.

Früheste Anfänge

Das Überich verdankt sich einerseits dem Wunsch des Kindes, die Liebe der Eltern zu bewahren und eine harmonische Beziehung zu ihnen aufrechtzuerhalten, andererseits der Erkenntnis, daß dies einen Kompromiß zwischen eigenen Ansprüchen und jenen der Eltern bedeutet. Voraussetzung dafür ist, daß das Kind bereits in den ersten Lebensmonaten die Erfahrung lustvoller Interaktion mit den Eltern macht. Der subtile bewußte und unbewußte Austausch von Botschaften, der im Rahmen dieses Interaktionsgeschehen stattfindet, trägt zu jener frühen Reziprozität bei, die die *Anlage* (dt. im Original) für die Introjektbildung darstellt (vgl. Stern 1977; Brazelton & Als 1979; Sandler 1981; Emde 1991). Die Differenzierung zwischen Selbst und Nicht-Selbst sowie die Ausformung stabiler Selbst- und Objektrepräsentanzen können als erste notwendige Entwicklungsschritte auf dem Weg zur Überich-Bildung betrachtet werden. Verschiedene Autoren unterstreichen die große Bedeutung, die die ersten Erfahrungen des Säuglings mit Befriedigung und Frustration durch die Mutter für die Stimulierung seiner Wahrnehmung und die Förderung von Differenzierungsprozessen innehaben (Jacobson 1954; Spitz 1958; Sandler 1960a; Kernberg 1981). Sowohl auditorische als auch visuelle und kinästhetische Wahrnehmungssmodi tragen zur Bildung des künftigen Überichs bei. Die Erfahrung von „Gehörtem" (Freud 1923a, S. 319), die elterlichen Restriktionen und Verbote als „physische Primordia" eines verbietenden Überichs (Spitz 1958, S. 399), die beruhigende Erfahrung des Hin-und-Her-Wiegens sowie das Erkennen mütterlicher Mimik in ihrer Rolle als spieglendes Gegenüber (Spitz 1958; Peto 1967; Winnicott 1967; Riess

1978) - all dies hinterläßt affektive Spuren in den Selbst- und Objektrepräsentanzen, die sich in den späteren Qualitäten von Introjekten und Idealen widerspiegeln werden.

Die Bildung von Introjekten und Idealen

Mit ungefähr sieben Monaten beginnt der Säugling nach affektiven Äußerungen der Mutter zu suchen, die ihn bei der Regulierung seines Verhaltens in Momenten der Unsicherheit unterstützen sollen (Emde 1980b). Mit etwa neun Monaten ist die Fähigkeit, Ge- und Verbote zu verstehen, ausgebildet (Spitz 1957). Das Erleben mütterlicher Verbote in Momenten der Unsicherheit trägt somit zur Introjektbildung bei.

Der Entwicklungsfortschritt, der mit dem Gehenlernen verbunden ist, hat ebenfalls Auswirkungen auf die Überich-Bildung: Eigensinn und Negation treffen nun auf Eltern, deren Verhalten nicht mehr nur durch Fürsorge, sondern auch durch disziplinierende Maßnahmen bestimmt wird (Maccoby & Martin 1983). Die Erfahrung des Kindes mit dem disziplinierenden Elternteil wird internalisiert (man kann beobachten, wie sich das Kind entweder vor oder nach einer verbotenen Handlung auf die emotionale Äußerung der Eltern bezieht).

Die frühe Introjektbildung basiert nicht auf einer integrierten Ganzobjektrepräsentanz der Mutter, sondern auf lustvollen oder unlustvollen Erfahrungen, die mit befriedigenden oder aber mit bestrafenden Mutterimagines verbunden sind (Brody & Mahoney 1964). Introjekte unterscheiden sich ganz erheblich von einfachen Nachbildungen äußerer Objekte; sie spiegeln nicht nur die - infolge kognitiver Unreife - verzerrte Wahrnehmung des äußeren Objekts wider, sondern stellen auch Projektionen dar, die die verbietenden und drohenden Anteile der Eltern übertreiben und verzerren (Jones 1947, S. 148-149). Die Qualität der frühen Mutter-Kind-Beziehung, die Reaktion des Kindes auf Einschränkung und Frustration, sowie seine Fähigkeit zur Frustrationstoleranz bestimmen die Qualität der Introjekte. Niedrige Frustrationstoleranz ebenso wie ein erhöhtes Maß an Spannung, Verzweiflung, Angst oder Frustration lassen die Wahrnehmung der Eltern zunehmend verzerrt erscheinen, was dem sich bildenden Introjekt harte und grausame Wesenszüge verleiht. Kommt es nicht zur Entwicklung liebevoller Anteile, so behält das Überich seine primitive, aggressive und für Projektionen anfällige Qualität, die intensiven oral-aggressiven Fixierungen entspringt (Kernberg 1981).

Mit der Bildung von Introjekten geht die Entwicklung von Idealen einher. Frühe Wunschbilder eines Idealzustands des Selbst basieren auf realen oder phantasierten frühen Erfahrungen von Sicherheit, Lust und affektiver Einheit innerhalb der Mutter-Kind-Dyade. Dieser Idealzustand stellt den Kern idealer Selbstrepräsentanzen dar, denen das kindliche Empfinden eigener Großartigkeit und Omnipotenz während der Übungsphase eine aktive lustvolle Komponente hinzufügt. Da die Eltern während dieses Zeitraums für gewöhnlich als allmächtig und perfekt angesehen werden, bildet diese Wahrnehmung die Basis idealer Objektrepräsentanzen. Das Ichideal beherbergt somit die präödipalen Wünsche des Kindes nach eigener Großartigkeit sowie seinen Glauben an die elterliche Allmacht (Jacobson 1973).

„Objekt- Compliance"

Triebsozialisierung, Wiederannäherungsambivalenz sowie der Ausbau kognitiver Fertigkeiten im zweiten Lebensjahr beeinflussen die Entwicklung des Überichs und werden von dieser beeinflußt.

Während es für das zweijährige Kind hauptsächlich darum geht, über die Verfügbarkeit der Mutter zu bestimmen, „um seine zielgerichteten Intentionen zu erleichtern und seine spezifischen Bedürfnisse zu befriedigen", muß die Mutter entscheiden, wann die „Grenzen ihrer nährenden Kapazitäten" erreicht sind (Sander 1983, S. 342). Eine liebevoll-tröstende und regulierende Reziprozität erleichtert es dem Kind, elterliche Normen und Regeln zu akzeptieren. Eine ernsthafte Wiederannäherungskrise kann diese lustvolle Reziprozität stören und mit der Idealvorstellung, die das Kind von seinen Eltern hegt, interferieren; die mütterlichen Grenzen können dann nur schwer akzeptiert werden, was die Überich-Entwicklung beeinträchtigt.

Typische Entwicklungskonflikte der analen Stufe und der Wiederannäherungsphase, in der der Wunsch des Kindes nach Durchsetzung seines Willens den mütterlichen Anforderungen nach Impulskontrolle entgegensteht, stellen das Potential intrapsychischer Konfliktbildung dar. Die Erkenntnis, daß die mütterlichen Vorstellungen den eigenen Wünschen und Strebungen nicht entsprechen müssen, erzeugt Frustration und Wut; frühere Erfahrungen, die das Kind im Rahmen des „Social Referencing" gemacht hat, lassen jedoch die regulierenden und tröstenden Funktionen mütterlicher Zuwendung deutlich werden, selbst wenn die Liebe der Mutter nun an bestimmte Bedingungen geknüpft ist. Zu einem erstaunlich frühen Zeitpunkt nimmt das Kind wahr, daß die Mutter auch eine Vorstellung ihres *idealen* Kindes hat; eine Fähigkeit, die womöglich mit der Neigung des Kindes zusammenhängt, die emotionalen Signale der Mutter entweder vor oder nach einer verbotenen Handlung zu überprüfen, so als suche es Bestätigung dafür, sich richtig oder falsch verhalten zu haben (vgl. Emde 1991). Das Kind kämpft mit der Unvereinbarkeit seiner Wünsche nach freier Willensäußerung einerseits sowie dem Bedürfnis nach gegenseitiger Harmonie und dem Verlangen andererseits, Mutters ideales Kind zu sein. Die kindliche Ambivalenz erreicht hier einen neuen Höhepunkt. Doch je mehr die Lust an der eigenen Allmacht zu schwinden beginnt, desto wichtiger wird die anerkennend-zustimmende Haltung der idealisierten Eltern als wesentliche frühe Quelle für das kindliche Selbstwertempfinden, eine *Anlage* (dt. im Original) für das spätere Bedürfnis nach Billigung durch das Überich.

Ferenczi (1923) zeigte auf, daß sich einige der zentralen frühen Entwicklungskonflikte um den Bereich der Sauberkeitserziehung gruppieren und die Fügsamkeit des Kindes hinsichtlich der Kontrolle seiner Ausscheidungsfunktionen einen Indikator für beginnende Internalisierung darstellt. Das Sich-Fügen in die elterlichen Anforderungen bezeichnete Ferenczi als sogenannte *Sphinktermoral*. Unglücklicherweise haftet diesem Begriff eine pejorative Konnotation an, da den Ansprüchen eines idealisierten äußeren Objektes, unabhängig von inneren Normen, Folge geleistet wird, um Liebe, Anerkennung oder Macht zu erlangen.

Natürlich ist das Sich-Fügen kein Garant für die letztendliche Identifizierung mit den Normen des Objekts. Sind die Normvorstellungen einer Mutter zu hoch, legt sie eine übermäßig kritische und mißbilligende Haltung an den Tag, oder aber fällt es dem kleinen Kind besonders schwer, seine aggressiven oder libidinösen Impulse zu kontrollieren, so ergeben sich womöglich nur wenig Gelegenheiten für das Kind, Erfolg und Belohnung zu erleben; ständig muß es fürchten, Liebe und Trost der Mutter zu verlieren. Um sich vor einem solchen Verlust zu schützen, kann das kleine Kind dazu übergehen, die elterlichen Normvorstellungen überzubewerten und zu idealisieren sowie frühe und übertriebene Reaktionsbildungen zu entwickeln (Jacobson 1973, S. 134-136). Dies führt zur Bildung perfektionistischer und kritischer Introjekte; immer darum bemüht, 'brav' zu sein, wendet das Kind Scham- und Ekelgefühle gegen das eigene Selbst, wann immer es zum Durchbruch von Triebabkömmlingen kommt. Das Sich-Fügen in die Wünsche des Objekts wird somit zur Abwehr von Triebdurchbrüchen eingesetzt, insbesondere zur Abwehr von aggressiv-feindseligen Impulsen gegenüber dem Objekt. Im Extremfall mündet diese passive Kapitulation in Abhängigkeit anstatt in Autonomie, was von einem Verlust an Spontaneität begleitet sein kann. Fügsamkeit kann so zu einem umfassenden Charakterzug werden.[25] Ritvo und Solnit (1960) diskutieren einige der notwendigen Voraussetzungen, wie sie einer Identifizierung zugrundeliegen, die nicht auf passiver Fügsamkeit basiert.

Das Befolgen mütterlicher Anforderungen führt jedoch nicht nur zu einer Modifizierung des kindlichen Verhaltens, sondern erleichtert auch die Internalisierung dieser Anforderungen sowie die Bildung kohäsiverer Introjekte. Es ist ein Indikator für die einsetzende Internalisierung von Konflikten, die als zentrale Entwicklungsleistung der Wiederannäherungsphase zu gelten hat und einen bedeutsamen Schritt in der Entwicklung des Überichs markiert: Mit dem (unbewußten) Erleben der Introjekte als innere gebietende Stimme geht der Beginn intrapsychischer Kontrolle einher.

Vom entwicklungspsychologischen Standpunkt aus betrachtet, entspringen die Frustrationserfahrungen des kleinen Kindes nunmehr drei unterschiedliche Quellen: dem Versagen des Objekts, die kindlichen Wünsche zu erfüllen, der Weigerung des Kindes, sich den Wünschen der Mutter zu beugen, sowie den Anstrengungen des

[25] Die Bildung perfektionistischer, kritischer Introjekte kann nicht nur zu übertriebener Willfährigkeit führen, sondern auch mit dem interpersonellen Beziehungsgeschehen interferieren. Die Anforderungen des Introjekts werden den idealen Objektrepräsentanzen zugeschlagen; wann immer andere Menschen den idealisierten Erwartungen nicht entsprechen, werden sie kritisch entwertet. Der oder die Betreffende ist so ständig enttäuscht, mit anderen, aber auch mit sich selbst; da jedoch eine übermäßige Abhängigkeit von anderen Menschen und ihrer narzißtischen Zufuhr bestehen bleibt, kommt es nicht selten zu einem häufigen Objektwechsel - ein Problem, das Freud als erster beschrieben hat (1914, S. 67).

Kindes, den wachsenden Anforderungen der Introjekte zu entsprechen. Der Prozeß der Introjektbildung wird häufig offensichtlich, wenn sich das kleine Kind, wie in einer Art frühen Rollenspiels, für seine schlimmen Taten selbst bestraft. Identifiziert mit dem Aggressor respektive dem „Nein" der Mutter (A. Freud 1936) weist es sich selbst mit einem „Nein, nein" zurecht, gibt sich selbst einen Klaps auf die Hand oder identifiziert sich mit dem verbietenden Elternteil und dessen Gestik, Mimik, Tonfall, Handlungen und Einstellungen (Spitz 1957). Allerdings hat auf dieser Altersstufe noch keine Identifizierung mit dem Introjekt stattgefunden; das Kleinkind hat die Anforderungen des Introjekts noch nicht zu seinen eigenen gemacht, sondern ist nach wie vor auf äußere Verstärkung angewiesen, um die sich allmählich abzeichnenden inneren Normvorstellungen zu stützen.

Verschiedene Beobachter haben auf die Bedeutung mütterlicher Empathie und Konsistenz für die kindliche Überich-Entwicklung hingewiesen, vor allem während dieser Entwicklungsphase (Ritvo & Solnit 1960; Winnicott 1974; Furer 1967). Übermäßige Verwöhnung, Inkonsistenz oder das Versagen, Grenzen zu setzen, können sich nachteilig auswirken. Ohne die Hilfe und Struktur einer reiferen erwachsenen Bezugsperson ist das kleine Kind wichtiger Möglichkeit beraubt, seine Frustrationstoleranz nach und nach über die allmähliche Bewertung frustrierender Erfahrungen aufzubauen. Die Etablierung innerer Kontrollmöglichkeiten ist verzögert - statt dessen kommt es zum Überdauern einer unrealistischen Erwartungs- und Anspruchshaltung gegenüber überidealisierten Elternrepräsentanzen, was zu einem späteren Zeitpunkt mit den Möglichkeiten reifer Objektbeziehungen interferieren wird.

Im Idealfall gelingt es der Mutter, ihre Forderungen einfühlsam den Fähigkeiten des Kindes anzupassen, anstatt willkürlich unmögliche Standards zu setzen oder aber den Ansprüchen ihres Kindes einfach nachzugeben. Das Kind hat somit die Möglichkeit, stolz auf seine Anpassungsleistung zu sein und dieses Gefühl mit der Mutter zu teilen; es muß die erfolgreich vorgenommene Einschränkung seiner Wünsche und Impulse nicht als Frustration und Demütigung oder als Verlust seiner Allmacht und Kontrolle empfinden. Es erlebt die Mutter als verläßliche, tröstende und liebevolle Autoritätsfigur; via Identifizierung mit ihrer nicht-strafenden Kontrolle gewinnt es Vertrauen in seine Fähigkeit der Selbstkontrolle, während es Frustrationstoleranz aufbaut. Idealbedingungen dieser Art tragen zur Bildung eines - in Interaktion mit dem Überich - nährenden und schützenden Ichs bei (Schafer 1960).

Der Nachdruck, mit dem seit neuestem auf die Bedeutung der Empathie hingewiesen wird, läßt in diesem Zusammenhang übersehen, wie die Feinheiten der Eltern-Kind-Interaktion die intrapsychische Strukturbildung des Kindes beeinflussen. Was als Empathie imponieren mag, kann in Wirklichkeit Ausdruck dafür sein, wie die Mutter eigene verbotene Wünsche über das freie Verhalten ihres Kindes auslebt. Olden (1953) weist darauf hin, daß sich die offensichtliche Empathie einer Mutter nicht so sehr an den Bedürfnissen ihres Kindes, sondern an ihrer eigenen narzißtischen Bedürftigkeit ausrichten kann, was zu inkonsistenten und unangemessenen

Anforderungen und Bestrafungen führen kann. Eine Mutter, deren Verhalten auf dieser Grundlage basiert, nährt nicht nur die narzißtische Ansprüchlichkeit des Kindes, sondern auch ihren eigenen moralischen Masochismus (Brody 1982). Dieser zeigt sich zum Beispiel dann, wenn die Mutter fürchtet, mit ihren Forderungen eigene aggressive Impulse freizusetzen, so daß sie beim ersten Anzeichen des Widerstands ihrem Kind nachgibt. Inkonsistenzen hinsichtlich mütterlicher Erwartungen und Bestrafung verzögern die Internalisierung von Konflikten; anstelle des Bemühens um innere Kompromißfindung, um dem Objekt (später dem Introjekt) zu entsprechen, hält das Kind die Phantasie eigener Omnipotenz aufrecht und richtet seine Anstrengungen auf die Manipulation des Objekts - in der Hoffnung, alle Wünsche erfüllt zu bekommen. Die strengen und bestrafenden Qualitäten des Elternteils - die aufgrund der projizierten kindlichen Wut übertrieben ausfallen - werden internalisiert und Teil des Introjekts. Eine derart unfreundliche innere Welt untergräbt das kindliche Sicherheitsempfinden - die Folge sind nicht selten sadomasochistische Charakterzüge, die das Kind eine anklammernd-feindselige Abhängigkeit vom Objekt an den Tag legen lassen.

In ihrem Lieblingsmärchen Cinderella sorgt die gute Fee für die Erfüllung aller Wünsche einer vierjährigen Patientin. Daß ihren Forderungen ausnahmslos entsprochen wird, ist ein Anspruch, den sie auch sonst an ihre Umgebung stellt und der bei Nicht-Erfüllung zu Tobsuchtsanfällen führt. Sie sagt, sie hasse ihre Mutter, provoziert deren wütende Angriffe, meint dann, daß niemand sie lieb habe und fürchtet, daß ihre Mutter sie eines Tages wegen eines anderen Kindes verlassen werde. Die Mutter der kleinen Patientin gibt an, durchaus um konsistentes Verhalten bemüht zu sein, aber sie ertrage es einfach nicht, „böse" zu sein. Grenzen zu setzen und aufrechtzuerhalten erzeugten in ihr das Gefühl, „böse" zu sein.

Die kindliche Idealisierung der Eltern ist ein normaler Schritt in der Überich-Entwicklung und ganz wesentlich, mit eigenen Impulsen umgehen zu lernen. Die Liebe des idealisierten Objekts zu gewinnen, wird nach und nach ebenso wichtig wie die Befriedigung von Triebansprüchen, wenn nicht gar wichtiger. Die früheste Anerkennung elterlicher Restriktionen basiert auf der Liebe des Kindes zu seinen Eltern. Diese Liebe zu den Eltern sowie die Schwierigkeit des Kindes, schmerzliche Ambivalenzgefühle zu ertragen, stärken seinen Wunsch, den Forderungen und Erwartungen der Eltern zu entsprechen und sich schließlich damit zu identifizieren (Nunberg 1932; vgl. auch Holder 1982).

Fehlt diese Möglichkeit, kann die Liebe der Eltern nicht für geleisteten Triebverzicht entschädigen. Unzureichende oder vorzeitig verlorene elterliche Idealisierung kann das Gefühl des Kindes gefährden, bei der Meisterung seiner Triebimpulse Unterstützung zu erfahren, und es einer wichtigen Quelle für sein Selbstwertempfinden als auch des Gefühls eigener Selbstwirksamkeit berauben (Hartmann & Loewenstein 1962, S. 61). Das Kind steht dann im Konflikt zwischen trieb- und objektgerichteten Wünschen und wird nur wenig Motivation dafür aufbringen, sich nach den Wünschen des Objekts zu richten. Die Anpassung an die Wünsche der Mutter läßt unter diesen Umständen kein Gefühl des Stolzes entstehen; vielmehr können Angst vor Macht- und Kontrollverlust sowie ein Verhalten passiver Unterwerfung die Folge sein. Die Bemühungen des Kindes, den früheren, nunmehr idealisierten, glückseligen Zustand aufrechtzuerhalten oder wiederzugewinnen, kann zu einem pathologischen Überdauern früher Formen der Selbst-Erhöhung führen (bzw. eine spätere abwehrbedingte Regression auf diese frühe Formen nach sich ziehen). Selbst-Erhöhungen dieser Art münden nicht selten in narzißtische Objektwahl (Reich 1960) und interferieren mit der Aufrechterhaltung des Selbstwertgefühls, insofern, als eine Anfälligkeit für depressive Reaktionen bestehen bleibt; kann die Phantasie der eigenen „Großartigkeit" nicht ausreichend aufrechterhalten werden, sind Kränkung, ein Gefühl der Minderwertigkeit und Wut die Folge.

Internalisierung von Konflikten und „Introjekt- Compliance"

Kognitive Fortschritte zwischen dem zweiten und dritten Lebensjahr lassen das Denken und Phantasieleben des kleinen Kindes inhalts- und detailreicher werden. Damit gehen Möglichkeiten für eine weitere Überich-Strukturierung einher. Wenn das Kind nun wütend ist, den Wünschen der Mutter oder seiner eigenen Vorstellung des „idealen Kindes" nicht entspricht, kann es sich ängstlich verschiedene Konsequenzen seines Verhaltens ausmalen - Liebesverlust, Objektverlust oder Bestrafung. Um diese Folgen und die damit verbundene Angst zu vermeiden, beginnt es nunmehr, selbst in Abwesenheit der Mutter, den internalisierten Ge- und Verboten nachzukommen - die Introjekte gewinnen mehr und mehr an Einfluß. Nur wenn das Kind den Wünschen der Mutter in deren Abwesenheit Folge leistet, können wir auf eine Compliance mit dem Introjekt schließen.

Emde (1991) berichtet von Forschungsergebnissen, denen zufolge Dreijährige bis zu einem gewissen Grad bereits die Fähigkeit zur Compliance mit dem Introjekt ausgebildet haben. In einer der Versuchsanordnungen sollten Versuchsleiter und Kind in einem Spielzimmer gemeinsam spielen. Kurz darauf betritt die Mutter des Kindes das Zimmer; sie hat zwei neue Spielsachen bei sich und weist das Kind an, diese während ihrer Abwesenheit liegen zu lassen; danach verläßt sie den Raum wieder. Das Kind spielt nun Puppen mit dem Versuchsleiter, bis nach einer Weile eine der Puppen des Versuchsleiters den Wunsch äußert, mit den verbotenen Spielsachen zu spielen. Einige der Kinder waren in der Lage, der Versuchung zu widerstehen und fragten tatsächlich, ob der Versuchsleiter denn nicht gehört habe: die Mutter habe ihm (dem Kind) das Spielen mit diesen Spielsachen verboten, deshalb dürften sie auch nicht gemeinsam damit spielen. Emde und seine Forschungsteam interpretieren die Reaktionen der Kinder dahingehend, daß diese über ein internalisiertes Empfinden der Mutter, deren Regeln sowie ihrer eigenen Verpflichtung beiden gegenüber verfügten. Dieses innere Empfinden des Anderen („sense of the other") verlieh ihnen ein Kontrollbewußtsein, mit dessen Hilfe sie der Versuchung widerstehen konnten.

Die Übereinstimmung mit bestimmten Forderungen des Introjekts wird durch den Modus der Reaktionsbildung erleichtert, der die frühesten Form der Selbstkritik darstellt; in den Reaktionsbildungen dieses Altersabschnitts spiegeln sich phasengerechte Entwicklungskonflikte wider, die sich vorrangig um die eigene Körperbeherrschung zentrieren, wie etwa Sauberkeitserziehung oder die Kontrolle feindselig-aggressiver Impulse. Gefühle des Ekels angesichts des Verlusts der Sphinkterkontrolle (oder damit verwandte Äußerungen der Triebbefriedigung) werden gegen das eigene Selbst gerichtet, schmerzliches Schamempfinden und Verlust der Selbstachtung können die Folge sein, so wie sie in der Äußerung eines zweijährigen Mädchens zum Ausdruck kommen, die in die Hose gemacht hat: „Ich mag mich nicht." Scham als Reaktion auf innere Kritik (im Unterschied zu Reue, Verlegenheit und Demütigung als Reaktion auf äußere Kritik) lassen die Bemühungen erkennen, den Forderungen des Introjekts nachzukommen. Entsprechend schützen abwehrbedingte Reaktionsbildungen vor Triebbefriedigung und sichern zugleich ein Mindestmaß an Selbstwertregulierung, indem sie den schmerzlichen Affekt der Scham abwehren (Jacobson 1973).

Die Übereinstimmung mit dem Introjekt fördert und sichert auch den Aufbau von Selbst- und Objektkonstanz. Schmerzliche ambivalente Empfindungen gegenüber dem Objekt sollen aufgelöst und seine lustvollen Reaktionen sichergestellt werden, was zu einer Konsolidierung der liebevollen inneren Mutterimago (Mahler et al. 1978) führt und das eigene „liebenswerte" Selbstbild festigt (R.L. Tyson 1983). Allerdings dürfen die Schwierigkeiten des Kindes, den Forderungen des Introjekts zu entsprechen, nicht unterschätzt werden. Die Funktionstüchtigkeit des Ichs - im Vergleich zur Triebstärke - ist in der frühen Kindheit relativ schwach ausgebildet. Folglich können schmerzliche Empfindungen der Reue, der Scham und schließlich auch der Schuld bei erst Zweieinhalb- bis Dreijährigen zuküftige Verstöße gegen die Gebote des Introjekts noch nicht verhindern. Während Schuldbewußtsein ein Hinweis darauf sein kann, daß eine Internalisierung elterlicher Normen stattgefunden hat, setzt der effektive Gebrauch des Schuldgefühls als Signalaffekt (die „moralische Angst" bei Freud 1926) erst später ein, um unangemessenes Verhalten zu verhindern - von Anna Freud (1936, S. 298-301) wurde dies im Sinne einer „Zwischenstufe" in der normalen Überich-Entwicklung diskutiert.

Intrasystemischer Konflikt: Konfligierende Ideale und Introjekte

Das Erreichen der infantil-genitalen Phase bedeutet einen Zuwachs an interpersonellen und schließlich intrapsychischen Konflikten; er impliziert die Bildung einer Vielzahl sich gegenseitig ausschließender internalisierter Forderungen und Ideale. Die Bühne für intrasystemisches Konfliktgeschehen, d.h. Konfliktkonstellationen innerhalb des Überichs, ist somit errichtet.

Während der infantil-genitalen Phase, in der zentrale Aspekte der Geschlechtsidentität verhandelt werden (vgl. Teil VII), läßt die Identifizierung mit idealisierten gleich- und gegengeschlechtlichen Objekten zahlreiche als erstrebenswert erachtete Selbstrepräsentanzen entstehen. Gerade der Wunsch nach liebevoller Zuwendung des gleichgeschlechtlichen idealisierten Elternteils stellt in diesem Zusammenhang ein wesentliches Moment der Überich-Entwicklung dar - ein Aspekt, der jedoch theoretisch nicht ausreichend gewürdigt wird. Obgleich dieser Gedanke bereits in Freuds Vorstellung von der zentralen Bedeutung der Kastrationsangst für die männliche Überich-Entwicklung implizit enthalten ist, so sollte unserer Auffassung nach nicht nur jener Teil kindlicher Motivation hervorgehoben werden, der sich drohender Bestrafung verdankt; als ebenso wesentlich betrachten wir den Wunsch des Kindes, lustvolle Interaktionen mit dem idealisierten Objekt zu wiederholen. Neben ihrem lustvollen und Sicherheit vermittelnden Charakter, bieten diese Interaktionen dem Kind wesentliche Identifizierungsmöglichkeiten, die zum Aufbau eines angemessenen und stabilen Empfindens der eigenen Weiblichkeit oder Männlichkeit beitragen. Ambivalenz gegenüber diesem idealisierten Objekt kann zu einem schmerzlichen Gefühl der Entfremdung führen; um diese Ambivalenz zu vermeiden, zu ertragen oder aber aufzulösen, identifiziert sich das Kind mit den Anforderungen des idealisierten Objekts bzw. ist bestrebt, ihnen nachzukommen. In der Bildung des Überichs spielen diese Identifizierungen eine zentrale Rolle. Allerdings gibt es hier geschlechtsspezifische Unterschiede, was den Zeitpunkt ihrer Einflußnahme angeht. Wir haben an anderer Stelle beschrieben, wie die Ausformung des Ichideals - basierend auf der Identifizierung mit dem gleichgeschlechtlichen Elternteil als Ideal - beim Mädchen früher einsetzt als beim Jungen (Tyson & Tyson 1984). Das Ichideal des Mädchens enthält in seinem Kern die Phantasie eines idealisierten Zustands vertrauter Einheit mit der Mutter der frühesten Kindheit.

Die Identifizierung mit dem gleichgeschlechtlichen Elternteil der infantilgenitalen Phase stimuliert ödipales Phantasiegeschehen, das sowohl Haß als auch Liebe beiden Elternteilen gegenüber beinhaltet. Diese Phantasien und ambivalenten Gefühlseinstellungen fördern wiederum die Identifizierung mit den Eltern. Bald schon ist das Kind gefangen im Konflikt zwischen geschlechtsgebundenen Identifikationen, sowie zwischen liebevollen und haßerfüllten Empfindungen beiden Elternteilen gegenüber. Da sich die Erwartungen beider Eltern für gewöhnlich unterscheiden, spürt es, daß das „ideale Kind" für den einen Elternteil riskiert, das Mißfallen des anderen zu erregen.

Ideale und Befriedigungsmodi früherer Entwicklungsstufen stehen im Widerstreit mit infantil-genitalen und sich allmählich abzeichnenden ödipalen Idealen. Das Bemühen, einer inneren Forderung nachzukommen, führt unweigerlich zur Mißachtung einer anderen. So steht die als Ideal phantasierte Einheit mit der Mutter dem ödipalen Wunsch des kleinen Mädchens nach ihrem Vater entgegen. Sie kann schwerlich Mutter für Vaters Baby sein und gleichzeitig den Wunsch haben, Mutters Baby zu sein.

Intrasystemische Überich-Konflikte dieser Art führen zu Inkonsistenzen in der Überich-Funktion und machen anfällig für weitere narzißtische Kränkungen. Das Ideal zu erreichen - angesichts der in den Introjekten verkörperten unterschiedlichen elterlichen Erwartungen - ist für das Kind unmöglich; so finden phasengerechte und elternspezifische Ideale Eingang ins Ichideal. Intrasystemisches Konfliktgeschehen setzt für gewöhnlich in der frühen Kindheit ein, die letztendliche Versöhnung konfligierender Normvorstellungen und Ideale, die in ein stabileres narzißtisches Gleichgewicht münden, wird jedoch nicht vor der Spätadoleszenz erreicht; und selbst dann gibt es intrasystemische Konflikte, die weiterhin bestehen bleiben.

Identifizierung mit Introjekten und Idealen - Schuld

Der Ödipuskomplex nimmt eine zentrale Stellung im Rahmen der Überich-Bildung ein. Wenn auch präödipale Determinanten bedeutsame Einflußfaktoren darstellen, so ist es doch die ödipale Auseinandersetzung, die für eine Neustruktuierung von früheren Introjekten und Idealen sorgt und damit ein kohärenteres Funktionieren des Überich-Systems ermöglicht. Wie Waelder bereits im Jahr 1936 ausführte, besteht ein signifikanter Unterschied zwischen einem Gefühl der Schuld (wir würden wohl eher von Reue sprechen), das wir in Anwesenheit eines gefürchteten äußeren Objekts erleben, und jener Schuld, die eine Reaktion auf eine innere Instanz, dem Überich, darstellt.

Nach Erreichen der infantil-genitalen Phase im Rahmen der psychosexuellen Entwicklung und nach erfolgreicher Identifizierung mit dem gleichgeschlechtlichen Elternteil (siehe Teil VII), betritt das Kind in der Regel die Bühne der ödipalen Auseinandersetzung und den damit verbundenen charakteristischen Extremen von Liebe und Haß, Sadismus und masochistischer Selbstopferung. Im nunmehr triadisch abgesteckten Objektbeziehungsrahmen, in dem beide Elternteile die ödipale Phantasiewelt des Kindes bevölkern, erhalten frühere Ängste, wie sie sich um Objekt- und Liebesverlust ranken, eine neue Dimension. Auch die Anfälligkeit für narzißtische Kränkungen steigt, da unerfüllte ödipale Wünsche nicht selten als demütigende Zurückweisung erlebt werden.

Die Angst vor den Vergeltungsschlägen des ödipalen Rivalen fließt in die Überich-Bildung mit ein. Sie manifestiert sich in diesem Entwicklungsabschnitt oft als Beschädigung des eignen Körpers. Da sexuelle Erregung nun genital lokalisiert werden kann, fürchten insbesondere kleine Jungen eine Beschädigung ihrer Genitalien als Strafe für ödipale Wünsche - eine Angst, die auf dem primitiven Konzept des „Talionsprinzips", des „Auge um Auge, Zahn um Zahn" basiert (Freud 1913), das bei Kindern dieses Alters und dieses kognitiven Entwicklungsstandes vorherrscht. Da der Penis den Ort seiner sexuellen Erregung darstellt und da dessen narzißtische Besetzung zentral für seine Idealvorstellung von Männlichkeit ist, entwickelt der kleine Junge die Phantasie, daß Kastration die Bestrafung seiner ödipalen Wünsche sein wird.

Obgleich auch das kleine Mädchen genitale Verletzung als Folge der Selbstbefriedigung fürchten mag, so gilt ihre Furcht ganz allgemein jeglicher Form körperlicher Beschädigung, in der sie die magische Manifestation mütterlicher Vergeltungsmaßnahmen wahrnimmt, mit der ihre Schönheit und ihre begehrenswerte Attraktivität als Sexualobjekt für den Vater zunichte gemacht werden sollen.

> Eine Sechsjährige ist nach dem Stich einer Biene in hellster Aufregung und davon überzeugt, daß eine Hexe die Biene geschickt hat. Auf die Frage, warum denn die Hexe das getan haben soll, sagt sie: „Die Hexe ist eifersüchtig, weil ich lange Wimpern habe und die Leute sagen, daß ich hübsch bin!"

Die narzißtische Besetzung des Körpers, die Art kindlicher Phantasien und der Einfluß primärprozeßhaften Denkens bedingen die Übertreibung dieser Ängste; nichtsdestotrotz basieren sie auf den unterschiedlichsten Erfahrungen der frühen Kindheit, verletzt zu werden und Schmerz zu empfinden. Hilflosigkeit und Verletzbarkeit angesichts überwältigender erwachsener Stärke, wie sie sich in Gekitzeltwerden, körperlicher Bestrafung, sexuellen oder körperlichen Mißbrauchs oder aber medizinischen Eingriffen manifestiert, tragen zu diesen kindlichen Ängsten bei.

Die Angst vor körperlicher Beschädigung fördert die Strukturierung des Überichs. Das Kind möchte nicht nur körperliche Beschädigung, sondern auch den Verlust der idealisierten Beziehung zu einem ebenfalls idealisierten Elternteil vermeiden. Dies läßt die Motivation dafür entstehen, auf inzestuöse Wünsche zu verzichten und sich an die elterlichen sowie eigenen inneren Normvorstellungen zu halten; so wie früher Reaktionsbildung und Angst vor Liebesverlust die konfliktreiche Auseinandersetzung um anale Triebimpulse beeinflußten, kommt nun die dreifache Bedrohung durch körperliche Beschädigung, narzißtische Kränkung und Liebesverlust zum Tragen. Wie Freud (1924a) beschreibt, dienen ödipale Konflikte als mächtige, wenn auch nicht ausschließliche motivierende Momente der Überich-Bildung.

Dazu zählt auch die Identifizierung mit den Introjekten und Idealen. Mehr und mehr wird das Kind gewahr, daß die Eltern nicht nur die Einhaltung bestimmter Verhaltensnormen fordern, sondern auch ihr eigenes Verhalten nach bestimmten moralischen und ethischen Grundsätzen ausrichten. Die kindliche Idealisierung des Elternteils umfaßt schließlich auch die Idealisierung dieser Verhaltenscodices (Hartmann et al. 1946). Via Identifizierung mit den eher ganz konkret idealisierten Moralvorstellungen der Eltern konstruiert sich das Kind sein eigenes ethisches System.

Mit zunehmender Internalisierung von Konflikten beginnt das Kind den Liebesverlust seines Überichs mehr zu fürchten als den Verlust der Liebe seiner Eltern; die Bestrafung durch das Überich wird gleichzeitig, wenn auch in unterschiedlichem Ausmaß, als Verlust der Selbstachtung sowie schmerzliches Schuldgefühl - dem klassischen Charakteristikum des Überichs - erlebt (Beres 1958). Dieses Schuldgefühl mag bewußt sein, oder aber in bewußt erlebbaren Abkömmlingen eines unbewußt ablaufenden Abwehrprozesses verankert sein (Pulver 1974) - sei es in Form von Selbstbestrafung, zusätzlichen Minderwertigkeitsgefühlen oder Selbstwertverlust. Die Angst vor eigener innerer Mißbilligung wird zu einer ebenso mächtigen Triebfeder, internalisierten Verhaltensnormen zu gehorchen, wie frühere Ängste vor Objekt- und Liebesverlust, Beschämung, Kastration oder andere körperliche Beschädigungen.

Zur Vermeidung dieses Schuldempfindens geht das kleine Kind weitere innere Kompromisse ein. Auf der Suche nach Sühne, Liebe und zustimmender Anerkennung seitens seines Überichs ist es bestrebt, sich mit dessen Forderungen und Idealen zu identifizieren. Es wird so unabhängiger von äußeren Quellen, die ihm sein normkonformes Verhalten und seinen Selbstwert bestätigen sollen.

Die Auflösung des Ödipuskomplexes wird durch die letztendliche (wenn auch niemals vollständige) Identifizierung mit dem eigenen inneren Moralkodex erleichtert. Obgleich bereits vor dem Eintritt in die ödipale Auseinandersetzung Identifizierungen mit bestimmten Idealen und Introjekten stattfinden (etwa in Form von Reaktionsbildungen beim dreijährigen Kind), so bedeutet die zunehmende Konsistenz dieser Identifizierungen einen weiteren Entwicklungsschritt. Je weiter der Identifizierungsprozeß voranschreitet, desto weniger werden die Konflikte, da die Forderungen des Introjekts und die Normvorstellungen des Ideals zu Wünschen und Charakteristika der eigenen Selbstrepräsentanz werden. Via Identifizierung mit dem Ideal erfährt das Kind eine Selbstwerterhöhung, die in gewisser Weise für die nunmehr aufgegebenen Triebwünsche entschädigt. Diese Identifizierung hilft dem Kind zudem, sich vor drohenden ödipalen Triebdurchbrüchen und daraus resultierender Beschämung in Sicherheit zu wähnen. Je mehr das Schuldgefühl darüber hinaus zum Signalaffekt wird, desto mehr lernt das Kind gerade jene Situationen zu meiden, die Anlaß für intensive Schuldgefühle bieten könnten. Sofern es nicht zu Regressionen oder bedeutenden intrasystemischen Konflikten kommt, nimmt das Verhalten einen zunehemend 'automatischen' Charakter an bzw. wird, entsprechend den internalisierten Moralvorstellungen und Forderungen des Introjekts, gleichsam zur 'zweiten Natur'.

Diese Identifizierungen bedeuten, daß das entstehende Überich, wenngleich instabil und anfällig für Externalisierungen, nunmehr als kohärente, funktionelle psychische Einheit betrachtet werden kann. Die infantile Neurose ist gleichsam „etabliert", nun da die Ursprünge von Konflikt und Bestrafung sowie die Quelle der eigenen Selbstachtung im Individuum selbst existieren.

Wenn nicht unüberwindbare Konflikte oder äußere Einflüsse die Entwicklung behindern, so wird das Kind seine inzestuösen ödipalen Wünsche aufgeben und die daran gebundenen Konflikte wegen der nunmehr intrapsychisch wirksamen Strafinstanz auflösen; die hierbei eingesetzten Maßnahmen sind abhängig von der Heftigkeit sexueller und aggressiver Triebregungen. Das Selbstwertempfinden ist insofern anfällig für Kränkungen, als die Verletzung von Introjektforderungen oder das Nichteinhalten von Idealnormen von Seiten des Überichs schnell geahndet wird, wenngleich die innere Kontolle im Vergleich zu den Triebwünschen des Kindes schwach bleibt. Diese Inkonsistenz ist bis zu einem gewissen Grad charakteristisch für das Überich, das niemals gleichförmig oder völlig zuverlässig funktioniert. Daher werden auch weiterhin die Liebe der Eltern oder andere Formen äußerer narzißtischer Zufuhr notwendig sein, um die inneren kritischen Stimmen auszugleichen. Nach und nach wird jedoch die eigene billigende Zustimmung überwiegen, wenn die Stimme des Gewissens als Teil einer eindeutig abgegrenzten inneren Instanz erlebt wird.

Auflösung des Ödipuskomplexes und Kohärenz des Überichs

Ausgehend von seiner Erfahrung als Kinderanalytiker sowie empirischen Beobachtungen vertritt Holder (1982) die Auffassung, daß die Bedeutung des Ödipuskomplexes und seiner Auflösung für die Überich-Entwicklung womöglich überschätzt wird. Kinder im Latenzalter, so zeigt er auf, können in heftigste ödipale Kämpfe verstrickt sein, trotzdem jedoch über ein internalisiertes, strukturiertes sowie autonom funktionierendes Überich verfügen. Diese Kinder zeigen nicht immer genau jene Identifizierungen, wie sie die Auflösung des Ödipuskomplexes vorsieht; nichtsdestotrotz scheinen sie anfällig für heftige Schuldgefühle, die nicht nur die Folge manifester Handlungen, sondern auch die Folge bestimmter von ihnen gehegter Wünsche sind.

Holders Argumentation spiegelt wider, was Loewald (1986) die „Verflüchtigung des Ödipuskomplexes in der Psychoanalyse" genannt hat: Das gegenwärtig vorherrschende Interesse für präödipale Entwicklungslinien scheint dazu geführt zu haben, daß der ödipalen Auseinandersetzung, ihrem Fehlen oder ihrer (eventuell nur unzureichenden) Verarbeitung, nicht mehr jener zentrale Stellenwert für die weitere Entwicklung des Kindes eingeräumt wird. Unserer Auffassung nach erfordert ein autonomes Überich mehr als nur die Identifizierung mit elterlichen bestrafenden Introjekten.

Wie wir bereits ausführten, kommt es früh in der Entwicklung zur Ausbildung von Introjekten und Idealen, so daß die Introjektion elterlicher Autorität und das Bedürfnis nach Bestrafung, um für (tatsächliche oder phantasierte) „Vergehen" zu büßen, bereits vor dem Betrteten der ödipalen Bühne vorhanden sein können. Trotz früher Empfindungen von Schuld (oder zumindest der Reue) geben manche Kinder ihre Suche nach verbotenem Lustgewinn mit dem Einsetzen ödipaler Strebungen nicht auf, sondern folgen diesen, sei es in Form inzestuöser, auf das Objekt gerichteter Wünsche oder anderer Arten der Triebäußerung.

Unserer Auffassung nach sind es die Internalisierung elterlicher Wert- und Moralvorstellungen sowie die Identifizierung mit diesen inneren Normen, die das interpersonelle ödipale Konfliktgeschehen in intrapsychische Konflikte transformieren. Die damit einhergehenden intrapsychischen Modifikationen entstehen über entsprechende Abwehr- und Kompromißbildungen, nicht so sehr über eine fortgesetzte Manipulation durch die Umwelt. Nur über die Identifizierung mit den eigenen internalisierten Moralvorstellungen übernimmt das Kind nach und nach immer mehr Verantwortung für seine Handlungen. Somit weisen eine mangelhafte Internalisierung elterlicher Werte oder eine nur ungenügende Identifizierung mit den internalisierten Normvorstellungen auf eine mangelhafte strukturelle Entwicklung des Überichs hin. Das Kind kann in diesem Fall den narzißtischen Anspruch auf Befriedigung seiner ödipalen Wünsche erheben und sich im Fall der Nichterfüllung betrogen fühlen. Lücken dieser Art in der Überich-Entwicklung zeigen sich in raschen Schwankungen des Selbstwertempfindens, in unterschiedlichen Werthaltungen und Verhaltensweisen, die das Kind in unterschiedlichen situativen Kontexten und in Interaktion mit unterschiedlichen Beziehungspartnern an den Tag legt, um seine Umwelt zu manipulieren und Triebbefriedigung zu erlangen, in einem fortgesetzten Sich-Verlassen auf äußere Objekte, die die Kontrolle des eigenen triebhaft-impulsiven Verhaltens sowie die Aufrechterhaltung des Selbstwerts garantieren sollen.

Als ihre Eltern sie dabei ertappen, wie sie mit einem anderen Mädchen sexuelle Zärtlichkeiten austauscht, zeigt eine Siebenjährige keinerlei offensichtliche Reue, sondern macht ihren Eltern wütende Vorhaltungen darüber, daß sie ungebeten ihr Zimmer betreten hätten.

Ist es nun die Auflösung des Ödipuskomplexes, die die Konsolidierung des Überichs nach sich zieht und zu mehr Autonomie führt oder geht die Verarbeitung der ödipalen Auseinandersetzung auf ein konsistenteres Überich zurück? Unserer Auffassung nach läßt sich diese Frage nur mit einem 'Sowohl-Als-Auch' beantworten. Ödipale Wünsche ziehen für gewöhnlich Schuldgefühle nach sich, um so mehr als das Überich nicht zwischen Absicht und Handlung (Freud 1930) unterscheidet; einen bedeutsamen Anstoß für das Kind, auf die Erfüllung seiner ödipalen Wünsche zu verzichten und sich mit den Normvorstellungen der Eltern zu identifizieren, liefern all die schmerzlichen, an das Überich geknüpfte Affekte. Aber in diesem Fall besteht die infantile Neurose bereits und die entsprechende strukurelle Weiterentwicklung läuft. Wir stimmen mit Jones überein, daß „das Überich-Konzept einen Knotenpunkt in der Entwicklung darstellt, an dem wir uns auf all die dunklen und undurchsichtigen Probleme des Ödipuskomplexes und des Narzißmus einerseits, sowie auf Haß und Sadismus andererseits gefaßt machen müssen" (1926, S. 304).

Die Zeit der Latenz und das Überich als innere Autorität

Während der Latenzzeit muß sich das Kind an das Überich als innere Stimme und Autorität gewöhnen. Vom Überich wiederum wird mehr Toleranz gegenüber Triebäußerungen verlangt, indem es einige der archaischen Wesenszüge früher Introjekte modifiziert. Das Überich der frühen Latenz neigt zu rigider, primitiver Strenge und Inkonsistenz und wird rasch externalisiert. Diese Lücken und Übertreibungen rühren daher, daß das Überich kein exaktes inneres Abbild äußerer Funktionen darstellt, sondern deren verzerrte und - insbesondere zu Beginn - instabile Version widerspiegelt. Das Kind erscheint zuweilen als rücksichtslos und ohne jegliche innere Moralvorstellung, um im nächsten Moment übertrieben streng und moralisch auf das (Fehl)Verhalten anderer zu reagieren und diese für eigene „Gesetzesübertretungen" verantwortlich zu machen. In wieder anderen Situationen und zum Erstaunen aller provoziert es mit seinem Verhalten wiederholt Sanktionen, um damit unbewußte Schuldgefühle zu lindern (Freud 1917).

Da die Fähigkeit des Kindes sich zu beherrschen im Vergleich zu seinen starken Triebimpulsen nur relativ schwach ausgebildet ist, wird es häufig zum Zusammenbruch seiner kompromißlosen Überich-Normen und Ideale kommen. Dies sorgt gerade in der Frühlatenz zu erhöhter narzißtischer Kränkbarkeit. Die kindlichen Charakterzüge erscheinen nun ausgeprägter als zuvor. Obgleich sie in vielen Fällen auf Reaktionsbildungen basieren, enwickeln sie sich doch zu überdauernden ethischen Prinzipien (Freud 1926). Das Kind der Latenzzeit achtet auf Fairneß die Einhaltung von Regeln, insbesondere auf Seiten seiner Interaktionspartner.

Die Kontrolle von Triebimpulsen ist für Kinder dieser Entwicklungsstufe von besonderer Wichtigkeit. Um ödipal-inzestuöse Wünsche zu unterdrücken, sind strenge restriktive Maßnahmen notwendig. Die strikte Unterbindung masturbatorischer Handlungen kann zur Ausbildung einer Reihe von Symptomen führen, die von Zwangsgedanken und Zwangshandlungen über exzessives Tagträumen, Unaufmerksamkeit und Konzentrationsmangel in der Schule bis hin zu antisozialem Verhalten reichen können. Bleiben diese Symptombildungen ohne Erfolg, kann zwanghaftes Masturbieren, insbesondere beim kleinen Jungen, die Folge sein. Übermäßige Schuldgefühle, unnachgiebige innere Normvorstellungen sowie Kastrationsängste lassen so einen Teufelskreis entstehen. Je weniger auf die gelegentliche Selbstbefriedigung mit Verschiebung und Verzerrung reagiert werden muß, desto weniger lähmend werden die nachfolgenden Schuldgefühle sein (Bornstein 1953, S. 70).

Die für die Latenzzeit typische Ausweitung des sozialen Radius' birgt neue Versuchungen für das Kind; gleichzeitig kann es immer weniger auf die Unterstützung durch elterliche Normen zurückgreifen, da in dieser Hinsicht nun eine immer größere Autonomie seinerseits erwartet wird. Die Notwendigkeit, mit sexuellen und aggressiven Triebregungen umgehen zu lernen und dabei mehr und mehr auf die elterliche Unterstützung zu verzichten, stellt eine Herausforderung für das Funktionieren des noch unreifen Ichs und Überichs dar und setzt das Überich überdies der Möglichkeit von Kränkungen aus. Verhaltensauffälligkeiten in der Schule (A. Freud 1949) können ebenso die Folge sein wie gelegentliche sexuelle Episoden unter Gleichaltrigen, die von Schuldgefühlen begleitet sind.

Die mit masturbatorischen Impulsen einhergehenden Konflikte und Schuldgefühle nehmen in der zweiten Hälfte der Latenzzeit für gewöhnlich ab. Das Kind verfügt nun über eine besser integrierte Abwehrstruktur, um sich vor intrusiven sexuellen Impulsen zu schützen; das Überich ist (etwas) weniger streng und fordernd, Selbstbefriedigung und daran geknüpfte Phantasien - via Verschiebung und Entstellung von den ursprünglichen ödipalen Wünschen und Objekten nunmehr abgetrennt - scheinen weniger bedrohlich. Beim psychisch gesunden Kind kommt es nun zu gelgentlichen Episoden unverstellter genitaler Masturbation, die mit offenen sexuellen Phantasien einhergehen.

In den frühen Phasen seiner Entwicklung sind unmittelbare Externalisierungen des Überichs nicht selten. So mag ein kleiner Junge, der in die Hosen gemacht hat, voller Angst der Reaktion des Vaters am Abend entgegensehen, der jedoch das Mißgeschick seines Sohnes nur mit einem einfachen „Das kann passieren" quittiert. Vom Kind in der Latenzzeit wird jedoch erwartet, nun selbst Verantwortung für das eigene Tun zu übernehmen und das Überich als eigene innere Autorität wahrzunehmen.

Der kontinuierliche Identifizierungsprozeß mit elterlichen Norm- und Wertvorstellungen stabilisiert, zumindest teilweise, das Überich und fördert zunehmend die Unabhängigkeit von frühen oder primitiven Introjekten sowie frühen Triebansprüchen (Hartmann & Loewenstein 1962; Jacobson 1973). Je stärker sich das Kind mit inneren Regeln und Normen identifiziert, desto unabhängiger wird es von äußeren Autoritäten hinsichtlich seiner selbstkritischen und selbstbelohnenden Aspekte, die mit einem positiveren Selbstwertgefühl einhergehen. Diese Stabilität und Unabhängigkeit lassen auf ein nunmehr *autonomes Überich* schließen.

Im Umgang mit Gleichaltrigen werden zunächst noch andere moralische Prinzipien geltend gemacht als jene, nach denen sich das Kind im Beisein Erwachsener richtet. „Die wirkliche Moral beginnt, wenn die verinnerlichte Kritik als Überich-Forderung auf dem Boden des Ichs mit der Wahrnehmung des eigenen Vergehens zusammentrifft" (A. Freud 1936, S. 301-302).

Über die Integration entstehender Ich-, Überich-, und kognitiver Funktionen werden somit zwei zentrale Entwicklungsthemen während der Latenzzeit verhandelt: die Lockerung des strengen und bestrafenden Überichs bei gleichzeitiger Stützung, Überarbeitung und Konsolidierung moralischer Prinzipien. Piaget (1964), Kohlberg (1981) und Gilligan (1984) konnten mit ihren Untersuchungen zur kindlichen Moralentwicklung aufzeigen, daß Veränderungen der Moralvorstellungen im Laufe des Entwicklungsprozesses mit der wachsenden Fähigkeit zu abstraktem Denken einhergehen: Unabhängig von äußerer Unterstützung vermag das Kind in einer zunehmend konsistenten und adaptiven Art und Weise moralisch zu differenzieren.

Die Internalisierung und Konsolidierung elterlicher Einstellungen, Werthaltungen sowie ihrer Autorität dauern die gesamte Latenzperiode über an; daneben wird sich das Kind jedoch auch andere Vorbilder suchen, deren Anforderungen und Normen von jenen der Eltern abweichen können. Diese Unterschiede ermöglichen es, die Normvorstellungen der Eltern zu überprüfen und in einem Prozeß der Überich-Depersonifizierung die eigenen zu modifizieren oder zu ergänzen. „Im Laufe der Entwicklung nimmt das Überich auch die Einflüsse jener Personen an, die an die Stelle der Eltern getreten sind, also von Erziehern, Lehrern, idealen Vorbildern. Es entfernt sich normalerweise immer mehr von den ursprünglichen Elternindividuen, es wird sozusagen unpersönlicher" (Freud 1933, S. 502ff).

Manchmal gelingt es einem Kind nicht, ausreichend Verantwortung für seine Handlungen zu übernehmen; dies kann ein Hinweis auf eine nur mangelhaft stattgefundene Internalisierung von Überich-Direktiven bzw. auf deren rasche Externalisierung sein - das Kind erlebt Autorität weiterhin als in der Außenwelt verankert. Kommt es nicht zur Ausbildung eines autonomen Überichs, bleibt das Kind abhängig von anderen, gleichzeitig setzt es sich jedoch gegen den Druck von außen, aber auch gegen die von außen angebotene Struktur zur Wehr. Nach wie vor bestimmt das Lustprinzip sein Verhalten, es weigert sich, sich den Erwartungen der anderen anzupassen und ist unfähig, sich mit Autoritätspersonen zu identifizieren. Von der Umwelt fühlt es sich mißverstanden, falsch behandelt und mißbraucht. Solch ein Kind hat für gewöhnlich große Schwierigkeiten, wenn es in der Adoleszenz zur Reexternalisierung und Neubewertung von Moralvorstellungen, Normen sowie ihrer Regulierung kommt. Ein Jugendlicher, der nie die Fähigkeit zu innerer Regulierung entwickelt hat und über kein autonom funktionierendes Überich verfügt, wird weiterhin seine Umwelt für die Erfüllung seiner Wünsche verantwortlich machen, so wie er die wiederholte äußere Mißachtung seiner Überzeugung, die Welt schulde ihm etwas, als narzißtische Kränkung erleben wird.

Das Überich in der Adoleszenz

Die biologischen Veränderungen der Pubertät sind Auslöser für die sogenannte „normative Krise" (Erikson 1956), für die die Entwicklungsleistungen der Spätlatenz den Boden bereitet haben. Die Einstellungen gegenüber Objekten, Idealen und den eigenen Triebansprüchen müssen sich ändern. Ob der Adoleszente die Möglichkeiten, die diese Entwicklungsphase für ihn bereithält, wahrnimmt, hängt ganz entscheidend von der Funktion seines Überichs ab. Um vollständige Autonomie zu erlangen, muß er nun weitaus mehr Eigenverantwortung für sich und sein Tun übernehmen. Dies impliziert ein vollständig internalisiertes Überich sowie den Verzicht auf elterliche Autorität. Schließlich muß sich das Überich dem Ich unterordnen.

In seiner dritten Abhandlung zur Sexualtheorie *Die Umgestaltung der Pubertät* aus dem Jahr 1905 macht Freud deutlich, daß mit der Überwindung und Verwerfung inzestuöser Phantasien „eine der bedeutsamsten, aber auch schmerzhaftesten, psychischen Leistungen der Pubertätszeit vollzogen" werde, nämlich „die Ablösung von der Autorität der Eltern, durch welche erst der für den Kulturfortschritt so wichtige Gegensatz der neuen Generation zur alten geschaffen wird" (S. 130). Jacobson (1961) weist darauf hin, daß die endgültige Auflösung der äußeren und inneren Abhängigkeit von den Eltern oft von tiefer Trauer begleitet ist, die es in dieser Form während der Kindheit nicht gibt. Dies ist nach Loewald (1986) darauf zurückzuführen, daß im psychischen Erleben des Adoleszenten die Übernahme der Autorität von den Eltern einem Mord an ihnen gleichkomme; die Zerstörung betreffe nicht nur die elterliche Autorität, sondern auch die Eltern selbst in ihrer Funktion als Liebesobjekte. Obgleich der Prozeß der Verantwortungsübernahme für das eigene Tun bereits früher einsetzt, so ist doch sein Abschluß ein Entwicklungsthema der Adoleszenz: Frühe Ideale und Introjekte werden einer Neubewertung unterzogen und modifiziert, das Überich erfährt eine Rekonsolidierung, um als stabiles und überdauerndes System in Einklang mit erwachsenen Realitäten funktionieren zu können. Im Rahmen einer optimalen Entwicklung geht dies mit einem parallel ablaufenden Entwicklungsprozeß der Eltern einher, die nun aufgefordert sind, allmählich auf ihre Macht und Autorität über ihre Kinder zu verzichten.

Die regressive Personifizierung des Überichs - d.h. die Externalisierung innerer Autorität - ist der erste Schritt auf dem Weg einer der Neustrukturierung des Überichs in der Adoleszenz. Konflikte werden nicht als intrapsychisches Geschehen wahrgenommen, sondern als ständiger Kampf mit den Eltern erlebt. Auch wenn die Unterstützung durch elterliche Normen und Stabilität nach wie vor gesucht wird, so kann die Einhaltung dieser Normvorstellungen doch gleichzeitig aufs heftigste bekämpft werden.

Zu den verschiedensten Inkonsistenzen des adoleszenten Überichs kann es dann kommen, wenn sich beide Eltern hinsichtlich ihrer Erwartungen an den Jugendlichen unterscheiden oder aber ihr Verhalten selbst inkonsistent ist - sei es, den Forderungen in einem Bereich eine permissive Haltung in einem anderen Bereich gegenüberzustellen, oder aber die Einhaltung bestimmter Verhaltensnormen zu verlangen, ohne sich selbst daran zu halten (vgl. Blum 1985). Die potentiell schädigenden Auswirkungen elterlicher Inkonsistenz beschränken sich somit nicht nur auf die frühe Kindheit, sondern sind auch in der Adoleszenz zu beobachten, wenn wir es mit einem noch instabilen Überich des Jugendlichen und seinem Bedürfnis nach äußerer Autorität zu tun haben.

Die Eltern (oder deren psychische Repräsentanz) als Liebesobjekte und Autoritätsfiguren aufzugeben kann intensive Gefühle der Einsamkeit und des Alleinseins nach sich ziehen, ein Gemütszustand, den Anna Freud (1958) als „inneren Objektverlust“ beschrieben hat. Um mit diesen Empfindungen fertig zu werden, werden emotionale Bindungen sowie Überich-Funktionen auf die Gruppe verschoben, die Identifizierung mit den Eltern wird durch die Identifizierung mit einem starken, idealisierten Gruppenführer ersetzt.

> „Wir dürfen uns sagen, die ausgiebigen affektiven Bindungen, die wir in der Masse erkennen, reichen voll aus, um einen ihrer Charaktere zu erklären, den Mangel an Selbständigkeit und Initiative beim Einzelnen, die Gleichartigkeit seiner Reaktion mit der aller anderen, sein Herabsinken zum Massenindividuum sozusagen. Aber die Masse zeigt, wenn wir sie als Ganzes ins Auge fassen, mehr; die Züge von Schwächung der intellektuellen Leistung, von Ungehemmtheit der Affektivität, die Unfähigkeit zur Mäßigung und zum Aufschub, die Neigung zur Überschreitung aller Schranken in der Gefühlsäußerung und zur vollen Abfuhr derselben in Handlung, dies und alles Ähnliche (...) ergibt ein unverkennbares Bild von Regression der seelischen Tätigkeit auf eine frühe Stufe“ (Freud 1921, S. 109)

Freuds Ausführungen sind für das Verständnis adoleszenter Gruppen von besonderer Bedeutung. Solange die Verschiebung emotionaler Bindungen und Autorität auf die Gruppe besteht, scheint die Nicht-Einhaltung eigener innerer Normen keinerlei Schuldgefühle beim Adoleszenten nach sich zu ziehen. An der Gruppe können regressive Triebimpulse und objektbezogene Konflikte abgearbeitet werden, während gleichzeitig frühe Introjekte und Idealen einer Neubewertung unterzogen werden. Die Gruppe bietet alternative Identifizierungsmöglichkeiten, Normvorstellungen und emotionale Unterstützung während des inneren Chaos der Regression und Neustrukturierung des Überichs.

Die endgültige Auflösung ödipaler Bindungen, die Herstellung neuer Objektbeziehungen sowie die strukturelle Reorganisation können nur dann erfolgreich verlaufen, wenn sie die libidinösen Besetzungen der Vergangenheit nicht aufzehren oder die damals stattgefundenen Identifizierungen nicht gänzlich auslöschen (Jacobson 1973, S. 185). Besteht zwischen den Normen der Gruppe und den bereits internalisierten Moralvorstellungen eine allzu große Diskrepanz, kann der Adoleszente in heftigsten inneren Aufruhr geraten und es kommt zur bloßen Wiederholung infantiler Konflikte, wenn auch unter neuen Vorzeichen. Im Idealfall nutzt der Adoleszente die verbleibenden Bindungen an die Vergangenheit, eine Wiederannhäherung an die Eltern auszuhandeln, um schließlich - sowohl auf bewußter als auch unbewußter Ebene - einige Aspekte der erwachsenen Normen der Eltern zu übernehmen und sich damit zu identifizieren, andere hingegen abzulehnen und zu zurückzuweisen. Diese selektive Identifizierung mit elterlichen Normen sowie ihre Integration in jene Wertvorstellungen der frühen Kindheit und der Peer-Group fördern die Differenzierung der psychischen Struktur. Die Organisation des Überichs gewinnt an Kohärenz und Stabilität; dies versetzt den Adoleszenten in die Lage, seine eigene Autorität zu sein, Verantwortung für sich zu übernehmen und diese zu akzeptieren, während er gleichzeitig die Abhängigkeit von den eigenen Eltern mehr und mehr löst. Dieser Entwicklungsprozeß braucht seine Zeit. Am Beispiel eines Neunzehnjährigen wird dies deutlich:

> Obgleich ohne eigenes Verschulden in einen Auffahrunfall verwickelt, fürchtet der junge Mann, sein Vater müsse mit ihm deswegen vor Gericht. Unfähig, sich selbst in eine Autoritätsposition zu phantasieren, konnte er sich nicht vorstellen, daß ihm jemand Glauben schenken würde.

Neben der Modifizierung introjizierter elterlicher Normen führt die Reorganisation des Überichs auch zu einer Transformation früher Ideale. Die idealisierten Eltern der Kindheit unterscheiden sich sehr stark von den Eltern der Adoleszenz, und manche der idealen Zielvorstellungen aus der Kindheit haben nur wenig mit der Realität und den potentiellen Fähigkeiten des Einzelnen gemein. Die Modifizierung früher Ideale erfordert die Wiederbelebung infantiler bisexueller Wünsche, die im Ichideal erhalten sind. Die Verschiebung dieser Wünsche auf die Peergruppe und einen bewunderten Anführer, lindert die Angst, die diese Wünsche auslösen - wenngleich nicht selten homosexuelle Empfindungen dem genau zuwiderlaufen. Auch Lehrer, bekannte Sportler, Sänger, Musikgruppen, Kinohelden, die innerhalb der Gruppe oder der Gesellschaft als etwas Besonderes gelten, können Ziel dieser Verschiebung sein; die Neugestaltung des Ichideals wird sich dabei im Normalfall mehr und mehr an den eigentlichen Elternfiguren ausrichten.

Blos spricht hier vom Erreichen „sekundärer Objektkonstanz“ als einem Prozeß, in dessen Verlauf die alten idealisierten, mit Allmacht ausgestatteten Elternimagines des Überichs „vermenschlicht“ werden (1967, S. 181). Der ältere Adoleszente stellt seiner Idealisierung der Eltern der Vergangenheit nun eine etwas realistischere Sicht der Eltern der Gegenwart gegenüber; er sorgt somit für eine weitere Anpassung idealer Selbst- und Objektrepräsentanzen an die äußere Realität. Das optimale Ergebnis dieses Entwicklungsprozesses ist die Internalisierung idealer und wertgeschätzter Zielvorstellungen, die sich im Rahmen der Realisierungsmöglichkeiten des Einzelnen befinden. Es wird so eine Annäherung zwischen erwachsener Selbstrepräsentanz und erwachsenem Ichideal möglich, die eine konsistentere Wahrung des eigenen Selbstwertgefühls miteinschließt.

Die sich im Überich manifestierenden Ideale und Normen sind nun stärker an der Realität ausgerichtet, seine zensierenden und bestrafenden Einflüsse von mehr Wohlwollen begleitet. Die Konsolidierung dieser inneren Autorität als Instanz der Persönlichkeit läßt das Überich im Idealfall zu einer reifen, kohärenten, autonom und konsistent funktionierendem psychischen Struktur werden, das durch Individualität, Flexibilität und Stabilität gleichermaßen gekennzeichnet ist.

Bis zu einem gewissen Grad ist dies selbst eine idealisierende Darstellung, denn das Überich behält die Fähigkeit, frühe primitive Introjekte, Normen und Ideale wiederzubeleben und dabei die bekannte unnachsichtige Strenge walten zu lassen. Da dieser archaische Kern überdauert, bleibt auch das Potential für feindselige Selbstanklagen und Selbstbestrafung bestehen. Ebenso bleibt das Überich zeitlebens anfällig für Externalisierungen (etwa wenn wir reaktivierte infantile neurotische Konflikte als interpersonelles Konfliktgeschehen erleben). Dieser Form der Externalisierung begegnen wir häufig in Analysen, in denen der Analytiker als verurteilend und verfolgend erlebt wird. Hierin wird deutlich, daß trotz der späteren Modifizierung und Reorganisation des Überichs, die zur infantilen Neurose verfestigten präödipalen und ödipalen Konflikte den Kern des Überichs ausmachen.

Zusammenfassung

Die Geschichte der Überich-Entwicklung reicht vom reziproken Interaktionsgeschehen zwischen Mutter und Kind, den zur infantilen Neurose verfestigten präödipalen und ödipalen Kernkonflikte, über die Internalisierungsprozesse in der Latenz und die Reorganisation in der Adoleszenz bis hin zu einem individuell sehr unterschiedlichen Entwicklungsstand im Erwachsenenleben. Als zentrale Entwicklungsdaten haben hierbei der Ödipuskomplex und seine Auflösung sowie die gesamte Entwicklungphase der Adoleszenz zu gelten. Nichtsdestotrotz kann die Begegnung mit neuen Menschen, neuen Ideen und neuen Werten immer wieder zu Korrekturen unserer Ideale und unseres Wertesystems führen. Wenn auch das Gewissen nach wie vor kategorisch zwischen „richtig“ und „falsch“ zu unterscheiden sucht, so kann es sich doch bei der Anwendung seiner „Gesetze“ flexibel zeigen und je nach den äußeren Gegebenheiten entscheiden. Ebenso sind wir in der Lage, unsere überdauernden primitiven Ideale im Lichte einer realistischen Einschätzung unserer Möglichkeiten zu überprüfen.

Trotz seiner Modifizierbarkeit bleibt das Überich zeitlebens anfällig für Externalisierungen. Mit der Meisterung des ödipalen Dramas - sowohl in seiner infantilen als auch adoleszenten Version - und der damit einhergehenden notwendigen Reorganisation von Überich-Struktur und Funktion, erlangen wir jedoch Verantwortung für uns selbst. Die wichtigsten Entwicklungsschritte im Rahmen der Überich-Bildung haben wir wie folgt beschrieben:

- Erste Anfänge
- Entstehung primitiver Introjekte und Ideale
- Entwicklungskonflikt, Compliance mit dem Objekt, Internalisierung von Konflikten
- Internalisierter Konflikt, Compliance mit dem Introjekt
- Intrasystemischer Konflikt: Widerstreitende Ideale und Introjekte
- Ödipuskomplex, Identifizierung mit den Introjekten und Idealen, Schuld

- Auflösung des Ödipuskomplexes und Kohärenz des Überichs
- Latenz, innere Autorität, Autonomie des Überichs
- Externalisierung, Modifizierung und Reinternalisierung in der Adoleszenz
- Vorherrschaft des Ichs

Kapitel 14

Geschlechtsspezifische Unterschiede in der Überich-Entwicklung

Im Anschluß an unsere Darstellung allgemeiner Aspekte der Überich-Entwicklung bei beiden Geschlechtern, sollen im folgenden geschlechtsspezifische Unterschiede des Überichs im Zentrum unserer Betrachtung stehen. Wie erleben Jungen und Mädchen Sexualität, Aggression und die Beziehung zu ihren Eltern? Wie verarbeiten sie ihr Erleben im Lichte der Überich-Entwicklung? Wir möchten zunächst jene Theorien überblicksartig darstellen, die Freuds Konzept der weiblichen Überich-Entwicklung widersprechen. Daran anschließend erfolgt eine getrennte Beschreibung der geschlechtsspezifischen Merkmale in der Entwicklung des Überichs bei Frauen und Männern.[26] Da es uns vornehmlich um die *Entstehung* des Überichs, weniger um später stattfindende Korrekturen und Reorganisationen geht, werden wir uns vor allem auf die Darstellung der frühen Kindheitsentwicklung konzentrieren.

Theorien zur Überich-Entwicklung beim Mädchen

Freud bezeichnete die Stimme des Gewissens als männlich, resultierend aus der Identifizierung mit dem Vater. Für ihn war die Überich-Organisation einer Frau der des Mannes unterlegen. Er machte dafür die unterschiedlichen Beziehungen von Jungen und Mädchen im Zeitraum zwischen Kastrations- und Ödipuskomplex verantwortlich. Während der Kastrationskomplex den Jungen dazu bringt, seine ödipalen Wünsche aufzugeben und sich mit dem Vater zu identifizieren, wird das Mädchen durch die Anerkennung ihres Penismangels dazu veranlaßt, in die ödpale Auseinandersetzung einzutreten. Das kleine Mädchen identifiziere sich nur selten in der

[26] Es wäre weniger umständlich, sich auf die Darstellung einer „weiblichen“ bzw. „männlichen Überich-Entwicklung“ zu beziehen, anstatt von der „Überich-Entwicklung bei Männern und Frauen“ zu sprechen. Wenn wir im folgenden trotzdem an dieser Formulierung festhalten, dann deshalb, um den Eindruck zu vermeiden, das Überich besitze ein Geschlecht.

Art und Weise mit ihrem Vater, wie dies für den kleinen Jungen der Fall sei. Aus diesen Überlegungen zog Freud folgende Schlußfolgerung:

> „Man (...) kann sich aber doch der Idee nicht erwehren, daß das Niveau des sittlich Normalen für das Weib ein anderes wird. Das Überich wird niemals so unerbittlich, so unpersönlich, so unabhängig von seinen affektiven Ursprüngen, wie wir es vom Manne fordern. (...), daß es weniger Rechtsgefühl zeigt als der Mann, weniger Neigung zur Unterwerfung unter die großen Notwendigkeiten des Lebens, sich öfter in seinen Entscheidungen von zärtlichen und feindseligen Gefühlen leiten läßt, fänden in der oben abgeleiteten Überichbildung eine ausreichende Begründung." (1925b, S. 265-266)

Jones widersprach Freuds Spekulationen einer inadäquaten Überich-Funktion bei Frauen. Seine eigene klinische Erfahrung hatte ihn zu der Überzeugung gebracht, daß Frauen ebenso unter Schuldgefühlen litten wie Männer. Seiner Auffassung nach reiche es nicht aus, die Kastrationsangst als Haupttriebfeder der Überich-Bildung anzunehmen; dies berge die Gefahr, die weibliche Psychologie mit der männlichen zu verwechseln und sich um das Verständnis jener Konflikte einer Frau zu bringen, die für ihre Überich-Entwicklung verantwortlich sind.

Jones vertrat die Ansicht, daß es vor allem die Angst vor Trennung und Zurückweisung sei, die die Frau dazu veranlasse, ein Überich auszubilden, um mit seiner Hilfe ihre Angst zu bewältigen. In einer Relativierung der - seiner Meinung nach - Freudschen Überbetonung des Ödipuskomplexes wies er auf die Bedeutung der präödipalen Bindung des Mädchens an seine Mutter hin. Die Angst des kleinen Mädchens, von seiner Mutter zurückgewiesen zu werden und von ihr getrennt zu sein, veranlasse es, so Jones, seine Angst auf den Vater in der ödipalen Phase zu übertragen. In seinen Anstrenungen, die Zustimmung des Vaters zu gewinnen und Zurückweisung und Verlassenwerden zu vermeiden, identifiziere sich das Mädchen mit den moralischen Idealen des Vaters. Jones argumentiert weiter, daß der Penisneid deshalb eine so zentrale Stellung einnehme, da Frauen oft die Vorstellung entwickelten, Männer (d.h. der Vater) widersetzten sich heftigst den weiblichen Wünschen und lehnten Weiblichkeit ab (1927, S. 449). Aus diesem Grund schließe die Identifizierung des Mädchens mit dem Vater - mit dem Ziel, Trennung und Zurückweisung abzuwehren - neben den männlichen Idealen nicht selten auch eine Herabsetzung weiblicher Idealvorstellungen mit ein.

Ungeachtet der Argumente Jones' blieb das Konzept weiblicher Kastration (und ist es bis zu einem gewissen Grad auch heute noch) die Achillesferse in den theoretischen Entwürfen zur Überich-Bildung bei Frauen. Um die Überzeugung zu stützen, daß das Überich der Frau bis zu einem gewissen Grad dem eines Mannes zumindest vergleichbar funktioniere, bemühten sich psychoanalytische Theoretiker, eine der Kastrationsangst beim Mann vergleichbare Triebfeder in der weiblichen Entwicklung zu finden.

So machte Karen Horney (1926), die eigentlich die Darstellung weiblicher Entwicklung über den Vergleich mit der männlichen ablehnte, die Überich-Entwicklung des Mädchens an seinen Ängsten vor genitaler Beschädigung fest. Wenn der Penisneid, so Horney, die psychische Realität von erwachsenen Frauen beeinflusse, dann sei er als Hinweis auf eine regressive Lösung des Ödipuskomplexes zu interpretieren. In ihrer analytischen Arbeit mit erwachsenen Frauen traf sie immer wieder auf die Phantasie eines riesigen Penis, dessen gewaltsames Eindringen Schmerz und Blutungen verursache und die Vagina zerstöre. Der Ursprung dieser Phantasien war ihrer Meinung nach in der frühen Kindheit des kleinen Mädchens zu suchen, wenn der Anblick des überproportional großen Penis des Vaters die Furcht vor vaginaler Verletzung auslöst. Diese Furcht veranlasse das Mädchen, seine ödipalen Wünsche gegenüber dem Vater aufzugeben und eine weibliche Position einzunehmen; die Folge seien männliche Identifizierungen und der Wunsch, einen Penis zu besitzen. Dieses Verlangen einer Frau, ein Mann zu sein, unterstütze demnach die Verdrängung ödipaler Ängste und ödipaler Schuld; da Kastration (bzw. Penislosigkeit) belege, daß der Betreffende sich schuldig gemacht hat, würde der Besitz eines Penis die Schuldlosigkeit des Mädchens beweisen.

Auch Melanie Klein unterstreicht den Aspekt körperlicher Beschädigung als Triebfeder für die Überich-Bildung, obgleich sie, was die Entwicklung des Überichs beim Mädchen angeht, von Freuds Überlegungen in zweifacher Hinsicht abweicht (1928; 1929; 1930; 1933). Zum einen, so Kleins These, funktioniere das Überich sehr viel früher als Freud angenommen hatte; aufgrund früher Identifikationen sei dieses archaische Überich durch Extreme von Gut und Böse gekennzeichnet. Zum anderen sei es der Angriff der Mutter, den das kleine Mädchen fürchte, nicht die Verfolgung des Vaters. Laut Klein besteht die Phantasie das kleinen Mädchens darin, die Mutter verstecke in ihrem Bauch Penis und Fäces des Vaters sowie weitere Kinder. Der daraus resultierende Neid des Mädchens führe zum oral-sadistischen Wunsch, die mütterliche Brust zu verschlingen, sie ihrer Körperinhalte zu berauben und zu zerstören. Die Projektion dieser Phantasie lasse das Mädchen jedoch um die Unversehrtheit ihrer eigenen Körperinhalte fürchten, eine Angst, die zum Zeitpunkt des Abstillens auftrete und die früheste Gefahrensituation im Leben des kleinen Mädchens darstelle. Bei Ängsten vor Alleinsein, Liebes- und Objektverlust handelt es sich Klein zufolge um spätere Modifikationen dieser frühen Angst.

Für Müller-Braunschweig (1926) ließ sich das Überich einer Frau durchaus mit dem eines Mannes messen. Es komme sehr früh zu einer Manifestation der weiblichen Natur, was deutliche masochistische und passive Tendenzen miteinschließe und auf ein unbewußtes Wissen über die passive Rolle der Vagina schließen lasse. Da es zu den grundlegenden Wünschen einer Frau gehöre, sich von einem Mann überwältigen zu lassen, stellten inzestuöse Impulse insofern eine Bedrohung für das Mädchen dar, als sie nicht nur die Vergewaltigung durch den Vater und den Verlust der Liebe der Mutter nahelegten, sondern auch den Verlust der väterlichen Liebe, da dieser eine richtende Instanz repräsentiere. Da das Überwältigtwerden auch eine Gefahr für das Ich darstelle, entstehe Penisneid als Reaktionsbildung gegenüber dem primären, passiven und masochistischen Wunsch, vergewaltigt zu werden. Dieses Penisideal diene dann als Grundstock für das Überich der Frau und repräsentiere die Kontrolle über die Triebimpulse des Es. Nach Müller-Braunschweig ist die „Deprivationsangst", die an den möglichen Verlust des phantasierten Penis geknüpft ist, mindestens so stark wie die eigentliche Kastrationsangst des Mannes (wenn nicht noch stärker).

Auch Sachs weist den Gedanken einer Überich-Minderwertigkeit der Frau zurück, vielmehr sei von einem unabhängigen Überich auszugehen, dem ein Ideal des Verzichts zugrundeliege. Das Mädchen muß ödipale Strebungen aufgeben und die damit einhergehende Enttäuschung ertragen. Zu dieser Frustration komme es bereits recht früh, denn in Anerkennung seiner Penislosigkeit empfinde das kleine Mädchen die klitorale Masturbation als unbefriedigend, was seine ödipal-inzestuösen Wünsche anfache, die jedoch enttäuscht werden. In einem letzten Versuch, am Ödipuskomplex - d.h. an der Fixierung am Vater - festzuhalten, überträgt das Mädchen „mit leidenschaftlicher Intensität" seine ursprünglich mit einer oral frustrierenden Mutter verknüpften oralen Wünsche auf den Vater. Das Schicksal dieser oralen Wünsche, dessen Objekt nunmehr der Vater ist, stellt eine wichtige Determinante dafür dar, wie das Überich der Frau letztlich beschaffen sein wird. Gelingt es dem Mädchen nicht, die Wünsche aufzugeben, so bleibt es an den Vater gebunden und identifiziert sich in abhängiger Art und Weise lediglich mit seinem Ichideal (bzw. dem Ichideal einer väterlichen Ersatzperson). Hält das Mädchen die Enttäuschung jedoch aus, so wird es den Vater introjizieren, sich lösen und unabhängig funktionieren können, wobei der „Verlust als lebenslanges Ideal anerkannt wird" (1929, S. 50).

Edith Jacobson interpretierte die von ihr beobachtete Neigung von Frauen, die eigene Weiblichkeit zu entwerten und sich den Ansichten der Männer zu beugen (1937), als eine Bestätigung der Freudschen These, das Überich der Frau zeichne sich durch Schwäche und Instabilität aus. Daß die gleichen Frauen jedoch auch unter einem unbarmherzig und grausam fordernden Überich litten, erstaunte sie. Später (1973) revidiert sie ihre Ansichten und widerspricht Freud in seiner Auffassung, Frauen fehle es am nötigen Anreiz zur Ausbildung eines Überichs. Das Überich der Frau, so Jacobson, folge anderen Entwicklungslinien als das des Mannes. Das Mädchen erlebe seine Penislosigkeit als narzißtische Kränkung, für die es die Mutter verantwortlich mache. Versuche, für diese Verletzung seines Selbstwertgefühls entschädigt zu werden, führten in der Regel zu depressiven Verstimmungen, die zuweilen mit einem frühzeitigen Verzicht auf genitale Aktivitäten sowie der analen Entwertung der mütterlichen und der eigenen Genitalien einhergingen. Mit Hilfe des Ideals, ordentlich, sauber und gehorsam zu sein, soll die eigenen Entwertung verarbeitet werden. Mit dem Verzicht auf sexuelle Aktivitäten lenkt das Mädchen die Aufmerksamkeit von den Genitalien auf den ganzen Körper. Wütend wendet es sich von der nunmehr entwerteten Mutter ab, um sich, wenn auch zutiefst ambivalent, dem Vater anzunähern. Die narzißtische Besetzung seiner eigenen Genitalien wird auf den Vater verschoben; an die Stelle der Kastrationsangst tritt die Angst vor dem Verlust der väterlichen Liebe; dies käme einem Verlust des Penis gleich und bedeutet eine Wiederholung der früher erlittenen narzißtischen Kränkung.

Um die Liebe des Vaters nicht zu verlieren, unterwirft sich das Mädchen dessen Ansichten und Werten. Die weibliche Gewissensangst erhält so die Qualität einer sekundären „sozialen Angst", da Meinung und Urteil des phallischen Liebesobjekts zum entscheidenden Bestimmungsfaktor werden. Ob das Mädchen die eigene Weiblichkeit wertzuschätzen vermag, ist nach Jacobson abhängig von der Einstellung beider Elternteile gegenüber der Weiblichkeit ihrer Tochter: „Insgesamt gelingt den Frauen schließlich, wie ich glaube, die Bildung eines verläßlichen Ichs, eines reifen Ichideals und eines autonomen Überichs um so besser, je besser das kleine Mädchen gelernt hat, seine Weiblichkeit zu akzeptieren und so einen Weg zurück zur mütterlichen Ich- und Überich-Identifizierung finden kann" (1973, S. 126).

Reich (1953) stellte Freuds Auffassung des Überichs als Erbe des Ödipuskomplexes nicht infrage, postulierte jedoch, daß sich das Ichideal früher bilde und daß Störungen des Ichideals mit der Internalisierung des Überichs interferierten. In ihren Untersuchungen über narzißtische Störungen machte sie die Beobachtung, daß manche Frauen konsistent eine narzißtische Objektwahl trafen und diese pathologischen Objektbeziehungen zur Reparation ihres verletzten Selbstwertgefühls und zur Überwindung von Kastrationserleben nutzten. Dies sorgte häufig für eine übermäßig große Abhängigkeit von den Meinungen anderer. Reich führt diese Beeinträchtigung des Selbstwertgefühls auf eine Störung in der präödipalen Beziehung zwischen Mutter und Tochter zurück. Diese Störung wiederum interferiere mit der Entwicklung des Überichs, so daß es weder zur Auflösung des Ödipuskomplexes noch zur vollständigen Internalisierung des Überichs komme.

Für Greenacre (1952a) sind es die Reaktionen auf die eigene Körperlichkeit, die das Überich des Mädchens beeinflussen. Das Mädchen muß seine Penislosigkeit anerkennen; nichtsdestotrotz wird es das Fehlen des Penis als Bestrafung für eigene masturbatorische Aktivitäten interpretieren (denn nicht selten ist es gerade eine Situation masturbatorischer Erregung, die es in Bedrängnis bringt). Die angebliche Sünde, für die es bereits bestraft wurde, scheint ein wahres Reservoir an Schuldgefühlen bereitzustellen, das späteres Schuldempfinden in Konfliktsituationen massiv verstärkt. Aus diesem Reservoir, so Greenacre, speisen sich auch das ausgeprägte, aber diffuse oder ziellose Pflicht- und Verantwortungsbewußtsein, das häufig bei jungen Mädchen zu beobachten ist.

Chasseguet-Smirgel (1974) betrachtet das Problem weiblicher Schuld von einem anderen Blickwinkel aus. Sie vertritt die Auffassung, daß Kinder beiderlei Geschlechts sich angesichts der (All)Macht der Mutter hilflos und unvollständig fühlen. Der kleine Junge empfindet narzißtische Befriedigung bei dem Gedanken, daß er im Besitz von etwas ist, das der Mutter fehlt; das kleine Mädchen hingegen muß sich dem Vater zuwenden, um sich von der Mutter zu befreien. Als Teil des ödipalen Dreiecks muß es sich jedoch mit der als kastrierend erlebten Mutter identifizieren. Nicht um des Penis' willen strebt es danach, in seinen Besitz zu gelangen, sondern um sich gegen jene Person aufzulehnen, die es für seine narzißtische Kränkung verantwortlich macht - die omnipotente Mutter. Die Frau übernimmt die moralischen Werte ihres sexuellen Partners aufgrund ihrer unbewußten Schuldgefühle, die an die eindringlichen Warnungen der Mutter gebunden sind, sich „kein eigenes Gesetz zu schaffen". Somit resultiert das weibliche Schuldgefühl einerseits aus dem Verlangen, sich den väterlichen Penis, oral oder vaginal, einzuverleiben, andererseits aus dem Wunsch, die omnipotente Mutter loszuwerden. Sein Bestreben, Rivalität und Identifikation mit der kastrierenden Mutter abzuwehren, aber auch die Angst, den Vater selbst zu kastrieren, können das Mädchen veranlassen, in einer abhängig-fürsorglichen Position dem Vater gegenüber zu verharren. Es braucht so weder den Platz der Mutter an Vaters Seite einzunehmen, noch sich mit der kastrierenden Mutter zu identifizieren. Anstatt zur Frau zu werden, bleibt sie ein gefügiges Kind.

Muslin (1972) vertritt die Auffassung, daß das Überich einer Frau in Struktur und Funktion dem eines Mannes vergleichbar ist, daß es jedoch geschlechtsspezifische Unterschiede gibt, was die Inhalte (d.h. Ideale und Verbote) angeht. Der Wunsch einer Frau nach Liebe und ihr Bedürfnis nach Anerkennung, so seine Beobachtung, bleiben ein Leben lang bestehen. Folglich habe die Angst vor Liebesverlust sowie die drohende Verletzung des Selbstwertgefühls eine ebenso bedeutsame regulatorische Funktion wie die Furcht vor Bestrafung in Form von Schuldgefühlen.

Schafer weist darauf hin, daß es seine traditionellen Wertvorstellungen waren, die Freud in seinen Überlegungen zur Überich-Entwicklung daran hinderten, die Beziehung des kleinen Mädchens zu seiner Mutter als auch die Bedeutung prägenitaler Erfahrungen ausreichend zu würdigen. Das, was Freud als moralische Strenge des Mannes ansah, hat Schafer zufolge mehr mit Affektisolierung und zwanghafter Psychopathologie zu tun als mit Moral und Wertmaßstäben. Schafer macht auch deutlich, daß es notwendig ist, zwischen Überich und Ethik zu unterscheiden. „Ein Mädchen, das nicht jenes unbarmherzige Überich ausbildet, wie dies der Junge tut (...) könnte eher dazu geeignet sein, einen Moralkodex zu entwickeln, der sich durch Aufklärung, Realitätsbewußtsein und konsistentes Engagement für zivilisierte Umgangsformen auszeichnet" (1974, S. 466).

Blum (1976) weist Freuds Gedanken eines moralischen, erotischen und weiblichen Masochismus, der Teil des weiblichen Überichs sei, zurück. Er betrachtet den Masochismus als Überrest ungelöster infantiler Konflikte, und als solchen weder essentiell weiblich noch als wertvollen Bestandteil des weiblichen Charakters. Ein stark ausgeprägtes masochistisches Ichideal ist für gewöhnlich an beeinträchtigte Objektbeziehungen geknüpft und spiegelt sowohl präödipale als auch ödipale Störungen wider. Mütterliche Hingabe, so Blum weiter, dürfe nicht mit masochistischer Versklavung oder dem Schutz des Objekts vor Aggression verwechselt werden.

Auch Bernstein (1983) kritisiert Freuds Überich-Konzept, zum einen seine Thesen hinsichtlich Zeitpunkt und Motivation der Überich-Bildung, zum anderen die Tatsache, daß er der Bewertung eines angemessen funktionierenden Überichs männliche Wesenszüge als universelle Standards zugrundelegt. Was die Kontrolle von Triebimpulsen angeht, so Bernsteins Einwand, funktioniere das Überich der

Frauen nicht weniger effektiv als das des Mannes; inhaltlich bestünden jedoch Unterschiede, und die Beschränkungen, die das Überich der Frau dieser auferlege, seien keine Folge von Kastrationsangst. Vielmehr rekrutierten sie sich aus der Furcht vor der mächtigen narzißtischen Mutter der Kindheit; aus den vielen analen Verboten gegenüber genitalen Impulsen aufgrund der Verwechslung von genitalen und analen Körperzonen; und schließlich aus Phantasien, kastriert worden zu sein, wobei diese Phantasien den Ängsten vor körperlicher Beschädigung - z. B. infolge sexueller Penetration oder der Geburt eines Kindes - erhöhte Gültigkeit verleiht.

Diskussion

All diesen unterschiedlichen theoretischen Standpunkten ist gemeinsam, daß sie Freuds Auffassung eines minderwertigen Überichs der Frau für verfehlt halten. Die über die Jahre hinweg zusammengetragene klinische Erfahrung liefert einen eindeutigen Beleg für die Intensität des Schuldempfindens bei Frauen, ihre Unsicherheit, ihre Neigung zu Selbstkritik und Nachgiebigkeit gegenüber den Meinungen anderer, sowie für die Bedeutung der präödipalen Mutter-Tochter-Beziehung. All dies kann als Folge eines nur ungenügend internalisierten Überichs gedeutet werden, oder aber, was eher zutrifft, als Verhalten, das den komplizierten Gang der Überich-Bildung bei Mädchen widerspiegelt, die eng mit der Charakterentwicklung verwoben ist.

Wir sind deshalb der Ansicht, daß ein Verständnis der Überich-Entwicklung beim Mädchen mehrere Faktoren berücksichtigen muß: Sexualität, Aggression, die Beziehung zu Mutter und Vater, die Bildung der Geschlechtsidentität (siehe Teil VII), die Regulierung des narzißtischen Gleichgewichts, die verschiedenen Ideale und Zielvorstellungen, die verfolgt werden, die Erfahrungen und Konflikte präödipaler, ödipaler und postödipaler Entwicklungsphasen.

Vor allem der Inhalt der Ideale und Introjekte ist in diesem Zusammenhang von besonderem Interesse. Während spezifische Ideale, Verbote und Moralvorstellungen interkulturell variieren, so lassen sich im Überich der Frauen westlicher Kulturen doch gemeinsame Elemente ausmachen (Muslin 1972). Dazu zählen etwa das Verbot aggressiver Handlungen, die Zensur sexueller Aktivität, die Einschränkung alternativer Formen triebhafter Äußerungen, die Idealvorstellung eines „süßen, freundlichen, schüchternen" oder „unaggressiven, sauberen, ordentlichen" Wesens, sowie nicht selten die Erwartung, die eigene Mutter zu bemuttern.

Neben anderen zeitgenössischen Autoren betonen Schafer (1974) und Bernstein (1983), daß Unterschiede in den männlichen und weiblichen Wertvorstellungen zu Unterschieden in der Funktion, nicht jedoch zu einer Schwäche des Überichs führen. Das Konzept einer „festen" versus einer „flexiblen" Struktur soll dies verdeutlichen. Freuds Überich-Konzept läßt sich dahingehend verstehen, daß er eine feste, von vergangenen oder gegenwärtigen Emotionen unbehelligte Struktur für die wünschenswerte erachtete. Dem halten wir jedoch entgegen, daß es Zeiten gibt, in denen eine flexible Struktur, die fähig ist, angemessen auf die jeweiligen Gegebenheiten zu reagieren, die moralischere ist. In ihren empirischen Untersuchungen zur moralischen Entwicklung von Mädchen und Jungen konnte die Entwicklungspsychologin Carol Gilligan (1982) nachweisen, daß bei der Lösung von moralischen Dilemmata signifikante Unterschiede zwischen Mädchen und Jungen bestanden; sie schloß daraus, daß sich Männer in ihren Reaktionen häufiger von abstrakten Gesetzen leiten ließen, während Frauen danach entschieden, was am besten für die jeweilige Beziehung war.

Unserer Ansicht nach spiegelt der falsche theoretische Schluß weiblicher Überich-Schwäche die Auswirkung eines intrasystemischen Konflikts wider. Frühe Überich-Gebote im Sinne archaischer Introjekte können eine Frau veranlassen, sich der Meinung anderer zu beugen, um die Beziehung aufrechtzuerhalten. Überich-Direktiven späteren Ursprungs mögen dann zwar zu Selbstbewußtsein und Unabhängigkeit ermuntern, doch der machtvolle Einfluß archaischer Introjekte bleibt bestehen. Ein Dilemma, das auch die selbstbewußtesten und unabhängigsten Frauen in quälende Unentschlossenheit und Schuldgefühle stürzen kann.

Die Diskussion einer geschlechtsspezifischen Überich-Entwicklung muß auch motivationale und zeitliche Faktoren berücksichtigen. Entwicklungspsychologische Daten lassen sich dahingehend interpretieren, daß die Ausbildung des Überichs bei Mädchen im allgemeinen früher einsetzt als die des Jungen. Bis zu einem gewissen Grad wird diese Interpretation durch die bekannte Tatsache gestützt, daß in den ersten Lebensjahren die kognitiven Fähigkeiten von Mädchen entwickelter sind als die gleichaltriger Jungen.

Daneben sind wir aber der Meinung, daß der Wunsch, vom idealisierten, gleichgeschlechtlichen Liebesobjekt Zuneigung zu erfahren sowie die Angst, diese Liebe zu verlieren, eine besondere Bedeutung für die Überich-Bildung spielen. Fragen der Geschlechtsidentität, des Narzißmus und des Selbstwerts sind eng an diesen Wunsch gebunden. Das Bedürfnis, den Konflikt widerstreitender Gefühle von Liebe und Haß gegenüber diesem idealisierten gleichgeschlechtlichen Liebesobjekt aufzulösen, ist somit zentral für die Bildung eines Überichs. Das Mädchen muß diesen Konflikt lösen, bevor es die ödipale Bühne betreten kann. Für den Jungen hingegen steht genau dieser Konflikt im Zentrum der Auflösung des Ödipuskomplexes.

Im Kern ist es also der Wunsch, die Liebe der idealisierten Mutter zu erhalten, der das Mädchen veranlaßt, ein Überich auszubilden. Oftmals ist dieser Wunsch von der Sehnsucht nach einem Zustand idealisierter Nähe oder Einheit begleitet, den das Mädchen als Teil ihrer frühesten Beziehung zur Mutter phantasiert. Später entsteht daraus oft der Wunsch nach inniger Nähe mit einer idealisierten Person, die an die gute Fee aus dem Märchen erinnert. In der Wiederannäherungskrise mit all ihren Kämpfen um Selbst- und Fremdbestimmung und den Versuchen, eine von der Mutter getrennte Identität und Autonomie aufzubauen, muß das Mädchen jedoch um die Liebe ihres Ideals fürchten. Seine Bemühungen, diesen Konflikt zu lösen, stellen die ersten Schritte des Mädchens dar, ein eigenes Überich auszubilden. Nicht selten impliziert dies die Idealisierung der Mutter und die Bildung unbarmherziger Introjekte, die gegen das eigene Selbst gerichtet werden, sobald es zum Ausdruck sexueller oder aggressiver Strebungen kommt.

Mit anderen Worten: Wiederannäherungskrise und Wut auf die Mutter interferieren mit dem Gefühl, von der Mutter geliebt zu werden. Das Empfinden, die innige Nähe zur Mutter verloren zu haben, aber auch die Frustration anderer Wünsche lassen das schmerzliche Gefühl einsamer Ambivalenz entstehen. Es kommt zur projektiven Verzerrung der realen Mutter, doch die frühen Identifikationen mit den Anforderungen dieser, nunmehr projektiv verzerrten, mütterlichen Repräsentanz, die die schmerzliche Ambivalenz lösen und die alte Innigkeit wiederherstellen sollten, werden jetzt das Fundament, auf dem das Mädchen sein Überich aufbaut. Das Beispiel der dreieinhalbjährigen Beth soll dies illustrieren:

Das Mädchen wird aufgrund ihres impulsiven Verhaltens vom Kindergarten zur Behandlung an uns überwiesen. Durch Zwicken, An-den-Haaren ziehen und Beißen hat sich Beth alle anderen Kinder der Vorschulgruppe zu ihren Feinden gemacht. Frustrationen beantwortet sie, indem sie um sich schlägt. Wird sie getadelt, verkriecht sie sich weinend unter dem Tisch und beklagt sich bitterlich darüber, daß niemand sie mag. In der Aufrechterhaltung ihres Selbstwertgefühls ist sie übermäßig von anderen abhängig, dabei voller Sehnsucht nach inniger Nähe, die sie doch gleichzeitig fürchtet. Aus Angst, die Kontrolle über das Verhalten ihrer Tochter zu verlieren, reagiert Beths Mutter mit heftigen Zornausbrüchen und Maßregelungen; sie hält ihr vor, nie an andere zu denken und vergleicht sie mit ihrer zwei Jahre jüngeren Schwester, mit dem Ergebnis, daß das Mädchen am Boden zerstört ist. Ihrer kognitiven Reife entsprechend kann sie die Aufforderung, auch an andere zu denken, nur als ein Entweder-Oder, d.h. sie oder der andere, verstehen - ein Dilemma, daß sie dadurch zu lösen versucht, indem sie sich unterwürfig verhält; trotzdem empfindet sie nur Mißbilligung, die sie mit Wut beantwortet. Auch Beths Vater, der zwar versucht, den Einfluß der Mutter zu mäßigen, reagiert in ebenso negativer Art und Weise auf das Verhalten seiner Tochter. In der Behandlung taucht als zentrales Übertragungsthema der Wunsch auf, die Analytikerin möge Beths Zwilling sein. Wenn gezeichnet wird, was Beth gerne tut, und sie der Ansicht ist, die Zeichnungen der Analytikerin seien besser, vermag sie ihren eigenen nichts mehr abgewinnen; hält sie hingegen ihre Zeichnungen für besser, fürchtet sie die eifersüchtige Wut der Analytikerin, was sie als völlig niederschmetternd erleben würde. Daher, so ihre Schlußfolgerung, wäre es besser, wenn sie und ihre Analytikerin gleich - oder Zwillinge - wären. Viele Stunden lang fertigen sie „Zwillingszeichnungen" an, in denen die Analytikerin genau das gleiche wie Beth zeichnen soll. Auf diese Art und Weise belebt sie im Rahmen der Übertragung nicht nur ihren regressiven Wunsch nach Einheit und Bindung wieder, sondern auch ihre Suche nach der Anerkennung einer idealisierten Mutter.

Obgleich Beths Verhaltensstörung nicht als Beispiel einer normalen kindlichen Entwicklung herangezogen kann, so handelt es sich dabei doch lediglich um die Überzeichnung eines Zustands, den wir häufig in der frühen weiblichen Entwicklung antreffen, in der Fragen der Kontrolle und des Wettstreits an erster Stelle stehen (diese sind nicht ödipal bedingt, sondern beruhen auf narzißtischen Vergleichen weiblicher Schönheit und Kompetenz). Die Chancen, die ersehnte Innigkeit mit der Mutter (wieder)herzustellen, werden dadurch natürlich zunichte gemacht. Das kann zur Folge haben, daß das Mädchen unabhängige Strebungen schnellstens aufgibt zugunsten passiver Willfährigkeit und regressiver Phantasien, ein Baby zu sein. Da der überdauernde Einfluß archaischer und selbstkritischer Elemente früher Introjekte und Ideale einer Veränderung weniger zugänglich ist als spätere, stärker an der

Realität orientierte Elemente, werden Autoritätspersonen weiterhin als feindselig und streng erlebt, was die Haltung des passiven Sich-Fügens noch verstärkt. Obgleich die Ambivalenz der Wiederannäherungskrise auch beim Jungen zu einem internalisierten Konflikt führt, so sorgt in seinem Fall der Geschlechtsunterschied dafür, daß es ihn von der Mutter hin zum idealisierten Vater zieht, mit dem er sich identifizieren will; er sucht das Gefühl der Getrenntheit und Unterschiedlichkeit und fügt sich den Anforderungen der Mutter nicht so schnell wie das kleine Mädchen.

Da Freud die Entstehung des Überichs nur im Zusammenhang mit dem Ödipuskomplex und in der Hauptsache nur auf die Entwicklung des kleinen Jungen bezogen betrachtet, erstaunt es nicht, daß er der Kastrationsangst in dieser Dynamik höchste Priorität einräumt. Wie wir im vorangegangenen Kapitel jedoch beschrieben haben, ändert sich die Motivation zur Überich-Entwicklung im Laufe der Zeit und läßt sich entwicklungspsychologisch sehr viel weniger eindeutig bestimmen. Die Lust, sich mit dem Ideal zu identifizieren und der Wunsch, die Anerkennung der idealisierten Mutter zu erhalten, stellen eine mächtige Triebfeder für die Überich-Bildung dar, wenn die Liebe der Mutter allmählich an Bedingungen geknüpft ist.

Einer der wichtigsten Aspekte weiblicher Entwicklung ist somit die Frage, wie dieses mächtige Band zwischen Mutter und Tochter beschaffen ist und wie das Mädchen sich darüber hinaus entwickeln kann. Eine erfolgreich verlaufende ödipale Entwicklung setzt mehr als einen bloßen Objektwechsel voraus. (Die Schwierigkeiten des kleinen Mädchens, die Bindung an die Mutter aufzugeben, gleichzeitig mit ihr zu rivalisieren und sich mit ihr zu identifizieren, werden wir im nächsten Kapitel näher ausführen, wenn es um die Frage der Geschlechtsidentität gehen wird.) Nicht selten wird die ödipale Weiterentwicklung mit überdauerndem, intensivem Haß auf die Mutter erkauft. Und selbst der Abwehrmechanismus der Reaktionsbildung kann nicht verhindern, daß diese heftigen Gefühle in ein unbarmherziges Überich münden. In vielen Fällen gelingt die vollständige Ablösung von der Mutter nie und das Mädchen bleibt ein Leben lang an seine Mutter gebunden. Zwar kann diese Bindung auf andere Frauen verschoben werden (Balint 1973), was bleibt, ist jedoch die Sorge um das Wohlergehen der Anderen.

Obwohl Kämpfe dieser Art häufig beobachtet werden, wurde der Rolle der Aggression in der Überich-Entwicklung von Frauen erstaunlich wenig Beachtung geschenkt. Zwar finden feindselige Impulse und damit verbundene Konflikte implizit in zahlreichen theoretischen Überlegungen Erwähnung, die Betonung liegt jedoch auf dem Aspekt der Sexualität - es geht um Schuldgefühle wegen Masturbation, ödipaler Wünsche, Wünsche nach dem Besitz des väterlichen Penis, usw. Mit Ausnahme von Melanie Klein betonen die Theorien zur frühen Mutter-Tochter-Beziehung vor allem die Enttäuschung und die Wut des kleinen Mädchens darüber, daß die Mutter es nicht auch mit einem Penis ausgestattet hat.

Jüngere entwicklungspsychologische Studien zeigen, daß die feindseligen Impulse des Mädchens die verschiedensten Ursachen haben können und nicht nur als Reaktion auf Enttäuschung und narzißtische Kränkung angesichts seines Penismangels zu interpretieren sind - so bedeutsam dieser sexuelle Ursprung auch sein mag. So richtet Margaret Mahler die Aufmerksamkeit auf die sogenannte *Ambitendenz* des kleinen Kindes, jenes Verhalten, das dadurch gekennzeichnet ist, daß das Kind die Mutter in schneller Abfolge abwechselnd wegtößt, um sich im nächsten Moment an sie zu klammern (Mahler et al. 1978). Wir haben es hier mit einer Begleiterscheinung des Individuations- und Separationsprozesses zu tun; Identität und die Fähigkeit zu autonomen Funktionieren, die das Mädchen mit zunehmender Bewußtheit seines Getrenntseins nun aufzubauen beginnt, werden durch den regressiven Sog, die alte Einheit zur Mutter wiederherzustellen, immer wieder bedroht.

Aggression dient dem Mädchen dazu, seine Individuation und Separation voranzutreiben, intensiver Haß und starke Wut können jedoch die Idealisierung der Mutter vorzeitig unterbrechen. Neben einer frühreifen und passiven Charakterentwicklung oder aber einer andauernden Trotzhaltung gegenüber der Mutter, kann es zu einer Beeinträchtigung in der Lösung von Entwicklungskonflikten und einer Verzögerung im Aufbau von Ambivalenztoleranz kommen. Ein Verlust der idealisierten Sichtweise der Mutter beeinträchtigt auch die Internalisierung schützender, tröstender und lenkender Introjekte. Statt dessen entwirft das Mädchen ein entwertetes Bild des Objekts und internalisiert feindselige, unerbittliche Introjekte. Die Identifizierung mit dem entwerteten Objekt birgt die Gefahr eines ebenso negativen Selbstbildes; eine Dynamik, an deren Ende schließlich ein strenges, selbstkritisches Überich sowie ein verletzbares Selbstwertgefühl stehen. Nadelson und ihre Mitarbeiter (1982) berichten, daß Mütter auf die feindseligen Impulse ihrer kleinen Töchter oft mit kritischer Mißbilligung reagieren. Die Tocher fürchtet dann, für ihre Wut mit Liebesentzug bestraft zu werden. Sie erlebt ihre Wut als trennend, da sie mit ihrer Lust, von der Mutter geliebt zu werden, ihrer eigenen Liebesfähigkeit und ihrer Idealisierung der Mutter interferiert. Dies führt zu einer Überzeichnung der Feindseligkeit der Introjekte und somit zu einem übertrieben strengen und zensierenden Überich.

Je intensiver die Phantasien über einen möglichen Liebesverlust, desto größer die Angst des Mädchens. Der erlebte Verlust ihres nährenden und mütterlichen Ichideals, den sie ihrer Wut zuschreibt, mündet einerseits in noch mehr Angst, Selbstentwertung und narzißtische Kränkung, andererseits in immer heftigere Wut und Entwertungstendenzen der Mutter gegenüber. Abwehrbedingte Wiedergutmachtungsversuche sollen helfen, die Ambivalenz zu lösen; sie sorgen dafür, daß die Tochter versucht, brav, sauber und ordentlich zu sein, um die Liebe der Mutter zurückzugewinnen. Die willfährige und masochistische Haltung äußeren Autoritäten (und schließlich ihrem eigenen Überich) gegenüber, die sie dabei nicht selten entwickelt, soll die Bindung zum Objekt aufrechterhalten und Liebesverlust vermeiden helfen, eine Angst, die durch die Projektion eigener feindseliger Introjekte noch verstärkt wird (Blum 1976).

Obwohl Kernberg (1981) in seinen theoretischen Ausführungen keine explizit geschlechtsspezifischen Unterscheidungen vornimmt, vermag er doch deutlich zu machen, wo die Gefahren dieser frühen Phase der Überich-Entwicklung liegen. Er beschreibt, wie die pathogenen Auswirkungen eines frühen Übergewichts aggressiver Strebungen zur Verzerrung der Elternimagines führt. Dies beeinträchtigt die Internalisierung späterer, stärker an der Realität orientierter ödipaler Elternimagines, was zur Folge hat, daß die strenge und feindselige (Kernberg spricht hier von „sadistisch"), unintegrierte und leicht projizierbare Qualität des Überichs bestehen bleibt. Die Integration höher entwickelter Überich-Niveaus sowie der Aufbau internalisierter Wertsysteme würden somit gestört. Dieses entwicklungspsychologische Scheitern kann sich als pathologische Integration feindseliger und idealisierter Selbst- und Objektrepräsentanzen manifestieren; das Ideal wird dann von aggressiven Zügen beherrscht und seine feindselig- perfektionistischen Ansprüche führen zu einer massiven Verdrängung triebhafter Äußerungen.

Ein ähnliches Bild mit einer ähnlichen Dynamik kann sich auf der Grundlage pathogener Züge der Mutter ergeben (Lax 1977). So kann die Geburt einer Tochter für eine Mutter nicht unproblematisch sein, vor allem dann, wenn sie aufgrund eines unbewußten Verlangens, in den Besitz eines Penis' zu gelangen, einen Sohn der Tochter vorgezogen hätte. Gelingt es ihr daher nicht, echte „mütterliche Sorge" (Winnicott 1983) zu entwickeln, da der Säugling nicht ihrem „Wunschkind" entspricht, fließt ihre Entwertung in die entstehende Selbstrepräsentanz der Tochter mit ein, die sich als wertlos, inadäquat und nicht liebenswert erlebt. Konflikte der analen und infantil-genitalen Phase tragen zu diesem Gefühl der Wertlosigkeit bei; auch die Mutter wird nicht als ideal wahrgenommen, sondern entwertet, was jeglicher Freude an einer Identifizierung mit ihr entgegenwirkt. Die Internalisierung der zurückweisenden und entwertenden Mutter führt zu einer masochistischen Haltung sowie einem primitiven, strengen und feindseligen Überich.

Wenn die Idealisierung der Mutter signifikant gestört ist, kann die Entdeckung des Geschlechtsunterschieds eine Verschärfung der Wiederannäherungskrise zur Folge haben. Anstatt stolz darauf zu sein, ein weibliches Geschlecht wie die Mutter zu besitzen, fühlt sich das Mädchen ein weiteres Mal narzißtisch gekränkt, wütend und enttäuscht (Jacobson 1954; 1973). Ob daraus Penisneid entsteht, wie Roiphe und Galenson (1981) beobachtet haben, ist zweitrangig angesichts der Unfähigkeit des kleinen Mädchens, ihre Ambivalenz der Mutter gegenüber aufzulösen (Grossman & Stewart 1976). Penisneid geht unter diesen Umständen oft mit einer Abwertung von Weiblichkeit und einer Identifizierung mit dem Vater und seinen Idealen einher (Jones 1927).

Obwohl es diese Bedingungen dem Mädchen schwer machen, sich ödipal an den Vater zu binden oder ihre ödipale Auseinandersetzung mit ihm aufzuschieben, kann nichtsdestotrotz eine ödipale Entwicklung stattfinden. Alle Liebe und Sehnsucht nach Anerkennung richtet das Mädchen nun auf den Vater, während seine gesamte (unintegrierte) präödipale Wut und Feindseligkeit an die Repräsentanz der mütterlichen Rivalin gebunden ist. Das Ausmaß, in dem die Mutter zur Empfängerin all dieser negativen Empfindungen wird, bestimmt auch, wie unbarmherzig sich die Introjekte der Tochter, basierend auf den frühen Erfahrungen mit der Mutter, gegen das eigene Selbst wenden und so ein noch größeres Bedürfnis nach dem Vater und seiner Liebe freisetzen. Angesichts seiner anhaltenden Wut werden die Ängste des Mädchens vor allem auf die narzißtische Bedrohung eines unresponsiven Vaters sowie auf Neid, Feindseligkeit und Liebesentzug seitens der Mutter gerichtet sein. Die Furcht, für ödipale Wünsche bestraft zu werden, findet ihren Ausdruck in schreckenerregenden Bildern, die auch Phantasien körperlicher Beschädigung umfassen können und auf den früheren Empfindungen von Hilf- und Machtlosigkeit aufbauen.

Nach ihrer Schilderung, welch großen Spaß es ihr bereite, vom Vater gekitzelt zu werden, träumt eine Sechsjährige, von einem Vampir verfolgt zu werden.

Ungelöste Konflikte, die um aggressive Empfindungen gegenüber der Mutter kreisen, können das Mädchen anfällig dafür machen, die entwicklungsbedingt unvermeidliche ödipale Enttäuschung als schmerzlichste Zurückweisung zu erleben. Es wird noch stärker das Gefühl haben, nicht hübsch, liebenwert oder gut genug zu sein, und frühere Enttäuschungen über die Mutter werden mit der entsprechenden Selbstentwertung wiederbelebt.

Inwieweit sich das Überich des Mädchens letztlich konsolidieren und relativ autonom von Trieregungen, feindlichen Introjekten und äußeren Objekten funktionieren wird, kann davon abhängen, inwieweit es dem Vater gelingt, seine Tochter aus den Kämpfen der Wiederannäherungskrise zu befreien. Er kann sie bei der Umwandlung ihrer Aggressionen unterstützen (Herzog 1982) und ihr so helfen, die Feindseligkeit der Mutter, aber auch sich selbst gegenüber umzuwandeln. Dieses Herauslösen aus den Wiederannäherungskämpfen mag es erforderlich machen, daß der Vater für seine Tochter eine zusätzliche Autorität darstellt, ihr alternative Befriedigungsmöglichkeiten aufzeigt, daß er ihre ödipale Entwicklung angemessen ermutigt und einfühlsam ihre ödipale Enttäuschung begleitet. Zusätzliche Unterstützung erfährt die Tochter, wenn ihre Beziehung zum Vater so beschaffen ist, daß sie sich ermutigt fühlen kann, sich sowohl mit ihrem weiblichen und mütterlichen Ichideal, als auch mit passenden Anteilen des Vaters sowie seinen Idealen und ethischen Prinzipien zu identifizieren.

Die Entwicklung des Überichs beim Jungen

Da es die Mutter ist, die in den frühen Phasen der Überich-Entwicklung Ge- und Verbote ausspricht, ist der Ursprung einer männlichen Autorität im Überich des Jungen erklärungsbedürftig. Die Antwort liegt unserer Ansicht nach nicht in der Art und Weise, wie präödipale Konflikte durch den Ödipuskomplex reorganisiert werden, sondern in der Natur präödipaler und ödipaler Konflikte selbst. Obwohl auch der kleine Junge während der Wiederannäherungsphase mit seiner Ambivalenz der Mutter gegenüber zu kämpfen hat, so bleibt ihm jedoch - im Gegensatz zum Mädchen - jenes Ausmaß an Enttäuschung und Wut über den Verlust der idealisierten

Einheit mit der Mutter erspart, da diese Einheit sein männliches Selbst bedroht. Der Geschlechtsunterschied stellt somit einen Ansporn für seine Autonomiebestrebungen dar. Der narzißtisch befriedigende Gedanke, daß er im Besitz von etwas ist, das der Mutter fehlt, dient möglicherweise dazu, Gefühle von Wut und Hilflosigkeit angesichts einer (all)mächtig erlebten Mutter abzuwehren (Chasseguet-Smirgel 1970). Sein stärker werdendes Empfinden eigener Männlichkeit läßt ihn sich immer mehr am Vater als Autorität orientieren - obgleich seine frühen Introjekte, seine innere Autorität und das damit einhergehende Wertesystem auf den Ge- und Verboten der Mutter basieren. Frühe Kastrationsangst kann durch die Idealisierung des Vaters abgewehrt werden. Erlebt er die Forderungen der Mutter als übermäßig intrusiv, kann störrischer Widerstand seine Bemühungen kennzeichnen, seine Autonomie und Männlichkeit zu bewahren - ein Phänomen, das bei Jungen, die Schwierigkeiten mit der Reinlichkeitserziehung haben, häufig zu beobachten ist.

Mit Erreichen der infantil-genitalen Phase und der Etablierung des Genitalprimats, wird der Vater in der Phantasie seines Sohnes immer mehr zum wichtigsten Ideal. Diesem Ideal nahezukommen bedeutet eine narzißtische Befriedigung für sein erhöhtes Männlichkeitsgefühl. Wenn der kleine Junge den Vater zum männlichen Ideal macht, mit dem er sich identifizieren will, so ebnet dies den Weg zum Ödipuskomplex (Freud 1921). Die Verfügbarkeit des Vaters für seinen Sohn ist nun von größter Bedeutung, nicht nur im Hinblick auf das weitere Schicksal der ödipalen Auseinandersetzung, sondern auch, was die Internalisierung eines stabilen Männlichkeitsempfindens angeht (auf dessen Entwicklungslinien wir in den folgenden Kapiteln näher eingehen werden).

Wenn es aufgrund konfligierender inzestuöser Wünsche zu ambivalenten Empfindungen des Jungen dem Vater gegenüber kommt, gewinnt die väterliche Repräsentanz immer mehr an Autorität. Gleichzeitig wird das väterliche Introjekt zum „Sprecher“ aller vormals getroffenen Anordnungen, so daß die präödipale Wut über die Forderungen der Mutter reorganisiert, umgewandelt und auf den Vater gerichtet wird. Der Junge kann sich nun der Mutter als dem weniger ambivalenten Liebesobjekt zuwenden, was den Einfluß seiner strengen präödipalen mütterlichen Introjekte mildert.

Obgleich die ödipale Auseinandersetzung lustvolle Phantasien über einen möglichen ödipalen Sieg entstehen läßt, so sind diese doch nicht frei von rivalisierenden und haßerfüllten Empfindungen dem Vater gegenüber. Da aber auch Liebe das Verhältnis des Sohnes zu seinem als ideal wahrgenommenen Vater bestimmt, erweckt das ödipale Phantasiegeschehen neben der Furcht vor väterlicher Rache auch schmerzliche Gefühle der Ambivalenz. Sowohl Kastrationsangst *als auch* Ambivalenz können die Entwicklung eines lustvollen Gefühls für die eigene Männlichkeit stören. Ambivalente Empfindungen dem Vater gegenüber können zur Entwertung des Vaters und somit zur Entwertung seiner eigenen Männlichkeit führen. Die Auflösung der Ambivalenz stellt sicher, daß die lustvolle phallisch-narzißtische Beziehung gemeinsamer männlicher Aktivitäten aufrechterhalten bleibt, die das Gefühl eigener kompetenter Männlichkeit erhöhen, wenn sich der kleine Jungen mit seinem Vater identifiziert. Ein lustvolles Empfinden eigener Männlichkeit ist somit abhängig davon, ob der Junge seine Ambivalenz dem Vater gegenüber erfolgreich auflösen konnte - eine Entwicklungsleistung, die das Aufgeben inzestuöser Wünsche, das Befolgen väterlicher Regeln, sowie eine weitere Idealisierung des Vaters voraussetzt. Die narzißtische Befriedigung, die der Junge über die Identifizierung mit seinem Vater und seinen Werten erhält, hilft ihm, die narzißtische Kränkung seines ödipalen Versagens zu kompensieren.

Das Bedürfnis, die Ambivalenz gegenüber dem idealisierten gleichgeschlechtlichen Liebesobjekt aufzulösen stellt im Falle des Jungen eine ebenso mächtige Triebfeder zur Bildung eines Überichs dar, wie wir dies für die Entwicklung des Mädchens postulierten. Gefühle von Liebe und Haß dem Vater gegenüber können die unterschiedlichsten Bestrafungs- und Vergeltungsphantasien hervorrufen, deren Vermeidung ein weiterer Ansporn dafür ist, sich mit den Vorschriften des Vaters zu identifizieren. Gleichzeitig wächst jedoch das Bewußtsein des Jungen dafür, daß der Vater nicht nur an ihn Forderungen heranträgt, sondern selbst nach bestimmten ethischen Normen und Vorschriften lebt; als Teil der Auflösung des Ödipuskomplexes idealisiert der Junge dieses Wertsystem und identifiziert sich mit ihm.

Die Überich-Entwicklung des Mädchens setzt zu einem früheren Zeitpunkt ein als die des Jungen; wie wir gezeigt haben, hat dies unter anderem zur Folge, daß das Überich des Mädchens primitivere Elemente beherbergt, die einer Veränderung weniger zugänglich scheinen als spätere, stärker an der Realität orientierte Aspekte. Dies impliziert, daß die Autoritätsrepräsentanzen des Jungen nicht dieselben primitiven Züge aufweisen wie die frühen Introjekte des Überichs beim Mädchen.

Das Überich des Mannes ist jedoch zuweilen von einer Strenge und Dogmatik gekennzeichnet, die, wie Schafer (1974) feststellt, in den meisten Fällen wohl auf eine zwangsneurotischen Entwicklung zurückzuführen ist. Eine wichtige ätiologische Determinante der Zwangsneurose ist das Bedürfnis, den Vorschriften des Überichs Folge zu leisten, um damit intensivste Kastrationsängste zu bewältigen. In diesem Zusammenhang möchten wir vor allem einen Aspekt hervorheben, der - wenn es um die Hilfe des Vaters bei der Modulierung aggressiver Strebungen des kleinen Jungen geht - relativ vernachlässigt wird. Aus den verschiedensten Gründen fällt es Jungen oft schwerer als Mädchen, ihre libidinösen und aggressiven Impulse zu kontrollieren. Aufgrund ihrer größeren Impulsivität sind sie auch anfälliger für strenge Introjekte und Kastrationsangst kann zu einer ständigen Bedrohung werden. (Diese Angst kann sogar im Wunsch, ein Mädchen zu sein, ihren Ausdruck finden, „weil Mädchen es leichter haben, brav zu sein!“) Auch für den Jungen ist es von zentraler Bedeutung, daß ihm der Vater bei der Bewältigung seiner sexuellen und aggressiven Strebungen hilft und ihm die Identifizierung mit den elterlichen Vorschriften ermöglicht. Zum Teil geschieht dies durch Toben und wildes Spielen mit seinem Sohn. Auf die Erregung im Spiel folgt die Beruhigung durch den Vater. Erfüllt der Vater diese Funktion nicht, steigt die Wahrscheinlichkeit strenger Introjeke oder tatsächlicher Bestrafung, da dem Jungen für seine übermäßige Aggressivität keine Bewältigungsmöglichkeiten mehr zur Verfügung stehen. Beides führt zu einer Intensivierung der Kastrationsangst, die so ihren alles beherrschenden Einfluß beibehält. Dies kann spätere Störungen im logischen Denken nach sich ziehen, wenn der Betreffende mit aller Nachdrücklichkeit darauf besteht, daß nur durch die strikte Einhaltung des Gesetzes (oder seiner rigiden Überich-Vorschriften) ein Unglück - oder eine Kastration - verhindert werden könne. Diese Überlegungen sollen am Beispiel des sechseinhalbjährigen Jimmy verdeutlicht werden:

> Die Eltern des Jungen ließen sich scheiden, als er drei Jahre alt war; beide sind wiederverheiratet und teilen sich das Sorgerecht für ihren Sohn. Jimmy liebt und bewundert sowohl seinen Vater als auch seinen Stiefvater über alles, die jedoch beide sehr unterschiedliche Werte vertreten und somit gegensätzliche Identifikationsmodelle liefern. Das Spiel seines leiblichen Vaters ist einschüchternd und aggressiv, sein Bild von Männlichkeit, das er Jimmy bietet, ist das einen groben und harten Machos. Sein Stiefvater hingegen ist ruhig, sanft und liebevoll, aber sehr kontrolliert. Im Kampf mit diesen beiden Bildern von Männlichkeit haben Integration und effektives Funktionieren des Überichs gelitten. Zieht ihn jemand seiner geringen Körpergröße wegen auf, wird er schnell wütend. Er versucht, mit seiner Männlichkeit zu protzen, indem er sich physisch aggressiv und offensiv verhält wie sein Vater, um dann niedergeschlagen die Überzeugung zu entwickeln, ein böser Junge zu sein - eine Reaktion, die die strengen Introjekte und Ideale des Wertsystems seines Stiefvaters wiederspiegeln.

Interessanterweise kann die Manifestation von genau gegensätzlichen Verhaltensweisen ebenfalls ein Hinweis auf intensive und überdauernde Kastrationsangst sein. Die Nichteinhaltung äußerer oder internalisierter Verbote und ethischer Normvorschriften resultiert in störendem Verhalten, das den Jungen in Konflikt mit äußeren Autoritäten bringt; ein Verhalten dieser Art ist oft durch das Bedürfnis des Jungen motiviert, sich zu zeigen und so seine Männlichkeit unter Beweis zu stellen. Obgleich die Aufmerksamkeit seitens der Autorität schmerzlich sein kann, weil sie mit Beschämung einhergeht, so kann sie doch als Bestätigung der eigenen Männlichkeit und Potenz erlebt werden; negative Aufmerksamkeit wird so bis zu einem gewissen Grad als Stärkung erfahren. In diesem Fall kommt es jedoch zu einer Verzögerung der weiteren Überich-Internalisierung, die pathologische Folgen auch in anderen Bereichen nach sich zieht.

Schlußfolgerung

Auch wenn unsere Beschreibung den zahlreichen Möglichkeiten geschlechtsspezifischer Unterschiede in der Überich-Entwicklung nicht vollständig gerecht werden konnt und unsere Diskussion auf den Zeitraum der frühen Kindheit beschränkt ist, so hoffen wir doch, Freuds Vorstellung eines minderwertigen weiblichen Überichs widerlegt zu haben.

Das Bedürfnis, die Ambivalenz gegenüber dem idealisierten gleichgeschlechtlichen Objekt im Dienste der Entwicklung der Geschlechtsidentität aufzulösen, ist - so unsere zentrale These - von wesentlicher Bedeutung für die Ausbildung des Überichs. Dem Mädchen stellt sich diese Aufgabe bereits zu einem Zeitpunkt seiner Entwicklung, an dem es noch nicht über reife kognitive Fähigkeiten verfügt. Die Wahrscheinlichkeit ist daher groß, daß es zu einer Internalisierung strenger und unbarmherziger Introjekte kommt, was eine lustvolle narzißtische Besetzung der eigenen Weiblichkeit und die Ausbildung eines wohlwollenden Überichs gefährdet, sowie die endgültige Internalisierung eines autonomen und unabhängig funktionierenden Überichs behindern kann.

Der Junge beginnt mit der Bildung seines Überichs, wenn er, aufgrund seiner größeren kognitiven Reife, bereits über eine gewisse Fähigkeit zur Realitätsprüfung verfügt. Darüber hinaus muß der Junge nicht jene Enttäuschung und Wut bewältigen, die der Verlust der idealisierten Einheit mit der Mutter mit sich bringt, da der Geschlechtsunterschied zwischen ihm und der Mutter in der Regel einen zusätzlichen Ansporn für seine Autonomiebestrebungen darstellt. Die Auflösung der Ambivalenz gegenüber dem Vater ist für die Überich-Entwicklung des Jungen von allergrößter Bedeutung. Sie sichert ihm nicht nur ein stabiles Männlichkeitsempfinden, wenn er sich mit seinem Vater-Ideal identifiziert, sondern ermöglicht auch die Identifizierung mit den Werten und ethischen Normen des Vaters. Auf diese Art und Weise verschiebt er Phantasien heterosexueller Eroberung auf einen späteren Zeitpunkt im Leben. In der Zwischenzeit genießt er es, so wie der idealisierte Vater zu sein, seine Zeit mit ihm zu verbringen und gemeinsam etwas zu unternehmen; er übernimmt den väterlichen Moralkodex und identifiziert sich mit ihm. Die Stimme der Autorität wird allmählich zu einer relativ autonom funktionierenden und verläßlichen inneren Repräsentanz.

Teil VII

Das Geschlecht

Kapitel 15

Die Geschlechtsentwicklung: Ein theoretischer Überblick

In Freuds Theorie der psychosexuellen Entwicklung fehlt das Konzept der Geschlechtsidentität. Obwohl sich in all seinen Schriften Anmerkungen zu Männlichkeit und Weiblichkeit finden, basieren sämtliche relevante Formulierungen dieser Konzepte auf seinem theoretischen Entwurf zur Entwicklung der infantilen Sexualität. Entsprechende Überlegungen zur Entwicklung der Objektbeziehungen, des Selbstempfindens, des Überichs und des Ichs sind darin jedoch nicht enthalten. Das Konzept der Geschlechtsidentität, das diesen Einflußfaktoren Rechnung trägt, ist ein relativ junges Konstrukt, das entstand, als sich der Blick für die verschiedenen Determinanten menschlicher Entwicklung zunehmend weitete.

Wir werden uns im folgenden terminologisch auf das Konzept der *Geschlechtsidentität* (gender identity) beziehen und damit Stoller folgen, der diesen weniger vieldeutigen Begriff dem der *sexuellen Identität* (sexual identity) vorzieht.[27] Das umfassendere Konzept der Geschlechtsidentät beschreibt eine psychische Konfiguration, die persönliche Identität und biologisches Geschlecht verbindet und dem bedeutsamen Einfluß von Objektbeziehungen, Überlchidealen und kulturellen Kontextbedingungen Rechnung trägt.

Verschiedenste Empfindungen, Gedanken, Phantasien, Überzeugungen und Handlungen, die um die Verhaltensmuster der Partnersuche, des Werbens, des Paarverhaltens und der Kindererziehung kreisen, sind in der einen oder anderen Weise an das psychische Geschlecht (gender) geknüpft (Meyer 1980). Angesichts der Vielzahl an Einflußfaktoren und der zahlreichen damit verbundenen Möglichkeiten psychopathologischer Störungen, erscheint es uns sinnvoll, zwischen den Konzepten der *Geschlechtsidentität* (gender identity), *Geschlechtsrollenidentität* (gender-role identity) und *Geschlechtspartnerorientierung* (sexual-partner orientation) zu unterscheiden. Obgleich sich alle drei Konzepte insgesamt auf die Entwicklung des psy-

---

[27] Anm.d.Übers.: Das englische *sex* kennzeichnet nicht nur das biologische Geschlecht - männlich oder weiblich -, sondern impliziert oft auch erotische Phantasien oder Verhaltensweisen; es ist somit stärker an das Konzept der *Psychosexualität* als an das der *Identität* angelehnt.

chischen Geschlechts beziehen, unterliegen sie doch unterschiedlichen Entwicklungskonfigurationen. Mit Hilfe einer genaueren Differenzierung der klinischen Charakteristika jedes einzelnen dieser Konzepte, sind wir eher in der Lage, den Einfluß von Entwicklungsdeterminanten einerseits und psychopathologischen Elementen andererseits in jedem klinischen Bild voneinander abzugrenzen.

Psychoanalytische Autoren neigen nicht selten dazu, von der Entwicklung des Jungen verallgemeinernd auf die des Mädchens zu schließen. Im Anschluß an eine einführende Darstellung der zentralen theoretischen Konzepte werden wir die Entwicklung eines individuellen Geschlechtsempfindens für Mädchen und Jungen getrennt diskutieren, um so die unterschiedlichen Entwicklungslinien klarer herauszuarbeiten. Diese Trennung mag zu Überschneidungen in der Darstellung führen, andererseits beugt sie der Tendenz vor, das eine auf der Matrix des anderen verstehen zu wollen.

Geschlechtsidentität

Das Konzept der *Geschlechtsidentität* beinhaltet all jene Eigenschaften, die die individuelle Konfiguration von Männlichkeit und Weiblichkeit ausmachen, und die von biologischen, psychologischen, sozialen und kulturellen Faktoren bestimmt werden (Stoller 1968a, 1976). Stoller unterstreicht, daß im Laufe der Entwicklung Identifikationen mit gleich- und gegengeschlechtlichen Objekten zur individuellen Geschlechtsidentität - d.h. der Verknüpfung von individueller Identität und biologischem Geschlecht - zusammenfließen. Sie tragen so zu einer individuellen Mischung von Männlichkeit und Weiblichkeit bei. Selbst die Definition von Männlichkeit und Weiblichkeit ist laut Stoller eine individuelle; obgleich kulturelle Faktoren eine Rolle spielen, entwirft jedes Individuum ein komplexes System persönlicher Glaubenssätze, die das Wissen um das eigene biologische Geschlecht miteinschließen (1976, 1985).

Die Geschlechtsidentität basiert auf der sogenannten *Kerngeschlechtsidentität* (core gender identity) (Stoller 1968a, 1968b), jenes grundlegende, bewußte und unbewußte Wissen, dem einen und nicht dem anderen biologischen Geschlecht anzugehören. Stoller definiert sie als grundlegendes „Erleben unseres biologischen Geschlechts - männlich oder weiblich, Junge oder Mädchen". Sie ist Teil des umfassenderen Empfindens der eigenen Geschlechtsidentität, aber nicht mit dieser identisch (1976, S. 61). Zu den vielen Bestimmungsdaten, die zur Bildung der Kerngeschlechtsidentität beitragen, gehören physiologische und biologische Determinanten, psychologische Faktoren sowie der Einfluß von Objektbeziehungen, Ich-Funktionen und kognitiven Fähigkeiten (vgl. Greenacre 1950, 1958; Kohlberg 1966, 1981; Stoller 1968a, 1976; Money & Elhardt 1972; Roiphe & Galenson 1981).

Die Kerngeschlechtsidentität beginnt laut Stoller (1976) als biologische Kraft im Fötus. Die Geschlechtshormone, denen der Fötus ausgesetzt ist, liefern hierzu einen wichtigen Beitrag. Anatomie und Physiologie der äußeren Geschlechtsteile, die unter normalen Bedingungen die Basis für die jeweilige Geschlechtszuschreibung darstellen, unterstützen die Entwicklung der Kerngeschlechtsidentität.

Neben diesen biologisch-anatomischen Gegebenheiten tragen auch soziale und psychologische Faktoren zur Ausbildung der Kerngeschlechtsidentität bei. Die Geschlechtszuschreibung bei der Geburt impliziert einen ganz bestimmten Umgang der Eltern mit ihrem Neugeborenen. Verschiedene verbale und nonverbale Botschaften vermitteln eine Bedeutung von weiblich oder männlich, die der jeweiligen Definition innerhalb der Familie entspricht; auch die Einstellungen der Eltern und der Geschwister gegenüber dem jeweiligen Geschlecht des Säuglings, sowie die vielen bewußten und unbewußten Phantasien fließen in diese Botschaften mit ein. Sobald die Eltern das Geschlecht des Neugeborenen kennen (ob noch vor oder erst nach der Geburt), werden sich ihre Einstellungen in eine ganz bestimmte Richtung hin entwickeln, abhängig davon, ob es sich um ein Mädchen oder einen Jungen handelt.

Nach Meinung mancher Autoren beeinflussen die Phantasien und Erwartungen der Mutter während der Schwangerschaft ihre ersten Reaktionen auf ihr Neugeborenes (Kestenberg 1976; Broussard 1984). Die mit den körperlichen Veränderungen während der Schwangerschaft einhergehenden Empfindungen und Stimmungen laden zur Regression ein und ermöglichen der Schwangeren, alte oder gegenwärtige Konflikte mit ihrer eigenen Mutter zu lösen sowie frühere Phantasien zu einer klaren Vorstellung von ihrem Säugling zu integrieren. Die Schwangerschaft stellt den Höhepunkt an Wünschen dar, die in der frühen Kindheit begannen; allerdings müssen nun Wünsche aus der frühen und späten Kindheit, Transformationen und Differenzierungen aus der Adoleszenz mit der Realität der Gegenwart integriert werden. Ihre Schwangerschaft bestätigt der werdenden Mutter die Identifizierung mit ihrer eigenen Mutter, was zu einem Wiederaufleben der damit verbundenen Ambvialenzen und Konflikte führt. War die Beziehung zur eigenen Mutter konfliktreich, kann der Gedanke an eine kleine Tochter oder einen kleinen Sohn besonders heftige Gefühle auslösen.

Die Verarbeitung alter Konflikte und die Integration früherer Wünsche und Phantasien haben tiefgreifende Auswirkungen darauf, wie die Mutter auf ihr Neugeborenes reagiert. Ist das Kind ein Mädchen, kann es zu einer Wiederholung der konflikthaften Mutter-Tochter-Beziehung kommen. Im schlimmsten Fall identifiziert die Mutter ihre Tochter mit den entwerteten Anteilen ihrer Selbstrepräsentanz. Projektive Mechanismen können dann zu entsprechenden Interpretationen des Verhaltens des Neugeborenen führen: „Als ich sie das erste Mal im Arm hielt, hat sie mich mit kalten, eisigen Augen angestarrt und den Kopf weggedreht!“ Die Folge können Vernachlässigung oder Mißbrauch des Kindes sein (vgl. Steele 1970, 1983; Steele & Pollock 1968). Die Geburt einer Tochter kann aber auch als Möglichkeit erlebt werden, alte Konflikte aus der eigenen Mutter-Tochter-Beziehung durchzuarbeiten und so den phantasierten Idealzustand verlorener symbiotischer Verschmelzung aus der eigenen frühen Kindheit zurückzugewinnen oder wiederherzustellen; sie kann aber auch Gefahr laufen, ihr Kind völlig zu vereinnahmen, seine Autonomie- und Unabhängigkeitsbestrebungen zu behindern und ihm so die Ablösung erschweren. Ist das Neugeborene ein Junge, beeinflussen solche Phantasien die mütterliche Reaktione und ihren Umgang mit dem Säugling, die um den Besitz des ersehnten Penis kreisen, um den Vater oder einen Bruder, oder aber um die Enttäuschung darüber, nun auf jenes Gefühl von Einheit, die ihr die Geburt einer Tochter ermöglicht hätte, verzichten zu müssen.

Ungelöste Konflikte und pathologische Phantasien können manche Frauen dazu veranlassen, Mutterschaft und Masochismus gleichzusetzen, unabhängig vom biologischen Geschlecht des Säuglings (Blum 1976). Die Geburt eines Kindes wird dann als Verlust von Autonomie und Unabhängigkeit erlebt werden, eine Konfiguration, die den Rahmen für die unterschiedlichsten sadomasochistischen Interaktionsmuster liefert.

Auch der Vater beeinflußt, ob direkt oder indirekt, die Reaktion der Mutter auf ihr Neugeborenes. Seine Unterstützung erleichtert die erfolgreiche Anpassung der Frau an ihre Schwangerschaft (Shereshefsky & Yarrow 1973). Ebenso kann die Beziehung zum Ehepartner ein Puffer gegenüber extremen Regressionsneigungen der Mutter sein.

Auf die sich entwickelnde Geschlechtsidentität des Säuglings hat er ebenso Einfluß wie seine Phantasien über das noch ungeborene Kind seinen späteren Umgang mit ihm prägen werden. Die Geburt eines Sohnes mag in ihm die Hoffnung wecken, dieser werde seine Interessen teilen; er mag die Phantasie entwickeln, bedeutsame Erfahrungen mit seinem eigenen Vater wiederzuerleben, oder aber hoffen, nun all jenes nachholen zu können, worauf er in der Beziehung zu seinem eigenen Vater verzichten mußte. Wird er Vater eines Mädchens, kann dies zu Phantasien über ihre physische Erscheinung führen. Er mag sich eine hübsche Tochter mit vielen Verehrern wünschen, die - das ist besonders wichtig - auf sein liebendes Werben antwortet (vgl. Burlingham 1973). Väter sind zuweilen unsicher, wie sie mit ihren Töchtern umgehen sollen, und können sich nicht vorstellen, mit einer Tochter frühe Interaktionserfahrungen aus ihrer eigenen Vaterbeziehung wiederzubeleben. In vielen Fällen finden diese Ängste, wenn auch unbewußt, Ausdruck in der Wahl des Namens, der zwar weiblich ist, in seiner Mehrdeutigkeit jedoch auch ein männliches Diminuitiv zuläßt.[28]

Von Anfang an gehen Väter mit ihren Säuglingen anders um als Mütter. Sie sind aktiver, ihr Spiel ist stimulierender und erregender. Herzog (1982) sieht hierin eine wichtige Voraussetzung der späteren Fähigkeit eines Kindes zur Modulierung aggressiver Affekte. Unserer Ansicht nach trifft dies auch für sexuelle Impulse zu, insbesondere dann, wenn der Vater nicht nur für Erregung sorgt, sondern auch in der Lage ist, dieser wieder einen Zustand der Ruhe folgen zu lassen und seinem Kind beim Übergang behilflich zu sein. Als das weniger „kontaminierte" Objekt kann der Vater zur Lösung der Wiederannäherungskrise optimal beitragen, indem er

[28] Anm.d.Übers.: Die Autoren nennen hier Namen wie Veronica und Andrea, die im Englischen häufig zu Ronnie bzw. zu Andy verkürzt werden.

hilft, das exklusive Band zwischen Mutter und Kind zu lösen und so dem Wiederannäherungskonflikt etwas von seinem negativen Einfluß auf die Entwicklung der Geschlechtsidentität zu nehmen. Söhne neigen dazu, das von ihren Vätern vermittelte Bild von Männlichkeit zu idealisieren, was wiederum ihre eigenen Männlichkeitsvorstellungen beeinflußt. Je näher sie ihrem Ideal kommen, desto größer kann das Vertrauen in die eigene Männlichkeit sein. Während eine Mutter die wachsende Weiblichkeit ihrer Tochter mit Ambivalenz beantworten mag, sind Väter eher dazu bereit, Stolz über das Frau-Werden ihrer Töchter zu äußern (Ticho 1976) und sie zu ermutigen, sich mit der Weiblichkeit der Mutter zu identifizieren. Den genitalen Explorationen des kleinen Mädchens, auf die manche Mutter mit Empörung und beschämender Kritik reagieren, begegnen sie weniger verurteilend (Herzog 1984).

In der Entwicklung des väterlichen Interesses für sein Kind scheint es eine „kritische Phase" zu geben. Väter, denen während der ersten zwei Lebensmonate der Kontakt zu ihren Säuglingen fehlt, können später Schwierigkeiten haben, ihrem Kind ihre Zuneigung zu zeigen (Greenberg & Morris 1974). Ist hingegen der Vater primäre Bezugsperson, richten sich alle Bindungswünsche und Konflikte, die für gewöhnlich der Mutter gelten, auf ihn (vgl. Pruett 1983, 1984, 1987).

Die Kerngeschlechtsidentität, oder primäre Weiblichkeit bzw. primäre Männlichkeit, basiert auch auf dem gefühlsmäßigen „Wissen" um die eigene Körperlichkeit. Über die Integration oraler, analer, urethraler und genitaler Empfindungen, die (über Stillen, Füttern, Windeln, Baden, Spiel, usw.) in den engen affektiven Austausch zwischen Mutter (oder primärer Bezugsperson) und Säugling eingebettet, entwirft der Säugling sein Körperbild. Perzeptive, motorische und kognitive Funktionsmodi, die, wie wir heute wissen, zum Zeitpunkt der Geburt einen höheren Reifegrad aufweisen als früher angenommen, helfen dem Säugling, die verschiedenen Körperzonen, inklusive seiner Genitalien, voneinander zu unterscheiden und seine verschiedenen Körpererfahrungen und -empfindungen zu einem „Körperselbst" zu integrieren. Dieses frühe Selbstempfinden, das auf dem entstehenden Körperbild aufbaut, ist ein bedeutsames Konstituens der sich entwickelnden Geschlechtsidentität.

Aus den Beobachtungsdaten der Säuglingsforschung geht hervor, daß mit Entstehen einer psychischen Repräsentanz des Selbstempfindens der Säugling über ein bestimmtes „Wissen" seiner oralen, urethralen, analen und genitalen Körperzonen verfügt (Maher et al. 1978; Roiphe & Galenson 1981). Dies scheint so offensichtlich, daß wir daraus den Schluß ziehen, daß ein Grund- oder Kernempfinden hinsichtlich des eigenen Geschlechts von Geburt an integraler Bestandteil der Selbstrepräsentanz ist. Obwohl Fast (1978, 1979) für den frühesten Entwicklungsabschnitt eine undifferenzierte Geschlechtsmatrix postuliert[29], lautet die derzeit herrschende Lehrmei-

29 Fast geht von der Undifferenziertheit des frühen kindlichen Erlebens aus, in dem das Potential geschlechtsrelevanter Empfindungen nicht durch das tatsächliche biologische Geschlecht eingeschränkt ist. Sie räumt zwar ein, daß geschlechtsgebundene Erfahrungen, die bis zu einem gewissen Grad bei Jungen und Mädchen von Geburt an unterschiedlich sind, von biologischen Faktoren einerseites und unterschiedlichen Verhaltensweisen der Bezugspersonen andererseits beeinflußt werden, besteht jedoch auf ihrer These, daß die frühesten Selbstrepräsentanzen ge-

nung, daß es im Alter von 15 bis 18 Monaten, neben Hinweisen für ein entstehendes Selbstempfinden, auch Anhaltspunkte dafür gibt, daß der Säugling über ein bestimmtes „Bewußtsein" hinsichtlich seines Geschlechts und seiner weiblichen bzw. männlichen Genitalien verfügt (Kleeman 1965, 1966, 1971; Stoller 1976; Roiphe & Galenson 1981). Eindeutigere Zeichen eines Wissens um das eigene Geschlecht lassen sich bei Kindern zwischen zwei und drei Jahren beobachten, wenn es zur Übernahme typisch männlicher und typisch weiblicher geschlechtsstereotyper Merkmale kommt. Die Kerngeschlechtsidentität ist zu diesem Zeitpunkt bereits so fest verankert, daß sie gemeinhin als unveränderbar gilt (Money et al. 1955a, 1955b; Stoller 1985).

Trotz der Etablierung der Kerngeschlechtsidentität in den ersten Lebensjahren, unterliegt der Aufbau der Geschlechtsidentität insgesamt einer kontinuierlichen Differenzierung, die im Laufe der Entwicklung stattfindet und diese vorantreibt: selektive Identifizierungen mit Mutter und Vater, Versuche der Entidentifizierung, Differenzierung früher Identifikationen in späteren Entwicklungsstadien. Das Produkt dieses Differenzierungsprozesses ist demnach eine Geschlechtsidentität, die sich aus zahlreichen Elementen unterschiedlichster Entwicklungsstufen zusammensetzt.

Geschlechtsrollenidentität

Die Geschlechtsrollenidentität ist die Fortsetzung der Kerngeschlechtsidentität und umfaßt geschlechtsgebundene bewußte und unbewußte Interaktionsmuster. Diesem Aspekt der Selbstrepräsentanz liegt das zwischen Eltern und Kind von Geburt an stattfindende subtile Interaktionsgeschehen zugrunde; dieses wird wiederum durch die Einstellung der Eltern gegenüber dem biologischen Geschlecht ihres Kindes beeinflußt, durch das elterliche Empfinden eigener Weiblichkeit bzw. Männlichkeit, sowie durch den jeweiligen Interaktionsstil beider Elternteile. Parallel zu den frühesten Selbst- und Objektrepräsentanzen bildet der Säugling Interaktions-, Beziehungs, und Dialogrepräsentanzen (Sandler & Sandler 1978, S. 239). Diese „rollenspezifischen Beziehungsrepräsentanzen" verbinden sich mit anderen Aspekten der Geschlechtswahrnehmung, so daß sich in der Selbstrepräsentanz schließlich Elemente der eigenen Geschlechtsidentität mit rollenstereotypen Interaktionsmodi verbinden, wie sie in Beziehung zu anderen Personen hinsichtlich der eigenen Männlichkeit oder Weiblichkeit eingesetzt werden.

Die Geschlechtsrollenidentität sollte nicht mit dem Erlernen sozial determinierter Rollen verwechselt werden. Vielmehr bezieht sie sich auf eine intrapsychische und

schlechtsübergreifend sind. Um die zweite Hälfte des zweiten Lebensjahres kann das Kind Selbst und Andere hinsichtlich männlich und weiblich identifizieren, doch selbst dann bleibt das Wissen um die jeweiligen Geschlechtergrenzen eine reifere Entwicklungsleistung. Fasts These ist nicht ohne Vorzüge, aber sie macht auch deutlich, wie schwierig es ist, beobachtbarem Verhalten entsprechend zu interpretieren und unter den vielen Determinanten, die das Kind in der Bestimmung seines individuell einzigartigen Männlichkeits- oder Weiblichkeitsempfindens beeinflussen, die wichtigsten herauszufiltern.

interaktionelle Repräsentanz. Allerdings werden die Identifikationen des Kindes mit gleichgeschlechtlichen Objekten sowie seine intrapsychischen Repräsentanzen von Rollenbeziehungen mit zunehmender Reife auch von soziokulturellen Einflüssen erfaßt; in die Geschlechtsrollenidentität fließen somit auch kulturell determinierte und erlernte Verhaltensweisen mit ein. In dieser Hinsicht spielen die kognitiven Fähigkeiten eine bedeutsame Rolle. Auf der Basis seiner Wahrnehmung körperlicher und verhaltensmäßiger Unterschiede und Ähnlichkeiten zwischen gleich- und gegengeschlechtlichen Geschwistern, Angehörigen der Peer-Group, oder Eltern nimmt das Kind eine Selbstkategorisierung vor. Diese Selbstkategorisierung als männlich oder weiblich dient als organisierendes Agens des kindlichen Geschlechtserlebens; die Selbstetikettierung wiederum veranlaßt das Kind, nach „dem eigenen Selbst ähnlichen Objekten" Ausschau zu halten, mit denen es sich - im Sinne von Rollenvorbildern - identifizieren kann (Kohlberg 1966, 1981, S. 439).

Geschlechtspartnerorientierung

Green (1975) unterscheidet die Geschlechtspartnerorientierung von anderen Aspekten geschlechtsgebundenen Erlebens. In der Geschlechtspartnerorientierung manifestiert sich das bevorzugte Geschlecht des Liebesobjekts. Ihre Ursprünge reichen zurück in das präödipale und ödipale Objektbeziehungsgeschehen, auch wenn die endgültige Wahl des Geschlechtspartners und damit verbundene mögliche Konflikte erst in der Adoleszenz stattfinden, in der sexuelle Reife erreicht wird und frühe Objektbeziehungen als Teil des adoleszenten Entwicklungsprozesses reorganisiert werden.

Im Kontext der Geschlechtspartnerorientierung stellt sich die Frage der Bisexualität bzw. das Problem bisexueller Konflikte stellt. Freud (1905b) betrachtete die Bisexualität als normalen Bestandteil der psychischen Entwicklung des Menschen, der sich im Zusammenhang mit dem positiven und negativen Ödipuskomplex manifestiere. Da der Begriff *bisexuell* sowohl im Sinne eines auf beide Geschlechter gerichteten sexuellen Interesses als auch im Sinne von Identifizierungen mit beiden Elternteilen benutzt wird (Moore & Fine 1968), vermischt er das Konzept der Geschlechtsidentität (im weiteren Sinne) mit dem der Geschlechtspartnerorientierung. Aufgrund dieser terminologischen Ungenauigkeit halten wir es für sinnvoller, zwischen Aspekten der Objektwahl und Fragen, die die für die Geschlechtsidentität relevanten Identifikationen betreffen, zu unterscheiden.

Diskussion

Die empfohlene konzeptuelle Trennung zwischen Geschlechtsidentität, Geschlechtsrollenidentität und Geschlechtspartnerorientierung ermöglicht ein besseres Verständnis des Entwicklungsprozesses. Die genaue Differenzierung, wie jede dieser Konfigurationen das Entwicklungsgeschehen beeinflußt, zeigt mögliche Entwicklungsrisiken auf. Viele Erfahrungsmomente und Verhaltensweisen, die an die

Geschlechtsentwicklung geknüpft sind, lassen sich nunmehr sinnvoll einordnen und verstehen. Schließlich treten auch die Unterschiede in der Entwicklung zwischen Jungen und Mädchen deutlicher zutage.

So wurde zum Beispiel auf die größere Komplexität der psychosexuellen Entwicklung des Mädchens hingewiesen, die, um in den Ödipuskomplex eintreten zu können, einen Wechsel des Liebesobjekts vornehmen muß. Das zentrale Problem, das hier verhandelt wird, ist das der Geschlechtspartnerorientierung. Auch wenn verschiedenste Wünsche, Phantasien und objektgebundene Erfahrungen die narzißtische Besetzung der eigenen Weiblichkeit unterminieren können, so verläuft der Aufbau eines sicheren weiblichen Kernselbst im allgemeinen eher undramatisch. Im Gegensatz dazu geht es für den Jungen vor allem darum, ein sicheres Gefühl seiner eigenen Geschlechtsidentität aufzubauen. Da seine Identifizierung mit dem primären Liebesobjekt sein Männlichkeitsempfinden unterminieren kann, muß er sich von der Mutter entidentifizieren (Greenson 1954, 1968), um so ein stabiles männliches Selbstempfinden auszubilden. Im Vergleich zum Mädchen mag nun die ödipale Entwicklung des Jungen eher ruhig verlaufen, dafür ist seine Identitätsbildung kompexer, die einen Objektwechsel erforderlich macht. Auf diesem Moment basiert auch der Aufbau der Geschlechtsrollenidentität. Der Eintritt in die ödipale Auseinandersetzung geht somit für den Jungen nicht mit einem Wechsel des Objekts, sondern mit einem Wechsel der Rolle gegenüber dem Objekt einher. Ein solcher Rollenwechsel ist nur insoweit möglich, als der Junge über ein sicheres männliches Selbstempfinden verfügt.

Die Unterscheidung zwischen Geschlechtsidentität, Geschlechtsrollenidentität und Geschlechtspartnerorientierung ist auch in klinischer Hinsicht sinnvoll. Die Analyse eines erwachsenen Mannes, der daüber klagt, kein geeignetes Liebesobjekt zu finden und sexuelle Schwierigkeiten zu haben, kann ergeben, daß er durchaus über eine stabile Geschlechtsidentität verfügt und heterosexuell orientiert ist. Wenn es ihm jedoch nicht möglich war, sich mit seinem Vater und einer männlichen Geschlechtsrolle zu identifizieren, dann wird sein anhaltendes Selbsterleben als „kleiner Junge in einer erwachsenen Welt“ dazu beitragen, sich auch in Beziehung zu Frauen weiterhin als ungenügend zu erleben. Die Störung liegt hier vornehmlich im Bereich der Geschlechtsrollenidentität und kann durch entsprechende Interventionen günstig beeinflußt werden. Anders liegen die Dinge, wenn Unsicherheit im männlichen Selbstempfinden den Betreffenden dazu veranlaßt, alle Frauen als intrusiv und kastrierend zu fürchten. Die vorgebrachten Klagen und Symptome mögen dieselben sein, nichtsdestotrotz wäre in diesem Fall ein anderes therapeutisches Vorgehen indiziert, um etwa einen Patienten, der sich als phallisch omnipotent und mächtig erlebt, angemessen zu behandeln. Person (1983, S. 6) hat das Macho-Ideal, das hier zum Vorschein kommt, beschrieben: ein Mann im Besitz eines riesigen, mächtigen und unermüdlichen Phallus', der es versteht, Frauen vor Lust verrückt zu machen.

Obgleich sein Selbsterleben diesem Ideal entsprach, klagte der Patient über vorzeitigen Samenerguß. Im Verlauf der Analyse stellte sich heraus, daß ihm primär seine Selbstbefriedigung Lust verschaffte; entgegen seinen Phantasien, zahllose Frauen zu erobern, ließ ihn seine unbewußte Kastrationsangst den Verlust seines Penis fürchten, während er mit einer Frau schlief. Seine Idealisierung phallischer Omnipotenz war somit eine Abwehr gegen sein unsicheres Selbstempfinden als Mann; die Kastrationsangst hatte den Aufbau eines stabilen männlichen Selbst verhindert.

Zusammenfassung

Die konzeptuelle Trennung von Geschlechtsidentität, Geschlechtsrollenidentität und Geschlechtspartnerorientierung liefert einen geeigneten theoretischen Rahmen, um Aufbau und Entwicklung der Geschlechtsentwicklung besser zu verstehen. Im folgenden Kapitel soll nachgezeichnet werden, wie diese drei Entwicklungsstränge mit den sich gleichzeitig entwickelnden anderen psychischen Systemen des Kindes interagieren, diese beeinflussen und von diesen beeinflußt werden.

Kapitel 16

Die Geschlechtsentwicklung beim Mädchen

Wir wollen im folgenden den Aufbau der Kerngeschlechtsidentität oder primären Weiblichkeit beim Mädchen untersuchen und aufzeigen, wie Objektbeziehungen und Überich-Entwicklung im zweiten und dritten Lebensjahr zur Geschlechtsidentität im weiteren Sinne beitragen. Im Anschluß daran sollen die Entwicklung der Geschlechtsrollenidentität sowie der Einfluß von Geschlechtsidentität und Geschlechtsrollenidentität auf ödipale Konfigurationen nachgezeichnet werden, die die Grundlage für die spätere Geschlechtspartnerorientierung darstellen. Schließlich werden wir auf weitere Entwicklungsprozesse während der Latenz und Adoleszenz eingehen.

Kerngeschlechtsidentität

Das Weiblichkeitsgefühl des Mädchens ist vom Aufbau ihrer Kerngeschlechtsidentität abhängig. Ist die primäre Weiblichkeit einmal entwickelt, so Stoller (1968), wird sie zu einem „nahezu unzerstörbaren Teil der Identität" (S. 48).

Neben hormonellen Einflüssen und elterlichen Verhaltensweisen bestimmen vor allem frühe Identifizierungen mit der Mutter das primäre Empfinden, ein Mädchen zu sein. Mütterliche Phantasien, in denen Mutter und Tochter eine Einheit bilden, sind sehr verbreitet (Chodorow 1984), gerade auch deshalb, weil Mütter sich sehr schnell mit dem Körper ihrer kleinen Töchter identifizieren (Bernstein 1983). Phantasien dieser Art gehen zuweilen mit der Tendenz der Mutter einher, ihre Tochter ganz für sich zu beanspruchen, sie gleichsam zu verschlingen. Trotz ihrer potentiell negativen Auswirkungen stellen diese Phantasien und Verhaltensmuster ein affektives „Umfeld" dar (Spitz 1965), das die primitiven Identifizierungen des Mädchens mit seiner Mutter fördert. Wenn sich allmählich ein Empfinden für das eigene Körperselbst sowie für das „Selbst-als-psychische-Instanz" herauszubilden beginnen, tragen diese Identifikationen zu einem primordialen Gefühl bei, ein Mädchen zu sein.

Der Aufbau eines Körperbildes leistet einen wichtigen Beitrag für die Entwicklung eines primären Weiblichkeitsgefühls. In der Vergangenheit gab es immer wieder theoretische Auseinandersetzungen darüber, ob sich das Mädchen der Existenz seiner Vagina bewußt ist und inwieweit es ihr demzufolge möglich ist, seine genitalen Empfindungen psychisch zu repräsentieren und in ein Körperbild zu integrieren (vgl. Greenacre 1950, 1958; Kestenberg 1956b, 1961, 1968; Barnett 1966; Moore 1976; Silverman 1981). Freud vertrat die Auffassung, daß das Mädchen seine Vagina erst in der Pubertät bewußt wahrnehme, und einige zeitgenössische Autoren, z. B. Plaut und Hutchinson (1986), stimmen mit ihm darin überein. Genitales Bewußtsein und psychische Repräsentanz umfassen jedoch mehr als das bloße Gewahrsein der Vagina. Die weiblichen Genitalien bestehen unter anderen aus verschiedenen äußerlich sichtbaren und berührbaren Körperzonen, die lustvoll erregt werden können - Schamhügel, Schamlippen, die Falte zwischen den Schamlippen und Scheideneingang. Es bereitet Mädchen keinerlei Schwierigkeiten, ihre äußeren Genitalorgane zu lokalisieren, die sie, wie regelmäßig zu beobachten ist, z. B. beim Wechseln der Windeln betasten und erforschen; dies deutet darauf hin, daß sie ihre Genitalien wahrnehmen und genitale Empfindungen verspüren. Die psychische Repräsentanz dieser äußeren Genitalorgane könnte insofern einen frühen Vorläufer einer Konzeptualisierung der Vagina darstellen, als er das kleine Mädchen veranlaßt, seine Genitalien als „Öffnung und möglichen Innenraum" zu erfahren (Mayer 1985, S. 334). Ein weiterer Schritt auf dem Weg einer psychischen Repräsentation der Vagina besteht laut Mayer - hier bezieht er sich auf Barnett (1966) - in der Wahrnehmung des Scheideneingangs, die den Weg für vaginale Empfindungswahrnehmungen ebnet, da sie auf die Existenz eines Raumes jenseits einer sichtbaren Öffnung hindeutet. Die Repräsentanz der Vagina wird somit über die assoziative Verbindung vorbereitet, die das Mädchen zwischen seinen Genitalorganen und einer Öffnung herstellt, die einen potentiellen inneren Raum verbirgt.

Aus diesen Überlegungen ließe sich der Schluß ziehen, daß die Genitalien des Mädchens und die daran geknüpften Empfindungen von Anfang an einen integralen und geschützten Teil des Körpers und des Körpererlebens darstellen, so daß das sich entwickelnde Körperbild ein bestimmtes Empfinden mehr oder weinger diffuser genitaler Wahrnehmung miteinschließt. Auch wenn die frühe Selbst-Wahrnehmung unzusammenhängend und fragmentarisch sein mag - die entstehende Selbstrepräsentanz des weiblichen Säuglings schließt ein primordiales Empfinden, weiblich zu sein und weibliche Genitalien zu besitzen, mit ein (vgl. Silverman 1981 und Person 1983, die eine ähnliche Auffassung vertreten).

Es ist durchaus möglich, daß der Aufbau eines genital intakten und sicheren Körperbildes für das Mädchen leichter ist als für den Jungen, da die Genitalien des Mädchens kein Anhängsel sind, das so offensichtlich anfällig dafür ist, verloren zu gehen. Ängste vor genitaler Verletzung können später infolge von Masturbationsschuld auftreten - aber obgleich die daran geknüpften Konflikte sexuelle Phantasien des Geschlagen-, Penetriert- oder sonstwie Verletztwerdens auslösen können, führt die Angst vor genitaler Beschädigung für gewöhnlich nicht zu einer Erschütterung des integrierten Körperselbst-Empfindens des Mädchens. (Phantasien des Geschlagenwerdens sind im Verlauf der weiblichen Entwicklung nicht ungewöhnlich, bei Jungen jedoch sehr viel seltener. Zur Beziehung zwischen Schlagephantasien und der Entwicklung des Masochismus siehe Glenn 1984; Galenson 1988; J. Novick & K. K. Novick 1972, 1990; K. K. Novick & J. Novick 1987).

Narzißmus und Geschlechtsidentität

Stolz und Scham einer Frau hinsichtlich ihres Körpers und ihrer Weiblichkeit, d.h. ihre an die Geschlechtsidentität geknüpfte narzißtische Besetzung, nehmen ihren Anfang in der frühen Kindheit. Das Zusammentreffen von Separations-Individuationskonflikten, früher Überich-Bildung, Penisneid und dem Einfluß des Vaters im zweiten und dritten Lebensjahr, stellt eine bedeutsame Determinante dafür dar, wie das Mädchen seine Weiblichkeit narzißtisch zu besetzen vermag.

Das Dilemma zwischen dem Ringen um Autonomie und gleichzeitig bestehender Abhängigkeit führt dazu, daß das Mädchen häufig feindselige und wütende Gefühle der Mutter gegenüber empfindet. Sind diese Gefühle besonders heftig, so kann dies die Idealisierung und lustvolle Identifizierung mit ihr behindern. Die daraus resultierende starke Ambivalenz kann wiederum das lustvolle und stolze Erleben der eigenen Weiblichkeit beeinträchtigen. Wird das Mädchen jedoch nicht von seinen aggressiven Gefühlen überwältigt, so kann sie diese im Sinne der Anpassung nutzen, um sich von der Mutter zu lösen und sich selektiv mit ihr zu identifizieren, was ihr den Aufbau einer eigenen Individualität (Mahler 1981) sowie einer eigenen und einzigartigen, lustvoll erlebten Weiblichkeit ermöglicht (P. Tyson 1986a).

Im Zeitraum zwischen 15 Monaten und zwei Jahren entwickeln Mädchen ein endgültiges Bewußtsein hinsichtlich der anatomischen Geschlechtsunterschiede (Burlingham & A. Freud 1944; Greenacre 1953b; Mahler et al. 1978; Kleeman 1976; Roiphe & Galenson 1981). Dorothy Burlingham und Anna Freud berichten in ihren Aufzeichnungen von zwei Mädchen, die mit sichtlicher Beunruhigung auf die Wahrnehmung der Genitalien eines kleinen Jungen reagieren. Kinder, so die beiden Autorinnen, reagierten auf diese ersten Entdeckungen häufig negativ: Anstatt den von ihnen wahrgenommenen Unterschied der genitalen Ausstattung zu kommentieren, heben sie Ähnlichkeiten anderer Körperteile hervor, indem sie etwa ein besonders starkes gegenseitiges Interesse am Nabel und an den Brüsten des anderen bekunden (1944).

Die Reaktionen kleiner Mädchen auf die Entdeckung des Geschlechtsunterschieds wurden häufig als Hinweis für Kastrationsgefühle oder Penisneid gedeutet (Mahler et al. 1978; Roiphe & Galenson 1981). Zweifelsohne kommt es zu derartigen Reaktionen, allerdings bezweifeln wir, ob es sich dabei um ein zentrales Bestimmungsmerkmal weiblicher Entwicklung handelt, wie Freud annahm (1940). Um die Reaktion eines Mädchens zu verstehen, müssen wir die Beziehung zu seinen Eltern berücksichtigen, inklusive der emotionalen (weniger der sexuellen) Verfügbarkeit des Vaters sowie des Weiblichkeitsempfindens der Mutter. War die Beziehung zwischen Mutter und Kind ausreichend bzw. „gut genug" und verfügt die Mutter selbst über ein stabiles Weiblichkeitsgefühl, so kann das Mädchen mit Erstaunen auf die Entdeckung des anatomischen Geschlechtsunterschieds reagieren, vorübergehende Faszination oder Ehrfurcht angesichts des Penis bekunden (Greenacre 1953b), durch seinen Anblick erregt werden und jede Gelegenheit nutzen, einen Penis zu sehen und schließlich den Wunsch haben, selbst einen zu besitzen. Doch gleichzeitig ist sie stolz darauf, ein Mädchen zu sein. Ist der Vater emotional verfügbar, kann diese Faszination zu frühen Identifizierungen der Tochter mit ihm führen, was sich häufig im Wunsch des Mädchens ausdrückt, wie der Vater im Stehen zu urinieren. Man kann dies als Manifestation von Penisneid oder aber als Ausdruck von Neid auf diese besondere Fähigkeit von Jungen interpretieren, was im Mädchen den Wunsch entstehen läßt, über eine ähnliche Möglichkeit der Körperkontrolle zu verfügen. Das kleine Mädchen, so Kestenberg, „wünscht sich einen Penis als Mittel der Kontrolle und weniger als lustbringendes Organ" (1975, S. 223; siehe auch Horney 1924).

Kommt es jedoch zu Störungen der frühen Separations-Individuationsphase kann das Mädchen auf die Entdeckung des Geschlechtsunterschieds mit heftigem Penisneid reagieren. So führen Galenson und Roiphe (1976) die von ihnen beobachteten Stimmungsschwankungen bei Mädchen dieser Altersstufe auf die Entdeckung des Geschlechtsunterschieds zurück. Mahler und ihre Kollegen (1978) berichten von ähnlichen Stimmungsschwechseln, schreiben diese jedoch der Wiederannäherungskrise zu, in der die depressive Verstimmtheit den Verlust eines idealisierten Gefühls der Einheit mit der Mutter widerspiegelt. Im Wunsch nach einem Penis mag sich hier der Versuch manifestieren, die mit dem Separations-Individuationsprozeß verbundene Angst vor Objektverlust abzuwehren.

In seinen verschiedenen Schattierungen kann der Penisneid das Selbstvertrauen des Mädchens unterminieren und weitere Spannungen in der Beziehung zur Mutter nach sich ziehen, wodurch die für die anale und die Wiederannäherungsphase typischen Probleme noch verstärkt werden. Wenn etwa das Mädchen hofft, durch den Erwerb eines Penis auf mehr Akzeptanz seitens der Mutter zu stoßen und die alte Innigkeit wiederherstellen zu können, kann der Penisneid zum Ausdruck von Wiederannäherungskonflikten werden. Nach Grossman und Stewart (1976) läßt sich der Penisneid in solchen Fällen als Entwicklungsmetapher verstehen, die ein allgemeines Gefühl der Wertlosigkeit, narzißtischen Verletzbarkeit, Unzulänglichkeit, Deprivation sowie ein Gefühl des Beschädigtseins widerspiegelt und in der die gesamte Konflikthaftigkeit der Wiederannäherungsphase ihren Ausdruck findet, inklusive der unterschwelligen Phantasie, die Mutter hätte lieber einen Sohn gehabt.

Um die Reaktion des Mädchens auf die Entdeckung des Geschlechtsunterschieds angemessen zu verstehen, ist es auch notwenig, den Entwicklungsfortschritt des Mädchens in unterschiedlichen Entwicklungsbereichen nachzuzeichnen. So können Konflikte im Bereich der Objektbeziehungen und in den frühen Phasen der Überich-

Bildung sowie Triebimpulse großen Einfluß darauf haben, was andernfalls als simple Manifestation von Penisneid erscheinen würde.

Es gilt an dieser Stelle auch danach zu fragen, ob, neben dem Penisneid, auch die Kastrationsangst ein zentrales Merkmal weiblicher Entwicklung darstellt oder nicht. Das weibliche Minderwertigkeitsempfinden wurde häufig - im Sinne eines adultomorphen Bias - als Gefühl des Kastriertseins interpretiert, das das kleine Mädchen befalle, wenn es sich der genitalen Unterschiede bewußt werde. Der Ursprung dieses Gedankens läßt sich leicht zurückverfolgen. In einer Ergänzung der vierten Auflage seiner *Drei Abhandlungen zur Sexualtheorie* aus dem Jahr 1920 stellt Freud kategorisch fest: „Man hat das Recht, auch von einem Kastrationskomplex bei Frauen zu sprechen. Männliche wie weibliche Kinder bilden die Theorie, daß auch das Weib ursprünglich einen Penis hatte, der durch Kastration verlorengegangen ist" (1905, S. 101). Etwa zur gleichen Zeit veröffentlicht Abraham (1920) seine Thesen zu den psychopathologischen Folgen des weiblichen Kastrationskomplexes.

Der gegenwärtige Wissensstand würde uns jedoch vor derartigen kategorischen Aussagen eher zurückschrecken lassen. Frühe Traumata sowie die Erfahrung oder das Miterleben physischer Verletzung lassen bekanntermaßen im Kind einen Zustand der Konfusion entstehen, die die Stabilität des Körperbildes untergräbt (Greenacre 1953a). Darüber hinaus können Wünsche, Phantasien, Konflikte und Ängste, die mit den Erfahrungen mit Mutter oder Vater während der Separations-Individuationsphase zusammenhängen, im Mädchen sehr schnell die Angst vor Objektverlust entstehen lassen. So beobachtete Freud, daß sich frühe Trennungsängste ohne Schwierigkeit auf Ängste hinsichtlich der eigenen körperlichen Integrität verallgemeinern ließen (1926, S. 267-272). Settlage (1971) beschreibt in einem Fallbeispiel die eindeutige Verbindung zwischen einer Unterbrechung der frühen Objektbeziehung und heftiger Trennungsangst mit der intensiven Sorge des Mädchens um seinen Körper und seiner Angst vor körperlichen Beschädigung.

> Ähnliche Beobachtungen konnten wir im Falle eines zweijährigen Mädchens machen, das sich einer beidseitigen Bruchoperation unterziehen mußte, kurz nachdem seine Mutter wieder eine Vollzeitbeschäftigung angenommen hatte und es so für mehrere Stunden am Tag in einer Kinderkrippe untergebracht war. Die Verbindung zwischen einer verwirrenden körperlichen Verletzung, Trennung von der Mutter und der Überzeugung, diese ziehe den älteren Bruder vor, ließ in der Zweijährigen die Phantasie entstehen, durch die Operation habe man ihren Penis entfernt. Energisch bestand sie darauf, daß er ihr nachwachsen würde; in der Zwischenzeit hielt sie ihre Fäces zurück, um nicht ein weiteres Mal ein wertvolles Körperteil zu verlieren.

Mayer (1985) grenzt Phantasien dieser Art von genuin weiblichen Ängsten vor genitaler Beschädigung oder genitalem Verlust ab (bei Horney finden wir hier den Begriff der „weiblichen Genitalangst„ 1924). Sie weist darauf hin, daß manche Frauen nicht nur unter der Angst vor genitaler Verletzung infolge von Selbstbefriedigung und Penetration leiden, sondern auch zu fürchten scheinen, den Zugang zu ihren Genitalien zu verlieren - so als könnten sie verschlossen werden und dadurch ihre Fähigkeit verlieren, genital offen und rezeptiv zu sein.

Diese genuin weiblichen Befürchtungen, die sich im Laufe der Entwicklung herausbilden und verändern, deuten auf eine gesonderte Entwicklungslinie der weiblichen Genitalangst hin - sie reicht von den ersten neugierigen Explorationen der inneren und äußeren Genitalorgane (Kestenberg 1976) über Befürchtungen, durch Masturbation die körperliche Integrität zu gefährden, bis hin zu späteren Ängsten vor innergenitaler Verletzung aufgrund verwirrender Annahmen bezüglich des Kindergebärens, adoleszenten Ängsten vor Beschädigung als Folge des Penetriertwerdens und schließlich der Befürchtung, während der Schwangerschaft vom Fötus innerlich verletzt zu werden.[30] Wir möchten an dieser Stelle betonen, daß genitale Befürchtungen dieser Art erst als Folge einer bereits existierenden primären Weiblichkeit auftreten und nicht selbst das Gefühl der Minderwertigkeit nach sich ziehen.

Dem Vater kommt in der Entwicklung seiner Tochter und ihrem wachsendem Weiblichkeitsempfinden wesentliche Bedeutung zu. Seine Rolle als Beschützer gegenüber der Gefahr des Verschlungenwerdens durch die Mutter wurde oft genug hervorgehoben. Im zweiten Lebensjahr findet häufig eine neue und ganz offensichtlich erotische Form der Annäherung des Mädchens an seinen Vater statt, wobei die Anwesenheit der Mutter nur noch in Streßmomenten gesucht wird. War die frühe Mutter-Kind-Beziehung schlecht, finden wir diesen Entwicklungsverlauf nicht; in solchen Fällen führt die Entdeckung des Geschlechtsunterschieds zu einer massiven Verschärfung der feindseligen Abhängigkeit der Tochter von der Mutter, wobei der Vater nicht selten als Eindringling erlebt wird. Die Hinwendung zum Vater kann dann als vorzeitiger Eintritt in die ödipale Auseinandersetzung fehlinterpretiert werden (z. B. Ogden 1987); da jedoch andere Merkmale eines triadischen Objektbeziehungsgeschehen fehlen, handelt es sich hierbei wohl eher um abwehrbedingtes Verhalten, das vor dem regressiven Sog zur Mutter hin schützen soll, von der sich die Tochter zu lösen versucht (vgl. Mahler et al. 1978; Parens et al. 1976; Roiphe & Galenson 1981). Trotz alledem kommt dem Vater zentrale Bedeutung darin zu, seine Tochter in ihrem Weiblichkeitsempfinden zu bestätigen und ihr im Umgang mit ihren Minderwertigkeitsgefühlen zu helfen, die die Entdeckung der unterschiedlichen anatomischen Ausstattung nach sich zieht.

---

30 Die automatische Annahme, daß die Penetrationsangst einer erwachsenen Frau frühen Kindheitsphantasien bezüglich des Geschlechtsverkehrs entspringe, bedeutet einen Trugschluß genetischer Rekonstruktionen, die dem späteren Phantasiegeschehen einen früheren Entstehungszeitpunkt attribuieren. Mit Ausnahme jener Fällen, in denen ein Mädchen sexuell mißbraucht wird oder Urszenenerlebnissen ausgesetzt ist (was jedoch eher zu Verwirrung hinsichtlich Sexualität und Aggression als zu einem tatsächlichen Verstehen des Koitus führt), erfassen kleine Mädchen nur selten in vollem Ausmaß das Phänomen des Geschlechtsverkehrs und seiner Fortpflanzungsfunktion. So beschreibt eine Sechsjährige voller Vergnügen nach der Lektüre eines einschlägigen Buches, wie sich das Spermium eiligst vom Penis in Richtung Ei auf den Weg macht. Spermien stellt sie sich dabei als Wesen mit großen Flügeln vor, die - ähnlich einer Vogelmutter - umherfliegen, bis sie das Ei gefunden haben. Der Aspekt des Geschlechtsverkehrs fehlt hier völlig. Nichtsdestotrotz kann es sehr viel später zu neurotischen Entwicklungen kommen, wenn sie die inzestuösen Implikationen ihres kindlichen Wunsches, vom Vater ein Baby zu bekommen, begreift.

Infantil-genitale Phase und Entwicklung des Weiblichkeitsempfindens

Im Verlauf des dritten Lebensjahres legt das Mädchen eine Reihe neuer Verhaltensweisen an den Tag. Verstärkter Exhibitionismus, ein ständiges Beschäftigtsein mit anatomischen Fragen, Faszination angesichts des körperlichen Aussehens und der Genitalien beider Geschlechter, skopophile Tendenzen sowie verstärkte genitale Masturbation lassen darauf schließen, daß die Vorherrschaft der infantil-genitalen Phase erreicht ist.

Wie wir in unserer Diskussion zur Psychosexualität festgestellt haben, erfordert eine optimale Entwicklung des Mädchens die Bewältigung zweier zentraler Entwicklungsaufgaben während der frühen oder präödipalen infantil-genitalen Phase: den Aufbau einer weiblichen Geschlechtsrolle (siehe unten) und die Konsolidierung eines narzißtisch positiv besetzten Körperbildes, die - im Zuge der allgemeinen Entwicklung der Geschlechtsidentität - auf der Kerngeschlechtsidentität aufbaut. Exhibitionistische Verhaltensweisen rücken nun in den Vordergrund. Viele kleine Mädchen scheinen die kinästhetischen Empfindungen, die mit Laufen, Hüpfen, Tanzen und Turnen verbunden sind, als ebenso lustvoll zu erleben wie das Zur-Schau-Stellen ihres Körpers in jeder nur erdenklichen Art und Weise. Sie suchen und genießen das Lob beider Elternteile, das die narzißtische Lust, ein Mädchen zu sein, erhöht.[31] Diese Aktivitäten erleichtern für gewöhnlich die Ausarbeitung einer weiblichen, narzißtisch positiv besetzten Geschlechtsidentität. Gleichzeitig legen Mädchen ein verstärktes und anhaltendes Interesse an den Tag, so wie die Mutter zu sein, sich wie sie zu schmücken und dadurch ihrer Weiblichkeit Ausdruck zu verleihen.

Interesse und Neugier, aber auch Sorge hinsichtlich der eigenen Genitalien werden offensichtlich, wenn die genitale Selbstbefriedigung, die sowohl über vaginale als auch klitorale Stimulierung laufen kann, zu einem zentralen Aspekt sexueller Erregung wird. Da die einzig bekannte Funktion der Klitoris in der Übermittlung sexueller Erregung liegt (Masters & Johnson 1966; Clower 1976), überrascht es nicht, daß sich die Selbstbefriedigung des Mädchens in erster Linie auf die Klitoris konzentriert, auch wenn es gelegentlich seine Vagina mit den Fingern erkundet oder Objekte in sie einführt. Es gibt auch indirekte oder versteckte Formen der Masturbation, etwa das Zusammenpressen der Oberschenkel oder das Schaukeln auf Vaters Knie.

[31] In der *Traumdeutung* äußert Freud (1900) zum ersten Mal den Gedanken, daß der Körper als ganzes zur symbolischen Repräsentanz des Phallus werden könne. Lewin (1933) überträgt in der Folgezeit diese symbolische Gleichsetzung von Körper und Phallus auf andere Bereiche. Selbst wenn das analytische Material aus den Analysen erwachsener Patienten beiderlei Geschlechts darauf schließen läßt, daß Phantasien dieser Art seit der Kindheit bestehen, so gibt es doch keine Belege dafür, daß es sich hierbei um ein ubiquitäres Phänomen oder einen integralen Bestandteil der weiblichen Entwicklung handelt.

Der Penisneid scheint ein ubiquitäres Phänomen der infantil-genitalen Phase darzustellen. Obgleich er bereits sehr viel früher auftreten kann, manifestiert er sich in dieser Entwicklungsstufe häufig als phasen-spezifisches Rivalisieren mit Jungen und ist Teil des anhaltenden Prozesses, ein narzißtisch positives weibliches Körperbild zu entwickeln. Taucht er in übertriebener Form auf und geht er mit Minderwertigkeitsgefühlen und geringem Selbstwertempfinden einher, so liegen dem in der Regel frühere Schwierigkeiten in den Objektbeziehungen zugrunde, die zu einer narzißtischen Kränkbarkeit führten (Grossman & Stewart 1976). In solchen Fällen kann der Aufbau eines stabilen und lustvollen Weiblichkeitsgefühls gestört und eine positiv ödipale Auseinandersetzung verzögert werden. Um diese Entwicklungsphase erfolgreich zu durchlaufen, muß das Mädchen einen Weg finden, mit seinem Penisneid fertigzuwerden und ein narzißtisch positiv besetztes Bild ihres eigenen weiblichen Körpers entwerfen.

Mädchen beneiden jedoch nicht nur Jungen um ihren Penis, sondern auch ihre Mütter um deren Brüste, von denen sie sich fasziniert zeigen. Darin spiegelt sich die Idealisierung des reifen Körpers der Mutter wider, mit dem sie neidvoll konkurrieren - eine Gefühlskonstellation, die noch deutlicher während der eigentlichen ödipalen Auseinandersetzung zutage tritt, und die, so Greenacre (1950), zur illusionären Erwartung der Überlegenheit nach der Pubertät führen kann. Mit Ausnahe von Melanie Klein (1952b, 1957), die bereits Säuglingen Phantasien und Konflikte attribuierte, die um das Thema Brustneid kreisten, wurde dieser Aspekt weiblicher Entwicklung nur unzureichend berücksichtigt. Die analytische Erfahrung mit Mädchen der Prälatenz liefert überzeugende Belege für die Bedeutung des Brusneides (oder aber des Neides auf alles, was sie nicht besitzen, was ein universelles Merkmal von Kindern darstellt). Brustneid kann ebenso stark wie Penisneid sein oder aber ausgeprägtere Züge annehmen (P. Tyson 1989b).

Geschlechtsrollenidentität

Die Geschlechtsrollenidentität umschreibt die bewußten, insbesondere jedoch unbewußten Interaktionsweisen, in denen sich die Geschlechtsidentität des Individuums widerspiegelt. Was wir als weibliche Rollenidentifizierungen einordnen können, beginnt in einem erstaunlich frühen Alter. Noch bevor manche Mädchen laufen können, so Stollers (1976) Beobachtung, ist ihr Verhalten von bestimmten Eigenheiten, Interaktionsstilen und einer bestimmten Gestik geprägt, die wir ohne Frage als weiblich bezeichnen würden. Dies ist nicht nur ein Hinweis auf die frühe Errichtung eines primären Weiblichkeitsempfindens, sondern auch auf den frühen Beginn weiblicher Geschlechtsrollen-Identifizierungen.

Ein anderes Charakteristikum der Geschlechtsrollenidentität ist der Wunsch nach einem Baby (P. Tyson 1982a), der seinen Ausdruck vor allem im entsprechenden Spiel mit Puppen findet und bereits zwischen zwölf und 18 Monaten zu beobachten ist. Freud deutete diesen Wunsch des kleinen Mädchens als Wunsch nach einem Penisersatz sowie als typische Verarbeitungsmöglichkeit des Penisneides während der infantil-genitalen Phase - obwohl er von den gleichen Phantasien auch im Zusammenhang mit den typischen Kämpfen der analen Entwicklungsphase spricht (1916-1917, S. 558-560). Auch wenn sich Wünsche und Konflikte aus der analen und infantil-genitalen Phase durchaus im Kinderwunsch des Mädchens verdichten können, geht die gegenwärtige psychoanalytische Meinung doch eher dahin, ihn als elementaren Ausdruck von Weiblichkeit zu begreifen. Kestenberg (1956a) spricht sogar von der Existenz eines mütterlichen „Triebes". Parens und seine Mitarbeiter (1976) verstehen den Kinderwunsch als angeborenes geschlechtsspezifisches Charakteristikum, während ihn McDevitt (1975) im Sinne einer Identifizierung mit der Mutter beschreibt, als Teil davon, mit dem Wissen um die Getrenntheit und den Konflikten der Wiederannäherungsphase fertigzuwerden.

Wir meinen, daß es sich beim Kinderwunsch des kleinen Mädchens um eine der ersten Manifestationen der Geschlechtsrollenidentität im Laufe der Entwicklung handelt, lange bevor die infantil-genitale Phase und die ödipale Objekttriade erreicht sind (ein Gedanke, der die oben genannten Überlegungen in keinster Weise ausschließt). Mit Entstehen eines Gefühls primärer Weiblichkeit und mit zunehmenden Bewußtsein, ein Mädchen zu sein, beginnt sich das kleine Mädchen (oftmals unbewußt) mit den Interaktionsstilen seiner Mutter sowie deren fürsorglichen und nährenden Verhaltensweisen ihm gegenüber zu identifizieren. Die Wunschphantasie, selbst als Mutter innerhalb einer dyadischen Beziehung zu leben, bildet dann den Kern der weiblichen Geschlechtsrolle sowie des Ichideals des Mädchens. Manifester Kinderwunsch und erotische Hinwendung an den Vater (Abelin 1971, siehe auch unten) können auf dieser Entwicklungsstufe somit Ausdruck einer Geschlechtsrollen-Identifizierung auf einem dyadisch-präödipalen Niveau sein und müssen nicht zwangsläufig ödipales bzw. triadisches Objektbeziehungsgeschehen widerspiegeln.

Die Konsolidierung einer weiblichen Geschlechtsrolle ist Voraussetzung für den Eintritt in die ödipale Auseinandersetzung. Um Wünsche und Phantasien darüber zu entwickeln, den Platz der Mutter einzunehmen, muß das Mädchen sowohl stolz darauf sein, ebenso weiblich wie sie zu sein, als sich auch mit ihrer Rolle in Beziehung zum Vater identifizieren. Es möchte „Hausherrin" sein, das explizite Liebesobjekt des Vaters, nicht das Baby oder Papas kleines Mädchen. Brautphantasien, die nun häufig auftreten, sollten nicht automatisch als Ausdruck ödipaler Wünsche gedeutet werden; vielmehr können sich in ihnen die Freude darüber, weibliche Aktivitäten mit einer idealisierten Mutter zu teilen, sowie die Ausarbeitung der weiblichen Geschlechtsrolle widerspiegeln. Sie liegen dem Wunsch nach ausschließlicher Liebe des Vaters zugrunde. Mit zunehmender Festigung der weiblichen Geschlechtsrolle ist das Mädchen bemüht, auf reifere weibliche Art und Weise mit seinem Vater zu interagieren und sich gleichzeitig noch stärker mit der Mutter zu identifizieren.

Kinderwunsch und die Übernahme mütterlich-nährender Qualitäten im Spiel bleiben auch weiterhin Ausdruck einer weiblichen Geschlechtsrolle. Im Laufe der infantil-genitalen Phase kommt es oft zu einer Differenzierung dieser Phantasien - nicht nur aufgrund der erweiterten Identifizierung mit der Mutter (sowie einer größeren Fähigkeit zur Phantasiebildung), sondern auch aufgrund des Rollenwechsels in Beziehung zum Vater. Das Baby, das sich die Tochter nun wünscht, ist das des Vaters.

So erzählt eine Viereinhalbjährige, nachdem ihre Mutter ein kleines Schwesterchen zur Welt gebracht hat: „Aber mir hat der Papa im Traum fünf Babypuppen geschenkt."

Der Ödipuskomplex und das Fundament der Geschlechtspartnerorientierung

Die ödipale Entwicklung des Mädchens impliziert, daß es den Vater mehr und mehr zu seinem Liebesobjekt macht und differenzierte Phantasien um „das strahlende Bild des phallischen Vaters" entwirft (Jacobson 1973, S. 126). Dies bedeutet den ersten größeren Schritt in Richtung einer späteren heterosexuellen Orientierung.

Nach Freuds Auffassung impliziert der Ödipuskomplex des Mädchens, daß es seinen minderwertigen Zustand des Kastriertseins anerkennt, sich wütend und enttäuscht von der Mutter abwendet und den Vater zu seinem Liebesobjekt macht; die Mutter gilt nun als sexuelle Rivalin. In unserer, weiter gefaßten, Lesart des weiblichen Ödipuskomplexes soll er in den Kontext der Entwicklung der Geschlechtsidentität gestellt werden. Anstatt von der völligen Zurückweisung der Mutter durch die Tochter auszugehen (die als solche nur in pathologischen Situationskontexten anzutreffen ist und das Mädchen dazu veranlassen kann, die ödipale Bindung an den Vater aufzugeben bzw. gar nicht vollständig anzustreben), erscheint es uns wichtig zu verstehen, wie sich die Bindung der Tochter an die Mutter verändert.

Diese Veränderungen basieren auf den Entwicklungsaufgaben der präödipalen infantil-genitalen Phase, aus der sich ein narzißtisch positiv besetztes (anstelle eines minderwertigen) Weiblichkeitsgefühl(s) sowie eine weibliche Geschlechtsrolle herausbilden. Diese wiederum gründen auf der präödipalen Bindung des Mädchens an seine Mutter. Gelingt es der Tochter, ihre präödipale Ambivalenz der Mutter gegenüber im wesentlichen aufzulösen und ein brauchbares Maß an libidinöser Objektkonstanz aufzubauen, so wird sie sich im Besitz einer liebevollen inneren Mutter fühlen können. Ihrem weiblichen Ichideal folgend und mit dem Wunsch, ihre weibliche Geschlechtsrolle auszudehnen, kann sie sich nun Phantasien hingeben, vom Vater ausgewählt zu werden, ohne um dem Verlust der Liebe der Mutter fürchten zu müssen. Die Fähigkeit zu triadischen Objektbeziehungen läßt sie die ausschließliche Bindung an die Mutter lockern, ohne diese jedoch zurückzuweisen. Sie wünscht sich eine Beziehung zum Vater, die sich von jener zur Mutter unterscheidet. Ihre Angst kreist nun auch um den Verlust des Vaters.

Auch wenn das kleine Mädchen in seiner Phantasie die Mutter durch die Vorstellung ersetzt, selbst das Liebesobjekt des Vaters zu sein, so verläßt es sich doch nach wie vor auf die Unterstützung der idealisierten Mutterimago, ähnlich der guten Fee aus dem Märchen. An dieses Bild knüpft es seine Phantasietätigkeit und fragt sich ängstlich, ob es wohl durch seine libidinösen Wünsche an den Vater seine anhängliche Bindung an die Mutter aufs Spiel setze.

Der Wunsch eines etwas über dreieinhalbjahre alten Mädchens nach einer „Baby-Hochzeit" illustriert dies. Es will nicht warten, bis es erwachsen ist. Trotz des gelegentlich konkurrierenden Verhaltens scheint es die Kritik der Mutter nicht zu fürchten, vielmehr soll ihm diese bei der Ausgestaltung seiner Phantasien beistehen. Erste Anzeichen eines ödipalen Verzichts und damit der Auflösung des Ödipuskomplexes werden erkennbar, als die Tochter das Hochzeitskleid der Mutter sehen möchte, die ihr dann versprechen muß, es sie bei ihrer eigenen Hochzeit tragen zu lassen.

Der Verlauf des positiven Ödipuskomplexes ist nicht immer so glatt wie diese kurze Vignette suggerieren mag. Zum Teil ist ist er davon abhängig, auf welche Art und Weise, aber auch inwieweit der Vater auf seine Tochter eingeht, die nun über die Fähigkeit zur triadischen Beziehungsgestaltung verfügt. Seine Bewunderung stärkt ihren Stolz und ihr Selbstwertgefühl, ermutigt sie, sich mit ihrem weiblichen Ichideal zu identifizieren und fördert die ödipale Konsolidierung. Verhält sich der Vater eher verführerisch als bewundernd, kann dies zu Überstimulierung, massivsten Loyalitätskonflikten und Schuldgefühlen sowie einer regressiven Bindung an die Mutter führen. Die Neigung, den eigenen Vater (oder Männer im allgemeinen) zu idealisieren oder einen Vater, der relativ wenig anwesend, uninteressiert oder kritisch ist, als übermäßig sadistisch oder bestrafend zu erleben, zeugt von weiteren möglichen Schwierigkeiten innerhalb der Vater-Tochter-Beziehung (vgl. Leonhard 1966).

Aber auch in der Beziehung zur Mutter können Hindernisse für eine erfolgreiche ödipale Entwicklung liegen. Eine mangelhafte Bewältigung des Wiederannäherungskonflikts kann den Eintritt in die ödipale Auseinandersetzung verzögern und regressive Tendenzen fördern. Anstatt sich in die ödipale Auseinandersetzung einzulassen, sorgen Neid auf die Mutter oder bewußte Schuldgefühle aufgrund ödipaler Wünsche dafür, daß das Mädchen fürchtet, die Liebe der Mutter zu verlieren. Die beim Mädchen früh einsetzende Überich-Entwicklung kann zudem zur Folge haben, daß - als Reaktion auf die Versuche, die Wiederannäherungskonflikte zu lösen - Idealisierung der Mutter und Selbstkritik, die harten und unnachgiebigen Introjekten entspringen, das Vertrauen in die eigene Weiblichkeit unterminieren. Kommen all diese Faktoren zusammen, weicht das Mädchen womöglich vor dem ödipalen Wettbewerb zurück, um auf ein früheres Niveau der Mutter-Kind-Beziehung zu regredieren und dort in einem Zustand kindlicher Abhängigkeit verhaftet zu bleiben. Submissive, willfährige und masochistische Charakterzüge sind dann vorherrschend. In Freuds ausgezeichneter Beschreibung der Psychogenese eines Falles von weiblicher Homosexualität werden einige dieser Punkte dargestellt (vgl. P. Tyson 1989b).

Es ist integraler Bestandteil psychoanalytischer Theoriebildung, vor dem Auftauchen des positiven Ödipuskomplexes die Existenz eines negativen Ödipuskomplexes zu postulieren. Das Mädchen identifiziert sich mit dem Vater, übernimmt in der Beziehung zur Mutter eine aktiv-phallische Rolle und rivalisiert im Rahmen der ödipalen Triade mit dem Vater um die Gunst der Mutter (vgl. Lampl-de Groot 1927;

Deutsch 1930, 1932, 1944, 1945; Freud 1931; Brunswick 1940; Nagera 1975). Der Bindung an den Vater geht nach Freud „eine Phase von ausschließlicher Mutterbindung (...) von gleicher Intensität und Leidenschaflichkeit" voraus, die „bis auf den Wechsel des Objekts dem Liebesleben kaum einen neuen Zug hinzugefügt" hatte (1931, S. 275).

Obgleich Konflikthaftigkeit und Oszillieren hinsichtlich der Objektwahl Teil des Konzepts der Bisexualität sind, sollte das präödipale ambivalente Band der Mutter-Kind-Dyade, das mit der Wahrnehmung des Vaters als Störenfried einhergeht, von einer triadischen, sogenannten negativ-ödipalen Bindung unterschieden werden. Intensität und Leidenschaft der präödipalen Mutter-Tochter-Beziehung, so Edgcumbe und ihre Kollegen (1976), sind prägenital begründet und auf Machtkämpfe ausgerichtet, nicht auf das trianguläre Werben um ein Liebesobjekt. Die Autoren schließen daraus, daß die negativ-ödipale Position nicht zwangsläufig einen Teil der weiblichen Entwicklung darstellt - eine Auffassung, der wir nur unter Vorbehalt zustimmen. Wenn das Mädchen eine negativ-ödipale Bindung an die Mutter eingeht, dann *nach* Durchlaufen der positiv-ödipalen Position, was allerdings auf eine Störung der Objektbeziehungen schließen läßt (vgl. P. Tyson 1986a).

Nach Freud (1925b) besitzt die Auflösung des Ödipuskomplexes für das Mädchen nicht jene Dringlichkeit wie für den Jungen - ob es nun seine ödipalen Wünsche nur langsam aufgibt oder verdrängt oder aber auf unbestimmte Zeit an ihnen festhält. Da Mädchen, bevor sie eine positiv-ödipale Position einnehmen können, zahlreiche Konflikte zu lösen haben, ist es durchaus möglich, daß die triadische heterosexuelle Konfiguration, wenn sie denn einmal erreicht ist, fortdauert. Die Angst vor narzißtischer Kränkung, vor dem Verlust der Liebe der Mutter, sowie wachsender Überich-Druck veranlassen das Mädchen jedoch, seine ödipal-libidinösen Wünsche an den Vater zu verdrängen. So kann es liebevolle Beziehungen zu beiden Elternteilen aufrechterhalten. Allerdings ist es nicht ungewöhnlich, daß Mädchen auch weiterhin die Aufmerksamkeit und Zuneigung des Vaters zu gewinnen suchen, wodurch nicht nur die Lust an der eigenen Weiblichkeit bestärkt, sondern auch die selektive Identifizierung mit dem Vater, die zu einer Erweiterung ihrer Geschlechtsidentität führt, erleichtert wird. Solange der Neid der Mutter keine übertriebenen Schuldgefühle auslöst, die Zuneigung für den Vater den Rahmen nicht übersteigt und die unbewußten inzestuösen Wünsche bewußt werden, solange kann die positiv-ödipale Konfiguration des Mädchens bis zur Adoleszenz andauern; der dann einsetzende Triebschub kann zu Reaktionsbildungen gegenüber der väterlichen Liebe sowie zur Suche nach Liebesobjekten außerhalb der Familie veranlassen.

Wir sollten jedoch die Neigung des Mädchens, in einer positiv-ödipalen heterosexuellen Position zu verbleiben, nicht als Zeichen einer mangelhaften Überich-Entwicklung werten - und hierin denselben Fehler wie Freud begehen, der nicht zwischen der frühen Entwicklung von Mädchen und Jungen zu differenzieren vermochte. Wir haben in unserer Diskussion zur Überich-Entwicklung bereits darauf hingewiesen: Das Überich des Mädchens folgt einer anderen Entwicklungslinie als das des Jungen. Die Entwicklung setzt früh ein und die Notwendigkeit, die Ambivalenz gegenüber der Mutter aufzulösen, um in die ödipale Auseinandersetzung einzutreten, hat einen grundlegenden Einfluß auf die Weiterentwicklung. Spätere Modifikationen sind von der erfolgreichen Bewältigung des Ödipuskomplexes abhängig, in dessen Verlauf es zu selektiven Identifikationen mit dem Vater kommt.

Latenz

Während der Latenzzeit findet eine Neubearbeitung früherer Konflikthemen sowie eine Konsolidierung und Differenzierung sämtlicher Aspekte der Geschlechtsidentität statt. Je älter das Mädchen, desto differenzierter und stabiler seine Geschlechtsidentität. Der erweiterte soziale Radius bringt das Mädchen in Kontakt mit einer größeren Gruppe von Gleichaltrigen und schafft neue Möglichkeiten, Objekte zur Idealisierung und Identifizierung zu finden. Das Potential an Konkurrenz und Rivalität, das in der Beziehung zu Gleichaltrigen enthalten ist, reaktiviert häufig alte Unsicherheiten, die Mädchen - um das Vertrauen in ihre eigene Weiblichkeit zu stützen - nicht selten mit der übertriebenen Zur-Schau-Stellung stereotyper und gekünstelter weiblicher Verhaltensweisen beantworten. Aber auch das bekannte Wildfang-Verhalten ist an Mädchen dieses Alters zu beobachten und kann Ausdruck für die Ausarbeitung männlicher Identifikationen sein - oder aber für jene Mädchen eine Möglichkeit der Kompensation darstellen, die über kein sicheres und positiv besetztes Weiblichkeitsempfinden verfügen.

Freud (1933) vertrat die Auffassung, daß das Erreichen erwachsener Weiblichkeit dem Mädchen die Aufgabe infantiler Wünsche nach einem Penis sowie die Verdrängung des Wissens um genitale Lust - mit anderen Worten der Masturbation - abverlange. Dieser Gedanke resultiert aus der irrigen Annahme, daß klitorale Erregung den Penisneid verschärfe, da es sich beim Organ der Klitoris um einen „kleinen Penis“ handle. Die klinische Erfahrung zeigt jedoch eindeutig, daß weder Selbstbefriedigung noch genitale Empfindungen beim gesunden Mädchen während der Latenzzeit verschwinden (vgl. Bornstein 1953; Fraiberg 1972; Clower 1976). Aufgrund strenger Überich-Vorgaben mag es seltener zur direkten Stimulierudem ng der Genitalien kommen, aber Radfahren, Reiten, das Hinunterrutschen auf Geländer oder häufiges Urinieren gehören zu den zahlreichen Möglichkeiten, sich durch rhythmische Aktivitäten oder Berührung indirekt oder versteckt genitale Erregung zu verschaffen. Unbewußte Schuldgefühle gegenüber Selbstbefriedigung oder die Angst vor genitaler Verletzung werden oft verschoben und erklären häufig die hypochondrische Sorge um die Integrität des eigenen Körpers. Die Trennung bewußter und unbewußter Masturbationsphantasien vom Akt der Selbstbefriedigung selbst stellt eine wichtige Möglichkeit zur Differenzierung und Konsolidierung eines Weiblichkeitsgefühls dar, wenn es um die versteckte Lösung präödipaler und ödipaler Konflikte und Wünsche sowie geschlechtsbezogener Themen geht.

Die Erprobung verschiedener Geschlechtsrollen führt in der Latenz zur Differenzierng der Geschlechtsidentität. Mädchen versuchen sich - auch wenn sie sich dessen unterschiedlich bewußt sind - in der Rolle der Mutter, Hausfrau, Haushälterin, Hausherrin, Lehrerin, Geschäftsfrau, Tänzerin, Liebhaberin, usw., nun da die Geschlechtsrollen-Identifizierung Aspekte des sozial gelernten Verhaltens anzunehmen beginnt und sie sich neben ihren Müttern auch mit anderen Frauen identifizieren. Die Philosophie, das es keine Unterschiede zwischen den Geschlechtern gebe, der heutzutage zahlreiche Eltern anhängen, kann während der Latenz eher zur Quelle von Beunruhigung und Angst werden, da das Mädchen noch nicht über eine allzu sichere eigene Geschlechtsidentität verfügt.

Die Frage der Geschlechtspartner-Orientierung ist während der Latenz kein besonders wichtiges Thema und die Beziehung zu Gleichaltrigen folgt eher einer bisexuellen Orientierung. Auch wenn es für einen Jungen schwärmt, so hält sich das Mädchen doch eng an ihre Beziehungen zu weiblichen Gleichaltrigen - eine Tatsache, in der sich Aspekte präödipaler und negativ-ödipaler Objektbeziehungen widerspiegeln. Cliquenbildung und die berühmte beste Freundin sind typische Phänomene; wird diese exklusive Dyade durch eine Rivalin aufgebrochen, so ist der Kummer groß. Dreiergespanne sind jedoch häufig zum Scheitern verurteilt.

Adoleszenz

Die endgültige Geschlechtsrolle einer Frau sowie ihre Geschlechtspartnerorientierung sind davon abhängig, wie sie die zu erwartenden Entwicklungskonflikte der Adoleszenz löst, gegen deren Ende sich die verschiedenen Entwicklungsstränge bündeln.

Die endgültige Fähigkeit, ein befriedigendes und narzißtisch positiv besetztes Weiblichkeitsgefühl zu entwickeln sowie sexuelle Lust zu genießen wird weitgehend davon bestimmt, wie sie auf die mit der Menarche einhergehenden Entwicklungsaufgaben reagiert. Nach Auffassung von Ritvo (1976) trägt die erste Monatsblutung all die Merkmale einer normalen Entwicklungskrise und kann sich so als entwicklungsfördernd oder -hemmend erweisen. Über die Menarche organisiert sich das reifere Weiblichkeitsempfinden des Mädchens, sie ist der Kern eines Neuentwurfs des Körperbildes - ein Bild, das die lustvolle Akzeptanz des Körpers als weiblich, sexuell aktiv und potentiell gebärend integrieren muß. (Unter den zahlreichen Aufsätzen zu diesem Thema siehe vor allem Kestenberg 1961; Blos 1967; Hart & Sarnoff 1971).

Die erste Monatsblutung geht mit bedeutsamen Neubearbeitungen des Körperbildes einher. Fast über Nacht, so scheint es, wird aus dem Mädchen der Latenz eine junge Frau mit einem reifen Körper. Selbst- und Körperbild müssen an die stattfindenden körperlichen Veränderungen angepaßt werden, die in einer relativ kurzen Zeit die offensichtlichen Unterschiede zwischen Mann und Frau, Kind und Erwachsener immer deutlicher zutage treten lassen. Die ständige Beschäftigung mit dem eigenen Körper, die den Versuch des Mädchens darstellt, die kränkende Diskrepanz zwischen dem eigenen und dem „idealen" Körper zu bewältigen, läßt ungelöste Konflikte in einem dieser Bereiche schon bald offensichtlich werden.

Selbst im Besitz eines erwachsenen Körpers zu sein, führt der Adoleszenten eindringlich vor Augen, wie sie ihrer Mutter ähnlich und doch von ihr getrennt ist. Diese Erinnerung reaktiviert, ob bewußt oder vorbewußt, ungelöste Wünsche und Konflikte der Mutter-Kind-Beziehung aus allen Entwicklungsstufen. Wie schwierig es sein kann, diese Konflikte zu lösen, wird am Beispiel der unter jungen adoleszenten Mädchen weit verbreiteten Eßstörungen sichtbar, mit deren Hilfe die Form des erwachsenen weiblichen Körpers verändert werden sollen.

Die Menarche signalisiert den Eintritt in einen neuen Entwicklungsabschnitt - Empfindungen wie „Lieber-Nicht-Darüber-Sprechen", Minderwertigkeit, Scham und Unsicherheit existieren neben Gefühlen von Stolz, Selbstvertrauen und Selbstbewußtsein angesichts der neuen Entwicklung. Über die Menstruation werden unbewältigte anale Konfliktthemen wiederbelebt. Im Gegensatz zu Urin und Fäces unterliegt das Menstruationsblut nicht der Sphinkterkontrolle; die Möglichkeit des unkontrollierten Blutflusses läßt Gefühle der Hilflosigkeit, Passivität und Scham sowie Angst vor Beschämung entstehen, zu denen Reaktionsbildungen als zusätzliche Belastung hinzukommen, wie etwa der Ekel, den ein Mädchen gegenüber ihrer menstruierenden Mutter, deren Brüsten, Körperprodukten und Ausdünstungen oder aber ihrem eigenen Körper gegenüber empfindet. Um jedoch ihre reifen Körperfunktionen akzeptieren und bewältigen zu können, muß die Heranwachsende diese Reaktionsbildungen modifizieren.

Die erste Monatsblutung kann auch mit Befürchtungen um die eigene körperliche Unversehrtheit einhergehen. Der Menstruationsfluß selbst, aber auch Unregelmäßigkeiten in der Menses lösen Angst aus, sei es aufgrund von Schwangerschaftsphantasien, oder aber, und dies ist wohl häufiger der Fall, aufgrund einer Unsicherheit angesichts geheimnisvoller innerer Körperprozesse. Die Verwendung des ersten Tampons ist oft mit beträchtlichen Ängsten verbunden (Shopper 1979), denn nun muß sich das junge Mädchen direkt mit seiner Vagina auseinandersetzen. Dies mag an frühere Ängste vor genitaler Verletzung gebunden sein, oder aber zum ersten Mal im Zusammenhang mit dem Gebrauch von Tampons auftreten.

Plaut und Hutchinson (1986) vertreten die Auffassung, daß angesichts der starken Befürchtungen um die Integrität des eigenen Körpers in diesem Entwicklungsabschnitt, die Ereignisse der Pubertät für die psychosexuelle Entwicklung des Mädchens von weitaus größerer Bedeutung sind als die ödipale Phase. Dem Körperbild des Mädchens fehle es vor der Pubertät an jener Kohärenz, über die der Junge aufgrund seines Penis verfügt. Die Unsichtbarkeit der Vagina lasse ein Gefühl des Geheimnisvollen entstehen, das Mädchen erlebe sich als unvollständig und minderwertig. Mit dem Einsetzen der ersten Monatsblutung entstehe jedoch ein größeres Bewußtsein um die Existenz der Vagina. Vaginale Empfindungen würden bewußter erlebt, eindeutiger lokalisierbar und könnten somit in das weibliche Körperbild integriert werden. Diese Beobachtungen mögen die Erfahrungen einiger junger Mädchen durchaus widerspiegeln, doch gibt es sicherlich auch Mädchen, die sehr genau frühe vaginale Empfindungen wahrzunehmen vermögen und so bereits vor der

Menarche über eine weibliche Körperrepräsentanz verfügen. Für die meisten scheint jedoch tatsächlich die Erfahrung der Menstruation sowohl zu einem eindeutigeren Wissen um ihre Vagina als auchzu einem kohärenteren Körperbild zu führen.

Die eindeutige Bestätigung durch die Menarche, ein Mädchen zu sein läßt zuweilen alte Neidgefühle auf den Penis des Mannes wiederaufleben; die Adoleszente fühlt sich beraubt, narzißtisch gekränkt und unsicher hinsichtlich eines annehmbaren Körperbildes. Auch wenn sich derartige Empfindungen möglicherweise ungünstig auf die weitere Entwicklung auswirken, so können doch die Lust und der Stolz darüber, sich einem weiblichen Körperideal zumindest anzunähern, ein Gegengewicht dazu darstellen - der Vergleich der eigenen Brüste mit denen der Mutter oder einer anderen bewunderten Frau ersetzt so den Vergleich mit dem Penis des Mannes. Manche Mädchen lassen nun sehr schnell vom alten Wildfangverhalten ab, das sie vorher so genossen haben, so als bestärke sie die Menstruation und das Wachsen der Brüste in ihrem Stolz auf die Gefühle weiblicher Identität (Jacobson 1973).

Die biologischen Veränderungen der Pubertät bedeuten auch eine Wiederbelebung und Intensivierung der sexuellen Wünsche des Mädchens. Verstärkte Selbstbefriedigung und sexueller Kontakt mit anderen sind nicht ungewöhnlich, obgleich damit meist Angst-, Scham- und Schuldgefühle einhergehen, bevor die Reorganisation des Überichs stattgefunden hat. Die ubiquitär anzutreffende Vorstellung, beim Geschlechtsverkehr Schmerz zu empfinden und verletzt zu werden, läßt zusätzliche Befürchtungen entstehen.

Während der Adoleszenz kommt es zur endgültigen Ausgestaltung der Geschlechtsrollenidentität. Die nunmehr reife Sexualität verlangt von der Heranwachsenden, nach neuen Interaktionsmöglichkeiten mit anderen, insbesondere potentiellen Liebhabern, zu suchen. Nicht selten gelangen Mädchen mit Erreichen der Pubertät zu neuem Selbstbewußtsein; aus dem schüchternen Mädchen wird eine kokettte junge Dame, deren Verhalten Männern gegenüber - Gleichaltrige ebenso wie der eigene Vater - nahezu kastrierende und sadistische Züge annehmen kann. Aus dem zunächst noch überzeichneten weiblichen Rollenverhalten im Umgang mit dem anderen Geschlecht, das auf eine darunter liegende Angst schließen läßt, schält sich schließlich die endgültige Geschlechtsrolle heraus, die die Interaktion mit den Liebesobjekten bestimmen wird.

Auch der Wunsch nach einem Baby wird nun wieder aktuell - er spiegelt sowohl die Wiederbelebung ödipal-inzestuöser Wünsche wider als auch Modifizierungen und Ergänzungen früherer Geschlechtsrollen-Identifizierungen. Die auf bewußter Ebene ungewollte Schwangerschaft, die unbewußt herbeigesehnt wird, ist ein häufig anzutreffendes Phänomen und die vielen jungen Mädchen, die ihr Kind austragen und selbst aufziehen wollen folgen dem offensichtlichen Wunsch, über das Sorgen für das eigene Baby endlich eine weibliche Geschlechtsrolle zu übernehmen zu können. Allerdings handelt es sich bei der Schwangerschaft heranwachsender Mädchen um ein sehr viel komplizierteres Phänomen als die bloße Konsolidierung der weiblichen Geschlechtsrollenidentität. Der Freund des Mädchens repräsentiert in diesem Alter häufig einen Mutterersatz und die gemeinsame sexuelle Beziehung kann in erster Linie Ausdruck für frühe Abhängigkeitsbedürfnisse sein. Nicht selten sucht im Falle einer Schwangerschaft der Vater des Kindes das Weite und die Schwangere kehrt zu ihrer eigenen Mutter zurück. Für manche junge Frauen stellt die Erfüllung ihres unbewußten Kinderwunsches sowohl eine Möglichkeit dar, zur eigenen Mutter zurückzukehren, aber dem regressiven Sog gleichzeitig zu widerstehen (Mutter und Tochter sind nun gleich), als auch einen unbewußten regressiven Versuch, über die enge Bindung an das eigene Kind jene idealisierte Mutter-Tochter-Einheit wiederzuerlangen bzw. zum ersten Mal herzustellen.

Der größere soziale Radius, in dem sich das Mädchen während der Adoleszenz bewegt, ergänzt die älteren Geschlechtsrollen-Identifikationen um eine Vielzahl neuer, sozial gelernter Rollen und über die Schule vermittelter Möglichkeitsräume. Das Nachdenken über Beruf und Karriere führt zur Identifizierung mit verschiedenen weiblichen und männlichen Vorbildern. Die Öffnung des Arbeitsmarktes und einstiger Männerdomänen für Frauen sowie die Möglichkeit, über ihre Berufswünsche und ihren beruflichen Umgang mit anderen selbst zu bestimmen, sollte uns jedoch vorsichtig sein lassen, die Geschlechtsrolle einer Frau auf der Basis ihrer jeweiligen Berufswahl zu beurteilen. Trotzdem sind sozial gelernte Rollen bzw. Rollenangebote nicht ohne Einfluß und die endgültige Geschlechtsrollenidentität einer Frau ist eine Synthese früher Kindheitserfahrungen sowie adoleszenter Identifikationen und Wünsche.

Die Geschlechtspartnerorientierung ist ein Thema, das vornehmlich während der Adoleszenz verhandelt wird. Konflikte hinsichtlich der Objektwahl beginnen zwar mit dem Ödipuskomplex, doch ist in der frühen Kindheit das Nebeneinander konfligierender objektbezogener Wünsche noch möglich, ohne sich besonders schmerzhaft oder lautstark Ausdruck zu verschaffen. In der Adoleszenz jedoch ist das Identitätsgefühl des Mädchens an seine sexuelle Orientierung geknüpft, so daß die Lösung jener Konflikte, die mit der Wahl des Liebesobjekts zusammenhängen, zu einer der Hauptaufgaben wird.

Mit den ersten verliebten Schwärmereien für Jungen tritt häufig ein unverhohlenes Interesse an romantischen Liebesgeschichten zutage. Darin kann sich der Wunsch des Mädchens widerspiegeln, mit einem männlichen Partner seine sexuell-weiblichen Vorstellungen zu verwirklichen. Die hieraus entstehenden Beziehungen können durchaus zu einer Quelle von Liebe und lustvoller Empfindungen werden, solange die Verdrängung inzestuöser Wünsche bestehen bleibt. Läßt der sexuelle Kontakt mit einem Jungen die unbewußte Phantasie eines ödipalen Sieges entstehen, können daraus resultierende Schuldgefühle das Mädchen sehr schnell dazu veranlassen, die sexuelle Beziehung abzubrechen. Vorzeitiger sexueller Kontakt kann jedoch auch eine Abwehr gegenüber dem regressiven Sog der präödipalen Mutter darstellen. Obgleich die Intimität in der Beziehung zur besten Freundin zur Verschiebung dieses regressiven Sogs werden kann und diese Beziehung zunächst für beide Mädchen die Möglichkeit bietet, ihren Phantasien über heterosexuelle Abenteuer freien Lauf zu lassen, so kann diese Dyade homosexuelle Sehnsüchte und Kontakte auslösen. Wenn dem so ist, dann kann diese Beziehung so befriedigend und intensiv werden, so daß die Entwickung in eine heterosexuelle Position verzögert oder ganz verhindert wird (Blos 1979).

Die Lösung der Konflikte hinsichtlich der Objektwahl findet über das Ichideal des Mädchens statt. Infantile Selbst- und Objektbilder müssen einer Neubewertung unterzogen und entidealisiert werden. Das Bild der nur guten, nährenden Mutter, mit der ein Zustand völliger Symbiose möglich war (bzw. die Spaltung der Mutterimago in eine nur gute und nur schlechte Mutter) entspringt eher einem Mythos als der Realität - ebenso wie die mit dieser Phantasie verbundene Lust. Die Zerstörung dieser Mythen ermöglicht es dem Mädchen, ein reifes Ichideal zu integrieren, das auf den Identifikationen mit einer realistischeren Sicht der Mutter sowie den Identifikationen mit anderen bewunderten Frauen basiert. Mit zunehmender Konsolidierung eines Weiblichkeitsgefühls birgt die Identifizierung mit dem eigenen Ichideal narzißtische Befriedigung. Das Mädchen hat nun die Möglichkeit, eine heterosexuelle Objektwahl zu treffen.

Zusammenfassung

Der Aufbau eines stabilen Weiblichkeitsempfindens oder einer weiblichen Geschlechtsidentität beginnt mit der primären Weiblichkeit (Kerngeschlechtsidentität). Die allgemeine Geschlechtsidentität, die sowohl männliche als auch weibliche Charakterzüge in sich vereinigt, durchläuft eine lange Entwicklung. Ergänzungen und Neubewertungen sind jedoch das ganze Leben über möglich. Partnersuche, Heirat, Schwangerschaft, die Geburt eines Kindes und Mutterschaft, aber auch andere wichtige Lebensereignisse, üben einen bedeutsamen Einfluß auf die Entwicklung der Geschlechtsidentität aus.

Die Geschlechtsrollenidentität folgt ihrem eigenen Entwicklungsstrang. Sie manifestiert sich zuweilen sehr früh im Wunsch nach einem Baby, in dem die Identifizierung mit den nährenden und pflegenden Seiten der Mutter ihren Ausdruck findet. Aber auch subtilere Identifizierungen mit Rollenbeziehungen sind Teil der weiblichen Geschlechtsrollenidentität und prägen, ob bewußt oder unbewußt, den jeweiligen Interaktionsstil einer Frau. Schwangerschaft, Geburt eines Kindes und Mutterschaft sind stereotype Geschlechtsrollen, die unsere Gesellschaft für Frauen bereithält. Obgleich sozial gelernte Rollen letztlich einen wichtigen Aspekt der Geschlechtsrollen-Identifikation darstellen, dürfen wir nicht vorschnell das Weiblichkeitsempfinden einer Frau auf der Basis kulturell determinierter, gelernter Geschlechtsrollen beurteilen.

Die Geschlechtspartnerorientierung, die zwar mit der Entwicklkung der Geschlechtsidentität und Geschlechtsrollenidentität verbunden ist, folgt ebenfalls einer eigenen Entwicklungslinie. Konflikte hinsichtlich der Objektwahl treten zum ersten Mal während der ödipalen Auseinandersetzung und dem Aufbau triadischer Objektbeziehungen auf. Sie müssen in der Adoleszenz, neben adoleszenten Konflikten der

Objektwahl, gelöst werden. Selbst wenn dies nie vollständig gelingen mag und manche Menschen auch noch relativ spät in ihrem Leben ihre Geschlechtspartnerorientierung ändern, so steht das Geschlecht des Liebesobjekts für gewöhnlich gegen Ende der Adoleszenz oder zu Beginn des frühen Erwachsenenalters fest.

Kapitel 17

Die Geschlechtsentwicklung beim Jungen

Der Aufbau der Geschlechtsidentität und eines sicheren Männlichkeitsempfindens beim Jungen durchläuft einen ähnlichen Entwicklungsprozeß wie der des Mädchens. Im folgenden Kapitel wollen wir uns daher auf die Beschreibung jener Konflikte und Problempunkte konzentrieren, die für die männliche Entwicklung spezifisch sind und sich von der des Mädchens unterscheiden.

Kerngeschlechtsidentität

Die Zuweisung des biologischen Geschlechts bei der Geburt, elterliche Phantasien sowie elterliche Geschlechtshormone stehen am Beginn der Entwicklung einer männlichen Kerngeschlechtsidentität. Die daran anknüpfende Aufgabe des Jungen, sein männliches Körperselbst zu bestimmen, schließt die Entdeckung des Penis mit ein, die in den meisten der in der Literatur bekannten Fällen (vgl. Loewenstein 1950; Kleeman1965; Roiphe & Galenson1981) in die zweite Hälfte des ersten Lebensjahres fällt; sie geht mit den ersten Subphasen des Separations-, Indviduationsprozesses sowie der vierten Stufe der sensumotorischen Entwicklung nach Piaget einher, wenn der Säugling allmählich über Objektpermanenz verfügt (d.h. von der Existenz eines Objekts ausgeht, auch wenn dieses verborgen oder nicht unmittelbar sichtbar ist). Als Teil dieses Entwicklungsprozesses werden lustvolle haptische, kinästhetische und visuelle Erfahrungen, die der Säugling über das allgemeine Erkunden seines Körpers, das Spiel mit seinen Genitalien und genitale Empfindungen erwirbt, in die auftauchende Selbstrepräsentanz integriert. In einem beeindruckenden Beispiel gibt Loewenstein (1950) die Beoachtung einer Mutter wieder, die beschreibt, wie ihr zehn Monate alter Sohn seinen Penis entdeckt:

> Der kleine Junge, der nackt in seinem Bettchen liegt, spielt erst mit Armen und Beinen, um sich dann aufzusetzen und mit den Füßen zu strampeln. Mit seiner Ferse berührt er dabei mehrere Male sein Genitale. Er schielt nach unten, ganz offensichtlich um zu sehen, was diese Empfindung ausgelöst hat. Wegen seines vorstehenden Bäuchleins kann er nichts entdecken und er be-

ginnt, mit seinem Nabel zu spielen, den er nach innen drückt. Als er auch seinen Bauch eindrückt, bemerkt er plötzlich seinen Penis. Ganz langsam berührt er ihn mit seinem Finger und wirft der Mutter einen strahlenden Blick zu. Während der nächsten Minuten wiederholt sich dieses Spiel mehrere Male: Der Junge krabbelt weg, setzt sich auf, drückt sein Bäuchlein nach innen und berührt, etwas unsicher, seinen Penis. Es dauert nur wenige Minuten, bis er erkennt, daß der Penis tatsächlich Teil seines Körpers ist und zu ihm gehört.

Da der Junge nach dieser Entdeckung für gewöhnlich ganz gezielt versucht, sein Genitale zu berühren und sich selbst zu stimulieren - wobei der liebevolle Blickkontakt zur Mutter aufrechterhalten wird (Kleeman 1965; Roiphe & Galenson 1981) - unterstreichen manche Autoren gerade die Reziprozität zwischen Mutter und Kind als bedeutsames Element im Prozeß der Festlegung der Körpergrenzen und der Gestaltung eines genitalen Bewußtseins (Greenacre 1953a, 1958; Spitz 1962; Kleeman 1965; Francis & Marcus 1975).

Als „übendes" Kleinkind (Mahler et al. 1978) gewinnt der Junge während des zweiten Lebensjahres zunehmend Kontrolle über seine Körperfunktionen, was ihn mit Stolz erfüllt, insbesondere hinsichtlich seiner urethralen Funktionen. Die Lust des kleinen Jungen am Urinieren ist Teil des lustvollen Austauschs mit der Mutter, auch wenn sein Interesse am Vater und dessen Urinstrahl immer offensichtlicher wird (vgl. Loewenstein 1950, Kleeman 1966, Roiphe & Galenson 1981).

Die Neugier am Urinieren und die eng damit zusammenhängende genitale Erregung - ein Phänomen, das Ferenczi (1924) als Urethralerotik bezeichnete - sorgen dafür, daß der Junge für gewöhnlich im zweiten Lebensjahr den anatomischen Geschlechtsunterschied entdeckt (Fenichel 1945). Unabhängig davon, ob er diese Entdeckung im Kontakt mit Geschwistern, Gleichaltrigen oder Eltern macht, wird er sich, zumindest in manchen Fällen, allmählich bewußt werden, daß er sich in seiner genitalen Ausstattung von der Mutter unterscheidet. Da er noch nicht über ein stabiles Körperbild verfügt, geht die Entdeckung des anatomischen Geschlechtsunterschieds häufig mit Kastrationsängsten einher. Das für diese Entwicklungsstufe charakteristische egozentrische Denken läßt den Jungen annehmen, jeder habe einen Penis, nur Frauen hätten den ihren verloren.

So weigerte sich ein 18 Monate alter Junge, die Windeln zu wechseln, nachdem er wiederholte Male dabei zugesehen hatte, wie ein anderes Kind in der Tageskrippe, ein Mädchen, gewickelt worden war. Als ihm die Tagesmutter die alten Windeln trotzdem abnimmt, hält er seinen Penis fest umklammert und weint. Obwohl man ihm den Geschlechtsunterschied zwischen Jungen und Mädchen erklärt, hält seine Angst für mehrere Tage an.

Die Projektion aggressiver Empfindungen, wie sie für die Wiederannäherungsphase typisch ist, schürt die Kastrationsängste des kleinen Jungen zusätzlich. Die nun zu befolgenden Ge- und Verbote lassen ihn Kastration als Bestrafung und die Mutter als Urheberin dieser Sanktionen fürchten.

Auch im Rahmen der Sauberkeitserziehung kann es bereits früh zur Manifestation von Kastrationsreaktionen kommen. Neben der Angst, die den Entwicklungskonflikt zwischen den unterschiedlichen Vorstellungen und Wünschen von Mutter und Kleinkind begleitet, kann auch das erfolgreiche Benützen des Töpfchens Angst auslösen, wenn das Kind mitansehen muß, wie sein narzißtisch so hoch besetztes Körperprodukt entsorgt wird (Heimann 1962). Ein Beispiel für die Verknüpfung von Kastrationsvorstellungen und erfolgreichen Maßnahmen im Rahmen der Sauberkeitserziehung liefert Kleeman (1965) mit seiner Beschreibung eines kleinen Jungen, der in einer Phase erhöhten genitalen Bewußtseins und Interesses für das Urinieren seines Vaters damit beginnt, an seinem Penis zu ziehen und dies mit den Worten „Weg!“ und „Kaputt!“ kommentiert (vgl. auch Roiphe & Galenson 1981).

Greenacre (1953a, 1958) betont, wie wichtig die ersten achtzehn Monate für die Entwicklung einer stabilen männlichen Geschlechtsidentität sind. Ihre Beobachtung, daß die Genitalorgane lange vor der phallischen Phase eine Quelle der Lust und der Neugier, aber auch der Angst darstellen, veranlaßt sie zu der Schlußfolgerung, daß traumatische Ereignisse, die anhaltende Wahrnehmung weiblicher Genitalien oder tiefgreifende Störungen in der Beziehung zur Mutter zu Unsicherheit und Konfusion hinsichtlich des eigenen Körperbildes führen und den Jungen für ernste Kastrationsreaktionen anfällig machen können. Allerdings ist die Manifestation früher Kastrationsangst auch ein Beleg dafür, daß der Junge um sein männliches Geschlecht „weiß“ und somit ein wichtiger Schritt in Richtung Kerngeschlechtsidentität getan ist. Die kurze Vignette eines Zweieinhalbjährigen soll dies illustrieren:

> Der Junge weigert sich hartnäckig, aufs Töpfchen zu gehen. Wenn er nackt ist, spielt er „Schmetterling“ mit seinen Hoden, die er dann auseinanderzieht und wie Flügel schlagen läßt. Eine seiner Lieblingsgeschichten handelt von einer Raupe, die schlafen geht und als Schmetterling aufwacht und wegfliegt. Die Beziehung zur Mutter scheint im großen und ganzen gut zu sein, auch wenn sie in puncto Sauberkeitserziehung ihre Schwierigkeiten mit ihm hat. Wie sich herausstellt, hat er nicht nur seine Eltern wiederholte Male nackt gesehen, sondern auch die kurz zuvor stattgefundene feierliche Beschneidung seines Brüderchens miterlebt. Diese beiden Erlebnisse, zusammen mit den Auseinandersetzungen mit der Mutter, haben sich schließlich in der Kastrationsangst des Jungen verdichtet. Seine kognitive Unreife läßt ihn fürchten, sein Penis würde, ähnlich dem Schmetterling aus der Geschichte, wegfliegen, womit er für seine aggressiven Gefühle der Mutter gegenüber bestraft würde. Die Defäkation war für ihn der Beweis, daß man einen Teil seines Körpers verlieren kann.

Im günstigsten Fall erfährt der Sohn Beistand von seinem Vater, der ihm dabei hilft, eine stabile Kerngeschlechtsidentität aufzubauen und seine frühen Kastrationsängste zu lindern. Väterlicher Schutz vor einer vereinnahmenden Mutter und Unterstützung bei der Lösung der Wiederannäherungskrise nehmen der Kastrationsdrohung, die in diesen Konfliktkonstellationen enthalten ist, viel von ihrer Schärfe. Als männliche Identifikationsfigur gewinnt der Vater zusätzliche Bedeutung für seinen Sohn, der sich nunmehr seines Geschlechts zunehmend bewußt wird und nach Männern Ausschau hält, mit denen er sich identifizieren kann. Die Identifizierung mit dem Vater macht es dem Jungen leichter, sich von der Mutter zu entidentifizieren (Greenson 1954); sie fördert den Aufbau seines Männlichkeitsgefühls, sein Vertrauen in intakte Genitalorgane und somit die Stabilität seines Körperbildes.

Die zentrale Rolle, die der Vater für die Entwicklung eines stabilen Männlichkeitsempfindens seines Sohnes spielt, darf nicht unterschätzt werden. Für Freud war Anatomie „Schicksal“, d.h., daß der bloße Besitz eines Penis das Wissen um die eigene Männlichkeit garantiere (1912, S. 209 1924a, S. 249). Stoller (1985) hingegen sieht im sicheren Gefühl für die eigene Männlichkeit eine Entwicklungsleistung. Da das Selbstempfinden des Jungen zum Teil auf Identifizierungem mit der Mutter beruht, ist er für Kränkungen prädisponiert. Um ein stabiles Männlichkeitsempfinden aufzubauen, muß er ein Gefühl der Andersartigkeit von der Mutter entwickeln, worin ihn die Identifikation mit einem männlichen Identifikationsobjekt unterstützt. Ist der Vater nicht verfügbar, kann dies die Identifikation des Sohnes mit ihm verzögern oder unmöglich machen und so den Aufbau eines sicheren Männlichkeitsempfindens gefährden. Die Schwierigkeit, ein Gegengewicht zur Identifizierung mit der Mutter zu finden, wenn der Vater fehlt, illustriert folgende Vignette:

> Ein dreijähriger Junge soll vom Kinderpsychologen untersucht werden. In die Sprechstunde kommt er mit seiner alleinerziehenden Mutter. Nachdem er auf einer Bildertafel alle Körperteile eines Jungen zu zeigen wußte, faßt ihm seine Mutter unter das Hemd und besteht darauf, er solle doch auch zeigen, wo er seinen kleinen Busen habe. Sie erzählt, daß die geblümte Jakke, die ihr Sohn trage, gebraucht sei und ursprünglich einem kleinen Mädchen gehörte - dafür passe sie ihm doch wunderbar! Sie gibt zu, daß ihn seine langen Locken wie ein Mädchen aussehen ließen, aber es täte ihr so leid um die schönen Haare.

Zu den besonders wichtigen Manifestationen männlicher Identität zählt das Urinieren im Stehen, das der Junge für gewöhnlich von seinem Vater lernt, entweder weil er ihn direkt dabei beobachtet und nachahmt oder aber von Mutter oder Vater darauf hingewiesen wird „Jungen machen das im Stehen, wie der Papa." Der Stolz auf seinen Urinstrahl hilft dem Jungen, die Auseinandersetzungen im Rahmen der Reinlichkeitserziehung zu bewältigen. Bei einem fehlenden oder uninteressierten Vater kann das Interesse des Jungen an seinen urethralen Funktionen verzögert einsetzen (Roiphe & Galenson 1981), was dazu führt, daß der Junge auch erst später im Stehen uriniert. Nicht selten weist dies auf ein unsicheres Männlichkeitsempfinden hin (vgl. P. Tyson 1982b).

Phallischer Narzißmus und Geschlechtsidentität

Reifungsbedingte Entwicklungsdeterminanten führen schließlich zum Erreichen der genitalen Stufe, wenn genitale Interessen und Lustempfindungen sowie genitale Masturbation vorherrschen. Im Laufe der frühen infantil-genitalen Phase - nach Edgcumbe u. Burgner (1975) die sogenannte „phallisch-narzißtische Phase" - müssen bestimmte phasenspezifische Aufgaben gelöst werden: Zum einen die Entwicklung eines narzißtisch positiv besetzten Bildes seines intakten männlichen Körpers und seines Männlichkeitsempfindens, zum anderen die Übernahme einer männlichen Geschlechtsrolle.

Die Entwicklung eines narzißtisch positiv besetzten Männlichkeitsempfindens - das ganz wesentlich zur Konsolidierung der Kerngeschlechtsidentität beiträgt (Stoller 1968a) - manifestiert sich über die Idealisierung des Phallus, der nunmehr zum Maß aller Dinge wird, was an der Überzeugung eines vierjährigen Jungen deutlich wird, Supermans Kraft und Stärke seien einzig und allein seinem Penis zuzuschreiben. Der Besitz eines großen und potenten Penis wird Teil des männlichen Ichideals und Versuche, diesem Ideal zu entsprechen werden in der Hochphase der phallischen Sexualität offensichtlich. Phallisch-exhibitionistische Darbietungen, ob als direktes genitales Spiel oder als Triebabkömmlinge, werden immer häufiger. Der Junge zeigt nicht nur ein großes Interesse an seiner eigenen genitalen Ausstattung, er interessiert sich auch für die Genitalien Gleichaltriger und männlicher Erwachsener, allen voran die seines Vaters. Auf den größeren Penis eines anderen Jungen oder Mannes reagieren viele Jungen mit Neidgefühlen.

Neben dem ständigen Beschäftigtsein mit dem eigenen Penis und dem anderer sowie den entsprechenden Neidgefühlen zeigen sich Jungen jedoch auch fasziniert von der Anatomie beider Geschlechter und beneiden Frauen und Mädchen um ihre Brüste, ihren Bauch und ihre Fähigkeit, Kinder zu gebären (Kestenberg 1965a; Van Leeuwen 1966; Rolss 1975). In manchen entsteht sogar der Wunsch, ein Mädchen zu sein. Aber selbst wenn ein Junge diesem Wunsch Ausdruck verleiht, so weiß er doch auch seine eigenen Genitalien zu schätzen. In seiner großen Sorge, sie könnten beschädigt werden oder verloren gehen, zeigt sich das Wiederaufleben starker Kastrationsängste. Wurden aufgrund fehlender kognitiver Reife bestehende anatomische Unterschiede zuvor verleugnet, so deutet eine in die phallisch-narzißtische Phase reichende Verleugnung oder Konfusion hinsichtlich des Geschlechtsunterschieds auf eine Abwehrhaltung gegenüber wachsenden Kastrationsängsten.

Die während der infantil-genitalen Phase häufig zu beobachtende Verletzlichkeit des Jungen in seinem Selbstwertgefühl entspringt zum Teil schwindenden Omnipotenzphantasien einerseits und wiederauflebenden Kastrationsängsten andererseits, zum Teil dem Empfinden, genital minderwertig ausgestattet zu sein - ein Gefühl, das aus exhibitionistischen Tendenzen, Penisneid und dem Bewußtsein für die Kleinheit der eigenen Genitalien entsteht. Eine optimale narzißtische Besetzung des Penis, des männlichen Körperbildes und des Männlichkeitsempfindens des Jungen wird durch den sichtlichen Stolz, mit dem beide Elternteile auf die Männlichkeit ihres Sohnes reagieren, gefördert. Die Internalisierung des elterlichen Stolzes stärkt das Vertrauen in die eigene Männlichkeit.

Die Rolle des Vaters ist zu diesem Zeitpunkt von besonderer Wichtigkeit. Er hilft seinem Sohn bei der Modulierung aggressiver Tendenzen (Herzog 1982); dies ist insofern von Bedeutung, als Jungen nicht selten versuchen, Kastrationsängste und Gefühle phallischer Minderwertigkeit mit Hilfe aggressiver Äußerungen abzuwehren. Wird der Junge jedoch, anstelle väterlichen Beistand zu erhalten, mit der Forderung nach strenger Disziplin konfrontiert, kann dies nicht nur seine Kastrationsangst schüren und das feindselige Rivalisieren mit dem Vater verstärken, sondern auch die Idealisierung des Vaters behindern. Nicht selten reagiert ein solcher Vater selbst feindselig-aggressiv und rivalisierend auf das konkurrierende Verhalten seines Sohnes und geriert sich selbst als unbesiegbaren Macho, dessen herabsetzendes und demütigendes Verhalten zur „Abhärtung“ seines Sohnes gedacht ist. Ein solches Verhalten verstärkt nur noch die defensive Feindseligkeit des Sohnes. Ob nun aufgrund eines passiven oder nicht verfügbaren Vaters oder aber aufgrund dessen feindselig-aggressiven Konkurrieren-Müssens - die anhaltende und überzogene Zur-Schau-Stellung phallischer Macht (in Identifizierung mit dem Aggressor) deutet in der Regel auf ein wenig sicheres Männlichkeitsempfinden des Jungen hin, hinter dem sich eine anhaltende Kastrationsangst verbirgt.

Das Auftreten transsexueller Wünsche mag in erster Linie darauf zurückzuführen sein, daß die Entwicklungsaufgaben der phallisch-narzißtischen Phase nicht ausreichend bewältigt wurden. Gelingt es nicht, das eigene männliche Körperbild sowie das Gefühl für die eigene Männlichkeit positiv zu besetzen, und mißlingt darüber hinaus die Übernahme einer männlichen Geschlechtsrolle (siehe unten), so entsteht jener Zustand, der als Gefühl, „im falschen Körper gefangen zu sein", beschrieben wird. Transsexuelle Zustände dieser Art sind entweder auf Entwicklungsstörungen oder Entwicklungsstillstand zurückzuführen, oder aber basieren auf abwehrbedingter Regression (Socarides 1978), die so weit gehen kann, daß Ideale und Identifikationen jenen der Kerngeschlechtsidentität entgegenstehen.

Geschlechtsrollenidentität

Während der ersten zwei Lebensjahre sind es in der Regel weibliche Bezugspersonen, die dem Jungen das erste Rollenmodell liefern. Die Identifizierung mit der Mutter und der weiblichen Rolle ist daher ein ubiquitäres Phänomen der frühen Kindheit. Der kleine Junge ahmt die Mutter bei der Verrichtung ihrer täglichen Aufgaben nach, wie sie möchte er ein Baby haben und versorgen - ein Wunsch, der vor allem während der analen Entwicklungsstufe manifest wird, wenn anal-genitale Empfindungen mit Phantasien korrelieren, ein Baby zu haben (Ross 1975). In seinem Fallbericht zum *Kleinen Hans* notiert Freud: „in der Phantasie ist er Mutter und braucht Kinder, mit denen er die selbst erlebten Zärtlichkeiten wiederholen kann" (1909a, S. 83, Anm.).

Der kleine Junge kann seine Identifizierung mit der Mutter und ihrer Geschlechtsrolle unterschiedlich nützen. Zum einen kann sie ihm helfen, die mit Objektverlust einhergehenden Gefühle zu bewältigen, die durch das wachsende Bewußtsein um Getrenntheit hervorgerufen werden, zum anderen lassen sich über die Identifizierung ambivalente Empfindungen gegenüber der Mutter lösen, indem er so wird wie sie. Auch wenn der Junge Phantasien und Verhaltensweisen an den Tag legt, die um Kindergebären kreisen und die durchaus als phasenadäquat zu betrachten sind, so muß er sich doch mit dem Vater identifzieren (und von der Mutter entidentizieren), um eine männliche Geschlechtsrolle auszubilden. Der Aufbau eines stabilen Männlichkeitsempfindens ist ganz wesentlich von der Entidentifizierung von der Mutter abhängig (Greenson 1968).

Daß Bemühungen in diese Richtung oft von Rollenkonfusion begleitet sind, zeigt das Verhalten eines kleinen Jungen, der sich erst einen geblümten Schlapphut aufsetzt und eine Babypuppe liebkost, um im nächsten Augenblick Puppe und Kopfbedeckung von sich zu schleudern und einen Cowboyhut aufzusetzen.

Die Verfügbarkeit des Vaters als Rollenmodell bei der Übernahme männlicher Verhaltensweisen spielt eine zentrale Rolle (Stoller 1979). Mit der nunmehr etablierten primären Männlichkeit und dem allmählich einsetzenden vorbegrifflichen und symbolischen Denken, das die sensumotorische Intelligenz i.S. Piagets ablöst, verfügt der Junge über die nötige kognitive Reife, männlich und weiblich zu unterscheiden. Er beginnt nach „selbstähnlichen Objekten“ (Kohlberg 1966) Ausschau zu halten, mit denen er sich identifizieren kann.

Je näher die phallische Phase rückt, desto stärker orientiert sich der Junge am Vater als seinem bewunderten Ideal. Er möchte so sein wie er und von ihm befriedigt werden; das ideale Selbstbild, das er entwirft und dem er nacheifert, ist an dieser Vorstellung väterlicher Perfektion, wie sie in seiner Phantasie existiert, ausgerichtet. Freud betrachtete diese Idealisierung und Identifizierung mit dem Vater als Grundvoraussetzung für den Eintritt in die ödipale Phase (1921, S. 98). Die Identifizierung mit den Interaktionsstilen seines Vaters läßt im Jungen den Wunsch entstehen, auf andere Art und Weise mit seiner Mutter in Beziehung zu treten.

Die Verfügbarkeit des Vaters in den verschiedensten Bereichen des Zusammenseins ist wichtig, wenn sich der Junge mit einer männlichen Geschlechtsrolle identifizieren soll; ist der Vater nicht verfügbar oder aber übermäßig aggressiv oder rivalisierend, so kann dies zu verschiedensten Fehlentwicklungen führen (vgl. Tyson 1982b, 1986b). Sein zunehmendes Wissen um den väterlichen Anteil an Zeugung und Fortpflanzung, hilft dem Sohn, sich mit dem Vater und dessen Art, sich auf ihn zu beziehen, zu identifizieren. Es hilft ihm auch, mit der Enttäuschung darüber, nicht selbst ein Baby haben zu können, fertigzuwerden und sich weiter von der Mutter zu desidentifizieren (vgl. Ross 1982a, 1982b; P. Tyson 1980, 1982b); seine männlichen Identifikationen werden gefördert und er kann sich darauf freuen, es seinem Vater eines Tages gleich zu tun und selbst Vater zu werden. Wenn auch die Entidentifizierng von der Mutter nie vollständig gelingen mag und der Wunsch nach einem Baby niemals völlig verschwindet, so hat die Idealisierung des Vaters und die Identifizierung mit diesem Ideal doch die Konsolidierung einer grundlegenden männlichen Geschlechtsrolle zur Folge. Überreste mütterlicher Identifizierungen zeigen sich dann vor allem in fürsorglichen und unterstützenden Verhaltensweisen, die neben männlichen Wesenszügen existieren.

Sowohl die narzißtische Besetzung seiner Männlichkeit als auch der Erwerb einer männlichen Rolle sind auch von der Qualität der elterlichen Beziehung abhängig. Ist diese von Ambivalenz, mangelnder Verfügbarkeit und Unzuverlässigkeit des Vaters, sowie der entwertenden Haltung der Mutter dem Vater gegenüber geprägt, so muß der Junge um die Wertschätzung seiner eigenen Männlichkeit fürchten. Der Wechsel von der Identifikation mit der Mutter zur Identifizierung mit dem Vater und der männlichen Geschlechtsrolle wird dadurch gefährdet.

Ödipuskomplex und Geschlechtsidentität

Die Organisation der Partialtriebe unter dem Genitalprimat, der Aufbau eines stabilen und narzißtisch positiv besetzten Männlichkeitsempfindens und einer männlichen Geschlechtsrolle, sowie die erfolgreiche Entidentifizierung von der Mutter ermöglichen den Eintritt in den positiven Ödipuskomplex. Der Junge möchte nun eine andere Beziehung zur Mutter einnehmen; er will nicht mehr länger das Baby in anaklitischer Abhängigkeit sein, sondern ihr als kleiner Mann imponieren, der Vaters Platz einnimmt und eine exklusive Beziehung zu ihr unterhält (Freud 1921). Die Spielsequenz eines fünfjährigen Knaben illustriert diese Wünsche und die damit verbundenen Gefahren:

> Die Protagonisten des Spiels sind eine männliche, eine weibliche und eine kleinere männliche Puppe. Eines Tages wird die Frau von einem Löwen angegriffen. Der Junge rettet die Frau, tötet den Löwen und verschwindet mit ihr hinter den Pferdestallungen, wo sich die beiden umarmen und Küsse austauschen. Da taucht der Ehemann der Frau auf, verprügelt den Jungen, nimmt die Frau mit nach Hause, wo sie sich nackt ins Bett legen. An dieser Stelle kichert der Fünfjährige aufgeregt. Als nächstes spielt er, daß eine Prinzessin entführt und in den Kerker geworfen wird. Der König hat vor, sie töten zu lassen. Um die Prinzessin zu retten und den König auszutricksen, verkleidet sich der Junge als Hofnarr. Gerade als er sich mit der Prinzessin davonstehlen will, erscheint der richtige Hofnarr und entlarvt ihn als Hochstapler - „Das ist ja bloß ein Kind!" Bei seiner Gefangennahme sagt er, er habe lediglich dafür sorgen wollen, daß alle glücklich und zufrieden seien. Dann tötet man ihn.

Das Erreichen der ödipalen Entwicklungsphase geht nicht mit einem äußeren Wechsel des Liebesobjekts einher - vielmehr ändern sich die Phantasien und die Rolle, die dem Objekt gegenüber eingenommen wird. Die wachsende Intensität genitaler Empfindungen, von der das Primat genitaler Trieborganisation begleitet wird, zeigt sich exemplarisch in der Überlegung eines Jungen, ob wohl ein Reiter die wilden Pferde, mit denen er gerade spielt, zu zähmen vermag! Die genitalen Impulse verstärken das libidinöse Verlangen des Jungen nach seiner Mutter. Oft kommt es zu einer verstärkten genitalen Selbstbefriedigung mit den entsprechenden Phantasien - die einzige phasenadäquate Möglichkeit, die ihm zur Verfügung steht, sexuelle Erregung zu äußern. Im Gegensatz zum präödipalen dyadischen Wettbewerb, in dem der Vater lediglich einen Rivalen um die Aufmerksamkeit der Mutter darstellt und der Junge versucht, seinen Platz im Zentrum des Geschehens zu halten bzw. zurückzuerobern, herrscht innerhalb der ödipalen Triade der Wunsch vor, selbst den Platz des Rivalen einzunehmen. Um sich seiner exklusiven Beziehung zur Mutter zu versichern, der gegenüber er dann die Rolle des Ehemanns und Liebhabers einnimmt, möchte der Junge in den Besitz des großen väterlichen Penis als äußeres Symbol für Männlichkeit gelangen und den Vater beseitigen. Neben seiner Identifizierung mit dem Rivalen, will er gleichzeitig an dessen Stelle treten.

Starke Schuldgefühle begleiten die erhöhte sexuelle Erregung und die „unzulässigen Impulse" des Jungen (Freud 1924a).[32] Es kommt zu einem Wiederaufleben

[32] Obgleich sich der kleine Junge als Liebhaber seiner Mutter phantasiert, schließen diese frühen Phantasien kein realistisches oder genaues Bild des Geschlechtsverkehrs zwischen Mann und

der Kastrationsangst, diesmal jedoch ist es der Vater, der gefürchtet wird, nicht die Mutter.

Verstärkt wird die Kastrationsangst durch die kognitive Unreife des Jungen. Er fürchtet, der Vater könne seine Gedanken lesen und Rache an ihm nehmen. Ebenso befürchtet er, sein Penis könne beschädigt werden oder verloren gehen - eine Angst, die durch die verwirrende Erfahrung eines unkontrollierbar an- und abschwellenden Organs, die der Junge noch nicht mit genitaler Erregung in Verbindung bringt, zusätzlich geschürt wird. Das Erschlaffen des Penis kann die Phantasie entstehen lassen, daß das Geschlechtsorgan mit dem Kleinerwerden nun vollständig verschwindet (Solnit 1979) und dies die gefürchtete magische Bestrafung durch den Vater darstellt. Kastrationsängste können so in einen Teufelskreis münden, in dem zwanghafte Selbstbefriedigung die Angst und innere Anspannung nur noch verstärkt.

Wenn wir bedenken, auf welch vielfältige Art und Weise das Männlichkeitsempfinden des Jungen in den einzelnen Entwicklungsphasen unterminiert werden kann, erscheint es sinnvoll, die Kastrationsangst, ähnlich dem Penisneid (Grossman & Stewart 1976), als Entwicklungsmetapher zu konzipieren - und nicht, wie Freud noch meinte, als typische Manifestation der phallischen Phase -, deren Bedeutung und Schicksal je nach Entwicklungsstufe variieren (P. Tyson 1989b). Entsprechend dieser These lassen sich drei Phasen beschreiben, in deren Verlauf es zu Manifestationen von Kastrationsangst kommt.

In der frühen Kindheit stellen die Unversehrtheit des eigenen Körpers, Identifikationsprozesse sowie das Bedürfnis der Entidentifizierung von der Mutter zentrale Entwicklungsdaten dar. Kastrationsangst in dieser frühen Phase weist auf eine grundlegende Störung in der Mutter-Kind-Beziehung hin: Separation und Individuation, körperliche Integrität und männliches Selbstempfinden sind nicht stabil verankert.

In der frühen infantil-genitalen (oder phallisch-narzißtischen) Phase geht es vor allem um die Konsolidierung eines narzißtisch positiv besetzten und intakten Körperbildes, sowie um die Bestimmung einer männlichen Geschlechtsrolle. Kastrationsängste, die dieser Entwicklungsphase entspringen - sie treten auf in Form phallisch-exhibitionistischer und voyeuristischer Verhaltensweisen, entwertenden Einstellungen gegenüber Frauen sowie in Form eines übersteigerten Männlichkeitswahns - weisen auf eine Störung der Objektbeziehungen und eine anhaltende Unsicherheit des Jungen hinsichtlich seines männlichen Körpers hin, den er übertrieben narzißtisch besetzt hält.

In der ödipalen Phase sind es das abwehrbedingte Rivalisieren mit dem Vater oder anderen männlichen Bezugspersonen sowie die Angst vor Liebesverlust, vor Beschämung und vor Bestrafung durch den Vater, in der sich die Kastrationsängste

Frau mit ein. Die Vorstellungen, die ein Kind über Sexualität hat, sind eher konfus und für es selbst verwirrend. Aufgrund der Intensität seiner Gefühle, lassen elterliche Bemühungen, das Kind über seine kognitive und emotionale Aufnahmefähigkeit hinaus „aufzuklären", die Verwirrung oft nur noch größer werden - eine Beobachtung, die bereits in den Anfangsjahren der Kinderanalyse gemacht wurde.

des Jungen manifestieren. Abkömmlinge dieser ödipalen Kastrationsangst zeigen sich später häufig als Überich-Angst.

Wenn wir die Kastrationsangst als Entwicklungsmetapher begreifen, so geht sie über die konkrete Angst vor Penisverlust hinaus; wenn sich im Laufe der Entwicklung und im Bemühen, dem eigenen Ichideal zu entsprechen, die Ängste des Knaben vor tatsächlicher genitaler Beschädigung oder genitalem Verlust zu allgemeinen Befürchtungen hinsichtlich seiner genitalen Potenz verdichten und er sich sorgt, ob er den Ansprüchen seines Ichideals gerecht zu werden vermag, so umfaßt die Kastrationsangst des Jungen schließlich auch die Angst um seine Männlichkeit allgemein. Vom klinischen Standpunkt aus betrachtet, stellt sich jedoch dann das Problem, zwischen drei Manifestationsformen der Kastrationsangst zu differenzieren: Kastrationsangst, die einem ungelösten ödipalen Konflikt entspringt und mit einer anhaltenden Bedrohung durch das Überich einhergeht; Kastrationsangst, die eine Verletzbarkeit des phallischen Narzißmus und das Fehlen einer männlichen Geschlechtsrolle widerspiegelt; schließlich Kastrationsangst, deren Ursprung eine schwere Störung der Objektbeziehungen darstellt und die mit einer grundlegenden Unsicherheit hinsichtlich eines intakten männlichen Selbstempfindens verbunden ist.

Geschlechtspartnerorientierung

Idealisierung und Identifizierung mit dem Vater lassen eine enge Bindung an diesen entstehen, die zum Ursprung negativ-ödipaler Wünsche werden kann. Diese Sehnsucht, den Vater als primäres Liebesobjekt zu besitzen, kann mit den positiv-ödipalen Wünschen des kleinen Jungen in Konflikt geraten - eine Konfiguration, die den Boden für Konflikte in der Geschlechtspartnerorientierung bereitet.

In der Regel richtet sich das libidinöse Verlangen des Jungen auf beide Eltern gleichermaßen (im Sinne positiv- und negativ-ödipaler Strebungen); er kann dabei eine sowohl männliche als auch weibliche Rolle einnehmen. Die negativ-ödipale Position ist für gewöhnlich von kürzerer Dauer als die positiv-ödipale Position. Im allgemeinen wird dies als Auswirkung der Kastrationsangst gedeutet: Würde er weiterhin versuchen, Mutters Platz einzunehmen und sich mit ihrer Geschlechtsrolle zu identifizieren - und somit in seiner Phantasie zur Frau werden! - so würde dies den Verlust seines kostbaren Penis nach sich ziehen und bedeuten, daß er dem phallisch-narzißtischen Anspruch seines Ichideals nicht gerecht zu werden vermag. Da darüber hinaus die enge Beziehung zum Vater auf der Idealisierung und Identifizierung mit dessen Männlichkeit basiert, könnte eine Identifizierung mit dem Frau-Sein der Mutter dazu führen, daß er die ersehnte Liebe und Bewunderung des Vaters verliert.

Den Platz der Mutter einzunehmen hieße auch, die präödipale anaklitische Bindung an sie aufs Spiel zu setzen - angesichts der Tatsache, daß die Mutter weiterhin für die Befriedigung physischer Bedürfnisse, Wohlbefinden und ein positives Selbstwertgefühl zu sorgen hat, eine zusätzliche Bedrohung. Die ganze leidenschaftliche Aufmerksamkeit richtet sich deshalb auf den Phallus, weibliche Wünsche werden verleugnet, eventuelle weibliche Anteile mit Verachtung gestraft; im Vordergrund steht das Bemühen des Jungen, sein männliches Ideal zu erreichen, was zu weiteren Identifikationen mit dem Vater führt. Allerdings kann dies den Konflikt der Objektwahl nur vorübergehend lösen; die endgültige Entscheidung hierüber wird in der Adoleszenz gefällt (Blos 1979).

Auch die positiv-ödipale Position muß letztlich zu einer unvermeidlichen Enttäuschung für den Jungen werden. Da die Mutter seine Sehnsucht nicht zu befriedigen vermag, muß die Erfüllung seiner positiv-ödipalen Wünsche der Phantasie vorbehalten bleiben. Weder Vater noch Mutter reagieren ausreichend auf sein Werben, nehmen es vielleicht nicht einmal ernst, sondern zeigen sich belustigt angesichts des „niedlichen“ Verhaltens ihres Sohnes. Ob Gleichgültigkeit oder Belustigung - für den kleinen Jungen bedeuten die elterlichen Reaktionen in beiden Fällen, daß er nicht „genügt“ und den Ansprüchen des Ichideals nicht gerecht wird. Eine vollständige Manifestierung des Ödipuskomplexes kann so behindert werden.

Aber selbst die Anerkennung seiner Wünsche schützt den kleinen Jungen nicht davor, die unvermeidliche ödipale Enttäuschung als schmerzliche narzißtische Kränkung zu erfahren. Die Kastrationsdrohung - die solange bestehen bleibt wie seine libidinösen Wünsche andauern - konfrontiert ihn mit der Möglichkeit, nicht nur den Penis und die Liebe seines Vaters zu verlieren, sondern auch die Bestrafung durch das Überich fürchten zu müssen. Die Aufrechterhaltung seines Selbstwertgefühls und seines narzißtischen Gleichgewichts, setzt, ebenso wie eine optimale Weiterentwicklung, voraus, daß der Junge akzeptiert, daß die Befriedigung seiner ödipalen Wünsche nur in der Phantasie möglich ist. Um seinen Kastrationsängsten zu entkommen und seine narzißtische Homöostase nicht zu gefährden, wird er seine ödipalen Ansprüche allmählich aufgeben und Verzicht leisten.

Unterstützung erfährt er dabei durch die Zunahme an Abwehrmöglichkeiten, wie sie die Entwicklung des Überichs, die damit verbundene Differenzierung des Ichideals und Internalisierung elterlicher Normen, sowie der erweiterte soziale Radius mit sich bringen, in dem eine Verschiebung der libidinösen Wünsche stattfinden kann. Die Verdrängung, Modifizierung oder Sublimierung ödipaler Wünsche ermöglicht es schließlich, eine liebevolle Beziehung zu beiden Eltern aufrechtzuerhalten.

Identifizierung mit dem Vater

In seiner Diskussion des männlichen Ödipuskomplexes beschreibt Freud die Identifizierung des Jungen mit seinem Vater nicht nur als Mittel für die Auflösung der ödipalen Auseinandersetzung, sondern auch als deren notwendige Voraussetzung. Doch wird gerade dieser Aspekt allzu häufig vernachlässigt und insofern mißverstanden, als man den Identifikationsprozeß als Abwehrhaltung des Jungen gegenüber seinen feindseligen ödipalen Wünschen sowie lediglich als Mittel zur Verarbeitung ödipaler Konflikte interpretiert. Mehrere Autoren weisen jedoch darauf hin, und werden hierin durch entsprechende Beobachtungsdaten bestätigt, daß es bereits sehr früh im Leben des Jungen zu Identifikationen mit seinem Vater kommt, die nicht auf Abwehr beruhen (vgl. z. B. Loewald 1986; Abelin 1971, 1975; Edgcumbe & Burgner 1975; Stoller 1979; P. Tyson 1982a, 1986b). Freud betrachtete die Identifizierung „als früheste Äußerung einer Gefühlsbindung an eine andere Person" (1921, S. 98). Es handelt sich also bei der Identifizierung nicht per se um einen abwehrbedingten Vorgang; darüber hinaus ist die Identifizierung eine Grundvoraussetzung für den Eintritt in den Ödipuskomplex. Via Identifizierung mit dem Vater in dessen männlicher Geschlechtsrolle erwirbt der kleine Junge selbst eine männliche Geschlechtsrollenidentität und kann in seiner Phantasie von Mutters Baby zu deren Liebhaber avancieren. Von Abelin (1971) wissen wir, daß der ödipale Wettbewerb eine empathische Identifzierung mit dem väterlichen Rivalen voraussetzt. Erst später, wenn der Junge merkt, „daß ihm der Vater bei der Mutter im Wege steht", nimmt seine Identfizierung mit dem Vater „eine feindselige Tönung an und wird mit dem Wunsch identisch, den Vater auch bei der Mutter zu ersetzen" (Freud 1921, S. 98).

Der Identifzierungsprozeß mit dem Vater dauert die gesamte infantil-genitale Phase über an. Zur Auflösung des ödipalen Konflikts kommt es, so Freud (1921, 1924), da der Junge den Vater zu seinem Ichideal macht und sich im Rahmen der Überich-Entwicklung mit diesem Ideal identifiziert. Auf die große Bedeutung, die der Vater für die Ichideal-Bildung seines Sohnes hat, haben wir bereits an anderer Stelle hingewiesen. Infolge kognitiver Fortschritte wird die Egonzentrik des Denkens allmählich durch die Fähigkeit abgelöst, andere und ihre Vorstellungen zu berücksichtigen. Der kleine Junge ist zunehmend in der Lage, sich in seinen Vater und dessen Forderungen hineinzuversetzen sowie zu erkennen, daß dieser nicht nur von ihm, sondern auch von sich selbst die Einhaltung bestimmter Vorschriften erwartet. Mit zunehmender Differenzierung des Überichs werden die väterlichen Normen und ethischen Bestimmungen idealisiert und internalisiert; die Identifizierung mit dem Ideal wiederum sorgt für narzißtische Bestätigung. Kastrations- und Schuldangst stellen eine mächtige Triebfeder für den Jungen dar, seine libidinösen Wünsche an die Mutter aufzugeben und sich mit den elterlichen Introjekt zu identifizieren. Auf diese Art und Weise kann eine liebevolle Beziehung zu beiden Elternteilen aufrechterhalten und eine weitere Bearbeitung des ödipalen Konflikts auf einen späteren Zeitpunkt verschoben werden.

Latenz

Mit Erreichen der Latenz sollten die grundlegenden psychischen Strukturen verankert sein. Im Idealfall folgt nun eine Phase psychischer Integration und Konsolidierung, die die Entwicklung der Geschlechtsidentität miteinschließt. Das sichere Empfinden für die eigene Männlichkeit baut auf den väterlichen Identifikationen auf. Daß jedoch weiterhin Unsicherheit und Kastrationsängste bestehen, zeigt die unangefochtene Herrschaft phallisch-narzißtischer Verhaltensweisen, mit der Jungen in der Latenz mit ihrer männlichen Potenz prahlen und ihr ambitendentes Verhältnis Mädchen gegenüber zum Ausdruck bringen. Die Möglichkeit, infolge des erweiterten sozialen Radius' mit Gleichaltrigen, aber auch mit älteren Jungen und anderen Männern in Beziehung zu treten, fördert die Integration des Männlichkeitsempfindes. Die Idealisierung dieser Beziehungspartner findet Eingang ins Ichideal, wo die erfolgreiche Identifizierung mit ihnen für narzißtische Zufuhr sorgt. Die neuen sozialen Kontakte mit Personen außerhalb der Familie stellen somit eine Möglichkeit für den Jungen dar, seine Geschlechtsidentität weiterzuentwickeln.

Die sozialen Beziehungen der Latenzzeit spiegeln im wesentlichen eine phallisch-narzißtische Vater-Sohn-Bindung wider, die nicht von Konflikten belastet ist, sondern dem Jungen hilft, seine nach wie vor bestehenden ödipal-inzestuösen Strebungen zu verdrängen, weibliche Wünsche und Identifikationen, sowie weitere potentielle Kastrationsdrohungen abzuwehren. Während der Latenz bietet sich dem Jungen die Möglichkeit, mit vielen verschiedenen männlichen Rollen zu experimentieren. Der soziokulturelle Einfluß der Latenzzeit führt somit zu einer Differenzierung bereits bestehender intrapsychischer Rollenbeziehungen, was wiederum ein umfassenderes Geschlechtsrollen-Empfinden entstehen läßt.

Adoleszenz

Die mit der Präadoleszenz und Adoleszenz einhergehenden biologischen Veränderungen stellen nicht nur Männlichkeitsempfinden und Geschlechtsrollenidentität des Jungen infrage, sie fordern auch eine Überprüfung der alten Position hinsichtlich der Wahl des Liebsobjekts. Infolge zunehmenden Triebdrucks kann es zu einer Wiederbelebung konflikthafter Konfigurationen aus allen Entwicklungsphasen kommen. Präödipal-passives Verlangen konfligiert dann mit aktiven männlichen Identifikationen, weibliche Identfizierungen stehen männlichen Idealisierungen gegenüber, inzestuös-ödipale Wünsche lassen um den Verlust des Penis und die Integrität des Überichs fürchten, und Konflikte hinsichtlich der Objektwahl bedrohen das Männlichkeitsempfinden des Jungen. Die für die Adoleszenz so typischen Schwankungen und Einbrüche, die diesen widerstreitenden Tendenzen entspringen, machen es oft schwer, die Grenze zwischen Normalität und Pathologie eindeutig zu ziehen. Solange seine inzestuösen Strebungen verdrängt sind, kann der Junge die Wiederbelebung liebevoller positiv-ödipaler Empfindungen tolerieren (vgl. Shengold 1980); das Wiedererstarken negativ-ödipaler Wünsche jedoch läßt ihn zwar die Gesellschaft anderer Jungen und Männer suchen, gleichzeitig aber auch vor homosexueller Nähe zurückschrecken. Gelegentliche homosexuelle Kontakte - etwa in Form gemeinsamer Selbstbefriedigung - werfen die verschiedensten Fragen, Ängste und Probleme auf, die die männliche Geschlechtsidentität des Jungen betreffen. Die Angst, seine Kontakte oder sexuellen Erfahrungen mit anderen Jungen könnten auf eine endgültige homosexuelle Orientierung hinweisen, kann den Adoleszenten dazu veranlassen, den Weg regressiver präödipaler Bindungen einzuschlagen.

Dies allerdings bedeutet eine Verschärfung des bisexuellen Konflikts. Die Wiederbelebung früher weiblicher Identifizierungen kann den Jungen in seinem Männlichkeitsempfinden zusätzlich verunsichern, während eine Reaktualisierung des Wiederannäherungskonflikts Kastrationsängste auslöst, insbesondere die Angst vor einer kastrierenden Mutter. Wird das Bild einer als phallisch und kastrierend erlebten Mutter auf alle Frauen übertragen, führt dies dazu, daß der Junge den Kontakt mit Frauen vollständig meidet. Gerade jene barsche Selbstsicherheit, die Mädchen in der Latenz oft an den Tag legen - so spricht man bezeichnenderweise davon, daß es die Mädchen sind, die den Jungen hinterherlaufen[33] - läßt sie als bedrohlich erscheinen und schürt die Angst vor Frauen, während die Bewunderung für Männer wächst.

Manche Jungen erfüllt jedoch ihre Bewunderung für andere Männer mit solcher Angst, daß sie, um sich ihrer eigenen Männlichkeit zu versichern, vorzeitig heterosexuelle Kontakte eingehen. Der Abwehrcharakter dieser Beziehungen, die auf phallisch-narzißtischen Strebungen basieren, ist dafür verantwortlich, daß sie oft oberflächlich und von kurzer Dauer sind (manche sprechen hier vom sogenannten „Don Juan-Typ"). Anstatt den Jungen in seinem Männlichkeitsempfinden zu bestätigen und ihm bei der Konfliktlösung hinsichtlich seiner Objektwahl zu helfen, dienen Beziehungsmuster dieser Art in erster Linie der Abwehr gegenüber homosexuellen Wünschen; einmal eingefahren, behindern sie das Erreichen reifer, auf Gegenseitigkeit basierender heterosexueller Beziehungen.

Eventuelle homosexuelle Episoden, die sich aus dem Konflikt hinsichtlich der Objektwahl ergeben, können als Trauma erlebt werden und in eine „sekundäre adoleszente Fixierung" münden (Blos 1979, S. 478). In diesem Fall bleibt der Junge in einer homosexuellen Position verhaftet, erlebt dies aber als unfreiwillig. Die homosexuelle Orientierung eines Jungen wird von den verschiedensten Einflußfaktoren bestimmt, von denen zahlreiche auf frühere Entwicklungsphasen zurückgehen und deren Tragweite wir erst ganz allmählich zu erfassen beginnen (vgl. Green 1980; Isay 1989; Friedman 1988). Doch die Verarbeitung der homosexuellen Anteile ihrer Sexualität stellt eine implizite Entwicklungsaufgabe für alle Adoleszenten dar. Die endgültige Geschlechtspartnerorientierung wird zum großen Teil von der Lösung dieser Aufgabe bestimmt werden.

Die Bewältigung von Ängsten und Konflikten, was die Geschlechtsidentität des adoleszenten Jungen angeht, hängt ganz wesentlich von einer erfolgreichen Reorganisation des Ichideals ab. Der in der Adoleszenz entstehende Druck gegenüber den Bindungen an infantile Liebesobjekte zwingt den Jungen, seine Liebe für den Vater auf andere Objekte zu verschieben. Er wird sich so auf die Suche nach männlichen Geschlechtsgenossen machen, die bestimmte Charakteristika seines väterlichen Ichideals aufweisen. Konflikte hinsichtlich der Objektwahl werden folglich auf ähnliche Art und Weise gelöst werden wie Konflikte der frühen Kindheit - die bewunderten Eigenschaften des Objekts werden Teil des sich entwickelnden Ichideals.

[33] Engl.: to chase - jagen.

„So wie das verbietende Überich den Leidenschaften des Ödipuskomplexes entspringt, so verdankt sich das im wesentlichen erwachsene Ichideal der Leidenschaftlichkeit der Frühadoleszenz“ (Spruiell 1979, S. 327). Das Ichideal der Kindheit wird überarbeitet und macht der Konsolidierung eines reiferen männlichen Ichideals Platz. Der Junge möchte so sein wie sein Ideal, wodurch er Bestätigung in seinem Männlichkeitsempfinden erfährt und gleichzeitig die Freiheit einer heterosexuellen Objektwahl erhält.

Mit zunehmender Integration eines reiferen Ichideals sowie einer im großen und ganzen gelungenen Konfliktlösung bezüglich der Objektwahl stellt sich neuerlich die Frage einer männlichen Geschlechtsrolle, vor allem während der mittleren und Spätadoleszenz, wenn mehr heterosexuelle Beziehungen außerhalb der Familie eingegangen werden und der junge Mann in sexueller Hinsicht zunehmend Erfahrung sammelt. Solange ihn nicht ein übertriebenes Bedürfnis plagt, seine phallische Potenz zur Schau stellen zu müssen, können diese Beziehungen sowohl Bewährungsprobe als auch Grundlage für den Aufbau reifer heterosexueller und auf Reziprozität basierender Beziehungen sein und mit der zunehmenden Konsolidierung der Geschlechtsrollenidentität einhergehen.

Mit Erreichen des Erwachsenenalters verfügt der junge Mann in der Regel über ein einigermaßen stabiles Bewußtsein seiner Geschlechtsidentität. Im Idealfall konnte er sowohl männliche als auch weibliche Anteile integrieren; er weiß um das von ihm bevorzugte Geschlecht seines Liebespartners und verfügt diesem gegenüber über eine mehr oder weniger konsolidierte Geschlechtsrollenidentität.

Zusammenfassung

Der Aufbau eines stabilen Männlichkeitsgefühls ist ein langer Entwicklungsprozeß, der mit der Bestimmung der Kerngeschlechtsidentität in der frühen Kindheit beginnt. Voraussetzung für die Entwicklung dieses stabilen Männlichkeitsgefühls sind unter anderen die Entidentifizierung von der Mutter, die Identifizierung mit dem Vater sowie die erfolgreiche Bewältigung der Kastrationsangst. Angesichts der Tatsache, daß es sich bei der Kastrationsangst um ein ausgesprochen häufiges entwicklungspsychologisches Problem handelt, das sich im Laufe der Entwicklung immer wieder stellt, haben wir vorgeschlagen, sie als Entwicklungsmetapher zu betrachten. Die den jeweiligen Konflikten zugrundeliegende Dynamik sowie das jeweilige Erscheinungsbild in den entsprechenden Fällen geben Aufschluß darüber, wann im Laufe der Entwicklung die Kastrationsangst entstanden ist.

Neben dem Konzept der Geschlechtsidentität muß eine umfassende Diskussion der Geschlechtsentwicklung auch das Konzept der Geschlechtsrollenidentität berücksichtigen. Obgleich die Identifizierung mit der Mutter und ihrer Geschlechtsrolle ein ubiquitäres Phänomen der frühen männlichen Entwicklung darstellt, ist es sowohl für den Aufbau eines Männlichkeitsgefühls als auch für die ödipale Auseinandersetzung von zentraler Bedeutung, daß sich der Junge von der Mutter entidentifiziert und eine männliche Geschlechtsrollenidentität annimmt. Erst dies ermöglicht die ödipale Auseinandersetzung mit ihr, die somit nicht nur einen Objektwechsel, sondern auch einen Rollenwechsel in der Beziehung zum Objekt umfaßt.

Bei der Geschlechtspartnerorientierung handelt es sich um ein gesondertes Entwicklungsthema, das seiner eigenen Entwicklungslinie folgt. Konflikte hinsichtlich der Objektwahl beginnen in der frühen Kindheit, wenn Idealisierung und Identifizierung mit dem Vater während der phallisch-narzißtischen Phase eine enge Bindung an diesen entstehen lassen. Diese Idealisierung kann dazu führen, daß im Kontext ödipaler Wünsche der Vater als primäres Liebesobjekt ersehnt wird. Obgleich zahlreiche andere Faktoren an der Objektwahl beteiligt sind, die wir erst ansatzweise zu verstehen beginnen, ist die endgültige Geschlechtspartnerorientierung - ob nun homo-, hetero-, oder bisexuell - von der Lösung adoleszenter Konflikte abhängig. Auch wenn diese nur unvollständig gelingen mag, so verfügt der junge Mann gegen Ende der Adoleszenz über eine eindeutige Geschlechtspartnerorientierung.

Auch wenn die Konzepte der Geschlechtsidentität, Geschlechtsrollenidentität und Geschlechtspartnerorientierung getrennt voneinander diskutiert wurden, so handelt es sich dabei doch um miteinander verbundene Entwicklungsstränge der allgemeinen Geschlechtsentwicklung. Die integrativen Funktionen des Ichs sorgen dafür, daß in allen Entwicklungsphasen zwischen diesen drei Entwicklungssträngen ein adaptives, dynamisches Gleichgewicht hergestellt wird, so daß sie zusammen zu einem umfassenden Bewußtsein für die eigene Geschlechtsidentität beitragen.

Teil VIII

Das Ich

Kapitel 18

Die Entwicklung des Ichs

Unseren Überlegungen liegt die zentrale Prämisse zugrunde, daß die verschiedenen Aspekte unserer Persönlichkeit einem gemeinsamen Wachstums- und Entwicklungsprozeß folgen. Jede Verknüpfung und jede Synthese innerhalb dieser zahlreichen Funktionen, die dem Prinzip der Zufälligkeit zu unterliegen scheinen, sind auf das Ich und seine Funktionsweise zurückzuführen. Das Ich sorgt für die Strukturierung und Ordnung psychischer Elemente und gewährleistet so die Kohärenz unseres Seelenlebens.

In seinen frühen Schriften verwendet Freud den Begriff des *Ichs,* um damit ein auf Erfahrung basierendes Empfinden des Selbst zu bezeichnen. Später, in der Einführung seines strukturtheoretischen Modells (1923a), beschreibt er das Ich als kohärente Organisation psychischer Vorgänge, die all jene Funktionen umfaßt, die für die Triebregulierung und Anpassung an die Realität notwendig sind. Implizit sind in diesen Formulierungen zwei Abstraktionsebenen enthalten - eine auf Erfahrung beruhende (experiential), die zur Bildung von Selbst- und Objektrepräsentanzen führt, sowie eine von Erfahrung unabhängige (nonexperiential), die für die Organisation, Synthese und Regulierung der Persönlichkeit verantwortlich ist. Auf die Bedeutung der Erfahrung für die psychische Entwicklung wurde bereits an anderer Stelle eingegangen - wir wollen uns daher im folgenden auf die zweite Dimension konzentrieren und, nach der Erörterung einiger konzeptueller Schwierigkeiten, das Ich und seine Entwicklung im Sinne einer organisierenden Struktur diskutieren und eine entsprechende theoretische Formulierung vorstellen.

Betrachten wir zunächst die Funktionsweise des Ichs. Freud schreibt dem Ich jene Funktionen zu, die für die Anpassung an die Außenwelt verantwortlich sind, die jedoch gleichzeitig die Auseinandersetzung mit der inneren Realität ermöglichen und für die Aufrechterhaltung des psychischen Gleichgewichts sorgen. Diese innen- und außenorierntierten Funktionen unterliegen einem ständigen Interaktionsprozeß und im Laufe seiner Entwicklung erwirbt das Ich eine Reihe von Fähigkeiten, mit seiner inneren und äußeren Realität umzugehen. Neben Abwehrmechanismen entwickelt es Kompetenzen, die Befriedigung von triebhaften oder anderen anderen als drängend erlebten Wünschen zu kontrollieren oder aufzuschieben. Affekte übernehmen Signalfunktion, mit dem Ziel, potentielle Gefahrensituationen zu antizipieren, unabhängig davon, ob diese nun Triebimpulsen oder den Gegebenheiten der äußeren Realität entspringen. Das Überich, das sich via Internalisierungs- und Identifikationsprozesse bildet, unterstützt das Ich und seine Bemühungen, sich an die Anforderungen der inneren oder äußeren Realität anzupassen.

Das Streben nach Organisation und Vereinheitlichung der Persönlichkeit gehört zu den wichtigsten Funktionen des Ichs. Freud weist darauf hin, daß diese Fähigkeit zur Synthese immer mehr zunehme, „je kräftiger sich das Ich entwickelt" (1926, S. 98; vgl. Nunberg 1931). Die Erkenntnis - so Hartmann (1956) -, daß das Ich neben der Aufgabe der Synthese auch adaptive und kontrollierende Funktionen innehabe (von Hartmann als „mächtige Trias der Ich-Funktionen" bezeichnet), veranlaßte Freud, das Ich nicht mehr nur als Organisation selbst, sondern auch im Sinne einer organisierenden und nach Harmonie strebenden Kraft innerhalb der drei Persönlichkeitssysteme zu begreifen. Gerade diese synergistische Funktionsweise des Ichs ist unserer Auffassung nach für die Kohärenz und Dauerhaftigkeit des Selbstempfindens verantwortlich. (Eine nützliche Differenzierung zwischen den organisierenden, synthetischen und integrativen Funktionen des Ichs stammt von Neubauer (1980, S. 33), auf deren Darstellung wir hier jedoch aus Gründen der Klarheit verzichten wollen.)

Die Konzeptualisierung des Ichs als organisierendes Prinzip der Persönlichkeit wirft die Frage auf, wie wir uns seine Entwicklung vorzustellen haben. Verstehen wir das Ich lediglich als Zusammenschluß ähnlicher Funktionen - Freud teilt die psychischen Vorgänge gemäß ihrer Funktion im Konflikt- und Abwehrgeschehen ein -, so wäre die Betrachtung der einzelnen Funktionen und ihrer Entstehungsgeschichte eine Möglichkeit, die Entwicklung des Ichs nachzuzeichnen. Wir wollen jedoch Loewalds Ansatz folgen, der sein Hauptaugenmerk auf die Organisation des Ichs richtet, und die Ich-Entwicklung auf der Grundlage der Verknüpfung unterschiedlicher Ich-Funktionen konzeptualisieren (1986, S. 196). Es geht uns somit weniger um die Entwicklung der einzelnen Funktionen als um das Entstehen eines integrierten und kohärent organisierten Systems.

Manche Autoren halten Hartmanns Konzept des „konfliktfreien Raums" mit diesem integrativen Ansatz für nicht vereinbar. Obgleich er in seinen Schriften auf Ich-Funktionen hinweist, die keinem Konfliktgeschehen entspringen - wie etwa kognitive Funktionen -, so wurde sein Gedanke der „primären Autonomie" einiger Funktionen zuweilen dahingehend interpretiert, daß diese isoliert und unabhängig von allen anderen Bereichen der Persönlichkeit arbeiteten.

Wenn die verschiedenen Ich-Funktionen wechselseitig miteinander verbunden sind, und davon gehen wir aus, so können wir nicht annehmen, daß kognitive Funktionen isoliert wirksam oder in irgendeiner Weise autonom und unabhängig sind. Die optimale Entwicklung kognitiver Fähigkeiten ist - wenngleich unabhängig von Konflikten - an adäquates Bemuttern (das eine angemessene sensorische Stimulierung miteinschließt) sowie an eine adäquate Triebentwicklung gebunden und kann von später auftretenden Konflikten beeinträchtigt werden. Die Zunahme kognitiver

Fertigkeiten wird als lustvoll erlebt, doch dieselben Fertigkeiten werden in immer differenzierter Art und Weise auch zur Befriedigung von Triebwünschen oder anderen Strebungen eingesetzt. Ebensowenig wie die kognitiven Ich-Leistungen entspringen Affekte einem Konfliktgeschehen, doch übernehmen diese später Signalfunktion im Zusammenhang mit Konflikten.

Die Betonung der Wechselseitigkeit zwischen den verschiedenen Funktionen führt uns weg von der Diskussion, welche Funktionen nun Konflikten entspringen und welche als konfliktunabhängig zu betrachten sind. Statt dessen wird nach der wechselseitigen Beeinflussung und Interaktion von Trieben, Ich-Funktionen und Umweltfaktoren im Laufe der Entwicklung gefragt.

Diesen Fragen nach Integration und Organisation zwischen Ich-Funktionen wandte sich Spitz (1972) in seinen Arbeiten zu. Wie wir bereits an anderer Stelle ausführten, vertrat er die Auffassung, daß die allmähliche Verknüpfung einzelner psychischer Prozesse zu einer kohärenten Einheit ein Muster entstehen ließ, das die zunehmende Integration und Strukturierung des Ichs widerspiegelt. Die individuelle Reaktion auf Erfahrungen sei demnach nicht im Sinne einzelner, voneinander unabhängiger Teilprozesse zu verstehen, sondern als integriertes Funktionieren der Einheit als Ganzes.

Spitz' These, derzufolge neu entstehende Affekte und Verhaltensweisen auf ein zunehmend kohärentes Organisationsniveau hinweisen, kann dazu beitragen, den Prozeß der Ich-Entwicklung besser zu verstehen. Aus diesem Grund werden wir sein Phasenmodell der Gliederung dieses Kapitels zugrunde legen. Obwohl Spitz sein Hauptaugenmerk auf die ersten beiden Lebensjahre richtet, sind Entwicklungsveränderungen bis nach der Adoleszenz erkennbar. Aus diesem Grund erscheint es sinnvoll, Spitz' Modell psychischer Organisatoren sowohl auf den Ödipuskomplex (P. Tyson 1988) als auch auf den Zeitraum der Latenz und Adoleszenz auszudehnen. (Vgl. das Alternativmodell von Greenspan 1988.)

Wir interpretieren das Entstehen neuer affektiver Ausdrucksmodi und neuer Verhaltensweisen als Zeichen einer wachsenden Organisation, Komplexität und Kohärenz des Ichs. Folgende Indikatoren werden wir in diesem Sinne diskutieren: Soziales Lächeln, Fremdenangst, Negativismus in Gestik und Sprache, Angst und Scham, resultierend aus der Internalisierung von Konflikten, libidinöse Objektkonstanz mit der Fähigkeit, sich selbst zu beruhigen und zu trösten sowie Affekte in ihrer Signalfunktion einzusetzen, infantile Neurose und Schuld, Lust an Leistung und Bemeisterung, die mit den entsprechenden Integrationsprozessen der Latenzzeit einhergehen, affektive Labilität als Ausdruck intrapsychischer Veränderungen der Adoleszenz, affektive Stabilität als Zeichen der Vorherrschaft des Ichs über Triebansprüche und archaische Überich-Normen gegen Ende der Adoleszenz.

Auch wenn über die Natur des Ichs als hypothetisches Konstrukt kein Zweifel besteht, so möchten doch wir an dieser Stelle vor der Gefahr der Anthropomorphisierung warnen, die nie ganz auszuschließen ist. Wenn wir das Es, Ich oder Überich zuweilen als kämpferisch, verhandelnd oder abwehrend beschreiben, so kommt dies eher einem „so tun als ob" gleich. „Mir scheint, daß sich das Ich an einer momentanen Personifizierung weniger stört. (...) Worauf das Ich achtet, ist die Bewußtmachung unbewußter Inhalte" (Sandler & Freud 1985, S. 33).

Die undifferenzierte Phase

Die Vorstellung einer „undifferenzierten Phase" (Hartmann, Kris & Loewenstein 1946; Spitz 1972) in den ersten Lebensmonaten des Säuglings verdankt sich der Tatsache, daß es an empirischen Nachweisen fehlte, die es erlaubt hätten, auf die Existenz eines Es und eines Ichs im Sinne psychischer Systeme oder aber auf einen bestehenden Unterschied zwischen Lust und Unlust zu schließen. Hartmann (1939) hatte erkannt, daß der Zustand der „Vor-Anpassung" (preadaptiveness) des Säuglings an die Umwelt keiner intrapsychischen Organisation unterliegt, sondern in erster Linie von physiologischen Bedürfnissen sowie affektiv-sensorischer Rückmeldung aus der Umwelt beeinflußt wird.

Die Ergebnisse der modernen Säuglingsbeobachtung und Kleinkindforschung haben unser Verständnis des menschlichen Säuglings und seiner Fähigkeit zur Präadaptivität erweitert. Aktiv nach Stimulierung suchend, kognitiv kompetent und sozial interaktiv ist das Neugeborene weder ein unbeschriebenes Blatt noch ein „Hort wilden Durcheinanders" (W. James 1890) in einem verlängerten primärnarzißtischen (Freud 1914) oder „normal-autistischen" (Mahler et al. 1978) Zustand. Es verfügt über eine komplizierte Anordnung endogen bestimmter Verhaltensweisen, die für die systemische Regulierung und Aufrechterhaltung der physiologischen Homöostase verantwortlich sind.

Obgleich der Aufbau psychischer Funktionen stetig voranschreitet, kann noch nicht von einem Ich die Rede sein, das im Sinne eines psychischen Systems verhaltensregulierend wirksam ist. Das Repertoire an komplex organisierten inhärenten Verhaltensweisen des Neugeborenen ist an die Synchronisierung seines inneren Zustands gekoppelt (Emde 1980; Sander 1983). So betonen Spitz und seine Kollegen, daß „der physiologische Umgang des Neugeborenen mit seiner Umwelt nicht dem der Psyche entspricht" (Spitz, Emde & Metcalf 1970, S. 433).[34] Diese frühe inte-

[34] Aufgrund der Komplexität dieser endogen bestimmten Funktionen, die zum Zeitpunkt der Geburt wirksam sind, wendet sich Stern (1992) gegen die Vorstellung einer undifferenzierten Phase. Da das Neugeborene, so seine Argumentation, über die Fähigkeit verfüge, perzeptorisch zwischen Innen und Außen sowie Selbst und Anderem zu unterscheiden, müsse zum Zeitpunkt der Geburt eine Art Kernselbst bestehen. Mandler weist jedoch darauf hin, daß die Fähigkeit zur Wahrnehmungsdifferenzierung keine konzeptuelle Form der Repräsentanz voraussetze (1988, S. 117f). Es besteht ein großer Unterschied zwischen einer Wahrnehmung oder etwas visuell Aufgenommenen und einem Konzept oder etwas Gedachtem. Auch ein primitives Selbstkonzept oder Selbstempfinden setzt Letzteres voraus. Da wir das Ich darüber hinaus als psychisches System betrachten, das Verhalten reguliert, entwickelt es sich unserem Verständnis nach aus der physiologischen Zustandsregulierung und kann nicht mit dieser gleichgesetzt werden. Aus diesem Grund halten wir das Konzept einer undifferenzierten Phase durchaus weiterhin für nütz-

grative Synchronisation wird durch das affektive Klima des wechselseitigen Austauschs zwischen Mutter und Kind gefördert, der wiederum von einem gesunden Säugling sowie der Fähigkeit der Mutter abhängig ist, sich angemessen auf ihr Kind einzustimmen (Stern 1992). Diese Synchronizität stellt das phsysiologische Fundament eines sich entwickelnden integrativen Ichs. Kommt es zu einer Überforderung dieser integrativen, regulierenden und synchronisierenden Funktion - etwa durch körperliches Mißbehagen oder starke Spannungszustände (aufgrund physiologischer Störungen, Störungen in der Mutter-Kind-Synchronie oder aber infolge wiederholter verzögerter oder unzureichender Bedürfnisbefriedigung) - so kann dies zu den verschiedensten Ich-Defekten oder Störungen der Ich-Organisation (i.S. einer Ich-Schwäche, Frühreife oder Unausgewogenheit in der Ich-Entwicklung) und deren synthetisierenden Funktionen führen (Spitz 1972; Sander 1962, 1969; Spitz & Cobliner 1980; Sander et al. 1970; Weil 1970, 1978).

Ein Beispiel für eine frühreife, aber unausgewogene Ich-Entwicklung liefert James' (1960) Fallvignette eines Mädchens, das während der ersten drei Lebensmonate chronischer Unterernährung ausgesetzt war. Die Pflege des Säuglings oblag in erster Linie einer Kinderfrau, die nach einem festen Zeitplan fütterte, dies jedoch nur, nachdem sie dem Baby mit einer Windel beide Hände zusammengebunden hatte. Der Säugling erweckte den Eindruck eines über die Maßen wachsamen, angespannten und schreckhaften Kindes, das, unter chronischem Hunger- und Unruhegefühl leidend, die mit der Windel zusammengebundenen Hände in den Mund steckte. James, der die Entwicklung des Mädchens über mehrere Jahre verfolgte, stellte in verschiedenen Bereichen frühreife und unausgewogene Entwicklungsverläufe fest, die er auf den störenden Einfluß dieser frühen Erfahrung zurückführte. Im Alter von drei Monaten spiegelte der Gesichtsausdruck des Mädchens im Zustand ruhiger Wachheit eine Mischung aus Verwirrtheit, Resignation und Depression wider. Auf Stimulierung hingegen reagierte sie überempfindlich. Im Alter von acht Monaten hatte ihr Wesen etwas Gewinnendes, das James als Manifestation ihres Objekthungers interpretierte. Die ersten Schritte waren von einer leichten Beeinträchtigung der Muskelbewegungen begleitet; gleichzeitig legte sie jedoch eine ungewöhnliche geistige Plastizität an den Tag. Im Alter von zwei Jahren ahmte sie ein älteres Geschwister nach, das bereits die Schulde besuchte, und bemühte sich, Lesen und Schreiben zu lernen, wobei sie sich das Alphabet selbst beibrachte; in ihrer motorischen Entwicklung kam es jedoch zu Verzögerungen. Mit fünf war sie eine kleine charmante „extrovertierte Persönlichkeit", die die Manierismen, Posen und Interessen all derer, mit denen sie in Kontakt kam, übernahm, dabei jedoch affektleer blieb. Mit acht hatte sie einen Wollschal zu ihrem Fetisch gemacht, in den sie ihre Hände einwickelte und an dem sie herumzupfte, während sie gleichzeitig an den Daumen lutschte und mit einem Wollfaden Nase und Oberlippe kitzelte, was an ihr Verhalten als Baby erinnerte. James schloß aus seinen Beobachtungen, daß die frühe traumatische Erfahrung chronischen Hungers sowie die Versorgung durch eine Ersatzmutter die Entwicklung adäquater Objektbeziehungen behindert hatte; eine angemessene Persönlichkeitsintegration hatte so nicht stattfinden können, was in eine schwere narzißtische Störung mündete.

lich, wenn auch nicht jenes Maß an Undifferenziertheit bestehen mag, wie Hartmann noch angenommen hat.

Das soziale Lächeln

Die erste sichtbare Veränderung in der psychischen Organisation findet laut Spitz (1972) im Alter von zwei bis drei Monaten statt und spiegelt sich im *sozialen Lächeln* des Säuglings wider. (Davon zu unterscheiden ist das entwicklungspsychologisch frühere *„endogene" Lächeln*, das nicht an die Interaktion zwischen Säugling und Interaktionspartner gebunden ist.) Neben der Bereitschaft, auf äußere Reize zu reagieren, ist das soziale Lächeln ein Indikator dafür, daß die Kompetenzen des Säuglings nunmehr über seine angeborenen Fähigkeiten hinausgehen. Die Mutter wird durch das Lächeln ihres Säuglings angeregt, diesen zu stimulieren; schon bald ist sie es, die ihm sein Lächeln am zuverlässigsten zu entlocken vermag, das als Teil des sich entwickelnden Dialogs die Grundlage späterer Kommunikation bildet; darüber hinaus verweist das soziale Lächeln auf die allmählich entstehende Fähigkeit des Säuglings zur Antizipation, die einen wichtigen Bestandteil der Mutter-Kind-Interaktion darstellt.

Viele frühe Interaktionssequenzen zwischen einer Mutter und ihrem Säugling finden im Kontext des Fütterns statt, neben den davon unabhängigen lustvollen Erfahrungen des Saugens und Spielens. Der Drang des Kindes, die Lust, die diesen Aktivitäten innewohnt, zu wiederholen, setzt den Prozeß der Es-Ich-Differenzierung in Gang - die oralen Lustempfindungen erlangen psychische Bedeutung und werden Teil eines primitiven motivationalen Systems und schließlich des Es (Loewald 1986).

Das Erleben spielerischer, von der Nahrungsaufnahme unabhängiger Interaktionenserfahrungen, gewinnt für die Strukturierung selbstregulatorischer Ich-Funktionen zunehmend an Bedeutung. Den größten Teil der Regulierung gemeinsamer Interaktionen übernimmt zunächst die Mutter. Eine optimale Balance zwischen Gratifikation und Frustration fördert die Internalisierung von sowie Identifizierung mit mütterlichen regulativen Funktionen.

Wie wir bereits erwähnten, zeigen die Ergebnisse der neonatalogischen Forschung jedoch auch, daß das Lächeln des Säuglings auch Ausdruck seiner Bereitschaft ist, in Interaktion zu treten; er scheint die gemeinsame Interaktion zu antizipieren und ist in der Lage, sie bis zu einem bestimmten Punkt auch zu regulieren (Brazelton et al. 1974; Stern 1974b; Beebe & Stern 1977; Tronick et al. 1977; Beebe 1986). Das Interaktionsgeschehen zwischen Mutter und Kind trägt somit bedeutsam zur Ich-Entwicklung bei.

Mit ihrem Konzept der *Symbiose* unterstreicht Mahler die optimale affektive Beziehung, die zu diesem Zeitpunkt zwischen einer Mutter und ihrem Säugling bestehen kann: Sie sind „aufeinander eingestimmt" („in tune"). Mißlingt diese Synchronie zwischen den beiden Interaktionspartnern oder kommt es zu Mißempfindungen, die als übermächtig erlebt werden - infolge einer plötzlichen Trennung von der Mutter, einer extremen Verzögerung bei der Nahrungsaufnahme oder der Befriedigung von Saugbedürfnissen, oder aber infolge körperlicher Mißhandlung -, so führt dies zur psychischen Traumatisierung. Mit anderen Worten, diese situativen Konstellationen bilden den Kern einer traumatischen Situation: das Erleben von Hilflosigkeit auf Seiten des (sich entwickelnden) Ichs, das einer immer stärker werden Erregung ausgesetzt ist. Dauert dieses Mißempfinden an - sei es, weil der Säugling einer deprivierenden, ängstlichen oder instabilen und unberechenbaren Umwelt ausgesetzt ist, sei es, weil die Nahrungsaufnahme, das Bedürfnis zu saugen, oder aber der motorisch-kinästhetische Ausdruck des Säuglings chronisch frustriert werden (vgl. die Arbeit von Roiphe & Galenson 1981 zu den Folgen angeborener Schädigungen des Haltungs- und Bewegungsapparates) - so kann es zu Störungen oder Verzerrungen in der Ich-Organisation, Triebdifferenzierung und Objektbindung kommen, was den Auswirkungen eines „Spannungstraumas“ (Kris 1956, S. 224) oder „kumulativen Traumas“ (Khan 1963) entspricht. Die Neigung zu übermäßiger Angst und/oder Wut (Greenacre 1941; Weil 1970, 1978), die Beeinträchtigung primitiver selbstregulatorischer Funktionen sowie schließlich unterschiedlichste Formen frühreifer, verzögerter oder unregelmäßiger Ich-Entwicklungsverläufe können die Folge sein (Bergman & Escalona 1949; A. Freud 1967; Call 1983). Das Beispiel des kleinen Joey soll dies illustrieren:

> Der vorzeitigen Geburt schloß sich ein vierwöchiger Krankenhausaufenthalt an, dem im Alter von vier Monaten aufgrund einer Wachstumsstörung ein nochmaliger Aufenthalt in der Klinik folgte. Verschiedenste Krankheiten, Vernachlässigung und Mißhandlung durch die Bezugspersonen prägten die ersten Lebensjahre des Kleinen. Im Alter von drei Jahren und acht Monaten konnte er noch keine Sätze bilden und sein intellektuelles Niveau entsprach dem eines etwas über Zweieinhalbjährigen (IQ 64). Er war aggressiv, gehorchte nicht und seine Mutter kontrollierte ihn mit Hilfe einer Leine und einer Reitgerte. Trotz der zahlreichen genetischen und sozioökonomischen Faktoren, die in diesem Fall zu berücksichtigen sind, scheint Joey eines jener Kinder gewesen zu sein, bei denen sich ein Aufeinandertreffen physiologischer Vulnerabilität einerseits und einer Unfähigkeit der Mutter andererseits, sich auf die besonderen Bedürfnisse ihres Sohnes einzustellen, störend auf das Bindungsverhalten des Kindes auswirkte. Die fehlgeschlagene Reziprozität zwischen Mutter und Kind unterminierte das Explorationsverhalten des Jungen und behinderte den Aufbau kognitiver und integrativer Funktionen, was eine schwere Entwicklungsstörung zur Folge hatte.

Wie wir in unserer Diskussion zur Entstehung des Selbstempfindens beschrieben haben, zeigt der Säugling zwischen dem dritten und sechsten Lebensmonat erste Anzeichen eines sich entwickelnden rudimentären, jedoch überdauernden Selbstkonzepts, so daß schon bald von der Existenz eines „primitiven Selbstgefühls“ ausgegegangen werden kann (Mahler & Furer 1968). Die Verknüpfung verschiedenster kinästhetischer, taktiler, visueller und olfaktorischer Sinnesempfindungen mit motorischen Aktivitäten und dem wiedererkennenden Gedächtnis - das Fundament für den Aufbau eines Körperbildes - stellt ein frühes Beispiel für die synthetisierenden und integrativen Funktionen des Ichs dar (Hoffer 1949, 1950b; Greenacre 1969). Freud dachte in die gleiche Richtung, wenn auch seine These „Das Ich ist vor allem ein körperliches“ (1923a, S. 294) Anlaß für Verwirrung bietet, insbesondere, wenn das Ich als psychische Instanz verstanden wird. Es scheint sich hier um eine jener Textstellen zu handeln, in denen er das Ich im Sinne eines erfahrungskorrelierten Selbstempfindens, nicht aber als organisierendes System begreift. Wenn wir den

Satz umformulieren zu „Das Selbstempfinden ist vor allem ein körperliches", so hieße dies, daß das Selbstempfinden dann entsteht, wenn sich ein Körperempfinden organisiert.

Fremdenangst

Das zweite große Entwicklungsdatum in der Ich-Organisation fällt in die Zeit zwischen dem siebten und neunten Monat. Im Verlauf der allmählichen Integration von Wahrnehmung, Gedächtnis, Denkvorgängen (Mittel-Zweck-Verknüpfungen), Fortbewegung und eigenem Urteil, reagiert der Säugling plötzlich ängstlich und verzweifelt auf ihm Unbekanntes. Die Fähigkeit, zwischen Fremdem und Vertrautem zu differenzieren, versetzt ihn in der Lage, seinem Mißbehagen Ausdruck zu verleihen, wenn er mit einer ihm fremden Person konfrontiert wird - ganz offensichtlich als Antizipation von etwas Gefürchtetem. Darüber hinaus verfügt er nun über die Fähigkeit, sich von der Mutter beruhigen oder warnen zu lassen.

Spitz (1972) sieht in diesen ängstlich-verzweifelten Reaktionen des Säuglings einen affektiven Indikator dafür, daß sich die Mutter nunmehr zum „eigentlichen libidinösen Objekt" des Säuglings entwickelt hat und jene Person darstellt, die er allen anderen vorzieht. Dies ist insofern von großer Bedeutung für die Ich-Entwicklung des Kindes, als sich ihm die Mutter zu diesem Zeitpunkt als sozialer Bezugspunkt (social referent) zur Verfügung stellt. Der Säugling interpretiert ihre affektiven Äußerungen entweder als Beruhigung oder aber im Sinne drohender Gefahr (vgl. das Kapitel über Affekte im vorliegenden Band); die Mutter lenkt und beeinflußt somit die adaptiven Reaktionen ihres Kindes auf neuartige äußere Stimuli. Ihre beruhigenden affektiven Signale fördern die Entwicklung selbstregulatorischer Funktionen sowie das adaptive Explorationsverhalten, das für die Erweiterung des intellektuellen Horizonts von wesentlicher Bedeutung ist. Darüber hinaus schützt das angemessene Eingreifen der Mutter in Gefahrensituationen vor desorganisierender Panik; es optimiert sowohl die Entwicklung von Abwehrmechanismen als auch den Einsatz von Signalaffekten. Die synthetisierenden, organisierenden und regulativen Funktionen erfahren somit durch das Ich selbst ihre Unterstützung - über den Einsatz von Affekten in ihrer Signalfunktion und die Errichtung von Abwehrformationen mit dem Ziel der Gefahrenvermeidung.

Negativismus in Gestik und Sprache

Der affektive Indikator, der die zwischen dem 15. und 18. Monat einsetzende Entwicklungsveränderung charakterisiert, ist das Auftreten typisch negativistischer Verhaltensweisen des Kleinkindes, die in seinem „Nein" in Gestik und Sprache ihren Ausdruck finden. Im Rahmen der auf dieser Entwicklungsstufe stattfindenden Reorganisation verbinden sich Sprache sowie die damit einhergehende Fähigkeit zu anschaulichem Denken und Symbolmanipulation mit einem geschlechterdifferenziertes Empfinden des eigenen Selbst und des Anderen. Neben der Fähigkeit, über sich und andere nachzudenken, erwächst diesen Verknüpfungen auch die Fähigkeit zu intrapsychischer Abwehr.

Spitz (1972) sieht im gestisch und sprachlich zum Ausdruck gebrachten „Nein" des Kleinkindes den Ausgangspunkt zielgerichtet eingesetzter Sprache, was Kommunikation an die Stelle von Handlung treten lasse. Sprache fördert das unabhängige psychische Funktionieren; sie ermöglicht nicht nur den Austausch mit anderen, sondern organisiert Denkvorgänge und seelische Prozesse. Sie wird so zum Werkzeug von Denken, Organisation, Reflexion und Bemeisterung. Dementsprechend beginnt sich ein Bewußtsein für das eigene Selbst als männlich oder weiblich zu entwickeln, an die Stelle von Omnipotenzerleben tritt ein Gefühl für die eigene Kleinheit und Abhängigkeit, und das Kind weiß um sein Getrenntsein von der Mutter. Der Einsatz von Sprache ermöglicht darüber hinaus, auf die beginnende Differenzierung zwischen innerer Wirklichkeit und äußerer Realität zu schließen: Das Kleinkind beginnt, Wünsche und einfache Phantasien zu formulieren und diese von den Anforderungen seiner Umwelt abzugrenzen. Das Bewußtsein für diese Unterschiede läutet den Beginn der Trotzphase ein, mit ihren negativistisch-ambivalenten Verhaltensweisen und den typischen Konflikten und Schwierigkeiten, die die Entwicklung der Objektbeziehungen in dieser Entwicklungsphase kennzeichnen.

Spitz vertrat auch die Auffassung, daß es sich beim „Nein" des Kleinkindes - ob nun verbal oder nonverbal zum Ausdruck gebracht - um eine Identifizierung mit dem Angreifer und als solche um einen Abwehrmechanismus handle.[35] Der Einsatz von Abwehrmechanismen stellt einen bedeutenden Schritt in der Ich-Entwicklung dar. Erst jetzt stehen die intrapsychischen Strukturen zur Verfügung, die sowohl die genaue Wahrnehmung als auch die Reflexion und Integration eines Ereignisses ermöglichen, das zum Auslöser von Abwehr wird. Trotz offensichtlicher Verleugnung, Flucht und Vermeidung gehen diese Reaktionen auf den Gebrauch der Mutter als sozialen Bezugspunkt zurück - sie basieren auf den affektiven Hinweisreizen, die das Kleinkind von seiner Mutter und *ihrer* (nicht seiner eigenen inneren) Bewertung einer spezifischen Situation erhält (vgl. Stolorow & Lachmann 1978; Fraiberg 1982; Wallerstein 1983). Mit der Entwicklung des anschaulichen Denkens (representational intelligence) ist das Kleinkind in der Lage, über Ereignisse nachzudenken und, als Reaktionen auf seine innere Evaluation einer Situation, entsprechende Abwehrmechanismen zu mobilisieren. Neben Verleugnung, Vermeidung und Flucht zählen hierzu die Identifizierung mit dem Angreifer, Wiederholung, sowie die Wendung von Passiv in Aktiv, die mit Beginn der Phantasietätigkeit und des Symbolspiels zur Verfügung stehen.

Die aus dem Spracherwerb resultierende Konsolidierung des Entwicklungsprozesses schließt eine weitere Differenzierung zwischen Selbst und Objekt, männlich

---

35 Als notwendiger Bestandteil einer normalen Entwicklung sind Abwehrformationen als solche nicht pathologisch. Manche Autoren ziehen den Begriff „Coping-Strategie" (i.S. eines Bewältigungsmechanismus) vor, um nicht-pathologische von pathologischen Abwehrkonstellationen abzugrenzen.

und weiblich, Liebe und Haß, bewußt und unbewußt, Primär- und Sekundärvorgang mit ein. Anschauliches Denken und funktionierende Abwehr lassen auf eine weitreichende Integration und Organisation innerhalb des Ichs schließen, die den Grundstock für den nächsten Abschnitt in der Ich-Entwicklung liefert - die Internalisierung von Konflikten im Sinne beginnender Überich-Bildung.

Internalisierung von Konflikten und Überich-Entwicklung

Das Auftreten von Angst und Scham um den 24. bis 30. Monat signalisiert die Internalisierung von Konflikten sowie die Anfänge der Überich-Entwicklung. Die Konsolidierung eines funktionierenden Überichs ermöglicht eine stabile interpersonelle und intrapsychische Harmonie. Sobald das Kind über die Fähigkeit des anschaulichen Denkens verfügt, setzt - mit der Errichtung psychischer Repräsentanzen elterlicher Regeln und Ermahnungen - die frühe Überich-Entwicklung ein. Somit ist Autorität auch intrapsychisch vertreten, ebenso wie die zunehmend internalisierten Konflikte zwischen eigenen Normen und Wünschen. Zur Manifestation von Angst kommt es im Zusammenhang mit konflikthaft besetzten Wünschen, während das Äußern von Triebimpulsen häufig Schamgefühle auslöst. Die zusätzlichen Aufgaben, die die Überich-Bildung den integrativen, organisierenden und regulierenden Funktionen des Ichs abverlangt, machen deutlich, daß die Errichtung eines Überichs auch Fortschritte in der Entwicklung eines funktionierendes Ichs impliziert.

Unserer Auffassung nach ist die Internalisierung von Konflikten, in denen sich frühe Phasen der Überich-Strukturierung widerspiegeln, ein Hinweis dafür, daß ein anderes Niveau der Ich-Organisation erreicht wurde. Angst (in Abgrenzung zur beschriebenen Fremdenangst) und Scham als Reaktion auf innere Kritik (in Abgrenzung zu Reue, Verlegenheit und Beschämung als Reaktion auf äußere Kritik) sind die affektiven Indikatoren dieser neuen Stufe psychischer Organisation und Integration. Dies soll im folgenden näher ausgeführt werden.

Die Fähigkeit zu symbolischem Denken ermöglicht die Verknüpfung von Gefühlen mit Vorstellungen. Affekte wiederum repräsentieren vielschichtige psychische Erfahrungen - im Sinne komplexer Strukturen mit vielfach vernetzten motivationalen, somatischen, expressiven, kommunikativen, emotionalen und vorstellungskorrelierten Komponenten (siehe das Kapitel „Affekte"). Die Symbolisierungsfähigkeit ermöglicht auch die Selbstreflexion des Kleinkindes, das nicht nur erkennt, daß die Mutter die Quelle seines Wohlbefindens ist, sondern daß ihre Liebe an bestimmte Bedingungen geknüpft ist. Interpersonelle Konflikte verbinden sich nun mit Phantasien hinsichtlich gefürchteter Konsequenzen. Gefahrensituationen können phantasiert und gefürchtet werden (Freud 1926). Emotionale Stürme, die dem Wissen um bestehende Widersprüche zwischen eigenen Wünschen und Anforderungen der Umwelt entspringen, gefährden die noch relativ schwachen synthetisierenden und regulierenden Funktionen des Ichs. Zu den zentralen Entwicklungsaufgaben des zweiten Lebensjahres zählen zweifelsohne die Modulierung und Bewältigung von Aggression, was sowohl für das Objekt als auch für das unreife Ich des Kleinkindes eine Herausforderung darstellt (Mahler 1972b). Auf dem Schauplatz phasenspezifischer Konflikte kommt es somit zu einem Aufeinandertreffen eines unreifen Ichs mit der noch ungezähmten Aggression des Es (Loewald 1974; Ritvo 1974; Settlage 1975, 1980). Das Bemühen um eine Auflösung der Konflikte mobilisiert eine ganze Reihe von Abwehrstrategien wie Reaktionsbildung, Ungeschehenmachen, Externalisierung, Verdichtung, Verschiebung, Projektion, Affektumkehrung, sowie die Wendung von Aggression gegen das eigene Selbst. Bleiben diese Abwehrmechanismen ohne Erfolg, kommt es nicht selten zu einer Vermengung feindseliger Aggression mit anal-erotischen Tendenzen, was zu (überdauernden) sadomasochistischen Interaktionsmustern und Charakterzügen führt (siehe dazu Galenson 1986).

Der Entwicklungskonflikt zwischen einem Kleinkind und seiner Mutter stellt beide vor ein Dilemma; das Kind möchte die Liebe der Mutter nicht verlieren, ersehnt jedoch gleichzeitig die Erfüllung von Triebansprüchen, die diese Liebe gefährden. Das gleichzeitige Auftreten für ihn inkompatibler Wünsche ist ihm unerträglich (McDevitt & Mahler 1980; Settlage 1980); indem er sich jedoch den mütterlichen Bestimmungen fügt und diese schließlich internalisiert, kann er sich der Liebe der Mutter versichern. Der entwicklungsbedingte Konflikt zwischen den Wünschen des Kindes und den Vorstellungen der Mutter wird so zu einem intrapsychischen Konflikt.

Obgleich kein Bereich der Persönlichkeitsentwicklung davon verschont bleibt, wird diese Form der Konflikthaftigkeit besonders im Rahmen der Sauberkeitserziehung manifest, die mit einem Aufeinanderprallen mütterlicher und kindlicher Wünsche beginnt. Die erfolgreiche Anpassung an die Forderungen der Mutter läßt bei beiden ein Gefühl des Stolzes und der Bemeisterung entstehen, während Verweigerung und Auseinandersetzung Wut und Unzufriedenheit nach sich ziehen. Im Idealfall führt die Anpassung an die Wünsche der Mutter zur Errichtung eines Introjekts, mit dem sich das Kind später identifiziert. Sein frühes Überich übernimmt zum Teil die drohenden und bestrafenden Funktionen der Mutter; es schämt sich, wenn „etwas in die Hose geht“ und reagiert ängstlich, wenn der „Schaden“ nicht sofort behoben werden kann oder aber Reaktionsbildungen dafür sorgen, alles, was riecht oder schmutzig ist, zu fürchten. Von den warnenden oder bestrafenden Reaktionen des Objekts sind diese neuartigen Angst- und Schamaffekte unabhängig, vielmehr sind sie ein Hinweis für die strukturelle Weiterentwicklung des Kindes.

Im günstigsten Fall schließt die Identifizierung mit der Mutter auch deren konsistent organisierenden, regulativen und harmonisierenden Funktionen mit ein und unterstützt das kindliche Ich in seinen Bemühungen, konstruktiv mit Konflikten und schmerzlichen Empfindungen umzugehen. Die Identifizierung mit den Einstellungen der Eltern hinsichtlich Triebansprüchen und Lusterleben ermöglicht so ein neues Maß an Selbstregulation und Selbstkontrolle, während die erfolgreiche Bewältigung der analen Entwicklungsstufe mit ihren phasenspezifischen Anforderungen das

Kind mit Stolz, einem lustvollen Gefühl der Bemeisterung und einem stärker auf Selbstregulation basierenden Selbstwertempfinden erfüllt.

Die Zahl potentieller intrapsychischer Konflikte wird zwar durch die Bildung von Introjekten und Idealen erhöht, gleichzeitig stellen diese jedoch ein Werkzeug zur Wiederherstellung interpersoneller Harmonie bereit und fördern neue Möglichkeiten der Selbstregulation. Die regulativen und integrativen Anstrengungen des Ichs erfahren Unterstützung durch das Überich, und die neu zur Verfügung stehenden Abwehrmöglichkeiten helfen dem Kind, mit seinen heftigen libidinösen und aggressiven Impulsen umzugehen. Angst und Scham sind der affektive Indikator dieser Entwicklungsleistung.

Libidinöse Objektkonstanz und die Signalfunktion von Affekten

Wenn alles gut geht, hat das Kind um den 30. bis 36. Monat ein wertvolles Maß an libidinöser Objektkonstanz erreicht - die Internalisierung fürsorglicher mütterlicher Funktionen sorgt dafür, daß die Repräsentanz liebevoll-nährender und beruhigender Eigenschaften über die zeitweilige Abwesenheit der Mutter hinwegtröstet. Die affektiven und verhaltenskorrelierten Indikatoren, die diese Entwicklungsphase kennzeichnen, sind die Wahrnehmung und der Einsatz eigener Affekte in ihrer Signalfunktion sowie die entsprechende Mobilisierung tröstender, organisierender und beschützender Maßnahmen (P. Tyson 1988).

Die Mutter trägt demnach ganz wesentlich zum Funktionieren des kindlichen Ichs bei, indem sie ihm hilft, Affekte in ihrer Signalfunktion zu nutzen. Wie wir im Zusammenhang mit Objektbeziehung und Affektentwicklung ausführten, beginnt dies damit, daß die Mutter konsistent beruhigend, ausgleichend, regulierend und organisierend auf die Gefühlsäußerungen ihres Säuglings reagiert. Die Identifizierung mit der Mutter wird somit auch die Identifizierung mit den mütterlichen Reaktionen auf emotionale Äußerungen miteinschließen.

In diesem Sinne bedeutet der Aufbau libidinöser Objektkonstanz, daß das Kleinkind einen bedeutsamen Schritt auf dem Weg der Ich-Entwicklung zurückgelegt hat: Die mütterlichen Funktionen als Reaktion auf ein affektives Signal stellen nunmehr internalisierte Ich-Funktionen dar. Das Kind vermag Affekte besser wahrzunehmen und zu beurteilen, und sie - über den Einsatz adäquater Abwehrformationen - auf ein bewältigbares Maß zu reduzieren. Dies führt zu einer Verbesserung selbstregulativer Fähigkeiten und zur Verstärkung der Selbstkontrolle.

Da die Bewältigung von Angst oder anderen mit dem Konflikt einhergehenden Empfindungen dem Kind nun leichter fällt, ist das Schließen innerer Kompromisse - als Reaktion auf interpersonelles oder intrapsychisches Konfliktgeschehen -, bei denen beide Seiten Verzicht leisten (Loewald 1974), öfter möglich. Das Wissen um die eigene Fähigkeit, Kompromisse einzugehen - was in der Regel vom Objekt zusätzliche Bestätigung erfährt - läßt im Kind ein lustvolles Gefühl der Bemeisterung entstehen. Erinnern wir uns an unseren kleinen Patienten Johnny aus Kapitel 8 und betrachten wir eine weitere Episode aus seiner Behandlungsgeschichte:

Nach einem Wutanfall auf seinen Analytiker zeichnet Johnny ein Bild über einen unzufrieden dreinblickenden Mann, der von einem Räuber ins Gefängnis geworfen wird. Als ein Polizist den Räuber fängt und dieser nun ins Gefängnis muß, wird der andere Mann freigelassen und ist glücklich und zufrieden. Klinisches Material bietet immer mehrere Deutungsmöglichkeiten: Die Schwierigkeit des Jungen, seine Wutausbrüche zu kontrollieren könnte auf ein strukturelles Defizit hinweisen; die Polizist- und Räuberphantasien könnten auf eine mangelnde Integration guter und schlechter mütterlicher oder väterlicher Repräsentanzen schließen lassen; seine Traurigkeit könnte man als narzißtische Kränkung deuten, mit der Johnny das Versagen des Analytikers, in der Übertragung ausreichend empathisches Verständnis aufzubringen, beantwortet. All diese Deutungen haben durchaus ihre Berechtigung, doch scheint das Verhalten des Jungen auch einen Konflikt zum Ausdruck zu bringen - wir schließen dies zum einen aus seinen aggressiven Impulsen, zum anderen aus seinem Selbsterleben. Da er seine Triebwünsche, die er selbst als seine „Räubergefühle" bezeichnet, nicht unter Kontrolle bringt, andererseits aber auch keinen Beistand seitens seiner „Polizeigefühle" erhält, kommt es zu einem schmerzlichen Absinken seiner Selbstachtung, während er gleichzeitig seine Beziehungen zu bedeutsamen Bezugspersonen, seinen Analytiker eingeschlossen, aufs Spiel setzt. In seiner Zeichnung sind seine Bemühungen um eine effektive innere Kontrolle seiner Triebwünsche erkennbar, die ihm seine innerpsychische als auch interpersonelle Harmonie sichern sollen. Nachdem ihm sein Verhalten in diese Richtung gedeutet worden war, bastelt Johnny einen Papierflieger und tut so, als würde er ihn gegen den Analytiker schleudern. Dann lacht er: „Mein Polizist hat mich gestoppt!"

Über die Internalisierung der beruhigenden und regulativ-organisierenden mütterlichen Reaktionen auf die Angstzustände des Kindes, gewinnt dessen Ich an Stärke und Stabilität, die sich in der zunehmenden Fähigkeit äußern, Konflikte und die damit einhergehenden Affekte zu tolerieren. Ob das Kind seine späteren ödipalen Konflikte aufzulösen vermag oder aber regressive oder abweichende Tendenzen die Folge sind, hängt davon ab, wie gut es die damit verbundenen Affekte in ihrer Signalfunktion, mit dem Ziel der Abwehr und Kompromißbildung, nutzen kann. Eine weitere Episode aus der Behandlungsgeschichte von Susie (vgl. Kapitel 8) soll dies verdeutlichen:

Kokett und mit einem Blitzen in den Augen phantasiert sich die kleine Patientin als Aschenputtel, dem die gute Fee ein herrliches Ballkleid zaubert, damit sie auf den Ball im Schloß gehen und den jungen Prinzen heiraten kann. Im nächsten Moment führt jedoch die Projektion von Schuldgefühlen und Selbstkritik dazu, daß die Analytikerin als böse Stiefmutter erlebt wird, die Aschenputtel tötet, um sich selbst zur Gemahlin des Prinzen zu machen. Susies Neigung, von Angst überwältigt zu werden, hat zur Folge, daß Internalisierung und innere Kompromißbildung als Reaktion auf Konflikte nur verzögert stattfinden, so daß jegliche Frustration eines Wunsches in Wutausbrüchen und Versuchen, die Mutter zu manipulieren, endet. Angesichts ihrer ödipalen Wünsche bleiben jedoch nur Regression und Abweichung als Alternativen, was in ihrer Version des Märchens vom Rapunzel deutlich wird. Voller Hohn weist sie die Hexe darauf hin, was für eine schlechte Mutter sie doch sei - der Prinz habe ihr Süßigkeiten mitgebracht, die ihr viel besser schmeckten als all die Knochen und Mäuse, die ihr die Hexe zu essen gebe. Wutentbrannt, als sie von ihrem Rivalen erfährt, schneidet die Hexe Rapunzels Haar ab, verbannt sie in die Wüste und blendet den jungen Prinzen. Als Rapunzel - und hier weicht Susies Version von der traditionlellen Erzählung ab - dem Prinzen auf seiner Wanderung durch die Wüste begegnet und ihm durch ihre Tränen sein Augenlicht wiedergibt, verläßt sie ihn, um sich auf die Suche nach ihrer leiblichen Mutter zu begeben, jene alles gebende Mutter der frühen Kindheit, die sie verloren hat.

Kinder wie Susie, denen es nicht gelingt, Affekte in ihrer Signalfunktion zu internalisieren und selbstregulatorische Fähigkeiten aufzubauen, laufen Gefahr, immer wieder von desorganisierenden Affekten überwältigt zu werden. Das daraus resultierende strukturelle Defizit kommt in einer ganzen Reihe pathologischer Phänomene zum Tragen, zu denen auch die narzißtischen und die Borderlinestörungen zählen.

Mit unseren Überlegungen zu den beiden Fallvignetten wollen wir uns Hartmann (1972) anschließen, der vor einer simplifizierenden Darstellung der Rolle der Mutter für die Ich-Entwicklung des Kindes warnt. In seinen Fallbeispielen zeigt er, daß es trotz einer augenscheinlich guten Beziehung zwischen Mutter und Kind zu affektiven Stürmen kommen kann, von denen das Kind überwältigt wird, unfähig, Angst als Signalaffekt zu nutzen und weiterhin auf die Mutter in ihrer Funktion als Hilfsich angewiesen. Aus diesem Grund, so Hartmann, sollte jede Beurteilung hinsichtlich der Angemessenheit der Mutter-Kind-Beziehung auch eine Beurteilung der Ich-Funktionen des Kindes miteinschließen.

Ödipuskomplex und infantile Neurose: Schuld

Die infantil-genitale Phase der psychosexuellen Entwicklung bedeutet eine weitere Herausforderung für das kindliche Ich. Die Notwendigkeit, eine eigene Geschlechtsidentität aufzubauen, sowie das Bedürfnis nach narzißtischer Bestätigung lassen neue Identifikationen mit dem idealisierten gleichgeschlechtlichen Elternteil entstehen; diese ebnen den Weg zum Ödipuskomplex, der unverkennbar in einen Konflikt mündet und mit entsprechenden Phantasien, Ängsten und Schwankungen des Selbstwertgefühls einhergeht.

Das ödipale Konfliktgeschehen kann sich auf unterschiedlichste Art und Weise manifestieren, während das Kind bestrebt ist, libidinöse, aggressive und andere Triebimpulse zu befriedigen, ein gewisses Maß an Impulskontrolle zu erlangen (Lustman 1966), den Normen des entstehenden Überichs zu entsprechen, eine narzißtisch positiv besetzte Geschlechtsidentität zu konsolidieren, sowie angesichts frustrierter Wunschphantasien sein Selbstwertgefühl aufrechtzuerhalten. Die Ressourcen, die dem kindlichen Ich für die Bearbeitung des ödipalen Konflikts zur Verfügung stehen, haben großen Einfluß auf seine nachfolgende Entwicklung.

Der Ödipuskomplex bildet den Kernkonflikt der sogenannten *infantilen Neurose* (Freud 1909a, 1918), jene spezifische Struktur und Organisation des Seelenlebens, wie sie die Internalisierung von Konflikten und ein funktionierendes Überichs charakterisieren. Wie wir bereits ausführten, beginnt die Entwicklung des Überichs mit der Bildung von Introjekten und Idealen sowie der Internalisierung von Konflikten; allerdings stellen diese frühen Fragmente noch kein organisiertes, kohärentes und überdauerndes System dar, das als effektive Kontroll- und Bestrafungsinstanz fungieren könnte. Doch die Identifizierung mit den moralischen Grundsätzen und ethischen Normen der Eltern (mit dem Ziel ödipaler Bewältigung), sowie das Bemühen, diesen numehr verinnerlichten Normen zu entsprechen, machen die Bildung weiterer innerer Kompromisse erforderlich und fördern so die Kohärenz, Integration und

Funktionsfähigkeit des Überichs. Die Ursprünge von Konflikten und Bestrafung (wie sie im schmerzlichen Affekt der Schuld enthalten ist), aber auch die Quellen des kindlichen Selbstwerterlebens stellen nunmehr innerpsychische Komponenten dar und sind äußeren Einflüssen oder Modifizierungsversuchen in immer geringeren Maße zugänglich.

Die infantile Neurose impliziert somit eine neue Form psychischer Integration. Als solche stellt sie einen Versuch dar, frühere (präödipale) und gegenwärtige (ödipale) Entwicklungskonflikte, innerpsychische (aktiv-passiv, männlich-weiblich) und neurotische Konflikte in eine einzige, der Realität angemessene und sozial angepaßte Organisation zu integrieren. Sie ist die höchste Stufe psychischer Organisation, die das Kind erreichen kann.

Dies allerdings kostet seinen Preis. Freuds Fallbeschreibung des Kleinen Hans illustriert anschaulich die Bandbreite kindlichen Leidensdrucks (1909a). Obgleich die infantile Neurose das Ergebnis eines Kampfes zwischen den Interessen der Selbsterhaltung und den Forderungen der Libido darstelle - ein Kampf, aus dem das Ich als Sieger hervorgehe -, so werde „der Preis für den Kulturfortschritt in der Glückseinbuße durch die Erhöhung des Schuldgefühls bezahlt" (1930, S. 260). Ein Beispiel für die Heftigkeit und den Schmerz, die mit der infantilen Neurose einhergehen können, ist die Geschichte des kleinen Colin:

> Das ödipale Rivalisieren mit seinem Vater verschob Colin auf seine Geschwister, die nun ständig zwischen ihm und seiner Mutter zu stehen schienen. Todeswünsche gegenüber den Geschwistern konnte er, infolge seiner Schuldgefühle, auf andere Kinder verschieben, was sich eines Tages in seinem Wunsch äußerte, „alle Kinder auf der Welt" zu töten, „aber nicht die bei uns zu Hause". Als er einer Plastikpuppe, auf der er herumkaut, zufällig den Namen seines Bruders gibt und darauf angesprochen wird, leugnet er jede Feindseligkeit. Den Kindern, die im Garten spielen, ruft er durchs offene Fenster Schimpfwörter und Morddrohungen zu. Die darauf folgende Deutung der Analytikerin beantwortet er mit der Bemerkung: „Dann habe ich meine Mami ganz für mich allein, und dann töte ich sie auch!", um im nächsten Moment von Angst überwältigt zu werden und seine Todeswünsche auf die Therapeutin zu verschieben, die er sogleich seinen Angriffen aussetzt. Als sich diese dagegen verwehrt, entwickelt Colin die selbstdestruktive Phantasie, aus dem Fenster zu fallen. Als die Therapeutin sein aggressives Verhalten als Abwehrmanöver deutet, hinter dem sich doch eigentlich der Wunsch verberge, die anderen mögen ihn liebhaben, antwortet Colin ernst, er sei innerlich so schlecht, daß ihn nie jemand liebhaben könne; die Therapeutin solle doch machen, daß seine schrecklichen Gedanken weggingen.

Obwohl eine infantile Neurose schwere und beeinträchtigende Ausmaße annehmen und mit schmerzlichen Symptomen einhergehen kann, handelt es sich doch bei den ihr zugrundeliegenden Konflikten um normale Entwicklungsdaten. So bezeichnet auch Anna Freud, in Anlehnung an ihren Vater, die infantile Neurose als den „Preis für die Höherentwicklung des Menschen" (1970a, S. 2551).

Aufgrund ihrer zentralen Stellung in der frühen Kindheit und angesichts der Tatsache, daß sie einen deutlichen Entwicklungsfortschritt in der Organisation und Funktionsfähigkeit des Ichs markiert, bezeichnen wir die infantile Neurose als sechstes psychisches Organisationsprinzip. Angezeigt wird dieser Fortschritt der Ich-Organisation durch den Affekt der Schuld. Da nunmehr eine Internalisierung der

Konflikte und ihrer Lösungsmöglichkeiten sowie der Quellen der Zustimmung und Mißbilligung stattgefunden hat (wenngleich äußerer Beistand zuweilen vonnöten sein mag), weist die infantile Neurose auf ein zunehmend autonom funktionierendes Ich hin, das von äußerer Unterstützung unabhängig ist.

Latenz - Lust an der eigenen Leistung und am Selber-Machen

Die zwischen dem sechsten und siebten Lebensjahr einsetzende Latenzperiode stellt ein weiteres zentrales Entwicklungsdatum im kindlichen Reifungsprozeß dar, das vor allem durch den Lerneifer des Kindes gekennzeichnet ist. Die Fähigkeit zur Sublimierung trägt entscheidend dazu bei, daß das Kind ein Gefühl der Bemeisterung seiner inneren und äußeren Realität entwickeln kann.

Freud (1905b) beschreibt die Latenzperiode als einen Entwicklungsabschnitt, in dem die Tendenz zur Sexualisierung zurückgeht und die Fähigkeit zur Triebsublimierung zunimmt. Heute würde man auch die mehr oder weniger erfolgreiche Auflösung des ödipalen Konflikts sowie die Reorganisation der Ich-Abwehr, beeinflußt von der Überich-Entwicklung, zu den zentralen Eckdaten der Latenzzeit zählen. Allerdings sollten diese psychischen Entwicklungsleistungen unabhängig vom chronologischen Alter des Kindes betrachtet werden: Oft ist die Rede von Kindern in der Latenz, ohne zu berücksichtigen, ob die dafür relevanten psychischen Veränderungen überhaupt stattgefunden haben.

Die Latenzzeit beschreibt einen ausgesprochen heterogenen Entwicklungsabschnitt, der sich über mehrere Jahre erstreckt und in dessen Verlauf die Lösung unterschiedlichster psychischer Entwicklungsaufgaben ansteht. Aus diesem Grund haben verschiedene Psychoanalytiker vorgeschlagen, die Latenz in mehrere Subphasen zu unterteilen (vgl. Alpert 1941; Bornstein 1951; Williams 1972; Sarnoff 1976). Bornsteins Einteilung in eine Früh- und Spätlatenz erscheint uns am angemessensten, da sie als Unterscheidungskriterium Veränderungen in der Funktionsweise des Ichs und des Überichs heranzieht, die sich im Verhalten des Kindes widerspiegeln.

Wie wir im Kapitel über die kognitive Entwicklung des Kindes beschrieben haben, kommt es um das siebte Lebensjahr zu einem Zusammentreffen einschneidender kognitiver, neurologischer und allgemein reifungsbedingter Veränderungen, die von weitreichenden Veränderungen des ethischen und sozialen Funktionsniveaus begleitet werden (Shapiro & Perry 1976). Im Hinblick auf die kognitive Entwicklung beginnt nun die Phase der *konkreten Operationen* (des konkret-operationellen Denkens), das primärprozeßhafte Denken wird zunehmend vom sekundärprozeßhaften Funktionsmodus abgelöst; je stärker das primärprozeßhafte Denken ins Unbewußte verlagert und auf den persönlichen Bereich begrenzt wird, desto offensichtlicher wird die Trennung zwischen rational-logischem Denken und Phantasieleben des Kindes. Einstellungen und Denken unterliegen immer weniger den Einflüssen und Erfordernissen der inneren Wirklichkeit, sondern orientieren sich zunehmend an den Gegebenheiten der äußeren Realität. Die wachsende Fähigkeit zur Perspektivenübernahme (Dezentrierung) und objektiveren Einschätzung Dritter fördert das soziale und persönliche Bewußtsein und stellt eine Triebfeder zur Impulskontrolle dar.

Die durch den Schuleintritt stattfindende Ausweitung des sozialen Radius ermöglicht dem Kind, sein Können und seine Kreativität auf die Probe zu stellen und den neuen motorischen, sozialen und intellektuellen Herausforderungen zu begegnen. Als Mitglied einer größeren Peer Group - in der dem Aufstellen und der Einhaltung von Spielregeln nun ganz besondere Bedeutung beigemessen wird - kann das Kind, gesellschaftlich toleriert, Aggressionen kanalisieren und Überich-Normen stabilisieren; neben den Familienmitgliedern übernehmen nun auch Gleichaltrige oder ältere Kinder aus der Gruppe Vorbildfunktion. Der Umgang mit Gleichaltrigen und Lehrern bietet zusätzliche Möglichkeiten, ödipale Wünsche und Phantasien zu verschieben und erweitert so das Repertoire an Abwehrformationen (A. Freud 1979).

Was den Druck kindlicher Triebansprüche angeht, so verschwindet dieser nicht während der Latenz. Aber obgleich viele Kinder ihren Onanieimpulsen weiterhin nachgeben, der Akt der Masturbation selbst und die daran geknüpften Phantasien erfahren häufig eine Trennung. Es ist das Phantasiegeschehen, das dann zum Katalysator der Triebbefriedigung wird und verbotene Wünsche via Symbolisierung und Verschiebung zum Ausdruck bringt (wie etwa in den typischen Familienroman-Phantasien oder in den kindlichen Ängsten vor Ungeheuern).

Die Anpassung an das Überich sowie dessen Integration als innere Kontroll- und Urteilsinstanz ist eine weitere Aufgabe, die das Ich während der Latenzzeit zu erfüllen hat. Angesichts der Hartnäckigkeit drängender Triebimpulse läßt das Überich der Frühlatenz oft eine besonders unnachsichtige Strenge walten. Um das schmerzliche Gefühl der Selbstvorwürfe zu vermeiden, projiziert das Kind die Kritik und erlebt nun die anderen als kontrollierend und verurteilend. Nicht es selbst, sondern die anderen gilt es somit für seine (eigenen) Missetaten zu tadeln.

Da die organisierenden Eigenschaften des Ichs den in der Frühlatenz zu leistenden Aufgaben noch nicht gewachsen sind, kommt es nicht selten zu Disharmonien in der Beziehung der psychischen Systeme untereinander. Mit zunehmendem Alter findet jedoch eine Differenzierung der Bewältigungsmechanismen und Abwehrstrategien statt. Im Phantasieleben des Kindes treten reale Objekte mehr und mehr an die Stelle idealisierter Figuren, während im Überich die primitiven und zuweilen verzerrten elterlichen Introjekte eine allmähliche Modifizierung erfahren. Zwischen den Instanzen des Es, Ich und Überich kann sich nun eine größere intersystemische Harmonie ausbilden.

Die Fähigkeit zur Sublimierung erlebt das Kind als wichtige narzißtische Befriedigung, die diese Harmonie stützt und widerspiegelt. Auch wenn Sublimierungen bereits in früheren Entwicklungsabschnitten zu beobachten sind (Harries 1952), so stellt doch die Fähigkeit, über Sublimierungen narzißtische Gratifikation zu erlangen - und nicht einfach nur jegliche Form der Triebbefriedigung abzuwehren (Gross & Rubin 1972) - einen zentralen Bestandteil der kindlichen Entwicklung während der Latenzzeit dar. Die erfolgreiche Sublimierung des Kindes spiegelt sich in seinen zahlreichen neuen Interessen und Leistungen. Aus seinen wachsenden Fähigkeiten zieht es subjektive und soziale Anerkennung, was es, hinsichtlich der Aufrechterhaltung seines Selbstwertgefühls, von den Eltern unabhängiger werden läßt und eine harmonischere Beziehung zu beiden ermöglicht.

Die größere innerpsychische Ausgeglichenheit geht mit der Integration von Abwehrmechanismen und einer größeren emotionalen und affektiven Stabilität einher. Das Kind ist weniger anfällig für regressive Tendenzen, was es von Triebimpulsen und elterlichen Objekten unabhängiger werden läßt. Die Konsolidierung der Ich-Funktionen kann zur Triebhemmung und -kontrolle beitragen, während der biologisch verminderte Triebdruck die Konsolidierung von Ich-Funktionen unterstützt. „Dies ist“ - so Buxbaum (1980, S. 123) - „keine Frage der Priorität, sondern der gegenseitigen Beeinflussung“.

Erikson (1966) spricht vom sogenannten *Werksinn* (sense of industry) des Kindes, einem sich in der Latenz manifestierenden Bedürfnis, selbst etwas zu leisten, etwas zu „machen“ und sich so über seine eigene Phantasie hinaus zu bewegen. Kinder, die an der Entwicklung elementarer altersangemessener Fertigkeiten scheitern, haben mit einer Beeinträchtigung ihres Selbstwertgefühls sowie mit Verhaltensauffälligkeiten zu kämpfen. Aufgrund dieser klinischen Beobachtung würden wir noch einen Schritt weiter als Erikson gehen und eine kindliche *Lust* an der eigenen Leistung und am Selbermachen postulieren, die mit der Fähigkeit zur Sublimierung einhergeht. Die *Lust an der eigenen Leistung* ist unserer Ansicht nach jener zentrale affektive Indikator, der ein neues, höheres Organisationsniveau der Persönlichkeitsentwicklung anzeigt und eine erfolgreiche Bemeisterung der inneren und äußeren Welt des Kindes in der Latenz widerspiegelt.

Adoleszenz: Affektive Labilität und psychische Reorganisation

Die mit der Pubertät einsetzende biologische Reife, die mit wachsendem Triebdruck und schnellen körperlichen, kognitiven und sozialen Veränderungsprozessen einhergeht, konfrontiert die abwehrgerichteten und integrativen Funktionen des adoleszenten Ichs. An die Stelle der relativen innerpsychischen Ruhe und Harmonie der Spätlatenz treten nun die unabänderlichen Modifikationen und Spannungen sowie die typische Unausgeglichenheit der Adoleszenz. Die Hauptaufgabe des Ichs besteht in diesem Entwicklungsabschnitt darin, das psychische Gleichgewicht wiederherzustellen, was den Aufbau einer eigenen und autonomen Identität auf der Grundlage einer integrierten und gefestigten Charakterstruktur ermöglichen soll.

Im Verlauf dieser psychischen Umstrukturierungsprozesse sind plötzliche und unkontrollierbare Stimmungswechsel charakteristisch. Phasen der Hochstimmung und der Depression liegen ebenso nah beieinander wie der Eindruck narzißtischer Hypertrophie oder „narzißtischer Hochkonjunktur“ (Jacobson 1961) auf der einen und Selbsthaß und Verzweiflung auf der anderen Seite. Liebe und Haß wechseln ebenso schnell wie leidenschaftliche Schwärmerei und kühle Indifferenz. Das Ausmaß an Angst, die die heftigen Gefühlsschwankungen des Adoleszenten begleitet, ist abhängig von der jeweiligen Stärke des Ichs, dem Druck seitens Triebimpulsen, Überich und Umwelt standzuhalten. Stimmungslabilität, Veränderungen im Verhalten des Jugendlichen sowie vorübergehende Symptombildung lassen nicht selten die klare Trennung zwischen Normalität und Pathologie vermissen; in ihnen spiegeln sich nicht nur einschneidende inter- und intrasystemische Konflikte wider, sondern auch der Versuch, diese via Kompromißbildung zu lösen.

Da affektive Schwankungen als ein nach außen gerichtetes Zeichen biologischer und psychischer Reorganisierungsprozesse zu werten sind, apostrophierte Stanley G. Hall (1904) die Adoleszenz als die Zeit des „Sturm und Drang". So manche frühen psychoanalytischen Theoretiker neigten dann auch dazu, die Bandbreite und Intensität potentieller pathologischer Entwicklungsverläufe überzubewerten (siehe Aichhorn 1925; Bernfeld 1938; Deutsch 1944; Katan 1951, Fraiberg 1955). Auf der anderen Seite gab es Stimmen, die postulierten, daß die typischen Turbulenzen und Gefühlsstürme nicht zwangsläufig Teil der normalen adoleszenten Entwicklung sein müßten (z. B. Offer 1969). Unserer Auffassung nach ist diese These ebenso unzutreffend wie die oben angedeutete Pathologisierung Heranwachsender. Die reifungsbedingten und entwicklungspsychologischen Aufgaben, die während der Adoleszenz zu bewältigen sind, führen zu weitreichenden Veränderungen innerhalb der psychischen Systeme, die nicht ohne inneren Aufruhr und Streß denkbar sind. Wenn auch dieser innere Aufruhr nicht „laut" und somit für den äußeren Beobachter sichtbar sein muß, so handelt es sich dabei doch um einen notwendigen Bestandteil des adoleszenten Enwicklungsprozesses. Sowohl Geleerd (1957) als auch Anna Freud (1958) sehen in der inneren Unruhe des Adoleszenten einen Hinweis dafür, daß die notwendigen Prozesse psychischer Reorganisation in Gang sind; das Fehlen dieses Indikators könnte Ausdruck eines pathologischen Entwicklungsverlaufs sein. Da der emotionale Aufruhr ein so charakteristisches Merkmal der Adoleszenz darstellt, postulieren wir - in Übereinstimmung mit unserer Hypothese, daß das Auftauchen eines neuen Affekts immer auch eine Veränderung im Entwicklungsverlauf widerspiegelt - diese spezifische *affektive Labilität* als achtes psychisches Organisationsprinzip. Die Manifestation dieser affektiven Labilität ist ein Hinweis auf das für den adoleszenten Entwicklungsprozeß so typische psychische Ungleichgewicht.

Die Art und Weise, wie der Einzelne mit den Auswirkungen hormoneller Veränderung, zunehmendem Triebdruck und innerpsychischer Erschütterung fertig wird, ist ganz entscheidend davon abhängig, inwieweit sich während der Latenz ein stabiles, integriertes und autonomes Ich (i.S. eines von Konflikten relativ unbehelligt und von der Bestätigung Erwachsener unabhängig funktionierenden Ichs) bilden konnte. Je näher die individuelle Entwicklung diesem Ideal kommt, desto ausschließlicher können die psychischen Ressourcen zur Bewältigung adoleszenzspezifischer Konflikte und Probleme herangezogen werden. Je weiter sie sich andererseits davon entfernt, desto stärker werden die Kräfte des Adoleszenten auch für die noch ausstehende Bewältigung und Integration früherer Entwicklungsaufgaben beansprucht werden (Blos 1958; Harley 1961).

Vor dem Erreichen der eigentlichen Adoleszenz sprechen wir von der sogenannten Präadoleszenz - jener Phase psychischer Anpassungprozesse, die durch die Manifestation der sekundären Geschlechtsmerkmale und der frühesten pubertätsbedingten Veränderungen charakterisiert ist. Diffuse Unruhe, regressive Tendenzen und Stimmungsschwankungen des Heranwachsenden, damit einhergehend eine zunehmende affektive Unsicherheit und Impulsivität kennzeichnen dieses Übergangsstadium. Progressive und regressive Kräfte, aber auch ungekannte biologische und psychologische Anforderungen erschüttern das innerseelische Gleichgewicht des Jugendlichen. Erikson sieht in der Präadoleszenz den Auftakt zu einer *normativen Krise* - einer normalen Entwicklungsphase, deren erhöhte Konfliktträchtigkeit zwar mit scheinbaren Schwankungen der Ich-Stärke verbunden ist, die andererseits jedoch ein hohes Wachstumspotential in sich birgt (1956). Je näher das eigentliche Stadium der Adoleszenz rückt, desto manifester wird diese normative Krise.

Die Entwicklungsaufgaben der Präadoleszenz gruppieren sich vornehmlich um die psychische Bewältigung physiologischer Veränderungen, Veränderungen der Selbstrepräsentanz, sowie die Verarbeitung sich wandelnder Beziehungen innerhalb der Familie und der Peer Group. Der psychische Streß, der diesen Prozessen innewohnt, wird an der nahezu ubiquitär zu beobachtenden Übellaunigkeit und abwehrenden Haltung Adoleszenter deutlich. Ein neues Liebesobjekt oder ein neues Triebziel sind noch nicht in Sicht und die intrapsychischen Konflikte betreffen in erster Linie die Auseinandersetzung zwischen regressiven Triebimpulsen sowie regressiven Wünschen den Eltern gegenüber und der dagegen gerichteten Abwehr.

Das präadoleszente Ich unterliegt großem innerseelischen Druck. Mit zunehmender biologischer Reife steigen auch sexuelle und aggressive Triebimpulse, was die Effektivität bislang wirksamer Abwehrmechanismen und Anpassungsstrategien gefährden kann. Aufgrund der raschen körperlichen Veränderungen wird dem Jugendlichen eine kontinuierliche Überarbeitung seines Körperbildes und seiner Selbstrepräsentanz abverlangt. Allerdings muß die Wahrnehmung der körperlichen Veränderungen, an die seine narzißtischen Strebungen geknüpft sind, nicht unbedingt den Vorstellungen des eigenen Idealselbst entsprechen. Stolz und Freude angesichts des sich verändernden körperlichen Aussehens gehören somit ebenso zur Bandbreite affektiver Reaktionen wie Scham und Minderwertigkeitsgefühle.

Die biologischen und körperlichen Reifungsprozesse gehen mit einer Intensivierung bereits bestehender Konflikte in den Objektbeziehungen einher. Die immer größer werdende körperliche Ähnlichkeit des Kindes mit dem gleichgeschlechtlichen Elternteil führt zu einer Wiederbelebung alter Identifikationen und Idealisierungen und konfrontiert den Heranwachsenden mit der Notwendigkeit, eine eigene Geschlechtsidentität auszubilden. Allerdings kann diese verstärkte Identifizierung mit dem gleichgeschlechtlichen Elternteil konflikthaft gestört sein und zu einem Wiederaufleben infantiler Abhängigkeit führen. Auch die von manchen Adoleszenten an den Tag gelegten dezidierten Bemühungen, sich von den Eltern zu entidentifizieren, entspringt ihrem Verlangen, sich dem regressiven Sog zu widersetzen.

Die mit der Pubertät erreichte körperliche Reife markiert das Ende der Präadoleszenz und den Beginn der Frühadoleszenz. Wir übernehmen hier Blos' (1979) Einteilung der Adoleszenz in die drei Subphasen der Früh-, mittleren und Spätadoleszenz, die sich auch für unsere Diskussion der Ich-Funktionen als nützlich erwiesen hat. Mit Erreichen der Pubertät (Mädchen haben hier oft einen Vorsprung von zwei Jahren) kommt es zu einer allmählichen Ablösung prägenital-regressiver Wünsche durch genitale Strebungen (in deren Kontext von nun an auch prägenitale Impulse in der Regel ihren Ausdruck finden).

Die Frühadoleszenz bedeutet in vielerlei Hinsicht eine Fortführung der in der Präadoleszenz in Gang gesetzten Prozesse. Infolge des sozialen und intrapsychischen Drucks unterliegt das Ich jedoch zusätzlichem Streß, regressive Strebungen in Schach zu halten - eine enorme Aufgabe angesichts eines reifen und erwachsenen sowie sexuell funktionsfähigen Körpers und angesichts steigender hormoneller Ausschüttung, wenn Selbststimulierung als einziger Weg bleibt, das erhöhte Maß an sexueller Erregung in irgendeiner Form zu bewältigen.

Oft begleiten Angst und Scham die Selbstbefriedigung des Adoleszenten und eine wahre Flut an Phantasien, Konflikten und Ängsten hinsichtlich des eigenen Körpers und seiner Funktionsweise treten zutage. Auch eine übertriebene libidinöse Besetzung intellektueller oder anderer Ich-Aktivitäten, die ihren Ausdruck in einem übersteigerten, allerdings nie sehr lang andauerndem Engagement für sich ständig ändernde Interessen und Hobbies findet, kann mit der Mobilisierung genitaler Kräfte einhergehen (Harley 1961).

Angesichts der relativen Heftigkeit von Triebwünschen, der eine relative Schwäche des adoleszenten Ichs gegenübersteht, ist die Frühadoleszenz nicht selten eine Zeit, in der Drogen und Alkohol ausprobiert und die ersten sexuellen Erfahrungen gesammelt werden - was den Jugendlichen in große Loyalitätskonflikte den Eltern, aber auch dem eigenen Überich gegenüber stürzen kann. Dessen normative Ansprüche werden häufig repersonifiziert, so daß schließlich Angehörige der Peer Group die Rolle des Überichs übernehmen.

Die wahrscheinlich wichtigste Entwicklungsaufgabe während der Adoleszenz ist der endgültige Aufbau einer eigenen Geschlechtsidentität. Dazu zählt neben der Überarbeitung des Ichideals und des Bildes des eigenen Körperselbst auch die Bewältigung der Identifizierungen und Entidentifizierungen mit dem gleichgeschlechtlichen Elternteil. Dies fördert die Ausbildung eines neuen Identitätsempfindens im Umgang mit neuen Liebesobjekten.

Mit Erreichen der mittleren Adoleszenz haben in der Regel bereits erste sexuelle Kontakte stattgefunden. Die Bewältigung bislang ungelöster, angsterzeugender bisexueller Konflikte, die die Objektwahl sowie die männliche und weibliche Identifizierung betreffen, unterstützt den Jugendlichen auf seiner Suche nach neuen Liebesobjekten außerhalb der Familie.

Nun beginnt der zweite Individuationsprozeß (Blos 1967). Die Ablösung von den Eltern, (in ihrer Funktion als Liebesobjekte und Autoritätspersonen gleichermaßen), die mit einer Reorganisation des Überichs einhergeht, konfrontiert den Jugendlichen mit der entwicklungspsychologischen Notwendigkeit, ein neues Gleichgewicht zwischen Ich und Überich zu finden. Die genannten Entwicklungsaufgaben setzen das adoleszente Ich und seine strukturierenden, selbstregulativen und adaptiven Fertigkeiten unter zusätzlichen Druck. Dementsprechend kommt es zur Manifestation einer ganzen Reihe von Abwehrstrategien, die gegen potentielle Liebesobjekte und Triebimpulse gleichermaßen gerichtet sind (vgl. A. Freud 1958).

Blos (1967) weist darauf hin, daß - aufgrund der neuen Ressourcen, die dem adoleszenten Ich nunmehr zur Verfügung stehen - über die regressive Wiederbelebung und Externalisierung früher objektgebundener Konflikte, Überreste infantiler Traumata, Konflikte und Fixierungen modifiziert werden können. Dies hieße zum Beispiel, daß seine größere Ich-Reife den Jugendlichen in die Lage versetzt, die alte Angst vor Verlassenwerden und Liebesverlust neu zu bewerten und zu dem Entschluß zu gelangen, daß er auch dann nicht hilflos und ohne Möglichkeiten zurückbleiben wird, sollte er den Wünschen des Objekts nicht entsprechen. Diese Prozesse der Modifizierung und Neubewertung schließen auch die frühen idealen Elternrepräsentanzen mit ein, die so (im Idealfall) einiges an Macht und Einfluß einbüßen.

Neben diesen intrapsychischen Überarbeitungen der Objektbeziehungen und des Überichs findet im Laufe des adoleszenten Individuationsprozesses auch eine Veränderung der Beziehung zwischen Ich und Überich statt. Zu Beginn der Latenz, wenn sich das Überich konsolidiert, ist die Fähigkeiten des Ichs zur Triebkontrolle noch schwach ausgebildet. Dementsprechend restriktiv und streng ist das Überich. Doch der psychische Anpassungsprozeß der Adoleszenz gebietet es, den eigenen Körper und die eigene Sexualität zu akzeptieren sowie Verantwortung für sich selbst und das eigene Tun zu übernehmen. Dies impliziert nicht nur die Entidealisierung infantiler Ideale, sondern auch die Vorherrschaft des Ichs über frühe Introjekte und Ideale, so daß neue Identifikationen mit sexuell aktiven Eltern dem Adoleszenten die Entwicklung einer autonomen und selbstverantwortlichen Sexualität ermöglichen (Jacobson 1961). In der Auseinandersetzung mit der gegenwärtigen Realität eröffnen sich dem Jugendlichen somit weitaus mehr Freiheitsgrade als in der bloßen Befolgung der Forderungen seines Überichs. Allmählich löst das Ich das Überich in seiner Führungsposition ab. Der Heranwachsende entwickelt ein Gefühl für Triebfreiheit sowie für eine freie Objektwahl, freie Gedanken, Gefühle und Handlungen; er gewinnt an Autonomie und Unabhängigkeit von äußeren Einflüssen sowie dem Druck eines archaischen Ichs und Überichs. Je autonomer und stärker das Ich, das, in Übereinstimmung mit der erwachsenen Realität, für die Aufrechterhaltung eines stabilen und überdauernden Kontrollsystems zuständig ist, desto ungefährdeter sind diese neu gewonnenen psychischen Freiheiten.

Der Individuationsprozeß der Adoleszenz ist ein lang andauerndes Entwicklungsgeschehen, das nicht selten erst in der Spätadoleszenz oder im frühen Erwachsenenalter abgeschlossen ist. Unterstützung erfährt dieser Prozeß jedoch durch die Reifung kognitiver Fähigkeiten, die wiederum zu einer angemesseneren Wahrnehmung der Realität, unbehelligt von übermächtigen Scham- und Schuldgefühlen sowie dem bestimmenden Einfluß früher Introjekte und Ideale, beiträgt. Diese neue Art zu denken fördert Bewußtheit und Einsichtsfähigkeit des Adoleszenten: An die Stelle adoleszenten Egozentrismus tritt die Fähigkeit zur Selbstreflexion und Selbstabstraktion. Aus Eriksons (1956) Ausführungen wissen wir, daß dies die Entwicklung eines neuen individuellen Identitätsempfindens ermöglicht.

Der Aufbau der Identität beginnt weder mit der Adoleszenz, noch endet er mit diesem Entwicklungsabschnitt - vielmehr unterliegen die Selbstrepräsentanzen einer ständigen Überarbeitung: manche Aspekte kommen hinzu, andere werden verworfen. Was die Identitätsentwicklung während der Adoleszenz von anderen Lebensabschnitten unterscheidet, ist die Tatsache, daß dieser Prozeß hier zum ersten Mal im Kontext körperlicher und sexueller Reife sowie der Fähigkeit zu logischem Denken stattfindet. Die Integration dieses Wissens um die eigene körperliche und intellektuelle Reife in vergangene Repräsentanzen, Identifikationen und Ideale sowie in zukünftige Ziele und Möglichkeiten impliziert einen weiteren Schritt psychischer Stukturbildung auf dem Weg zu einer stabilen erwachsenen Persönlichkeit.

Spätadoleszenz: Vorherrschaft des Ichs und affektive Stabilität

Blos (1968, 1976) geht in seinen Untersuchungen der Frage nach, wie und wann die Adoleszenz endet. Der Aufbau einer integrierten und autonomen erwachsenen Persönlichkeit ist, so seine Schlußfolgerung, an die Bewältigung von Entwicklungsaufgaben gebunden. Erstens - als Teil des zweiten Individuationsprozesses - die Übernahme von Eigenverantwortung im Sinne einer Trennung von den Eltern und dem eigenen Überich. Der Jugendliche übernimmt selbst mehr und mehr Verantwortung dafür, „was er tut und was er ist" (Blos 1967, S. 148). Zweitens, die Aussöhnung mit nicht mehr rückgängig zu machenden Ereignissen oder Traumata der Kindheit, wie etwa die Folgen eines Objektverlustes oder die beeinträchtigenden Auswirkungen bestimmter Kränkungen oder körperlicher Behinderungen. Drittens, der Aufbau eines Gefühls historischer Kontinuität und Verbundenheit mit der Vergangenheit. Zu wissen, wer man ist und woher man kommt, ermöglicht eine Ablösung von der versorgenden Umwelt der Eltern ohne die Gefahr einer psychischen Desintegration. Viertens, die endgültige Auflösung bisexueller Konflikte mit dem Ziel einer Konsolidierung der eigenen Geschlechtsidentität und Geschlechtspartnerorientierung. Der Spätadoleszente hat nun die Möglichkeit, ein geeignetes erwachsenes Liebesobjekt zu finden.

Die erfolgreiche Bewältigung der adoleszenten Entwicklungsaufgaben in den verschiedenen psychischen Systemen mündet im Idealfall in die intrapsychische Vorherrschaft des Ichs und läßt ein neues Niveau der Ich-Integration und Konsolidierung entstehen. Relativ unbehelligt von frühen archaischen Überich-Forderungen und unabhängig, wenn auch nicht indifferent, gegenüber Einflüssen aus der Umwelt, ist das Ich nun in der Lage, Triebwünsche in all ihrer Dringlichkeit zu kontrollieren. Affekte und Affektäußerung werden erträglicher (Zetzel 1965; Blos 1968), besser kontrollierbar und modulierbar. Ein neues, stabileres Gleichgewicht zwischen innerer und äußerer Welt sowie innerhalb der psychischen Realität wird erreicht. Mit zunehmender Selbstverständlichkeit allgemeiner Reaktionsmuster und zunehmender Stabilität der Selbstwertregulierung gewinnen auch die selbstregulativen, adaptiven, strukturierenden und integrativen Reaktionsmuster des Ichs an Eindeutigkeit und Vorhersehbarkeit (Reich 1958). Einer stabilen Identität (Erikson 1956) erwächst eine integrierte erwachsene Persönlichkeit. Dieses größere Maß an innerpsychischer Harmonie manifestiert sich auch in einer ausgeprägteren *affektiven Stabilität*, die wir als Hinweis dafür ansehen, daß eine neue Stufe innerpsychischer Integration erreicht wurde und der adoleszente Entwicklungsprozeß abgeschlossen ist.

Zusammenfassung

In Anlehung an Spitz betrachten wir das Auftreten eines neues Affekts als Zeichen eines neu erreichten Koordinations- und Integrationsniveaus innerhalb der Ich-Funktionen, die wiederum auf eine neue Stufe der Ich-Organisation und Ich-Entwicklung schließen lassen. Ist die Manifestation neuer Affekte in den ersten Lebensjahren noch eindrucksvoll und leicht zu beobachten, verlieren diese Ereignisse im Laufe der Entwicklung an Dramatik, bleiben jedoch für den äußeren Beobachter durchaus erkennbar.

Folgende affektive Qualitäten kennzeichnen die Ich-Entwicklung und das Erreichen neuer Stufen der Ich-Organsation und der Synthese: das *soziale Lächeln* (zwei bis drei Monate), das einen über die angeborenen Kompetenzen des Säuglings hinausgehenden Entwicklungsfortschritt sowie den Beginn psychischen Funktionierens anzeigt; *Fremdenangst* (sieben bis neun Monate), die auf ein stabiles innerpsychisches libidinöses Objekt schließen läßt; *Negativismus* (15 bis 18 Monate), der mit der Fähigkeit zur Selbstreflexion und dem einsetzenden Spracherwerb einhergeht; *Angst und Scham* (24 bis 30 Monate), die die Internalisierung von Konflikten sowie die beginnende Überich-Bildung widerspiegeln; die *Fähigkeit zur Ausbildung von „Signalaffekten“,* um die mit der libidinösen Objektkonstanz einhergehenden Gefahren und Konflikte zu signalisieren (beginnend um den 30. bis 36. Monat); *Schuld* (drei bis fünf Jahre), die die Integration des Überichs und die Ausbildung der infantilen Neurose anzeigt; *Werksinn und Lust an der eigenen Leistung* (Latenz), in denen eine größere Autonomie des Ichs sowie ein funktionierendes Überich ihren Ausdruck finden; *Stimmungslabilität* (Adoleszenz) als zentrales Merkmal des psychischen Umstrukturierungsprozesses während der Adoleszenz; und schließlich das Erreichen *affektiver Stabilität* (Spätadoleszenz), das die Vorherrschaft des Ichs über Triebimpulse und Überich-Normen und somit das Ende des adoleszenten Entwicklungsprozesses markiert.

Epilog

Unserem Versuch einer Integration psychoanalytischer Entwicklungstheorien liegt die zentrale Prämisse zugrunde, daß Gleichzeitigkeit und Interdependenz das Wachstum und die Entwicklung der verschiedenen Systeme unserer Persönlichkeit bestimmen. Jedes System definiert sich über seine Beziehung zu allen anderen Systemen. In ihrer Gesamtheit bilden sie eine einzige komplexe Struktur, die für die erstaunliche Kohärenz unseres psychischen Funktionierens während des gesamten Lebenszyklus' sorgt.

Von den verschiedenen Themenkomplexen, die wir mit dem Ziel diskutieren, den individuellen Entwicklungsprozeß nachzuzeichnen, werden einige ausführlich behandelt, andere hingegen nur angerissen oder in geraffter Form dargestellt. Gerade in diesen Fällen waren wir uns der Gefahr der Simplifizierung durchaus bewußt, um so mehr als wir bei jedem Themenbereich hinsichtlich seiner inhaltlichen Feinheiten Abstriche machen mußten. Nichtsdestotrotz hoffen wir, daß es uns gelungen ist, die beeindruckende Vielschichtigkeit des Entwicklungsprozesses ebenso deutlich darzustellen wie die zahlreichen potentiellen Sinnzusammenhänge, die sich hinter dem manifesten Verhalten des Individuums verbergen. Je mehr wir diesem Anspruch gerecht werden, um so weniger besteht die Gefahr einer reduktionistischen Sichtweise, die entweder auf äußere Ereignisse oder aber intrapsychische Kräfte als alleiniges Erklärungsmoment rekurriert.

Auf einige Punkte wurde in unserer Darstellung nicht eingegangen, so etwa auf das Beziehungsgeflecht, in das das Kind - neben seiner Beziehung zu den Eltern - innerhalb des Familiensystems eingebunden ist, auf die Entwicklung sozialer Interaktionen, oder aber auf die Frage klinischer Implikationen. Obgleich wir wissen, wie wichtig es ist, diese Fragen zu stellen, haben wir uns im vorliegenden Band auf die Betrachtung der intrapsychischen Aspekte der normalen menschlichen Entwicklung konzentriert und versucht, diese - soweit sie einer beschreibenden Darstellung zugänglich sind - nachzuzeichnen.

Unsere Erläuterungen der jeweiligen Rolle, die Vater und Mutter im Laufe der Entwicklung ihres Kindes übernehmen, erwecken an manchen Stellen den Eindruck eines idealen Familienszenarios, so als besitzten unsere theoretischen Ausführungen lediglich für jene Kinder Relevanz, die in intakten Familien aufwachsen. Kliniker mögen durchaus feststellen, daß die Zahl intakter Familien rückläufig ist - wir sind trotzdem der Ansicht, daß ein Verständnis der Entwicklungsrolle beider Eltern hilfreich ist, die Voraussetzungen einer optimalen Entwicklung des Kindes zu konzeptualisieren sowie die potentiell schädigenden oder traumatisierenden Folgen aufzuzeigen, denen ein Kind unter anderen Umständen ausgesetzt ist.

Hier und da mag im Verlauf des Buches der Eindruck entstanden sein, als handle es sich bei den dargestellten theoretischen Positionen um gesichertes und „abgeschlossenes“ Material, i.S. nicht mehr zu hinterfragender, weil allgemein akzeptierter Daten. Sollte dies der Fall sein, so möchten wir diesen Eindruck korrigieren. Die psychoanalytische Theoriebildung ist nach wie vor von zahlreichen offenen sowie kontrovers diskutierten Fragestellungen geprägt, und ähnlich dem von uns diskutierten Entwicklungsmodell, ist auch die psychoanalytische Theorie ein offenes System, das mit jeder neuen empirischen Erkenntnis dem Prinzip der Veränderung und Weiterentwicklung unterliegt.

Trotz alledem haben wir die Hoffnung, daß die von uns postulierte Sichtweise individueller Entwicklung sich als kohärent genug erweisen wird, um in seiner Grundstruktur bestehen zu bleiben, andererseits jedoch genügend Flexibilität besitzt, um neue Erkenntnisdaten aufzunehmen und zu integrieren. Wir hoffen auch, daß unsere Art der Darstellung nicht nur die Komplexität des Entwicklungsprozesses zu vermitteln vermag, sondern auch eine sinnvolle Möglichkeit bietet, über die menschliche Psyche nachzudenken.

Glossar

Zahlreiche Begriffe, die mittlerweile zum Standardvokabular der Psychoanalyse gehören, haben im Laufe der Zeit unterschiedliche Bedeutungszuschreibungen erfahren. Mit der hier zusammengestellten Auswahl einiger wichtiger psychoanalytischer Grundbegriffe beanspruchen wir nicht, einen umfassenden oder gar maßgebenden psychoanalytischen Sprachführer vorzustellen. Vielmehr soll dieses Glossar dem mit psychoanalytischer Terminologie noch wenig vertrauten Leser als Orientierungs- und Verständnishilfe dienen, so daß die fortgesetzte Lektüre des vorliegenden Bandes mögich wird, ohne dabei auf äußere Quellen zurückgreifen zu müssen. Wir haben uns bei den vorgestellten Definitionen und Erläuterungen von unserem subjektiven Bedeutungsverständnis des jeweiligen Begriffes leiten lassen. Denjenigen Lesern, die an weiterführender terminologischer Klärung interssiert sind, seien folgende Quellen empfohlen: Hinsie, L. D. and Campbell, R. J. (1970). *Psychiatric Dictionary*, 4th ed. New York: Oxford Universities Press; Laplanche, J. und Pontalis, J.-B. (1967). *Vocabulaire de la Psychanalyse*. Paris: Presses Universitaires de France. Dt.: *Das Vokabular der Psychoanalyse*. Frankfurt a.M.: Suhrkamp 1972; Moore, B. E. und Fine, B. D. (Hg.) (1990). *Psychoanalytic Terms and Concepts*. New Haven und London: American Psychoanalytic Association and Yale Univ. Press; Rycroft, C. (1972). *A Critical Dictionary of Psychoanalysis*. Middlesex: Penguin.

In deutscher Sprache: Mertens, W. (1992). *Kompendium psychoanalytischer Grundbegriffe*. München: Quintessenz; Mertens, W. (Hg.) (1993): *Schlüsselbegriffe der Psychoanalyse*. Stuttgart: Verlag Internationale Psychoanalyse.

ABWEHRMECHANISMUS

Versuch auf Seiten des Ichs, sich vor Gefahr zu schützen. Die gefürchtete Gefahrensituation kreist für gewöhnlich um einen intrapsychischen Konflikt; sie entsteht dadurch, daß ein verdrängter Wunsch ins Bewußtsein zu gelangen droht, wobei die Erfüllung des Wunsches mit realer oder phantasierter Bestrafung assoziiert wird. Das drohende Bewußtwerden verdrängter Impulse wird durch schmerzliche Angst- oder Schuldgefühle signalisiert, die das Ich auf den Plan rufen, die betreffenden Wünsche abzuwehren. Die Abwehr arbeitet unbewußt, so daß auch der Einsatz entsprechender Abwehrstrategien der betreffenden Person nicht bewußt ist. Abwehrmechanismen sind ein normaler Bestandteil der Entwicklung und des psychischen Funktionierens.

ADAPTATION/ANPASSUNG

Die Fähigkeit zur Bewältigung äußerer oder innerer Realität. Oft erfordert dies die Ausrichtung der inneren Bedürfnisse an äußere Gegebenheiten; ebenso kann jedoch der Einsatz bestimmter Abwehrstrategien erforderlich sein, die innerpsychische Wirklichkeit zu verarbeiten.

AFFEKT
Affekte sind ein vielschichtiges psychologisches Phänomen mit motivationalen, somatischen, emotionalen (oder gefühlsmäßigen), expressiven und kommunikativen Korrelaten, an die eine assoziierte Vorstellung oder kognitive Komponente gebunden ist. Affekte sollten von Emotionen oder Gefühlen unterschieden werden.

AKKOMODATION
Entwicklungspsychologisches Konzept Piagets, das - ähnlich dem Konzept alloplastischer Anpassung - eine bestimmte Art und Weise beschreibt, sich in Abhängigkeit bereits verfügbarer Informationen oder „innerer Schemata" auf die Umwelt zu beziehen. Beispiel: Ein Kind, das zum ersten Mal einen Affen sieht, hält diesen für eine Katze, da er die gleiche Größe hat und es bereits weiß, was Katzen sind und wie sie aussehen.

ALLOPLASTISCH
Anpassungsmodus, der sich durch die Fähigkeit auszeichnet, (1) die Umwelt zu bestimmten Reaktionen zu veranlassen, um innere Bedürfnisse oder Wünsche zu befriedigen, (2) sich - in erster Linie in Abhängigkeit dieser Bedürfnisse und Wünsche - auf die Umwelt zu beziehen. Diese Fähigkeit ist für die ersten Lebensjahre von zentraler Bedeutung, wenn es das Überleben des Kindes erforderlich macht, seiner Umgebung spezifische Reaktionen zu entlocken. Bleibt jedoch Manipulation das einzige oder hauptsächliche Mittel zur Bedürfnisbefriedigung oder Konfliktlösung, so würde dies als unangemessen und im Sinne einer potentiell pathologischen Entwicklung interpretiert.

AMBIVALENZ
Das gleichzeitige Vorhandensein heftiger entgegengesetzter Gefühle für ein und dieselbe Person, z. B. Gefühle von Liebe und Haß.

ANAKLITISCH/ANLEHNUNGS-
Eine durch Abhängigkeit gekennzeichnete Beziehungsform, bei der einer der Beziehungspartner sich auf den anderen verläßt, um so die Befriedigung von Grundbedürfnissen oder die Erfüllung anderer physischer oder psychischer Wünsche zu erlangen. Die Beziehung zwischen Säugling und Mutter ist immer anaklitisch.

ANALE PHASE
Stufe der psychosexuellen Entwicklung, in der das Kind aufmerksam und lustvoll das Funktionieren seiner analen Zone verfolgt; dabei geht es vor allem um das Lustempfinden, das mit Ausstoßen und Zurückhalten der Fäces verbunden ist.

ANGST
Affektiver Zustand eines unlustvollen, erschreckenden oder schmerzlichen Gefühls, das subjektiv als Beunruhigung oder Panik erlebt wird, ähnlich der Furcht vor einer realen Gefahrensituation. Neben der Antizipation, von inneren oder äußeren Mäch-

ten überwältigt zu werden, sind an das Angsterleben immer eine oder mehrere Phantasien oder Vorstellungen gebunden.

ASSIMILATION
Entwicklungspsychologisches Konzept Piagets, das den Aufbau neuer innerer Schemata als Reaktion auf neue Informationen aus der Umwelt beschreibt (siehe auch *autoplastisch*). Vom Modus der Assimilation sprechen wir dann, wenn ein Kind, das einen Affen sieht, weiß, daß es sich bei diesem Tier nicht um eine Katze handelt, und es daraufhin eine neue (kognitive) Kategorie bildet: Tiere können Katzen sein oder sie können Affen sein.

AUTISMUS
Schwere Entwicklungsstörung organischer Genese bei Kindern und Jugendlichen, die zu einer Beeinträchtigung der zwischenmenschlichen Interaktion führt, womit in der Regel auch eine Beeinträchtigung der verbalen und nonverbalen Kommunikation einhergeht. Margaret Mahler entlieh diesen Begriff der Entwicklungspathologie, um damit die ersten Wochen im Leben eines Säuglings zu beschreiben, in denen sein Interaktionsverhalten - im Gegensatz zu späteren Entwicklungsstadien - weniger ausgeprägt scheint.

AUTOEROTISMUS
Sexuelles Verhalten, bei dem Stimulierung und Befriedigung ohne einen äußeren Reiz (ohne äußeres Objekt) zustande kommen. In diesem Sinne bezeichnet Masturbation ein autoerotisches Verhalten.

AUTONOMIE
Der Modus unabhängigen psychischen Funktionierens. Unter intersystemischen Gesichtspunkten gilt etwa das Überich dann als autonom, wenn sein Funktionieren weder durch Konflikte beeinträchtigt noch von der Bestätigung Erwachsener abhängig ist. Hartmann (1939) führte den Begriff der Autonomie im Zusammenhang mit seinem Konzept angeborener, primär autonomer Ich-Funktionen in die psychoanalytische Theorie ein. (Siehe auch *Primäre Autonomie; Sekundäre Autonomie*).

AUTOPLASTISCH
Anpassungsmodus, der sich durch die Fähigkeit auszeichnet, der individuellen Wahrnehmung der Umgebung entsprechende innerpsychische Modifikationen folgen zu lassen. Dies setzt eine funktionierende Realitätsprüfung voraus und impliziert in den meisten Fällen innere Kompromißbildung sowie die Fähigkeit, Befriedigungen aufzuschieben.

BESETZUNG
Ein bestimmter Betrag (hypothetischer) psychischer Energie, die an ein äußeres Objekt, das eigene Selbst, die psychische Repräsentanz des äußeren Objekts oder des eigenen Selbst, etc. gebunden ist.

BEWUSSTSEIN
Das eindeutige Gewahrwerden von Empfindungen, die auf der Wahrnehmung der äußeren Realität oder aber körperlicher oder seelischer Vorgänge beruhen.

BISEXUALITÄT
Das gleichzeitige Vorhandensein männlicher und weiblicher sexueller Dispositionen sowie sexueller Wünsche, die auf beide Geschlechter gleichermaßen gerichtet sind. Entwicklungspsychologisch gehen bisexuelle Strebungen auf die Neigung des Kindes zurück, sich mit verschiedenen Eigenschaften von Vater und Mutter zu identifizieren und beide weiterhin libidinös zu besetzen. Bisexualität kann zur Quelle späterer psychischer Konflikte werden.

DREI-INSTANZEN-MODELL
Von Freud im Jahr 1923 als sog. „Strukturmodell" eingeführt, das den psychischen Apparat in die drei Instanzen des *Ich*, *Es* und *Überich* unterteilt.

ENERGIE, PSYCHISCHE
Hypothetische, metaphorische Kraft psychischer Funktionstätigkeit, mit deren Hilfe - analog (wenn auch nicht äquivalent) den physikalischen Modellvorstellungen - ein offensichtlich quantitativer Aspekt bestimmter Elemente des menschlichen Seelenlebens erklärt werden soll.

ENTWICKLUNG
Prozeß der Persönlichkeitsbildung, dem die Interaktion zwischen reifungsbedingten und umweltkorrelierten Einflüssen sowie individuellen Erfahrungen zugrundeliegt.

EPIGENESE
Ein der Embryologie entlehntes und von Erikson (1966) auf die psychoanalytische Theorie übertragenes Entwicklungsprinzip, demzufolge jede Art von Wachstum bestimmten allgemeingültigen Gesetzen folgt. Es geht davon aus, daß gemäß einem - jedem Organismus zugrundeliegenden - Entwicklungsplan jedes Element dieses Organismus' eine spezifische Reifeperiode durchläuft, bis alle Elemente ein funktionierendes Ganzes bilden. Entwicklungsbedingte Ereignisse der Persönlichkeitsentwicklung manifestieren sich dementsprechend in einer bestimmten Geschwindigkeit und in einer bestimmten Sequenz.

EROGENE ZONEN
Körperregionen, deren Stimulierung sexuelle Lust oder Erregung auszulösen vermag. Die Entwicklungsreihe erogener Körperregionen - orale, anale, genitale Zone - stellt die Grundlage der Freudschen Theorie psychosexueller Entwicklung dar.

ES
Hypothetisches, die Triebseite des Menschen umfassendes psychisches System, das das Reservoir jener motivationalen Kräfte darstellt, deren „treibende" Qualität für (Trieb)Befriedigung sorgen soll. Neben dem Ich und dem Überich die dritte Instanz im Strukturmodell.

EXHIBITIONISMUS
Das Sich-Zeigen oder Zur-Schau-Stellen, mit dem Ziel, über das Angeschaut-Werden und den Betrachter selbst Triebbefriedigung zu erlangen.

EXTERNALISIERUNG
Vom Mechanismus der Projektion zu unterscheidende Abwehroperation, die durch die Neigung des Individuums bestimmt wird, eigene Triebwünsche, Konflikte, Stimmungen und Denkmodi nach außen zu verlagern und einer anderen Person zugehörig zu erleben.

FIXIERUNG
Die Libidotheorie betrachtet Fixierung als Ergebnis einer „Stauung" libidinöser Energie auf einer bestimmten Entwicklungsstufe, die auf ein Trauma, einen Konflikt, auf Frustration oder übermäßige Triebbefriedigung zurückzuführen ist und die die weitere Entwicklung nicht selten beeinträchtigt: Hindernisse, auf die das Individuum im späteren Verlauf seiner Entwicklung trifft, lassen es zum ursprünglichen „Punkt" der Fixierung regredieren (um die dort „zurückgelassene" psychische Energie „wiederaufzunehmen"). Nach heutiger Auffassung manifestieren sich im Rahmen der Fixierung für das Individuum emotional bedeutsame, lustvolle oder schmerzliche Gedanken, Wünsche oder Verhaltensmuster, deren anhaltender Einfluß vor allem in Momenten psychischer Anspannung sichtbar wird. In dieser Hinsicht sind Fixierungen Teil der normalen Entwicklung, wenngleich der Begriff selbst sich als immer weniger nützlich erweist.

GESCHLECHTSIDENTITÄT
Psychische Konfiguration, in der sich persönliche Identität, biologisches Geschlecht, interpersonelles Erleben, intrapsychische Folgen (z. B. Identifikationen) sowie soziokulturelle Einflüsse zu einem umfassenden Empfinden eigener Weiblichkeit oder Männlichkeit verbinden.

GESCHLECHTSROLLENIDENTITÄT
Geschlechtsgebundene Rolle, die - bewußt oder unbewußt - im Umgang mit anderen eingenommen wird.

GENITALE PHASE
Letzte Stufe der psychosexuellen Entwicklung, die mit der Pubertät einsetzt und die biologischen Fähigkeit, einen Orgasmus zu erleben, miteinschließt. Mit Erreichen der genitalen Phase erfolgt die Organisation der Partialtriebe früherer psychosexueller Entwicklungsstufen unter das Primat genitaler Befriedigung (auch wenn die Partialtriebe in den Dienst sexueller Stimulierung, etwa während des Vorspiels, gestellt werden können).

HILFSICH
Von der Übernahme von Hilfsich-Funktionen sprechen wir dann, wenn Mütter oder andere Bezugspersonen ihren Kindern Pflege, Schutz und Trost angedeihen lassen oder aber sie vor übermäßiger innerer oder äußerer Stimulierung schützen. Daran ist die Annahme geknüpft, daß einige Ich-Funktionen bereits existieren, daß jedoch Unterstützung von außen notwendig ist, damit das Kind schließlich die Fähigkeit ausbilden kann, selbst für sich zu sorgen.

ICH
Begriff, der sowohl ein an Erfahrung gebundenes (engl.: *experiential*, *experiencing*) Selbstempfinden als auch ein hypothetisches, psychisches System beschreibt, dem Organisation und Synthese der Persönlichkeit obliegen (engl.: *nonexperiential*). In seinen ersten beiden Modellen des psychischen Apparats rekurriert Freud auf den Begriff des Ichs, um damit in erster Linie ein erfahrungskorreliertes Selbsterleben zu beschreiben, um ihn dann, mit der Einführung der sog. Strukturtheorie, eher im Sinne eines hypothetischen psychischen Systems zu verwenden.

ICH-DYSTON
Wünsche, Impulse oder Gedanken, die als inkompatibel mit den eigenen normativen Vorstellungen erlebt werden, wie z. B. eine abweichende sexuelle Phantasie oder ein zwanghaftes Ritual.

ICHIDEAL
Idealvorstellung des eigenen Selbst, an das sich das Individuum bewußt und unbewußt anzugleichen sucht und an dem es sich mißt. Das zunächst hauptsächlich auf elterlichen Identifzierungen gründende Ichideal, das einen Teil des Überichs darstellt, erfährt im Laufe der Adoleszenz eine Neubewertung, wenn sich der Jugendliche nun auch mit anderen Personen zu identifizieren sucht.

ICH-SYNTON
Das eigene Verhalten wird als kompatibel mit den eigenen normativen Vorstellungen erlebt; so kann ein Charakterzug, den andere als störend und unangenehm empfinden, beim Betreffenden selbst keinerlei Unbehagen auslösen.

IDENTIFIZIERUNG
Die Veränderung der eigenen Selbstrepräsentanz, mit dem Ziel, so zu werden wie eine bewunderte Person oder ein Teilaspekt dieser Person. Der Begriff bezieht sich sowohl auf den Vorgang selbst als auch auf die daraus resultierenden Veränderungen. Die Identifizierung mit einem Elternteil ist ein notwendiger, sich bereits früh manifestierender Bestandteil normaler Entwicklung. Obgleich Identifikationen Momente der Abwehr enthalten können, sollten sie nicht primär als solche verstanden werden. Identifizierung sollte konzeptuell abgegrenzt werden von *Internalisierung*, *Inkorporation* und *Introjektion.*

INDIVIDUATION
Entwicklungsprozeß während der ersten drei Lebensjahre, in dessen Verlauf das Kind um den Aufbau eines eigenen und einzigartigen Identitätsempfindens bemüht ist, das seine individuellen Wesenszüge umfassen und sich von der Repräsentanz des Objekts - in der Regel die Mutter - unterscheiden soll.

INKORPORATION
Primitive Phantasie, sich etwas über eine Körperöffnung (Mund, Anus, Ohren, Nase) einzuverleiben, um sich so bestimmte Aspekte oder Qualitäten des Objekts anzueignen. Die Phantasie, das Objekt zu zerstören oder aber durch dessen Penetriertwerden Lustgewinn zu erlangen, sind weitere konnotative Bedeutungen des Inkor-

porationsbegriffs. Konzeptuell abzugrenzen von *Identifizierung*, *Internalisierung* und *Introjektion*.

INFANTIL-GENITALE PHASE
Jenes Stadium der psychosexuellen Entwicklung, in dem der größte Teil der sexuellen Aufmerksamkeit des Kindes auf die Genitalien gerichtet ist und orale sowie anale Erregungs- und Befriedigungsmodi in den Hintergrund treten. (Siehe auch *Phallische Phase*.)

INFANTILE NEUROSE
Intrapsychische Organisation, die durch einen internalisierten, angsterzeugenden Konflikt einerseits und eine auf Angstsignale mit angemessener Abwehr und Kompromißbildung - d.h. mit innerer Modifizierung (anstelle Manipulation der Umwelt) - reagiernde Ich-Struktur andererseits gekennzeichnet ist. Die infantile Neurose beginnt mit einem internalisierten Konflikt und impliziert ein funktionierendes Überich: Triebwünsche führen zu innerer Mißbilligung und Bestrafung (Schuld). Die infantile Neurose impliziert auch, daß der innere emotionale Aufruhr und die Kompromißbildungen von äußeren Einflüssen abgezogen werden und Ich und Überich von äußerer Verstärkung relativ unabhängig funktionieren.

INTERNALISIERUNG
Verinnerlichungsprozesse wie Inkorporation, Introjektion und Identifizierung, bei denen das Subjekt seine Interaktionen mit realen oder phantasierten Objekten in psychische Repräsentanzen, Funktionen und Strukturen, sowie innere Regulationen und Charakteristika verwandelt.

INTERNALISIERTER KONFLIKT
Ein sich zunächst im interpersonellen Kontext manifestierender Konflikt, der schließlich auf der innerpsychischen Bühne, etwa zwischen Triebwünschen und Überich-Verboten, ausgetragen wird. Wird häufig auch als neurotischer Konflikt bezeichnet.

INTERSYSTEMISCH
Es, Ich und Überich stellen die drei konstituierenden Systeme des Drei-Instanzen-Modells. Konfligieren Wünsche oder Impulse unterschiedlicher Systeme, so spricht man von einem *inter*systemischen Konflikt. Ein typisches Beispiel ist das Aufeinandertreffen von Triebansprüchen aus dem Es und einem dem Ich entspringenden Bedürfnis nach Triebaufschub. (Siehe auch *intrasystemisch*.)

INTRASYSTEMISCH
Treffen *innerhalb* einer der drei Instanzen Es, Ich und Überich konfligierende Wünsche oder Impulse aufeinander, so entspricht dies einem sog. *intra*systemischen Konflikt. Widerstreitende Ideale innerhalb des Überichs stellen einen häufigen intrasystemischen Konflikt dar.

INTROJEKT
Die aus dem Prozeß der Introjektion resultierende psychische Repräsentanz. Wir verwenden den Begriff des Introjekts vor allem zur Bezeichnung jener Repräsentan-

zen, die in Form von Ge- und Verboten der Verinnerlichung von „Autorität" im Verlauf der Überich-Bildung erwachsen und denen die gleiche - reale oder phantasierte - Macht und Autorität wie den äußeren Objekten zugeschrieben wird.

INTROJEKTION
Von Ferenczi (1909) als Antithese zum Vorgang der Projektion eingeführtes Konzept, das die lustvolle Verinnerlichung von Aspekten der äußeren Welt beschreibt. Der Begriff der Introjektion fand seitdem in mehreren Bedeutungskontexten Verwendung: (1) als Synonym für Identifizierung, (2) als Bezeichnung einer primitiven Form der Internalisierung, (3) als Umschreibung einer bestimmten Form der Identifizierung, die auch mit „psychotischen Identifikationen" in Verbindung gebracht wird, wenn Selbst- und Objektrepräsentanzen nicht klar voneinander abgegrenzt sind, und (4) als Abwehrmechanismus. Wir umschreiben mit dem Begriff der Introjektion vor allem die Verinnerlichung äußerer Anforderungen (des Objekts), die sich das Kind zueigen macht, so daß es auf die gleiche Art und Weise reagiert, unabhängig davon, ob das Objekt anwesend ist oder nicht.

KÖRPER-ICH
Selbstempfinden, das sich mit dem entstehenden Körperempfinden bildet. Freud verwendet den Begriff des Körper-Ichs im Zusammenhang mit den ersten Anzeichen bestehender Ich-Tätigkeit.

KÖRPERBILD
Die psychische Repräsentanz des Körpers, deren allmähliche Ausbildung modifizierenden Einflüssen von Wachstum, Reifung und Entwicklung unterliegt. Das Körperbild entspricht nicht notwendigerweise dem objektiven Aussehen des Körpers.

KASTRATIONSANGST
Die Angst des kleinen Jungen vor genitaler Beschädigung. Auch die übertriebene Furcht eines erwachsenen Mannes vor körperlicher Beschädigung oder aber die Furcht vor Verlust der sexuellen Potenz gelten als Manifestation männlicher Kastrationsangst. Obgleich der Begriff der Kastrationsangst mittlerweile für beide Geschlechter gebraucht wird und Ängste vor genitaler Beschädigung im weitesten Sinne bezeichnet, plädieren wir dafür, dieses Konzept auf die Psychologie des Mannes zu beschränken.

KLOAKENTHEORIE
Sexualtheorie des Kindes, die den Unterschied zwischen Anus und Vagina verkennt: Der Anus wird zum Ort der Defäktion und des Koitus sowie zu jenem Ausgang, durch den die Kinder geboren werden.

KONFLIKTFREIER (ICH-) RAUM
Ein Bereich des Ich-Tätigkeit, der sich außerhalb des intrapsychischen Konfliktgeschehens bildet und in der Regel unbehelligt von diesem bestehen bleibt. Dazu zählen etwa die Bereiche Motilität, Kognition und Sprache. Das Konzept des konfliktfreien Raums wurde von Hartmann im Zusammenhang mit seinen Überlegungen zur primären und sekundären Autonomie eingeführt.

KONFLIKT, INTRAPSYCHISCH
Konflikt zwischen sich im Widerstreit befindlichen psychischen Systemen/Instanzen (im Gegensatz zum Konflikt zwischen Individuum und Umwelt).

KERNGESCHLECHTSIDENTITÄT
Uranfängliches und konfliktloses Grundempfinden, hinsichtlich des eigenen Geschlechts ein Junge oder ein Mädchen zu sein.

KONFLIKT, INTRASYSTEMISCH
Konflikt zwischen gegensätzlichen Aspekten ein und desselben Systems, z. B. in Form konfligierender Ideale im Überich.

KUMULATIVES TRAUMA
Jegliche Bedingung, die sich über die Zeit hinweg als ungünstig, schädlich oder beeinträchtigend für die Entwicklung des kleinen Kindes erweist.

LATENZ
Entwicklungsstadium, das durch die relative Desexualisierung der kindlichen Beziehungen gekennzeichnet ist. Dies impliziert die Verdrängung oder erfolgreiche Auflösung des ödipalen Konflikts sowie eine durch die Überich-Entwicklung beeinflußte Reorganisation der Ich-Abwehr.

LIBIDO
Hypothetische psychische Energie, von Freud als Kraft hinter dem Sexualtrieb postuliert.

LIBIDOTHEORIE
Theoretischer Entwurf, der sexuelle Strebungen als von frühester Kindheit an wirksame Triebfeder des psychischen Geschehens postuliert und von einer im Laufe der Entwicklung stattfindenden Aufmerksamkeitsverschiebung des Kindes hinsichtlich seiner erogenen Zonen (oral - anal - genital) ausgeht. Die den Sexualtrieben zugrundeliegenden somatischen Prozesse, so die These, sind an bestimmte Ziele oder Wünsche gebunden, die wiederum sexuelle Lust - geknüpft an Phantasien über ein bestimmtes Objekt - auszulösen vermögen.

METAPSYCHOLOGIE
Von Freud (1901) eingeführter Begriff, mit dem er eine Psychologie jenseits des Bewußtseins zu umschreiben sucht, um damit die Psychoanalyse von einer auf bewußten psychischen Vorgängen wie Denken und Wahrnehmung basierenden Wissenschaft abzugrenzen. Er bezeichnet die „metapsychologische Darstellung“ als die umfassenste Beschreibung klinischer Phänomene, die die Psychoanalyse zu bieten habe (1915c, S. 147). In der Folgezeit verwendete man den Begriff der Metapsychologie, um damit die theoretische Untermauerung psychoanalytischen Wissens ganz allgemein zu beschreiben. Der Versuch mancher Ich-Psychologen in den 50er Jahren, die Metapsychologie vom klinischen Erfahrungswissen abzutrennen, konnte sich so nicht durchsetzen. Die Metapsychologie bietet geeignetes konzeptuelles Handwerkszeug, um das psychische Geschehen beim Menschen besser zu verstehen. Trotz des „klinischen“ Fundaments metapsychologischer Überlegungen, ent-

bindet dies nicht von der Notwendigkeit, die Grundlagen der Metapsychologie immer wieder einer Überprüfung zu unterziehen, um so eine kontinuierliche Weiterentwicklung zu ermöglichen.

NACHAHMUNG
In Abgrenzung zur Identifizierung in der Regel temporäres und zumeist bewußtes Kopieren bewunderter oder gehaßter Objekte.

NARZISSMUS
In Freuds ursprünglichem Konzept bezeichnet Narzißmus die libidinöse Besetzung des Ichs (Selbst), das sich selbst als Liebesobjekt nimmt. In der Folgezeit kamen weitere Bedeutungskonnotationen hinzu, die Narzißmus als (1) sexuelle Perversion, (2) Entwicklungsphase, (3) Art der Objektwahl, (4) Modus, sich auf die Umwelt zu beziehen oder (5) Aspekt des Selbstwertempfindens umschreiben.

NEGATIVER ÖDIPUSKOMPLEX
Psychische Konstellation, in der sich das Kind mit dem gegengeschlechtlichen Elternteil identifiziert und dabei um die Liebe des gleichgeschlechtlichen Elternteils wirbt.

NEUROTISCH (NEUROTISCHER KONFLIKT)
Konflikt innerhalb eines oder zwischen mehreren psychischen Systemen. (Siehe auch *internalisierter Konflikt* und *infantile Neurose*.)

NEUTRALISIERUNG
Hypothetischer psychischer Prozeß (geknüpft an das Konzept psychischer Energie), der von der Möglichkeit der *Desexualisierung* und *„Deaggressivierung“* ausgeht - d.h. von der Verringerung oder Deaktivierung der sexuellen und aggressiven Aspekte der motivationsbestimmenden Triebkraft.

NICHT-ERFAHRUNGSBEDINGT (ENGL.: NONEXPERIENTIAL)
Hypothetische Aspekte psychischer Funktionen (z. B. Abwehrformationen) oder psychische Systeme (z. B. Es, Ich, Überich). Konzepte zum psychischen Geschehen bzw. zur psychischen Funktionstätigkeit sind zentraler Bestandteil der psychoanalytischen Theorie. Obgleich in klinischer Hinsicht nützlich, um die dem menschlichen Verhalten zugrundeliegenden Mechanismen zu verstehen, sind sie doch nicht Teil unseres unmittelbaren Erlebens.

OBJEKT
Die unseres Erachtens unglückliche Gleichsetzung von *Objekt* und *Person* in der Psychoanalyse geht auf Freuds Verständnis des Objekts als Korrelativ des Triebes zurück - d.h. das Objekt ist jene Person, über die Triebbefriedigung gesucht wird.

OBJEKTWAHL
Die von unbewußten Determinanten sowie dem jeweiligen Entwicklungsstadium beeinflußte Wahl einer bestimmten Person als bedeutsamstes Liebesobjekt.

OBJEKTKONSTANZ
Von Hartmann (1972) in die Theorie eingeführtes Konzept, das ein Stadium in der Entwicklung der Objektbeziehungen beschreibt, in dem sexuelle oder aggressive Impulse nicht zur Zerstörung oder Beeinträchtigung der Beziehung führen. Die konzeptuelle Ähnlichkeit zu Piaget sowie die fast identische Terminologie, wie sie Spitz, Anna Freud und Margaret Mahler verwenden (trotz der sehr unterschiedlichen Definitionen und Kriterien dieser Autoren), sorgte für einige konzeptuelle Verwirrung. Spitz spricht von einem *konstanten libidinösen Objekt*, wenn der Säugling im Alter von sechs bis acht Monaten eindeutig zu erkennen gibt, daß er die Mutter allen anderen Personen vorzieht. Anna Freud verwendet den Begriff der *Objektkonstanz*, um damit jenen Zeitpunkt in der Entwicklung des Säuglings zu umschreiben (ebenfalls um den sechsten bis achten Monat), von dem ab die Mutter die wichtigste Bezugsperson im Leben des Kindes bleibt, unabhängig davon, ob sie seine Bedürfnisse erfüllt oder frustriert. Das Konzept der *kognitiven Objektpermanenz* oder *Konstanz eines Gegenstandes* bezieht sich nicht auf interpersonelle Beziehungen und ihre Internalisierung, sondern beschreibt das Überdauern eines inneren Abbilds über den Zeitpunkt der Wahrnehmung hinaus. Die Fähigkeit zur kognitiven Objektpermanenz - das Überdauern einer integrierten Repräsentanz im Gedächtnis, die nach Belieben abgerufen werden kann - konsolidiert sich um den 18. Monat. Das Erreichen *libidinöser Objektkonstanz* vollzieht sich nach Auffassung von Margaret Mahler entlang eines allmählichen Entwicklungsprozesses, der sowohl eine enge Bindung an die Mutter als auch eine evozierbare kognitive mütterliche Repräsentanz voraussetzt, um schließlich in die relative Auflösung ambivalenter Liebes- und Haßgefühle gegenüber der Mutter zu münden. Das Kind kann die Mutter nunmehr als insgesamt liebevoll erleben. Ist die reale Mutter abwesend, vermag die entsprechend liebevolle mütterliche Repräsentanz Trost und Unterstützung zu spenden, was die innere Getrenntheit sowie reifere Beziehungsmodi des Kindes fördert.

OBJEKTLIBIDO
Den äußeren Liebesobjekten entgegengebrachte libidinöse Energie oder psychische Aufmerksamkeit (im Gegensatz zur narzißtischen Libido, die auf das eigene Selbst gerichtet ist).

OBJEKTVERLUST
Verlust einer geliebten Person infolge einer real stattgefundenen Trennung oder aber auf psychodynamische Prozesse zurückzuführende Verlustgefühle.

OBJEKTBEZIEHUNGEN
Die im Laufe der Entwicklung auf dem Fundament interpersonellen Interaktionsgeschehen entstandenden Objektrepräsentanzen sowie das damit verbundene Selbstempfinden. Dazu zählen u. a. die Repräsentanzen bedeutsamer Beziehungen und Erfahrungen aus der Kindheit, die das Interaktionsgeschen sowie die Objektwahl des Subjekts maßgeblich beeinflussen. Um den Aspekt der intrapsychischen Dimension zu betonen, spricht man häufig auch von *internalisierten Objektbeziehungen* .

OBJEKTREPRÄSENTANZ
Die in der inneren Welt des Subjekts existierende psychische Repräsentantion eines äußeren Objekts. Obgleich sie dem realen äußeren Objekt durchaus entsprechen kann, kommt es doch sehr häufig zu Verzerrungen der Objektrepräsentanz, ausgelöst durch Phantasien, Idealisierungen oder aber Vorgänge, die unbewußt bleiben, wie etwa heftige Liebes- oder Wutgefühle.

ÖDIPUSKOMPLEX
Spezifische, sich in der Regel auf dem Höhepunkt der infantil-genitalen Phase manifestierende Beziehungskonfiguration, in der das Kind seine sexuellen Wünsche auf den gegengeschlechtlichen Elternteil richtet, während es sich mit dem gleichgeschlechtlichen Elternteil identifiziert. Die Phantasie, den Platz des als lästig empfundenen Rivalen einzunehmen, ist meist von zahlreichen Konflikten begleitet: Loyalität und Bewunderung für den gleichgeschlechtlichen Elternteil stehen der Furcht vor dessen Vergeltung gegenüber.

OPERATIONEN
Piagets Begriff der *Operation* bezeichnet die kognitive Fähigkeit des Kindes, über Handlungen nachzudenken, ohne weiterhin auf praktisches Üben angewiesen zu sein. Die geistige Entwicklung des Kindes teilt Piaget wie folgt ein:
1. Stadium des *voroperatorischen, anschaulichen Denkens*: In dieser Entwicklungsphase dominieren egozentristisches und vorlogisches Denken. Wertung und Urteil des Kindes werden nicht so sehr von logischen Faktoren als vielmehr von den unmittelbaren Wahrnehmungen selbst bestimmt.
2. Stadium des *konkret-operatorischen* (bzw. *konkret-logischen*) *Denkens*: Das Denken des Kindes ist beschränkt auf (vor)gegebene Informationen, seien sie konkret-anschaulich oder abstrakt (sprachlich) repräsentiert. Hypothesenbildung und Variablenkontrolle sind noch nicht möglich.
3. *Formal-operatorisches Denken*: Aus Beobachtungen und Aussagen kann abstrahiert werden, mögliche Einflußvariablen können abgeleitet und im Sinne der Hypothesenbildung und Variablenkontrolle überprüft werden.

ORALE PHASE
Erste Stufe der psychosexuellen Entwicklung des Kindes, die in etwa mit dem ersten Lebensjahr zusammenfällt und als deren Hauptquelle libidinöser Befriedigung lustvolle orale Aktivitäten wie Saugen und Beißen gilt.

PARTIALTRIEB
Der Zusammenschluß bestimmter Impulse zu einer einheitlichen Triebäußerung. Das Konzept des Partialtriebs bezieht sich in erster Linie auf prägenitale Impulse und Aktivitäten, die sich im Laufe der (normalen) Entwicklung verbinden, um schließlich dem Genitalprimat untergeordnet zu werden. So kann es zum Zusammenschluß verschiedener oraler, analer und urethraler Funktionen kommen, die sich dann über eine bestimmte Aktivität - etwa dem Schautrieb (z. B. in der Skopophilie) - Ausdruck verschaffen. Oftmals widersprechen sich die miteinander verbundenen

Triebe, wie es im Fall von Sadismus und Masochismus zu beobachten ist; das Verhalten ist hier von Aggression und Sexualität gleichermaßen gekennzeichnet.

Psychischer Apparat
Hypothetische Unterteilung der Psyche in verschiedenen Systeme oder Funktionsgruppen. Im Strukturmodell sind dies die Instanzen Es, Ich und Überich.

(Psychische) Repräsentanz
Ein mehr oder weniger stabiles und überdauerndes innerpsychisches Bild äußerer Personen oder Gegenstände. Repräsentanzen setzen sich aus einer Vielzahl multimodaler Wahrnehmungen und Eindrücke zusammen. In die innere Repräsentanz, die sich das Kind von seiner Mutter bildet, fließen neben seinen zahlreichen Bildern und Eindrücken der Mutter auch all jene Bilder, die es von sich selbst in der Interaktion mit ihr gewinnt.

Penisneid
Freuds Postulat des weiblichen Penisneids als zentralem Element in der psychosexuellen Entwicklung der Frau blieb nicht unwidersprochen. Die Entdeckung, daß ältere Jungen oder Männer im Besitz eines größeren Geschlechtsorgans sind als sie selbst, läßt auch in Jungen heftige Neidgefühle entstehen.

Phallische Mutter
Phantasie, daß die Mutter einen Penis besitzt. Auch Frauen mit angeblich männlichen Charakterzügen werden häufig mit dem Attribut *phallisch* belegt.

Phallische Phase
Stufe der psychosexuellen Entwicklung des Kindes, die auf die anale Stufe folgt und durch den Primat der Genitalorgane als erogener Zone charakterisiert ist. Das größte Interesse, aber auch die größte Angst scheint der Penis des Jungen auf sich zu ziehen - daher die Bezeichnung *phallisch.* Wir bevorzugen Freuds ursprüngliche Bezeichnung der *infantil-genitalen Phase*, da diese die gleichermaßen bedeutsamen Entwicklungsaspekte des Mädchens zuläßt.

Phantasie
Eine mehr oder weniger lose Verknüpfung bewußter oder unbewußter innerer Bilder, deren zugrundeliegende Vorstellungen, Gedanken oder modifzierte äußere Wahrnehmungen eine bestimmte Anordnung aufweisen, um die Befriedigung eines unerfüllten Wunsches zu ermöglichen. Phantasietätigkeit setzt die Fähigkeit zur Bildung von Vorstellungsketten voraus.

Positiver Ödipuskomplex
Beziehungskonfiguration, in der sich das Kind mit dem gleichgeschlechtlichen Elternteil identifiziert, während seine sexuellen Wünsche auf das gegengeschlechtliche Elternteil gerichtet sind.

PRÄÖDIPALE PHASE
Jene Stadien in der Entwicklung der Objektbeziehungen, die der Manifestation des Ödipuskomplexes vorausgehen und in erster Linie durch die Bindung an das erste Liebesobjekt - die Mutter -gekennzeichnet sind.

PRIMÄRE AUTONOMIE
Angeborene Kompetenzen, z. B. kognitive oder motorische Fähigkeiten, die sich - unabhängig von äußeren Einflüssen - im Laufe der Entwicklung herausbilden, allerdings durch Konflikte oder reggressive Tendenzen beeinträchtigt werden können.

PRIMÄROBJEKT
Die erste und wichtigste Bezugsperson im Leben eines Kindes, für gewöhnlich die Mutter.

PRIMÄRPROZESS
An die subjektive innere Welt oder das Unbewußte geknüpfter Denkmodus, der durch assoziatives und metaphorisches Denken, Konkretismus, Verdichtung, Verschiebung und Symbolisierung gekennzeichnet ist und sich in Träumen, Phantasien oder Versprechern manifestiert. (Siehe auch *Sekundärprozeß*.)

PROJEKTION
Abwehroperation, die es dem Subjekt ermöglicht, eigene unannehmbare Impulse und Empfindungen einem äußeren Objekt zuzuschreiben, um diese dann als Angriff von außen zu erleben.

PROJEKTIVE IDENTIFIZIERUNG
Dieses von Melanie Klein in die psychoanalytische Theorie eingeführte Konzept beschreibt ursprünglich eine Strategie, mit deren Hilfe das Kleinkind aggressive Empfindungen sich selbst und der Mutter gegenüber in der Phantasie zu bewältigen sucht. Die in der Folgezeit vorgenommenen konzeptuellen Erweiterungen umfassen neben der theoretischen Ausdehnung auf spätere Entwicklungsstadien und dem Aspekt der Verlagerung nach außen, folgende Dimensionen: (1) die mit Verfolgungsphantasien einhergehende Wendung der Aggression gegen das eigene Selbst, (2) Wünsche, das Objekt zu besitzen und zu kontrollieren, (3) projektive Identifizierung als Teil spezifischer Gegenübertragungsmechanismen, und schließlich (4) im Sinne einer tatsächlichen Veränderung des inneren Zustands des Objekts und der Selbstrepräsentanz.

PSYCHISCHE REALITÄT
Freud zufolge umfaßt die psychische Realität all jene Einflüsse, die im Seelenleben des Menschen die Qualität äußerer, objektiver oder materieller Wirklichkeit annehmen. Im strengeren Sinne handelt es sich dabei um einen unbewußten Wunsch sowie die daran geknüpfte Phantasie. Faßt man das Konzept weiter, so prägen auch bewußte und unbewußte Gedanken, Empfindungen, Träume, Erinnerungen und Wahrnehmungen unsere innere Wirklichkeit, unabhängig davon, inwieweit sie der äußeren Realität entsprechen.

PSYCHOANALYSE
Das Studium menschlichen Erlebens und Verhaltens, dessen besonderes Augenmerk auf unbewußte psychische Vorgänge gerichtet ist. Definitorisch handelt es sich bei der Psychoanalyse um (1) ein Verfahren zur Untersuchung seelischer Vorgänge, (2) ein Theoriegebäude, (3) eine Methode zur Behandlung neurotischer Störungen.

PSYCHOSEXUALITÄT
Persönlichkeitsorganisation, die sich - basierend auf der progressiven Reifung erogener Zonen - entlang sukzessiver Entwicklungsstufen herausbildet. Die psychosexuelle Entwicklung des Kindes ist von Phantasien und Konflikten begleitet, die seine Entwicklung der Objektbeziehungen, des Überichs, der kognitiven Fähigkeiten und des Ichs beeinflussen.

REAKTIONSBILDUNG
Mechanismus, bei dem infantile Impulse durch die Entwicklung entgegengesetzter Tendenzen und Einstellungen habituell - es entsteht ein neuer Charakterzug - abgewehrt werden. Ein Beispiel ist die übertriebene Ordnungsliebe des Zwangscharakters, die an die Stelle von Feindseligkeit und Unsauberkeit tritt.

REGRESSION
In Zeiten psychischer Anspannung oder Angst zu beobachtende Verhaltensmuster, deren Charakteristika eigentlich einem früheren Entwicklungsstadium entspringen. Verhaltensänderungen dieser Art wurden ursprünglich im Sinne einer „Rückkehr" an einen bestimmten Punkt libidinöser Fixierung interpretiert.

SEKUNDÄRE AUTONOMIE
Jene Ich-Funktionen, die - im Gegensatz zu angeborenen primär autonomen Ich-Funktionen - einer konflikthaften Matrix entspringen, sich letztlich jedoch von diesen Konflikten befreien und autonom werden können.

SEKUNDÄRVORGANG
Psychischer Funktionsmodus, der sich durch geordnet-rationales, logisches Denken auszeichnet und hauptsächlich in den Dienst der Anpassung an die Realität gestellt wird. Sekundärprozeßhaftes Denken ist sehr stark von der Fähigkeit zu verbaler Symbolisierung abhängig; es kann sowohl bewußt als auch unbewußt sein. (Siehe auch *Primärvorgang*.)

SELBSTBILD
Das Bild, das wir hinsichtlich unseres eigenen Selbst zu einem bestimmten Zeitpunkt in einer bestimmten Situation entwerfen, umfaßt sowohl Körperbild als auch Repräsentationen innerer Empfindungen und Wahrnehmungen. Es entspringt unserer Selbstrepräsentanz und konstituiert zugleich einen Teil dieser.

SELBSTOBJEKT
Das im Rahmen seiner Selbstpsychologie von Heinz Kohut entwickelte Konzept beschreibt das Bedürfnis des Menschen, andere Personen als funktionelle Erweiterung des eigenen Selbst zu benutzen, um sich so vor der Fragmentierungsgefahr infolge starker Affekte oder Erregungszustände zu schützen.

Selbstrepräsentanz
Die innerpsychische Repräsentation des Selbst - in der sich auch die bewußte Wahrnehmung des Subjekts seiner selbst manifestiert - ist eine Zusammensetzung aus den individuellen Erfahrungen und Interaktionen des Subjekts, seinen verschiedenen realistischen und verzerrten Selbstbildern sowie den Gefühlen, die es damit verbindet.

Sensumotorische Entwicklung
Der angeborene und während der ersten 18 Monate vorherrschende Denkmodus des Kleinkindes basiert auf sensorischer Wahrnehmung und motorischer Aktivität: Die intellektuelle Auseinandersetzung mit der Umwelt ist gegenständlich, pragmatisch und handlungsgebunden.

Strukturtheorie
In seinem 1923 vorgestellten „Strukturmodell" postuliert Freud die Dreiteilung des psychischen Apparates, die es ermögliche, innerseelische Vorgänge - gemäß ihrer adaptiven Funktion und entsprechend ihrer jeweiligen Stellung im Konfliktgeschehen - den drei Instanzen des Es, Ich und Überich zuzuordnen, deren konzeptuelle Fassung als „Strukturen" sich ihrer relativen Stabilität und nur langsamen Veränderungsrate, ihrer Konstanz der Zielsetzungen sowie der Konsistenz ihrer Operationsmodi verdankt.

Sublimierung
Die unbewußte Umlenkung sexueller Impulse auf sowohl dem Ich als auch dem Überich genehme Zielsetzungen. Beispiel: Anstatt seinen Masturbationsimpulsen nachzugeben und in entsprechende Phantasien einzutauchen, erfindet der Junge während der Latenz „nette" Geschichten und begeistert sich für Bastelarbeiten.

Symbiose
Der Biologie entlehnter Begriff zur Bezeichnung zweier getrennter, jedoch voneinander abhängiger Organismen. In der entwicklungspsychologischen Konzeption Margaret Mahlers beschreibt die *normale symbiotische Phase* die für den zwei bis vier Monate alten Säugling charakteristische Form der Objektbezogenheit; als eine der Vorläuferphasen des eigentlichen Loslösungs- und Individuationsprozesses, so Mahler, zeichnet sich die normale symbiotische Phase durch ein noch fehlendes Empfinden für die eigene Getrenntheit von der Mutter aus. Neue Forschungsergebnisse haben jedoch gezeigt, daß der Säugling von Geburt an über zahlreiche kognitive und perzeptorische Fertigkeiten verfügt, um zwischen Innen und Außen, Selbst und Anderem zu differenzieren. Er ist ausgestattet mit der Fähigkeit zu sozialer Interaktion. Mahlers Konzept einer symbiotischen Entwicklungsstufe ließe sich somit besser im Sinne einer optimalen affektiven Beziehung zum Ausdruck bringen: Mutter und Säugling sind „aufeinander eingestimmt" („in tune"). Wir halten diese Entwicklungsmetapher für nützlich, um damit einen affektiven Idealzustand zu beschreiben, der sich durch eine Form affektiver Einheit zwischen einer Mutter und ihrem Säugling auszeichnet. Die Vorstellung der frühen Säuglingszeit als Symbiose mit vollkommener Bedürfnisbefriedigung ist eine bei Kindern häufig anzutreffende

Phantasie; ebenso häufig äußeren Schwangere die Phantasie symbiotischer Einheit, die sie mit ihrem noch ungeborenen Kind verbindet. Die Phantasie, früher einmal mit der Mutter symbiotisch verschränkt gewesen zu sein, kann dazu veranlassen, diese Erfahrung mit einer anderen Person wiederbeleben zu wollen.

SYSTEM
Organisation einzelner Elemente, die in Interrelation und dynamischer Interaktion miteinander stehen.

TOPISCHES/TOPOGRAPHISCHES MODELL
Freuds zweites Modell der menschlichen Psyche, das den seelischen Apparat in die drei Systeme *Unbewußt (Ubw), Vorbewußt (Vbw)* und *Bewußt (Bw)* unterteilt.

TRAUMA
Situative Bedingung, die als überwältigend erlebt wird und die Fähigkeit des Ichs zur Organisation und Regulierung überfordert, was in einen Zustand der Hilflosigkeit mündet.

TRIEB
Im Gegensatz zum stereotypen, automatisch ablaufenden instinktgesicherten Verhalten der Tiere, beschreibt der Begriff des Triebes in der Psychoanalyse ein psychologisches Phänomen. Als Trieb gilt hier die psychische Repräsentanz einer biologischen Kraft, die motivations- und somit handlungsbestimmend wirkt. Entgegen der motorischen Aktivität, wie sie der Erregungszustand eines Tieres hervorruft, erfährt das den Triebimpulsen des Menschen folgende Verhalten eine Vermittlung durch das Ich. Genau dies sorgt für die Plastizität und Variationsbreite menschlicher Reaktionen, die - anstatt vorherbestimmt zu sein - durch Erfahrung und Reflexion modifizierbar werden.

TRIEBABFUHR-MODELL
In seinem ersten theoretischen Entwurf zur Seelentätigkeit des Menschen stützt sich Freud auf die Vorstellung eines Hydraulikmodells und einer metaphorischen psychischen Energie. Der seelische Apparat, so Freud, hat die Tendenz, die in ihm enthaltene Erregung resp. Energie „möglichst niedrig oder wenigstens konstant zu halten". Übersteigt der Energiebetrag ein bestimmtes Maß, muß er abgeführt werden. Den Zuwachs an psychischer Energie führte man auf emotionale Belastungen zurück, etwa infolge überwältigender Kindheitserlebnisse (z.B. sexueller Verführung), die ein Ungleichgewicht innerhalb des psychischen Apparats zur Folge haben und nach Abfuhr „drängen", um den Zustand der Konstanz wiederherzustellen. Die Verdrängung dieses Affekts führt zum „Energiestau", was wiederum mit dem reibungslosen Funktionsablauf des psychischen Apparats interferiert. Je größer der Betrag an verdrängter Energie, um so einschneidender die Störung der psychischen Funktionstätigkeit und um so traumatisierender die Auswirkungen. Für Freud, der mit diesem Modell versuchte, psychopathologische Phänomene auf eine neurologische Grundlage zu stellen, bestimmten somit (emotionale) Erregung und Entladung den Zuwachs und die Abnahme psychischer Energie - was seine damalige Bevorzugung der kathartischen Behandlungsmethode erklärt.

TRIEBABKÖMMLING
Da Triebe selbst nicht ins Bewußtsein gelangen, kann ihre motivationsbestimmende Kraft nur aufgrund ihrer Auswirkungen auf das psychische Geschehen bewußt werden; somit kann ein Triebabkömmling sowohl in den Gedanken, Impulsen und Wünschen als auch im Verhalten des Menschen seinen Ausdruck finden.

ÜBERGANGSOBJEKT
Von Winnicott in die psychoanalytische Theorie eingeführtes Konzept, das die Neigung des Kleinkindes beschreibt, sich mit Hilfe eines bestimmten Gegenstandes, etwa einer Decke oder einem Spielzeug, über die Abwesenheit der Mutter hinwegzutrösten. Das Übergangsobjekt symbolisiert die Verbindung zwischen Mutter und Kind und enthält als solche Qualitäten beider Beziehungspartner.

ÜBERICH
Hypothetisches psychisches System, dem die Aufstellung und Einhaltung ethischer Normen, individueller Zielsetzungen und Idealvorstellungen obliegt. Ein optimal funktionierendes Überich unterstützt die intrapsychische und interpersonelle Harmonie und fördert die soziale Anpassung. Wirkung und Einfluß des Überichs offenbaren sich vor allem im Gefühl gehobenen Selbstwerts oder aber im schmerzlichen Affekt der Schuld.

UNBEWUẞT/DAS UNBEWUẞTE
Außerhalb der bewußten Wahrnehmung liegende psychische Inhalte und Vorgänge. Während das *deskriptiv Unbewußte* jene Inhalte umfaßt, die sich momentan außerhalb des bewußten Wahrnehmungsfeldes befinden, besteht das *dynamisch Unbewußte (Ubw)* - das dem System „Unbewußt" im topischen Modell entspricht - aus jenen psychischen Inhalten und Vorgängen, die durch eine Verdrängungschranke vom Bewußtsein ferngehalten werden.

VERDRÄNGUNG
Subsummierte Freud in seinen frühen Schriften noch alle Abwehroperationen unter dem Begriff der *Verdrängung*, so bezieht sich das Konzept mittlerweile auf jenen spezifischen Abwehrvorgang, über den psychische Aktivitäten oder Wunschinhalte, Phantasien und frühe Kindheitserlebnisse aus dem Bereich bewußter Wahrnehmung ausgeschlossen werden. Wohlgemerkt fallen nicht nur Inhalte der Verdrängung anheim, sondern auch der Prozeß der Unbewußtmachung selbst.

VERLEUGNUNG
Abwehrformation, die durch die Vermeidung des Ichs gekennzeichnet ist, einen schmerzlichen Aspekt der Realität ins Bewußtsein gelangen zu lassen. Beispiel: Die offensichtliche Weigerung eines kleinen Jungen, die Tatsache anatomischer Unterschiede anzuerkennen.

VERSCHIEBUNG
Abwehroperation, durch die das ursprüngliche Objekt oder ein bestimmtes Körperteil „abgelöst" und durch ein anderes ersetzt wird. Z. B.: Verschiebung der gegen

den Vater gerichteten wütenden und feindseligen Gefühle auf andere Männer oder Autoritätspersonen.

VORBEWUSST
Vorgänge, Inhalte und Erinnerungen, die dem Bewußtsein praktisch zugänglich sind, sich jedoch im Moment der bewußten Wahrnehmung entziehen. Im „topischen" Modell bezeichnet *vorbewußt* (vbw) ein System des psychischen Apparats.

VORSTELLUNGSWELT
Mit ihrem metapsychologischen Konzept der *Vorstellungswelt* beschreiben Sandler und Rosenblatt (1984) einen ganzen Komplex an Bildern und Vorstellungen der Objekte der „Außenwelt", die via Internalisierung Eingang in die „Innenwelt" des Subjekts finden und dort eine Art erfahrungskorrelierte „Landkarte" bilden, auf der die Phänomene der objektiven Realität „eingezeichnet" sind, wie sie in der Psyche eines jedes Einzelnen existiert.

WIEDERANNÄHERUNG
Mit ihrem Konzept der *Wiederannäherung* (Rapprochement) beschreibt Mahler einen typischen Entwicklungskonflikt, der während der zweiten Hälfte des zweiten Lebensjahres zwischen Mutter und Kind ausgetragen wird. Das allmählich einsetzende gefühlsmäßige Wissen um die Getrenntheit von der Mutter sowie das Fehlen jener Allmacht, wie sie das kindliche Erleben noch während der Übungsphase geprägt hat, sind zentrale Merkmale dieser Entwicklungsphase. Die Beziehung zur Mutter muß neu verhandelt werden. Obgleich die Wiederannäherungskrise ihren Anfang im zweiten Lebensjahr nimmt, sind die damit verbundenen Entwicklungsthemen nicht auf diesen Zeitraum beschränkt, sondern werden mit jedem Entwicklungsabschnitt neu aufgeworfen; somit wird auch die Beziehung zwischen Eltern und Kind mit jeder neuen Entwicklungsstufe neu verhandelt.

Literaturverzeichnis

Erläuterung der im Literaturverzeichnis verwendeten Abkürzungen:

Amer J Orthopsychiat	American Journal of Orthopsychiatry
Amer J Psychiat	American Journal of Psychiatry
Am Pediatrics	American Pediatrics
Ann Psychoanal	Annual of Psychoanalysis
Archs Sexual Behavior	Archives of Sexual Behavior
Brit J Med Psychol	British Journal of Medical Psychology
Bull Anna Freud Centre	Bulletin of the Anna Freud Centre
Bull Hampstead Clin	Bulletin of the Hampstead Clinic
Bull John Hopkins Hosp	Bulletin of the John Hopkins Hospital
Bull Phila Assn	Bulletin of the Philadelphia Association for Psychoanalysis
Child Develop	Child Development
Child-Fam Digest	Child and Family Digest
Cogn Develop	Cognitive Development
DHHS	Department of Health and Human Services
Genetic Psychol Mono	Genetic and Psychology Monographs
Int J Psychoanal	International Journal of Psychoanalysis
Int J Psychoanal Psychother	International Journal of Psychoanalysis and Psychotherapy
Int Rev Psychoanal	International Review of Psychoanalysis
Int Univ Press	International Universities Press
Int Z Psychoanalyse	Internationale Zeitschrift für Psychoanalyse
J Amer Acad Child Psychiat	Journal of the American Academy of Child Psychiatry
J Child Psychother	Journal of Child Psychotherapy
J Amer Acad Psychoanal	Journal of the Amerian Academy of Psychoanalysis
J Amer Psychoanal Assn	Journal of the American Psychoanalytic Association
J Communication	Journal of Communication
J Comp Neurol	Journal of Comparative Neurology
J Nerv Ment Dis	Journal of Nervous and Mental Disease
J Personal Soc Psychol	Journal of Personality and Social Psychology
J Phila Assn Psychoanal	Journal of the Philadelphia Association for Psychoanalysis
J Psychosom Res	Journal of Psychosomatic Reserach
Merrill-Palmer Q	Merrill-Palmer Quarterly
Psychoanal Contemp Science	Psychoanalysis and Contemporary Science
Psychoanal Contemp Thought	Psychoanalysis and Contemporary Thought
Psychoanl Inq	Psychoanalytic Inquiry
Psychoanal Psychol	Psychoanalytic Psychology
Psychoanal Q.	The Psychoanalytic Quarterly
Psychoanal Rev	Psychoanalytic Review
Psychoanal Study Child	The Psychoanalytic Study of the Child
Psychosom Med	Psychosomatic Medicine
Psychother Psychosom	Psychotherapy and Psychosomatics

Abelin, E.L. (1971): The role of the father in the separation-individuation process. In. J. McDevitt und C. Settlage (Hg.): Separation-Individuation. Essays in honour of Margaret Mahler. New York: Int. Univ. Press.

Abelin, E.L. (1975): Some further observations and comments on the earliest role of the father. *Int J Psychoanal*, 56: 293-302.

Abend, S.M. (1982): Serious illness in the analyst. Countertransference considerations. *J Amer Psychoanal Assn*, 30: 365-379.

Abraham, H. C. und Freud, E. L. (Hg.) (1965): Sigmund Freud/Karl Abraham. Briefe 1907 bis 1926. Frankfurt a.M.: Fischer.

Abraham, K. (1916): Untersuchungen über die früheste prägenitale Entwicklungsstufe der Libido. In: J. Cremerius (Hg.): Psychoanalytische Studien I. Frankfurt a.M.: Fischer 1971, 2. Aufl.

- (1920): Äußerungsformen des weiblichen Kastrationskomplexes. In: J. Cremerius (Hg.): Psychoanalytische Studien II. Frankfurt a.M.: Fischer 1971.

- (1924a): Beiträge der Oralerotik zur Charakterbildung. In: J. Cremerius (Hg.): Psychoanalytische Studien zur Charakterbildung. Und andere Schriften. Frankfurt a.M.: Fischer 1969.

- (1924b): Versuch einer Entwicklungsgeschichte der Libido auf Grund der Psychoanalyse seelischer Störungen. In: J. Cremerius (Hg.): Psychoanalytische Studien I. Frankfurt a.M.: Fischer 1971.

Abrams, S. (1977): The genetic point of view. Historical antecedents and developmental transformations. *J Amer Psychoanal Assn*, 25: 417-426.

Aichhorn, A. (1925): Verwahrloste Jugend. Bern: Huber 1971.

Ainsworth, M. D. (1962): The effects of maternal deprivation. A review of findings and controversy in the context of research strategy. In: Deprivation of maternal care. A reassessment of its effects. Public Health Papers No. 14. Geneva: WHO, S. 97-165.

- (1964): Patterns of attachment behavior shown by the infant in interaction with his mother. *Merrill-Palmer Q*, 10: 51-58.

Ainsworth, M. D., Blehar, M., Waters, E., Wall, S. (1978): Patterns of attachment. Hillsdale, N.J.: Erlbaum.

Alpert, A. (1941): The latency period. Re-examination in an educational setting. *Amer J Orthodsychiat*, 11: 126-132.

Als, H., Lester, B. M., Brazelton, T. B. (1979): Dynamics of the behavioral organization of the premature infant. A theoretical perspective. In: T. M. Field, A.M. Sostek, S. Goldberg, H. H. Shuman (Hg.): Infants born at risk. Behavior and development. New York: Spectrum.

Amsterdam, B. K. (1972): Mirror self-image reactions before age 2. *Developmental Psychology*, 5: 297-305.

Anders, T. F. (1978): Home-recorded sleep in two- and nine-month-old-infants. *J Amer Acad Child Psych*, 17: 421-432.

- (1982): Biological rhythms in development. *Psychosom Med*, 44: 61-72.

Anders, T. F. und Zeanah, C. H. (1984): Early infant development from a biological point of view. In: J. Call, E. Galenson und R. L. Tyson (Hg.): Frontiers of infant psychiatry. Vol. 2. New York: Basic Books.

Anthony, E. J. (1957): Symposium on the contribution of current theories to an understanding of child development, the system markers: Piaget and Freud. *Brit J Med Psychol*, 30: 255-269.

- (1982): Normal adolescent development form a cognitive view-point. *J Amer Acad Child Psychiat*, 21: 318-327.

Anthony, E. J. und Cohler, B. J. (Hg.) (1987): The invulnerable child. New York: Guilford Press.

Arlow, J. A. (1969): Unconscious fantasy and disturbances of consious experience. *Psychoanal Q*, 38: 1-27.

- (1977): Affects and the psychoanalytic situation. *Int J Psychoanal*, 58: 157-170.

Arlow, J. A. und Brenner, C. (1964): Psychoanalytic concepts and the structural theory. New York: Int. Univ. Press.

Balint, M. (1952): Die Urformen der Liebe und die Technik der Psychoanalyse. Stuttgart: Klett.

- (1968): Therapeutische Aspekte der Regression. Die Theorie der Grundstörung. Stuttgart: Klett.

Balint, E. (1973): Technical problems found in the analysis of women by a woman analyst: A contribution to the question „What does a woman want?“ *Int J Psychoanal*, 58: 289-300.

Barnett, M. C. (1966): Vaginal awareness in the infancy and childhood of girls. *J Amer Psychoanal Assn*, 14: 129-141.

Basch, M. F. (1976): The concept of affect: A re-examination. J Amer Psychoanal Assn, 24: 759-778.

- (1977): Development psychology and explanatory theory in psychoanalysis. *Ann Psychoanal*, 5: 229-263.

Beebe, B. (1986): Mother-infant mutual influence and precursors of self- and object-representations. In: J. Masling (Hg.): Empirical studies of psychoanalytic theories. Vol. 2. Hillsdale, N. J.: Erlbaum.

Beebe, B. und Stern, D. (1977): Engagement-disengagement and early objective experiences. In: N. Freeman und S. Grand (Hg.): Communicative structures and psychic structures. New York: Plenum Press.

Bell, A. (1961): Some observations of the scrotal sac and the testicles. *J Amer Psychoanal Assn*, 9: 261-286.

Bell, R. Q. (1974): Contributions of human infants to caregiving and social interaction. In: J. M. Lewis und L. A. Rosenblum (Hg.): The effect of the infant on ist caregiver. New York: Wiley.

Bell, R. Q. und Harper, L. V. (1977): Child effects on adults. Hillsdale, N. J.: Erlbaum.

Benedek, T. (1959): Parenthood as a developmental phase. A contribution to the libido theory. *J Amer Psychoanal Assn*, 7: 389-417.

Benjamin, J. D. (1961a): Some developmental observations relating to the theory of anxiety. *J Amer Psychoanal Assn*, 9: 652-668.

- (1961b): The innate and the experiential in child development. In: H. W. Brosin (Hg.): Lectures on experimental psychiatry. Pittsburgh: Univ. of Pittsburgh Press.

- (1963): Further comments on some developmental aspects of anxiety. In: H. S. Gaskill (Hg.): Counterpoint. New York: Int. Univ. Press.

Beres, D. (1958): Vicissitudes of superego functions and superego precursors in childhood. *Psychoanal Study Child*, 13: 324-352.

- (1981): Self, identity and narcissim. *Psychoanal Q*, 50: 515-534.

Bergman, D. und Escalona, S. K. (1949): Unusual sensivities in very young children. *Psychoanal Study Child*, 3/4, 333-352.

Bernfeld, S. (1938): Types of adolescence. *Psychoanal Q*, 7: 243-253.

Bernstein, D. (1983): The female superego. A different perspective. *Int J Psychoanal*, 64: 187-201.

Bertalanffy, L. von (1968): General system theory. Foundations, development, applications. New York: George Braziller.

Bettelheim, B. (1976): Kinder brauchen Märchen. Stuttgart: Deutsche Verlagsanstalt 1977.

Bibring, E. (1947): The so-called English school of psychoanalysis. *Psychoanal Q*, 16: 69-93.

Bibring, G. L., Dwyer, T. F., Hungington, D. S., und Vallenstein, A. F. (1961): A study of the psychological processes in the pregnancy and earliest mother-child relationship. *Psychoanal Study Child*, 16: 9-72.

Blos, P. (1958): Preadolescent drive organization. *J Amer Psychoanal Assn*, 6: 47-56.

- (1962): Adoleszenz. Eine psychoanalytische Interpretation. Stuttgart: Klett-Cotta 1974.

- (1967): The second individuation process of adolescence. *Psychoanal Study Child*, 22: 162-186.

- (1968): Charcter formation in adolescence. *Psychoanal Study Child*, 23: 245-263.

- (1979): The young adolescent. Clinical studies. New York: Free Press.

- (1974): The genealogy of the ego ideal. *Psychoanal Study Child*, 29: 43-88.
- (1976): How and when does adolescence end? In: S. C. Feinstein and P. Giovacchini (Hg.): Adolescent psychiatry. Vol. 5. New York: Aronson.
- (1979): The adolescent passage. New York: Int Univ Press.

Blum, H. P. (1976): Masochism, the ego ideal, and the psychology of women. *J Amer Psychoanal Assn*, 24 (Suppl.): 157-191.
- (1978): Symbolic processes and symbol foundation. *Int J Psychoanal*, 59: 455-471.
- (1982): Theories of the self and psychoanalytic concepts. Discussion. *J Amer Psychoanal Assn*, 30: 959-978.
- (1985): Superego formation, adolescent tranformation, and the adult neurosis. *J Amer Psychoanal Assn*, 33: 887-909.

Boesky, D. (1988): The concept of psychic structure. J Amer Psychoanal Assn, 36 (Suppl.): 113-135.

Bornstein, B. (1951): On latency. *Psychoanal Study Child*, 5: 279-286.
- (1953): Fragment of an analysis of an obsessional child. The first six months of analysis. *Psychoanal Study Child*, 8: 313-332.

Bower, T. G. R. (1974): Development in infancy. San Francisco: Freeman Press.

Bowlby, J. (1958): The nature of the child's tie to his mother. *Int J Psychoanal*, 39: 350-373.
- (1960a): Grief and mourning in infancy and early childhood. *Psychoanal Study Child*, 15: 9-52.
- (1960b): Separation anxiety. *Int J Psychoanal*, 41: 89-113.
- (1961): Processes of mourning. *Int J Psychoanal*, 42: 317-340.
- (1969): Bindung. Frankfurt a.M.: Fischer 1986.
- (1973): Attachment and loss. Vol. 2. Separation, anxiety, and anger. New York: Basic Books.
- (1980): Attachment and loss. Vol. 3. Loss, sadness and depression. New York: Basic Books.
- (1981): Psychoanalysis as a natural science. *Int Rev Psychoanal*, 8: 243-256.

Brazelton, T. B. (1973): Neonatal behavioral assessment scale. London: Spastics International Medical Publications.
- (1982): Joint regulation of neonate parent behavior. In: E. Z: Tronick (Hg.): Social interchange in infancy. Baltimore: University Park Press.

Brazelton, T. B. und Als, H. (1979): Four early stages in the development of mother-infant interaction. *Psychoanal Study Child*, 34: 349-369.

Brazelton, T. B., Koslowski, B. und Main, M. (1974): The early mother-infant interaction. In: M. Lewis und L. Rosenblum (Hg.): The effect of the infant on ist caregiver. New York: Wiley.

Brazelton, T. B., Tronick, E., Adamson, L., Als, H. und Wise, S. (1975): Early mother-infant reciprocity. In: Parent-infant interaction. Ciba Foundation Symposium 33. Amsterdam: Elsevier.

Brenner, C. (1959): The masochistic character: Genesis and treatment. *J Amer Psychoanal Assn*, 7: 197-226.
- (1974): On the nature and development of affects: A unified theory. *Psychoanal Q*, 43: 532-556.
- (1979): The components of psychic conflict and ist consequences in mental life. *Psychoanal Q*, 48: 547-567.
- (1982): The mind in conflict. New York: Int. Univ. Press.
- (1987): Notes on psychoanalysis by a participant observer. A personal chronicle. *J Amer Psychoanal Assn*, 35: 539-556.

Breuer, J. und Freud, S. (1893-1895): S. Freud, S. (1893).

Brody, M. W. und Mahoney, V. P. (1964): Introjection, identification, and incorporation. *Int J Psychoanal*, 45: 57-63.

Brody, S. 81980): Transitional objects: Idealization of a phenomenon. *Psychoanal Q*, 49: 561-605.
- (1981): The concepts of attachment and bonding. *J Amer Psychoanal Assn*, 29: 815-829.
- (1982): Psychoanalytic theories of infant development and its disturbances: A critical evaluation. *Psychoanal Q*, 51: 526-597.

Brody, S. und Axelrad, S. (197o): Anxiety and ego formation in infancy. New York: Int. Univ. Press.

- (1978): Mothers, fathers, and children. Explorations in the formation of character in the first seven years. New York: Int. Univ. Press.

Broussard, E. (1984): The Pittsburgh firstborns at age nineteen years. In: J. Call, E. Galenson und R. L. Tyson (Hg.): Frontiers of infant psychiatry. Vol. 2. New York: Basic Books.

Bruner, J. S. (1974): From communication to language: A psychological perspective. *Cognition*, 3: 255-287.

- (1977): Early social interaction and language acquistion. In: H. R. Schaffer (Hg.): Studies in mother-infant interaction. Londond: Academic Press.

Brunswick, R. M. (1940): The preoedipal phase of libido development. In: R. Fliess (Hg.): The psychoanalytic reader. New York: Int. Univ. Press.

Burgner, M. (1985): Oedipal experience. Effects on development of an absent father. *Int J Psychoanal*, 66: 311-320.

Burgner, M. und Edgcumbe, R. (1972): Some problems in the conceptualization of early object relationships. Part II. The concept of object constancy. *Psychoanal Study Child*, 27: 315-333.

Burgner, M. und Kennedy, H. (1980): Different types of sado-masochistic behavior in children. *Dialogue*, 4: 49-58.

Burlingham, D. (1952): Twins. A study of three pairs of identical twins. London: Imago.

- (1973): The preoedipal infang-father relationship. *Psychoanal Study Child*, 28: 23-47.

Burlingham, D. und Freud, A. (1943): Anstaltskinder: Argumente für und gegen die Anstaltserziehung von Kleinkindern. In: Die Schriften der Anna Freud. Band III. München: Kindler 1980.

Burns, P., Sander, L., Stechler, G. und Julia, H. (1972): Distress in feeding. Short-term effects of caretaker environment of the first ten days. *J Amer Acad Child Psychiat*, 11: 427-439.

Busch, F. (1974): Dimensions of the first transitional object. *Psychoanal Study Child*, 29: 215-229.

Buxbaum, E. (1945): Transference and group formation in children and adolescents. *Psychoanal Study Child*, 1: 351-366.

- (1980): Between the Oedipus complex and adolescence. The „quiet" time. In: S. E. Greenspan und G. H. Pollock (Hg.): The course of life. Vol. 2. Publication No. (ADM) 80-999. Washington, D.C.: DHHS.

Calef, V. und Weinshel, E. (1979): The new psychoanalysis and psychoanalytic revisionism. *Psychoanal Q*, 48: 470-491.

Call, J. D. 81964): Newborn approach behavior and early ego development. *Int J Psychoanal*, 45: 286-294.

- (1979): Introduction to normal development. In: J. Noshpitz et al. (Hg.): Basic handbook of child psychiatry. Vol. 1. New York: Basic Books.

- (1980): Some prelinguistic aspects of language development. J Amer Psychoanal Assn, 28: 259-289.

- (1983): Toward a nosology of psychiatric disorders in infancy. In: Frontiers of infant psychiatry. New York: Basic Books.

- (1984): From early patterns of communication to the grammar of experience and syntax in infancy. In: J. D. Call, E. Galenson und R. L. Tyson (Hg.): Frontiers of infant psychiatry. Vol. 2. New York: Basic Books.

Call, J. D. und Marschak, M. (1966): Styles and games in infancy. In: E. Rexford, L. Sander und T. Shapiro (Hg.): Infant psychiatry. New Haven: Yale Univ. Press.

Campos, J. J., Barrett, K. C., Lamb, M. E., Goldsmith, H. H. und Stenberg, C. (1983): Socioemotional development. In: M. Haith und J. J. Campos (Hg.): Handbook of child psychology. Vol. 2. New York: Wiley.

Cath, S. H., Gurwitt, A. R. und Ross, J. M. (Hg.) (1982): Father and child. Developmental and clinical perspectives. Boston: Little, Brown.

Chasseguet-Smirgel, J. (1970): Psychoanalyse der weiblichen Sexualität. Frankfurt a.M.: Suhrkamp 1974.

Chess, S. und Thomas, T. (1986): Temperament in clinical practice. New York: Guilford Press.

Chodorow, N. (1978): Das Erbe der Mütter. Psychoanalyse und Soziologie der Geschlechter. München: Frauenoffensive 1985.

Clower, V. L. (1976): Theoretical implications in current views of masturbation in latency girls. *J Amer Psychoanal Assn*, 24: 109-126.

Colarusso, C. A. und Nemiroff, R. A. (1981): Adult development. A new dimension in psychodynamic theory and practice. New York: Plenum Press.

Compton, A. (1980): A study of the psychoanalytic theory of anxiety. Part III. A preliminary formulation of the anxiety response. *J Amer Psychoanal Assn*, 28: 739-774.

- (1981a): On the psychoanalytic theory of instinctual drives. Part III. The complications of libido and narcissim. *Psychoanal Q*, 50: 345-362.

- (1981b): On the psychoanalytic theory of instinctual drives. Part IV. Instinctual drives and ego-id-superego model. *Psychoanal Q*, 50: 363-392.

Darwin, C. R. (1872): The expresssion of emotions in man and animals. Chicago: Univ. of Chicago Press 1965.

Décarie, T. G. (1965): Intelligence and affectivity in early childhood. New York: Int. Univ. Press.

Deese, J. (1973): Cognitive structure and affect in language communication and affect. In: P. Piner, L. Krames und T. Alloway (Hg.): Language and thought. New York: Academic Press.

Demos, E. V. (1982): Facial expressions of infants and toddlers. A descriptive analysis. In: T. Field und E. Fogel (Hg.): Emotion and early interaction. Hillsdale, N. J.: Erlbaum.

Deutsch, H. (1930): Der feminine Masochismus und seine Beziehung zur Frigidität. *Int Z Psychoanalyse*,16.

- (1932): Über die weibliche Homosexualität. *Int Z Psychoanalyse*, 1.

- (1944): Psychologie der Frau. Band I. Eschborn: Fachbuchhandlung für Psychologie 1988.

- (1945): Psychologie der Frau. Band II. Eschborn: Fachbuchhandlung für Psychologie 1988.

Dewald, P. A. (1981): Adult phases of the life cycle. In: S. I. Greenspan und G. H. Pollock (Hg.): The course of life. Psychoanalytic contributions toward understanding personality development. Vol. 3. Publication No. (ADM) 81-1000. Washington, D. C.: DHHS.

Dowling, S. (1977): Seven infants with esophageal atresia. A developmental study. *Psychoanal Study Child*, 32: 215-256.

Drucker, J. (1981): Cognitive and affective growth. Developmental interaction. In: T. Shapiro und E. Weber (Hg.): Development. Concepts of cognition and affect. Hillsdale, N. J.: Erlbaum.

Edelson, M. (1975): Language and interpretation in psychoanalysis. New Haven: Yale Univ. Press.

Edgcumbe, R. M. (1984): The development of symbolization. *Bull Hampstead Clin*, 7: 105-126.

Edgcumbe, R. M. und Burgner, M. (1975): The phallic narcisstic phase. A differentiation between oedipal aspects of phallic development. *Psychoanal Study Child*, 30: 161-180.

Edgcumbe, R. M., Lundberg, S. Markowitz, R. und Salo, F. (1976): Some comments on the concept of the negative oedipal phase in girls. *Psychoanal Study Child*, 31: 35-62.

Eisnitz, A. J. (1980): The organization of the self-representation and its influence on pathology. *Psychoanal Q*, 49: 361-392.

Ekman, P. (1984): Expression and the nature of emotion. In: K. Scherer und P. Ekman (Hg.): Approaches to emotion. Hillsdale, N. J.: Erlbaum.

Ekman, P. und Friesen, W. V. (1975). Unmasking the face. Englewood Cliffs, N. J.: Prentice-Hall.

Emde, R. N. (1980a): Emotional availability. A reciprocal reward system for infants and parents with implications for prevention of psychosocial disorders. In: P. M. Taylor (Hg.): Parent-infant relationships. Orlando, Fla.: Grune and Stratton.

- (1980b): Toward a psychoanalytic theory of affect. Part I. The organizational model and its propositions. In: S. I. Greenspan und G. H. Pollock (Hg.): The course of life. Infancy and early childhood. Vol 1. Publication No. (ADM) 80-786. Washington, D. C.: DHHS.
- (1980c): Toward a psychoanalytic theory of affect. Part II. Emerging models of emotional development in infancy. In: S. I. Greenspan und G. H. Pollock (Hg.): The course of life. Infancy in early childhood. Vol 1. Publication No. (ADM) 80-786. Washington, D. C.: DHHS.
- (1981): Changing models of infancy and the nature of early development. Remodeling the foundations. *J Amer Psychoanal Assn*, 29: 179-219.
- (1983): The prerepresentational self and its affective core. *Psychoanal Study Child*, 38: 165-192.
- (1984): The affective self. Continuities and transformations from infancy. In: J. D. Call, E. Galenson und R. L. Tyson (Hg.): Frontiers of infant psychiatry. Vol. 2. New York: Basic Books.
- (1985): From adolescence to midlife. Remodeling the structure of adult development. *J Amer Psychoanal Assn*, 33 (Suppl.): 59-112.
- (1988a): Die endliche und die unendliche Entwicklung I. Angeborene und motivationale Faktoren aus der frühen Kindheit. *Psyche*, 45: 745-776.
- (1988b): Die endliche und die unendliche Entwicklung II. Neuere psychoanalytische Theorie und theoretische Überlegungen. *Psyche*, 45, 890-913.

Emde, R. N., Gaensbauer, T. und Harmon, R. J. (1976): Emotional expression in infancy. A biobehavioral study. Psychological Issues, Monograph 37. New York: Int. Univ. Press.

Emde, R. N. und Harmon, T. (1972): Endogenous and exogenous smiling systems in early infants. *J Amer Acad Child Psychiat*, 11: 177-200.

Emde, R. N. und Robinson, J. (1979): The first two months. Recent research in developmental psychobiology and the changing view of the newborn. In: J. D. Call, J. D. Noshpitz, R. L. Cohen und I. N. Berlin (Hg.): Basic Handbook of child psychiatry. Vol. 1. New York: Basic Books.

Emde, R. N. und Sorce, J. F. (1983): The rewards of infancy. Emotional availability and maternal referencing. In: J. D. Call, E. Galenson und R. L. Tyson: Frontiers of infant psychiatry. New York: Basic Books.

English, H. B. und English, A. C. (1958): A comprehensive dictionary of psychological and psychoanalytic terms. New York: David McKay.

Erikson, E. H. (1946): Ego development and historical change. Psychoanal Study Child, 2: 359-396.
- (1950): Kindheit und Gesellschaft. Stuttgart: Klett-Cotta 1982.
- (1956): Das Problem der Identität. *Psyche*, 10: 114-176, 1956/57.
- (1959): Identität und Lebenszyklus. Frankfurt a.M.: Suhrkamp 1966.
- (1968): Jugend und Krise. Die Psychodynamik im sozialen Wandel. Frankfurt a.M.: Ullstein 1981.

Esman, A. H. (1983): The „stimulus barrier“. A review and reconsideration. *Psychoanal Study Child*, 38: 193-208.

Eysenck, H. J., Arnold, W. J. und Meili, R. (Hg.) (1972): Encyclopedia of psychology. Bungay, Suffolk: Richard Clay, The Chaucer Press.

Fairbairn, W. R. D. (1954): Observations on the nature of hysterical states. *Brit J Med Psychol*, 29: 112-127.
- (1963): Synopsis of an object-relations theory of the personality. *Int J Psychoanal*, 44: 224-225.

Fast, I. (1978): Developments in gender identity. The original matrix. Int Rev Psychoanal, 5:265-274.
- (1979): Developments in gender identity. Gender differentiation in girls. *Int Rev Psychoanal*, 6: 441-453.
- (1985): Event theory. Hillsdale, N. J.: Erlbaum.

Fenichel, O. (1945): Psychoanalytische Neurosenlehre. Olten und Freiburg i. B.: Walter 1974.
- (1979): Aufsätze. Band I. Olten und Freiburg i. B.: Walter.

- (1979): Aufsätze. Band II. Olten und Freiburg i. B.: Walter.

Ferenczi, S. (1912): Symbolische Darstellung des Lust- und Realitätsprinzips im Oedipus-Mythos. *Imago*, 1.

- (1913): Entwicklungsstufen des Wirklichkeitssinnes. In: Schriften zur Psychoanalyse. Band I. Frankfurt a.M.: Fischer 1970.

- (1924): Versuch einer Genitaltheorie. In: Schriften zur Psychoanalyse. Band II. Frankfurt a.M.: Fischer 1972.

- (1925): Zur Psychoanalyse von Sexualgewohnheiten. In: Bausteine zur Psychoanalyse. Band III. Bern: Huber 1964.

- (1930): Fragmente und Notizen. In: Bausteine zur Psychoanalyse. Band IV. Bern: Huber 1964.

Flavell, J. H. (1977): Cognitive development. Englewood Cliffs, N. J.: Prentice-Hall.

Fogel, G. I. (1989): The authentic function of psychoanalytic theory. An overview of the contribution of Hans Loewald. *Psychoanal Q*, 58: 419-451.

Fraiberg, S. H. (1955): Some considerations in the introduction to therapy in puberty. *Psychoanal Study Child*, 10: 264-286.

Fraiberg, S. (1968): Parallel and divergent patterns in blind and sighted infants. *Psychoanal Study Child*, 23: 264-300.

- (1969): Object constancy and mental representation. *Psychoanal Study Child*, 24: 9-47.

- (1972): Some characteristics of genital arousal and discharge in latency girls. *Psychanal Study Child*, 27: 439-475.

- (1974): Blind infants and their mothers. An examination of the sign system. In: J. M. Lewis und L. A. Rosenblum (Hg.): The effect of the infant on its caregiver. New York: Wiley.

- (1982): Pathological defenses in infancy. *Psychoanal Q*, 51: 612-635.

Francis, J. und Marcus, I. (1975): Masturbation. A developmental view. In: J. Francis und I. Marcus (Hg.): Masturbation from infancy to senescence. New York: Int. Univ. Press.

Freedman, D. G. (1965): Hereditary control of early social behavior. In: B. M. Foss (Hg.): Determinants of infant behavior. Vol. 3. New York: Wiley.

Freud, A. (1922): Schlagephantasie und Tagtraum. In: Die Schriften der Anna Freud. Band I. München: Kindler 1980.

- (1936): Das Ich und die Abwehrmechanismen. In: Die Schriften der Anna Freud. Band I. München: Kindler 1980.

- (1941-1942): Kriegskinder. Berichte aus den Kriegskinderheimen Hampstead Nurseries. In: Die Schriften der Anna Freud. Band II. München: Kindler 1980.

- (1943-1945): Anstaltskinder. Berichte aus den Kriegskinderheimen Hampstead Nurseries. In: Die Schriften der Anna Freud. Band III. München: Kindler 1980.

- (1949): Bemerkungen zur Aggression. In: Die Schriften der Anna Freud. Band IV. München: Kindler 1980.

- (1951): Kinderentwicklung in der direkten Beobachtung. In: Die Schriften der Anna Freud. Band IV. München: Kindler 1980.

- (1952): Die Wechselwirkungen in der Entwicklung von Ich und Es. In: Die Schriften der Anna Freud. Band IV. Müchen: Kindler 1980.

- (1955): Der Begriff der ablehnenden Mutter. In: Die Schriften der Anna Freud. Band V. München: Kindler 1980.

- (1958): Probleme der Pubertät. In: Die Schriften der Anna Freud. Band VI. München: Kindler 1980.

- (1960): Diskussion über John Bowlbys Arbeit über Trennung und Trauer. In: Die Schriften der Anna Freud. Band VI. München: Kindler 1980.

- (1962): Maßstäbe zur Bewertung der pathologischen Kinderentwicklung. Teil I und Teil II. In: Die Schriften der Anna Freud. Band VI. München: Kindler 1980.

- (1963): Psychische Entwicklungslinien. In: Die Schriften der Anna Freud. Band VIII. München: Kindler 1980.

- (1965): Wege und Irrwege in der Kinderentwicklung. Die Schriften der Anna Freud. Band VIII. München: Kindler 1980.
- (1967): Anmerkungen zum psychischen Trauma. In: Die Schriften der Anna Freud. Band VI. München: Kindler 1980.
- (1968): Panel discussion with J. Arlow (Mod.), J. Lampl-de-Groot and D. Beres. *Int J Psychoanal*, 49: 506-512.
- (1970a): Die infantile Neurose. In: Die Schriften der Anna Freud. Band IX. München: Kindler 1980.
- (1970b): Kinderanalyse als ein Spezialfach der Psychoanalyse. In: Die Schriften der Anna Freud. Band IX. München: Kindler 1980.
- (1976): Wandlungen in psychoanalytischer Theorie und Praxis. In: Die Schriften der Anna Freud. Band X. München: Kindler 1980.
- (1979): Foreword. *Psychoanal Study Child*, 34: 3-4.
- (1983): Problems of pathogenesis. Introduction to the discussion. *Psychoanal Study Child*, 38: 383-388.

Freud, S. (1893): Über den psychischen Mechanismus hysterischer Phänomene. Studienausgabe, Bd VI. Frankfurt a.M.: Fischer.
- (1894): Die Abwehr-Neuropsychosen. Gesammelte Werke, Bd I. Frankfurt a.M.: Fischer.
- (1895a): Über die Berechtigung, von der Neurasthenie einen bestimmten Symptomenkomplex als ‚Angstneurose' abzutrennen. Studienausgabe, Bd IV.
- (1895b): Entwurf einer Psychologie. Gesammelte Werke, Nachtragsband.
- (1900): Die Traumdeutung. Studienausgabe, Bd II.
- (1905a): Bruchstück einer Hysterie-Analyse. Studienausgabe, Bd VI.
- (1905b): Drei Abhandlungen zur Sexualtheorie. Studienausgabe, Bd V.
- (1908): Charakter und Analerotik. Studienausgabe, Bd VII.
- (1909a): Analyse der Phobie eines fünfjährigen Knaben. Studienausgabe, Bd VIII.
- (1909b): Der Familienroman der Neurotiker. Studienausgabe, Bd. IV.
- (1911): Formulierungen über die zwei Prinzipien des psychischen Geschehens. Studienausgabe, Bd III.
- (1912): Über die allgemeinste Erniedrigung des Liebeslebens. Studienausgabe, Bd V.
- (1913): Totem und Tabu. Studienausgabe, Bd. IX.
- (1914): Zur Einführung des Narzißmus. Studienausgabe, Bd. III.
- (1915a): Triebe und Triebschicksal. Studienausgabe, Bd. III.
- (1915b): Die Verdrängung. Studienausgabe, Bd. III.
- (1915c): Das Unbewußte. Studienausgabe, Bd. III.
- (1916-1917): Vorlesung zur Einführung in die Psychoanalyse. Studienausgabe, Bd. I.
- (1917): Trauer und Melancholie. Studienausgabe, Bd. III.
- (1918): Aus der Geschichte einer infantilen Neurose. Studienausgabe, Bd. VIII.
- (1920): Jenseits des Lustprinzips. Studienausgabe, Bd. III.
- (1921): Massenpsychologie und Ich-Analyse. Studienausgabe, Bd. IX.
- (1923a): Das Ich und das Es. Studienausgabe, Bd. III.
- (1923b): Die infantile Genitalorganisation. Studienausgabe, Bd. V.
- (1924a): Der Untergang des Ödipuskomplexes. Studienausgabe, Bd. V.
- (1924b): Das ökonomische Problem des Masochismus. Studienausgabe, Bd. III.
- (1924c): Der Realitätsverlust bei Neurose und Psychose. Studienausgabe, Bd. III.
- (1925a): Selbstdarstellung. Gesammelte Werke, Bd. 14.
- (1925b): Einige psychischen Folgen des anatomischen Geschlechtsunterschieds. Studienausgabe, Bd. V.
- (1926): Hemmung, Symptom und Angst. Studienausgabe, Bd. VI.
- (1927): Dostojewski und die Vatertötung. Studienausgbae, Bd. X.
- (1930): Das Unbehagen in der Kultur. Studienausgabe, Bd. IX.

- (1931): Über die weibliche Sexualität. Studienausgabe, Bd. V.
- (1933): Neue Folge der Vorlesungen zur Einführung in die Psychoanalyse. Studienausgabe, Bd. I.
- (1939): Der Mann Moses und die monotheistische Religion. Studienausgabe, Bd. IX.
- (1940): Abriß der Psychoanalyse. Frankfurt a.M.: Fischer Taschenbuch Verlag 1994.

Friedman, L. (1980): The barren prospect of a representational world. *Psychoanal Q*, 49: 215-233.

Friedman, R. C. (1988): Male homosexuality. A contemporary psychoanalytic perspective. New Haven: Yale Univ. Press.

Furer, M. (1967): Some developmental aspects of the superego. *Int J Psychoanal*, 48: 277-280.
- (1972): The history of the superego concept in psychoanalysis. A review of the literature. In: S. C. Post (Hg.): Moral values and the superego concept in psychoanalysis. New York: Int. Univ. Press.

Furman, E. (1974): A child's parent dies. Studies in childhood bereavement. New Haven: Yale Univ. Press.
- (1985): On fusion, integration, and feeling good. *Psychoanal Study Child*, 40: 81-110.

Furman, R. A. (1975): Excerpts from the analysis of a prepuberty boy. In: I. M. Marcus und J. J. Francis (Hg.): Masturbation. New York: Int. Univ. Press.

Gaensbauer, T. J. (1982): The differentiation of discrete affects. A case report. *Psychoanal Study Child*, 37: 29-66.

Galenson, E. (1964): Panel. Prepuberty and child analysis. *J Amer Psychoanal Assn*, 12: 600-609.
- (1984): Influences on the development of the symbolic function. In: J. D. Call, E. Galenson und R. L. Tyson (Hg.): Frontiers of infant psychiatry. Vol. 2. New York: Basic Books.
- (1986): Some thoughts about infant psychopathology and aggressive development. *Int Rev Psychoanal*, 13: 249-354.
- (1988): The precursors of masochism. Protomasochism. in: R. A. Glick und D. I. Meyers (Hg.): Masochism. Current psychoanalytic perspectives. Hillsdale, N. J.: Analytic Press.

Galenson, E. und Roiphe, H. (1971): The impact of early sexual discovery on mood, defensive organization, and symboliziation. *Psychoanal Study Child*, 6: 195-216.
- (1974): The emergence of genital awareness during the second year of life. In: R. C. Friedman (Hg.): Sex differences in behavior. New York: Wiley.
- (1976): Some suggested revisions concerning early female development. *J Amer Psychoanal Assn*, 24 (Suppl.): 29-57.
- (1980): The preoedipal development of the boy. *J Amer Psychoanal Assn*, 28: 805-828.

Geleerd, E. R. (1957): Some aspects of psychoanalytic technique in adolescence. *Psychoanal Study Child*, 12: 263-283.

Gilligan, C. (1982): Die andere Stimme. Lebenskonflikte und Moral der Frau. München: Piper 1984.

Glenn, J. (1984): A note on loss, pain and masochism in children. *J Amer Psychoanal Assn*, 32: 63-73.

Glover, E. (1945): Examination of the Klein system of child psychology. *Psychoanal Study Child*, 1: 75-118.

Golding, W. (1955): Herr der Fliegen. Frankfurt a.M.: Fischer 1963.

Goldings, H. I. (1974): Jump-rope rhymes and the rhythm of latency development in girls. *Psychoanal Study Child*, 29: 431-450.

Gould, R. L. (1972): The phases of adult life. A study in developmental psychology. *Amer J Psychiat*, 129: 521-531.

Green, A. (1975): The analyst, symbolization and absence in the analytic setting. *Int J Psychoanal*, 56: 1-22.

Green, R. (1980): Patterns of sexual identity in childhood. Relationship to subsequent sexual partner preference. In: J. Marmor (Hg.): Homosexual behavior. A modern reappraisal. New York: Basic Books.

Greenacre, P. (1941): The predisposition to anxiety. In: Trauma, growth and personality. New York: Norton.

- (1948): Anatomical structure and superego development. In: Trauma, growth and personality. New York: Norton.

- (1950): Special problems of early female sexual development. Psychoanal Study Child, 5: 122-138.

- (1952a): Pregenital patterning. *Int J Psychoanal*, 33: 410-415.

- (1952b): Trauma, growth and personality. New York: Norton.

- (1953a): Certain relationships between fetishism and the faulty development of the body image. In: Emotional growth. Vol. 1. New York: Int. Univ. Press (1971).

- (1953b): Penis awa and its relation to penis envy. In: Emotional growth. New York: Int. Univ. Press (1971).

- (1958): Early physical determinants in the development of the sense of identity. In: Emotional growth. Vol. 1. New York: Int. Univ. Press (1971).

- (1960): Considerations regarding the parent-infant relationship. In: Emotional growth. Vol. 1. New York: Int. Univ. Press (1971).

- (1967): The influence of infantile traumas on genetic patterns. In: Emotional growth. Vol. 1. New York: Int. Univ. Press (1971).

Greenberg, J. R. und Mitchell, S. R. (1983): Objects relations in psychoanalytic theory. Cambridge: Havard Univ. Press.

Greenberg, M. und Morris, N. (1974): Engrossment. The newborn's impact upon the father. *Amer J Orthopsychiat*, 44: 520-531.

Greenson, R. R. (1954): The struggle against identification. *J Amer Psychoanal Assn*, 2: 200-217.

- (1968): Dis-identifying from mother. Its special importance for the boy. *Int J Psychoanal*, 49: 370-374.

Greenspan, S. I. (1979): Intelligence and adaptation. An integration of psychoanalytic and Piagetian developmental psychology. Psychological Issues, Monograph 47/48. New York: Int. Univ. Press.

- (1981): Psychopathology and adaptation in infancy and early childhood. Principles of clinical diagnosis and preventive intervention. New York: Int. Univ. Press.

- (1988): The development of the ego. Insights form clinical work with infants and young children. *J Amer Psychoanal Assn*, 36 (Suppl.): 3-55.

Grolnick, S. A. und Barkin, L. (Hg.)(1978): Between reality and phantasy. Transitional objects and phenomena. New York: Aronson.

Gross, G. E. und Rubin, I. A. (1972): Sublimation. The study of an instinctual vicissitude. *Psychoanal Study Child*, 27: 334-359.

Grosskurth, P. (1986): Melanie Klein. Leben und Werk. Stuttgart: Klett-Cotta 1992.

Grossman, W. I. und Stewart, W. (1976): Penis envy. From childhood wish to the developmental metaphor. *J Amer Psychoanal Assn*, 24 (Suppl:): 193-212.

Gunsberg, L. (1982): A seleted critical review of psychological investigations of the father-infant relationship. In: S. H. Cath, A. R. Gurwitt und J. M. Ross (Hg.): Fahter and child. Boston: Little, Brown.

Guntrip, H. (1961): Personality stucture and human interaction. New York: Int. Univ. Press.

- (1969): Schizoid phenomena, object relations and the self. New York: Int. Univ. Press.

- (1975): My experience of analysis with Fairbairn and Winnicott. *Int Rev Psychoanal*, 2: 145-156.

- (1978): Psychoanalysis and some scientific and philosophical critics. *Brit J Psychol*, 51: 207-224.

Haith, M. M., Bergman, T. und Moore, M. J. (1977): Eye contact and face scanning in early infancy. *Science*, 198: 853-855.

Hall, G. S. (1904): Adolescence. Its psychology and its relation to physiology, anthropology, sociology, sex, crime, religion and education. New York: Appleton (1916).

Hanly, C. (1978): Instincts and hostile affects. *Int J Psychoanal*, 59: 149-156.

Harley, M. 81961): Genitality and structural development of adolescence. *J Amer Psychoanal Assn*, 9: 434-460.

Harley, M. und Weil, A. P. (1979): Introduction. In: Infantile psychosis and early contributions. Vol. 1. The selected papers of Margaret Mahler. New York: Aronson.

Harlow, H. F. (1960a): Affectional behavior in the infant monkey. In: M. A. B. Brazier: Central nervous system and behavior. New York: Josiah Macy, Jr., Foundation.

- (1960b): Primary affectional patterns in primates. *Amer J Orthopsychiat*, 30: 676-684.

Harlow, H. F. und Zimmerman, R. R. (1959): Affectional responses in the infant monkey. *Science*, 130: 421-432.

Harmon, R. J. und Emde, R. N. (1971): Spontaneous REM behaviors in a microcephalic infant. A clinical anatomical study. *Perceptual Motor Skills*, 34: 837-833.

Harmon, R. M., Wagonfeld, S. und Emde, R. N. (1982): Anaclitic depression. A follow-up from infancy to puberty. *Psychoanal Study* Child, 37: 67-94.

Hart, M. und Sarnoff, C. A. (1971): The impact of the menarche. J Amer Acad Child Psychiat, 10: 257-271.

Hartmann, H. (1939): Ich-Psychologie und Anpassungsproblem. Stuttgart: Klett 1970, 2. Aufl.

- (1950): Bemerkungen zur psychoanalytischen Theorie des Ichs. In: Ich-Psychologie. Studien zur psychoanalytischen Theorie. Stuttgart: Klett 1972.

- (1952): Die gegenseitige Beeinflussung von Ich und Es in ihrer Entwicklung. In: Ich-Psychologie. Studien zur psychoanalytischen Theorie. Stuttgart: Klett 1972.

- (1953): Ein Beitrag zur Metapsychologie der Schizophrenie. In: Ich-Psychologie. Studien zur psychoanalytischen Theorie. Stuttgart: Klett 1972.

- (1955): Bemerkungen zur Theorie der Sublimierung. In: Ich-Psychologie. Studien zur psychoanalytischen Theorie. Stuttgart: Klett 1972.

- (1956): Bemerkungen zum Realitätsproblem. In: Ich-Psychologie. Studien zur psychoanalytischen Theorie. Stuttgart: Klett 1972.

Hartmann, H. und Kris, E. (1945): The genetic approach in psychoanalysis. *Psychoanal Study Child*, 1: 11-30.

Hartmann, H., Kris, E. und Loewenstein, R. (1946): Comments on the formation of psychic structure. *Psychoanal Study Child*, 2: 11-38.

Hartmann, H. und Loewenstein, R. (1962): Notes on the superego. Psychoanal Study Child, 17: 42-81.

Hayman, A. (1969): What do we mean by „id"? *J Amer Psychoanal Assn*, 17: 353-380.

- (1989): What do we mean by „phantasy"? *Int J of Psychoanal*, 70: 105-114.

Heimann, P. (1962): Notes on the anal stage. *Int J Psychoanal*, 43: 406-414.

- (1966): Comments on Dr. Kernberg's paper (Structural derivatives of object relationships). *Int J Psychoanal*, 47: 254-260.

Herzog, E. und Sudia, C. (1973): Children in fatherless families. In: B. M. Caldwell und H. N. Ricciuti: Review of child development research. Vol. 3. Chicago: Univ. of Chicago Press.

Herzog, J. M. (1980): Sleep disturbance and father hunger in 18- to 28-month-old boys. The Erlkonig syndrome. *Psychoanal Study Child*, 35: 219-233.

- (1982): On father hunger. The father's role in the modulation of aggressive drive and fantasy. In: S. W. Cath, A. R. Gurwitt und J. M. Ross (Hg.): Father and child. Boston: Little, Brown.

- (1984): Father and young children. Fathering daughters and fathering sons. In: J. D. Call, E. Galenson und R. L. Tyson (Hg.): Frontiers of infant psychiatry. Vol. 2. New York: Basic Books.

Hoffer, W. 81949): Mouth, hand and ego integration. *Psychoanal Study Child*, ¾: 49-56.

- (1950a): Oral aggressiveness and ego development. *Int J Psychoanal*, 31: 156-160.
- (1950b): The development of the body ego. *Psychoanal Study Child*, 5: 18-24.
- (1952): The mutual influences in the development of ego and id. Earliest stages. *Psychoanal Study Child*, 7: 31-41.

Holder, A. (1982): Preoedipal contributions to the formation of the superego. *Psychoanal Study Child*, 37: 245-272.

Holt, R. R. 81967): Motives and thoughts. Psychoanalytic essays in honour of David Rapaport. Psychological Issues, Monograph 18/19. New York: Int. Univ. Press.

Horney, K. (1923): Zur Genese des weiblichen Kastrationskomplexes. In: Die Psychologie der Frau. Frankfurt a.M.: Fischer 1984.
- (1926): Flucht aus der Weiblichkeit. Der Männlichkeitskomplex der Frau im Spiegel männlicher und weiblicher Betrachtung. In: Die Psychologie der Frau. Frankfurt a.M.: Fischer 1984.
- (1933): Die Verleugnung der Vagina. Ein Beitrag zur Frage der spezifisch weiblichen Genitalängste. In: Die Psychologie der Frau. Frankfurt a.M.: Fischer 1984.

Hughes, J. M. (1989): Reshaping the psychoanalytic domain. The work of Melanie Klein, W. R. D. Fairbairn und D. Winnicott. Berkeley: Univ. of California Press.

Inhelder, B. (1970): Operational thought and symbolic imagery in cognitive development in children. Chicago: Univ. of Chiacago Press.

Inhelder, B. und Piaget, J. (1958): The growth of logical thinking. From childhood to adolescence. New York: Basic Books.

Isay, R. A. (1989): Being homosexual. Gay men and their development. New York: Farrar, Straus, and Giroux.

Izard, C. E. (1971): The face of emotion. New York: Appleton-Century-Crofts.
- (1972): Patterns of emotion. New York: Academic Press.

Jacobson, E. (1937): Wege der weiblichen Überich-Bildung. *Int Z Psychoanalyse*, 16: 210-235.
- (1946): The effect of disappointment on ego and superego formation in normal and depressive development. *Psychoanal Rev*, 33: 129-147.
- (1953): The affects and their pleasure-unpleasure qualities in relation to the psychic discharge processes. In: R. Loewenstein (Hg.): Drives, affects, behavior. New York: Int. Univ. Press.
- (1954): The self and the object world. Vicissitudes of their infantile cathexis and their influences on ideational and affective development. *Psychoanal Study Child*, 9: 75-127..
- (1961): Adolescent moods and remodeling of psychic structures in adolescence. Psychoanal Study Child, 16: 164-183.
- (1964): Das Selbst und die Welt der Objekte. Frankfurt a.M.: Suhrkamp 1973, TB 1978.

Jacobson, J. G. (1983a): The structural theory and the representational world. Developmental and biological considerations. *Psychoanal Q*, 52: 543-563.

Jacobson, S. W. (1979): Matching behavior in the young infant. Child Develop, 50: 425-430.

James, M. (1960): Premature ego development. *Int J Psychoanal*, 41: 288-294.

James, W. (1890): The principles of psychology. New York: Holt, Rinehart and Winston.

Jaques, E. (1981): The midlife crisis. In: S. I. Greenspan und G. H. Pollock (Hg.): The course of life. Vol. 3. Adulthood and the aging process. Publication No. (ADM) 81-1000. Washington, D. C.: DHHS.

Joffe, W. G. (1969): A critical review of the status of the envy concept. *Int J Psychoanal*, 50: 533-545.

Joffe, W. G. und Sandler, J. (1965): Notes on pain, depression and individuation. *Psychoanal Study Child*, 20: 394-424.

Joffe, W. G. und Sandler, J. (1967): Some conceptual problems involved in the consideration of disorders of narcissism. *J Child Psychother*, 2: 56-66.

Johnson, A.M. und Szurek, S. A. (1952): The genesis of antisocial acting aut in children and adults. *Psychoanal Q*, 21: 323-343.
Jones, E. (1916): The theory of symbolism. In: Papers on psychoanalysis. Boston: Beacon Press, 1961.
- (1922): Some problems of adolescence. In: Papers on psychoanalysis. Boston: Beacon Press, 1961.
- (1926): The origin and structure of the superego. In: Papers on psychoanalysis. Boston: Beacon Press, 1961.
- (1929): Fear, guilt and hate. *Int J Psychoanal*, 10: 282-397.
- (1933): Die phallische Phase. *Int Z Psychoanalyse*, 19: 322-357.
- (1935): Über die Frühstadien der weiblichen Sexualentwicklung. Int Z Psychoanalyse, 21: 331-341.
- (1947): The genesis of the superego. In: Papers on psychoanalysis. Boston: Beacon Press, 1961.
- (1960): Das Leben und Werk von Sigmund Freud. Bd. 1. Die Entwicklung zur Persönlichkeit und die großen Entdeckungen. Bern: Hans Huber.

Kagan, J. (1978): The growth of the child. Reflections on human development. New York: Norton.
Kaplan, B. E. (1965): Reflections regarding psychomotor activities during the latency period. *Psychoanal Study Child*, 20: 220-238.
Katan, A. (1951): The role of „displacement“ in agoraphobia. *Int J Psychoanal*, 21: 41-50.
- (1961): Some thoughts about the role of verbalization in childhood. *Psychoanal Study Child*, 16: 184-188.
- (1972): The infant's first reaction to strangers. Distress or anxiety? *Int J Psychoanal*, 53: 501-503.
Keniston, K. (1971): Youth as a stage of life? In: S. D. Firestein, P. L. Giovacchini und A. A. Miller (Hg.): Adolescent psychiatry. Vol. 1.
Kernberg, O. F. (1969): A contribution to the ego-psychological critique of the Kleinian school. *Int J Psychoanal*, 50: 317-333.
- (1974a): Barriers to falling and remaining in love. *J Amer Psychoanal Assn*, 22: 486-511.
- (1974b): Mature love. Prerequesites and characteristics. *J Amer Psychoanal Assn*, 22: 743-768.
- (1975): Borderline-Störungen und pathologischer Narzißmus. Frankfurt a.M.: Suhrkamp 1978.
- (1976): Objektbeziehungen und Praxis der Psychoanalyse. Stuttgart: Klett-Cotta 1981.
- (1977): Boundaries and structures in love relations. New York: Aronson.
- (1980a): Innere Welt und äußere Realität. München/Wien: Verlag Internationale Psychoanalyse 1988.
- (1980b): Adolescent sexuality in the light of group processes. *Psychoanal Q*, 49: 27-47.
- (1980c): Love, the couple, and the group. A psychoanalytic frame. *Psychoanal Q*, 49:78-108.
- (1982): Self, ego affects and drives. *J Amer Psychoanal Assn*, 30: 893-917.
- (1984): Schwere Persönlichkeitsstörungen. Theorie, Diagnose und Behandlungsstrategien. Stuttgart: Klett-Cotta 1985.
- (1987): An ego psychology-object relations theory approach to the transference. *Psychoanal Q*, 51: 197-221.
Kestenberg, J. S. (1956a): On the development of maternal feelings in early childhood. *Psychoanal Study Child*, 11: 257-291.
- (1956b): Vicissitudes of female sexuality. *J Amer Psychoanal Assn*, 4: 453-476.
- (1961): Menarche. In: S. Lorand und H. Schneer (Hg.): Adolescence. Psychoanalytic approach to problems and therapy. New York: Harper.
- (1968): Outside and inside, male and female. *J Amer Psychoanal Assn*, 16: 457-520.
- (1975): Children and parents. Psychoanalytic studies in development. New York: Aronson.
- (1976): Regression and reintegration in pregnancy. *J Amer Psychoanal Assn*, 14: 213-250.
Khan, M. (1963): The concept of cumulative trauma. *Psychoanal Study Child*, 18: 286-306.

Klaus, M. H. und Kennell, J. H. (1976): Maternal-infant bonding. St. Louis: C. V. Mosby.

Kleeman, J. A. (1965): A boy discovers his penis. *Psychoanal Study Child*, 20: 239-266.

- (1966): Genital self-discovery during a boy's second year. A follow-up. *Psychoanal Study Child*, 21: 358-392.

- (1971): The establishment of core gender identity in normal girls. Archs Sexual Behavior, 1: 117-129.

- (1976): Freud's view on early female sexuality in the light of direct child observation. *J Amer Psychoanal Assn*, 24 (Suppl.): 3-27.

Klein, G. S. (1976a): Freud's two theories of sexuality. In: M. M. Gill und P. S. Holzman (Hg.): Psychology versus metapsychology. Psychological essays in memory of George S. Klein. Psychological Issues, Monograph 36. New York: Int. Univ. Press.

- (1976b): Psychoanalytic theory. An exploration of essentials. New York: Int. Univ. Press.

Klein, M. (1928): Frühstadien des Ödipuskonfliktes. In: J. v. Stork (Hg.): Frühstadien des Ödipuskonfliktes. Frühe Schriften 1928-1945. Frankfurt a.M.: Fischer 1991.

- (1929): Frühe Angstsituationen im Spiegel künstlerischer Darstellungen. In: J. v. Stork (Hg.): Frühstadien des Ödipuskomplexes. Frühe Schriften 1928-1945. Frankfurt a.M.: Fischer 1991.

- (1930): Die Bedeutung der Symbolbildung für die Ichentwicklung. In: Das Seelenleben des Kleinkindes Stuttgart: Klett-Cotta 1983, 2. Aufl.

- (1933): Die frühe Entwicklung des Gewissens beim Kind. In: J. v. Stork (Hg.): Frühstadien des Ödipuskomplexes. Frühe Schriften 1928-1945. Frankfurt a.M.: Fischer 1991.

- (1935): Zur Psychogenes der manisch-depressiven Zustände. In: Das Seelenleben des Kleinkindes und andere Beiträge zur Psychoanalyse. Stuttgart: Klett-Cotta 1991, 4. Aufl.

- (1940): Die Trauer und ihre Beziehung zu manisch-depressiven Zuständen. In: Das Seelenleben des Kleinkindes und andere Beiträge zur Psychoanalyse. Stuttgart: Klett-Cotta 1991, 4. Aufl.

- (1946): Bemerkungen über einige schizoide Mechanismen. In: Das Seelenleben des Kleinkindes. Stuttgart: Klett-Cotta 1983, 2. Aufl.

- (1948): Zur Theorie von Angst und Schuldgefühl. In: Das Seelenleben des Kleinkindes. Stuttgart: Klett-Cotta 1983, 2. Aufl.

- (1952a): On observing the behavior of young infants. In: The works of Melanie Klein. Vol. 3. London: Hogarth 1975.

- (1952b): Über das Seelenleben des Kleinkindes. Einige theoretische Betrachtungen. In: Das Seelenleben des Kleinkindes. Stuttgart: Klett-Cotta 1983, 2. Aufl.

- (1957): Neid und Dankbarkeit. In: Das Seelenleben des Kleinkindes. Stuttgart: Klett-Cotta 1983, 2. Aufl.

- (1958): On the development of mental functioning. In: The works of Melanie Klein. Vol. 3. London: Hogarth 1975.

Klein, M., Heimann, P., Isaacs, S. und Rivière, J. (1952): Developments in psychoanalysis. London: Hogarth.

Klein, Milton (1980): On Mahler's autistic and symbiotic phase. An exposition and evolution. *Psychoanal Contemp Thought*, 4: 69-105.

Klein, Milton und Tribich, D. (1981): Kernberg's object-relations theory. A critical evaluation. *Int J Psychoanal*, 62: 27-43.

Knapp, P. H. (1981): Core processes in the organization of emotions. *J Amer Acad Psychoanal*, 9: 415-434.

- (1987): Some contemporary contributions to the study of emotions. *J Amer Psychoanal Assn*, 35: 205-248.

Kohlberg, L. A. (1963): The development of children's orientations toward a moral order. *Vita Humana*, 6:11-33.

- (1966): A cognitive-developmental analysis of children's sex role concepts and attitudes. In: E. Maccoby (Hg.): The development of sex differences. Stanford: Stanford Univ. Press.

- (1981): The philosophy of moral development, moral stages, and the ideal of justice. Essays on moral development. Vol. 1. San Francisco: Harper and Row.

Kohon, G. (Hg.): The British school of psychoanalysis. The independent tradition. New Haven: Yale Univ. Press.

Kohut, H. (1971): Narzißmus. Eine Theorie der psychoanalytischen Behandlung narzißtischer Persönlichkeitsstörungen. Frankfurt a.M.: Suhrkamp 1973, 1988, 6. Aufl.

- (1977): Die Heilung des Selbst. Frankfurt a.M.: Suhrkamp 1979, 1988, 3. Aufl.

Kohut, H. und Seitz, P. F. D. (1963): Concepts and theories of psychoanalysis. In: P. H. Ornstein (Hg.): The search for the self. New York: Int. Univ. Press, 1978.

Kohut, H. und Wolf, E. S. (1978): Die Störungen des Selbst und ihre Behandlung. In: Die Psychologie des 20. Jahrhunderts, Bd. 10. München: Kindler 1980.

Kramer, P. (1958): Note on one of the preoedipal roots of the superego. *J Amer Psychoanal Assn*, 6: 38-46.

Kramer, S. und Akhtar, S. (1988): The developmental context of internalizes preoedipal object relation. Clinical applications of Mahler's theory of symbiosis and separation-individuation. *Psychoanal Q*, 57: 547-576.

Kris, E. (1952): Psychoanalytic explorations in art. New York: Int. Univ. Press.

- (1953): The study of variations of early parental attitudes. In: The selected papers of Ernst Kris. New Haven: Yale Univ. Press.

- (1956): The recovery of childhood memories in psychoanalysis. In: The selected papers of Ernst Kris. New Haven: Yale Univ. Press.

Kubie, L. S. (1966): A reconsideration of thinking, the dream process, and the dream. *Psychoanal Q*, 35: 191-198.

Lacan, J. (1965): The language of the self. Baltimore: John Hopkins Press.

Lamb, M. E. (Hg.)(1981): The role of the father in child development. New York: Wiley, 2. Aufl.

- (1984): Mothers, fathers, and child care in a changing world. in: J. Call, E. Galenson und R. L. Tyson (Hg.): Frontiers of child psychiatry. Vol. 2. New York: Basic Books.

Lampl-de-Groot, J. (1927): Zur Entwicklungsgeschichte des Ödipuskomplexes der Frau. *Int Z Psychoanalyse*, 13.

Langer, S. (1942): Philosophy in a new key. Cambridge: Harvard Univ. Press.

- (1957): Problems of art. New York: Scribner.

Laufer, M. und Laufer, M. E. (1984): Adoleszenz und Entwicklungskrise. Stuttgart: Klett-Cotta 1989.

Lax, R. T. (1977): The role of internalization in the development of certain aspects of female masochism. Ego psychological considerations. *Int J Psychoanal*, 58: 289-300.

Lazarus, R. S., Kanner, A. D. und Folkman, S. (1980): Emotions. A cognitive phenomenological analysis. In: R. Plutchik und H. Kellerman (Hg.): Emotions. Theory, research and experience. Vol. 1: Theories of emotions. New York: Academic Press.

Lecours, A. R. (1975): Myelogenetic correlates of the development of speech and language. In: D.H. Lenneberg und E. Lenneberg (Hg.): Foundations of language development. A multidisciplinary approach. Vol. 1. New York: Academic Press.

Leonard, M. R. (1966): Fathers and daughters. The significance of „fathering" in the psychosexual development of the girl. *Int J Psychoanal*, 47: 325-334.

Lester, E. P. (1983): Separation-individuation and cognition. J Amer Psychoanal Assn, 31: 127-156.

Levinson, N. A. und Call, J. D. (1987): New developments in early language acquisition. In: J. D. Noshpitz et al. (Hg.): Basic handbook of child psychiatry. New York: Basic Books.

Lewin, B. D. (1933): The body as a phallus. Psychoanal Q, 2: 24-47.

Lewis, M. und Brooks-Gunn, J. (1979): Social cognition and the acquisition of self. New York: Plenum.

Lewis, M. und Rosenblum, L. A. (Hg.) (1974): The effect of the infant on his caregiver. New York: Wiley.
Lichtenberg, J. D. (1975): The development of the sense of self. J Amer Psychoanal Assn, 23: 453-451.
- (1981): Implications for psychoanalytic theory of research on the neonate. *Int Rev Psychoanal*, 8: 35-52.
- (1987): Die Bedeutung der Säuglingsbeobachtung für die klinische Arbeit mit Erwachsenen. *Z psa Theorie und Praxis*, 2, 123-147.
- (1988): A theory of motivational-functional systems as psychic structures. *J Amer Psychoanal Assn*, 36 (Suppl.): 57-72.
- (1989): Psychoanalysis and motivation. Hillsdale, N. J.: Analytic Press.
Loewald, H. W. (1951): Ich und Realität. In: Psychoanalyse. Aufsätze aus den Jahren 1951-1979. Stuttgart: Klett-Cotta 1986.
- (1952): The problem of defense and the neurotic interpretation of reality. In: Papers on psychoanalysis. New Haven: Yale Univ. Press 1980.
- (1960): Zur therapeutischen Wirkung der Psychoanalyse. In: Psychoanalyse. Aufsätze aus den Jahren 1951-1979. Stuttgart: Klett-Cotta 1986.
- (1965): Überlegungen zur Wiederholung und zum Wiederholungszwang. In: Psychoanalyse. Aufsätze aus den Jahren 1951-1979. Stuttgart: Klett-Cotta 1986.
- (1971): Über Motivation und Triebtheorie. In: Psychoanalyse. Aufsätze aus den Jahren 1951-1979. Stuttgart: Klett-Cotta 1986.
- (1973): The analysis of the self. *Psychoanal Q*, 42: 441-451.
- (1974): Current status of the concept of the infantile neurosis. Discussion. *Psychoanal Study Child*, 29: 183-190.
- (1978): Triebtheorie, Objektbeziehungen und psychische Strukturbildung. In: Psychoanalyse. Aufsätze aus den Jahren 1951-1979. Stuttgart: Klett-Cotta 1986.
- (1979): Das Dahinschwinden des Ödipuskomplexes. In: Psychoanalyse. Aufsätze aus den Jahren 1951-1979. Stuttgart: Klett-Cotta 1986.
- (1985): Oedipus complex and development of self. *Psychoanal Q*, 54: 435-443.
Loewenstein, R. M. (1950): Conflict and autonomous ego development during the phallic phase. *Psychoanal Study Child*, 5: 47-53.
Luria, A. R. (1961): The role of speech in the normal and abnormal behaviour. New York: Pergamon Press.
Lustman, S. L. (1966): Impulse control, structure, and the synthetic function. In: R. M. Loewenstein, L. M. Newman, M. Schur, and A. J. Solnit (Hg.): Psychoanalysis. A general psychology. New York: Int. Univ. Press.

Maccoby, E. E. und Martin, J. (1983): Socialization in the context of the family. Parent-child interaction. In: P. H. Mussen und E. M. Hetherington (Hg.): Handbook of child psychology, socialization, personality and social development. Vol. 4. New York: Wiley, 4. Aufl.
McDevitt, J. B. (1975): Separation-individuation and object constancy. J Amer Psychoanal Assn, 23: 713-743.
- (1979): The role of internalization in the development of object relations during the separation-individuation phase. *J Amer Psychoanal Assn*, 27: 327-343.
- (1983): The emergence of hostile aggression and its defensive and adaptive modifications during the separation-individuation process. *J Amer Psychoanal Assn*, 31: 273-300.
McDevitt, J. B. und Mahler, M. S. (1980): Object constancy, individuality, and internalization. In: S. I. Greenspan und G. H. Pollock (Hg.): The course of life. Vol. 1: Infancy and early childhood. Publication No. (ADM) 80.786. Washington, D. C.: DHHS.
Mahler, M. S. (1952): On child psychosis and schizophrenia. Autistic and symbiotic infantile psychosis. *Psychoanal Study Chld*, 7: 286-305.

- (1961): On sadness and grief in infancy and childhood. Loss and restoration of the symbiotic love object. *Psychoanal Study Child*, 16: 332-351.
- (1963): Thoughts about development and individuation. *Psychoanal Study Child*, 18: 307-324.
- (1971): Die Bedeutung des Loslösungs- und Individuationsprozesses für die Beurteilung von Borderline-Phänomenen. *Psyche*, 29 (1975): 1078-1095.
- (1972a): On the first three subphases of the separation-individuation process. *Int J Psychoanal*, 53: 333-338.
- (1972b): Rapprochement subphase of the separation-individuation process. *Psychoanal Q*, 41: 487-506.
- (1975a): On human symbiosis and the vicissitudes of individuation. *J Amer Psychoanal Assn*, 23: 740-763.
- (1975b): On the current status of the infantile neurosis. *J Amer Psychoanal Assn*, 23. 327-333.
- (1981): Aggression in the service of separation-individuation. A case study of a mother-daughter relationship. *Psychoanal Q*, 50: 625-638.

Mahler, M. S. und Furer, M. (1968): Symbiose und Individuation. Stuttgart: Klett-Cotta 1978.

Mahler, M. S. und Gosliner, B. J. (1955): On symbiotic child psychosis. Genetic, dynamic, and restitutive aspects. *Psychoanal Study Child*, 10: 195-212.

Mahler, M. S. und McDevitt, J. B. (1968): Observations on adaptation and defense in statu nascendi. *Psychoanal Q*, 37: 1-21.

Mahler, M. S. und McDevitt, J. B. (1980): The separation-individuation process and identity formation. In: S. I. Greenspan und G. H. Pollock (Hg.): The course of life. Vol. 1: Infancy and early childhood. Publication No. (ADM) 80-786. Washington, D. C.: DHHS.

Mahler, M. S., Pine, F. und Bergman, A. (1975): Die psychische Geburt des Menschen. Frankfurt a.M.: Fischer 1978.

Mandler, G. (1980): The generation of emotion. In: R. Plutchik und H. Kellerman (Hg.): Emotion. Theory, research and experience. Vol. 1: Theories of emotion. New York: Academic Press.

Mandler, J. M. (1983): Representation. P. H. Mussen (Hg.): Handbook of child psychology. Vol. 3. New York: Wiley, 4. Aufl.
- (1988): How to build a baby. On the development of an accessible representational system. *Cogn develop*, 3: 113-136.

Masters, W. H. und Johnson, V. E. (1966): Die sexuelle Reaktion. Reinbek: Rowohlt 1970.

Mayer, E. (1985): „Everybody must be just like me“. Observations on female castration anxiety. *Int J Psychoanal*, 66: 331-347.

Meissner, W. (1980): A note in projective identification. *J Amer Psychoanal Assn*, 28: 43-68.

Meltzoff, A. N. (1982): Imitation, intermodal coordination and representation in early infancy. In: G. Butterworth (Hg.): Infancy and epistomology. Brighton, England: St. Martin's Press.
- (1985): Perception, action, and cognition in early infancy. *Am Pediatrics*, 32: 63-77.
- (1988): Infant imitation and memory. Nine-month-olds in immediate and referred tests. *Child Develop*, 59: 217-225.

Metcalf, D. R. (1979): Organizers of the psyche and EEG development. Birth through adolescence. In: J. D. Noshpitz et al. (Hg.): Basic handbook of child psychiatry. Vol. 1. New York: Basic Books.

Metcalf, D. R. und Spitz, R. A. (1978): The transitional object. Critical development period and organizer of the psyche. In: S. A. Grolnick und L. Barnick (Hg.): Between reality and phantasy. New York: Aronson.

Meyer, J. K. (1980): Body ego, selfness, and gender sense. The development of gender identity. *Psychiatric Clinics of North America*, 3: 21-36.

Modell, A. H. (1969): Object love and reality. London: Hogarth.
- (1975): A narcisstic defense against affects and the illusion of self-sufficiency. *Int J Psychoanal*, 56: 275-282.
- (1984): Psychoanalysis in a new context. New York: Int. Univ. Press.

Money, J. und Ehrhardt, A. (1972): Man and woman, boy and girl. Baltimore: Johns Hopkins Univ. Press.
Money, J., Hampson, J. G. und Hampson, J. L. (1955a): An examination of some basic sexual concepts. The evidence of human hermaphroditism. *Bull Johns Hopkins Hosp*, 97: 301-319.
- (1955): Hermaphroditism. Recommendation concerning assignment of sex, change of sex and psychologic management. *Bull Johns Hopkins Hosp*, 97: 284-300.
Montagner, H. (1983): New data in the ontogeny of communication systems and biologica rhythms in young children. In: J. D. Call, E. Galenson und R. L. Tyson (Hg.): Frontiers of infant psychiatry. New York: Basic Books.
Moore, B. E. (1976): Freud and female sexuality. *Int J Psychoanal*, 57: 287-300.
Moore, B. E. und Fine, B. D. (Hg.) (1990): Psychoanalytic terms and concepts. New Haven/London: Amer Psychoanal Assn/Yale Univ. Press.
Moran, G. S. (1987): Some functions of play and playfulness. *Psychoanal Study Child*, 42: 11-29.
Müller-Braunschweig, C. (1926): The genesis of the feminine super-ego. *Int J Psychoanal*, 7: 359-3362.
Muslin, H. L. (1972): The superego in women. In: S. C. Post (Hg.): Moral values and the superego concept. New York: Int. Univ. Press.
Myers, W. (1976): Imaginary companions, fantasy twins, mirror dreams, and depersonalization. *Psychoanal Q*, 45: 503-524.
- (1976): Imaginary companions in childhood and adult creativity. *Psychoanal Q*, 48: 292-397.

Nachman, P. A. und Stern, D. N. (1984): Affect retrieval. A form of recall memory in prelinguistic infants. in: J. D. Call, E. Galenson und R. L. Tyson (Hg.): Frontiers in infant psychiatry. Vol. 2. New York: Basic Books.
Nadelson, C. C., Notman, M. T., Miller, J. B. und Zilbach, J. (1982): Aggression in women. Conceptual issues and clinical implications. In: M. T. Notman und C. C. Nadelson (Hg.): The woman patient. Vol. 3: Aggression, adaptations, and psychotherapy. New York: Plenum.
Nagera, H. (1966): Early childhood disturbances, the infantile neurosis, and the adulthood disturbances. New York: Int. Univ. Press.
- (1969): Imaginary companion. Its significance for ego development. *Psychoanal Study Child*, 24: 165-196.
- (1975): Female sexuality and the Oedipus complex. New York: Aronson.
Neubauer, P. B. (1960): The one-parent child and his oedipal development. *Psychoanal Study Child*, 15: 286-309.
- (1980): The role of insight in psychoanalysis. In: H. P. Blum (Hg.): Psychoanalytic explorations of technique. New York: Int. Univ. Press.
- (1984): Anna Freud's concept of developmental lines. *Psychoanal Study Child*, 39: 15-27.
Neugarten, B. (1979): Time, age, and the life cycle. *Amer J Psychiat*, 136: 887-894.
Novick, J. und Novick, K. K. (1972): Beating fantasies in children. *Int J Psychoanal*, 53: 237-242.
- (1990): Some comments on masochism and the delusion of omnipotence from a developmental perspective. J Amer Psychoanal Assn, in Druck.
Novick, K. K. und Novick, J. (1987): The essence of masochism. *Psychoanal Study Child*, 42: 353-384.
Noy, P. (1969): A revision of the psychoanalytic theory of the primacy process. *Int J Psychoanal*, 50: 155-178.
- (1973): Symbolism and mental representation. *Ann Psychoanal*, 1: 125-158.
- (1978): Insight and creativity. *J Amer Psychoanal Assn*, 26: 717-148.
- (1979): The psychoanalytic theory of cognitive development. *Psychoanal Study Child*, 34: 169-216.
- (1982): A revision of the psychoanalytic theory of affect. *Ann Psychoanal*, 10: 139-186.
Nunberg, H. (1931): The synthetic function of the ego. *Int J Psychoanal*, 12: 123-140.

- (1932): Principles of psychoanalysis. Their application to the neuroses. New York: Int. Univ. Press 1955.

Offer, D. (1969): Adolescent turmoil. In: The psychological world of the teenager. A study of normal adolescent boys. New York: Basic Books.
Ogden, T. H. (1987): The transitional oedipal relationship in female development. *Int J Psychoanal*, 68: 485-498.
Olden, C. (1953): On adult empathy with children. *Psychoanal Study Child*, 8: 111-126.
Oster, H. (1978): Facial expression and affect development. In: M. Lewis und L. A. Rosenblum (Hg.): The development of affect. New York: Plenum.

Papousek, H. und Papousek, M. (1979): The infant's fundamental adaptive responsive system in social interaction. In: E. Thoman (Hg.): Origins of the infant's social responsiveness. Hillsdale, N. J.: Erlbaum.
- (1981): How human is the human inborn and what else is to be done? In: K. Bloom (Hg.): Prospective issues in infancy research. Hillsdale, N. J.: Erlbaum.
- (1984): The evolution of parent-infant attachment. New psychobiological perspectives. In: J. Call, E. Galenson und R. L. Tyson (Hg.): Frontiers of infant psychiatry. New York: Basic Books.
Parens, H. (1979): The development of aggression in early childhood. New York: Aronson.
Parens, H., Pollock, L., Stern, J. und Kramer, S. (1976): On the girl's entry into the Oedipus complex. *J Amer Psychoanal Assn*, 24: 79-107.
Pedersen, F. A. und Robson, K. S. (1969): Father participation in infancy. *Amer J Orthopsychiat*, 39: 466-472.
Peller, L. E. (1954): Libidinal phases, ego development and play. *Psychoanal Study Child*, 9: 178-198.
- (1956): The school's role in promoting sublimation. *Psychoanal Study Child*, 11: 437-449.
- (1958): Reading and daydreams in latency. Boy-girl differences. J Amer Psychoanal Assn, 6: 57-70.
Person, S. E. (1983): The influence of values in psychoanalysis. The case of female psychology. *Psychiatry Update*, 2: 36-50.
- (1986): Male sexuality and power. *Psychoanal Inqu*, 6: 3-25.
- (1988): Lust auf Liebe. Die Wiederentdeckung des romantischen Gefühls. Reinbek: Rowohlt 1990.
Peterfreund, E. (1971): Information, systems, and psychoanalysis. An evolutionary biological approach to psychoanalytic theory. Psychological Issues, Monograph 25/26. New York: Int. Univ. Press.
- (1978): Some critical comments on psychoanalytic conceptions of infancy. *Int J Psychoanal*, 59: 427-441.
Petersen, A. C. (1979): Female to pubertal development. In: M. Sugar (Hg.): Female adolescent development. New York: Brunner/Mazel.
Peto, A. (1967): Terrifying eyes. *Psychoanal Study Child*, 24: 197-212.
Piaget, J. (1932): Moral judgment. Children invent the social contact. In: H. E. Gruber und J. Voneche (Hg.): The essential Piaget. An interprative reference and guide. New York: Basic Books 1977.
- (1936): Das Erwachen der Intelligenz beim Kinde. Stuttgart: Klett 1975.
- (1937): The construction of reality in the child. New York: Basic Books.
- (1946): Nachahmung, Spiel und Traum. Stuttgart: Klett 1969.
- (1952): The child's conception of number. New York: Humanities.
- (1954): Intelligence and affectivity. Their relationship during child development. Palo Alto, Calif.: Annual Reviews 1981:

- (1958): Equilibration processes in the psychobiological development of the child. In: H. E. Gruber und J. Voneche (Hg.): The essential Piaget. New York: Basic Books.
- (1964): Six psychological studies. New York: Random House 1967.
- (1967): Biology and knowledge. Chicago: Univ. of Chicago Press 1972.
Piaget, J. und Inhelder, B. (1969): Die Psychologie des Kindes. Olten: Walter 1973.
Piers, G. und Singer, M. B. (1953): Shame and guilt. Springfield, Ill.: Thomas.
Pine, F. (1971): On the separation process. Universal trends and individual differences. In: J. B. McDevitt und C. Settlage (Hg.): Separation-individuation. Essays in honour of Margaret S. Mahler. New York: Int. Univ. Press.
- (1974): Libidinal object constancy. A theoretical note. *Psychoanal Contemp Science*, 3: 307-313.
- (1985): Developmental theory and clinical process. New Haven: Yale Univ. Press.
Plaut, E. A. (1979): Play and adaptation. *Psychoanal Study Child*, 34: 217-234.
Plaut, E. A. und Hutchinson, F. (1986): The role of puberty in female psychosexual development. *Int Rev Psychoanal*, 13: 417-432.
Pollock, G. H. (1981): Aging and aged. Development on pathology. in: S. I. Greenspan und G. H. Pollock (Hg.): The course of life. Vol. 3. Publication No. (ADM) 81-1000. Washington, D. C.: DHHS.
Prechtl, H. F. R. (1982): Assessment methods for the newborn infant. A critical evaluation. In: P. Stratton (Hg.): Psychobiology of the human newborn. New York: Wiley.
Provence, S. und Lipton, R. C. (1962): Infants in institutions. New York: Int. Univ. Press.
Pruett, K. D. (1983): Infants of primary nurturing fathers. *Psychoanal Study Child*, 38: 258-280.
- (1984): Children of the father-mothers. In: J. D. Call, E. Galenson und R. L. Tyson (Hg.): Frontiers of infant psychiatry. New York: Basic Books.
- (1985): Oedipal configurations in young father-raised children. Psychoanal Study Child, 40: 435-456.
- (1987): Nurturing father. Journey toward the complete man. New York: Warner.
Pulver, S. E. (1970): Narcissism. The term and the concept. *J Amer Psychoanal Assn*, 18: 319-341.
- (1974): Unconscious versus potential affects. *Psychoanal Q*, 43: 77-84.

Rakic, P. und Yakovlev, P. I. (1968): Development of the corpus callosum and cavum septi in man. *J Comp Neurol*, 132: 45-72.
Rangell, L. (1963): Structural problems in intrapsychic conflict. Psychoanal Study Child, 18: 103-138.
- (1968): A further attempt to resolve the „problem of anxiety." J Amer Psychoanal Assn, 16: 371-404.
- (1972): Aggression, Oedipus, and historical perspectives. *Int J Psychoanal*, 53: 3-11.
- (1974): A psychoanalytic perspective leading currently to the syndrome of the compromise of integrity. *Int J Psychoanal*, 55: 3-12.
- (1980): The mind of Watergate. An exploration of the compromise of integrity. New York: Norton.
- (1982): The self in psychoanalytic theory. *J Amer Psychoanal Assn*, 30: 863-891.
Rapaport, D. (1951): Toward a theory of thinking. In: D. Rapaport (Hg.): Organization and pathology of thought. New York: Columbia Univ. Press.
- (1953): On the psychoanalytic theory of affects. In: M. M. Gill (Hg.): The collected papers of David Rapaport. New York: Basic Books 1967.
- (1960): Psychoanalysis as a developmental psychology. In: M. M. Gill (Hg.): The collected papers of David Rapaport. New York: Basic Books 1967.
Rapaport, D. und Gill, M. M. (1959): The points of view and assumptions of metapsychology. In: M. M. Gill (Hg.): The collected papers of David Rapaport. New York: Basic Books 1967.
Reeves, J. W. (1965): Thinking about thinking. New York: George Braziller.
Reich, A. (1953): Narcissistic object choice in women. J Amer Psychoanal Assn, 1: 22-44.

- (1954): Early identificationa as archaic elements in the superego. *J Amer Psychoanal Assn*, 2: 218-238.
- (1958): A character formation representing the integration of unusual conflict solutions into the superego structure. *Psychoanal Study Child*, 13: 309-323.
- (1960): Pathologic forms of self-esteem regulation. *Psychoanal Study Child*, 15: 215-232.

Renik, Q. (1972): Cognitive ego function in the phobic symptom. *Psychoanal Q*, 41: 537-555.

Rheingold, H. L. (1969): The social and socializing infant. In: D. Goslin (Hg.): Handbook of socialization theory and research. Chicago: Rand McNally.

Riess, A. (1978): The mother's eye. For better and for worse. *Psychoanal Study Child*, 33: 381-409.

Ritvo, S. (1974): Current status of the concept of infantile neurosis. *Psychoanal Study Child*, 29: 159-188.
- (1976): Adolescent to woman. *J Amer Psychoanal Assn*, 24: 127-138.
- (1981): Anxiety, symptom formation and ego autonomy. *Psychoanal Study Child*, 36: 339-364.

Ritvo, S. und Solnit, A. J. (1960): The relationship of early ego identification to superego formation. *Int J Psychoanal*, 41: 295-300.

Roiphe, H. und Galenson, E. (1981): Infantile origins of sexual identity. New York: Int. Univ. Press.

Rosenblatt, A. D. (1985): The role of affect in cognitive psychology and psychoanalysis. *Psychoanal Psychol*, 2: 85-97.

Rosenblatt, A. D. und Thickstun, J. T. (1977): Modern psychoanalytic concepts in a general psychology. Part II: Motivation. Psychological Issues, Monograph 42/43. New York: Int. Univ. Press.

Rosner, H. (1972): „Of music, magic, and mystery". Studies in adolescent synthesis. *J Amer Psychoanal Assn*, 20: 395-416.

Ross, J. M. (1975): The development of parental identity. A critical review of the literature on nurturance and generativity in boys and men. *J Amer Psychoanal Assn*, 23: 783-818.
- (1982a): From other to father. The boy's search for a generative identitiy and the oedipal era. in: S. H. Cath, A. R. Gurwitt und J. M. Ross (Hg.): Father and child. Developmental and clinical perspectives. Boston: Little, Brown.
- (1982b): Oedipus revisited. Laius and the „Laius Complex." Psychoanal Study Child, 37: 169-200.

Rothstein, A. (1980): The narcissistic pursuit of perfection. New York: Int. Univ. Press.
- (1983): The structural hypothesis. An evolutionary perspective. New York: Int. Univ. Press.
- (1988): The representational world as a substructure of the ego. *J Amer Psychoanal Assn*, 36: 191-208.

Rycroft, C. (1956): Symbolism and its relationship to the primary and secondary process. *Int J Psychoanal*, 37: 137-146.
- (1968): Imagination and reality. Psychoanalytical essays, 1951-1961. London: Hogarth.

Sachs, H. (1929): One motive factor in formation of superego in women. Int J Psychoanal, 10: 39-50.

Sander, L. W. (1962): Issues in early mother-child interaction. *J Amer Acad Child Psychiat*, 1: 141-166.
- (1964): Adaptive relationships in early mother-child interaction. *J Amer Acad Child Psychiat*, 3: 231-164.
- (1969): Regulation and organization in the early infant-caretaker system. In: R. Robinson (Hg.): Brain and early behavior. London: Academic Press.
- (1975): Infant and caretaking environment. Investigation and conceptualization of adaptive behavior in a system of increasing complexity. In: E. J. Anthony (Hg.): Explorations in child psychiatry. New York: Plenum.

- (1980): Investigation of the infant and its caretaking environment as a biological system. In: S. I. Greenspan und G. H. Pollock (Hg.): The course of life. Vol. 1. Publication No. (ADM) 80-786. Washington, D. C.: DHHS.
- (1983): Polarity, paradox, and the organizing process in development. In: J. D. Call, E. Galenson und R. L. Tyson (Hg.): New York: Basic Books.
Sander, L. E., Stechler, G., Burns, P. und Julia, H. (1970): Early mother-infant interaction and 24-hour patterns of activity and sleep. *J Amer Acad Child Psychiat*, 9: 103-123.
Sander, L. E., Stechler, G., Burns, P. und Lee, A. (1979): Change in infant and caregiver variables over the first two months of life. Integration of action in early development. In: E. Thoman (Hg.): Origins of the infant's social responsiveness. Hillsdale, N. J.: Erlbaum.
Sandler, A.-M. (1975): Comments on the significance of Piaget's work for psychoanalysis. *Int Rev Psychoanal*, 2: 365-378.
- (1977): Beyond eight-month anxiety. *Int J Psychoanal*, 58: 195-208.
Sandler, J. (1960a): On the concept of the superego. Psychoanal Study Child, 15: 128-162.
- (1960b): The background of safety. *Int J Psychoanal*, 41: 352-356.
- (1974): Psychological conflict and the structural model. Some clinical and theoretical implications. *Int J Psychoanal*, 55: 53-72.
- (1981): Character traits and object relationships. *Psychoanal Q*, 50: 694-708.
- (1983): Zum Verhältnis von Therapie und Theorie in der Psychoanalyse. *Psyche*, 37: 577-595.
- (1985): Towards a reconsiceration of the psychoanalytic theory of motivation. *Bull Anna Freud Centre*, 8: 223-244.
- (1987): Das Konzept der projektiven Identifizierung. *Zsch psa Th Prax*, 3: 147-164, 1988.
Sandler, J. und Dare, C. (1970): The psychoanalytic concept of orality. J Psychosom Res, 14: 211-222.
Sandler, J., Dare, C. und Holder, A. (1972): Frames of reference. The historical context and phases in the development of psychoanalysis. *Brit J Med Psychol*, 45: 133-142.
Sandler, J. und Freud, A. (1985): The analysis of defense. The ego and the mechanisms of defense revisited. New York: Int. Univ. Press.
Sandler, J., Holder, A. und Meers, D. (1963): The ego ideal and the ideal self. *Psychoanal Study Child*, 18: 139-158.
Sandler, J. und Joffe, W. G. (1969): Towards a basic psychoanalytic model. *Int J Psychoanal*, 50: 79-90.
Sandler, J. und Rosenblatt, B. (1962): The concept of the representational world. *Psychoanal Study Child*, 17: 128-145.
Sandler, J. und Sandler, A.-M. (1978): On the development of object relationships and affects. *Int J Psychoanal*, 59: 285-296.
Sarnoff, C. (1976): Latency. New York: Aronson.
Schafer, R. (1960): The loving and beloved superego in Freud's structural theory. *Psychoanal Study Child*, 15: 163-190.
- (1974): Problems in Freud's psychology of women. *J Amer Psychoanal Assn*, 22: 459-485.
- (1976): Eine neue Sprache für die Psychoanalyse. Stuttgart: Klett-Cotta 1982.
Scharfman, M. (1988): History of child analysis. Paper presented to workshop on the Significance of Child and Adolescent Analysis for Clinical Work with Adults. American Psychoanalytic Association, New York City, November.
Schulman, A. H. und Kaplowitz, C. (1977): Mirror-image response during the first two years of life. *Developmental Psychology*, 10: 133-142.
Schur, M. (1960): Discussion of Dr. John Bowlby's paper. *Psychoanal Study Child*, 15: 63-84.
- (1966): Das Es und die Regulationsprinzipien des psychischen Geschehens. Frankfurt a.M.: Suhrkamp.
- (1969): Affects and cognition. *Int J Psychoanal*, 50: 647-653.

Schwartz, A. (1987): Drives, affects, behavior-and learning. Approaches to a psychobiology of emotion and to an integration of psychoanalytic and neurobiological thought. *J Amer Psychoanal Assn*, 35: 467-506.
Schwartz, L. (1978): Book review: The restauration of the self. *Psychoanal Q*, 47: 436-443.
Segal, H. (1978): On symbolism. *Int J Psychoanal*, 59: 315-319.
- (1979): Klein. Theories and techniques of the pioneer of child analysis. London: Harvester Press.
Settlage, C. F. (1971): On the libidinal aspect of early psychic development and the genesis of infantile neurosis. In: J. B. McDevitt und C. F. Settlage (Hg.): Separation-individuation. Essays in honour of Margaret S. Mahler. New York: Int. Univ. Press.
- (1975): On the aggressive aspects of early psychic development and the infantile neurosis. Unveröffentlichtes Manuskript.
- (1980): The psychoanalytic theory and understanding of psychic development during the second and third years of life. In: S. I. Greenspan und G. H. Pollock (Hg.): The course of life. Vol. 1: Infancy and early childhood. Publication No. (ADM) 80-786. Washington, D. C.: DHHS.
Settlage, C. F., Curtis, Z., Lozoff, M., Silberschatz, G., und Simburg, E. (1988): Conceptualizing adult development. *J Amer Psychoanal Assn*, 36: 347-370.
Settlage, C. F., Kramer, S., Belmont, H. S., et al. (1977): Child analysis. In: S. Goodman (Hg.): Psychoanalytic education and research. The current situation and future possibilities. New York: Int. Univ. Press.
Shapiro, T. (1979): Clinical psycholinguistics. New York: Plenum.
Shapiro, T. und Perry, R. (1976): Latency revisited. *Psychoanal Study Child*, 31: 79-105.
Shengold, L. (1980): Some reflections on a case of mother-adolescent son incest. *Int J Psychoanal*, 61: 461-476.
- (1989): Soul murder. New Haven: Yale Univ. Press.
Shereshefsky, P. M. und Yarrow, L. J. (1973): Psychological aspects of a first pregnancy and early postnatal adaptation. New York: Raven Press.
Shopper, M. (1979): The (re)discovery of the vagina and the importance of the menstrual tampon. In: M. Sugar (Hg.): Female adolescent development. New York: Brunner /Mazel.
Sifneos, P. (1974): A reconsideration of psychodynamic mechanisms in psychosomatic symptom formation in view of recent clinical observations. *Psychother Psychosom*, 24: 151-155.
Silverman, M. A. (1971): The growth of logical thinking. Piaget's contribution to ego psychology. *Psychoanal Q*, 40: 317-341.
- (1981): Cognitive development and female psychology. *J Amer Psychoanal Assn*, 29: 581-605.
Slap, J. (1977): The eroding concept of intrapsychic conflict. Int J Psychoanal Psychother, 6: 469-477.
Slap, J. W. und Levine, F. J. (1978): On hybrid concepts in psychoanalysis. *Psychoanal Q*, 47: 499-523.
Socarides, C. W. (1978): Homosexuality. New York: Aronson.
Solnit, A. J. (1979): Psychosexual development. Three to five years. In: J. D. Noshpitz et al. (hg.): Basic handbook of child psychiatry. Vol. 1. New York: Basic Books.
- (1987a): A psychoanalytic view of play. *Psychoanal Study Child*, 42: 205-219.
- (1987b): Review: The interpersonal world of the infant, by Daniel Stern. *J Amer Psychiat Assn*, 144. 1508-1509.
Solnit, A. J. und Neubauer, P. B. (1986): Object constancy and early triadic relationships. *J Amer Acad Child Psychiat*, 25: 23-29.
Sorce, J. F., Emde, R. N. und Klinnert, M. (1981): Maternal emotional signaling. Its effects on the visual-cliff behavior of one-year-olds. Paper presented at the meeting of the Society for Research in Child Development, Boston, Mass.
Spillius, E. B. (1983): Some developments from the work of Melanie Klein. *Int J Psychoanal*, 64: 321-332.

Spitz, R. A. (1945): Hospitalismus. An inquiry into the genesis of psychiatric conditions in early childhood. *Psychoanal Study Child,* 1: 53-72.
- (1946a): Anaclitic depression. An inquiry into the genesis of psychiatric conditions in early childhood. *Psychoanal Study Child,* 2: 313-342.
- (1946b): Hospitalism. A follow-up report. *Psychoanal Study Child,* 2: 113-117.
- (1947): Grief, a peril in infancy. Film, New York Film Library. Zitiert in Spitz und Cobliner 1965.
- (1950): Anxiety in infancy. A study of its manifestations in the first year of life. *Int J Psychoanal,* 31: 138-143.
- (1952): Authority and masturbation. Remarks on bibliographical investigation. *Psychoanal Q,* 21: 490-527.
- (1953): Aggression. Its role in the establishment of object relations. In: R. Loewenstein (Hg.): Drives, affects, behavior. New York: Int. Univ. Press.
- (1957): Nein und Ja. Ursprünge der menschlichen Kommunikation. Stuttgart: Klett, o. J.
- (1958): On the genesis of superego components. *Psychoanal Study Child,* 13: 375-404.
- (1959): Eine genetische Feldtheorie der Ichbildung. Frankfurt a.M.: Fischer 1972.
- (1960): Discussion of Dr. John Bowlby's paper. *Psychoanal Study Child,* 15: 85-94.
- (1962): Autorerotism reexamined. *Psychoanal Study Child,* 17: 283-315.
- (1963): Life and the dialogue. In: H. S. Gaskill (Hg.): Counterpoint. Libidinal object and subject. New York: Int. Univ. Press.
- (1964): The derailment of dialogue. Stimulus overload, active cycles, and the completion gradient. *J Amer Psychoanal Assn,* 12: 752-775.
- (1965): The evolution of dialogue. In: M. Schur (Hg.): Drives, affects, behavior. Vol. 2. New York: Int. Univ. Press.

Spitz, R. A. und Cobliner, W. G. (1965): Vom Säugling zum Kleinkind. Stuttgart: Klett, 11. Aufl. 1996.

Spitz, R. A., Emde, R. N. und Metcalf, D. R. (1970): Further prototypes of ego formation. A working paper from a research project on early development. *Psychoanal Study Child,* 25: 417-460.

Spitz, R. A. und Wolf, K. M. (1946): The smiling response. *Genetic Psychol Mono,* 34: 57-125.
- (1949): Autorerotism. Some empirical findings and hypotheses on three of its manifestations in the first year of life. *Psychoanal Study Child,* ¾: 85-120.

Spruiell, V. (1975): Three strands of narcissism. *Psychoanal Q,* 44: 577-595.
- (1979): Alterations in the ego-ideal in girls in mid-adolescence. In: M. Sugar (Hg.): Female adolescent development. New York: Brunner/Mazel.

Stechler, G. und Halton, A. (1987): The emergence of assertion and aggression during infancy. A psychoanalytic systems approach. *J Amer Psychoanal Assn,* 35: 821-838.

Stechler, G. und Kaplan, S. (1980): The development of the self. Psychoanal Study Child, 35: 85-105.

Steele, B. F. (1970): Parental abuse of infants and small children. In: E. J. Anthony und T. Benedek (Hg.): Parenthood. New York: Little, Brown.
- (1983): The effect of abuse and neglect on psychological development. In: J. D. Call, E. Galenson und R. L. Tyson (Hg.): Frontiers of infant psychiatry. New York: Basic Books.

Steele, B. F. und Pollock, C. B. (1968): A psychiatric study of parents who abuse infants and small children. In: R. E. Helfer und C. H. Kempe (Hg.): The battered child. Chicago: Univ. of Chicago Press.

Stein, M. H. (1979): Book Review: The restauration of the self, by Heinz Kohut. *J Amer Psychoanal Assn,* 27: 665-680.

Sterba, R. F. (1942): Introduction. Psychoanalytic theory of the libido, 3. Aufl. New York: Brunner/Mazel.

Stern, D. N. (1974a): The goal and structure of mother-infant play. *J Amer Acad Child Psychiat,* 13: 403-421.

- (1977): Mutter und Kind. Die erste Beziehung. Stuttgart: Klett 1979.
- (1984): Affect attunement. In: J. D. Call, E. Galenson und R. L. Tyson (Hg.): Frontiers of infant psychiatry. Vol. 2. New York: Basic Books.
- (1985): Die Lebenserfahrung des Säuglings. Stuttgart: Klett-Cotta 1992.

Stern, D. N., Barnett, R. K. und Spieker, S. (1983): Early transmission of affect. Some research issues. In: J. D. Call, E. Galenson und R. L. Tyson (Hg.): Frontiers of infant psychiatry. New York: Basic Books.

Stoller, R. J. (1968a): Sex and gender. On the development of masculinity and femininity. New York: Science House.
- (1968b): The sense of femaleness. *Psychoanal Q*, 37: 42-55.
- (1976): Primary femininity. *J Amer Psychoanal Assn*, 24 (Suppl.): 59-78.
- (1979): Fathers of transsexual children. *J Amer Psychoanal Assn*, 27: 837-866.
- (1985): Presentations of gender. New Haven: Yale Univ. Press.

Stolorow, R. D. und Lachmann, F. M. (1978): The developmental prestages of defenses. Diagnostic and therapeutic implications. *Psychoanal Q*, 47: 73-102.

Sutherlang, J. D. (1980): The British object relations theorists: Balint, Winnicott, Fairbairn, Guntrip. *J Amer Psychoanal Assn*, 28: 829-860.

Tennes, K. und Lampl, E. (1964): Stranger and separation anxiety in infancy. *J Nerv Ment Dis*, 139-254.

Ticho, E. A. (1982): The alternate schools and the self. *J Amer Psychoanal Assn*, 30: 849-862.

Ticho, G. (1976): Female autonomy and young adult women. J Amer Psychoanal Assn, 24: 139-156.

Tolpin, M. (1971): On the beginnings of a cohesive self. An application of the concept of transmuting internalization to the study of the transitional object and signal anxiety. *Psychoanal Study Child*, 26: 316-352.
- (1978): Self-objects and oedipal objects. *Psychoanal Study Child*, 33: 167-184.

Tomkins, S. S. (1962): The positive affects. In: Affect, imagery, consciousness. Vol. 1. New York: Springer.
- (1963): The negative affects. In: Affect, imagery, consciousness. Vol. 2. New York: Springer.
- (1970): Affect as the primary motivational system. In: M. B. Arnold (Hg.): Feelings and emotions. The Loyola Symposium. New York: Academic Press.
- (1978): Script theory. Differential magnification of affects. In: E. H. Howe und R. A. Diestbier (Hg.): Nebraska Symposium on Motivation. Lincoln: Univ. of Nebraska.
- (1981): The quest for primary motives. Biography and autobiography. *J Personal Soc Psyhol*, 41: 306-329.

Tronick, E., Als, H., Adamson, L., Wise, S. und Brazelton, T. B. (1978): The infant's response to entrapment between contradictory messages in face-to-face interaction. *J Amer Child Psychiat*, 17: 1-13.

Tronick, E., Als, H. und Brazelton, T. B. (1977): The infant's capacity to regulate mutuality in face-to-face interaction. *J Communication*, 27: 74-80.

Tronick, E. Z. und Gianino, A. (1986): Interacitve mismatch and repair. *Zero to Three*, 6: 1-6.

Tyson, P. (1978): Transference and developmental issues in the analysis of a prelatency child. *Psychoanal Study Child*, 33: 213-236.
- (1980): The gender of the analyst. In relation to transference and countertransference manifestations in prelatency children. *Psychoanal Study Child*, 35: 321-338.
- (1982a): A developmental line of gender-identity, gender role and choice of love object. *J Amer Psychoanal Assn*, 30: 59-84.
- (1982b): The role of the father in gender idetitiy, urethral eroticism, and phallic narcissism. In: S. Cath, A. Gurwitt und J. Ross (Hg.): On fathers. Observations and reflections. Boston: Little, Brown.

- (1986a): Female psychological development. *Ann Psychoanal*, 14: 357-373.
- (1986b): Male gender identity. Early developmental roots. *Psychoanal Rev*, 73: 405-425.
- (1988): Psychic structure formation. The complementary roles of affects, drives, object relations, and conflict. *J Amer Psychoanal Assn*, 36 (Suppl.): 73-98.
- (1989a): Two approaches to infant research. A review and integration. In: S. Dowling und A. Rothstein (Hg.): The significance of infant observational research for clinical work with children, adolescents and adults. Madison, Conn.: Int. Univ. Press.
- (1989b): The adolescent process and adult treatment. In: S. Dowling und A. Rothstein (Hg.): The significance of infant observational research for clinical work with children, adolescents and adults. Madison, Conn.: Int. Univ. Press.
- (1989c): Infantile sexuality, gender identity, and obstacles to oedipal progression. *J Amer Psychoanal Assn*, 37: 1051-1069.

Tyson, P. und Tyson, R. L. (1984): Narcissism and superego development. *J Amer Psychoanal Assn*, 32: 75-98.

Tyson, R. L. (1983): Some narcissistic consequences of object loss. A developmental view. *Psychoanal Q*, 52: 205-224.
- (1986): The roots of psychopathology and our theories of development. *J Amer Acad Child Psychiat*, 25: 12-22.
- (1989): Psychological conflict in childhood. A developmental view. Paper presented at the Seminar for Clinicians, American Psychoanalytic Association, New York.
- (in Vorbereitung): The psychoanalysis of the prelatency child.

Van Leeuwen, K. (1966): Pregnancy envy in the male. *Int J Psychoanal*, 47: 319-324.

Vigotsky, L. S. (1934): Thought and language. New York: MIT Press 1962.

Waelder, R. (1930): Das Prinzip der mehrfachen Funktion. Bemerkungen zur Überdeterminierung. *Zschr Psychoanal*, 16: 285-300.
- (1932): The psychoanalytic theory of play. In: S. A. Guttman (Hg.): Psychoanalysis. Observation, theory, application. New York: Int. Univ. Press 1976.
- (1936): The problems of the genesis of psychic conflict in earlier infancy. In: S. A. Guttman (Hg.): Psychoanalysis. Observation, theory, application. New York: Int. Univ. Press 1976.

Wallerstein, J. S. und Kelly, J. B. (1980): Surviving the breakup. New York: Basic Books.

Wallerstein, J. S. und Blakeslee, S. (1989): Second chances. New York: Ticknor and Fields.

Wallerstein, R. S. (1981): The bipolar self. Discussion of alternate perspectives. *J Amer Psychoanal Assn*, 29: 377-394.
- (1983): Defenses, defense mechanisms, and the structure of the mind. *J Amer Psychoanal Assn*, 31: 201-225.
- (1988): Eine Psychoanalyse oder viele? *Zsch psa Th Prax*, 4: 126-153, 1989.

Weil, A. P. (1970): The basic core. *Psychoanal Study Child*, 25: 442-460.
- (1976): The first year. Metapsychological inferences of infant observation. In: P. Neubauer (Hg.): The process of child development. New York: Aronson.
- (1978): Maturational variations and genetic-dynamic issues. J Amer Psychoanal Assn, 26: 461-491.

Weinshel, E. M. (1970): Some psychoanalytic considerations on moods. Int J Psychoanal, 51: 313-320.

Weissman, P. (1954): Ego and superego in obsessional character and neurosis. *Psychoanal Q*, 23: 529-543.

Werner, H. und Kaplan, B. (1963): Symbol formation. New York: Wiley.

Widzer, M. E. (1977): The comic-book superhero. A study of the family romance fantasy. *Psychoanal Study Child*, 32: 565-604.

Williams, M. (1972): Problems of technique during latency. *Psychoanal Study Child*, 27: 598-617.

Winnicott, D. W. (1949): The ordinary devoted mother. In: M. Davis und D. Wallbridge (Hg.): Boundary and space. New York: Brunner/Mazel 1981.
- (1952): Angst gepaart mit Unsicherheit. In: Von der Kinderheilkunde zur Psychoanalyse. Frankfurt a.M.: Fischer 1983.
- (1953): Übergangsobjekte und Übergangsphänome. In: Vom Spiel zur Kreativität. Stuttgart: Klett-Cotta, 8. Aufl. 1995.
- (1956): Primäre Mütterlichkeit. In: Von der Kinderheilkunde zur Psychoanalyse. Frankfurt a.M.: Fischer 1983.
- (1959): The fate of the transitional object. In: C. Winnicott, R. Sheperd und M. Davis (Hg.): Psychoanalytic explorations. Cambridge: Harvard Univ. Press.
- (1960): Ich-Verzerrung in Form des wahren und des falschen Selbst. In: Reifungsprozesse und fördernde Umwelt. München: Kindler 1974.
- (1965): Reifungsprozesse und fördernde Umwelt. München: Kindler 1974.
- (1971): Vom Spiel zur Kreativität. Stuttgart: Klett-Cotta, 8. Aufl. 1995.

Wolf, E. S. (1988): Case discussion and position statement. *Psychoanal Inq*, 8: 546-551.

Wolff, P. H. (1959): Observations on newborn infants. *Psychosom Med*, 21: 110-118.
- (1960): The developmental psychologies of Jean Piaget and psychoanalysis. Psychological Issues, Monograph 5. New York: Int. Univ. Press.
- (1966): The causes, controls, and organization of behavior in the neonate. Psychological Issues, Monograph 17. New York: Int. Univ. Press.
- (1981): Normal variation in human maturation. In: K. J. Connolly und H. F. R. Prechtl (Hg.): Maturation and development. London: Heinemann.

Yakovlev, P. I. und Lecours, A. P. (1967): The myelogenetic cycles of regional maturation of the brain. In: A. Minkowski (Hg.): Regional development of the brain in early life. Oxford: Blackwell.

Yasmajian, R. V. (1966): The tests and body-image formations in transvestitism. *J Amer Psychoanal Assn*, 14: 304-312.
- (1967): The influences of testicular sensory stimuli on the dream. J Amer Psychoanal Assn, 15: 83-98.

Yogman, M. W. (1982): Observation on the father-infant relationship. In: S. H. Cath, A. Gurwitt und J. M. Ross (Hg.): Fahter and child. Boston: Little, Brown.

York, C. (1971): Some suggestions for a critique of Kleinian psychology. *Psychoanal Study Child*, 26: 129-155.

York, C. und Wiseberg, S. (1976): A developmental view of anxiety. *Psychoanal Study Child*, 31: 107-135.

Zetzel, E. R. (1965): A developmental model and the theory of therapy. In: The capacity for emotional growth. New York: Int. Univ. Press 1970.

Personen- und Sachverzeichnis